100

1914—2014

沧海樯帆

连城一中百年华诞大吉　　炳芳北京题贺

1914—2014

福建省连城第一中学百年华诞珍藏集

陈福楗　主编

厦门大学出版社
XIAMEN UNIVERSITY PRESS
国家一级出版社
全国百佳图书出版单位

编委会名单

名誉主编：徐金华　蒋东明

主　　编：陈福椌

副 主 编：江开田　江初祥　吴有春　杨子良

编　　委（按姓氏笔画排列）：

陈碧珍　张恒树　罗益涛　罗薛平

钱师淮　童运堂

摄　　影：罗益涛

望何重兮　教万千莘莘梦园

镂玉雕金　栽培慧根为上

教书育材　涵养德性当先

润物无声　时雨随风入夜

登台有爱　骄阳送暖开颜

胸罗锦绣　名师披肝沥胆

怀蕴珠玑　高徒瓜瓞绵延

回眸往岁　慈母春晖盈抱

翘首明朝　国士去风鼓帆

於戏　躬逢良辰　感慨千般

祝我娘亲　唯此一言

寿比南山　亿万万年

陈福栓

二零一四年秋月吉旦敬撰

东台山赋

连城一中百年华诞颂词

巍巍冠豸　潺潺文川

黉门翘楚　杏坛懿范

曰其地沃　玉树森森

曰其天高　群星灿灿

入则人人树志　壮怀能包河汉

出则个个明耻　大义可薄云天

叶茂既由根深　流长当赖源远

连城一中　由名山结庐

栉风沐雨　百载沧桑

赢得风光无限

德何厚兮　领一方莘莘崇善

思想家 教育家
孔子像

校风 笃志 诚信 勤奋 严谨

学风 求真 守纪 勤思
惜时 健体 创新

教风 热爱学生 教学严谨
言传身教 勇于创新

设计说明：

　　标志的主体造型用连城的英文首字母LC演化成一本翻页的书。蕴含了浓厚的教书育人、读书求知的氛围，表现了连城一中深厚的历史文化积淀。

　　同时，L、C又演化为一扇窗户，寓意"智慧之窗、希望之窗"，透过窗户冠豸山映入眼帘，体现了学校的地域特色和学校攀登教育事业高峰的决心。

　　标志整体给人以简单明了、稳重大方的感觉，体现了连城一中在教学上严谨中追求灵活，对待学生生活上理性与感性互补。

　　标志主体色调为蓝色，代表永恒、仔细和稳健。蓝色是最为沉静的颜色，寓静心学习的态度。

百年筑梦　沧海扬帆

——连城一中百年华诞感言（代序）

中共连城县委书记　林英健

在全体中华儿女为着实现中华民族伟大复兴的中国梦而孜孜以求、笃志前行的历史时刻，连城一中迎来了百年华诞。百年沧桑、百年逐梦，汇聚成百年激流、百年回响。历史是一面镜子，也是一部教科书。一点一滴、一章一节，一百年的探索与实践、苦难与辉煌向我们昭示：只要有梦想、有追求、有奋斗，一切都有可能，好梦定能成真！

习近平总书记在参观《复兴之路》时，对"中国梦"作出了深刻阐述。他说：中国梦是国家梦、民族梦，也是每个中华儿女的梦；国家好，民族好，大家才会好。古往今来，人生有梦想才会有动力，民族有梦想才会有希望，国家有梦想才会有未来。一方乡土、一座学校又何尝不是如此？

连城一中创办于波澜壮阔、风云激荡的20世纪初期。从诞生之日起，它就与国家和民族的前途命运荣辱与共、休戚相关。中国近现代史，是一部充满灾难、落后挨打的悲惨屈辱史，是一部中华民族抵抗外来侵略、实现民族独立的伟大斗争史。百年屈辱，百年渴望，历经苦难的中华儿女深怀国强民富的伟大梦想，为之苦苦求索、孜孜探寻，直至前仆后继、献出生命，换来了民族的独立自由，换来了今天的幸福安宁。回顾连城一中从豸峰到东台、从县立到明耻、从旧制到新制、从创办到发展的历史，最令人动容的，是连城的先辈前贤们的强国梦、兴教情，是他们为子孙后代谋千秋业的良苦用心；最令人难忘的，是在原县立中学难以为继之际，在抗日战争烽火连天的1938年，著名爱国华侨周仰云先生情系桑梓，倾囊独资捐办明耻中学的事迹。顾名思义，学校称谓便寓含唤醒民众勿忘国耻、奋发图强之深义。明耻教战、明耻知勇，与千百年来深入中华民族骨髓的精神特质和思想品格血脉相连、一脉相承。教育无界，知行有情，丹心可鉴，风范长存。连城一中的今日辉煌，寄托着多少人的梦想和期盼？又凝结了多少人的汗水和心血？百年回想，百年思量，世人谨记！

"雄关漫道真如铁，而今迈步从头越。"成就属于过去，未来任重道远。党的十八大提出了实现中华民族伟大复兴"两个百年"的目标，即到中国共产党成立100年时全面建成小康社会，到新中国成立100年时建成富强民主文明和谐的社会主义现代化国家。实现伟大目标，需要一代又一代人的接力努力。教育是培养下一代的摇篮，是人类进步的阶梯，肩负着光荣而艰巨的使命。

百年磨砺，百年锤炼，连城一中形成了自己的办学特色和教学风格。这是无价的精神财富，应当倍加珍惜。在继承和弘扬优良传统的同时，我们也要与时俱进，走出一条与共圆中国梦相融合的求变求新、图强图兴的崛起之路。树德育人是教育的核心和根本，必须把培养和践行以富强、民主、文明、和谐、自由、平等、公正、法治、爱国、敬业、诚信、友善为基本内容的社会主义核心价值观，贯穿于今后教书育人、办学兴教的始终，让其深深根植于青少年一代的思想和灵魂深处，成为他们茁壮成长、追逐梦想的原动力和正能量。

世事如船，梦想是帆；梦在心中，路在脚下。如今连城一中正站在新的历史起点之上。这是一个放飞梦想、你追我赶、日新月异的时代，海天辽阔，星汉争辉，千帆竞发，百舸争流，只有凝心聚力、顽强拼搏、乘风破浪、奋勇当先，才能紧跟历史发展的滚滚大潮，才能到达更加光辉灿烂的彼岸！

曾经煌煌岁　再写灿灿章

连城一中校长　徐金华

　　时光流转，百年轮回。华诞在即，我们在明蓝高远的天空下重聚，回顾连城一中的漫漫历程，对她不凡的往昔充满了由衷的敬意，对她灿烂的未来萌生了更加热切的期待。

　　民国3年（1914年），岁在甲寅，人寰虎啸，豸岭花红。其时，第一次世界大战爆发；其时，中华革命党在日本成立，福建连城人沈毅民慨然与事，以身殉国；其时，福建连城，冠豸山下，丹霞溢彩，春花吐艳，早在清季兴学之"五贤书院"，二百年后焕然一新——一个名为豸山中学（多么亲切的乳名！）的宁馨儿在这里呱呱坠地。

　　由此上溯：文川汤汤，南宋立庠；莲山皎皎，豫章倡学。星汉灿烂，"二丘""二谢"（丘鳞、丘方、谢凝道、谢邦基）辉耀天南；江左风流，"四愚""童张"（林赤章、童日鼎、李森、董若水，童能灵、张鹏翼）追步东山。这就是我们母校源远流长的精神谱系！

　　又百年，栉风沐雨，砥砺前行。我们的母校从豸山走入市廛，从市廛迈进田野，从田野重返东台，斗转星移，无论在高山，在草泽，在城池，她的底色永似豸山"色如渥丹，灿若明霞"，鲜活在一代又一代"莲中人"心中。

　　这百年，筚路蓝缕，阳春布泽。吴海澜开启丛林，邓光瀛矢志立学；周仰云输资返梓，邵逸夫大爱无疆……

　　这百年，春华秋实，群星璀璨。为建新国，为保中华，张南生、罗列等校友驰骋沙场建殊勋；童庆炳、罗炳芳、林占熺等在各自的岗位做出了非凡的贡献……

　　这百年，连城一中学子的大爱大智感动人寰，传颂天下……

　　让我们特别撷取滔滔洪流的一朵浪花吧：2013年春节后，两张连城一中的照片红遍网络——一张摄于2009年6月3日，2009届高三（9）班高考前夕的课间休息照；一张则摄于2013年2月5日，这个班级已念"大四"的同学寒假返莲，重回当年教室，重寻昔日座位，再摆同一姿势"重现昨日"。"一样的地点，一样的我们，不一样的岁月"，两张照片霎时引发无数网友感慨，疯狂转载，短短三天即点击高达28万次，赞之"最美同学会"！

我们骄傲，我们自豪：唯母校懿范，才使我连城一中学子怀德远行；唯师恩如山，才使我连城一中学子念兹在兹；唯青春奋发，才使我连城一中学子建功立业。能被铭记的母校是最美的母校！能被感念的老师是最美的老师！能被缅怀的青春是最美的青春！

百年天长地久，百年白驹过隙。躬逢母校百年华诞之际，我们编写了这本纪念册《沧海扬帆》。翻开它，我们可领略一代代"莲中人"的精神风采；翻开它，我们可寻觅自己的青春踪影；翻开它，我们可品尝母校百年的累累硕果；翻开它，我们可在新的起点抖擞精神再出发！

造化钟神秀，母校沃英才。连城一中学子在全国人民共筑两个"百年中国梦"的伟大进程中，一定会再度沧海扬帆，赢得新的荣光！

目录

261　翘楚篇

连城一中是连城的最高学府。她心目中的最高，不是权位，不是钱财，而是那些能够让她的学子们源源不断地进去深造的大学；是那些能够使学子们从他们的教诲中获取永不枯竭前进动力的名家；是那些能够给她以亲切关怀、具体帮助的方方面面……欣逢期颐寿诞，哪怕对方相赠的仅仅是只言片语，也是最暖的，最贵的，最为祥瑞的，最值得珍藏的。

单位贺信

福建省教育厅

贺 信

连城一中：

欣悉你校建校 100 周年，谨向全体师生员工和广大校友表示热烈的祝贺！

百年风雨，薪火相传。经过几代人的艰苦创业、开拓进取，学校走过了不平凡的发展历程。新中国成立后特别是改革开放以来，在各级党委、政府和社会各界关心支持下，学校认真贯彻党的教育方针，扎实推进教育教学改革，办学条件日益改善，办学实力不断增强，办学水平不断提高，培养了一批又一批优秀人才，为地方经济社会发展做出了积极贡献。

希望你校坚定不移地贯彻党的教育方针，坚持立德树人，加强社会主义核心价值体系教育，切实落实教育规划纲要，传承优良办学传统，深入实施素质教育，努力推进内涵发展，激励学生共筑"中国梦"，切实发挥优质高中的辐射作用，为我省基础教育事业和区域经济发展做出新的更大贡献！

福建省教育厅
2014 年 10 月 20 日

福建省政府教育厅

福建省龙岩市教育局

贺 信

连城一中：

欣闻你校喜迎 100 周年华诞，谨向你们表示热烈的祝贺！向全校师生员工和广大校友致以诚挚的问候！

百年办学，沧桑砥洗，薪火相传，春华秋实。长期以来，你们始终坚持"德育为首、教学为主、全面发展、质量第一"的办学宗旨，"以学生发展为本，为学生成长奠基"的办学理念，"笃志、诚信、勤奋、严谨"的校风、"求真、守纪、勤思、惜时、健体、创新"的学风、"热爱学生、教学严谨、言传身教、勇于创新"的教风，辛勤耕耘，严谨治教，为国家培养和输送了一大批优秀人才，为闽西基础教育发展作出了重要贡献，赢得了社会的广泛赞誉。

百年大计，教育为本。希望你们以百年校庆为新的起点，继往开来，不断创新，进一步深化教育改革，全面推进素质教育，为每一位师生搭建适合自己成长发展的舞台，为建设现代化强国、实现伟大中国梦作出更大的贡献。

龙岩市教育局
2014 年 11 月 12 日

福建省龙岩市教育局

清华大学

招生办公室　电话: 62770334　邮政编码: 100084

贺 信

福建省连城一中:

　　欣闻贵校喜迎百年校庆,谨向贵校全体师生员工致以热烈的祝贺!

　　百年沧桑,百年砥砺。贵校秉承"以学生发展为本,为学生成长奠基"的办学理念,励精图治,团结奋进,百年来积累了丰富的办学经验,赢得了很好的社会声誉,为国家培养了大批优秀人才!

　　衷心感谢贵校多年来对我校的支持。愿我两校继续加强交流、深化合作,为我国的教育事业做出更大贡献!

　　祝贵校百年校庆活动取得圆满成功!

清华大学招生办公室
2014 年 5 月

清华大学

北京大学

招生办公室　电话 Tel: (8610) 62751407　传真 Fax: (8610) 62554332

贺 信

福建省连城第一中学:

　　欣闻贵校喜逢 100 周年庆典活动,谨向贵校全体师生员工及广大校友表示热烈的祝贺!

　　贵校是一所享有较高声誉的中学。学校锐意进取、不断超越,各项事业发展取得长足进展。学校始终坚持先进的办学理念,努力致力于培养高素质创新人才,教育教学成果丰硕,为全国各高校输送了众多优秀学生。

　　自建校以来,贵校为北京大学输送了一批批优秀学生,他们在北大取得了优异的成绩,为北大也为贵校赢得了荣誉! 我们感谢贵校,并希望今后有更多的贵校学子升学北大,梦圆北大!

　　衷心希望贵我两校在今后培养人才的过程中,建立更加深厚的友谊,加强交流与合作!

　　祝愿贵校蓬勃发展,事业更辉煌!

北京大学招生办公室
二〇一四年五月

北京大学

中国人民大学

RENMIN UNIVERSITY OF CHINA

贺 信

福建省连城县第一中学:

　　值贵校百年校庆之际,我办谨代表中国人民大学向贵校全体师生员工和校友致以诚挚和热烈的祝贺!

　　百年精图治,贵校始终坚持"德育为首、教学为主、全面发展、质量第一"的办学宗旨和"以学生发展为本,为学生成长奠基"的办学理念。世纪延承、与时俱进,教学成果突出,社会各界广泛赞誉和高度认可。在此,我们向贵校辛勤工作的教职员工和刻苦学习的莘莘学子致以意切的问候!

　　中国人民大学是一所以人文社会科学为主的综合性研究型全国重点大学,有着 76 年的光荣历史,被誉为我国"人文社会科学高等教育领域的一面旗帜"。在教育部 2013 年初公布的新一轮全国一级学科评估结果里,我校 9 个一级学科排名全国第一,在人文社会科学领域居全国高校首位,排名第二的学科总数位居全国高校第三。当前,贵校正在建设人民满意,世界一流大学的宏伟任程中续写新的辉煌。

　　多年来,贵校向我校输送大批优秀人才,藉此机会,向贵校表示由衷的谢意! 期望贵我两校携手并肩,继往开来,共同培育更多社会栋梁,国家精英,为我国教育事业作出更大贡献! 预祝贵校建校百年庆典圆满成功!

中国人民大学本科招生办公室
二〇一四年五月

中国人民大学

北京师范大学

贺 信

福建省连城第一中学:

　　值此福建省连城第一中学建校一百周年之际,谨向贵校全体师生致以热烈的祝贺!

　　百年薪火相继,硕果芳华。贵校秉承"德育为首、教学为主、全面发展、质量第一"的宗旨,坚持"自主、自律、自强"的教育理念,培养了大批优秀人才,为祖国教育事业和经济社会发展做出了贡献,书写了福建省连城第一中学的光辉历史。

　　我们相信,贵校会以此次百年庆典为契机,与时俱进,开拓创新,在社会各界的支持下,在全体师生的不懈努力下,开创福建省连城第一中学新的辉煌!

　　再次向福建省连城第一中学建校一百周年致以诚挚的祝贺!

北京师范大学
2014 年 4 月 24 日

北京师范大学

中国科学技术大学

贺 信

连城第一中学:

　　欣闻贵校即将迎来 100 周年华诞,谨向贵校全体师生员工和各界校友致以热烈的祝贺!

　　贵校自建校以来,始终坚持"德育为首、教学为主、全面发展、质量第一"的办学宗旨,始终坚持"以学生发展为本,为学生成长奠基"的办学理念。多年来,贵校的办学水平与办学效益不断提升,形成了良好育人环境,为社会培养出了大批优秀毕业生,取得了辉煌的办学业绩,赢得了良好的社会声誉。

　　百年大计,教育为本。衷心祝愿贵校以校庆为新的起点,继往开来,不断创新,进一步深化教学改革,全面推进素质教育,再创辉煌! 为祖国教育事业做出新的贡献!

　　祝校庆活动取得圆满成功!

中国科学技术大学
二〇一四年五月十三日

中国科学技术大学

南开大学招生办公室

贺 信

福建省连城第一中学:

　　欣闻贵校迎来 100 周年华诞,南开大学招生办公室特致贺函向贵校全体师生员工和校友致以热烈的祝贺和诚挚的问候!

　　历经了一个世纪的风雨历程,贵校为祖国的建设事业培养了一大批的英才,欣逢建校 100 年庆典,我们相信贵校定能抓住机遇,开拓创新、加快发展,为社会培养和输送更多的栋梁之材! 我们也期待贵校今后能推荐更多的优秀毕业生报考南开大学! 我们愿与贵校加强联系,共同进步,为我国的教育事业做出更大贡献。

　　我们衷心祝愿,贵校通过此次校庆活动,进一步凝聚力量,激励师生、加快发展,早日实现更高的发展目标。在今后的发展中取得更大的成就,创造新的辉煌!

　　预祝校庆庆典圆满成功!

南开大学招生办公室
二〇一四年七月二日

南开大学

华東師範大學
EAST CHINA NORMAL UNIVERSITY

贺信

福建省连城第一中学：

欣逢贵校隆重举行100周年校庆盛典之际，华东师范大学谨向贵校全体师生和广大校友致以热烈的祝贺！

连城一中历史悠久，人文底蕴深厚，教育资源丰富，享有较高的社会声誉。百年来，贵校兴学不衰、弦歌相续，始终坚持"以学生发展为本，为学生成长奠基"的办学理念和"德育为首、教学为主、全面发展、质量第一"的办学宗旨，为国家建设培养了一大批后备人才，为高等学校输送了一批又一批优秀学生，为国家基础教育事业发展做出了应有的贡献。

百年风雨砥砺，如今桃李盈香。我们衷心祝愿连城一中继续秉承和发扬优良传统，在基础教育的改革与发展中创造新的辉煌，为祖国建设培养更多的优秀人才。

华东师范大学
2014年5月1日

地址：上海市东川路500号 邮编：200241
上海市中山北路3663号 邮编：200062
总机：+86-21-62233333
Http://www.ecnu.edu.cn

华东师范大学

厦门大学
XIAMEN UNIVERSITY

贺信

连城第一中学：

欣闻贵校建校100周年并将举行隆重的庆典活动，谨致热烈的祝贺！

在百年的办学实践中，贵校秉持"德育为首，教学为主、全面发展，质量第一"的办学宗旨，铭记"以学生发展为本，为学生成长恬记"的办学理念，着力锻造"自主、自律、自强"的教育特色，形成了"笃志、诚信、勤奋，严谨"的校风，为社会培养了大批高素质、复合型的优秀人才。

长期以来，贵校对我校的招生工作给予大力支持，为我校输送了许多优秀高中毕业生。值此校庆之际，我们谨向贵校广大师生致以诚挚的问候和衷心的感谢！

著名爱国华侨领袖、我校校主陈嘉庚先生说过："国家之富强、全在于国民，国民之发展，全在于教育，教育是立国之本。"基础教育是教育的奠基工程，它的根本任务是提高全民族的综合素质，指导人的本性向真善美发展；同时，也负担着为高一级学校培养和输送合格生源的任务。在学科交叉、知识融合、信息共享的21世纪，培养高素质的"复合型"创新型人才，振兴中华，我们肩负同样的责任。

由陈嘉庚先生于1921年创建的厦门大学，是一所学科门类齐全、师资力量雄厚、国内一流、国际上有广泛影响的综合性大学，也是我国唯一地处经济特区的国家"211工程"和"985工程"重点建设的高水平大学。建校93年来，我们秉承"自强不息、止于至善"的校训，积累了丰富的办学经验，形成了鲜明的办学特色。厦门大学依山傍海、风景秀丽，被誉为"山海花园学府，中国南方之强"。我们真诚欢迎贵校继续推荐优秀毕业生报考我校，热忱欢迎贵校学子升学厦大，圆梦厦大。

我们真诚祝愿贵校：借校庆之东风，把握机遇，寻求发展，与时俱进，开拓创新，以科学发展观为指导，为我国的经济建设和社会发展培养更多的优秀人才。

预祝贵校100周年校庆活动取得圆满成功！

厦门大学
2014年3月

厦门大学

山东大学招生办公室

贺信

连城第一中学：

欣闻贵校百年校庆，我们谨向贵校全体师生及员工表示最诚挚的问候和最热烈的祝贺！

建校100年来，贵校秉承"德育为首、教学为主、全面发展、质量第一"的办学宗旨和"以学生发展为本，为学生成长奠基"的办学理念，立足现实，不断超越，为国家建设培养了大批优秀人才，向我校输送了许多优秀生源。在此，我们向贵校辛勤工作的广大教职员工表示崇高的敬意！向刻苦学习、奋发成才的同学们致以亲切的问候！

作为我校重要的生源输送学校，贵校长期以来向我校输送了许多优秀学子，他们是连城第一中学的骄傲，也是山东大学的骄傲。衷心希望贵我两校进一步加强合作，携手共进，共同担负培养国家拔尖创新人才的使命，为祖国的教育事业做出新的更大贡献！

祝贵校百年校庆庆典圆满成功！

山东大学本科生招生办公室
二〇一四年五月

山东大学

大连理工大学
DALIAN UNIVERSITY OF TECHNOLOGY
团结 进取
求实 创新

贺信

福建省连城第一中学：

值此贵校喜迎一百周年华诞之际，谨向贵校全体师生员工及各届校友表示热烈的祝贺和诚挚的问候！

在过去的一百年里，福建省连城第一中学坚持党的教育方针，开拓创新，锐意进取，为包括大连理工大学在内的高等学校输送了众多优秀学生，为国家培养了一大批优秀人才，为我国的基础教育做出了重要贡献，赢得了社会的广泛赞誉。

一百年桃李芬芳，铸未来鸿图大展。衷心祝愿福建省连城第一中学继续坚持科学发展观，以人为本，不断追求教育创新，为民族教育事业做出新的贡献，获得更大的成功。

祝事业蒸蒸日上！

大连理工大学
二〇一四年三月二十七日

大连理工大学

贺信

连城一中：

感谢贵校多年来一直为华南理工大学提供优秀高中毕业生，我校已录取贵校以下考生，特此表示祝贺！

我们殷切希望贵校未来能有更多优秀学子走进华南理工大学！

预祝贵校下一年高考再创辉煌！

华南理工大学招生工作办公室
二〇一四年九月二日

华南理工大学

中国地质大学（武汉）招生办公室

贺信

福建省连城第一中学：

欣悉贵校即将迎来建校100周年庆典，谨向贵校全体师生员工致以热烈的祝贺和诚挚的问候！

贵校校风严谨，学风淳朴。学校坚持"德育为首、教学为主、全面发展、质量第一"为办学宗旨和"以学生发展为本，为学生成长奠基"的办学理念，形成了"笃志、诚信、勤奋、严谨"的校风和"求真、守纪、勤思、惜时、健体、创新"的学风。贵校师资力量雄厚，学校管理、教育教学质量一年一个新台阶。贵校校园文化气息浓厚，师生关系和谐，是莘莘学子修身治学、励志成材的摇篮。

在长期的办学实践之中，贵我两校携手并进，建立了密切的合作关系。值贵校建校100周年庆典之际，我们衷心祝愿贵校在今后的发展中取得更大的成就，铸造新的辉煌。同时，希望贵我两校继续加强合作，让中国地质大学（武汉）成为更多优秀学生实现人生理想的殿堂，共同为国家实施科教兴国战略和全面建设小康社会做出新的更大的贡献！

中国地质大学（武汉）招生办公室
2014年4月

中国地质大学

南京航空航天大学

贺　信

福建省连城第一中学：

欣闻贵校即将迎来百年华诞，我们谨向贵校全体师生员工表示热烈的祝贺和崇高的敬意！

在长期的办学实践中，贵校弘扬优良传统，开拓进取，为国家建设培养了大批英才，取得了令人瞩目的教育业绩，成为一所享有盛誉的全国重点中学。

多年来，贵校对我校的办学十分支持，为我校输送了一批又一批优秀学子，值此庆典之际，我们向贵校广大师生致以诚挚的感谢。

衷心祝愿贵校百年校庆庆典活动圆满成功！

二〇一四年三月

南京航空航天大学

西南财经大学

贺　信

福建省连城第一中学：

东海之滨钟灵毓秀，冠豸山下群贤辈出。欣闻贵校喜迎100周年华诞，特向贵校致以最热烈的祝贺！

百年沧桑，薪火相继。1914年以来，贵校走过了百折不挠、上下求索的光辉历程，形成了追求卓立、坚持真理的精神传统，积淀了厚实的文化底蕴，始终坚持"德育为首、教学为主、全面发展、质量第一"的办学宗旨，经过历代一中人的不断探索和艰苦努力，创造了辉煌的业绩。百年华诞，春华秋实，贵校现已是福建省重点中学，省一级达标高中，福建省文明学校，培养了大批全面发展的优秀学生，为包括我校在内的众多高校输送了大量人才。我们对贵校取得的成绩表示由衷的赞赏，在新的发展时期，我们深信贵校一定会谱写出更加华美的乐章。

同窗友情，共创未来。贵我两校长期保持着友好关系，希望今后能够携进一步加强交流与合作，携手发展，共同进步。也诚挚欢迎贵校更多的才俊报考西南财经大学！

祝贵校100周年校庆取得圆满成功！

西南财经大学

2014年3月26日

西南财经大学

西安电子科技大学　XIDIAN UNIVERSITY XI'AN CHINA

贺　信

福建省连城第一中学：

欣闻贵校喜迎百年华诞，西安电子科技大学谨向贵校致以最热烈的祝贺！向贵校全体师生员工致以最亲切的问候和最诚挚的敬意！

100年春秋风雨兼程，100年辉煌与时俱进。在100年的发展历程中，贵校科学管理，从严治校，经过数代人的艰苦努力，培养了数以万计的华夏英才，桃李满天下，学子遍九州，为我国中等教育事业做出了突出贡献。

西安电子科技大学衷心祝愿贵校在未来的发展中坚持振兴学育人的原则，矢志办学、与时俱进、开拓创新，培养出更多更优秀的人才，为祖国的经济、文化、教育事业的发展做出更大的贡献。

预祝贵校百年庆典活动取得圆满成功！

西安电子科技大学

二〇一四年三月二十四日

西安电子科技大学

北京交通大学　BEIJING JIAOTONG UNIVERSITY

贺　信

福建省连城县第一中学：

欣闻贵校创建一百周年庆典，我们谨向贵校全体师生员工致以最热烈的祝贺！

在一百年的办学历程中，贵校校风优良，办学特色鲜明，教育教学成果显著，成为福建省享有盛誉的一所学校，多年来为各高等院校输送了大批优秀学子，为我国教育事业发展做出了贡献。

我校希望今后继续与贵校加强友谊与密切合作，为培养更多、更优秀的人才共同努力。

祝愿福建省连城市第一中学事业兴旺，再创辉煌！

祝愿贵校一百周年校庆活动圆满成功！

北京交通大学招生办公室

2014年03月24日

北京交通大学

北京科技大学

贺　信

福建省连城第一中学：

欣闻贵校迎来建校100周年华诞，北京科技大学招生办公室向贵校全体师生及海内外校友，表示热烈的祝贺！

贵校长期以来为我校输送了大量的优秀高中毕业生，对我校的招生工作给予了长期且全面的支持。值贵校建校100周年之际，我校谨向贵校致以衷心的感谢，向贵校各位同仁致以诚挚的问候！希望贵校与我校的良好合作关系能够继续开展，更加紧密！

贵校100周年华诞庆典乃一历史性盛事之盛举，北京科技大学衷心祝愿贵校以此为契机，乘改革之长风，兴教育之盛举，在新的时代里创造出不平凡的业绩。在此，衷心祝愿贵校建校100周年庆典取得圆满成功！

北京科技大学招生办公室

北京科技大学

上海大学

贺　信

福建省连城第一中学：

欣闻贵校迎来100周年华诞，我们谨向贵校全体师生员工及校友表示热烈的祝贺和美好的祝愿。

连城第一中学建校100年来，始终贯彻"德育为首、教学为主、全面发展、质量第一"的办学宗旨；形成了"笃志、诚信、勤奋、严谨"的优良校风，凭借着悠久的办学历史和厚重的文化积淀，为国家、为民族培养了大批青年才俊，得到了社会各界的广泛赞誉。

值此校庆之际，衷心祝愿贵校继续弘扬光荣传统，锐意进取，求实创新，在今后的教育工作中再创佳绩！

预祝贵校庆祝活动圆满成功！

上海大学

招生与毕业生就业工作办公室

二〇一四年三月二十七日

上海大学

江南大学
Jiangnan University

贺 信

福建省连城第一中学：

　　在这岁月如歌、盛世相约的美好时节，喜逢贵校迎来建校100周年华诞，值此谨向贵校党政领导，并通过你们向全体师生员工表示热烈的祝贺，致以崇高的敬意！

　　历经一百年的办学历程，贵校全面贯彻党的教育方针，坚持实施素质教育，为我国高等院校输送了一大批优秀生源，为我国的经济建设和社会发展做出了重要贡献！

　　谨此，衷心祝愿贵校各项事业蓬勃发展，为实现"科教兴国"的宏伟战略目标，为祖国的繁荣昌盛做出更大的贡献！

　　借此机会，诚望贵我之间继续保持和发展业已存在的良好关系，互通有无，携手共进！

　　祝贵校庆典活动圆满成功！

江南大学
二〇一四年三月二十五日

江南大学

西 藏 大 学

贺 信

连城一中：

　　喜闻贵校即将迎来建校100华诞，西藏大学全体师生员工谨向贵校表示最诚挚的祝贺！

　　风雨兼程两百年，春华秋实一百年！作为中国近代八闽大地最早的普通公立中学之一，一百年来，贵校始终坚持"德育为首、教学为主、全面发展、质量第一"的办学宗旨和"以学生发展为本，为学生成长奠基"的办学理念，秉承"笃志、诚信、勤奋、严谨"的校风，"求真、守纪、勤思、惜时、健体、创新"的学风和"热爱学生、教学严谨、言传身教、勇于创新"的教风，筚路蓝缕，滋兰树蕙，培养了大量优秀的学生，为教育兴国之路书写了朴实而辉煌的篇章！

　　煌煌黉门，百年辉煌！愿我两校的情谊日久弥新！恩贵校这艘古老而充满生机的航船，借百年华诞的强劲东风，乘风破浪，勇往直前！

西藏大学
2014 年 4 月 17 日

西藏大学

南 京 农 业 大 学

贺 信

福建省连城第一中学：

　　值贵校建校100周年之际，谨向贵校全体师生员工致以热烈的祝贺！

　　贵校是一所具有悠久历史、优良传统和严谨治学的名校，在长期的办学实践中，学校坚持"德育为首、教学为主、全面发展、质量第一"的办学宗旨，锻造"自主、自律、自强"的教育特色，营造良好的校风、学风、教风，形成了优良的精神传统，积淀了厚实的文化底蕴，贵校为我校输送了一批优秀学子，他们在校学习成绩优秀，综合表现良好，为学校发展做出了一定贡献。

　　愿贵校继往开来，再创辉煌！愿与贵校继续加强合作，共同进步，为培养更多、更优秀的人才而努力！

　　祝贵校校庆活动圆满成功！

南京农业大学
2014 年 3 月

南京农业大学

河 北 工 业 大 学

贺 信

福建省连城第一中学：

　　欣闻贵校迎来建校100周年华诞，河北工业大学谨向贵校全体师生员工致以衷心的祝贺！

　　一百年来，贵校始终坚持"德育为首、教学为主、全面发展、质量第一"的办学宗旨，在"以学生发展为本，为学生成长奠基"的办学理念指导下，培育良种，桃李满园，形成了优良的校风、学风，已为高等院校输送了2万多名优秀学生，在各自的工作岗位上为祖国争光，为生活添动力、增色彩。

　　愿贵校继续以百年校庆为契机，传承历史，开创未来，不断提高教育质量和办学规模，进一步深化教育改革，全面迈向素质教育！

　　预祝贵校以此为契机，百年校庆取得圆满成功！

　　祝愿福建省连城第一中学事业蒸蒸日上！

河北工业大学

福州大学招生办公室

贺 信

连城第一中学：

　　欣闻贵校迎来建校百年华诞，我们谨向贵校全体师生员工及校友表示热烈的祝贺和美好的祝愿！

　　春风化雨育英才，薪火相传谱华章。百年沧桑的端详，贵校走过了百折不挠、上下求索的光辉历程，积淀了厚实的文化底蕴，始终坚持"德育为首、教学为主、全面发展、质量第一"的办学宗旨，坚持科学发展，形成了"笃志、诚信、勤奋、严谨"的优良校风，坚定不移地走教育创新之路，走特色兴校之路，走人才强校之路，不断开拓新思维，勇创新佳绩，办学特色日益蓝缕，教学质量不断提高，社会声誉日趋扩大，为人才培养做出了积极贡献。

　　感谢贵校长期以来为我校输送了优秀的高中毕业生，希望今后两校继续加强合作，共同进步，为国家的教育事业做出更大的贡献！祝愿贵校在新一轮教育教学改革中，把握契机，实现新跨越，再创辉煌！

　　预祝贵校百年校庆活动圆满成功！

福州大学招生办
二〇一四年十一月五日

福州大学

贺 信

福建省连城第一中学：

　　值此金秋时节，欣闻贵校100周年庆典，谨向全体师生员工及历届校友表示热烈的祝贺！

　　贵校建校100年来，秉承优良办学传统，遵循教育教学规律，锐意进取，励精图治，培养了一大批优秀人才，为国家社会发展作出了重大贡献。藉此机会，由衷感谢贵校为我校源源不断输送优秀学子。

　　面对新的历史机遇与挑战，让我们携手共进，为进中国教育事业的发展努力奋斗，为实现中华民族伟大复兴的"中国梦"作出新的更大贡献！

　　祝贵校校庆活动取得圆满成功！

　　祝愿贵校越办越好！再续辉煌！

福建医科大学招生与就业工作办公室
2014 年 10 月 8 日

福建医科大学

华侨大学

贺 信

连城第一中学：

欣闻贵校喜建校一百周年华诞，特向贵校全体师生员工及广大校友致以最诚挚祝贺！

百年薪火相传，弦歌不辍，蕴积涵育，桃李满园。在一个世纪的光辉求索中，贵校始终秉承"关心国事、热爱祖国、追求民主、坚持真理"的精神传统，坚持"德育为首、教学为主、全面发展、质量第一"的办学宗旨，积淀了厚实的文化底蕴，形成了优良的校风、学风与教风，培养了3万多名优秀学子，谱写了中等教育的辉煌篇章，为国家教育的发展作出了积极贡献。

值此贵校百年校庆之际，衷心祝愿贵校各项事业蓬勃发展、再谱华章，为我校输送更多的优秀人才！

预祝连城第一中学百年校庆活动取得圆满成功！

华侨大学
2014年10月22日

华侨大学

福建工程学院

贺 信

连城第一中学：

欣闻贵校迎来一百周年华诞，值此盛典之际，谨向贵校全体师生员工致以热烈的祝贺！

百年风华载史册，桃李芬芳春满园，贵校以悠久的历史、优良的校风，鲜明的特色和显著的业绩赢得社会各界的广泛赞誉，为国家建设和社会发展培养了大量人才。

多年来，贵校给我校输送了不少的优秀学子，借此机会，表示由衷的感谢！

春华秋实，誉满八闽。衷心祝愿贵校在新的历史时期谱写新的篇章，创造新的辉煌！

福建工程学院
2014年3月24日

福建工程学院

龙 岩 学 院

贺 信

龙岩学院

泉州师范学院

贺 信

连城第一中学：

值此贵校喜迎百年华诞之际，谨致热烈的祝贺！

建校以来，贵校始终坚持"教育为首、教学为主、全面发展、质量第一"的办学宗旨，形成了"自主、自律、自强"的教育特色，培养了一大批优秀人才，为地方基础教育事业的发展作出了积极的贡献，赢得了社会各界的广泛赞誉。

衷心祝愿贵校以百年校庆为新的起点，进一步发挥办学优势，全面提升办学水平，为促进地方科教事业的发展作出新的更大的贡献！

泉州师范学院
2014年5月20日

泉州师范学院

福建警察学院

贺 信

连城第一中学：

欣闻贵校喜迎一百周年校庆，谨向贵校全体师生员工致以最热烈的祝贺和最良好的祝愿！

历经百年沧桑，贵校师生砥砺耕耘，艰苦奋斗，百折不挠，上下求索，形成了优良的精神传统，积淀了厚实的文化底蕴，创造了辉煌的业绩，建成了福建省一级达标高中，创建了福建省文明学校，为祖国培养和输送了一大批优秀人才。

贵校作为一所百年名校，传统优良，任重道远。站在新的历史起点上，祝愿贵校继续坚守使命，传承薪火，不懈奋斗，再创佳绩，桃李满天下！

祝贵校百年校庆活动取得圆满成功！

福建警察学院
2014年4月11日

福建警察学院

福建省福州第一中学

敬贺福建省连城第一中学建校100周年

在这丹桂飘香、硕果盈枝的金秋时节，欣闻贵校喜迎100周年校庆，我校谨向贵校致以最诚挚、最热烈的祝贺！

贵校百年的光辉历程，形成了关心国事、热爱祖国、追求民主、坚持真理的精神传统和"以学生发展为本、为学生成长奠基"的办学理念，积淀了厚实的文化底蕴，创造了辉煌的业绩，相信贵校在今后的各项事业中必将取得更快、更大地发展，创造新的辉煌。

祝贵校根深叶荣，花繁果硕！

愿我们两校携手共进，友谊永存！

福建省福州第一中学
2014年10月31日

福建省福州一中

贺 信

连城县一中:

百年华诞,奋史流芳!值此贵校隆重庆祝建校一百周年之际,中国人民解放军94691部队向贵校领导、全体师生员工和广大校友表示最热烈、最诚挚的祝贺!

从辛亥革命和抗日战争的烽火硝烟中走来,秉承"以学生发展为本、为学生发展成长奠基"的办学理念,不断监扬"笃志、诚挚、勤奋、严谨"的校风,连城一中在历史的沧桑巨变中不断砥砺前行,形成了独具特色的品牌、窗口、名片、文化。薪声人网,饮誉海外,像一颗璀璨的明珠、一面现代的丰碑,在红色故都、八闽大地熠熠增辉、永放光芒。百年风风雨雨,百年始终辉煌,为民造福的厚重使命,连城父老的殷殷希望,积淀了历史的年轮;三尺讲台的不倦探索、一方沃土的辛勤耕耘,成就了百年的名校,为一代代热血青年圆梦,为连城县乃至国家的教育事业作出了不可磨灭、不可忘却的贡献,为民族的解放和新中国的建设事业输送了一批批德才兼备、壮国忧民的优秀人才,建立了不朽功勋。

"十年共建,百年育人",早在2004年双拥组建之初,便与贵校确立了"双拥共建"的关系。十年来,我部与贵校在子女入学、学生军训等方面互相帮助、互相支援,结下了深厚的友谊,这份友谊如苍翠的松柏历久弥长,如陈年的老酒历久弥香,军爱

—1—

94691 部队贺信 1

民、民拥军,军民鱼水情,愿我们的友谊之树长青,愿合作之花越开越灿烂!

强国,要靠教育;强军,同样也要靠教育,愿贵校传承百年历史之精华,整合现代教育之特色,瞄准"龙头"、不断"升级",将学校打造成为全省乃至全国地区现代品牌学校;也希望骄傲的一中人把百年校庆作为一中发展史上的一个里程碑,作为学校继往开来再创辉煌的一次契机,瞄准既定目标,不断总结百年办学经验,秉承先贤、传承文化,锐意进取、追求卓越,为国家的经济建设,为国防和军队建设,为民族的复兴和中国梦、强军梦的实现作出新的更大的贡献!

一中的功绩与时俱进,彪炳史册!

一中的事业辉煌如初,青春永驻!

中国人民解放军94691部队

二○一四年九月十六日

—2—

94691 部队贺信 2

贺 信

连城县第一中学:

欣闻贵校即将迎来百年庆典,值此之际94750部队全体指战员谨致贺函表示热烈的祝贺!向一中全体师生致以诚挚的问候!

贵校在100年的办学历程中,沐风栉雨,砥砺发展,秉承"德育为首、教学为主、全面发展、质量第一"的办学宗旨,"以学生发展为本、为学生成长奠基"的办学理念,着力锻造"自主、自律、自强"的教育特色,在人才培养、社会服务方面取得了骄人的成绩,形成关心国事、热爱祖国、追求民主、坚持真理的精神传统,积淀了厚实的文化底蕴,赢得了广泛社会美誉。特别是,历代一中人不遗余力关心和支持部队建设,军民双方建立起弥足珍贵的友谊,在此并表示崇高敬意。

回眸过去是为了创造更加美好的未来,百年辉煌将是未来事业的崭新起点!我们深信,面对新的发展机遇,连城一中一定能够继往开来,再创辉煌!

衷心祝愿连城一中越办越好!

中国人民
94750部队
解放军

二○一四年九月一日

94750 部队贺信

名人题词

敬贺连城一中百年华诞

修身齐家格致为本
建国君民教学为先

左书「礼记」句 莫言

莫 言

连城一中百年献华诞

十年树木
百年树人

张胜友贺

甲午马年 夏

张胜友

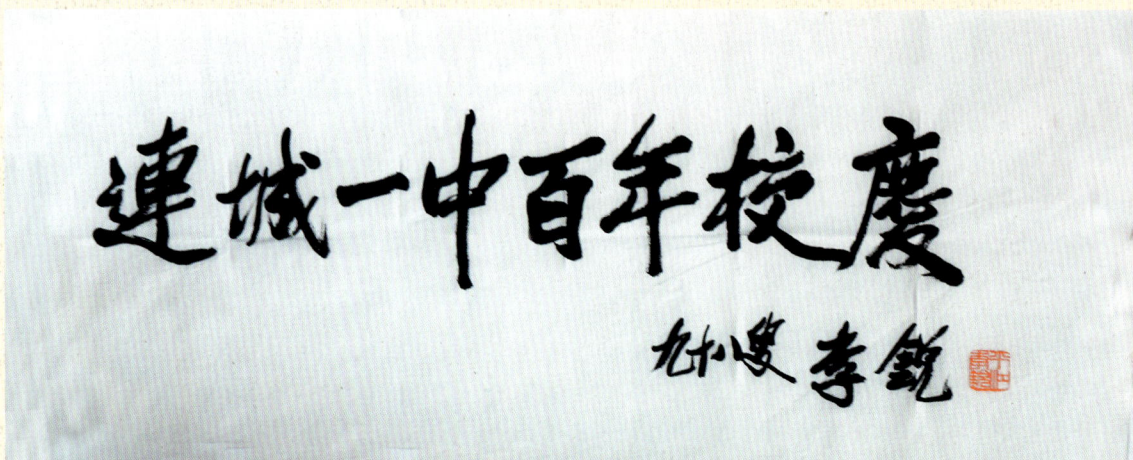

李 锐

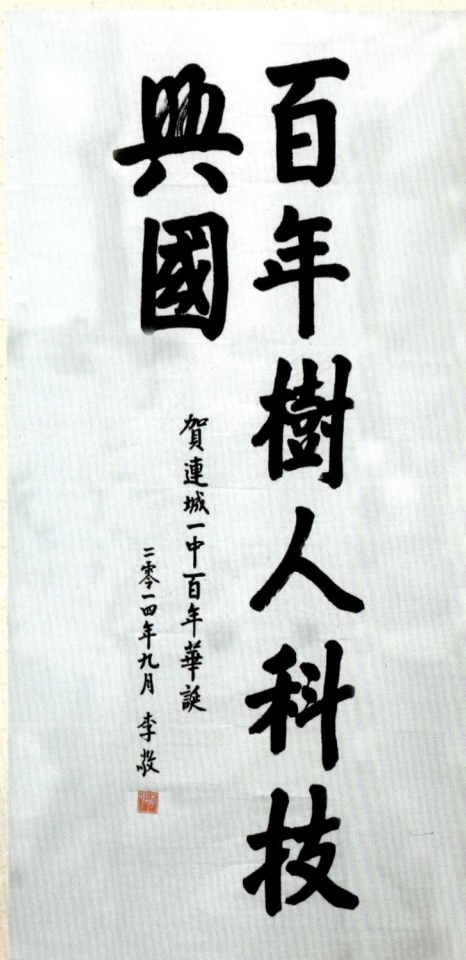

李 敬

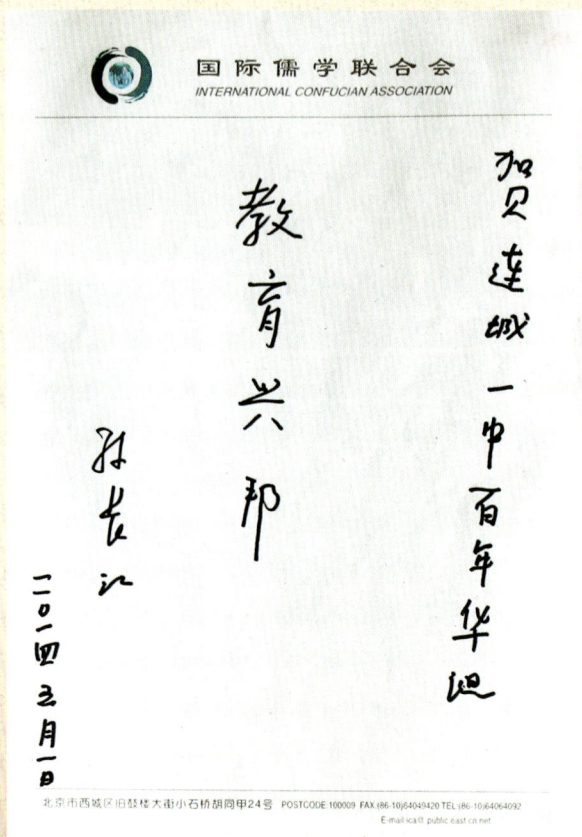

孙长江

尊师重教千秋业
立德育才百世基

连城一中百环华诞纪念

何少川

贺连城一中校庆

百年校庆　华诞生辉
百年树人　教育为本

林兆枢

二〇一四年九月

林兆枢

贺连城一中百卅校庆

一百卅峥嵘岁月育桃李书硕果累累
新世纪披荆斩棘再创伟业再谱华章

东北林业大学校长
杨传平

2014.3.26

杨传平

题连城一中百年华诞

自强不息
厚德载物

童庆炳书甲午冬

童庆炳

百年学府 英才辈出

陈文斌贺

陈文斌

祝贺连城一中百年华诞

百尺竿头
更上一层楼

二〇一四年九月

汪志馨

耕田种德

江润初

溯源篇

源本作原，水流起始处。溯源，上溯及起始处也。其意义，可教人不忘本，且为继续前进提供源源不竭之动力。本栏目所辑录之文，多为一中资深校友回忆历史描绘经纬探索缘由之篇什，弥足珍贵。因为它不仅对后人了解一中所生之背景、所历之艰难、所创之辉煌有帮助，而且还会让后人的头脑更加清醒，方向更加明确，精神更加强大！需要说明的是，本栏各篇内容，或有资料重叠，或有看法交叉等不足，但编者考虑再三，以为强行删并，难免削足适履之弊；顺其自然，当收相互印证之功，故而编者一概以宽容之心，基本以原样兼收并蓄。这样的处理方法，不知广大方家以为然否？

公 继延绵

GUAN DIE YAN MIAN

现任校长 徐金华

国立初级中学（旧制）校长（1914—1932年）

吴海澜
（豸山中学的创办人）

邓光瀛
（任期1914—1932）

私立明耻中学校长（1938—1950年）

李云霄
(明耻中学董事)

邓光瀛

黄翼琛

童庆鸣

县立初级中学校长(部分)（1942—1950年）

童庆鸣

张福民

五七中学校长（1970—1974年）

张璘励
（任期1970—1972）

谢传淦
（任期1972—1973）

罗道辉
（任期1973—1974）

马 力
（任期1951.2—1952.2）

季 海
（任期1952.3—1954.8）

魏稼秋
（任期1954.9—1957.8）

赵澄清
（任期1957.9—1959.8）

张 彰
（任期1959.9—1968.10）

吴铁生
（任期1968.11—1971.8）

牛承恩
（任期1972.9—1981.8）

李葆中
（任期1981.9—1984.8）

罗焕南
（任期1984.9—1987.8）

李春盛
（任期1987.9—1988.8）

傅嘉滨
（任期1988.9—1990.4）

傅干春
（任期1990.5—1994.5）

黄修桂
（任期1994.5—2002.6）

罗小林
（任期2002.6—2012）

历任校领导列表

学校名称及存在时间		校长		书记	
		正职	副职	正职	副职
旧制中学	豸山中学（1914年初–1915年）	吴海澜			
	县立中学（1915.8–1932年）	邓光瀛			
私立明耻中学（1938–1950年）		邓光瀛			
		黄翼琛			
		王成瑚			
		童庆鸣			
县立初级中学（1942–1950年）		薛国标			
		叶葆中			
		康汉民			
		童庆鸣			
		叶树坤			
		吴运启			
		张福民			
连城一中	1951.2–1952.2	马力（兼）	江兴坤		
	1952.3–1954.8	季海（兼）			
	1954.9–1957.8	魏稼秋	董秉坚		
	1957.9–1959.8	赵澄清	董秉坚	董秉坚	
	1959.9–1961.8	张彰	董秉坚	张彰	
	1961.9–1968.10	张彰	李葆中	张彰	
	1968.11–1971.8	吴铁生（革委会第一副主任）		李春盛（第二副主任）	
	1971.9–1972.8	陈宜钦（革委会主任）	牛承恩、庄明萱、罗益元（副主任）	牛承恩	
	1972.9–1973.8	牛承恩（革委会主任）	庄明萱、罗益元、张泉富（副主任）	牛承恩	
	1973.9–1974.8	牛承恩（革委会主任）	张泉富（副主任）	牛承恩	
	1974.9–1978.8	牛承恩	沈君奇、张泉富、李传耀	牛承恩	
	1978.9–1979.9	牛承恩	李传耀	牛承恩	
	1979.9–1980.8	牛承恩	张泉富	牛承恩	
	1980.9–1981.8	牛承恩	张泉富、罗焕南	牛承恩	
	1981.9–1984.8	李葆中	江兴坤、罗贵榕、张泉富、罗焕南	赖绍定	
	1984.9–1986.8	罗焕南	傅嘉滨、杨子良	罗焕南	李大谌
	1986.9–1987.8	罗焕南	傅嘉滨	罗焕南	李大谌
	1987.9–1988.8	李春盛	傅嘉滨、杨子良	罗焕南	李大谌
	1988.9–1990.4	傅嘉滨	吴有春、江初祥、曹冬生	罗焕南	李大谌
	1990.5–1991.8	傅干春	吴有春、江初祥	傅干春	李大谌
	1991.9–1994.5	傅干春	吴有春、江初祥、黄修桂	傅干春	李大谌
	1994.5–1995.8	黄修桂	吴有春、江初祥	黄修桂	李大谌
	1995.9–1996.8	黄修桂	童庆根、罗小林、吴有春	黄修桂	李大谌
	1996.9–1998.2	黄修桂	童庆根、罗小林、吴有春	黄修桂	江初祥
	1998.2–1998.8	黄修桂	罗小林、吴有春	黄修桂	江初祥
	1998.9–2000.7	黄修桂	罗小林、陈晓辉、罗道佺	黄修桂	徐金华
	2000.8–2002.6	黄修桂	罗小林、罗道佺	黄修桂	徐金华
	2002.6–2008.8	罗小林	徐金华、罗道佺、罗炳杰、李德芳	罗小林	江开田
	2008.8–2012.8	罗小林	徐金华、罗炳杰、李德芳	罗小林	江开田 罗宗益
	2012.8–	徐金华	李德芳、江开田、傅辉华、李明锋	罗小林	罗宗益

注：（1）1952年春第二初级中学（姑田中学），并入本校，该校1951年春创办，校长傅国才。
（2）1974年秋，连城县五七中学（校址在连城麻潭）并入本校，该校于1970年正式成立。1964年创办时曾作为一中分校，曾于66年招收过一届初中、高中两个班学生，后作为一中农基地。历任校长张璘劢、谢传淦、罗道辉。

道路曲折 成就辉煌

——连城一中百年校史简介

江开田

连城一中坐落在美丽的国家4A级风景区、国家地质公园冠豸山边，文川河畔的东台山上。时光荏苒，白驹过隙，弹指一挥间，学校几经创办、合并、易名、改制，走过了非凡的历程。2014年，她迎来了百年华诞，在自己前进的道路上竖起了一座新的里程碑。

一

民国3年（1914年）初，由本县举人吴海澜（1866—1916年）、庠生李师张等先生首倡，在今天冠豸山风景区中办起了连城豸山中学。其时，吴先生被选为校长，招第一班学生共50人。然因学校所在地冠豸山山路险峻，路途较远，不利学生往来，未获省教育厅批准。为了解决连城学子的学习问题，民国4年（1915年）县知事周赓慈倡办县立中学，校址选在当时的儒学斋舍、礼乐局、上庙明伦堂、奎宿阁、地总发署、儒学坪等地，也就是今天的县供销联社，圣师酒店美食城小区一带。该校系四年制，办学经费皆由公私捐款，第一届所招学生是原豸山中学转下来的学生，当年还招了第二届，一、二届学生两个班先后于1919年春季、秋季毕业。往后每届都是招一个班，40人左右。校长是邓光瀛（1873—1944年）。1923年的第十届学生开始采用三年制（称为新制，在此以前的四年制称为旧制）。1927年招高中一年级学生，半年后，因师资不足，高中学生转入长汀和省内其他学校。第二次国内革命战争时期（1927—1937年），国共双方对峙，时局动荡，办学经费困难，旧制中学不得不于1932年停办。1923年以前的旧制（四年制）及以后的新制（三年制），人们习惯上统称为"旧制中学时期"。旧制中学共办学18年（共计四年制毕业生9届9个班，三年制7届7个班），总共毕业学生560人，其中考入黄埔军校的有吴振刚（1906—1989年）、罗列（1907—1976年）、李云贵（1902—1930年）、罗先致（1907—？）等十人。学生中出了两位将军：张南生、罗列；担任县长的有十一人，如罗树生，历任五个县的县长，后任龙岩地区专员。还有一些人则成了大学教授、报社主笔、党政官员、中小学教师、校长等。旧制中学的育才贡献功不可没。

旧制中学时期，开设了"修身"课，强调诚意、正心、齐家、治国，强调立志，要求学生毕业后"合乎现实的需要"，都能成为国家有用之材。1919年五四运动期间，师生们曾高举爱国主义旗帜，积极开展惩办卖国贼，抵制日货，声援北京学生的爱国运动。他们走上街头，游行示威，烧了"丰美号""仿陶居"等商店的日货。教师何其伟，学生邱威信、李修森是学生运动的主要组织、领导者。"五四"之后，探讨世界大事、关心国家大事，在师生中已蔚然成风。广大师生为宣传民主科学思想，还创办了《汀雷》《连钟》《莲峰》等针砭时弊、激浊扬清的进步刊物。其时，旧制中学的学生除了一部分人留在当地继续与反动军阀的势力作斗争外，一部分人则胸怀救国救民壮志，离开家乡，继续寻找光明前途。1919年，黄翼琛（明耻中学正式招生时任校长）、黄永源等人，首批赴法勤工俭学；罗乃昌、罗志煌等人远赴北京、上海、广州等大城市求学；李云贵、李修森等人则考入黄埔军校求学。他们莫不以振兴中华为己任，或投笔从戎，或宣传革命思想，有的在血与火的斗争中成为无产阶级革命家，如张南生；有的血染疆场献出自己年轻宝贵的生命，如李云贵。

旧制中学课程有：修身、国文、英语、数学、物理、化学、历史、地理、体育、音乐、图画等。数、理、化、史、地、英都有课本，国文由教员自选教材，印发讲义，学的都是古文、古诗，学生作文也写文言，所以旧制中学毕业生古文根底较好。

当时的教师主要有四类：一是前清宿儒，大部分是举人、秀才；二是大学生，以毕业或肄业于北京朝阳大学者居多；三是中学毕业生，主要毕业于汀郡中学；四是军校毕业生，如毕业于保定军校、广州讲武堂等学生。总之，旧制中学的师资质量还是比较高的，如校长邓光瀛，20岁中举，为广东候补知府，不仅学问渊博、治学严谨，还持躬淡泊、兼容并蓄，为海内人士所钦仰。

二

1938年，一些热心教育的老前辈为解决青少年就学问题，在旧制中学停办6年后，倡议光复旧制中学，商议创办一所私立中学。为解决办学经费，大家共同推举李云霄、周蔚文（周仰云之长子），专程到香港征得我县泰国华侨周仰云先生同意，由他独资兴办该中学。周先生慷慨解囊，汇回国币十万元（相当十万银元），作为立案保证金，交李云霄代办，存放长汀中国银行；另拨三万余元用于扩建添置设备。其时，成立校董会负责筹建学校。经大家推举，由周仰云先生为校主，邓光瀛出任校长，李云霄任董事长，负责筹办一切事宜。校址设在连城城关东门外东塔寺即原县立小学遗址上（即今连城一中所在地）。兴建了仰云楼一座（教室八间、办公室两间），实验室、礼堂各一座，另建平房教室三间，教师宿舍一排若干间。其时正值国难当头，急需教育国人奋勇杀敌，以洗国耻，所以取《左传》"明耻教战"之意，将学校定名为连城县私立明耻中学，并呈报省教育厅奉准立案。1939年春办预备班，同年秋开始招初中一年级两个班，原预备班为甲班，另招一班为乙班，共119人。以后逐步扩展。1945年秋季开始办高中，每年级一个班，全校班级数最多时有学生400多人。

明耻中学的校名寄寓深刻的爱国主义内容，校歌亦充满团结抗战的精神："冠豸雄峙，文川怒鸣。佳木秀，翠竹荣。绾毂（控扼路口之意——编者）闽西兮，唯此连城。中华抗战，民族复兴，正艰难奋斗，喜吾校应运诞生。萃一堂青年，有如骨肉弟兄，同甘苦，共忧乐，永葆团结精诚。明耻教战，一德一心，扫除黑暗，缔造光明。"1939年6月22日（农历五月初六）上午，三架日寇飞机在学校附近东台山下至李坊村沿线投下九枚炸弹，炸死我同胞三十余人，炸毁民房十余座，学校被逼，撤离到离城十里外的林坊村一所祠堂里上课，在极其简陋的条件下进行教学。师生早出晚归，每天步行20里路，一直到学期结束。日寇的疯狂侵略，激起师生的无比仇恨。1939年秋，学校创办了"教战剧团"，进行抗日宣传。剧团在音乐教师林启福、张霞的负责下，宣传开展得有声有色。其主要活动形式有：演唱抗日歌曲，排演抗日戏剧，组织"晨呼队"——每日清晨组织学生高唱《晨呼歌》，提醒世人勿忘国耻。他们不仅在城关宣传抗日，也到农村宣传抗日，深得民众的欢迎、好评。他们中的一些人后来参加了新四军，在前线和日寇直接拼杀；有的在敌后进行抗日宣传活动，为全民族的抗日运动做出自己的贡献，也为中华民族抵抗外侮写下光辉的一页。

明耻中学创办后，仍不能满足青少年学习的要求。遂由罗莲舫等人倡议，几经努力交涉，于1942年秋，恢复县立初中。校址仍在文庙，曾一度迁至林坊架（现西市路圆门旁边），办校经费由县拨给。历任校长是：薛国标、康汉民、童庆鸣、叶树坤、吴运启、张福民。县立初中从1942年开始招生至1951年春与明耻中学合并，共计14届，毕业405人。

明耻中学、县中时学校课程有：公民、体育、童子军、国事、英文、美术、自然（后分为动物、植物）、历史、地理、劳作、图画、音乐等；学生除招收本县学生外，邻县的长汀、清流也有不少人前来就读。这些来自四面八方的学生，带着不同的方言来到学校，在课堂上讲着南腔北调的普通话，在课后利用自己的方言交流。除少数在学校寄宿外，多数住在亲友家或在外租房子住。大家在学校不分地域，亲如一家地共同接受老师的教诲。尽管两校创办在动荡时期，但学生的校园生活还是丰富多彩的。除了以上列举学习的课程外，学生课外活动有声有色，主要有八大项活动：一是出墙报，二是看书报，三是学乐器，四是看球赛，五是远足活动，六是开晚会，七是童子军露营，八是举办辩论赛。

1949—1950年上半年是连城兵荒马乱的一年。国民党政权已经摇摇欲坠，政治腐败，物价飞涨，民不聊生，乱象丛生，社会一片混乱。从淮海战场退下的国民党刘汝明兵团和胡琏兵团的残兵，两次从连城过境。他们烧杀抢掠、拉夫抓丁；乡下的匪首恶霸纷纷"揭枪而起"当上了"草头王"。

处于黎明前夜的明耻中学和县中学生，为了追求国家民主、富强、光明的前途与国民党反动派展开了斗争，先后组织了反对国民党当局"十万青年十万军"的参军报名活动，还取得抗议伪警察殴打学生活动的胜利。在"反迫害、反内战、反饥饿"的民主运动中，有力地配合了闽西的解放运动，成为连城解放的一股重要力量。1949年6月，明耻、县中校长童庆鸣、吴运启参加县的起义会议，回校即宣布学校起义，学校升起了红旗。

1949年11月16日，由广东梅县来的人民解放军军事代表团45人，正式接管了连城县政府，并把连城北大街命名为"一一六"路，以纪念连城的解放。但军事代表团只能控制县城，广大的乡村仍为土匪武装盘踞。1950年4月，台湾派来的唐宗，在连城莒溪、文亨交界的清风山，建立了所谓的"反共军司令部"，在闽、粤、赣边境组成37个纵队。他们袭击区政府，两次攻打县城。一时间，连城的上空乌云满天，妖雾弥漫。虽然形势严峻，学生的流动性变得很大，往往到期末时一个班的学生只剩一半左右，但明耻、县中的学生仍然正常上课，并表现出很高的政治热情。11月中旬，解放军253团从海防前线进驻连城剿匪。两校师生敲锣打鼓到东门外马路两边欢迎大军的到来。团政委张茂勋到两校为师生作政治报告，让大家看清大好形势，积极配合解放军做好宣传工作。随后，两校组织了宣传队上街下乡，参与剿匪、镇反、土改活动。到年底，两校师生共60余人参加土改运动。师生表现都很好。他们同253团指战员及广大贫下中农生活在一起，工作在一起，不怕苦，不怕累，经受了考验和锻炼，不仅出色地完成了土改任务，还提高了政治思想水平，锻炼了工作能力，受到县委和县土改指挥部的表扬嘉奖。土改结束后，教师回校工作，学生大部分参军、参干（1951年两校学生参军、参干的共计78人）。

明耻及县中两校除重视学生品德的培养外还非常重视学生的"成才"。明耻中学的校歌中，提出"自觉、自动与自治""自强不息"。学校明确要求学生学业要出类拔萃，体魄要健全强壮，做人要具有坚忍不拔的精神，课外活动要"活如龙，猛如虎"，学习时要"静如处子"，要把"立志""爱校""整肃""勤勉"有机结合起来，把"天下大势，顺乎潮流，合乎人群之需要"结合起来。明耻和县立初中所培养的毕业生近千人（984人），他们中的许多人后来都成为新中国的建设人才。

两校的师资大致来源有五大类：一是前清时有功名的老先生；二是老牌大学，如燕京大学、民国国立大学毕业生；三是中山大学、厦门大学、福建学院、福建师专等1946—1950年毕业的学生；四是旧制中学毕业生；五是省立中学、师范毕业生。以前三种人居多，可以说师资水平与旧制中学一样，仍然是比较高的。

三

1951年春，县中、明耻合并，成立连城一中，校长由县长马力兼任，江兴坤任副校长，主持学校工作。为了加强党的领导，学校还成立了团支部。江兴坤副校长是厦门大学毕业生，有组织能力和魄力。他提出以抗大的校训——"团结、紧张、严肃、活泼"八字为学校的校训。在他的主持下，连城一中的校园出现了一派欣欣向荣的新气象。

学校遵照"教育必须为无产阶级政治服务，必须同生产劳动相结合"的方针，根据党提出的"团结、教育、改造"知识分子政策，进一步端正办学思想和工作作风。全体教工觉悟提高快，工作热情高。当时学校开放的课程有政治、语文、代数、几何、三角、物理、化学、历史、地理、图画、音乐、体育等。此时的师资80%是大专院校的毕业生，有专门的学科知识和比较扎实的教育理论，李葆中、罗贵榕、钟如松、林锡祺、林静文、李拔材、张明锋、韩爱莲、李安澜、黄盛鑫、罗美焕、张文烈、林炳辉、傅蔚涛、林昭容等一大批学有所专、久经考验的良师都被聘请到校任教。教师队伍空前强大，为一中的发展打下扎实的基础。在上级政府的领导下，学校不仅克服了忙乱的现象，还建立了比较稳定的教学秩序。新中国成立初期，学校的政治气氛很浓，社会活动也很多，如在抗美援朝捐献活动中，不仅师生踊跃捐献，学校还组织部分学生利用文体活动时间排演大型歌剧《血泪仇》《赤叶河》，在城关及姑田区进行募捐演出近半个月。在校期间，白天照常上课；下乡演出期间，组织部分老师跟随剧团一起下乡。晚上演出，白天补课。这些演出不仅为抗美援朝、保家卫国做了有深刻影响的宣传工作，也为抗美援朝捐献了一大笔款项。1951年秋，江副校长在龙岩专署召开的地区中教会议上作了"努力完成教学任务，积极参加社会活动"的典型发言，获得好评。除积极参加社会实践活动外，学校正常的教育教学活动还有：一是围绕提高教学质量的教学改革活动。二是勤工俭学活动。1958年春，县委把原县农场104亩地拨给学校。从此，学校有了全地区最大的学校农场。三是政治教育活动。受到当时大环境的影响，学校也出现了一些问题。在"宁左勿右"思想的指导下，反右斗争扩大化，拔白旗，插红旗，全民锻炼，吃菜吃饭不要钱（农业户学生米贷金由公社贴补）等一连串"左"的现象，在学校都有反映。其间，一些人受到错误的处理，一些教师受到了伤害，发展到20世纪60年代中期，终于酿成"文革"的恶果，"教学是学校的中心工作"受到批判，学校的正常教学秩序受冲击，在一定程度上影响了教学质量。

四

1965年11月，上海《文汇报》发表姚文元《评新编历史剧〈海瑞罢官〉》的文章，成为引发"文化大革命"的导火线。1966年5月，中共中央政治局扩大会议通过《五一六通知》；8月，中共八届十一中全会通过《中共中央关于无产阶级文化大革命的决定》。这两次会议的召开，标志着"文化大革命"的全面发动。"文革"到来，"极左"路线肆虐，许多教师被打成"黑帮""牛鬼蛇神""反动学术权威"，遭到铺天盖地的大字报的围攻和批判。学校的教室、宿舍的墙壁、走廊、过道都贴满大字报，内容涉及教师教学、生活、兴趣爱好的各个方面。教师的人格和尊严受到了严重的侵犯。

1966年8月，一中学生率先在连城成立各种红卫兵组织。他们自由组合，开始三五人或十余人一组，后来发展到100多人。这样的组织有40多个。他们拟定组织章程、确定组织名称、雕刻印章、制作队旗和袖章、选出负责人、发布成立"公告"。少数不参加组织的人，往往被认为是不革命的"逍遥派"而受到歧视。组织成立后，一切活动均以组织为单位，集体行动。各组织成员均宣称自己的组织最革命、斗"走资派"最坚决。他们轮番揪斗学校领导和教师，用的大多是无限上纲上线和捕风捉影、任意歪曲的方法。

红卫兵组织不仅在校内造反，还冲向社会破"四旧"（即旧思想、旧文化、旧风俗、旧习惯）。连城的许多文物、文化设施都是这时遭到严重破坏的。9月下旬，全国红卫兵掀起串联活动，一中师生100余人也于9月24日从连城出发去龙岩坐专列到北京串联，接受毛泽东的检阅。在大串联高潮中，留守学校的师生寥寥无几。大串联结束后，大多数农村学生各自回家，留校的农村学生为数很少，回校参加组织活动的大多数是城关的学生。这时的中学生红卫兵，实际上已不起什么作用，起决定性作用的是人民解放军、机关单位干部、工农群众。

1967年1月下旬，"福建革命造反委员会"（简称"省革造会"）开始冲击福州军区，把矛头指向军区司令韩先楚同志。3月，中央规定学校师生停止外出串连，返回学校一边闹革命、一边上课。从此，一中红卫兵逐渐转向揪斗"走资派"和派系斗争。受到"省革造会"和"省八·二九总司"（此时也分化为"革联"和"促联"两大派），龙岩"地区革命造反委员会"（简称"地革会"）和"地区红色革命造反联合总部"（简称"红联总"）的两种观点的影响，连城各单位的群众组织逐渐形成了新字派和红字派。连城的新字派赞同"省革造会"和"地革会"的观点，反对韩先楚；拥护地区"革命造反临时勤务委员会"（简称"临勤委"），反对龙岩地区军管。红字派则拥护韩先楚，拥护龙岩地区军管，反对"临勤委"。这时，学校各红卫兵组织，组合成两大派，简称"红派"和"新派"。在批斗中，两派经常发生争执，并相互攻击。8月下旬，为避免武斗，县委书记季海、武装部政委高疏九、县长刘才带群众100多人疏散出校园，避免了一场大规模的武斗。但派别的矛盾仍未消除。同年11月28日，两派部分人员在北团发生武斗。此次武斗中，8人被打死，数十名干部、学生被打伤。

1967年底，中央为稳定全国局势，有步骤有计划地把全国各地区不同派别的头头召集进京学习，并要求学校复课。尽管如此，仍未根本解决问题。学校表面上复课，两派间的摩擦仍很多。这种摩擦，一直持续到1969年2月1966届—1968届（称老三届）的高初中学生全部各自毕业离校，城镇户口的学生被动员上山下乡，农村户口的学生全部回家种地为止。

早在1966年5月7日，毛主席就对教育革命作过这样的指示："学生也是这样，以学为主，兼学别样，即不但学文，也要学工、学农、学军，也要批判资产阶级。学制要缩短，教育要革命，资产阶级知识分子统治我们学校的现象，再也不能继续下去了。"这就是有名的《五七指示》。为了全面地贯彻《五七指示》，1970年春开始，我县在教育体制上进行了一系列的变革：首先是管理体制改革。建立公社管中学，工人和贫下中农管理学校的体制。连城一中的建制和名称取消，一分为二。校本部更名为"工农中学"，隶属于城镇管理。次年，工农中学又合并了莲花小学，成为小学、初中、高中三部制的学校。此时，连城县农械厂、连城印刷厂派工人毛泽东思想宣传队（简称"工宣队"）进校。原麻潭分校更名为"五七中学"，隶属于附城公社，由公社派领导去管理。1972年，两所学校同时改为县管。其次是学制改革。改小学六年制为五年制，中学六年制为四年制（初中两年，高中两年），改秋季招生为春季招生。再次是领导机构改革。取消党支部领导下的校长责任制，建立"革委会"或"革领组"。第四是考试制度改革。中小学一律取消考试。第五是招生制度改革。取消升学考试，改为由大队"革领组"推荐上学。学生升学，一般要经过"群众推荐，组织审查，领导批准，学校复核"的手续。第六是课程设制改革。只设政治、语文、数学、英语、工业基础知识（简称"工基"）、农业基础知识（简称"农基"）、体育、美术、劳动，取消历史、地理、物理、化学、生物五门课程。教材内容，突出政治，突出实用，全面降低要求。全面贯彻《五七指示》的结果，学生的文化素质和科学理论素质全面下降。

1972年初，五七中学升格为县直属，办学条件大为改善。县委调省下放干部谢传淦同志任主任。谢主任原是福建省教育厅高教处处长。他到任之后，一手抓校园建设，一手抓教育教学质量，取得了很好的效果。首先是校园面貌迅速改观了。教室有了，学生宿舍有了，教工宿舍楼有了，食堂和膳厅（兼作学生礼堂）有了，200米跑道的操场也建起来了。其次是师资质量和教学质量都提高了。在当时的连城，无论从师资队伍看，还是从教育教学质量看，可以说没有一所完全中学可与它相比。1974年7月，全国掀起了反击右倾翻案风的浪潮。在这个大环境下，全县中小学教师集中在县里学习，揭发批判修正主义教育路线的回潮。但当时的五七中学的"回潮风"并没有受到任何的揭发和批判，因此学校的教学秩序没有受到大的影响。

1974年8月，由于县五七中学遭到特大洪水的袭击，县里决定它与县工农中学合并，连城一中的校名从此恢复。

"文革"中，学校备受磨难，是冲击的重灾区。其时，不仅学校正常的教育教学工作无法进行，教师的身心也遭到损害，有的甚至被迫害至死；大量的优秀教师被调离一中；学校实验室、图书馆等仪器和图书遭到损毁和流失；教室和办公设施遭到破坏；学生质量特别是思想道德水平急剧下降。可以说这场灾难给学校带来无法估量的损失。

1976年10月，党中央领导人民粉碎"四人帮"。"文化大革命"结束了，人们终于拨开云雾见晴天，学校终于再次获得新生。

五

1978年，工宣队撤出学校，一中恢复了党支部的领导。学校开展对"两个凡是"的批判，清理"左"倾错误的影响。

"文革"后的一中百废待兴。首先，是"文革"中教师的冤假错案要进行平反。教师是人类灵魂的工程师，若是工程师的灵魂出了问题，能指望塑出高尚的灵魂？在"文革"中被戴上不同帽子的老师，精神上受到很大的压力，如果"帽子"不摘，精神就不能解放。

十一届三中全会后，中央关于落实知识分子政策和平反冤假错案的文件传达下来，学校闻风而动，配合上级部门，先后为林锡祺、林昭容、林文彩、张彰、吴志奇、吴大琦等人在"文革"中的冤假错案进行平反。

1977年8月4日，中央召开了"科学和教育工作座谈会"，邓小平作了《关于科学和教育工作的几点意见》的讲话，提出要"尊重知识、尊重人才"，特别是"要下定决心恢复从高中毕业生中直接招考大学生，不要再搞群众推荐"。消息传达后，全国轰动，积压了十多年没有出路的高中毕业生，从中看到了希望，异常兴奋，奔走相告。我县教育部门立即调遣骨干教师到连城一中编写各科高考复习纲要。大家在紧张愉快中以极大的热情迎来了1977年，这年冬天特别举行的全国高等学校招生考试。学校学习风气为之大变，"上大学改变命运"成为当时的一致认同，"读书无用论"彻底失去了市场。1978年，连城一中被确认为省首批办好的全省87所重点中学之一。1979年高考，王敏考上北京大学。他是继1963年罗土卿考上北大以后的第一人。1984年，杨海龙同学被清华大学录取，是我校自1955年徐孟武上了清华以后的第一人。校友考上北京大学、清华大学等名牌大学的榜样作用，大大激发了学生勤奋学习的热情，一个比、学、赶、帮、超的学习风气逐步形成。

20世纪80年代初的教师队伍状况是很令人忧虑的。教师队伍水平的提高也是"文革"后学校发展面临的一个重要问题。最突出的矛盾是教师数量少。其一，由于"文革"十年大学教育受到摧残，中学没有新教师的来源。其二，中学生的人数大大增多。其三，中学由四年制（初中两年，高中两年），恢复为"文革"前的六年制（初高中各三年），造成师资严重不足。其四，一方面，原来来自沿海（福州、厦门、晋江、莆田）支援山区、老区教育的教师，都有返回沿海家乡工作的愿望；另一方面，一批到龄的老师要退休。这种种因素的存在，使师资紧缺的状况越发"雪上加霜"。面对这一严峻的形势，学校理所当然地把教师队伍建设作为首要任务来抓。首先，稳定现有教师队伍。优先照顾沿海来连教师，争取他们安心工作，如帮他们解决住房、子女入托入学问题，帮他们争取指标为其家属安排工作等。其次，请老教师与新教师自愿"结对子"实行一对一帮扶。如物理组韩淑云老师与青年教师范友祥、化学组李如珍老师与青年教师罗炳杰结对。再次，放手让青年教师挑重担，邀请本组老师和领导来听自己的公开课，听课后由组长组织评议，使他们不断地提高教学水平。选派比较优秀的青年教师到省教育进修学院脱产进修，以提升他们的学历层次。这些做法，起到很好的效果，到20世纪80年代末，一中的教师基本满足教学的需要。1983年初，县教育局还专门设立高考奖金，此举很大程度上提高了教师工作的积极性。

1981年，一中的领导班子作了调整，县委派李葆中任校长，江兴坤、罗贵榕、罗焕南、张泉富任副校长。新领导班子成立以后，建立了学生管理、教学教研等各项管理规章制度。这些，都反映在《连城一中规章制度汇编》中。帽子没有了，枷锁砸碎了，规章制度建立起来了，一个心情舒畅、生动活泼、有规有矩的局面开始在一中形成，学校的各项工作逐步走上有序的轨道。

1984年，根据中央机构改革精神，重点中学校领导编制不超过四人。据此，一中组成了新的领导班子：校长、兼书记罗焕南，专职副书记李大谌，副校长傅嘉滨、杨子良。校级领导下设办公室、政教处、教务处、总务处、团委。自此，学校形成了校长负责制，党支部起政治核心作用，教代会实行参政议政、民主监督的三位一体的管理体制。

学校有了新气象。新的班子根据学校实际，提出了学校的校风、教风、学风，征集了新的校歌歌词；更新了学生课桌凳。教育教学质量有了较大的提高。

随着教育改革的深入，学校的德育工作面临着严峻的挑战。如果墨守成规、因循守旧，德育工作必然软弱无力，必然无法适应变化的新形势、新任务，因此，探索一条适合学校和本地区的德育教育新途径显得很迫切。为此，学校成立了以校长为组长，行政人员、年段长、班主任为核心的德育领导小组加强这项工作。学校通过班会、年段会、家长会、黑板报、宣传栏、国旗下讲话、报告会和学生社团活动等各种途径对学生进行德育教育，逐步形成了以爱国主义为主线，革命传统教育、劳动实践教育、国防教育为龙头，养成教育为重点，励志教育为目的的德育特色。丰富的德育活动载体不仅活跃了校园文化，也使学生在活动中受到教育，素质得到提升。

学校制定各学科德育渗透要求。如政治课，要求运用多种形式开展形势教育，把基本理论知识的教学与形势教育结合起来；历史课，要求教师在教学中渗透爱国主义教育；语文课，要求老师在培养学生听、说、读、写能力时要注重爱国主义感情和高尚的道德情操教育，要求帮助学生提高鉴别真、善、美与假、恶、丑的能力；各门课程都要求老师要注意培养学生的爱国主义思想和民族自豪感、辩证唯物主义观念和奉献精神及探索精神等。

学校建立了教育基地，建立了校史馆，创建了教育载体。学校依托县火烧炉、隔田两个校外劳动基地对学生加强劳动教育。学校通过看、听、读、讲、唱、赛、比的形式，提高教育的效果。看——参观革命烈士陵园、观看展览图片、观看宣传革命传统的影视；听——听老革命、老红军、老干部，讲授革命斗争故事；读——阅读宣传革命传统的报刊、文章；讲——组织学习演讲会、讨论会、故事会，谈学习感受；唱——唱革命歌曲；赛——组织以革命传统教育为内容的知识竞赛；比——开展学习比拼活动，比进步、比成长、比成果，提升学习的效果。

注重社会实践。每学期集中一段时间组织师生深入厂矿、农村、部队进行社会调查和考察，如到县造漆厂、林化厂、锰矿、场站、果林场调查等等。通过参加社会实践活动，师生的素质都有了相当的提高。

开辟渠道，强调配合。学校十分重视发挥家庭、学校和社会三个方面的教育功能，强调互相配合。各年段都成立了家长委员会，每学期至少召开两次家长大会，使家长了解学校工作的同时，也让学校倾听家长对学校的要求。这种发挥办学优势和多渠道影响学校的叠加效应，也是学校德育工作的优势。

抓好转化后进生的工作。首先，重视分析后进生的原因；其次，制定相关的制度。要求教师善于挖掘后进生身上的闪光点，帮助他们端正学习态度，树立起积极自信的人生观、明辨是非的价值观、严守纪律的纪律观。要求教师偏爱差生，做到生活上多关心，学习进步多关注，遇到问题多关怀。同时，注意充分发挥社会各方面力量做好转化工作，建立起学校、家庭、社会一体的教育网络，从而激发了学生的学习兴趣，"读书无用论"的思想彻底从校园中清除出去。

现代教育要求学生必须学会学习，以实现从"教"到"学"的根本转变，这也是基础教育改革的需要，符合世界教育发展潮流。长期以来，传统的教学更多注重的是教的方面而不是学的方面。为适应邓小平同志在1983年提出的教育必须"面向现代化，面向世界，面向未来"的口号，学校从1978年开始，重视学生的学法指导，并进行了坚持不懈的探索，形成一整套有用的学习方法。

学校始终把办好初中当作重要工作来抓。这样，每年基本上有50%的应届生升入本校高中，这使生源质量有了保证。初中"四率"评比连续多年位列全县第一，全市前茅。在教学上坚持任课教师小循环制，这样做有利于增强教师的责任感，有利于教师全面掌握教材，了解学生。为了抓好中小学衔接，学校还组织任初一课程的教师到城区实验小学、劳动小学听课，有时也请小学的教师到我校听课，共同探讨衔接问题。为了初一新生适应初中学习，还要求各科教师开放学习方法指导工作。

在探讨教学改革上，学校提出"向课堂45分钟要质量"的口号，从教学手段、方法运用，教学内容整合，知识重点、难点突破，辅导练习的筛选等方面，作了明确的规定和要求，学校教务处、教科室、教研组经常的检查工作落实情况，有效地推进了课堂教学的改革。

在培养尖子生方面，学校通过思想动员、鼓动拔尖、奖励优秀和减免学费及对经济困难学生经济补助等方式，解除他们的后顾之忧；通过教学上因材施教，解决他们"吃不饱"的问题；通过组织他们参加全市、全省、全国的各种竞赛，提升他们的实践能力和知识层次；通过评选三好生、学科能手等激励方式，激发他们勇攀高峰的斗志。这一系列的举措，使这部分学生成为学校、年段的领头羊，也带动了学校良好学风的形成。

学校还大力提倡推动教师，特别是中青年教师开展教育、教学科研活动。主要通过成立教科室统筹学校教育，通过每周至少印发一期《教研天地》学习材料给全体教师，每学期末召开学校的教育教学研讨会，评定教师中优秀的论文并汇编成册，及时表彰在本年度中教研教改出色的教师，出台对教研、教改、学校竞赛的奖励方案等，推动教育科研的开展。教育科研的开展又推动了教育水平的提高，促进了教师的成长。很快，全校涌现出一批师德水平高、教学科研能力强的骨干教师。1989年9月，黄修桂被评为全国教育系统劳动模范；1991年9月李如珍老师被评为"全国优秀教师"；1994年8月，吴有春老师被评为我校首位中学特级教师；1995年9月，罗炳杰老师被评为"全国优秀教师"；2005年8月，罗炳杰被评为福建省首届"杰出人民教师"。

校园建设也是学校建设的一个重要组成部分。1981年，新班子把校园环境建设、改善办学条件作为一件大事来抓。连城一中经过"十年浩劫"，校园环境、图书仪器等方面都遭到严重的破坏；校园周围没有界墙，行人随意可以进入校园。1983年"严打"前，校园极不安宁，师生的生命财产缺乏保障。鉴于此，学校决定在1986年把校园南面连宁路临街的店铺，由租方投资，校方筹建，以七年为期，先预付七年租金以建店的办法，在沿街建店面20多间，这样才把南边校界围了起来。对城墙窝通道穿校而过的问题，县里曾提出用改道的办法来解决，但群众不同意，学校只好沿道两旁筑起围墙，通过一座天桥把南北校园连接起来。北边校舍与天主教堂紧紧相连。因新中国成立初，政府取缔天主教，都划拨给一中，一中就把它们用作图书馆、阅览室和教工宿舍。但20世纪80年代初，党恢复和落实宗教政策，要求把教会财产归还教会。为了创二级达标中学和"普九"工作顺利通过，学校通过政府出一点、自己筹一点、校友捐一点的原则，积极筹措办学资金，改善办学条件。1978年，拆除原明耻中学旧校门和附属建筑，建成教工宿舍1号楼；1982年8月，拆除校园最后的8间平房教室，动工兴建起四层教学大楼（即老教学楼），10月还拆除旧仰云楼，在原地改建教工宿舍3号楼（即新仰云楼）。1983年8月，学生膳厅竣工；1983年10月，拆除原沈家祠及其附属建筑建教工宿舍5号楼；1986年9月，连城庙前锰矿、我县山区的一些村委等集资建学生公寓楼一幢（现明珠城位置）；1991年11月，敬和楼奠基建设，1993年3月竣工；1994年7月，图书馆动工兴建，次年10月竣工交付使用；2001年9月逸夫楼（实验楼）投入使用；2004年9月年茂楼、学术报告厅投入使用，艺术中心广场竣工；2008年6月田径运动场建成；2012年2月，学生公寓、食堂竣工使用；2014年12月，仰云文化公园建成，福清体艺馆完成主体工程建设。

　　1994年5月，以黄修桂为校长、书记的新一任连城一中领导班子，从上一任领导手中接过接力棒，登上学校管理舞台。上任之初，他们在分析一中在本市重点高中的地位后，倍感责任的重大，把争取名列全市重点高中前茅的目标作为工作出发点，提出了"质量兴校，管理兴校，教研兴校"的工作思路，提出"团结、有序、和谐、高效"的工作要求，以"德育为首，教学为主，质量第一，全面发展"为办学宗旨，提出"内强素质，外塑形象"的奋斗目标，对学生提出"爱我一中，兴我一中"，"今日我以一中为荣，将来母校以我为荣"的奋斗口号。那时的一中还是一所未达标的学校，在当时本市大部分重点中学已是一级达标学校的情况下，面对创达标要求的重重困难，新班子成员在统一认识的基础上，很快就把达二级学校目标方案拟订出来，经教代会讨论通过后，付诸实施。创达标工作有力地推动了学校各项工作跨越式发展，校园环境建设改善了，教学质量上去了，各项管理措施更加规范了。各种前期准备工作在各部门、各位教工的密切配合下有条不紊地进行着。1995年12月，省、市、县有关专家对一中的达二级学校准备工作给予高度的评价，以96分的高分通过"二级达标学校"定级验收。

注：本文作者为连城一中现任副校长。

校 史

李云霄

　　民国34年（1945年）6月，本校第六班毕业生将刻同学录，王校长成瑚既弁其首矣，复问校史于余。诸生之问校史也，是殆不忘母校之心，并欲知经营缔造之艰难，思有以发扬而光大之欤！是其心固可嘉，而余又经手开办之人。其慰藉与希冀之情，有不能已于言者！兹将本校历史分为五时期，胪陈于后：

　　1.动机时期：吾邑原有旧制县立中学，几经动乱，百端待理，地方财政枯竭。时周君仰云在暹罗，既出巨资修县志，复谆谆以学子无升学之阶为虑，连函促余创办中学，并力任建筑开办等费，常年基金，则愿任其半，旋以省立简师迁连城，以为有升学之阶，事遂中辍，此为动机时期。

　　2.建筑时期：省立简易师范，既迁来连，则每班招生吾邑仅能收七八人，周君仰云闻讯，即将建筑开办费汇来，敦促益亟，乃于己卯春开始在东塔寺旧址，因前此乡村师范墙址建筑，并购置校中器具，此为建筑时期。

3.开办并立案时期：建筑既完成，乃于民国29年（1940年）春季招补习班，一面向教育厅立案，而教育厅仅准备案，迭次派员来查，认为合格。先是教育厅章程，初级中学基金，及建筑开办等费，规定为六万元，建筑开办费既由仰云负担，地方人士只需筹二万余金，皆以田租作基金，其一半则由仰云凑足。讵至民国30年（1941年），教育厅颁新章，除建筑开办费外，需现洋十万元，存入中国银行方准立案，一切田产皆不能作基金。于是校董会束手无策，乃电周君仰云独资办理。即汇现洋十万元存入中国银行，案始立定。其各姓各人所捐田亩契票登报由捐者领回。计立案一项，霄往教育厅共四次，以见私立学校创办之初，立案之难也。此为开办并立案时期。

4.困难时期：基金十万元，在当时本甚充裕，以后历年不敷，由数万元至数十万元，皆由校主周仰云垫足，去年霄亲往姑田、北团、朋口、三隘及在城等处捐募，为永久计，适有扩充高中之议，乃将所捐之款并入，此为困难时期。

5.扩充时期：自明耻初中成立以后，县府又设县立中学于城内，下南又创办连南中学于芷溪，既有三初中而无一高中可升学，学生又感困难，最近拟向教育厅接洽，将本校改为完全中学，添招高中班，经费由全县统筹，改组校董会，公推罗君荫西为董事长，将校舍图书、器具仪器移交新董事会，将来高中成立，人才辈出，庶不负校主周仰云先生作育人才之盛心也，此为扩充时期。

右列五条，为明耻中学略历。抑霄更有进者，方今科学昌明，列强并立，无人才固不能立国，有人才不受科学之陶铸，亦不适于国用。学校者，科学之源头，亦人才之策源地也。诸生毕业后能充实学识，为国家争荣誉，母校与有光荣，其上焉者也。不然，能充实母校基金，以扩充为大学，则尤难能而可贵也。诸生共勉游哉！

注：本文最早刊载于明耻中学第六班毕业生同学录（1945年春），作者其时为明耻初级中学校董会董事长。

回忆与瞻望

江兴坤

岁月风华，往事如云。回首我和连城一中的情缘，可以说特多、特深。屈指一算，我从1939年春开始进入明耻中学预备班，连城一中就是我的母校了。直到现在身为连城一中的退休副校长，已经历66个春秋。在这66年中，我是六进六出。试问人生有多少个66年？又有多少人能在同一单位六进六出？

这篇文章，我想就从我的六进六出这一顺序展开，从中既可检阅一下我的人生经历，也可以略窥各个时期连城一中的兴衰与发展。

连城一中的前身，最早是1914年由县举人吴海澜为首创办于冠豸山的豸山中学。吴海澜被选为校长。当时只招一个班，学生全部住校。后因地点不适，省教育厅未准立案。吴辞职，力荐邓光瀛继任校长，迁校址于城内孔庙旁儒学衙门和明伦堂，将豸山中学学生编为一班，另招新生一班，共两个班。1915年秋正式改名为连城县立中学。县立中学原是四年制，1923年改为三年制，称新制，原有的四年制称旧制。到后来不论新制、旧制，人们皆称之为旧制中学。后因时局动荡，

1932年停办。旧制中学创办时我还未出生，停办时我才九岁，还在读私塾。我年轻时认识一些旧制中学毕业的前辈们，他们都很有见识，尤其是语文水平很高。至1989年我负责主编《连城一中校史》才知道旧制中学办了18年，培养毕业生500余人。其中考入黄埔军校的10人，出了两位将军：张南生、罗列；当上县长的11人，罗树生历任五个县的县长，龙岩地区专员。还有大学教授、报社主笔、党政官员、中小学教师、校长等。旧制中学的育才贡献功不可没。

1938年县热心教育的老前辈邓光瀛、李云霄、李师张等，为解决青少年就学问题，光复旧制中学旧观，商议创办一所由我县泰国华侨周仰云独资创办的私立明耻中学。1939年春办预备班，1939年秋开始招初一两个班，原预备班为甲班，另招一班为乙班。以后逐年扩展，到1945年秋开始办高中，每年招一班，全校多时有12个班，学生400多人。

我在明耻中学就读了三年半（含预备班半年），很多往事难以忘怀。首先，学校是在全民抗战声中创办的，校名取《左传》"明耻教战"之义，寓寄抗战救国之意。在我念预备班期间，也就是1939年6月21日下午，满城传说日机轰炸永安，人心惶惶，担心连城也遭轰炸。不出所料，第二天6月22日（农历五月初六）上午，为了防空疏散，学校只上两节课，我刚回家不久，10时许，三架敌机轰炸我东门桥头车站附近（当时车站在文川桥北岸，很小）、李坊村，一共投了九枚炸弹，炸死几十人，炸毁炸坏许多房屋。当天下午又听说长汀上午也被炸。两天之内，日寇疯狂轰炸我闽西三县，不仅给我们造成惨重伤亡和巨大损失，还给我们带来长期的骚扰和不安，害得我们学校无法在东台山上课，搬到离城十里的林坊村一所祠堂里，挂起一块黑板，借来一些长板凳，在极简陋的条件下进行教学。师生早去晚归，每天要多走二十里路，直到7月底学期结束。日寇的疯狂侵略、轰炸、骚扰，激起师生的无比愤恨。1939年秋，学校组成"抗战剧团"，演唱抗战歌曲，排演戏剧，唤醒人们起来抗战。其次，学校考试严格，执行升留级标准也很严格。以明耻中学第一届为例，初一招两个班共119人，到初三下学期只剩下40人。最后一学期为了迎接毕业升学统考，学生全部住校，校舍不够，住礼堂。各人点煤油灯，每晚自修到深夜。毕业升学考试，由省教育厅统一命题，派地方官员监考，集中评卷，升学统一分配。这种做法的弊端，是造成留级生多、流生多；好的一面是毕业生素质高，以第一届来说，考试结果40人全部毕业，全部升入长汀中学、永安中学、连城师范、沙县福州高中、南平福州高工等校就读。后来这些人大部分升入大专院校，成为新中国的优秀建设人才。再次，明耻中学初期教师给我的印象很深，影响也很大，对于我来说，明耻初中给我打下了良好的知识基础，使我能顺利升入高中、大学。现在回忆起来，这些老师历历在目。当时的校长邓光瀛是前清举人，他的学者风度和他的招考作文题"足食足兵民信之解释及其要义"，寓民主思想及抗敌救国的爱国主义思想教育于其中，是我终生难忘的。明耻中学正式招生后第一任校长黄翼琛是连城芷溪人，法国留学生，化学专家，为人质朴，自制粉笔、肥皂等。数学老师刘启诚（长汀），教学高度负责，特点"严格、精练、灵活"。他每节课只讲30~35分钟，留下10~15分钟叫3~5位学生上台板演，教师讲评，布置作业，第二天就改好发还学生，经常进行课间几分钟小测，试卷也是及时改好发还。由于刘老师的严谨教态和优良教法，提高了学生的学习兴趣，打下了良好的数学基础。公民老师吴洒青是法国留学生，温文儒雅。理化老师何其伟（莆田），参加过同盟会，任过旧制中学教员。语文老师林柏樵（福州），教给我们很多成语。历史老师陈诗启刚从厦大毕业就被聘为明耻中学的教导主任，兼明耻、县中两校历史课，对学生管理非常严格，校风肃然。外语老师周次乾（长汀），口语流利，洒脱不羁，亦庄亦谐，别有风趣。

地理老师何柳泉（长汀），甚是慈祥，教态平和，令人不能不静心听讲。音乐美术老师张霞（仙游），是一位音乐、美术、劳作全能的教师，中乐、西乐、国画、油画、制作乐器样样拿得起，还负责指导抗战剧团，1942年被迫离开学校，离开连城。想起这些老师，一股思念敬爱之情，不禁油然而生。

1945年秋，我刚从长汀中学高中毕业，考入厦门大学。正值抗战胜利，厦门接收工作进展迟缓，厦大原校舍还在作日寇俘虏兵集中营。厦大一年级新生准备迁回厦门上课，迁移工作有许多困难，直到11月才回厦门鼓浪屿上课。因此我受聘明耻中学代课两个月，这是我二进连城一中。我上高一和初三的英语、地理课。从两个班学生上课的良好秩序可看出校风校纪是不错的。在我印象中，校长王成瑚豁达，有魄力，曾写明耻中学校歌歌词，他还提出"自觉、自强、自治"的校训，后来调厦门《星光日报》当主编。

明耻中学创办后，仍不能满足青少年上学的要求，遂由罗莲舫等倡议，公民代表120人呈请恢复县立中学，几经交涉，才获批准，于1942年增办县立中学。校址在文庙、礼乐局——旧制中学校址的一部分，经费由县教育经费支出。1949年9月，我厦大毕业，受连城县中校长吴运启聘请，上初三两个班英语。这是我第三次进连城一中。那时连城县已经解放，县文工队经常到学校联系活动，课本也是新华书店购的新课本。当时学校只有六个班，教师十多人。不久政府派厦大毕业的张福民为校长，他任内聘了钟如松、罗美焕、林昭容、黄盛鑫、张文烈、李拔材等厦大和师院毕业生来校任教，壮大了县中教师阵容。1950年3月，张福民校长调福州新民主主义教育研究班学习，结业后，留省教育厅工作，校长由傅国材教导主任代理。1950年6月，我被调福州第二期新民主主义教育研究班学习，学习期间加入新民主主义青年团，9月结业回县中任生活指导委员会主任兼政治课。这时连城土匪嚣张，上级派中国人民解放军二十九军253团到连城剿匪土改。我在学校发展了一批团员成立团支部，组织学生配合253团到街头宣传。11月，县中、明耻两校动员了60多位师生参加土改，教师有谢尧孙、黄盛鑫、张文烈、李拔材、钱昌堃和我六人。

新中国成立初，由于私立明耻中学经费来源断绝，学校呈请人民政府接办，经省、地批准，于1951年春将私立明耻中学和县立中学合并，定名连城第一中学，并由龙岩专署派我任副校长负责接办事宜，校长由县长马力兼任。校址设在连城县东台山，即原明耻中学所在地，经费全由政府拨给。当时高一、高二、高三各一个班，初一、初二、初三各两个班。当年政府拨款兴建一座教学楼，叫"五爱楼"，两层4个大教室（位于西操场城墙下）；新建一座教工宿舍，叫"和平楼"，就在校门内，有20多个房间。两校原有教职工，除个别因工作需要调动外，绝大多数仍留一中工作。当时师资素质较好，兼任校长马力是现任县长，南下部队干部。副校长江兴坤、教导主任李葆中都是厦大毕业。总务主任张明锦（宁化）福建师专毕业。政治教员江兴坤（兼）；语文教员林锡祺、钟如松（长汀）、袁国昌（上杭）、萧永晃（武平）、罗斌葵；数理教员张明锦、林炳辉（上杭）、李拔材（长汀）、林昭容、吴大钊；外语教员李葆中（兼）、童广华、韩爱莲；史地教员张文烈、黄盛鑫、罗美焕；生物教员傅蔚涛（长汀）；图音体教员谢尧孙、谢济中、钱昌堃、陈新堃（莆田）。教师全是大、中专毕业生。其中大专毕业生占80%以上。由于教师素质较好，工作认真负责，学生对老师的教学普遍较为满意，学校尊师爱生成风，师生感情较为融洽，教学质量较好。这一时期的毕业生现在在祖国各条战线上任会计师、工程师、主任医师、讲师、副教授、教授，以及在政府各部门工作的为数不少，如郑州大学化学系副教授李修道、武汉医学院附属第二医院整形外科教授主任医师罗永湘都是一中1951年高中毕业生，北师大中文系主任、博士生导师童庆炳是一中1953年初中毕业生。学校对体育工作也很重视，除正常的体育课外，许多教师参加校内外篮排球赛，文体活动有声有色。1951年秋在县中山公园（体育场）举行新一中首届运动会，县委领导全部应邀亲临开幕式，县长兼校长马力同副校长江兴坤一道站在师生行列前头参加入场式。县领导的关怀和重视给了师生极大鼓舞。当时学校思想教育工作主要是贯彻五爱教育，即爱祖国、爱人民、爱科学、爱劳动、爱护公物。师生都有较强的组织观念，学校纪律秩序良好，师生团结互助，艰苦朴素。1951年夏根据龙岩地委指示要求，学校成立选送参军参干评委会，发动学生踊跃报名，结果评选黄春涛、李树子、揭业汉三位同学参军。学校举行了隆重的欢送大会，师生高兴，家长更高兴，整个学校喜气洋洋。师生热爱新中国向往革命的炽热情感，于此可见。由于新中国成立初期政治运动较多，土改、剿匪、镇反、参军、参干、抗美援朝、发行人民币、爱国储蓄、宣传募捐等活动学校师生都要参加，还要完成教学任务，这就成为学校的一对主要矛盾。依靠师生的政治觉悟和积极性，学校领导比较好地解决了这一矛盾，写了总结。1951年秋我在龙岩专署召开地区中教会议上作了《努力完成教学任务和积极参加社会活动》的典型发言，得到好评。在许多社会活动中较为突出的要算抗美援朝捐献活动，除师生自行捐献外，学校还组织师生利用文体活动时间排演大型歌剧《血泪仇》，在城关以及到姑田区进行募捐演出活动近半个月。在校演出期间，白天照常上课；下乡演出期间，组织教师跟随剧团一起下乡，晚上演出，白天补课。结果不但为抗美援朝保家卫国做了有深刻影响的宣传教育工作，为抗美援朝捐得了一笔款项，师生自身也受到了深刻的爱国主义教育。更值得一提的是参加演出的学生在学业上也没有一个掉队的。正当学校欣欣向荣的时候，"三反"运动开始了，1952年春专署调我到龙岩一中任教。这是我第四次进出连城一中。

1961年秋，我由龙岩一中调回连城一中任教语文。离别十年的学校已焕然一新，有300米跑道的运动场，扩建了许多教室。当时校长张彰，副校长李葆中，他们都很欢迎我回来。一学期后，就要我负责语文教研组工作。我也竭尽努力，除了上好课、搞好教研组工作外，着力培养青年教师，经常听他们的课，与他们交换意见，帮助他们改进、提高教学。这时学校有一批责任心极强、业务水平较高的50年代的老教师，还有一批60年代师大毕业的生力军，师资队伍强大。其中李葆中、江兴坤、林锡祺、罗贵榕、林炳辉、张明锦等六人，1962年曾被县委评为高级知识分子，享受相应待遇。他们的人品和教学深受学生喜爱。教师乐教，学生乐学，教学效果好，质量较高，高考升学率逐年上升。然而，正当学校蒸蒸日上之际，一场"浩劫"从天而降，1966年5月开始的十年"文革"，连城一中也未能逃此一劫，也有两派，也搞武斗，有48位教职员被点名、批斗、抄家，有2位职员受不了残酷的批斗，自杀身亡，有4个学生参加武斗而丧生。停课闹革命，复课打派仗，开门办学，校园遭破坏，图书、仪器损失殆尽。我是语文组长，首遭批斗，被扣上"反动学术权威"帽子，受害良深。到1970年才彻底平反，调去姑田中学、五七中学、北团中学任教。这是我第五次进出连城一中。

1981年秋，由龙岩地委宣传部提名，连城县委研究后调我回连城一中任副校长。同时调回的李葆中任校长，赖绍定任党支部书记，罗贵榕任副校长，还有原来在校的罗焕南、张泉富任副校长。这是上级党政领导重视教育，为加强连城一中领导班子的重大举措。新领导班子上任后，认真贯彻"调整、改革、整顿、提高"的方针，拨乱反正，狠抓教育教学质量，学校又有一番新气象，升学率大幅提高，由前几年的后进跃为地区前三名。上级拨款兴建36个教室的大楼和实验综合大楼。我负责抓教学教改工作，兼一个毕业班的语文教学。我除备好课、上好课，还经常下班下组听课，了解情况，努力学习各地经验，结合学校实际，每周例会上向全体教师提出教改意见。上级对我也很关心，1983年县总工会推荐我到福州金鸡山疗养院疗养三个月，1984年地委宣传部、专署教育局组织地区八所重点中学每校一位领导到北京参观学习，地区教育局通知我去参加。1984年秋，上级教育部门根据政策规定，李葆中、江兴坤、罗贵榕（60岁以上）退居二线，1987年退休。这里我想起1982年陈金莺老师在党支部会议上说的一句话："现在学校的这些领导就是像办学校的，可是回来得太晚了。"这话很深刻，既肯定了当时的领导班子，也批判了"文革"期间的学校领导工作，表现出对"文革"以后教育工作损失的惋惜。

退休后，连城一中又成了我的娘家。每年教师节、老人节、春节都有慰问或邀请我回校座谈、会餐。有些大型活动学校也邀请我参加。这些也验证了我和连城一中的情缘之深。我对连城一中的发展也特别关心。近年来，连城一中在继任的校长、教职工的共同努力下，在党政领导下，在连城人民和各界人士的关怀下，取得了更大的成绩，教育教学水平不断提高，升学率逐年上升，学校规模更加壮大发展。现在已有50多个教学班，学生3000余人，今年可通过一级达标。连城一中校园原占地60多亩，风光优美。2003年县委、县政府又划了东台山周边近40亩地，包括民房、店铺、粮站等给一中建筑教学大楼、体育馆，容有400米跑道的足球场，还有十余个篮球场、排球场。新的教学大楼和400米跑道的足球场，在九十周年校庆来临之前可以完成。三两年后，整个连城一中将是簧宇一新，更加壮丽辉煌。

综观历史，连城一中是连城县最高学府，全省87所重点中学之一。九十年来，她为连城，为祖国培养了33000多名建设人才。其中不少是有突出贡献的栋梁之材。可谓英才辈出，桃李芬芳。一代一代多少有识之士为她的创办、再办奔走、效力、捐输，多少园丁献出自己的心血为她浇灌，使她成长壮大，流芳溢彩。虽然她也经历了许多艰难挫折，经受了狂风暴雨的洗礼，但是人民喜爱她，国家需要她，她必将与人民同在，与祖国同春。

2004年4月

注：①本文作者为1939年春明耻中学预备班学生，曾任新中国成立初期连城一中主持工作的副校长。②凡创作时间写明2004年者均选自一中九十华诞纪念集《吉光片羽集》。

有关明耻中学开办经过的一些史实

罗道谋

我曾经从我祖父口中听到下面一些有关当年开办明耻中学的情况。

当时，县内没有中学可供小学毕业生继续升造，县内诸多乡耆士绅就出来倡议办一所中学。首先考虑的是办学经费问题如何筹措。当即决定：一是由本县各大族氏以宗祠名义捐助学田收学租；二是向周仰云先生义捐。后来，周先生捐了十万银元，交当时教育厅作立案基金。而各大族氏捐出的学田就由校董会管理，每年所收田租既是平时办公费用，教职员工的工资支付也在其中。

我所以提出这些史料，是因为我看到一些有关明耻中学的创办（如新县志）只是提到"周仰云先生捐资十万创办了明耻中学"之类的措辞，而对当年乡耆士绅的办学积极性及各大族氏义捐学田为校产却未提及。我认为：既然是"史"就要讲求"实"，不应该强调一方而忽略另一方。一是一，二是二，这才是实事求是！不知现在的校史稿中对当年这段史实是如何着笔的。谨作为资料供参考。

我的意见是：

"某某某创办……"，"创办"这个词不是准确反映当年办校史实，是否可以这样写："周仰云先生义捐巨资十万银元为立案基金。"至于地方上乡耆士绅积极倡议和县内各大族氏乐捐学田为校产的事，作为一校之史，应当补上。谨请校史执笔同志斟酌！

2004年3月29日

连城县旧制中学教职员简介

醒子

连城县旧制中学校长邓光瀛先生，道德学问深为当时吾连新旧知识分子所推崇。他当校长后，聘用人员标准唯德与才，不论本籍外籍，年老宿儒或青年俊彦，皆推诚相与。兹将这一时期教职员简介于下：

黄颖成，学监。清廪生，本县庙前镇芷溪村人，任职最久。（另详传略）

吴颍香（1891—1933），教务主任。原名藻翔，莲峰镇人，汀郡中学堂毕业（清末办汀郡中学堂，收八县生童入学，辛亥光复后，称省长汀中学）。曾参加汀州光复起义。他主持教务，秘微谨慎，从未出过差谬。兼任史地教员，备课认真。课前预先画地图于小黑板，带至教室备用。条理分明，语言清晰，效果极佳，深得学生敬仰。对家境贫寒有志于学的学生，捐薪资助。县中停办后，曾任沙县乡村师范数学教员，在沙病卒。

罗镇沣（1881—1934），字先舫。本县文亨人，清末庠生，任国文教员兼班主任。由于祖父在桂林开设罗义昌钱庄，为广西金融界巨子，他自幼在桂林读书，一口南腔标准官话。他学问渊博，精研春秋和汉史，评论历史人物见解超卓，出人意表。为文峭洁遒劲，批改学生作文，善于用总批和眉批，指出文章之疵谬和佳处。对文句用棒、叉、点、圈表示差错与佳平，很少修改，学生进步很快。他手不释卷，对诗词未暇写作，但在晚年游武汉某寺时，曾咏放生池七绝一首云："水少鱼多挤不开，大家都为放生来。就中最苦龙门鲤，未遇风雷实可哀。"对当时政治社会情况，扼要塑出，明白如话。而其怀才不遇之慨，更跃然纸上。

黄光济，与学监黄颖成同里，年相若，国文教员。其改文方法，句斟字酌，与罗先舫先生相反，效果各有千秋。

吴光熊，本县城关人，约生于1894年前后，汀郡中学堂毕业，曾参加汀州光复起义。在校任国文教员，为人谦和，改文时命高才生先阅，提供批改意见。对贫寒学生每多照顾。

吴新民，本县莲峰镇人，所与吴颍香相若，毕业于汀郡中学堂。辛亥革命时，汀州总兵潜逃，知府自尽，防营投诚，遂告光复。但防营首鼠两端，复乘反扑，突然袭击永定公所民军总部，部分兵力攻中学。他率同学在大门抵死相持，掩护了大部分同学撤退，几及于难。他思想进步，改原名运淦为新民。在校任算学教员，循循善诱，长于作题解，如剥茧抽丝，学生易于理解，教学效果很好。他热心教育事业，终身不娶，过独身生活，所得工资，多资助贫苦学生。

何其伟（1884—1962），字骏坡，莆田县城厢朱墩村人。清末设福建高级优等师范学校，于省垣招收全省优秀生童入学，他以成绩优异被录取。时孙中山民族民主革命思潮澎湃全国，他秘密参加同盟会，在省垣活动。讨袁之役，孙中山派罗伟、沈毅民、吴建德、陈群（长汀人）等密赴福州联络，因与何接上关系，来往极密。事泄，沈、吴、陈被捕，沈壮烈就义，他与罗潜逃。省当局重赏缉拿。他以罗介绍至连城，用骏坡名来校任数理化教员。他教学方法扼要深入，多用启发式，效果很好。同学们既佩其学问，更佩其爱国思想与行动，百端保护。五四运动以后，所有学生爱国运动，无不与他暗中领导有关。当时民主革命势力，已及汀漳龙一带，先生时而辞职外出活动，学期开始忽又回校任教，屡进屡退，校长和全校师生不以为嫌。迨1926年冬，北伐军入闽时他和罗伟策动民军响应。罗任十七游击支队司令，他任副司令。曾变卖家中仅有九亩田和弟媳们首饰，支援军饷。部队编遣后，他曾任莆田、永定县长，不久辞职再回连任教员。县中停办后，任清流简易师范校长，复任连城明耻中学和县立中学教员。新中国成立后回莆田任南塘中学教员。后以病卒。辞世前，仍命其女孙捧孙中山先生遗像于床前，注视良久、热泪纵横而逝。他在军政界任职，廉隅自守。回原籍时两袖清风，门人集资相赠，始克成行。他好文艺，在清流简师时，公余之暇，创作莆仙戏《琴箫孽》《石达开出家》《英王陈玉成》等剧，反复吟唱，琢磨修改十余遍，始脱稿寄归。返里后，曾以《留别》和《六十自寿》等诗寄同事和学生，情辞朴茂，惜散佚无存，仅记其诗有"亲朋老去别尤难"一句，惜别之情，至为感人。

丘缵侯，上杭人。何骏坡离校后，聘其充任数理化教员，因病不久辞职。

丘纬侯，原名扬武，丘缵侯之弟，毕业于保定军官学校。初代陈积钦任体育教员。时校长主张振武救国，全部体育课程，均为军事训练。间代音乐课，曾教唱："只有铁，只有血，只有铁血可以救中国……"慷慨激昂，深深启发学生们的爱国思想。后来投军入黄埔的学生不少，不无他的影响。缵侯病，他也代数理化。教学方法竟胜于乃兄，真是文武全才。后辞职从戎，最后任福建军管区中将参谋长，朴素风趣，仍如任教时云。

杨怀祖，字孝荪，庙前芷溪村人，曾受业于黄颖成，十三即入邑庠，有神童誉。曾任某师部秘书，于古文外，自学数理，著《微积分》一书，稿件高数尺，惜未成书而卒。在校任国文教员，兼代教数学、物理。惜口吃，是其所短，兼代教育局初等教育课长职。县志重修时，为黄颖成先生得力助手，书法学颜鲁公，县志石印字大半为其手迹，备极辛劳。

黄永源，本县庙前镇芷溪村人。长汀亚盛顿中西学校毕业。任英文教员，发漆黑，自然卷曲，温文尔雅，深得学生敬爱，后赴法勤工俭学，出入于酒巴旅舍间，为人擦皮鞋。终以经济拮据投河自杀，噩耗传来，同学多为下涕。

李宝圭，字赐崇，新泉乡杨家坊人。毕业于福州公立法政专科学校。任英文教员。他懂中医，对贫苦学生无力就医，常开处方，并资助药费，学生留念至深。1937年，应省地方行政人员考试及格，任莆田县长，卸职后改任建瓯、泰宁等县县长。他清廉自守，卸泰宁某区长职时，幸受惠学生某在顺昌工作，助资代还公款，始得脱然回里，已及家门，竟以车祸被难。

罗乃昌，字子光，文亨乡人，毕业于汀郡中学，曾参加汀州光复起义，后在北京朝阳大学肄业。继李宝圭任英文教员。他仪容温雅，循循善诱。在家乡，曾募资兴学，任义务校长，所聘教员，皆一时之彦，邻乡家长，每远道送子弟入学，会考成绩，每列前茅。北伐军入闽时，曾任本县政务委员会（同县政府）财政委员（同财政局长）兼财务委员会主任委员，因财政支绌，向商会贷款，委员会失败夭折，以部分家资还商会贷款，受累不浅。

陈梅魁，字积钦，文川乡隔川村人，清末广东将弁学堂毕业。体格魁伟，声如洪钟。任体育教员，分全校学生为两个连队，实行制式连、排、班军事训练。由于教练有方，在野外实习时，整肃机敏，俨如正式军队，驻防军官参观时，佩其口令清晰悠长，指挥机动灵活，叹为观止。学生沈在嵩为烈士沈毅民哲嗣，少年英俊，他笃念旧交，不以孤寒为虑，浼校长覃百先生为媒，毅然以爱女许配，人多佩其高谊。

张海怀，字镜江，塘前乡人（当时属清流县辖）。清末庠生。风度潇洒，诗画字俱佳。任图画教员，上课时以大幅山水花卉，贴于黑板，大都以古诗词命题，以画配上，或画好再自题小诗于上，曾以张志和词"西塞山前白鹭飞，桃花流水鳜鱼肥。青箬笠，绿蓑衣，斜风细雨不须归"为题作山水一幅，白鹭斜飞，渔翁坐钓，桃花几片，荡漾中流，鳜鱼一尾，蹦跳水面，情景逼真，跃然纸上。他口讲指划，学生陶醉于诗情画意中，仿佛于濠上。在校不久，受其家乡某种势力所迫，弃职外出经商，每游名山古寺，多有题咏，清逸绝俗，县志为寻存数首。

吴运源，字鉴泉，莲峰镇人，毕业于福州乌石山省立师范学校。任音乐教员。美丰仪，善修饰，有艺术家风度。1928年至1930年，曾任连城县督学、教育局长等职。

罗拔茹，字素征，莲峰镇人，清末秀才，有文名，为校长邓光瀛先生所称道。为校医，著有《医学志疑》《宝命全形集》，医学湛深，文笔劲简，现由卫生局整理，行将出版。

谢耀生，莲峰镇人，为庶务。建筑校舍，出钱出力，备极辛劳，经营维新书局，为本县新印刷事业之创始者。

2004年

连城一中历史概况

李传耀

一

1914年初，由吴海澜、李师张等先生倡建连城豸峰中学，后因校址不适宜，省教育厅未准立案而停办。为解决青年就学问题，同年，县知事周赓慈倡办县立中学。县立中学系四年制。"开办费及经常费，皆捐公私款为之。"校址是当时的儒学斋舍、礼乐局、上庙、明伦堂、奎宿阁、把总废署、儒学坪等地，也就是现在的县商业局、医药公司第二门市部及部分职工宿舍、县供销总社全部和县教师进修学校。第一届学生是原豸峰中学所招未毕业转过来的，当年续招第二届，一、二两届同年毕业。每届学生三四十人，都只有一个班。从1923年第十届开始改为新制，即三年制。一直到第十四届毕业停办为止。在这16年中，共计毕业14个班383人（1914—1919年与1933—1936年毕业生数缺）。

旧制中学的校长是邓光瀛先生，本县丰图人，前清举人。学监为黄佩囊先生，本县芷溪人，前清廪生。教务主任吴藻翔，字颏香，毕业于汀郡中学堂，本县城关人。课程设置有：修身、国文、英语、数学、物理、化学、历史、地理、体育、图画、音乐等。改为三年制后，"修身"改为"党义"。教师就他们的出身来说，一是前清宿儒，大都是举人、秀才，校长、学监、部分国文教师属于这一类；二是大学生，以毕业或肄业于北京朝阳大学者居多，丘缵侯、罗乃昌等属于这一类；三是中学毕业，以汀郡中学堂居多，如教务主任吴藻翔、英语教员黄永源等；四是军校毕业，如邱纬侯（上杭人）毕业于保定军校，陈积钦毕业于广州讲武堂。其中有的虽然是高中毕业，但都是些品学兼优的佼佼者，如黄永源后来以英语根底很好，到法勤工俭学时直入巴黎大学文科，即是一例。因此，旧制中学的师资质量是比较高的。

邓光瀛先生二十岁中举，学识渊博精深，持躬淡泊静穆；黄佩囊先生治学严谨，基础坚厚，秉性慎廉刚直。两人的思想境界都比较高，"行不苟合，义不取容"，这是他们的共同特点。因此，他们都为时人和师生所敬服。他们的办学思想和经验就是在今天看来，也有可资借鉴的地方。首先是非常重视对学生进行如何"持躬处世、待人接物"的教育。"修身"这门课，教材是他们自己编写的。通篇贯串着"大学之道"，强调诚意、正心、修身，要求学生在学业品行各方面能够"日日新，又日新"，毕业后"合乎现势之需要"，成为"有用之材"。在教学上，要求教师善于为学生开辟基础途径，提供获得知识的方法，使学生自觉求知的能力不断提高。用今天的话说，就是要求教师注意智能的培养和训练。对于学生的学习，则首先强调"立志"，"举人之本，太上以志，其次以事，其次以功"（《吕氏春秋》语），认为这是学习的动力和方向；根据孔子所说的"知之者不如好之者，好之者不如乐之者"等道理，要求学生"乐于学"，即培养学习兴趣；至于学习态度和方法，则宜"博学之，审问之，慎思之，明辨之，笃行之"（《中庸》语），特别提倡"持之以恒"，"靡不有初，鲜克有终"（《诗经·大雅》），"岁不穷，无以知松柏；事不难，无以知君子"（《荀子》语）。因此必须有坚持不懈、锲而不舍的精神。本此宗旨，他们治校是非常严格的。

光瀛先生有民主风度。旧制中学教师中有恪守中庸之道者，也有受革命浪潮熏陶，思想激进者；在学术上有精于经学者，也有崇尚西学，注重科学与民主者。光瀛先生能不固守一隅，不拘于一格，兼容并蓄，颇有我国教育巨擘蔡元培先生的作风。特别值得一提的是，当时正值五四运动前后，旧制中学师生也卷入了这一革命浪潮。教师中何其伟、邱纬侯是学校学生运动的组织者。五四运动期间，惩办卖国贼，抵制日货，声援北京学生，在连城搞得如火如荼。旧制中学学生在何其伟、邱纬侯两位老师的组织下，烧了"丰美号""仿陶居"等商店的日货，学生李修森、李仕铨、谢子梅、罗志煌、童肆卿、罗诚纯、钱德干等都是积极参加者。就是在这样一所别具风格的学校里，培养了不少人才，光瀛先生的办学宗旨，基本上实现了。可惜的是，由于连城是中央革命根据地之一，在第二次国内革命战争中，一方面革命力量蓬勃发展，另一方面反动势力疯狂反扑，旧制中学就是在这样的背景下，不得不于1930年停办了。

二

1938年，我县一些热心教育的老前辈，如邓光瀛、李云霄、李师张、李少韩、童近宸、罗莲舫等，为解决青少年就学问题，商议创办私立中学一所，推定李云霄、周蔚文专程到香港，征得我县泰国华侨周仰云先生（蔚文乃其长子）的同意，由他独资兴办。周仰云先生不久即慷慨解囊汇回国币十万元（与十万银元价值相当），作为立案保证金，交李云霄代办保管，并负责筹建校舍。经大家推定，尊周仰云先生为校主，由李云霄任校董会董事长，负责筹办一切事宜。当即决定以东门外东塔寺即原县立小学遗址为校址，兴建了仰云楼一座（计教室八间、办公室两间），试验室、礼堂各一座，另建平房教室三间、教师宿舍一排若干间。因为当时正是七七事变的第二年，也是国共两党第二次合作共同抗日的时候，以培养年青一代热爱祖国、保卫祖国的思想感情为宗旨，取"明耻教战"（《左传》语）的意思，定名为明耻中学，并呈报省教育厅奉准立案。1938年秋办预备班，1939年春开始招初中一年级两个班，以后逐年扩展，学生人数逐步增加，邻县如清流、宁化、上杭、长汀都有学生前来就读。至1946年秋季开始办高中，每年级一个班，全校班级数最多时为12个班，400余人。 1941年太平洋战事爆发后，日本迅速占领了东南亚各国，周仰云先生在泰国的产业全被日本没收，侨汇中断，学校经费发生困难，几次难以为继。从此，校董会曾两度改组，继李云霄之后，罗荫西、李炳张各任过一届董事长，1948年又由李云霄任董事长，主要负责筹措办学经费。经费来源有以下几方面：（1）由周仰云先生、各姓祖祠和热心教育人士捐助田租；（2）潮汕纸商捐款；（3）学杂费收入；（4）上级补助。

明耻中学校长由董事会聘请，第一任为邓光瀛先生，旋即辞职；第二任为黄翼琛，法国留学生，学化学；第三任为王成瑚，燕京大学毕业；第四任为童庆鸣，广东大学毕业。

明耻中学创办后，仍不能满足青少年学习的要求，遂由罗莲舫等倡议，几经交涉才获得批准，于1942年增办县立初级中学，校址为旧制中学遗址。这年春季招收第一届两个班，以后逐年分春秋两季招收新生，规模大致为6~8班，经费由县教育经费支出。第一任校长为薛国标，第二任为康汉民，第三任为童庆鸣，第四任为叶树坤，第五任为吴运启，第六任为张福民。

明耻中学、县立初中师资按他们的资历来分，大致有以下几个方面：（1）前清有功名的老先生；（2）老牌大学如燕京、民国等的毕业生；（3）中山大学、厦门大学、福建学院、福建师专等校1946—1950年毕业生；（4）旧制中学毕业生；（5）省立中学、师范毕业生。上述几种人中，以前三种居多，师资水准同旧制中学一样，仍然是比较高的。

明耻中学从1939年春开始招生至1951年春最后一届毕业生止，计初中毕业16届，学生415人，高中毕业3届3个班63人；县中从1942年春开始招生至1951年春最后一届毕业生，计14届368人。

两所学校历史虽然不算长，但十余年来也形成了一些特点：

第一，重视思想品德的培养和教育，宗旨在使学生"成才"，而且教育方法上颇具特色。如王成瑚先生任校长期间，写了校歌，提出"自觉、自动与自治""自强不息，永无止期"作为立校的基本精神。他认为，学生在学习上要"自觉、自动"，管理上要"自治"，目的在"自强"、在"奋进"。他要求学生学业"出类拔萃"，体魄健全强壮，具有坚忍不拔的精神，因而提倡课外活动时"活如龙，猛如虎"，学习时"静如处子"。为了达到预期的培养效果，每个星期都提出一个行动的中心，如"立志""爱校""整肃""勤勉"等等，严格要求学生做到，而且一定要见成效。在这样的严格教育下，大多数学生都能动静分明，勤奋学习。

王成瑚先生办学还有一个特点，就是爱护学生，注意引导学生了解"天下大势"，顺乎潮流，合乎人群之需要。他非常注意对学生进行时事教育。学校每周都有一次时事讲演，大多数由他自己负责。记得在一次讲演中他对我们说："有些政党好像花，你没有接触它，就不知道它的芬芳，如果有人故意说它是臭的，你也会信以为真，所以对世事要有自己的见解。"当时我们年轻幼稚，不知其意，今天回想起来，实在耐人寻味！国民党组织所谓"十万青年十万军"的时候，他和教务主任朱增江在集会中公然劝阻，他们说："抗日战争胜利了，现在去当兵没有价值了！"由于他们的劝阻，明耻中学基本上没有人报名。1945年叶伯孚接任连城县县长，他带来的一个警察局巡官打了明耻中学的一个学生，王成瑚校长同朱增江先生发动学生截拦，把这个巡官抓到学校关了起来，并亲自审问："你有没有弟妹？""为什么打我们的学生？"一连串的发问，问得这个巡官哑口无言，最后写了悔过书，赔了医药费，叶伯孚来学校保了三次，才让带回去。全校师生对这一行动，无不拍手称快。

第二，着力使学生具有坚实的基础和比较广博的知识。历任校长都注意延聘质量比较高的教师来校任课。这些教师的学问造诣、品格为人无不给学生以深刻的影响。如数学教师刘启诚对教学高度负责，他讲课的特点是"精练、严格、灵活"，国文教师李杏生注意学生"学有创见"的培养，现在我们一谈及此，无不对这些老师寄以无限怀念之情！学校的课外学习活动也很活跃。由各科教师供稿、国文教师郭就榕主编、半月一期的《古今中外集锦》专栏，内容非常丰富，举凡时事、国文、数学、物理、化学、天文、地理、历史、英文等各科内容都有，学校又辅之以一个季度一次、在专栏范围内的竞赛考试（前三名给予物质奖励），因此非常吸引学生。除专栏外，各科经常举行讲座。如"剩余价值学说简介""王阳明哲学思想简介""中国社会制度之探索""天有多大""生物趣味谈"等等，还请了外国人（主要是天主教、基督教传教士）作英文讲演，这些都深受学生的欢迎，培养了学生对课外学习的广泛兴趣，开拓了学生的知识领域。

三、勤俭治校，重视实验、图书设备的建设。明耻中学是私立的，如上所述，周仰云先生侨汇中断以后，经济全靠捐资维持。县中虽是公立，但经费由县负责，也很拮据。尽管如此，当时校长都能本着勤俭治校的精神，节省非教学开支，把仅有的经费较集中用于设备（特别是图书）的购置上。如图书，两校仅《万有文库》和《中学生文库》就各有两套，还有《四库提要》，总数至两校合并时，均各有近万册；理化实验仪器、药品和生物标本挂图，都可以基本满足教学演示实验之用。这在遍地战火的当时，僻处山区的小规模学校能臻于此，是难能可贵的。

三

1951年春，私立明耻中学和县立初级中学合并而成连城一中。合并后的学校，校址设于原明耻中学。之后，她所走过的道路，既有比较顺利发展的时候，也有严重挫折的时刻，但总的说来是在曲折地前进的。

从创立到1957年

明耻和县中两所学校合并成连城一中由人民政府接办后，在党的"整顿巩固，重点发展，提高质量，稳步前进"的文教工作方针指引下开展工作，经过整顿、改造，高中一、二年级各一个班（因高一人数过少，不久并入长汀一中，1952年秋重新招收高一新生），初中六个班，全校共计八个班，学校性质起了根本的变化，新一中成了社会主义的学校。校长由县长马力兼任，江兴坤同志任副校长。

1952年，由省教育厅直接组织的教师思想改造运动，由于比较正确地贯彻执行了当时党提出的"团结、教育、改造"知识分子的政策，取得了巨大的胜利。一中全体教职员工参加运动以后，批判了封建的、买办的、法西斯的教育思想，觉悟有很大的提高，在工作中实现了省委书记叶飞同志所提出的"把运动成果巩固下来，带回学校去""在今后的教学工作中表现出来"的要求。

思想改造运动以后，为了加强党对学校的领导，县委派董秉坚到校任教导主任，李居安任总务主任，并且调整、充实了教学力量。同全省各中学一样，根据省、地教育部门的统一部署，学校组织全校教师学习苏联凯洛夫的教育学，贯彻执行教育部制定的《中学暂行规程》、中学教学计划、各科教材和大纲，大抓克服学校的忙乱、混乱现象，建立比较稳定正常的教学秩序。1956年曾一度仿照苏联的模式，把语文科分为文学和汉语两科，使教育质量有比较显著的提高。

1956年暑期，全校教师参加龙岩地区中等学校教师肃反学习。由于贯彻周总理关于知识分子问题的报告，各级党委都重视抓知识分子的工作，注意他们的安排和使用。继魏稼秋同志调任校长之后，地委又提拔李传耀、李居安二人分别担任第一、二副教导主任；县委调吴允施同志任总务主任，进一步充实了学校的领导力量。由于工资改革，不仅全校教职员工的待遇都在不同程度上得到了改善，更主要的是在改革过程中一视同仁，比较好地贯彻执行了党的有关政策，因而大大地调动了广大教师的积极性。

但是，在这个时期，政治运动也冲击了以教学为中心的正常秩序。在反右派斗争扩大化的情况下，一些教师受到了伤害，挫伤了积极性；同时，在学生中开展大鸣大放、大辩论，进行思想批判，更是不妥当的。

这期间，上级党委派县委副书记赵澄清同志到一中任校长兼党支部书记，又从县直机关抽调了一批中层干部如林湛（县府办公室主任）、李克谦、尤光祖分别担任副校长、政治教师。

为了适应学校发展的需要，这期间，由地区拨款建造了五爱楼（办公楼）、和平楼（宿舍）各一座，教室十间。

1958年至1965年

1958年，党中央提出"教育必须为无产阶级政治服务，必须同生产劳动相结合"的方针，使广大教育工作者的办学思想和方向更加明确，同时在党的建设社会主义总路线和毛主席破除迷信、解放思想的号召的指引下，一中全体师生和整个教育战线一样，发挥了高度的积极性，勇敢地进行探索，同样有一些创造。第一，根据党的教育方针以及有关教育方面的一系列指示，结合师生的实际情况，学校提出了《十要十不要守则》作为校训，加强了思想政治工作和学校管理，师生精神面貌为之一新；第二，在教学领域里，分析批判了教学"三脱离"的倾向，纠正了学习苏联中结合实际不够的毛病；第三，注意教育与生产劳动相结合，开展勤工俭学：在县委的支持下，办了拥有上百亩地的农场，不仅改善了师生的生活，还进行了科学实验，加强了学生的劳动教育，使教学、科研和生产紧密地结合起来。

但是在当时反对右倾机会主义斗争的影响下，我们的工作也不够实事求是，存在"宁左毋右"的问题。首先，在发展上太快太猛。1959年秋季，一下子由原来的16个班发展到26个班，增加了10个班，师资、设备跟不上，使质量得不到保证；其次，在教职工中开展拔白旗插红旗运动，又伤害了一些教师和干部，挫伤了积极性，助长了"左"的情绪，造成教师不敢实事求是地发表自己对教育、教学工作的意见，"双百"方针在教学领域里不能很好贯彻；再次，所谓"教改"大辩论中，把教学为主作为重点批判，在"大破大立"的口号下，否定教师的主导作用，否定书本知识和课堂教学，频繁的政治运动和过多的劳动等等（1958年的大炼钢铁，五四双红体育运动；

1959年下乡劳动，宣传公报、批驳右倾言论；1960年下乡支援农业，搞土洋结合技术革新），使学校正常的教学秩序受到冲击，因此在三年困难时期，一中工作同样受挫。

不过，由于中央及时总结正反两方面的经验，提出"调整、巩固、充实、提高"的八字方针，使国民经济很快得到恢复和发展；由于教育部门根据八字方针的基本要求贯彻中央制定的《工作条例》（中学50条），认真纠正"左"的简单化的错误，一中的工作很快转入了正轨，特别是1963—1965年，发展还是比较顺利的。

当时一中主要抓了以下几方面的工作：

1. 根据教育行政部门的统一部署，调整了学校规模，由26个班调整为18个班，基本上与学校的师资、设备相适应。

2. 同全省兄弟学校一道总结了正反两个方面的经验，进一步提高了思想认识。

3. 认真贯彻执行教育部颁发的《全日制中学工作条例（草案）》，比较妥善地安排了思想工作、教学工作和劳动时间，实行"一、二、九"制度（一个月劳动，两个月假期，九个月学习时间），认真执行"三表"，而且采取了一系列提高教学质量的措施。

4. 学校领导按照叶飞同志对学校领导提出的"能当曹操的当曹操，不能当曹操的当刘备"的要求，深入第一线，在实践中学习领导教学的艺术，为当时兄弟省的教育参观团所赞赏。

5. 开展了一些教学改革如既减轻负担又提高质量的试验。还派出李传耀同志参加地区教育局组织的在龙岩一中的试点，为期半年，回校推广。

以上工作有力地促进了一中教育质量的提高。

1959年，上级党委派张彰任一中校长兼党支部书记。1962年派李葆中同志任一中副校长。

这期间还增建教室四间，科学馆一座，改善了教学实验条件，使教学质量的提高有更好的物质保证。

1966年至1976年

新中国成立以后的17年，一中的干部、教师、职工辛勤劳动，为高一级学校输送了大批合格的新生，为我县各条战线培养了不少人才，取得了很大的成绩。但是"十年动乱"中，连城一中也同全国各地的中学一样遭到严重的摧残：全校68个教职工，有48人（占三分之二左右）被批斗，有的被打致伤，酿成痼疾，有的被迫害致死；学校的校舍设备和其他财产遭到严重破坏，图书、仪器被洗劫一空；学生质量特别是思想道德水平急剧下降，他们不懂马列主义的基本原理，分不清是非界限，无政府主义、极端个人主义恶性膨胀。像国民经济一样，教育也几乎到了崩溃的边缘。

1976年以后

1. 1978年，工宣队撤出学校，一中恢复了党支部的领导。

2. 开展对"两个估计"的批判，清理"左"倾错误的影响。

3. 根据三中全会精神，学校适时地把工作重点转向以教学为中心，为清除"四人帮"的流毒做了大量的工作，提高了教学质量。

4. 在上级党委的领导下，落实了党的各项政策，平反了大量的冤、假、错案。

5. 1977年恢复高招统考制度，一中组织了一批骨干教师编写各科复习提纲，开办补习班，组织我县往届高中毕业生进行复习，调动了学生的学习积极性，学校学习风气为之大变。

6. 十一届三中全会以后，中央重新颁发大、中、小学《条例》，重申办好各级重点学校，一中被列为全省87所重点学校之一，学校规划根据"八字"方针逐年作了调整，从当时42个班逐步缩减至30个班。全体教职员工根据教育部副部长张承先同志在全国重点中学会议上所作《贯彻全面发展方针，提高教育质量》的讲话精神，认真学习和执行《中学五十条》，为实现重点中学"出人才""出经验"的任务而辛勤劳动、不懈努力。

7. 认真贯彻全国普教会议精神，端正办学思想，使学校工作转向适应"四化"建设需要的轨道；同时，积极探索打破旧体系，建立新体系的途径，以便为"四化"建设培养更多的优秀的劳动后备力量，为高一级学校输送合格的新生。

8. 1981年，一中的领导班子作了调整，县委派李葆中任校长，江兴坤、罗贵榕、罗焕南、张泉富任副校长。

9. 1974年，动工兴建办公楼（两层）一座，1981年动工兴建宿舍楼两座（三层和四层的各一座）。1983年，在省、地、县的支持下，兴建教学大楼一座，计4000平方米，三级投资共40万元。

一中从1951年起至1983年止，33年中，初中毕业33届，计有学生7173人；高中毕业30届（1952—1954年没有毕业班），计有学生4536人。

一中自创建始至1983年止，为我们可爱的祖国、美丽的家乡培养了数以万计的人才（共毕业12709人），其中出了不少英才，有的成为将军，有的成为各行各业的专家、教授，不少当了党政各级领导。他们遍布祖国各地，在各自的岗位上为祖国的"四化"建设做出了卓越的贡献。一中，尽管道路很曲折，但成就更辉煌。

（本文经现任一中校长李葆中等同志认真审阅，提出许多宝贵的修改意见并提供不少数字；并校以前旧制中学部分，罗心如、李仕铨、童庆鸣三位老先生积极提供资料；新中国成立前的毕业生情况，省档案局罗炳行同志为我们提供了大量可靠的数字，特在此一并致谢！——笔者）

注：本文节选自1984年出版的连城县政协文史资料。编者曾在个别地方作了适当删节。

难忘县立中学最后半年的学习生活

吴有春

1950年7月，我13岁毕业于宣和吴坊中心小学。当时，宣和属长汀县。由于到连城比到长汀近得多（到长汀要走120里，到连城只要走40里），因此家乡前辈不少人都到连城就读中学或买卖营生。那时新中国成立不久，时局较乱，信息难通，当父母决定我跟随家乡一批同学到连城读书时，连城县立中学已近开学。通过家乡亲人吴一尘医师及当时读初三的家乡学生联系傅国材教务主任，经研究同意补招考试，每人做一篇作文"我的家乡"，又考了十道算术题，第二天我家乡四人都顺利编入初一甲班学习。班主任是张文烈老师，教英语，语文老师是林静文，算术老师是吴大钊，政治老师是李拔材……

开学式上，张福民校长（注：张校长不久到省教育厅培训，结业后派往别的地区工作）和教务主任都讲了话。张校长要求学生关心国家大事，积极参加政治活动，对师生组织宣传队上街宣传政治形势提出了表扬。教务主任的讲话是要求学生认真学习，读书不能死记硬背，要着重理解，活学会用。学生代表发言是我班班长，他表达了到县中学习的荣幸和努力学习的决心，我们乡下来的同学觉得他讲得好，有本事在大场面说话，从此非常佩服他。会后各班分小组讨论，每个学生都要发言，表态今后一定端正学习态度，明确学习目的，遵守学校纪律，争取好成绩，因为只有这样才对得起辛劳的父母和严格而慈爱的老师。确实，我们的老师教学认真负责，讲课

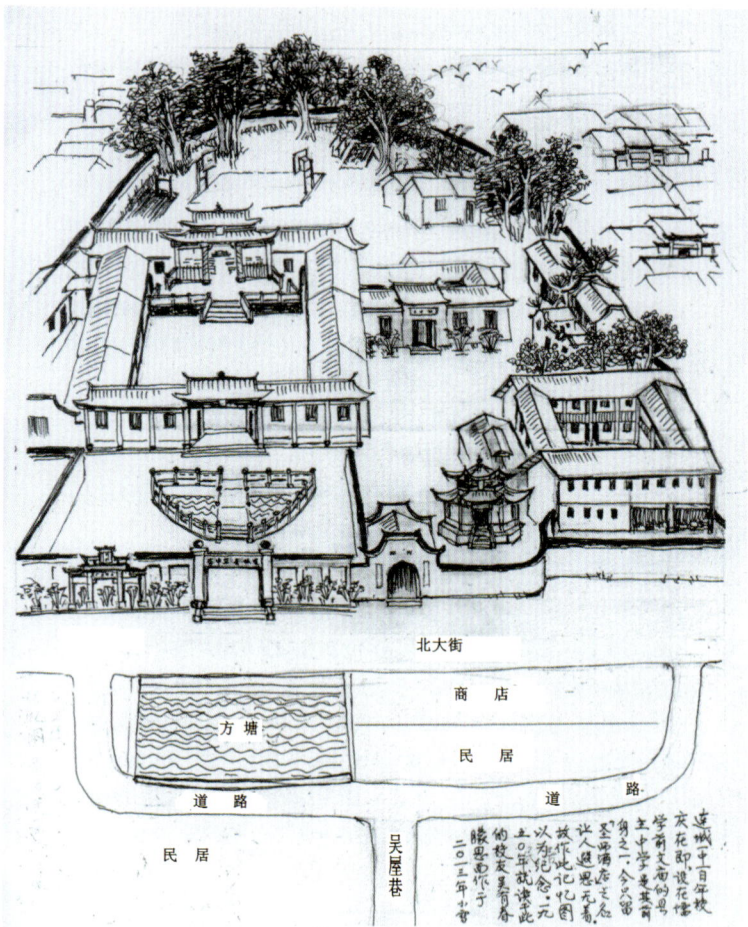

1950年县立中学校园记忆图

通俗易懂，大家都觉得他们知识渊博，可以从他们那里学到许多高深的文化科学知识，因此学生都很尊敬老师，课堂秩序好。晚上都在煤油灯下自习做作业。每月可请假一次回家带米和菜，有时父母亲送来米和菜并帮洗衣服或被单，分别时难过得流泪。

那时，中学学制沿用每年春秋两季毕业制。即每个年级都有春季班和秋季班，如果留级只重读半年。所以当时县立中学有初一上两班、初一下一班，初二上、下各一班，初三上、下各一班，高一上一班，共8班。由于当时国民经济困难，社会也不够安定，能上中学读书的人不多。整个县中，学生仅300多人。每个班人数参差不齐。有的班只有30人左右，只有初一上和高一上才达50人一班。虽然学生数不多，但大家的学习热情很高，政治气氛也很浓厚。作为礼堂的"大成殿"，正中横幅大字是"在毛泽东的旗帜下前进"。每次集会，除国歌外流行对拉的歌曲是"解放区的天是明朗的天""东方红"和"嘿啦啦啦啦嘿啦啦啦，天上放彩霞呀，地上开红花呀，苏联老大哥，帮助咱们建国家呀……"学校常在墟天组织出外宣传，每个队员都会扭秧歌和打腰鼓。

那时，社会变革鼎新，反动势力不甘失败，往往疯狂反扑。记得9月间某日清晨，顽固的匪自由军组织一帮匪徒攻打县城，枪声划空而起。但约半小时后，胜利信息传来：土匪被阻击在东门桥外，匪徒丢下几具尸体后狼狈而逃。10月末，匪徒将东门桥放火烧毁（注：当时东门桥为木质公路桥），土匪拦路抢劫，破坏电话线的传闻不断传到课堂。在这种不安定的情况下，上级派

来了中国人民解放军二五三团进驻连城剿匪。学校组织学生欢迎大部队的到来。在锣鼓声中，欢迎的红旗，腰鼓队的红飘带，大街上的白雪，解放军草绿色的着装与背包以及闪亮的五角星帽徽，交织在我们学生的脑海里。学生们都从内心生出对解放军的无限敬意。

月余的剿匪军事行动，结出了累累硕果：匪首罗伯盛被击毙了，台湾派来的号称闽粤赣自由军少将司令唐宗被活捉了。县文工团编了《活捉唐宗》的活报剧在中山公园公演，全县人民欢欣鼓舞庆祝剿匪的重大胜利。

随着土匪的肃清和镇反运动的深入，社会开始安定。县中的学生几乎每星期都要参加一次由县委宣传部组织的土地改革发动以及政策步骤的宣传动员大会。届时，学生们总是由班主任带队，有秩序地集中到明耻中学礼堂去听报告。县府要求学生寒假回家好好向家乡亲戚朋友宣传土改政策并协助做好田亩登记工作，不少人都照着做了。以后有些老师以及不少初中和高中毕业生还参加了土改队，也有不少学生参加了部队，成为国家的干部。可见那些报告会的效果真大。

1950年县立中学最后半年的学习生活，就是在上述严肃紧张而又欢庆胜利的政治氛围中结束的。走进1951年春，则是与明耻中学合并为连城一中的新时代。

这半年虽然很短，但在我的童年学习记忆中却永远铭记着。

2013年11月24日

注：作者为连城一中1953年毕业校友，连城一中特级教师，曾任连城一中副校长。

连城一中师生艰苦创业的点滴回顾

杨子良

一、创办新校起步维艰　莘莘学子胸怀奇志

新中国成立前夕，连城爱国爱乡华侨周仰云先生在泰国的产业由于支持抗日，被亲日的泰国政府没收，难以再资助私立明耻中学了，这所从抗战以来在小小的连城县曾显赫一时的私立完中，虽然先后有学贯中西、德高望重的王成瑚、童庆鸣先生出任校长，也回天乏术，处于难以为继的状况中。在城里还有一所县立初中办在环境狭小的孔庙内，仅靠大殿和回廊做教室，很难发展，并且也因经费问题陷入困境。

新中国刚成立时，教育暂时处于无序状态。新中国成立前读得起书的人本来就不多，加上学生家长对新政权还在观望中，对于读书的出路如何还感到茫然，致使学校生源严重不足，1950年，明耻中学初一、初二两个班加在一起才13个人，只好合班上复式课。

这种情况引起了政府的重视。为了新中国培养人才的急切需要，政府在广泛听取了地方有识之士的意见和建议后，认为与其两所中学都办不好，不如合而为一更实际，于是在1951年决定将无论资历、规模都不如明耻中学的县立初中撤并到完中明耻中学，且在明耻中学校址建立全新的连城县第一中学，校长由连城县县长马力亲自兼任，江兴坤先生任常务副校长，具体负责学校管理工作。

连城一中创办了，百废待兴。在草创阶段，最要紧的当然是建立教学新秩序，至于校园建设，

一时还谈不上，只能利用现成的校园因陋就简办学。明耻中学的校园虽然比县中要大，但也不过五亩左右，作为一段历史的回顾，不妨按回忆大体绘制附图如下：

说到新建校，首先要有新校风。连城是山区贫困小县，也是老区，民风纯正，乐于奉献，艰苦奋斗精神是有传统的。连城一中有这良好的背景，战胜困难，忘我创业也就有原动力了。当时由于生产生活水平很低，师生工作学习条件当然很差。新生入学教材一时无着落，许多同学只能花点钱向上几届校友购买用过的旧课本，或由老师选些现成的文章刻写油印给学生权充教材之用。晚自修好几年都是四到六人合用一盏小煤油灯，哪怕全国已统一高考，学生迎考复习也不例外。那时学校要求学生养成严谨、勤奋的学风，为了不浪费宝贵时间，说要学习苏联计划经济的经验，读书也要订出每周、每日的计划。

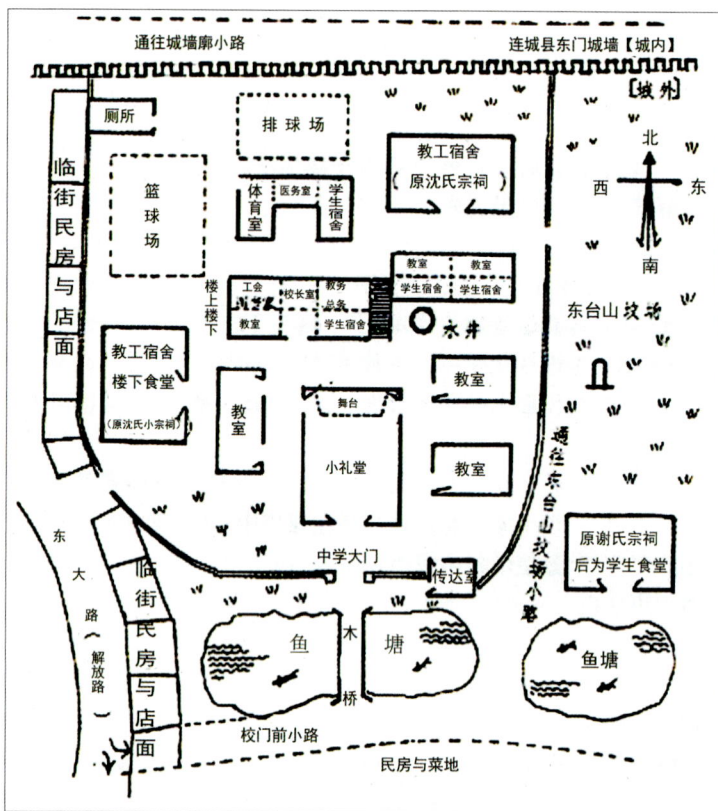

明耻中学校区平面图

在生活上一中师生也很简朴、很清苦。男的穿蓝黑中山装，女的穿蓝白列宁装，少些补丁就算不错了。住校的师生同在大食堂用膳，自己放米用一种叫"饭箄"的草袋子煮饭，大多吃罐装咸菜，吃公菜似乎是一种奢侈。许多家庭很困难的学生虽然每月有几元钱助学金，终究不够支付学习费用。为了解决困难，有的学生还利用星期天、节假日到离城15里的山上挑煤炭到学校食堂卖，个别的学生则在食堂帮厨或做短工。

尽管如此，一中学子们的学习目的仍然非常明确，和新中国命运紧紧相连。新中国刚成立时，有文化的基层干部奇缺，政府号召参干，二话没说，丢下未完成的学业报名了，学校是支持的。抗美援朝了，最吸引学生们、最使他们动情的是回国志愿军的报告会。要选拔飞行员了，行将毕业的高三学生宁愿放弃梦寐以求的升大学的机会踊跃报名，没选上的还坚持要报考航空学院。学生们就是这样体现殷殷赤子之情、拳拳报国之心的。

二、岁岁年年劳动建校　勤工俭学不惮辛劳

土改、镇反后，社会更加安定了，新办的一中基数小，发展是够快的。没几年，教室、师生宿舍和膳厅、操场都不够用了，学校的基本建设便提到议事日程上来。但学校财力还很有限，怎么办？下面说的就是师生们为建校付出艰辛劳动的一幕幕场景。

1954年魏稼秋任校长时，得知离城十华里的文亨乡"园岭"上有一处新中国成立前就已废弃的师范学校校舍，有许多椽、梁、柱、瓦可供利用，于是组织师生以班为单位，由各班班主任领队前往挑瓦片、扛梁柱。大家凭着一双双铁脚板来回走20华里，搬来建材供泥水木工使用。先是在仰云楼北沈家宗祠背后建成一座两层楼房，共有四间教室，称为"五爱楼"；后又在仰云楼西侧小沈家宗祠原址建成一座两层楼房，上层做教工宿舍、下层做食堂，称为"和平楼"。50年代末60年代初（三年困难时期）又凭师生的双肩与双手搬运泥木沙石，在学校东侧将谢家宗祠略加修缮做学生食堂，同时还在与其相连的两侧建成一座兼做开会和学生用膳的草棚礼堂。

是什么力量使学生们对这些超负荷的劳动不但从不叫苦叫累，反而始终保持着旺盛的劳动热情呢？原因之一是他们从课余阅读的文学作品所塑造的英雄人物中汲取了力量。当时，学生课外阅读《牛虻》《青年近卫军》《卓娅和舒拉的故事》《钢铁是怎样炼成的》等巨著已成风气，我想保尔在冰天雪地的西伯利亚修铁路的精神一定时常鼓舞着他们。

使人更难忘的是扩大操场和筑围墙！

原来的明耻中学校园，南面是池塘，北面是城墙，西面是民房和街道。学校凭自己的力量可以拓展的只有东面的东台山了。

东台山自清朝以来一直是县城外的公共墓地。年深月久，荒坟野冢越积越多，层层叠叠。有的穷人无力深埋遗体，此类坟堆，常招引野狗出没其间。新中国成立初镇压反革命时，这里又是城外离城最近便的刑场，师生常可以听到枪毙死刑犯时沉闷的枪声。

一中决定在东台山开操场了。那时根本没有机械设备，学校也拿不出请工人的钱，只有靠师生一双双手了。凡是轮到劳动课，每班学生就要自带工具，男女同学一齐上。炎炎烈日下干得热火朝天，凛凛寒风里照样挥汗如雨。有人虽然累得晕倒了，但缓过气来还是照样干。不久，一双双稚嫩的手便打起了血泡，结起了老茧。满山遍野的坟冢多得像祝寿人家上供的馒头，不要说挖到骷髅、白骨是司空见惯了，有时一锄下去，只听"砰"的一声，原来是挖破了腐朽的棺盖，其间尚未腐烂的尸骸隐约可见，但大家并不因此而退缩。就这样，经过几个月，甚至几年一届届学生的努力，终于开垦出有200余米跑道、两个篮球场的大操场！

操场粗具规模了，校园也因此大了一倍多。为了学校的管理和安全，又一项工程要求跟上，这就是必须建造数百米的校园围墙。为了节省经费，决定打泥墙。除了更带技术性的墙基请泥工师傅外，其余如运送墙基石料、泥墙用土，全部由师生分班分段包干。从未舂过泥墙的师生们自己借来墙板、舂杵，一到课余就摩拳擦掌干起来。因为没有经验，或由于未舂实，或由于天下雨，或由于墙体垂直度不够而坍塌了，他们便重来，再重来。数百米的环绕校园小长城就是这样建成的。校友们每当回忆这一段往事，艰难困苦的情形淡忘了很多，而曾为母校做出贡献的自豪却依然呼之欲出。

勤工俭学是体现师生艰苦奋斗精神的又一个重要方面。1958年县委副书记兼校长赵澄清曾领导一中师生在定安桥头板粟园大办农场。这里固然有历史、形势的印记，办农场也确实不恰当地过多占用青少年宝贵的学习时光，但是在体现人的精神价值，在育人方面，特别是培养学生热爱劳动、勤俭朴素的品德方面，在创造经济效益方面，却有着重要意义。

其实，早在50年代中至60年代初，在魏稼秋、赵澄清和张彰连续三任校长的热心倡导下，连城一中先后办过八九个农场。近的如莲花村赠送的农地（后来被征用作东门菜市场），洪山、李园下、板粟园农场，远一点的如彭坊桥、赖桥、赵屋村，甚至九公里外的黄坊麻潭农场；少则几亩、十几亩，多的达几十亩，有相当规模。

农场有的种瓜菜，有的种水稻，规模大的如板粟园，还有鱼塘、养猪场和果园，除了学校专门委派傅蔚涛、谢尧孙老师等人负责管理指导外，还有留守管理劳作人员。作为学生的学农基地，生物老师全部都是学生劳动的指导老师。而农场的种与收是分年段分班包干的。

由于领导管理、组织分工、技术指导都很落实，是有序操作，所以一时效果还不错，收益有时也很可观。收成所得或用作师生食堂改善伙食，或以按劳取酬的原则分发给师生以补助他们的生活，或作为学校、年段、班级搞活动的经费。这些在本县以至龙岩、长汀等邻近的兄弟中学都有一定的影响，他们都曾派员前来参观、取经。

不过它的负作用也是明显的。在过"左"思潮的影响下，学校的读书与劳动后来已发展到不成比例的地步，尤其到了1958年大炼钢铁时，学校全部停课，让师生进山烧木炭，甚至于日夜劳动。此后支农劳动接二连三、不断加码。这是造成学校教学质量明显下降，人才培养出现断层的重要原因。

三、校园生活丰富多彩　艰苦创业苦尽甘来

一中师生创业虽然艰辛，但那些年生活还是很充实的、活泼向上的。

早在新中国成立初期，政府就常要求师生在教学之余走出校门去宣传党和政府的方针政策、中心工作、国内国际大好形势。那时师生们都很纯真，对政府、对干部非常敬佩，学生对未来更是无限憧憬，所以只要有任务总是热烈响应，抓紧时间找资料、排节目，在墟天、节日走上街头或走向农村去讲演，甚至走家串户去宣传。每逢元旦、国庆等大节日还会在学校小礼堂的小舞台上，由师生共同演出当时时兴的剧目，如《白毛女》《刘胡兰》《赤叶河》等。狭小的舞台、简单的化装、道具和布景并不影响演出中前台演员和后台人员的专注投入。演到动情处，台下一片寂静，或发出轻轻的唏嘘声，有时演员和师生观众甚至声泪俱下。

寒假里，老师由于新中国成立初政治形势的要求，要集中到地区或省城"革命大学"去进行自我思想改造。那时的寒假几乎长达两个月。学生们也没闲着。他们被要求按居住街道编成小组，去办夜校当民师，有时也要和民校群众学员一起参加宣传和演出。带回校的寒假工作小结也就是学生们的假期作业了。

1954—1957年魏稼秋任校长时，为了让师生在紧张的学习教学工作中，在辛苦的建校劳动中得到一些调适，也为了培养全面发展的人才，很重视开展文体活动。刚开始还组织了各种课外兴趣小组，活动内容排表以便落实与检查，带有强制性。每半月、一月，或节日还要求进行年段汇报演出。学生们或由文体老师提供材料，或自编自排自导，既紧张又充满乐趣。

值得一提的还有师生们走出学校到城乡宣传演出的所谓"乌兰牧骑"式的活动。时间大约是1963年直至"文化大革命"，学校曾多次组织一支支文艺宣传队，通过文艺测试挑选学生演员，曾由谢尧孙、张孔文、童长生、童文鑫等老师负责，在学习之余队员们自带被褥深入当时一中挂钩的学农基地北团的所有村庄、朋口宣和文亨等部分村庄去宣传演出。有时一夜，有时两夜，演出歌舞、短剧等，有时在附城或在县影剧院和县歌剧团同台演出，很受群众欢迎，并且曾得到团地委的表彰和两万元资助奖励。演员学生毕业后，演艺出色的还曾推荐给县歌剧团录用。

　　那时一中学生学习之余特别是"文革"前的各种活动，并不曾过多占用他们的学习时间，高考升学率曾达到70%，就业率几乎100%。小课堂上能刻苦用功，又常经受社会、群众大课堂的教育与锻炼，那个时代的学子们独立学习、工作能力并不比今天的学生差，不是没有原因的。

　　连城一中师生艰苦创业的回顾就说这些了。那些年他们的生活确实是有苦也有乐。苦与乐其实是一组对立统一的矛盾：寒窗夜读是苦，高考夺魁是乐；拓展校园是苦，校貌日新是乐；农场劳作是苦，瓜菜飘香是乐；编导排练是苦，歌舞蹁跹是乐；白手起家是苦，走向辉煌是乐。在连城一中积极向上的苦乐观的熏陶下，学子们做人的品位升华了，人生的价值提升了。连城一中自创办以来，为社会为祖国乃至为世界输送出一批批有用之材，和她能以正确的苦乐观培养人、有育人的好传统是分不开的。

　　（本篇内容曾蒙谢尧孙老师提供不少资料，在此谨表谢意。）

2004年3月28日

注：本文作者为1956年连城一中高中毕业校友，曾担任过连城一中副校长。

校园的变迁

江初祥

　　我第一次到连城一中是在1954年6月。那时，我在连城二中读初一，是以二中学生会代表的身份参加首届学代会来到一中的，记得在一中住过两天。1957年8月，我录取一中高中部至1960年8月毕业，在一中整三年。1964年8月，我毕业于福建师院中文系，分配回母校任教，至1974年调离五七中学，其间正好十年。1981年8月我调任一中教务处副主任至1984年8月调离。1988年9月，又调回一中任副校长至2000年退休，其间十二年。退休后至今仍住一中。从初识一中至今整整五十年，而在一中生活也有三十余年。这是我与一中的情缘。回忆这三十年的粉笔生涯，经历过许许多多可喜可愕之事，不能尽述。它们只能留待余生去回味与咀嚼。本文意在以一中期间住所的多次更换为线索来说明校园的变迁。推及住所更换的前因后果所涉及的人和事，并非是本文主旨。

　　1954年6月参加首届学代会，仅仅两天时间，记得是住仰云楼，而高中三年级也曾住仰云楼。让我留下深刻记忆的是楼前的那口水井，这不仅因为它可解渴可消暑，酷暑难当之夜，自修回房，打一盆井水冲洗，暑气尽消，凉快之至，而且还因为它让我留下"克托"的雅号。1958年10月，华东师大化学系来了一批大学生，大都是女的。刚到那天，她们在井边洗脸、洗衣服。我们刚从楼上试验室出来。我看她们穿着很洋气，个头也大，不像是本校女生，便用俄语大声发问："克托，安妮？"（她们是谁？）谁知其中有一位仰起头，瞅了我一眼，那眼光像锋利的剑，我赶紧逃脱。没想到两天后我又偏偏被分配到化验组，当了她们的徒弟。她们便不呼我的姓名，而叫我"克托"。"克托！你这试管没洗干净，记住！应当洗三遍。"那位岭南的邝大姐的声音，仿佛还在我的耳边。

　　当年开学代会的地点是在五爱楼。它的位置就在如今的逸夫楼。据说，这是宋元时期东塔寺之所在，香火挺盛的，是否准确，已无法考证。五爱楼是两层的土木结构，上下各五开间，居中一间面积小。同现代化的建筑相比较，这是很低级的建筑。但当时，我却觉得它十分的庄严与肃穆，它比二中的土楼，大得多，也好得多。

参加学代会期间，我还到过文庙，那是过去县中的校址，进了门有泮池，封建时代的孔庙大抵如此，故称入学为入泮。泮池水面上有几座石桥，通过石桥，便是正殿，两厢是教室，但那时已十分冷落了。

在一中读高中三年，曾三易住所。同窗罗景春在《六载校园生活琐忆》里，已有详述，本文不再重复。

1964年8月，我分配回一中任教，住的是和平楼楼上靠西的第三间。和平楼的方位是在现在新建学术报告厅的西边，是两层的土木建筑，中间走廊，楼上有架天桥与坎上的地面相连。走廊把住房分为东西两厢，房与房之间用木板相隔，在房内同谁谈笑，隔墙有耳，听得一清二楚，那是没有任何隐私可言的。楼上住的老师有黄盛鑫、吴太容、邓大梧、揭月生、张福馨、陈基春等十余位。楼下住女生，林文彩老师住楼下门边的一大间。楼上的住房靠东的还好些，靠西的，夏日西照，午后至上半夜闷热得很，可我们就在这样的房间里坚持备课改作。我奉调参加"四清"工作队后，这间房便安排给别的教师了。和平楼于1991年12月拆除。

1965年底，我返回学校，住宿安排在二校舍楼上靠东的一间，大约十来平方米。二校舍本姓吴。这是当时城关一流的建筑。住在这里的大都是资深的老教师，如林锡祺、罗美焕、卢发彩、林炳辉、张金汉、谢达淄、李春盛、牛承恩等，大都有家眷。我能住上二校舍，而且几个月后，又搬迁到二层的中间，原来沈明通老师的住间（沈老师是我高一时的语文老师），已经感到荣幸之至了。然而，好景不长，到1967年7月间，学校新、红两派的斗争日趋激烈。二校舍为红旗公社所据，新字派的老师受排挤。当他们对我"招安"的意图失败之后，我便不得其门而入，不得已寄居在科学馆。而我珍贵的藏书和生活用品都还在二校舍的寓所。

科学馆是实验楼，在现今敬和楼的位置。科学馆是1960年6月建成的。它是两层的土木建筑，向南突出，呈"凸"字形，墙体特别厚实。主体部分上下各五间，楼下中间为化学仪器室，左右两大间是化学试验室，靠东一间，面积较小，是化学老师工作室。靠西一间为生物仪器室。楼上中间是物理仪器室，左右两大间是物理实验室。靠东一间是物理老师工作室，靠西一间是地理仪器室。楼下突出部分是门厅，楼上则是实验员的住房。科学馆当时为毛泽东思想红卫兵抗大兵团所占据，楼上物理实验室成了兵团开会和活动的场所。我是抗大兵团的创建者之一，住在这里倒也方便。在科学馆住了一个多月，至1967年8月28日我们主动撤出城关为止。

1988年，新的实验楼建成，科学馆改为办公楼，至1991年拆除，改建敬和楼。

1968年3月间，我是作为新字派一方的代表，为促进大联合而被福州军区用车"送"回连城的，虽然当日盛况空前，但我深知当时谁也代表不了什么。我们回城只不过起了缓和两派对立情绪的作用。当天我便决定回校住。住哪里呢？为安全计，我只能住谢家祠的西厢房。

谢家祠何时成为校产，我不知道。我所知道的谢家祠是连城一中师生的食堂。我们高中三年都在厅堂吃饭的。谢家祠门前有一对石狮（据说在70年代被人搬到新泉），祠堂东侧延伸部分是厨房和教工食堂。60年代初，在祠堂的西侧建起了学生食堂，面积近300平方米；靠北墙有一舞台，可兼作会场。"文革"初的批斗会就在这里进行。1968年3月我回校之时，整个校园已显得十分空寂，谢家祠的东厢房住的是张彰校长全家和保姆，西厢房住的是林文彩老师和两位女工友。我此时的处境只配同"右派"和"走资派"住在一块了。

谢家祠东侧的厨房已于1982年拆除，后改建为两层砖混结构的厨房和学生膳厅，至今仍在使用。谢家祠则是1989年拆除的，而原有的学生食堂1983年还用作容纳百人的大教室，办中专补习班，后来用作保管室，直到1994年拆除。它在现在西区教学大楼的西南侧。

在谢家祠西厢住了一个多月。军宣队进驻后，我住宿的条件略有好转，搬到沈家祠西厢的一间斗室，不及10平方米。沈家祠很早就是学校用房。其实，已不像是祠庙的格局，倒类似于北京的小四合院，不过正厅凸出而已。门厅以东是总务处，以西是教导处，正厅曾作会议室。1964年8月，我第一次参加教工会议，就在正厅里。"文革"初期这里成了红八路的总部。我在沈家祠西厢住了两个多月，又迁到少年宫北面一排靠西边的一间，大约有12平方米，比较阴暗潮湿，但西面有道门，门外便是西操场。门边有棵乌臼树，坐在树下看书报，听蝉鸣，倒也惬意。隔壁是谢聪祺老师住的，他的夫人丁丽枝，在武平一中教外语，也曾来此住过一段时间，我们常在一起闲聊。

少年宫是50年代初建的，是土木结构的平房，小四合院的格局，中间的地面铺三合土，后面一排的房间比下面高出半米左右，有一台阶。这里称作少年宫，是共青团、少先队（有时还加上工会）活动的场所。50年代末至60年代初，这里充满着勃勃的生机。唱歌、跳舞、排练节目都在这里。老师也在这里打康乐球、乒乓球。林锡祺老师喜欢打乒乓球，他是经常光临少年宫的。然而，我住在少年宫的这段时间，这里却寂然无声了。到1970年2月，我便到麻潭五七中学了。少年宫1982年后改为教工宿舍，到1997年拆除。

1981年9月，我奉调回一中任教务处副主任。当时一中人事大变动，住房很紧张。在传达室住了一周后，才搬到办公楼楼上东端南面第二间。办公楼是70年代初建的，是两层的砖混结构。西端与天主堂门厅仅一墙之隔。它是按办公功能设计的，但也住人。楼下东端南面住的是总务主任吴源德。楼上东端南面第一间住着李葆中校长，我就在李校长的隔壁。楼上西端南面住着赖绍定书记（此前是牛承恩校长的住房）。楼上的其他房间是书记、校长、副校长办公室和教工会议室。楼下是教务处、政教处和总务处。因用房紧，曾一度把楼下东端一间，改作补习班教室。

住在办公楼，房间虽不大，却感觉非常舒适。打开窗户，眼前是灯光球场（1994年建起图书楼）；放眼望去，是广阔的村庄、田野、场站，视野宽阔。炎热的夏秋，清风徐来，爽快得很。住这里比住红砖楼好，比住修道院好。办公室迁科学馆后，这里改造成为教工宿舍楼。1995年在北面空地又加盖了两层小厨房，并更名为"得庥"楼，现在仍住教师。

80年代初，校园建设有较大的改观，先后建起了32间的教学大楼、师生食堂，重建仰云楼为教工宿舍楼。1983年8月拆除了沈家祠拟建教工宿舍楼，当1988年9月我调回一中任副校长时，计划中的这幢教工宿舍楼业已竣工了。它砖混结构，5层，20个单元。我是第一个搬入这幢楼404单元的。这是当时最新的、条件最优越的教工住房。罗焕南、韩淑云、黄修桂、罗学征、邓大梧、张福馨、陈广声等一批资深的高级教师，都曾住这一幢楼。在此后的十年里，校园的建设，校容校貌的改观，可以说是日新月异。红砖楼拆除了，五层学生宿舍楼建成了，科学馆拆除了，敬和楼建成了，图书馆建成了。1995年底，一中以高分顺利通过了二级达标校的验收。1998年7月，又建起了逸夫楼，共五层，总面积为4908平方米。

70年代以前的建筑，如今已荡然无存。70年代以前毕业的校友，如今走进校园，将会感到陌生。80年代的建筑，也不多了，80年代毕业的校友，如今走进校园，也当惊叹校园变化之殊。如果他们再过五年、十年回校观光，一定难觅旧踪了。

连城一中的教育教学质量堪称一流，校园的建设虽说快，但同先进地区、先进县的一中相比还是缓慢的。在21世纪之初，我们必须奋起直追，要身于人后而先于人，按"一级达标"的要求，按"示范校"的标准，重新规划，扩大校园面积，重建教学大楼。于是，教工宿舍1、3、5号楼，轰然一声，拆除了，在这里将建起雄伟壮丽的西区教学大楼，5层，总建筑面积6681平方米；学术报告厅，3层，总建筑面积6888平方米。东台粮站，拆除了，在这里将建起宽阔的操场和体育馆。一期工程完成了，还有二期、三期工程。笔写的文章是永远落后于不断变革的现实的。今日所写的，明日又变化了，成为历史。那就让我们不断地看着今天，瞻望明天吧。

注：本文作者是连城一中1960年高中毕业校友，曾任一中副校长。

从麻潭分校到五七中学

江初祥

在连城一中的历史进程中，曾经创办过麻潭农中分校（下称分校），从分校到五七中学，又从五七中学到连城一中，这是在特定历史时期的产物。为什么创办麻潭分校和五七中学，后来又为什么与工农中学合并为连城一中，笔者以四进麻潭的经历，叙说这一段历史。

麻潭分校的创办

1964年8月，我由福建师院直接分配到连城一中任教。离开四年，母校的环境并没有多大的变化。由于学校离机场很近，机场每有一队战机起飞，我们便得停止讲课，因为无论你的音量多大，学生都听不清讲课的内容。有时战机连续起飞，得停十来分钟。老师们议论说：如果十团（保卫机场的炮兵部队）的高炮一齐发射的话，所有教室的窗玻璃都将被震碎。因此，要创办麻潭分校，也许将来学校要迁到那里。

麻潭在哪里，是什么情景，当时我并不知道。这年10月，我被抽调参加"四清"工作队到南安县去。一年以后回校，已是1965年底，此时麻潭分校的创办已确定下来，土地过拨手续也已办妥，经办人便是童文鑫老师。据童老师回忆：麻潭农田面积88.71亩，山林面积近6000多亩，凡是水向麻潭流的山林都属于麻潭。

最初派往创办麻潭分校的是邓进、童长生、童文鑫、江道煌，负责人是邓进（支部委员）。1966年5月下旬，我跟班到麻潭劳动，这是我第一次进麻潭。

麻潭离城9公里，原属于城关公社黄坊大队。文川溪蜿蜒从中间流过，把它分成南北两部分，南边为农田，连塘公路经过这里，北边为荒地，又隔为上坝和下坝两块，有羊肠小道相连。教学区拟建在上坝。我第一次进麻潭才开始建教室和简易住房，我们还借住在黄坊大队的祠堂里。

1966年6月"文革"开始，但这一年还是照原计划招了一个高中班和一个初中班。查本县档案馆1966年招生计划表：连城一中附设麻潭农业高中招生50人，初中40人。据童文鑫老师回忆说：高中班班长是沈九生，班干有卢运泉、沈家溢，初中班班长是李水头。之所以称附设农中，是因为贯彻两条腿走路的方针，以农中的名义，可争取上级多拨款。

我第二次进麻潭是在1966年9月初，农中的这两个班已借用黄坊大队的队部开始上课了。上坝已建起了几间生活用房和四间教室，一间休息室，下坝也利用旧房基改造了一间生产用房。因"文革"的缘故，这年10月全面停课，进驻麻潭的老师也撤回校本部，麻潭的建设处于停滞状态。

我第三次进麻潭，是在1967年9月初。这一年，连城一中新、红两派，在驻军部队的撮合下，建立了联合委员会的临时权力机构（简称联委会），联委会主要由两大派的学生代表组成，只有我一位老师。联委会其实是联而不合的，起不了什么作用。唯一应当管的是财务，教职工的工资无论如何是要按时发放的。而两大派的代表都同意由我掌管财务，处理一些行政事务。我的任务是发放教职工的工资，管理麻潭的农事生产和保护校产，直到1967年12月红字派"围剿"北团后，我才撤离麻潭。

由于"文革"，麻潭分校没有按原来的计划办下去。但是，自创办以至1968年底，麻潭一直是连城一中的组成部分，一直由连城一中管理。1966年所招收的附设麻潭农中的学生，也理当是属于连城一中的学生。

五七中学的诞生

1969年是贯彻落实毛主席"学制要缩短，教育要改革"一系列指示最为彻底的一年。小学学制五年，中学学制，初中两年，高中两年。各公社都普遍办起中学，连小朱地这样的山村小学也办附设初中班。城镇由工人阶级管理学校，农村则由贫下中农管理学校。五七中学就是在这种背景下应运而生的。

我第四次进麻潭是1970年2月。县委决定在麻潭办五七中学，属城关公社管理，连城一中则改名为农械厂工农中学，由农械厂管理。原来的连城一中便分为两所不相隶属的完全中学。同时连城一中有36位教师分别调到各农村中学去。

2月初，与我同时调进五七中学的有杨望豪、俞贵永、张福馨、李秉廉、黄嘉玮、洪荣广等九人，3月间又有李大犹、周材生、庄锡安、陈学宠、俞一莉（女）、章仁彩（女）等一批三届生调进麻潭。当年招两个初中班，计100余人，来自城关街道、林坊、揭乐、吕屋、黄坊。同时接过了1969年原附城公社招收的农中一个班的学生，约40人，他们已经在麻潭学了一个学期。开办之初五七中学有学生140多人，教职员工20余人；有教室四间，休息室一间，平房六间，厨房一间，仓库房一间，还有与仓库相连的生活用房两间，下坝的生产用房一间。所有的住房都是土木建筑，十分简陋。六间平房住教师，每间两人，其余教职员住休息室和仓库。而学生则挤在四间教室里，女生一间，男生三间。吃饭、睡觉、上课都在一起。生活条件之艰苦可想而知。

要迅速改变这种现状，就得加快建校的速度。当时建校，没有充足的经费，不能由建筑公司承包，只能由学校备料，请几位木匠泥水匠施工。单农田劳作，一百多师生耕种七十多亩稻田十来亩菜地已够繁重了，而同时还要担负建校劳动，其间的艰苦可想而知。

农田劳动不必说了，单说建校劳动。

备料。砂料，有的是，溪坝上，取之不尽，用之不竭，也不费很大劳力。石料，这一带溪里可用作基建的石块很少，拣光了还远不够。于是我提议组织爆破队，开山炸石，同时可以拓宽通往下坝的小路。这条小路有3米长的一段要通过陡峭的石岩，原来的路面硬是用洋镐开凿出来的，仅容一人过，一不小心要掉进溪里。领导同意我的建议，到公安局批购了雷管、炸药（TNT）引线和一套打眼的工具。我的一些爆破常识和技能是"深挖洞"时向解放军学的，这时派上用场。我选拔了6位健壮的男生组成爆破组，给他们讲解爆破常识、操作规程、注意事项，便开始在后背山的一个狭谷上开山炸石。自然，装药、点火、排除哑炮这些危险的作业是决不能让学生去做的。在开拓路面时，我曾顺利地排除了一次哑炮。这毕竟是十分危险的作业，我是冒着生命危险，捏着一把汗去完成的。批购来的炸药雷管用完了，也就结束了这一项作业。后来基建用的石料便从外面采购了。

我们学校有一辆手扶拖拉机，砖瓦是用拖拉机从外面运来的，只要从公路搬迁过小溪就行了。而木材呢？这就不那么容易了。开头一段时间到小朱地去扛，往返三十多里，都是山路，半天来回。后来要到姑田的洋地去，往返七十多里，一天来回，就十分辛苦了。特别是体弱的女生，不用说肩上要扛木板或桁条，就是走一天的山路，也够苦够累的。一天下来，腰酸背痛，肩膀红肿。还不可能有热水洗澡。开头有流眼泪的，后来也不流泪了。

麻潭基建所用的木料、屋角板、门窗板、床板、桁条全都是我们用肩膀抬回来的。只要是五七中学的师生，有谁会忘记到大洋地去扛木料的情景呢？

艰辛换来的是甘甜，是欢乐。在一年半的时间内，我们先后建起了发电机房，建起了四间教室，十几间教工住宿，三十几间学生住房。上课和睡觉分开了，电灯亮起来了。

1972年，城关五七中学更名为连城县五七中学，农械厂工农中学也更名为连城县工农中学，都是县属完中。县"革委会"派谢传淦任连城县五七中学主任。谢主任原是省教育厅高教处处长。他来了之后调来了一批教师，罗贵榕、李传耀、李大谌、张明锦、童长生、童文鑫、胥婉君、吴宗仁等，加强了教学力量；又调用了果林场的推土机开辟了三百米跑道的大操场，建起了两层的教工楼房，建了可容400多人的大膳厅（有舞台，可兼作大会堂）。这时，五七中学无论在师资建设上，还是教学设备上都上了一个新的台阶，是名副其实的一所完全中学了，人们都对她刮目相看。

当时的县委书记张志合极其重视五七中学。每当他到塘前视察工作，总要到学校看一看，问一问。但是，在人们的心目中，五七中学仍然不是一所中学，而是一个劳改农场。凡进麻潭读书的学生，其家庭总是有某些政治问题的。因此，许多人称麻潭的学生为"麻潭子"。子者，小也，带有轻蔑之意。而五七的学生都没有工农中学学生的优越感，许多学生存在自卑心理和逆反心理。他们中的不少人第一天进麻潭来报名时，一看到那荒凉的情景和简陋的住房时都哭了，闹着要回家。他们都是十来岁的孩子，又是第一次离开父母，能不哭吗？所以，安定他们的情绪是我们老师首要的工作。办法概括为三个字：缠、追、堵。"缠"就是与学生打成一片，了解他们，亲近他们，关怀他们，老师要成为无形的葛藤，把他们缠住。他们喜欢听故事，就给他们讲故事，男生喜欢玩水，就同他们一起玩水，女生喜欢采花，就同她们一起上山去采花。"追"，就是有逃跑的派老师去追回来。"堵"，就是白天派人把守主要的路口，夜里派人把守宿舍的门窗，以防学生逃脱。

人是要有一种精神的，没有精神便不能够生存与发展。单纯用"追"和"堵"的办法是不能持久的。我们找到了一种精神，这就是抗大的艰苦奋斗的精神。我们说：人们称我们是麻潭子，我们应理直气壮地说，我们是麻潭人，麻潭人要有一种麻潭精神，这就是不怕艰苦，越是艰苦越向前的精神，这就是敢于战天斗地的精神，这就是团结友爱的精神，这就是延安精神，抗大精神。我们正是凭借这种精神，撑起麻潭的这一片天的。

有一件事感人至深。从公路通往上坝的大桥是1972年底才建成的。此前只有木桥相通。洪水一来，便冲垮了。但只要桥板还在，我们可以再架。我们刚进学校不久，大约是1970年3月中旬吧。又一次洪水袭来，来势汹汹，木桥又被冲垮了，且竹缆拉断，有一桥板被冲走。我们心里干着急。这时，只见俞贵永老师（他是连江人，水性好）毅然脱去外衣，跳进洪流，向桥板猛冲过去，想把桥板拉住。从上坝溪到下坝溪，一个弯道又一个弯道，我们在岸上追逐着，呼喊着。眼看俞老师被洪水吞没了，很多学生都难过地哭起来。最后，俞老师抓住了对岸溪边的一株小树，一个翻身上了岸，躺了好一会儿，才慢慢地起来。我们立即派人绕道黄坊跑步前去接应。过了一个多小时才搀扶回来。只见俞老师疲惫不堪，脸色苍白，喝下了两大碗的热姜汤。

在俞老师身上体现出来的就是麻潭精神，而我们每一位领导和教师的身上都或多或少体现出这种精神。

张麟励主任经常冒雨扛着锄头清理水沟，冒着酷暑上房翻漏。

谢传淦主任不顾胃痛亲自到塘前水源接应从大洋地扛木料回校的师生。

陈学宠老师，废寝忘食，一年如一日地，一心扑在培育新苗的实验室中，在如豆的煤油灯下，刻写《五七专刊》。

章仁彩老师带病坚持带班劳动，无微不至地关怀女生。

胥婉君老师带领文艺宣传队，深入农村演出，深更半夜才回到寂静的麻潭。

这一桩桩、一件件动人的情景，无不震撼着学生的心灵，在转变学生的思想上起到潜移默化的作用。

一早出发到大洋地扛木料，赶回塘前吃午饭。一个班级，一个小组，只要还有一个掉队的同学，便会有五个、十个同学争着去接应。人不到齐，即使饿极了，谁也不肯动筷吃饭。这种在共同劳动中凝结出的友情，有谁去规定过呢？

五七的学生不仅能吃苦，会劳作，而且也重视文化学习。他们曾挤在寝室里，在没有课桌的情况下，坚持文化学习；他们曾在旷野里，把黑板挂在松树上，坚持文化学习；他们曾在煤油灯下读书、读报、做练习；他们曾在柔软的沙滩上放声朗读《金训华之歌》。

五七的学生就是在艰苦的环境中，用抗大的精神培养出来的。应当如何评价当时的教育，这是一个复杂的理论问题。在此，不去论及。但相比较而言，五七学生的综合素质是比较强的。在文化知识方面（这是当时普遍薄弱的），五七的学生，能说会道，也能写，当时办的《五七专刊》，刊载的文章大多是学生写的。在劳动的技能上，更是城镇学生不能相比拟的。五七的篮球队曾在城里打出威风，五七的文艺宣传队曾闻名于四乡。二十多年后五七的毕业生在各自的岗位上铸造出辉煌。2001年有位五七的学生赠我一本同学通讯录，从中可以看出他们的成长。他们自称是"老麻潭"。

1974年的春天，万物复苏，麻潭的山野一片翠绿，把山岗上的杜鹃衬得格外的鲜红艳丽。从女生宿舍飘出的《山丹丹花开红艳艳》的歌声，令人陶醉。这里充满着欢乐，充满着勃勃生机。麻潭又迎来了一个新的学期。

可有谁曾想到，一场灾难正悄悄地降临在我们曾倾注心血的这片土地上。这一年6月初，一场特大的洪水冲走了我们的欢乐，我们的希望。连天的暴雨，文川的溪水涨起来了，洪水漫过了沙滩，漫过了菜畦，漫过了操场。陈老师苦心经营的实验室被洪水卷去了，学生宿舍进水，教工宿舍进水。学校采取紧急措施，组织城关的教师分批护送学生从后山绕道黄坊回家。留守学校的只有我和沈标华、宋维干几位外地教师和职工。

雨，还在下着，水，还在上涨，整个上坝一片汪洋。一根根的木头从眼前漂过去了，一件件的家具从眼前漂过去了，一只只的家禽家畜的尸体从眼前漂过去了。我们看得目瞪口呆了。

第二天，滔滔的洪水还在肆虐着，罗道辉校长到了九公里那儿，隔河慰问我们，嘱咐我们一定要坚守岗位，保护好校产，问我们有什么困难。我说，别的困难没有，就是没有菜了。罗校长批准我们，可以杀一头猪，可以动用仓库中的花生和黄豆。于是沈老师和宋老师操刀杀了一头小猪。

这场特大的洪灾迫使学校停课一周，也迫使领导思考：麻潭适合独立办学校吗？

1974年7月，县委作出决定：五七中学与工农中学合并，恢复连城第一中学的校名。1974年9月，所有五七中学的学生，按原有班级到一中上课，麻潭又隶属于连城一中了。1977年恢复高考，一中还利用了麻潭的教学设备和幽静的读书环境办了三期的高三补习班。从麻潭分校到五七中学，又从五七中学到连城一中的风雨历程，充分证明，五七中学的学生，不论是哪一届的，应该都是连城一中的校友。五七中学的学生的档案在一中，五七中学不少毕业生曾回到母校补办过毕业证明。但是个别五七中学的学生却不承认自己是连城一中的校友，这是由于不了解这一段历史的来龙去脉，还是由于麻潭的情结太深呢？

（承蒙童文鑫老师为本文写作提供材料，在此表示感谢。）

回忆上世纪恢复高考后的教育教学情况

吴有春

一种天缘，让我成了连城一中20世纪50年代的学生，60年代的教师，80、90年代的教学教研骨干。作为校友，母校的每个前进步伐都切凿于心。

记得学生时期，常因母校名前未冠"福建省"（不达省级），内心有点失落。

1962年，国家经济困难，龙岩师专停办，我与李大谌、童文鑫、邓大梧、陈昌祥等老师一起调回母校任教，听说那两年全国高招数大减，我县高考上线数仅个位数，处于落后状态，心有不甘，决心奋起。

1963—1965年初见成效，不少学生考入北大、同济、人民大学以及北京师大等全国名校，但是1966年遭遇"文革"动荡，奋进的教师队伍四散乡间中学，有志难酬。

否极泰来，1977年仲秋喜迎迟到的恢复高考信息，欢呼风霜之后的教育春光。1978年扩大阵容的新老教师，高兴回聚母校，团结一心继续为国家和人民培养更多更好的"四化"社会主义建设人才。在大好形势下，连城一中成为福建省重点中学，了却学生时代母校未冠省名的遗憾，成为连城人民欣喜相告的大事。此后20多年，尽管我县因贫困，穷孩子多以考入中专为荣（我校300名高中新生中除60名保送优生外都是中专录取后而招收的学生），可是我校师生以"勤奋、严谨、团结、向上、求实、进取"的精神，共同努力教与学，其高考成绩在90多所省重点中学里总是在前20名以内，可称为名列前茅，不辱重点荣誉。

任何集体成果和荣誉，都不是天上掉下来的，而是依靠天时地利以及大家团结奋进的结果。

首先，当时老师们的脑中都有一种坚定的信念：上天是最公平公正的，不因某地是山区和贫困，散布在那里的孩子就会愚笨。从整体而言，山区与城市的孩子，贫困与富家的孩子，他们的学习能力和智力的原始基底是在同一起跑线上的。个别而论才有基因和后天条件的区别。依据广大社会各层次人才的需求，每个人都有切合其素质与能力的成才岗位和机遇。这就是我们教师最基本的教育教学理念。正因为有这个理念，我们在教学中，总是遵循教育规律，依据学科特点和学生基础，认真备课、上课、改作业。遇到不顺时，总能坚持寻查原因，学习理论和先进经验，改进教法；若有心得体会则积累资料，总结经验，以获得学生认可欢迎、出好成绩为荣，以误导学生为耻。我们常以实践中总结的教学经验文章得到交流与发表为乐。

其次，上下都能各尽其责。我被推到教学工作领导的岗位后，坚持从实际出发，谨慎地说话，踏实地做事，认真地进行教育理论学习，和其他领导一起认真研讨，集思广益提出严谨的校风、教风、学风要求，商定"教学管理常规"和政教工作计划，对改变学校的面貌起了一些作用。

实际工作中，广大教师发挥的作用更是不可忽视。学校在配合上级教育部门主持的教改实验的同时，也推广本校教师创造的较为成熟的教学方法改革，取得了预期的结果。如由地区教研室主持的"提纲预习讲练教学试验"由陈广声老师执教两年多，结果其班级的中考数学平均分名列地区第一，受到地、县奖励。如省教研室主持的"目标——掌握教学试验"由陈晓辉老师执教，成绩显著，在省里交流获得好评。其经验总结需要较高的教育教学理论和测验分析统计，不但对于本校教师的教法改革影响深远，而且对于年轻教师的成长尤其有示范作用。再如罗炳杰老师创新的"了解学生疑难的针对性教学方法改革"以及伍永树老师的"每周一练评讲教学试验"，对于提高学生学习成绩，效果显著，引起地区同行关注。兄弟学校的同行们来校参观学习，私下议评这是我校的"秘密武器"。

在教学教研方面，老师们注重素质教育，注意学生学习方法的培养与引导。在起始年段，老师们向学生讲解学习方法基本上都从自觉预习、专心上课、有意识记、及时复习、加强记忆、认真作业、排解疑难、纠正错误、系统归纳、教学相长、多思善问、精益求精等方面着手，提倡先预习后上课，先复习后作业，先思考后请教，每单元一总结的"三先三后一总结"的学习方法，促进优良学风形成。在初二高二期间，老师们又着重向学生讲解学习能力构成因素以及智力因素与非智力因素，说明它们在学习中和人生成长中的影响与作用，将科学的世界观和积极的人生观植入学生心里。

各教研组老师都能结合学科特点，积极开展课外兴趣活动和学科竞赛活动。如语文组主办《小草》《星云》《东篱》等文艺校刊；举行书法、演讲、作文比赛。李维滋与张安远两位老师常将学生优秀作文推荐到全国性赛区或文艺刊物中去，获得卓著成绩。数学组开展兴趣小组活动，分工组合数学竞赛专题讲座和分年段竞赛训练，带领学生参加全国性初中"祖冲之杯数学竞赛"及"高中数学联赛"，在省内以至国内获得一等奖或二等奖多次，被授予"数学尖子摇篮"称号。体艺组在学校组织下定期举行"田径运动会"，以及参加省、地、县各级主办的"文艺汇演"，在校内和县内经常开展绘画、美工展览，活跃了校园氛围，取得很好的成绩。理化教研组常开展科技制作，参加省地县汇报展览与评比，成绩斐然，如罗培章老师巧妙制作"丁达尔演示装置"，获省奖励并建议成批生产推广使用。生物组教师组织到海拔1700多米的清流大丰山，考察植物在海拔不同高度的分布并采集标本。地理组教师到曲溪将军山，考察"三江源"，记录了其中一山顶约有半亩大小的平地，其内一向水流闽江，一向水流汀江，一向水流九龙江，真是奇观！地理教研组长巫桂朝老师还参加《连城县志》以及"乡土教材"编撰，获得好评……

　　总之，20世纪70年代恢复高考后，我校教职员工为学生们的进步是做了大量工作的，学校所取得的每一点成绩，都有他们的汗水。

2013年11月10日

百年文化摇篮之点滴回忆

谢金兰

　　新中国成立前连城城关有两所中学，一所是公办的县立中学，一所是私立明耻中学。1951年春合并为连城第一中学。县立中学的前身是"连城县立中学校"，邑人称"旧制中学"。她成立于民国4年（1915年），由邑绅倡请，县知事周赓慈创建。校址设在旧儒学明伦堂、礼乐局及把总废衙署。第一任校长为邑之名儒邓光瀛。邓光瀛字覃百，丰图人，邑人皆尊称其为覃百先生。前清辛卯科举人，曾任内阁中书、广东知府。他赢得邑人之尊重不在于这些名头，而在于他博学清廉、品德高尚。俗话说"一任清知府，十万雪花银"，而覃百先生却两袖清风，过世之后其遗孀过着十分清贫的生活，时靠学生的接济。

　　覃百先生虽为前清的举人，但不默守成规，极易接受新生事物。前清书院学的是四书五经、诗词歌赋，成天子曰诗云，除了作文便是书法，那时的读书人都是文弱书生，手无缚鸡之力。而覃百先生主持下的旧制中学则是分科授课，将数学、物理、化学等自然科学纳入教学内容，使学生在学好国文的同时还掌握声、光、电、力、化等自然科学和数学的知识。同时增设美术课和体育课，以开阔学生视野，加强身体锻炼。力图将学生培养成为德、智、体、美全面发展且兴趣广泛、朝气蓬勃的人才。我父亲是旧制中学早期的学生，不但能文能诗、有一定的书法造诣，同时对自然科学和作画亦颇感兴趣，且不吝精力热心于公众事务，颇得覃百先生的赏识，特为其取字"勃然"（生机勃勃之意），父亲一生以此为字，商业同仁、族中长辈都以此字称呼者居多。

　　为了达到培养全面发展人才的目的，覃百先生招贤纳士广罗师资，不但聘请与其同质的文学功底深厚的前清文人雅士，而且同时聘请具有新思想、新知识以及其他方面特长的人才为教师。所以旧制中学毕业生从一开始便具有较高的素质，不少人从军、从政，或是从事教育工作之后，都为国家、为地方、为教育事业做出卓越贡献。考入黄埔军校的一二十人中，做出较显著成绩者有张南生，解放军中将，曾任北京军区副政委，在解放战争和抗美援朝战争中做出卓越贡献；李云贵，在黄埔军校学习期间便加入中国共产党，毕业后参加北伐战争，后任红四军四纵队七支队党代表，1930年在战斗中英勇牺牲；罗列，国民党二级上将，在北伐战争和抗日战争中屡建奇功，后任台湾国民党陆军总司令；童懋山，曾任国民党闽南师管区中将司令，当1949年10月国民党从厦门败退时，将连籍士兵及蒋益败兵过境连城时被掳走的兵员集中起来加以保护，使他们得以保全性命并能在台成家立业，多人感其恩德，为其塑铸铜像置于台湾旅台同乡会所建的"怡灵堂"内以兹纪念；李修兴，曾任北伐军营长，参加过七七卢沟桥抗战……

升入高等院校的300多人中，通过文官考试被选拔为国民政府县级以上职位者亦有一二十人，他们分别担任过本省连江、罗源、顺昌、惠安、同安、福清、平潭、沙县、邵武、龙岩、永定、武平及台湾嘉义市和台北县等县、市长，长汀县党部书记长，连城县首任参议长等。其中罗树生还担任过龙岩专区专员。另有张福滨，曾任职于国民党省党部并兼福建省银行监察，周兴钿，曾任龙溪地区法院院长；罗树生在历任五县县长及龙岩专区专员任内，行政开明廉洁，民无怨言，颇具声望；罗诚纯在任上还救过正在福建从事革命活动的项南，为革命立下一大功……还有一部分人，则在教育事业和科研领域中做出贡献。如沈持衡，1934年毕业于清华大学，曾任台湾成功大学电机系教授，1978年回大陆后，任厦门大学物理系教授，拥有四项发明专利；吴运启，23岁毕业于北京朝阳大学法律系（中国政法大学前身，1950年并入中国人民大学），为振兴家乡教育事业，他谢绝外地的邀约，将毕生精力投入家乡教书育人工作之中，新中国成立前历任明耻中学教务主任、县立中学校长，新中国成立后调任姑田中学教导主任。他无论在哪个岗位上都任劳任怨，恪尽职守。他待下属宽厚平和，教学孜孜不倦，是很值得后人缅怀的一位教育前辈。旧制中学毕业生在外地从事教学或教育行政工作的也不乏其人，如李修森，曾任光泽县教育科长；罗德和，曾任泰宁县督学……而任教员者更是不胜枚举！

即或是留邑从商的毕业生中，亦有不少人成为20世纪三四十年代成功的商人或街面上有声望的商家。因为在旧制中学所受的教育，他们具有一定的文化素质和品德修养，在商业运作中能遵守经商的道德底线"君子好财，取之有道"，不唯利是图、坑蒙拐骗；并注意在自身获取利润的同时，对促进家乡生产发展和经济繁荣尽一份力。我父亲因家庭条件不允许，毕业后无法继续深造而步入商海。1931年27岁的他，与其他几位深受实业救国、工业兴邦等进步思想影响的有识之士一道，创建连城最早的织布厂"振兴纺织厂"。振兴纺织厂由族人谢耀生牵头，最鼎盛时有织布机40台、职工60多名，还由其子谢志中坐镇上海采购棉纱。产品经久耐用，深受群众欢迎。父亲一生以经商为业，他常说：商业的实质是促进物资交流，将甲地富余或滞销的物资，运往紧缺或急需的乙地，而商人则在此物资流通的过程中获取适当的利润（差价），而其社会效益则是使甲地的存货变成通货（货币），使乙地的群众能及时获得所需的物品，从而繁荣市场搞活经济，做到三赢而不是商家独赢。欲想独赢者必使坑蒙拐骗、贱买贵出、以次充好、囤积居奇等手段，侵犯他人利益。其结果是兔子尾巴长不了！

连城县立中学（旧制中学）于1932年停办。1942年复办时名为"县立初级中学"，校址在旧制中学原址儒学明伦堂内及孔庙。只办初中班。1950年秋始招收第一届高中生。但这时的明伦堂已非昔日的明伦堂了，只是入儒学大门后，步上两级台阶，再走一二十步，右侧有一圆形月洞门，上书"明伦堂"三字。拐进月洞门，右手边，即临街的南面，便是幸存下来的唯一古色古香的建筑"魁星楼"；而左手边往里走，北向为一栋土木结构的两层教学楼，楼上、楼下各有两间教室，一间教员宿舍。楼前隔一空地，南向为一座两层木质结构的学生宿舍。宿舍楼与教学楼之间，上、下两层均可通过走廊连接，且共用东西两头的两个楼梯。教学楼的右后侧即西北角是厨房，有一女工为乡间寄宿生蒸饭、热菜。

孔庙的大成殿作为礼堂兼教室，而东西两庑则隔成教室和单身教工宿舍。西庑有四间宿舍一间教室，东庑是两间宿舍、两间教室。戟门外宽敞门厅的西侧，原孔庙之"乡贤祠"是教员办公室，东侧原"名宦祠"为阅览室。办公室和阅览室的南墙均有宽大窗户，所以通风和采光都很好；北墙外侧两处大面积的板壁是办校级壁报的地方，每逢节日都办两版图文并茂的壁报（平时每两周一期），各班级的学生都可以投稿，择优选登。有诗歌、散文、游记、读书笔记等，我还记得同班同学董启昌写过一篇《星夜挑煤记》被选登在壁报上，颇引人入胜，我也常投稿。被选中的文章都由毛笔字写得很好的同学工整地抄在宣纸上，再由有美术天赋的同学在老师的指导下或用花边或用图案加以美化，然后贴在板壁上，形成颇具艺术性的版面，师生均爱看。除校级壁报外，各班级还有自己的墙报，内容和形式与校报差不多。定期办壁报对培养学生的作文兴趣和写作能力大有裨益，也能鼓励学生努力练好毛笔字并充分发挥自己的美术专长。

学校每学期都举行演讲比赛，讲稿必须是自己写。获奖者发给奖品以资鼓励。学校以此为学生提供了一个展示自己才华的平台，锻炼了学生的表达能力。许多人得益于这一活动，在日后工作中受益匪浅。本人亦有深切的体会。我从小学五年级开始，就参加当时"四月四日儿童节"的校际演讲比赛，升入中学后便经常参加学校举办的这一活动，且常获头奖。这为我日后走上大学讲坛毫不怯场、讲稿也能条理清晰，打下良好的基础。

丰富多彩的文体活动和举办辩论会，为校园生活增添了不少色彩和乐趣。唱歌、跳舞、演"文明戏"（话剧和歌剧），组织各班文艺汇演或到中山公园公演，都是学校例行性的活动。学生们在活动中培养了广泛的兴趣，且在紧张学习之余，得以调节身心，过着轻松愉快的校园生活。

操场在大成殿的后面，操场之后有多棵参天古树。操场虽不大，但学生经常举行篮球赛，而年轻的一群教师如黄盛鑫、林静文、林锡祺、林炳辉等则经常打排球，他们的拦网、扣杀技术都很不错，让学生看得入迷。学校每年都举行运动会，运动会在中山公园体育场举行。比我年长数岁的哥哥和姐姐，他们在念县中时还参加过童子军露营，自己砍松枝搭帐篷、掘地垒灶，解决食住问题。白天营地和帐篷内整齐有序，夜间轮流站岗放哨，防明耻中学的学生来"偷营"。这种军事化活动，对培养学生自力更生地在恶劣环境下谋求生存及提高防御能力，是一种很好的锻炼。

连城县立中学于1951春与私立明耻中学合并，成立连城第一中学。校址选在原来的明耻中学。明耻中学由华侨周仰云先生独资兴办，1939年秋季开始招生。由邑之名儒李云霄（字步青）任校董会董事长，李少韩、李忠椿、周蔚文、谢勃然（仁兴）、沈永昌、李传熙、罗顺正、童近宸、黄善士、林寿朋、罗荫西、吴鸿猷为董事。其中李少韩是我的舅父，谢勃然是我的父亲，他们早年都毕业于旧制中学，因热心于公益事业在社会上有一定声望。

明耻中学是一所完全中学，设有初、高中部。我初中一年级是在明耻中学念的，初二上学期始转到县立中学，并于1950年成为县中的第一届高中生。所以对于原来明耻中学的校舍还有清晰的印象。

明耻的校区比较集中，但总体范围与县中差不多，不过因其左邻东台，较有发展余地。明耻中学校门外是一池塘，一桥横跨池塘直达校门前的数级台阶。校门的左边有一小门，进小门是传达室，与传达室相连的一间平房，可作小班的教室，一中成立初期曾一度作为校医室。进大门不远处是一间可容数百人的礼堂，礼堂的左侧是三间各自独立的土木结构的教室，平房。教室两侧都有窗户，教室之间隔着一片空地，所以通风与采光都不错，上课时也不会相互干扰。教室之外不远处便是围墙了，墙外是东台。礼堂的右侧是一间大教室，因与其他教室相距较远，所以用作音乐教室，供各班级上音乐课时用。音乐教室的一侧是围墙。

校区的第二进即礼堂及这些教室的后面，隔着一长条形空地是一栋二层楼房，叫"仰云楼"。该楼楼梯的左侧，楼上、楼下各有两间教室；楼梯的右侧，楼上是教职员办公室、图书馆和阅览室，楼下有一间教室，不过光线较差，另一间大概是贮藏室吧，已记不清楚。楼右隔一条数米宽的斜坡通道是谢氏的一个祠堂，我念初一的时候那里是美术室，年轻的美术教员姓吴，在美术室的一面墙上画了一幅巨大的油画，此外在柱子上和墙上还挂着不少他自作的西洋画。该祠堂在连城一中初期，被改作厨房及女生宿舍。学校的最里面是操场，操场后面的围墙实际上就是残存的一段废城墙。与操场并排算是第三进吧，还有两栋建筑：靠近操场的一栋"门"字形平房，入大门为一空地，两旁各有一间几十平方米的大房间，排满架子床，是男生宿舍，横向的一排五间是单身教工宿舍；另一栋旧式建筑是宽敞的谢屋祠堂，迂回曲折，里面房间不少，作为单身或带家眷的教工宿舍。祠堂的边上还有一排简易的土坯房，是明耻中学时期的厨房，一对老夫妻替来自乡间的寄宿生蒸饭、热菜。那时学生吃的都是"饭箄饭"，把米放在一个席草编织的小袋中，留出一拳空隙后用细绳扎紧，由工友集中起来放在锅桶中蒸煮，而菜都是周一从家中带来的咸菜、豆腐乳、豆酱之类，工友不必烧菜，所以学校没有食堂，只有厨房。厨房的墙外便是东台了，旧时的东台是公墓，说白一些就是乱葬岗，坟茔很多，一些装着骸骨的"金罐"放在靠近明耻中学通往东台的后门墙根下，有的罐破了，露出森森白骨，挺恐怖的。

合并为一中后，与东台相隔的围墙被推倒，坟茔有主的自行外迁，无主孤坟由学校挖掘处理。先是一班分配挖掘一座坟墓，我班因为人数少，分配挖一穴小墓地，挖开后里面只是一个小陶钵并无骸骨。别的班级就没有那么幸运了，挖到腐朽的棺材和"金罐"是常事。1952年春，我班奉命与长汀中学并班，离开时东台上还未有建筑。如今悠悠一甲子已过去，连城一中的面貌发生翻天覆地的变化。几十年前的这些情况只保留在我们这一代人的记忆中。为了让后人了解原先县立中学、明耻中学和连城一中初始时的校舍情况，附上一张我凭记忆画的校区平面示意图，聊作参考。

县立中学校区平面示意图

连城第一中学自旧制中学创建至今已经整整一百年了！一百年来为家乡培养出一代又一代的人才。为国家、为地方做出了不可磨灭的贡献。不愧为连城的"第一"中学。她是我县百年文化摇篮，我家四代人共同的母校！值此用知识的乳汁哺育我们成长的母亲百年华诞之际，衷心地祝愿母校更加欣欣向荣、人才辈出、桃李芬芳。

2014年3月于厦门寓所

注：作者初一年级就读于明耻中学，1950年就读于县中第一届高中。

百年校风演进撷萃

吴有春

办学除建设好校园环境和完善教学设备之外，常须从校长及其领导班子的办学思想与目标去观察它的成效。

办好学校，要对教师的教风、学生的学风，提出明确的要求，并一以贯之，形成良好的校风。这是一个学校的灵魂，正像电脑程序中的软件，其设计影响运行效率，决定产品质量。

连城一中百年来的办学历史，始终闪烁着时代精神的光芒。其办学思想路线，始终贯穿于各时期校风、教风、学风和校训之中。

1. 县立旧制中学（1914—1932）

这是个从推翻帝制的旧民主主义革命，到反帝反封建的新民主主义革命的变革鼎新时代。其时，学校的教育思想既继承儒家文化传统，又崇尚西方民主和科学精神。寄希望于国家强盛抵御外侵，社会繁荣人民富裕；提倡使用国货；宣传取消苛捐杂税以及减租减息；抨击贪官污吏、恶霸土匪；禁止鸦片和嫖赌等社会恶习，成为时论。在这个大背景下，学校倡导"中学为体，西学为用""明德、亲民、至善""博学之、审问之、慎思之、明辨之、笃行之""格物致知，诚意正心，齐家治国""修身在持躬""知之者不如爱之者，爱之者不如乐之者"。

2. 明耻中学（1938—1950）、县立中学（1942—1950）

多数时间在抗日中度过。其时，全国上下一心，同仇敌忾，支援抗日，学校教育勉励师生"知耻辱之所在，奋勇前进，杀敌致果"；组织"晨呼队"，每日5点多钟整装出发，高呼"醒呀，醒呀，早起练军，同胞快快醒。莫醉，莫醉，莫怠，莫惰，救国在一心……"

明耻中学唱的校歌（李云霄作）是："冠豸雄峙，文川怒鸣，佳木秀，翠竹荣。绾毂闽西兮，唯此连城。中华抗战，民族复兴，正艰难奋斗中。喜吾校应运诞生。萃一堂青年，有如骨肉弟兄，同甘苦，共忧乐，永葆团结精诚。明耻教战，一德一心。扫除黑暗，缔造光明。"提倡的校风是："自觉、自动、自治、自强。立志、爱校、整肃、礼貌、勤勉、坚忍、诚实。操守道德，追求民主，崇尚科学，坚持真理。"

县立中学提出的口号是"今天欢聚校园课堂，将来成就社会栋梁"（毕业歌之意）；对学生倡导"爱国、抗敌、立志、成才"八个字；对老师倡导"立德、立言、立功"六个字。"勤奋、活学、友爱、进步"（反对死读书）成了大家的共识。

3. 连城一中（1951至今）

（1）1951—1956，这时新中国初立，百业待兴。国家进行镇压反革命、土地改革、抗美援朝保家卫国；农村实行合作化，统购统销；城市开展"三反"、"五反"以及工商业社会主义改造等运动；文化教育提出思想改造，向科学进军。全国目标坚定走工业化道路，要求多、快、好、省建设社会主义。这个时期，一中的校歌（江兴坤作）是："共产党领导着我们，连城一中在成长。莘莘学子来自工农兵，中华民族的好儿女，新一中的好学生。我们要掌握批评武器，炼好身体，学好本领，响应祖国号召，为建设新中国而奋斗。"这个时期，学校直接将"团结、紧张、严肃、活泼"的抗大精神拿过来当校训；学校要求教师加强马列主义学习，联系实际学习教育理论，努力提高教学质量；要求学生争当身体好、学习好、工作好的"三好学生"。"五爱教育"（爱祖国、爱人民、爱科学、爱劳动、爱护公共财物）贯穿了学校教育教学的全过程。

（2）1957—1966。虽有"宁左勿右"，目标过高，行动过急，不讲科学等偏差，但学校除劳动比例过大，政治学习较紧外，基本还是按教育教学规律办事。学校的所有活动，都离不开"教育为无产阶级政治服务，教育与生产劳动相结合""培养德、智、体全面发展的有社会主义觉悟有文化的劳动者和接班人"。师生各有《教师职业道德》和《学生守则》可遵循。老师重视落实双基，打好基础；了解学生，因材施教；提倡"启发式"与"少而精"教学方法，努力提高教学质量。学校倡导凯洛夫课堂教学五环节：组织教学，集中注意→复习旧课，温故知新→讲授新课，突出双基→巩固练习，理解记忆→布置作业，学以致用。校园中最时髦的口号是当"又红又专"的"三好学生"。

（3）1966—1976。这时是"文化大革命"时期，高招停止，新中国成立以后的教育路线被彻底否定，"读书无用"思想占上风，教师成为"臭老九"，常有被批斗的危机担忧，校园与教学设备惨遭破坏。学校一度由工农兵管理，班级曾按部队"团营连排"样式编制，将"三大纪律、八项注意"作为校风校纪；按照毛主席"五七指示"教育要革命，学制要缩短，教材要改革的精神抓教育教学，实行"开门办学"（注：这时小学、初中、高中办成5年、2年、2年学制；中学物理、化学合为"工业基础知识"，生物改为"农业基础知识"。走出去就是到农村或工厂去劳动锻炼；请进来就是请贫下中农作"忆苦思甜"报告，请解放军来校开展军事训练，接受纪律教育等）。

（4）1977年以后。这是"文化大革命"结束后走上具有中国特色社会主义道路的改革开放年代。1977年初，邓小平复出，首先召开了"科学和教育工作座谈会"。在广泛听取了国内多所重点大学第一线的领导和教授的情况汇报和建议后，邓小平于8月8日作了《关于科学和教育工作的几点意见》的讲话，肯定了新中国成立十七年（1949—1966）科学和教育所走路线是红线；提出脑力劳动也是劳动，要尊重知识、尊重人才；决定当年就要"恢复从高中毕业生中直接招考大学生，不要再搞群众推荐"。邓小平的讲话，全国轰动，极大地鼓舞着全国广大师生。之后，党中央又提出了"科教兴国""科学技术是第一生产力""教育必须培养创新型人才"等决策，连城一中真正进入了顺利发展的年代：学校规模与设备得到成倍发展，教学质量得到充分提高。这个时期，学校的办学思想是"德育为首，教学为主，全面发展，质量第一"。校风是"勤奋、严谨、团结、向上"。（以后有所变动，主要是将"团结、向上"改为"求实、进取"或"笃志、诚信"或"求实、创新"等）。教风是"认真备课，讲究教法，教学相长，教书育人"。学风是"实事求是，勤学好问，互帮互学，精益求精"。倡导先预习后上课，先复习后作业，每单元一总结。校歌是"豸峰高，文水长，东台山上桃李芬芳。三热爱，三面向。勤奋，严谨，团结，向上。全面发展，振兴中华作栋梁。开拓创造，奔向共产主义前方”。教法是读、讲、问、练、议、考、评、补等方法，灵活组合，构成师生互动，精讲多练，解疑释难，培养能力，发展智力的课堂气氛。

跨入21世纪以来，学校面向世界，面向未来，教育理念进一步更新，提出素质教育概念，鼓励发展学生特质，提倡研究性学习和创新能力培养；提出“内强素质，外塑形象”“今日我以一中为荣，将来母校以我为荣”的口号，教育、激励每个学生。“求真、守纪、勤思、惜时、健体、创新”的学风和“热爱学生，教学严谨，言传身教，勇于创新”的教风逐渐形成，教与学的成果更加辉煌。

参考资料：《连城一中校史》（1989年江兴坤主编）；《吉光片羽集》（2004年陈福榁、罗小林主编）。

高考回眸　科教兴国

吴有春

新中国成立以前，大学生可谓凤毛麟角，当时考大学需带高中学历资格证书到心想大学所定考点去投考，并等待录取通知。抗日战争时期厦大内迁长汀，为我县投考者带来便利。

1950年，我县报考大学的高中毕业生很少，常是依托外地亲友到相关城市去投考，那时局势尚不安定，交通很不便利，生怕遇上土匪抢劫，考大学人数不足十人。

1951—1954年，经过镇反和土地改革，社会开始稳定，经济逐步发展，教育向工农开门，政府还拨助学金鼓励贫困家庭送子女上中学、大学。当时尚处于起步阶段，国家建设需要大量人才，高中毕业生、部分中专毕业生以及工农干部成为大学招生对象或推荐对象。这时闽西还没有设考点，要到漳州去投考。被录取的人名在《福建日报》上公布，仅占半版即足够。可见那时高考虽重视，但未成为全社会十分关注的大事。那时我县高中毕业生，主要毕业于邻县高中。1951年县立中学与私立明耻中学合并为连城一中，当年高中毕业生14人，后因生员少，1952届到1954届高中学生到长汀一中或他县高中就读。

1955年，连城一中才又开始有高中毕业生。当时龙岩开始设高招考场，闽西考生都到龙岩投考。1956年，毛主席发表《十大关系》，提出“向科学进军”的号召，据说当年高招15万，为历年之最，可是当年高中毕业生仅与高招数相当，于是提出“没有数量就没有质量”的建议，要动员所有中专应届毕业生，35岁以下的小学教师、机关干部以及部队文职人员去报考大学。笔者就是在这一大好形势下从长汀师范应届毕业考入福建师范学院数学系学习的。

1957年到1965年，连城一中设立高招考场。这说明教育进一步发展，逐步形成高考制度化，成为受千家万户关注的国家大事。这一时期，农村由合作化走向人民公社，实行政经合一的集体劳动分配制；城镇则实行工商业社会主义改造，连理发也成立行业组织统一管理。人们观念中只有公毫无私；文化教育界经过“反右”斗争，人们的思想与视野都非常整肃与局限，“斗私批修”成为潮流，同时“阶级斗争为纲”政策影响高考录取条件，凡家庭背景含所谓地、富、反、坏、右、资等类的学生，不管其学习成绩多好，都很难得到上大学进一步深造的机会。“大跃进”后的反右倾年代和1960—1962年的经济困难时期，全国高招总数相当不稳定。特别困难的1961年与1962年，全国招生数大幅度减少，我县考上大学的人数不足10名。1963年至1965年，连城一中高中毕业班由2个班增到3个班，升学率约为50%（含取入中专进修者），有考入北京大学、人民大学、同济大学、北京师范大学等名校者，连城一中开始步入受关注的学校行列。

1966年到1976年，众所周知，由于"文化大革命"的缘故，全国停止高招。在此期间，高中、初中毕业生成为接受贫下中农再教育的知识青年，他们若要上大学、中专或高中，要经过"群众推荐，组织审查，领导批准，学校复核"的手续。1973年，增加"文化考试"检验考生知识基础，可是由于张铁生白卷中的打油诗受到"四人帮"的渲染与支持，于是文化考试被否定，因此上大学的学生，其文化水平参差不齐。有不少学生是带着批判老师的"封、资、修"思想观念去听课的，为此，许多大学教师叫苦连天，教学无所适从，特别理工科教学内容无法达到应有层次和高度。

1977年是结束"文化大革命"的第一年，在"两个凡是"不符合马列主义思想的批判声中，邓小平复出。8月4日，中央召开了"科学和教育工作座谈会"，在广泛深入听取了国内多所重点大学第一线的领导和教授的情况汇报和建议后，邓小平于8月8日作了《关于科学和教育工作的几点意见》的讲话，肯定了新中国成立后十七年（1949—1966）科学和教育路线是红线，提出脑力劳动也是劳动，要尊重知识、尊重人才，提出对科研和教育要加强领导，要提高科研和教学水平，还要做好后勤服务工作。特别是"要下定决心恢复从高中毕业生中直接招考大学生，不要再搞群众推荐"，并决定当年就要进行一次招考！消息传达后，全国轰动，积压了十多年的高中毕业生异常兴奋，奔走相告，据说报考学生全国达570多万，为历史之最。印高考试卷的纸张一时紧缺，经批准可先借用印《毛泽东选集》的纸张来解燃眉之急。

当时我县教育部门立即调遣骨干教师到连城一中编写各科高考复习纲要。经过夜以继日的搜集与编撰，不出10日便完稿，用蜡纸刻写油印上千份供给全县考生。接着县里组织考生集中到较为僻静不受干扰的麻潭进行突击应考复习。星期天，有些家长还联合起来邀请一些有高考复习经验的教师，到他们家中挂起借来的黑板进行集体辅导，作解题分析示范。大家在紧张愉快中以极大的热情迎来了1977年冬特别举行的全国高等学校招生考试（这次试题是省里组织命题的，以后则由全国统一命题，直至2003年又改革成由省里命题）。这次考生主要是积压了十多年的高中毕业生，应届高中生还差半年才毕业，只挑选若干名成绩较好的去参加考试，这对于其余应届高中生也是一种必须认真学习求出路的促进。"读书无用论"一扫无余，特别是许多农村学生常言"藉此一搏，脱去谷壳"，意思是由农业户口变为城市户口，不需在农村按劳力分配谷子做口粮，可变为大学所在城市去吃商品粮。这实质就是借考上大学改变命运的读书动力，成为1977年以后长达20多年的社会风气。这时连城一中于1978年开始列入省87所重点中学之一，成为我县教育值得高兴的大事。

同时，值得注意的是，1977年冬高考结束后，不久又举行中专学校招生考试，同样各科分别组织专人编写中专考试复习纲要，由县师训班印发给考生。虽然声势较弱，但为许多初中毕业的知识青年所热烈关注，有些预计考不上大学的高中知识青年也来参加报考，成为当年第二件教育盛事，受到全县普遍关注。过去的中专学生一般都是学习成绩较好而家庭经济困难的，父母希望他们早就业以减轻家庭负担。那时的中专毕业与大学毕业一样，均按计划分配工作，成为国家干部编制，其招生数比大学招生数还多。初中质量以升入中专和重点中学的百分比作为重要评议指标，高中质量以升入本科或大专以上的百分比作为指标，有时也附加省级以上学科竞赛获奖人数或考入清华、北大等名校人数作评论，而县内教育质量往往是以初中升重点高中最低录取分数线以及万人口升入本科大学数作为评论指标。记得1984年连城一中应届高中毕业生升入大专院校首次超过100人，其升学率居地区八所重点中学前列。为此，县教育部门奖给学校一万元作为鼓励。一万元，在当时可谓大数目，凡初中毕业班到高中所有任课教师都得到了好处，不用说，大家的积极性都被调动起来了。

新世纪开始，城乡差别缩小了，考上大学的录取率已由1977年全国为4%增到当今的70%以上，有的学生因录取大学等级不理想，则选择补习再考，希望录取名校以便将来就业。同时许多中专学校升格并入大学或办成高等职业大学。从此，国家公职人员中就基本没有新的中专毕业生了。如今纯粹出力的农民工要变成手脑并用的智力工才有出路，因此"上大学改变命运"的风气仍在延续。只是风力不像上世纪那么强烈，而是变为令人清醒的徐徐爽风，这是我国教育发展的新形势。过去那种人才层次成"宝塔"形式，上尖下宽的结构有所变化，直觉是人才阵容扩展增大且灵活性与创造性加强。但也觉缺少操作人才。

自1977年恢复高考到今已经历37年，这是不断发展与改革的年代。1977年冬我县参加高考及中专考试的人数各约1000人，内含不少莆田知识青年，录取大专以上的人数约60多人，录取中专人数约90人。此后的发展从连城一中几个阶段的统计可见一斑。

1978—1988年，高中毕业生3294人，录取大专以上1052人，录取率为31.9%；

1989—1994年，高中毕业生1769人，录取大专以上552人，录取率为31.2%；

1995—1999年，高中毕业生1688人，录取大专以上1135人，录取率为67.2%（大学毕业逐步开始由计划分配变为自谋就业与自主创业，或者继续参加"考研"深造与出国留学，谋求更高的人生价值）；

2000—2004年，高中毕业生2986人，录取本一与本二共2095人，录取率为70.2%（本三即是较为成功的高等职业院校，统计中往往不记）。

近几年由于高考录取率超过90%，以此作为办学质量指标已无意义，而且考生的高考分只通知本人，学校之间不以升入大学人数作评比，也许这是高等教育的自然回归和社会高度进步的标志。人们可自豪的是录取到老牌的大学或本一的专业，这已成为一种社会心态。往往传闻或张榜某某某为全市或全省高考状元（或者某学科状元），或张贴海报某某某考入北京大学或清华大学，借此显示学校教学质量。据了解，2013年我省高考报名26.6万人，其中高职单招1.89万人；我市报名考生20324人，已被高职院校录取558人，实际参加普通高考人数19766人；我县2629名考生（不含高职单招71人）有一名考入清华大学（全市共4名），县长给连城一中写贺信。

总之，教育的实质是对于人类已有文明的传承活动，同时也具有启迪人们的智力进行创新创造的功能，让学生树立起科学认知世界改造世界的理想，为人类不断进步发展，为世界趋于和谐繁荣而努力学习。教育是科学技术的基础，科技是第一生产力。设想一个社会一个国家，如果没有教育，恐怕是不能延续与生存的。人们祈盼社会走向文明，世界走向和平，消除战争与掠夺，消除天灾与人祸，避免瘟疫与病痛，让每个人都过上丰衣足食、心康体健、勤劳致富的幸福生活，这就是我们的梦，也是改革开放前夕首先抓住"科教兴国"这一举措的理由。

2013年8月

劳动教育伴随我们成长

力 田

记得新中国成立前及新中国成立初期的课表中都有劳作课。其教学内容是手工制作、卫生大扫除以及结合生物课的种养活动。如制作笔筒，其上雕刻图案或名言；制作教具模型，如米尺、升、柱锥台球和正多面体；在生物园里种植蔬菜，嫁接果树，养鸽与名贵鸡兔等。

1951年春，县立中学和明耻中学合并成连城一中后，生员大增，仅有老墙城下的操场、球场，十分不够。计划把围墙外的乱葬岗开辟为体育场，划片分区包到各个班级去完成。于是劳作课变为劳动课，有时体育课也用来开操场，或到姚坊与文亨之间（今机场北部）的连城师范旧址，去搬运砖瓦、桁条和屋桷板，用于建和平楼与五爱楼（1990年左右拆建新楼）。

1954年前，学校有时会利用星期日或者利用节假日，以班级为单位组织春游或秋游，叫作"远足"。常到冠豸山或乡间名胜去参观。有时也以年级为单位，各班选出代表队，举行爬山夺红旗比赛，同学们有的做啦啦队员，有的做后勤与保护队员，兴致很高。老师还以这些活动为背景，要求学生写周记或作文。

春游或秋游时候，正是农忙最紧张的季节。据说有些农村干部在人民代表大会上提出，学生的春游与秋游的悠闲与农民的紧张辛苦劳动构成明显对比，影响不好。建议学校可放春假和秋假一周，去支援抢时间赶季节的春耕插秧和秋收冬种。结果建议被政府采纳。之后，"教育必须为无产阶级政治服务，必须与生产劳动相结合"成为各校必须遵循的教育方针，德、智、体、美、劳成为学校工作总结缺一不可的重要内容。

我们学校对上述方针指示，认真贯彻执行。在"大跃进"年代停课月余，组织学生到一些公社（乡级行政）去帮忙大炼钢铁；在学校附近开辟劳动基地开展劳动教育，如在东台山周边空地或坡地，在天后宫到校门边的水渠旁田地等处种蔬菜及水稻。以后由于城市建设需要，改到离学校较远的板栗园以及赖桥到旗石寨的荒山上种地瓜、蔬菜及少量水稻等作物。还由于"备战"原因，上级划拨离校9公里的麻潭文川河两岸水田、荒地与山林共200多亩，作为连城一中的战备教学与劳动基地，成为分校。恢复高考时，麻潭因其山清水秀，而且社会干扰较少，于是高中毕业班到此复习备考，是连城一中许多学生难忘的记忆。

1962—1966年春，学校与北团公社长期挂钩，每到春秋农忙期间，都要组织各班级学生，自带被席和粮票吃住在贫下中农家中，参加相应大队及生产队（相当于现行村委与居民小组建制）的劳动。晚间要求学习时事政治，写快报表彰好人好事，回校后作支农劳动小结。学生操行评语中，少不了有关劳动观点、态度及表现的内容。到北团支农的春耕和秋收劳动，因"文革"运动而止。"文革"期间主要到麻潭农场去学农，种水稻地瓜，植桃李板栗，养牛羊猪鹅，全过程都包揽下来，有专职人员总负责安排，"农业基础"课程老师及年段长、班主任负责指导与带领学生进行农业学习与劳动实践。"文革"期间还组织参加学工劳动，到县农械厂、印刷厂、化肥厂去劳动，学习看图纸、翻砂铸模、车工钳工等机器生产知识。

诚然，在那经济困难的岁月，劳动的收获也改善了师生的物质生活。

劳动教育很有必要。开始时，占用时间不长，在"大跃进"年代以及"文革"时期逐渐成为制度化，虽然用时较长，但对于文化课学习，总体而言不至于耽误。在全国大、中、小学一致的氛围中还互相交流经验，参观学习，展示成果，学生强烈地认识到与体验到劳动的光荣与伟大。

人们常说，劳动使动物性的猿变成具有思维能力会说话的社会性人类；劳动创造了人类赖以生存的衣、食、住、行等各种物质文明；劳动锻炼了人类吃苦耐劳的坚毅性格和身体素质；劳动积累了人类的知识和技能，发展了人们的智力，创造了语言文字和文化艺术。这都是劳动的意义和魅力。

我们通过劳动，从而知道劳动过程的艰辛，知道劳动成果获得不容易，因此从内心懂得尊重劳动人民，爱惜劳动果实，反对不劳而获和铺张浪费的贪腐和奢侈行为。这些都是我们学校与教师对于学生教育所追求的品德目标。劳动教育造就了大批具有坚强性格和吃苦精神的社会主义建设者和各条战线的英模，他们都是新时代的接班人。劳动教育功高可颂。

2013年11月18日

东台山上党旗红
——连城一中党组织发展历史及活动情况
江开田

栉风沐雨风华百年，砥砺奋进木铎金声。百年来，连城一中走过了百折不挠、上下求索的光辉历程，逐步形成了关心国事、热爱祖国、追求民主、坚持真理的精神传统，积淀了厚实的文化底蕴。学校始终坚持"德育为首、教学为主、全面发展、质量第一"的办学宗旨，坚持"以学生发展为本，为学生成长奠基"的办学理念，着力锻造"自主、自律、自强"的教育特色，努力营造"笃志、诚信、勤奋、严谨"的校风，培育"求真、守纪、勤思、惜时、健体、创新"的学风，倡导"热爱学生、教学严谨、言传身教、勇于创新"的教风。众所周知，连城曾经是当年的中央苏区县、坚持"二十年红旗不倒"的老区县。连城昔日的种种荣光，都与一中的存在密切相连。一中，无论是革命的年代还是建设的时期，都是连城优秀人才的摇篮。经过历代一中人的努力，这里先后为祖国培养了近4万多名初、高中毕业生。他们曾在各个时期，各个岗位奏响过为国争光、为民造福的动人华章。无论在繁华的城市还是在边远的农村，无论在大漠边关还是在雪域高原，无论在祖国内地还是在异国他乡，无论在办公室、实验室，还是在厂矿企业、田间地头、军岗哨所、校园课堂，到处都有连城一中校友开拓创业的迷人风采。

在百年的风云变幻中，她受到了革命的洗礼。如今，她正踏着时代的步伐，续写着壮丽的华章。为进一步让一中人了解一中党组织光荣的历史，特对党组织在一中开展的历史活动回顾如下。

1949年6月，私立明耻中学、县立初中的校长童庆鸣、和吴运启参加县里的会议，回校后率全校师生起义，在学校中升起了第一面五星红旗。1949年10月新中国诞生。新中国成立后的两校师生热烈欢呼新中国的诞生。两校还在部分教师的带领下组织宣传队上街下乡，配合新政权做好宣传工作，开展剿匪、镇反、土改等宣传活动。1950年10月，县中建立了团支部。1950年底，两校师生有60余人参加土改。师生的表现受到中国人民解放军29军253团指战员们的好评。土改结束后，教师回校工作，学生大部分参军，仅1951年，学生参军参干的就达78人，这些人成为后来保卫和建设新中国的一代新人。由于新中国成立初期政治运动较多，为了加强党对学校的领导，合并后的一中校长由县长马力兼任。一中师生在新中国成立初期就具有政治觉悟高、思想上进、纪律性强的良好表现。无论是在土改、剿匪，还是后来的镇反、参军、参干、抗美援朝、发行人民币、爱国储蓄、"三反五反"等政治活动，师生都踊跃参加，而且做到教学和活动两不误。之所以能这样，关键是有党的"整顿改造，重点发展，提高质量，稳步前进"的文教工作方针指导。

学生党员宣誓

1952年，由省教育厅直接组织的教师思想改造运动，由于比较正确地贯彻执行党提出的"团结、教育、改造"知识分子政策，取得良好的思想教育效果，大大提高了广大教师的积极性。思想改造运动以后，为了加强党对学校的领导，县委派董秉坚到一中任教导主任，李居安任总务主任（两人均是党员）。

1956年暑期，全校教师参加龙岩地区中等学校教师肃反学习，贯彻周总理关于知识分子问题的报告精神。之后，各级党委都很重视抓知识分子工作。魏稼秋同

十八大精神报告会

志调任一中校长后，地委还提拔李传耀、吴允施等人充实学校领导力量。

1957年，上级根据一中的发展，成立了中共连城一中党支部，委派县委副书记赵澄清同志为校长，进一步加强党的领导。支部成立之初只有赵澄清、董秉坚、邓进、黄和光等四位党员，董秉坚任支部书记。为加强支部力量，县委又从县直机关抽调一批中层干部如林湛（县府办主任）、李克谦、尤光祖，分别担任副校长、政治教研组长等职。

1958年，党中央提出"教育必须为无产阶级政治服务，必须同生产劳动相结合"的方针。根据这一方针，学校开展了勤工俭学活动。在县委支持下，一中拥有近百亩地的农场，不仅改善了师生生活，还进行科学实验，加强了学生的劳动教育，使教学科研和生产紧密结合起来。这个时期，由于频繁的政治运动和过多的劳动（1957年的反右派斗争，1958年大炼钢铁、五四双红体育运动，1959年下乡劳动、宣传公报、批驳右倾言论，1960年下乡支农、搞土洋结合技术革新等等），也使学校正常的教学秩序受到冲击，还伤害了一些教师的积极性，助长了"左"的情绪。三年困

难时期，一中同样受挫。

1959年，张彰任校长兼书记。1960年冬，党中央开始纠正农村工作中"左"的错误，对国民经济实行"调整、巩固、充实、提高"的方针，使国民经济很快得到恢复和发展。学校根据"八字方针"要求，注意调查研究，纠正"左"的做法，恢复了正常的教学秩序。一直到"文革"前夕，学校各项事业在党的领导下，取得重大发展。学校当时有党员7人。"文革"开始后，学校和全国各地一样受到了冲击，党的领导地位被削弱，民主法制遭破坏。这场浩劫使学校事业遭受了巨大的损失。1968年，学校成立"革委会"，由"革委会"第二副主任李春盛同志任党支部书记。1971年，县"革委会"决定把一中改为县农械厂工农中学，校长由厂长陈宜钦兼任，牛承恩任书记。1974年，工农中学和县五七中学合并，复名为连城一中，增设党支部副书记沈君奇。

1976年10月，"四人帮"被粉碎。在党中央的领导下，教育战线拨乱反正，1978年工宣队撤出一中，结束了军宣队、工宣队对学校的管理，恢复了党支部的领导。学校党支部号召广大党员、团员开展对"两个估计"的批判，清理"左"倾错误的影响。除组织学习1978年11月《人民日报》社论《教育战线的一场大论战——批判"四人帮"炮制的"两个估计"》和1979年3月中共中央转批的教育部《关于撤销两个文件的报告》外，学校党支部还结合学习邓小平同志恢复职务后关于科技教育的一系列讲话，正本清源、提高认识，使广大教职工深受鼓舞。1988年底，教育部召开教育工作座谈会，一中大多数教师学习了有关报道和文件，进一步认清了长期以来党内"左"倾错误和粉碎"四人帮"后"左"倾指导思想在教育工作中的表现和影响，解放了思想。学校党组织在认真组织党员学习上级文件，提高认识的同时，还在上级党委的支持下，配合上级党委对在"文革"中被错批、错斗教工的冤假错案进行调查，帮助平反，落实了党的知识分子政策。1981年牛承恩调出后，由县教育局长赖绍定调入一中任支部书记。1984年，龙岩地委宣传部任命罗焕南为校长兼书记，李大谌为副书记。学校党支部从党的十一届三中全会以来，逐步建立和健全了"三会一课"制度，每学期都制订支部工作计划和工作总结，重大的学习活动都有详细的活动方案。从1984年起，省委规定一中享受县团级发文的待遇，中央和省委的秘密、机密以至绝密文件，均发至党支部。这种政治待遇级别，甚至高于县里的有些科局。党支部经常组织学习有关中央、省、地规定学习的文件，从而不断提高广大党员的思想觉悟和政治理论素养，要求入党的教工越来越多。党支部对要求入党的同志严格把关，本着成熟一个发展一个的原则，做到材料不清不发展，表现不突出不发展，群众反映不好不发展的要求，保证党员质量。而全体党员在学校各自岗位中皆能起到模范带头作用，他们为维护一中正常的教育教学秩序，为学校取得一个又一个荣誉做出了自己的贡献。1987年6月，发展了第一个学生党员，后因上级党委要求发展学生党员必须考察两年以上，再加上学生年龄及在校时间较短，发展学生入党的工作进展不快。

1989年，由于国际形势的变化，国际共产主义遭受巨大挫折，西方资产阶级思想正影响着社会主义事业。学校党支部保持与党中央高度一致，从培养社会主义事业接班人的战略高度落实学习任务，明确反和平演变的内容。1990年5月调任的傅干春校长（同时还兼书记）亲自布置了学习任务，组织政治教师作主题发言，并邀请县委宣传部领导到校作形势报告，还结合1991年7月1日江泽民重要讲话组织学习，使广大师生提高认识，看清方向。在坚持四项基本原则，反对资产阶级自由化的教育中，我校师生旗帜鲜明，经受住考验。党支部在1991年结合建党70周年，组织广大党员深入学习社会主义理论，组织党员听报告、上党课、外出参观学习等系列教育活动，取得良好效果。到1991年，支部共有党员43人（其中29人是十一届三中全会后发展的），以年级为基础，编有5个党小组，在教工支部中还成立了"党章学习小组"。学校党支部在1991年被评为县级先进党支部，有27位党员被评为校级以上先进个人，李如珍被评为全国优秀教师，韩淑云、李如珍的先进事迹还登载在《福建日报》《闽西日报》上。党支部抓住时机，把学习韩老师事迹同加强教职工的思想政治工作统一起来，在各教研组、备课组中开展"爱岗奉献为教育"的专题大讨论。老师们通过学习，纷纷表示要扎实做好教书育人工作，争做韩老师式的好教师，在校园内掀起学习韩淑云同志的热潮。党支部组织的这项活动，有力地推动了教师爱岗敬业、无私奉献的职业精神，以及学生刻苦学习，立志报国的拼搏精神。到1994年，共有党员48人。在1991年高考中，我校应届学生考上省专线以上的人数比以往任何一年都多。

　　1994年5月傅干春调出后，由黄修桂任校长兼书记。1996年3月因县宣教党委成立，一中支部升格为总支。总支下辖三个支部（行政支部、理科支部、文科支部），江初祥为总支副书记（2000年江初祥同志退休后，由徐金华同志任总支副书记）。学校党总支此时期的工作主要抓：第一，思想建设。（1）经常组织党员学习党的基本理论、基本路线、基本政策和有关的教育政策法规。（2）举办业余党校讲座，组织党员和争取入党积极分子学习有关《党章》和党的基本知识。（3）开展讨论座谈，交流学习心得，撰写学习心得，开展学习征文活动。（4）组织到古田、瑞金、井冈山参观学习，观看有关宣传影像资料。全年活动做到定时间、定内容、定地点、定发言人，取得良好的效果，进一步统一了广大党员的思想。第二，组织建设。为进一步扩大党员队伍，把教工中优秀员工吸收入党，各党支部制订党员发展计划，指定正式党员与其联系定期交流学习心得，帮助解决学习中存在的问题，按照发展党员的程序要求，帮扶积极分子。同时，总支要求各支部建立党员联系制度，每位党员自报联系非党教职工1~2人，经常关心他们的思想、教学、生活等各方面的情况，做他们的知心朋友，同时还在学生中发展学生党员2人。至2002年共有党员53人。第三，制度建设。学校完善"三会一课"制度，对每位党员实行"三卡"（荣誉卡、警示卡、活动卡）管理。各支部还结合学校特点与各位党员签订"目标管理责任书"和"党员廉政建设责任状"，加强对党员的管理与教育。党总支提出的"三个一工程"（即每位党员帮扶一位学习思想差的学生转化，帮助一位生活特困的教师或学生，联系一名骨干教师发展入党）影响面大，已成制度。

　　由于党建工作扎实，有力地促进了学校各项工作的顺利实施。1999年，学校党总支被龙岩市委宣传部、组织部授予"全市先进党员教育工作联系点""理论学习、党员教育工作先进联系点""先进基层党组织"等荣誉称号；2000年度，被龙岩市委宣传部、组织部授予"党员教育工作先进联系点"，被县宣教党委授予"先进基层组织"等称号。教师党员在各自岗位上做出重大贡献。80%的党员在毕业班一线或学校领导岗位（18位行政有党员14名）。党员中特级教师3人，高级教师31人，获市以上表彰的达132人次，县级以上骨干教师50人。

　　2002年5月，黄修桂调出后，罗小林校长兼任总支书记，江开田为副书记。除继续抓好各支部日常事务外，还进一步加强对党员的管理教育工作。总支结合身边的典型，在各支部开展学先进、比先进，争当好教师、争做好党员活动，不断创新教育内涵，使每位党员在各自岗位上做好本职工作的同时，以党员的旗帜影响周边的师生。同时，根据重点中学高中学生特点，2002年11月在学生中创办业余党校，积极为品学兼优的学生了解党、靠拢党提供机会。业余党校的学生学员，由各班团支部推荐给团委，经审核作为党校学员。每月一次的讲座内容，包括马列主义、毛泽东思想、邓小平理论、"三个代表"重要思想，中共党史、国际共运史和党章条款。业余党校为了提高每期学员的学习效率还制定了严格的考勤、考试制度。为提高办班效益，除各支部书记上党课外，还从县委党校、县宣传部、县组织部、县直党工委聘请领导到校作报告。第一期业余党校有208人结业，第二期有218人结业。学生业余党校的创办在学生中产生深远的影响。2003年高考，高三业余党校的45名学员全部上大学，其中考上重点大学的达34人，本科第二批次录取11人。2004年5月还在业余党校毕业的学生中发展党员7人，培养入党积极分子48人。学生业余党校的创办为党建工作注入新的活力，到2014年6月，学校共发展学生预备党员187人，正式学生党员20人。

2002年我校被县直党工委评为"机关党建示范点"；2002年到2012年连续10年被县委宣教党委评为党建工作先进单位；2006年7月学校被龙岩市委授予"党建先进单位"称号。2014年7月，我校共有教工党员78人。

党员教育实践活动是我党思想工作的一项长期而重要的工作，根据不同时期的背景需要，教育实践内容也有所不同，目的就是要永葆党员及党组织的先进性，始终保持先锋模范作用和战斗堡垒作用。2005年7—12月，按照上级党委的部署，我校开展先进性教育活动。这次教育活动分为学习动员、分析评议和整改提高三个阶段。第一阶段发动学习动员（2005年7月—8月）。主要活动有召开动员大会、集中学习培训、组织专题讨论。第二阶段分析评议（9月—10月）。主要活动有征求师生意见、撰写分析材料、开好民主生活会、向党员反馈评议情况。第三阶段整改提高（11月—12月）。主要活动有制订整改方案、认真落实整改、公布整改情况。在活动开展的各个阶段，学校党总支起到统筹、领导、组织的作用，做到各项活动有计划、有小结，转段活动有方案、有回顾，使学校的先进性教育活动开展得有声有色，在活动过程中得到了市督查小组、县委组织部、县宣教党委的多次指导和高度的评价。

通过先进性教育，首先，广大党员牢固树立共产主义理想和建设中国特色社会主义事业的信念，更加紧密团结在党的周围，进一步树立良好师德风范，树立正确的世界观、人生观、价值观。其次，解决发展问题。进一步把广大党员的积极性充分调动起来，把创造力充分激发出来，在为学校健康、可持续发展中发挥先锋模范作用。再次，解决为广大师生服务问题。通过开展先进性教育活动，广大师生真正感受到教育活动的成效，感受到党员战斗力，切实把是否解决广大师生切身利益、广大师生对党员工作是否满意作为检验教育活动是否取得成效的重要标准。同时，增强为广大师生服务的能力，不断提高教育教学水平，增强组织性，加强纪律性，树立好党员的形象，把先锋模范作用和战斗堡垒作用落到具体工作之中。

根据中央和省委、市委、县委的统一部署，2009年3月至9月为期半年的学习科学发展观教育实践活动在我校开展。按照《连城县委关于开展深入学习实践科学发展观活动的实施方案》的要求，我校在以省委"科学发展、四求先行"为主题，县委"海西应先行、闽西当前锋、连城勇争先"为内容的基础上，结合学校实际，提出"谋学校发展，办优质教育"为实践载体的学习实践教育活动。紧紧围绕"党员干部受教育、科学发展上水平、人民群众得实惠"的总体要求和"提高思想认识、解决突出问题、创新体制机制、促进科学发展"的目标，活动分为三个阶段。第一阶段（2009年3月下旬到5月中旬）学习调研，这一阶段的主要任务是认真学习，广泛调研，深入讨论，提高认识，增强贯彻落实科学发展观的自觉性和坚定性。第二阶段（2009年5月中旬到7月初）分析检查，这一阶段的主要任务是结合学习调研、解放思想讨论总结出的问题，广泛征求各方意见，认真查摆存在的突出问题，形成高质量的分析检查报告，并组织群众进行评议。第三阶段（2009年7月上旬到8月下旬）整改落实，这一阶段的主要任务是针对查摆出的问题和差距，研究制定加强和改进工作的具体措施，建立健全推动科学发展的规章制度，形成长效机制。

业余党校

学校提出的"谋学校发展、办优质教育"具有深刻内涵。谋学校发展有三层内容，具体是学生的素质发展，教师专业的成长，学校文化内涵的发展。学生素质发展主要是向学生提出"三个好"的具体要求：养成好习惯、锻炼好身体、争创好成绩；教师专业发展指的是教师专业精神（含师德修养、师风表现）、专业素质（专业理论研究、专业基础学习）、专业能力（教书育人水平、教研教改能力）的发展，以学校名师、学科带头人为骨干，教研组、备课组为单位，结合岗位练兵，实施高中新课程改革为契机，推进教师队伍建设，练就一支由体现一中水平的老、中、青年教师组成的结构合理的师资队伍；学校文化内涵的发展，就是充分利用学校多年办学的经验，在传承办学精神，挖掘办学内容的基础上，强化新时期的育人观、教学观，除以爱国主义教育为主线外搞好学校的军警民共建，法制教育、劳动实践教育、社区教育，构建大的德育观，从而培养对国家有贡献、对社会有责任、对家庭有希望的"好公民、好学生、好孩子"，为连城持续发展提供智力支撑和人才保障。办优质教育，学校提出了以八项工程为载体：队伍建设工程、创新发展工程、实施研修指导工程、岗位大练兵工程、依法执教工程、规范服务工程、创建省一级学校达标工程、安全稳定工程。通过学习要达到认识"科学发展、四求先行"这一活动主题，以及"海西要发展，闽西当前锋，连城勇争先"的活动载体，使广大党员教师认识到办好一中符合社会发展需要。总支成员各自分工到所在支部确定了联系点，建立总支成员联系支部制度，加强对学习实践活动的督查指导，狠抓各项学习活动的落实，有计划、有步骤地开展了各项工作。先后开展了"谋学校发展，办优质教育"的主题实践活动，在党员中广泛开展了以"崇冠有为"的党建品牌的创建活动，在教师中深入开展了"爱校、爱教、爱生"三爱教育活动，使学习实践活动扎根校园，变为全体师生的自觉行动。

这次教育活动取得如下成果：

一是形成了共识。广大党员领导干部和教职工充分认识到，学校教育工作要取得显著成绩，关键在于能够用科学发展观统领学校工作，统筹学校规模、质量、效益协调发展。贯彻落实科学发展观，就要切实提高人才培养质量、教育教学水平和科学育人的能力，切实加快建设"创一级学校"的步伐。

二是明确了方向。对照科学发展观的要求，解决影响和制约学校科学发展的突出问题，推动学校又好又快发展，就要进一步加大改革力度，积极构建具有一中特色的现代化中学管理制度；就要不断强化内涵建设，从提高教学育人质量、增强创新能力、加大学科建设力度、提升师资和管理队伍建设水平等方面入手，切实提高学校的综合实力；就要以改革创新精神不断加强党建和思想政治工作，为建设省内一流名校提供坚强保证。

三是推动了工作。通过开展学习调研、经验交流、广开言路、建言献策，使广大教职工对推进学校工作又好又快发展的热情和干好本职工作的积极性有了进一步提高，尤其是在精神状态、思想境界、发展举措、工作思路、思想作风、办事效率等方面有了明显转变，有力地推动学校党建和教育教学工作的开展。

四是转变了作风。通过学习实践活动，广大党员领导干部进一步树立了以人为本、创新发展等科学发展的思想观念，自觉把科学发展观转化为推动科学发展的坚定决心、谋划发展的正确思路、促进科学发展的具体措施，转化为增强党性修养、提高思想觉悟的实际行动，坚持求真务实的作风，密切联系师生，不断提高服务质量，展现出了新的作风和新的形象。

2014年3月—9月，按照中央的总体部署，我校深入开展了党的群众路线教育实践活动。学校党总支书记罗小林、副书记罗宗益根据学校实际，制订活动方案。活动围绕三个环节展开。（1）学习教育，听取意见（3月下旬—4月下旬）。重点是搞好学习宣传和思想教育，深入开展调查研究，广泛听取群众意见，把"照镜子、正衣冠"的要求落到实处。（2）查摆问题，开展批评（4月下旬—5月下旬）。围绕为民务实清廉的要求，在广泛征求意见的基础上，对照群众的意见反映，对照中央八项规定和市委、县委关于改进工作作风、密切联系群众的规定，通过群众提、自己找、上级点、互相帮，认真查摆"四风"方面存在的问题，进行党性分析和自我剖析，开展批评和自我批评，把"洗洗澡"落到实处。（3）整改落实，建章立制（5月下旬—6月下旬）。针对"四风"方面存在的问题，制订和落实整改方案，把"治治病"的要求落到实处。

这次教育实践活动，以学校领导班子及领导干部为重点，覆盖全校党员，贯穿"照镜子、正衣冠、洗洗澡、治治病"的总要求，坚持正面教育为主，坚持批评和自我批评，坚持讲求实效，坚持分类指导，坚持领导干部带头，认真查摆集中解决在形式主义、官僚主义、享乐主义和奢靡之风方面存在的突出问题，教育引导党员干部强化宗旨意识，树立群众观点，思想认识进一步提高，工作作风进一步转变，与广大师生的关系进一步密切。

群团工作也是党支部工作重要的组成部分。多年来，学校党组织对校团委、工会等群团组织非常重视，并给予直接的指导。学校工会主席皆由支部副书记兼任。在党组织的直接领导下，校团、队组织健全，活动正常化、制度化。校团委能根据各时期的任务做好团委工作，引导团员在学习、工作、活动中起表率作用。根据青年学生特点，全校开展学先进、比先进的活动。在演讲征文比赛、节日联欢、文艺演出、体育比赛、献爱心送温暖、社区劳动实践、青年志愿者、学雷锋志愿者服务队等活动中，青年学生皆有积极的表现。党组织把积极引导广大团员"走好青春路，迈好青春门"活动作为主要工作。在党组织的指导下，学校群众性组织如象棋协会、集邮协会、科技协会等群团组织活动有声有色。校团委组织的载体活动，如三人篮球比赛、诗歌朗读、校园辩论赛、业余党校学习、为贫苦学生捐款及筹款等活动，不仅活跃了学生课外生活，也极大地丰富了校园文化内容。由于工作出色，校团委也获得了许多荣誉：继1989年被评为县级先进单位和"红旗团委"，2000年被龙岩团市委授予"五四红旗团委"之后，又获得了一项又一项桂冠。其详情，罗裕水同志的《连城一中共青团发展概述》已有描述，恕不赘述。

连城一中工会委员会成立于20世纪50年代初期，当时的工会委员主要由学校指派的教师、职员、工友代表组成。"文革"期间工会机构一度废止，直到1982年才得以恢复。学校工会到2014年已十届。一年一次的教代会是教职工行使民主权利，参与学校民主管理、民主决策、民主监督的基本形式，是学校管理体制的重要组成部分，也是学校领导与教职工进行民主协商、沟通信息的重要渠道。我校工会自建立以来，在学校党政的关心支持下，围绕学校中心工作，着眼于调动广大教职工的积极性、创造性，着眼于广大教职工的利益，在学校改革、发展、稳定中发挥了积极作用。特别是教代会代表对学校各项管理的提案和监督落实工作及对学校中层以上行政的测评工作，有力地推进了学校各项管理工作上新台阶。

工会还通过建大家促小家活动，推动各工会小家的建设。他们以各种活动为载体，做好各项教工服务工作。工会坚持做到"五必访"（即职工生病住院、家庭纠纷、思想情绪波动、亲属过世、办喜事等必探访）。工会在党组织的直接领导下，还根据新时期的工会工作特点，不断创新工作方式方法，深受员工和上级工会的称赞，真正地体现了桥梁纽带作用，因此，继1991年获县"教工之家"称号后，不断地得到上级荣誉，荣誉称号也不断上档次。想了解详情的读者，请参阅本书所刊吴勤老师的《学校工会工作点滴》和李志铭老师的《学校工会简况》两篇文章。

2014年7月

连城一中共青团发展概述

罗裕水

一、共青团的组建和初步发展

（一）共青团的初步组建

1946年9月，中共中央根据人民解放战争的新形势和满足广大青年积极分子的进步要求，提出试建青年团组织。随着解放战争胜利的发展，试建青年团的成功，在新中国成立前夕，1949年1月，中共中央正式颁布了《关于建立中国新民主主义青年团的决议》，在全国开始了普遍重建青年团的工作。

1951年，县立中学与明耻中学合并，年仅17岁的团县委学校工作部部长邵希余同志受上级组织的委派，来到连城一中开展共青团的组建工作，在青年教师中发展了连城一中最早一批共青团员。他们是江兴坤、张文烈、黄盛鑫等几位老师。此时，连城一中建立了第一个团支部。

在上级团组织的指导和帮助下，连城一中的建团工作发展迅速。1951年至1953年，成立了多个团支部。1953年，张祥楠调到一中，负责团的工作，开始建立了团总支。50年代末期，一中高中部共有三个班级，每班有二十几名团员，约占班级人数的一半。

（二）团组织的初步发展

在团的初建过程中，上级组织给予了大力支持。团县委书记吴琦同志经常到一中上团课，在假期举办共青团知识培训班，向青少年学生介绍团的知识。我校张祥楠老师也利用团队活动时间上团课，分批分次培养入团积极分子，组织团员和入团积极分子参加团县委举办的培训班，大力发展青年团员。

共青团作为党的有力助手，发挥了很大的作用。部分优秀团员担任初中各班级少先队的辅导员，向初中学生宣传团的知识，组织和指导初中班级开展少先队活动。

二、20世纪60年代的共青团

（一）团组织进一步发展

1961年，童长生同志从哈尔滨工业大学毕业，回到了连城，调到连城一中任专职团干。1962年，连城一中成立团委。至此，团组织的三级机构——团委、团总支、团支部在一中得到完善。

童长生老师于1956年毕业于一中，是我校优秀团干，北京农机学院毕业后，作为留校青年教师被选派到哈尔滨工业大学深造，学习农业自动化专业。他在60年代上半期担任一中团委书记后，一中共青团组织得到了很大发展，由共青团组织开展的活动非常活跃。

在校团委之下，设立了初中、高中和教工三个团总支。各班建立班支部。其中高中三个年段，每个年段3个班，共成立了9个团支部，包括初三年段的1个团支部，全校共建立了10个团支部。高三毕业班，每班有一半以上是共青团员。团组织的规模得到扩大。

（二）朝气蓬勃的共青团

1957年5月，新民主主义青年团召开第三次全国代表大会，大会决定将中国新民主主义青年团改名为中国共产主义青年团。从此，广大团员在为把我国建设成为一个社会主义强国的伟大事业中努力奋斗，不断做出新的贡献。

60年代的一中共青团组织，随着组织建构的进一步完善和规模的扩大，各项活动搞得热火朝天。团县委对活动的开展给予了大力的支持，委派学校工作部部长邓晓光同志入住一中，指导活动的开展。

1. 团队活动的开展。由学校统一安排，每周有一次活动课。校团委组织了包括航海、飞机模型、无线电、电工、音乐、舞蹈、绘画等多个兴趣小组，团员积极踊跃参加。每周的活动课成了学生们最喜欢上的课。他们以极大的热情投入知识的学习和科技的实践中。

2. "学雷锋"活动的开展。连城一中团委最早开展了"学雷锋"活动，有很大反响。1963年12月，一中团委组织委员童文鑫老师代表一中到福州，参加福建省少先队优秀辅导员会议，并在大会上作了题为"让少先队员都带上红领巾"的发言，介绍连城一中团委开展"学雷锋"活动和少先队工作的情况。

3. 宣传慰问演出下农村。1962年，一中成立了宣传队，主要工作由团委负责。童长生担任宣传队指导员，胥婉君老师负责文艺演出的排练。每到假期，一中宣传队就下到农村，下到生产大队，一中宣传队的足迹走遍了全县的大小乡镇。宣传队学习"乌兰牧骑"文艺团队形式，十几个队员，轻装简行，一边参加生产队的劳动，一边了解好人好事，搞好创作。劳动结束后，就为村民们演出。深受农民群众的欢迎。

4. 一中与场站联合，成立了一中民兵团。团委在民兵团中组织了射击队，经常组织团员去机场参加训练，组织联欢活动。

1966年，"文化大革命"开始后，各地党团组织全面瘫痪。一中的共青团组织也不例外。1966年到1970年，一中的共青团成了一段空白。1968年起的几年里，团组织被"革委会"所取代。

三、20世纪70年代共青团的恢复和发展

（一）共青团组织的恢复

1970年2月，连城一中更名为农械厂工农中学，同时在麻潭创办五七中学。1971年，林晋春

同志调入农械厂工农中学，担任团委书记和人事干部，负责干部问题的落实和恢复团组织的工作。1971年的上半年，在学校工作基本恢复之后，学校的党团组织和少先队组织也得到了恢复。校团委组织对原有团员进行了登记，为超龄团员离团办理手续，同时还发展了一批新团员。

与此同时，五七中学也在江初祥、章仁彩等老师组织下发展了一批团员，建立了团支部，开展团队活动。

一中宣传队恢复后，又开始下到乡村进行慰问演出。"革委会"把学校的各项活动交团委负责，团的各项活动基本能正常开展，有计划地举办了各种体育比赛和文艺汇演活动。

（二）70年代团组织的活动

1975年5月，周兴栋同志调入连城一中，担任人事干部和团支部委员，而后担任了团委书记。这个时期（1975—1979年）学校的团组织又有了新的发展。初二以上各班级都成立了团支部。团组织有详细的工作计划和安排。团的活动也颇有时代特点。

1. 注重"革命小将"的培养。团委根据各支部的情况，组织了评选先进团支部、优秀团干的活动。1976年，当时还在高二读书的学生罗秀清因表现突出，出任团委副书记。这在一中共青团发展过程中，是仅有的例外。

2. 团委安排各年段按期上团课，介绍团的有关知识。每期召开三次团委会议，重点工作为发展新团员，以及评优评先工作。

3. 开展"学雷锋"活动和"学工、学农、学解放军"活动，取得显著成绩。

四、团组织的繁荣发展

1976年以后，连城一中团组织的发展进入了新的时期。1980年8月，复员军人邹顺爱同志调来一中，负责一中团的领导工作，李元林任团委副书记，团组织进入了繁荣发展期。

在新的历史时期，团组织积极开展"五讲四美三热爱"活动，积极组织学生上街道、下工厂，到农村学雷锋、做好事。校园内各项活动也开展得有声有色，成效明显。1987年，省属优秀毕业生周平清分配到连城一中负责团队工作，并于1987年、1988年由团县委选派前往省团校和全国辅导员进修学校学习。学校团委围绕学校的中心工作，以"美"和"乐"为内容，深入开展适合青少年特点，有利于青少年身心健康的各项活动，不断地培养学生的创新能力，全面提高学生的各项素质，把"勤、严、实、新"的精神贯彻在各项工作中，为培养德、智、体、美、劳全面发展的合格人才服务。创办了《一中团讯》，开辟了"东台之声"广播站，成立了"一中团校"。团队工作蓬勃发展，充满生机，连续多年获得县"红旗团委"称号。

90年代伊始，童文伟、罗裕洪、罗益强、华山先后出任连城一中团委书记。连城一中的团队工作在上级团委和学校党政的领导下，不断开拓进取，以"外塑形象，内强素质"为工作准则，工作业绩更加辉煌。如今，连城一中团委，随着改革春风，紧跟时代步伐，继续发扬一中人奋发向上的精神，正以昂扬的姿态创造着新的业绩。

五、团结进取，继往开来，共同谱写共青团工作新的篇章

进入21世纪以后，罗北京、杨燕、罗裕水先后出任连城一中团委书记。长期以来，连城一中团委在上级团委和学校党总支的领导下，紧紧围绕学校中心工作，突出思想教育，充分用文化活动和丰富的教育资源，以2004年90周年校庆和争创一级达标高中（2013年成为一级达标高中）

为契机，在继往开来、求真务实的基础上，立足青年学生终身发展，立足团组织的先进性，积极有效地开展各项工作。

（一）加强团的自身建设，开创我校团委工作新特色

1.发展新团员工作。发展新团员工作是学校团委的一项重要工作，发展团员对搞好学校团组织建设、提高学生自身思想素质、促进学生学习就业等都十分重要。学校团委认真制订工作计划，建立健全了各支部组织，以各团支部为单位做好发展新团员工作。校团委严把新团员入口关，对于想入团的学生，需经个人自荐，班级团支部、班主任层层推荐，经团委审核后集中组织学习共青团知识，进行综合考核，以保证新团员的质量。

2.健全团委的规章制度。制定团委、团支部工作规划，明确支部委员的工作内容与范围，健全支部常规工作。以"党建带团建"为指导思想，深化团建创新工作，促进团组织的自身建设，发挥阵地作用，不断提高共青团的影响力和战斗力。

3.加强政治理论学习，努力提高团员青年的思想道德素质。每一学年举办两期团章学习培训，对积极要求加入团组织的同学进行为期两周左右的学习。学习团的理论知识，结合学校及学生生活实际进行思想教育，通过团委考核合格的学生，方可加入共青团组织。

4.加强团员干部队伍建设。团员干部队伍是一支特殊的队伍，只有科学管理，才能让他们健康成长。为落实好团员干部工作，让团员干部真正成为学校管理的好助手，校团委除了每隔两周召开好团员干部的例会外，更注重平时对团干的严格管理和培训。每一学年举办两期团员干部培训班，提高了团员干部的工作能力和水平，加强了团员干部队伍自身建设，真正架起了老师与学生之间的桥梁，为协助学校政教处搞好学生管理做了大量积极有效的工作。同时积极引导学生会的同学参与组织学校的文艺活动，丰富校园文化生活。实践证明，这支团员干部队伍在协助学校对学生进行管理方面起到了积极的作用。

（二）注重宣传阵地建设，开展多项活动，营造文明向上的校园文化氛围

利用多方面的力量，通过校园内一切可以利用的形式、渠道做好宣传工作。

1.定期举办业余党校、党章学习小组活动。从2002年起学校连续举办了12期业余党校，为我校培养了一批后备力量、生力军。

2.树立爱心观念，做到一方有难八方支援、病魔无情人有情。连城一中的师生素有扶贫济困的美德，不断地使这种美德发扬光大自然是我们的责任。几年来，我们发动为汶川地震捐款，为患有白血病的同学捐款，为甘肃舟曲特大泥石流捐款……每次活动都做得有声有色。2013年11月，学校团组织为患重病的沈钰晗小朋友捐款10984.8元，同学们从中受到了启发教育，感受到互帮互助、团结一心的社会大风气。

3.切实做好升旗仪式工作。利用国旗下讲话对学生进行思想教育。每周政教处、校团委都认真准备讲话稿，围绕"安全、卫生、文明守纪、学习、感恩教育"等方面开展对学生的教育。从思想到品德、安全到卫生、守纪到常规等多方面，强化学生认知，营造积极、健康、文明、向上的校园氛围。我们改变以往单一的说教模式，不定期地让优秀学生作国旗下发言，提高国旗下讲话的教育效果。

4.认真办好宣传栏、黑板报。各学期分别以"弘扬雷锋精神""不忘历史，珍惜生活"，以及文明礼仪、感恩教育、法制教育等为主题，不但充实了各团支部的课外生活，而且让团员青年学到了相关时政及生活常识。

5.继续办好校园广播站。校园广播站、班级板报、学校板报是我校的主要文字宣传阵地。团委和政教处一起对学校各处的文明宣传进行了指导。充分发挥校园广播站的宣传媒介作用。广播员选拔需经过"层层招聘—师生反馈—试用—录用"四关，才能正式进入广播站。广播站设立了播音、编辑、通讯三个部门，明确分工，责任到人。广播站还增设了朗诵、英语听力测验等实用栏目，全校师生反映良好。

（三）积极组织学生开展形式多样的活动，寓教于乐

学生生活在一定的社会中，对广大团员有影响的东西，正是他们周围的文化环境。若是健康向上的文化，则有利于学生的健康成长；反之，庸俗的文化则对学生的成长不利。为形成良好的文化氛围，学校团委根据青少年学生的身心发展规律，相继开展了一些学生喜闻乐见的道德体验活动，让学生在活动中自觉得到体验，感悟做人的道理。学校主要开展以下几种特色活动：

1.坚持做好青年志愿者工作。除了做好传统的慰问敬老院孤寡老人及打扫街道服务外，团委在全校推出"注册志愿者"活动。同时，为全体学生建立志愿者档案，纳入学生德育考评，作为评优、推优入团，并展开优秀志愿者评比工作，把我校的志愿者工作规范化、制度化、系列化，使之内化为我校的一项特色工作。2002年以来，我校团委与县曙光小学每年开展一次"学雷锋青年文明志愿服务行动"大结对活动，进一步弘扬了雷锋精神和"奉献、友爱、互助、进步"的志愿者精神，在全校掀起普及志愿服务理念的热潮，引导广大青年学生自觉加入志愿服务。如今，每一学年都有许多学生申请加入到服务队中来，为我校青年志愿者服务队注入了新的血液。

2.开展了一系列文明礼仪教育活动。文明礼仪教育活动是我校一贯坚持的活动，是我校文明礼仪教育的一项特色工作。学校团委联合政教处配合学校工作，开展了一系列丰富多彩的文明礼仪教育活动。为了更好地让学生进行自我管理，我校团委成立了"学雷锋"青年志愿者文明劝导队。每天早晨，从学生进入校门开始，志愿者就正式上岗，从进出校门是否自觉下车、佩戴胸卡到课间活动有没有追逐打闹随地乱扔东西等不文明行为，都一一记录下来，好的给予表扬，差的给予批评教育，并和班级得分挂钩，从一定程度上遏制了不文明现象的发生。

3.组织开展了赴敬老院义务服务活动。团委每年都会组织团员到我县敬老院进行义务帮扶活动。在敬老院，同学们给老人带去了新鲜的水果，帮老人打扫卫生、整理房间，陪老人聊天，给老人梳头等。在这些活动中，同学们把欢乐带给了每一位老人，让老人们在欢乐中感受到同学们的关心。同时，也弘扬中华民族的优良传统，教育了学生从小树立尊老爱幼、乐于助人的思想。

（四）播下希望的种子，收获理想的果实

十年来，在县团委的关心、指导和校领导的支持下，我校团委获得了许多荣誉：

2006年3月，获"连城县五四红旗团委"荣誉；

2010年4月，校团委组织学生参加连城县纪念五四运动91周年环城接力赛，获得第一名的优异成绩；

2011年5月，获"龙岩市五四红旗团委"荣誉；

2013年11月19日，周玟杉、黄雅雯、邱健三位同学代表连城一中参加县"国土建设杯"法律知识竞赛活动，获得优秀奖；

2014年5月，获"龙岩市五四红旗团委"荣誉。

百年情春风化雨，滋养芬芳桃李；一中人众志成城，书写灿烂篇章。团委工作是德育教育的前沿阵地，它的工作渗透到教育教学的各个方面。只要我们不断地更新理念，在实践中不断地摸

索工作经验，只要我们坚持常抓不懈，创新德育策略，相信一定会在团县委的领导下和校党总支的支持下，为连城一中共青团事业谱写出新的篇章。

学校工会简况

李志铭

学校教育基层工会是学校党政的得力助手，是学校联系教职工的桥梁和纽带，是学校进行民主管理、实施民主监督的重要机构，是广大教职工参政议政的平台。伴随着学校走过百年的风雨历程，连城一中工会委员会也留下了自己坚实的足迹。

一、发展历程

连城一中工会委员会成立于20世纪50年代初期，当时的工会委员主要由学校指派的教师、职员、工友代表组成。"文革"期间，工会机构废止。1982年，工会重新恢复。从1984年开始，工会委员会由会员大会民主选举产生，报县总工会批准组成。现在工会委员会由9个委员（其中主席、副主席、组织委员、女工主任、文体委员、福利委员、财务委员各1人，宣传委员2人）和1名专职干事组成，下设置经审委员会、女工委员会、退管会3个机构和12个工会小组，成为健全、规范的学校教育基层工会机构。

二、艰辛创业

各届工会委员会尽管因所处的年代不同而有各自的工作特点，但都为学校和全体教职工付出了辛劳，做出了贡献。

（一）加强工会自身建设，提升工会干部素质

1. 加强业务学习，提高业务水平。学校工会采取"请进来，走出去"的方法，对工会委员、工会小组长进行业务培训，同时要求工会成员加强业务钻研，熟悉工作业务，提高办事效率。

2. 加强政治学习，提升思想素质。瞄准争创学习型工会的目标，学校工会建立健全了长效的学习机制，有计划地组织工会委员、工会小组长学习邓小平理论、"三个代表"的重要思想、科学发展观和党的路线方针政策，学习《工会法》《教育法》《教师法》等有关教育的法律法规；订阅有关工运理论刊物，扩大知识视野。通过学习，工会干部增强遵纪守法、爱岗敬业、拼搏奉献、履行职责、廉洁从教、团结协作的意识，努力提升思想道德素质，塑造工会干部的良好形象。

3. 组织外出考察，创新工作方法。学校工会积极争取学校领导支持，组织工会干部外出考察，学习他人的好方法、好经验，扩大视野，创新工作方法，增强工作活力。

（二）加强师德师风建设，提升教职员工素质

1. 加强师德师风教育，落实师德管理规章。学校工会通过教工例会、工会小组组长会议、宣传阵地等途径，认真组织教师学习邓小平理论、"三个代表"等重要思想和党的路线方针政策，学习《中小学教师职业道德规范》《公民道德建设实施纲要》《教师法》《预防未成年人犯罪法》《道路交通安全法》等法律法规，学习校内外先进模范人物的事迹，开展师德师风大讨论活动，进一

步提高教职工的思想素质，塑造教职工的良好形象。

2. 开展多种有益活动，活跃校园文化生活。学校工会重视利用重大节日和纪念日组织广大教职工开展喜闻乐见的群众性文体活动，在秉承传统的基础上，不断推陈出新，努力创新活动的方式和内容，充分发挥教职工的特长，起到丰富生活、活跃氛围、凝聚人心、促进健康的作用。工会结合学校教育教学情况，定期组织教职工开展岗位练兵活动，按照新课程的要求，通过技能竞赛来展示教职工的特长，推动现代教学手段的普及运用，努力提升教职工的业务素质。

3. 认真抓好"师德教育月"活动和师德教育先进评选工作。利用每年3月和9月的"师德教育月"，扎实开展"校园书香工程"活动，加强师德师风建设。积极通过各种形式开展活动，及时抓好平时的师德师风检查督促，大力表彰先进，弘扬正气，促进良好师德师风的形成。

（三）完善各项规章制度，落实各项常规工作

1. 完善民主评议制度，做好民主评议工作。做好民主评议工作，对加强和改进学校领导班子的工作作风，提升领导水平，保证廉洁自律，推进各项工作有序进行，都有重要意义。因此，大家对民主评议工作认真负责，保证做到公开、公平、公正，使评议结果有利于群众监督，有利于本人改进工作。

2. 完善评优评先制度，发挥正确导向作用。评优评先是加强师德师风建设的重要举措。为此，学校工会认真开展"三育人"活动，努力完善学校的评优评先制度，规范地做好各级综合先进、单项先进和文明家庭的评选工作。校级综合先进（含先进德育工作者）、单项先进和文明家庭严格按照比例进行评选，名额对县以上先进工会小组倾斜。各处室、年段、教研组推荐的先进候选人由工会组织相关人员进行审核，切实做到公开、公平、公正，好中选优，使评出的先进人物具有典型性，充分发挥先进人物的先锋模范作用和正确的导向作用，促进师德师风建设。

3. 完善福利保障制度，保障教工身心健康。学校工会不断完善教职工的体检制度及女工的妇科检查制度，伤病人员、困难教职工、丧家的慰问制度，教职工过大生日等有关福利性的制度。通过完善福利保障制度，切实保障教职工的身心健康，拉近教职工与学校的距离，使工会真正成为广大教职工的"家"。

（四）推进党政共建工作，参与学校民主管理

1. 开好党政工联席会议，推进共建工作。党政工创建"教工之家"工作是学校的一项重要工作。学校工会积极争取党政领导的支持，健全党政工联席会议制度，共商共建大计。在继续争取保持省级"模范职工之家"的基础上，力争创建"五一先锋岗"。

2. 充分行使参政议政权利。学校工会通过教代会，充分发扬广大代表的民主意识和主人翁意识，积极参与学校重大工作的讨论和决定，认真贯彻学校的有关决议，在广大教职工中起着桥梁作用。广大代表在日常的教育教学工作中，认真听取教职工的意见，关注学校事业的发展，积极为学校的发展献计献策，充分行使学校和教职工赋予的参政议政权利，当好学校的主人。

3. 检查督促提案落实情况。学校工会干部和教代会代表对各部门落实提案的情况有检查督促的权利，可以要求各部门进行解释说明，对各部门的工作可以提出合理的建议和批评，使广大教职工提出的合理合法的提案得到有效的落实。

4. 充分发挥学校工会及教代会代表的民主监督作用。学校工会定期或不定期地组织代表对学校各部门工作进行评议，重点是检查督促教代会立案的工作提案的落实情况，肯定工作成效，

提出改进意见，及时解决存在的问题，确保学校各项工作的顺利开展，努力构建和谐校园、平安校园。

（五）提高工会服务质量，做好解忧扶困工作

1. 树立服务意识，形成"有困难找工会"的共识。工会坚持日常办公制度和委员会每两周一次例会制度；工会干部切实树立起为广大教职工服务的意识，协同有关部门努力做好对教职工的解忧扶困工作，尽量减少教职工的后顾之忧，使教职工能够全身心地投入教育教学、后勤服务工作中去。

2. 坚持"办实事、做好事"，做好解忧扶困工作。学校工会秉承坚持"办实事、做好事"的一贯服务宗旨，本着"好事办好"的原则，积极做好爱心帮扶活动，把爱心和温暖送给每位教职员工，起着凝心聚力的作用，推进学校工作的新发展。

3. 加大沟通协调力度，构建平安和谐校园。学校工会是学校领导和教职工间的桥梁。充分发挥桥梁作用，对构建平安和谐校园十分重要。为此，学校工会努力做好学校党政领导与教职工之间的沟通工作：一方面，坚持及时向学校领导反映教职工的意见；另一方面，协助学校领导做好向教职工的解释说明工作，通过沟通，消除误会，统一认识，形成合力，确保各项工作顺利开展。学校工会坚持深入教职工之中，了解教职工的教育教学、工作生活情况，尽量妥善地协调集体与个人、个人与个人、个人与家庭、个人与社会、部门与部门之间等方面的关系，积极构建平安和谐校园。

4. 实行分工负责制，做好"五必访"工作。

5. 多方筹措经费，着力提高教职工福利。

（六）积极配合学校做好"省级文明学校""省级绿色学校"的争创工作，做好省"二级达标高中"和"省一级达标高中"的创建工作和"七十五周年校庆""九十周年校庆""百年校庆"工作，保质保量按时完成学校布置的有关工作。

（七）认真做好工会材料的年度整理和归档工作。学校工会及时收集、整理好学校的有关资料，按照各类各项检查的评价标准进行梳理、归档，规范工会的材料建档工作。

（八）做好工会工作的调研和宣传报道、信息传递工作；积极完成上级工会布置的有关工作。

三、谱写辉煌

"几分耕耘，几分收获。"尽管我校"建家"工作起步较迟，但由于学校党政领导对工会工作的高度重视及工会班子成员的团结奋进、求真务实，近年来工会的工作一步一个台阶，一年上一个档次，谱写了一个又一个辉煌。

1997年12月，被评为县级"先进职工之家"。

1998年10月，校退管会被省退管会评为"先进退休之家"；同年11月，被市总工会评为市"先进职工之家"。

1999年12月，被省教委、省教育工会评为福建省党政工共建"教工之家"先进单位。

2000年，化学组被评为省"模范职工小家"；同年10月，女工委员会被省教育工会评为女教职工工作"先进集体"。

2001年3月，女工委员会被评为市"三八"红旗集体；同年12月，被省总工会授予"福建省

模范职工之家"称号。

2003年5月，被省教育工委、省教育厅、省教育工会评为省"先进教育工会"。

2004年9月，获保持省"模范职工之家"；同年12月，被县教育工会评为"先进基层工会"。

2005年4月，学校语文工会小组被评为市"先进职工小家"；同年12月，一中艺术教研组获县教育局、县教育工会"先进教工小家"，与此同时，学校被县教育工会评为"先进基层工会"。

2006年3月，被市教育工委、市教育局、教育工会评为"先进工会组织"；同年12月，被县教育局、教育局工会评为"先进基层工会"。

2007年12月，被县教育局、教育局工会评为"先进基层工会"；与此同时，学校语文工会小组被省总工会评为"模范职工小家"。

2009年1月，被省总工会授予继续保持省"模范职工之家"荣誉称号；同年3月，被中共连城县委县直机关工作委员会评为2008年度县直机关"红土先锋岗"称号。

2010年1月，化学组被评为市"工人先锋号"荣誉称号；同月，学校被县教育局、教育局工会评为"先进基层工会"。

2013年，被省总工会授予继续保持省"模范职工之家"荣誉称号；同年，学校历史工会小组被评为市"先进职工小家"。

附：历届工会主席、副主席名单

届别	年度	主席	副主席
一	1950—1957	黄榜燔	陈良声
二	1957—1982	李传耀	／
三			林炳辉
四	1982—1984	张泉富	／
五	1984—1996	李大谌	饶慧群
六			
七	1996—2001	江初祥	李如珍
八	2001—2005	徐金华	李如珍、钱师淮
九	2005—2010	江开田	钱师淮、吴勤
十	2010—2013	李志铭	傅明钦
十一	2013至今	李志铭	黄一文

2014年6月

东篱撷英　暗香盈袖

——连城一中东台文学社及社刊《东篱》简介

张健力

连城一中东台文学社创办于1984年，至今已发展成为有一定规模和影响的学生文学社团，欣逢学校百年华诞之时文社已满30年的历史。东台文学社为活跃校园文化氛围、丰富学生的课外生活、提供文学新人的发展平台做出了很大贡献。

《东篱》是连城一中东台文学社社刊。其前身为《星云》（16开本期刊）。1999年改现名至今，为4开4版报纸形式，每月出版1期，每学年8期，至今已出版103期。

一、创建文社的缘起和宗旨

连城是闽西革命老区，经济和文化水平相对落后，教育在相当一段时期也长期处于停滞不前的状态。作为全县教育龙头的连城一中，其发展对全县教育面貌的改变起着举足轻重的作用。为了活跃连城一中的文化氛围，全面提升人文素质，我校于1984年创办了东台文学社，社名采用我校校址名。社刊脱胎于语文教研组主办的《习作观摩》《一周一文》，是当时开展语文教学改革活动，开辟第二课堂的成果。文社由当时的教务处副主任江初祥老师倡议，语文组组长杨子良老师、语文组副组长罗道谋老师负责，经学校批准后组建。历任语文教研组组长是文社的主要负责人。文社的指导教师由语文教师担任。创办之初的办社宗旨是："坚持社会主义文艺的方向，活跃校园文化生活，培养文学新秀，为学校的精神文明建设发挥其应有的作用。"任务是："把学校的文学爱好者广泛地组织起来，开展各种形式的课外兴趣活动，定期出版文学刊物。"东台文学社创建后，学校领导、语文老师及广大学生积极参与，掀起了阅读和写作的热潮，学生自创刊物《小草》，自办手抄报《小小鸟》，自办板报、墙报，有力地推动了校园文化的发展。

二、东台文学社的发展历程

东台文学社属于群众性文学团体。文社成立之初，指导责任归学校语文教研组。社员由学生自荐或教师推荐，社长由文社成员推选。社长人选，文学功底要较好，责任心要强，要有一定的组织能力。为了更好地发挥作用和便于活动，文社在各年段建立了文学兴趣小组，后来改称为各年段文学分社，经常开展文学活动，文社成员也由原来的几十名发展到后来的200多名，组织机构也日趋完善，在全县各中学产生了积极影响，二中、三中、朋口、姑田、四堡、北团、连南等中学都相继成立了文社，创办了社刊。

东台文学社成立之初，就办起了社刊——《小草》，杨子良老师为《小草》设计绘制了封面，罗道谋、罗滔、戴慧等老师作指导。《小草》由学生自己组稿，自己编辑，自己刻写、印刷、装订和分发。社刊《小草》除在校内分发外，还寄给省内报刊。油印《小草》虽然简陋，但内容不差，头两期就有罗冰、林慧颖两人的文章在龙岩地区《语文报》转载，打响了头一炮。《小草》前后历经5年，以其默默无闻的奉献和顽强的生命力植根于广大师生心中，为全校师生所喜爱，为活跃校园文化生活做过贡献。许多已参加工作的校友都经常深情地回忆起当年办刊和写作的情景。《小草》共出版了16期，刊载各种体裁文章凡320篇。

1991年新学年开始，东台文学社又恢复了活动，并与县文联挂钩，成为正式的文学社团，列入当地的"芳草计划"。傅干春校长为社刊命名为"星云"，取"荟萃群星"之义，并为其题写刊名，改版为电脑打字油印16开本期刊。本校校友、中国手指画研究会常务副会长、闽西手指画书画家协会会长林奇英先生为社刊设计了封面，副校长江初祥为首期《星云》作序。至1998年12月，《星云》共出版了29期，发表文章近1000篇，每期印数多达1500册，主要在校内发行。《星云》群星璀璨夺目，焕发异彩，点缀了美丽的校园。

1999年初，为提高社刊质量，保证正常出刊，方便刊物交流，在学校领导的关心支持下，东台文学社调整充实了组织机构，组成了以分管副校长牵头、语文组组长直接参加的社刊编委会，并把社刊改为报纸形式，每月出版1期，每学年出版8期。在广泛征求师生意见的基础上，经编委会认真讨论、筛选，决定采用"东篱"作为报名。"东篱"语出陶渊明的"采菊东篱下，悠然见南山"及李清照的"东篱把酒黄昏后，有暗香盈袖"等优美的古典诗句。以此为报名，意在勉励广大文学爱好者以古老而厚重的文学传统为范式，从事严肃认真的文学创作。"东篱"又暗寓校址在城关东台山上，文学社就是东台山上的一片小园，是绿篱围绕的一方净土。"东篱"园内百花盛开，小草吐绿，文学之树常青。时任校长、党总支书记黄修桂同志在《寄语〈东篱〉》中勉励社员们："当21世纪向我们招手的时候，全校师生员工不仅要长吟陶渊明的'采菊东篱下，悠然见南山'，更要伴随连城一中阔步前进的步伐，高奏'奋力拼搏，再创佳绩'的凯歌，以一流的业绩向新世纪献礼！"学校领导的重视和支持，使文社持续健康发展。现任校长徐金华、党总支书记罗小林等都非常关心文社的发展，亲自为《东篱》题词、写稿，或为社员开讲座。《东篱》在改版后至今已出版103期，受到省内外同行和报刊编辑部的好评。福建师范大学文学院教授、博士生导师孙绍振，著名语文教育家于漪、钱梦龙、魏书生，北京大学教授、著名鲁迅研究学者钱理群，全国中语会会长陈金明教授，上海文汇新民联合报业集团《新读写》杂志社社长钱汉东教授，《新读写》杂志社常务副社长陈刚教授，著名诗人舒婷，《福建文学》副主编施晓宇，作家出版社社长兼总编张胜友，著名科普作家吴之静，《海峡语文世界》主编何强，市文联名誉主席、龙岩市作协主席、闽西文学院院长张惟，龙岩市作家协会副主席、归侨作家张永和，市文联副主席林国良，龙岩市作协副主席黄征辉，县文联主席陈福棋等都曾为我社及《东篱》欣然题词，社报现用报名是由上海文汇新民联合报业集团《新读写》杂志社社长钱汉东教授于2009年夏题写。我们还与省内外校园文学社团建立联系，交流社刊，在兄弟学校产生了良好的影响。

三、文社的活动情况

东台文学社的活动形式多样、丰富精彩，除办好社报外，经常举办的活动有诗歌朗诵、演讲比赛、现场作文比赛、读书征文、文学沙龙、文学讲座、灯谜晚会、黑板报手抄报评比等，每学年还要举办大型的校园辩论对抗赛。校园辩论对抗赛自90年代末首办，至今已举办十二届，每年5月份举行，其时，选手唇枪舌剑尽展才华，观者如享盛宴深受教益。不定期邀请本地名家举办文学讲座，为学生中的文学新芽启智引路。多年来，龙岩市作协副主席黄征辉、县文联主席陈福棋、县报道组林水梅、冠豸山文学院院长吴尔芬、文学评论家吴子林、作家傅翔、青年散文家杨天松、龙岩野果文学社社长林亿汉等人都曾莅临我社举办讲座。今年2月12日，青年评论家傅翔莅校作《文学与人生》讲座；4月18日，文社的"写作讲堂"，又邀请中国作协会员、市作协副主席黄征辉举办《散文的写作》专题讲座。经常性的文学讲座大大拓宽了文社社员的文学视野，增强了社员的文学鉴赏和创作能力。

我们还组织社员采风，参观访问了宁化石壁客家祖地、四堡雕版印刷基地、培田古民居、古田会议会址、新泉望云草室毛泽东旧居、梅花山华南虎园、龙岩龙崆洞等地，开阔了学生视野，增加了学生写作素材，丰富了校园文化生活。

文社致力于发现新人新作，推荐学生佳作，培养文学新人。首届文社成员罗朝晖在文社老师指导下，1985年参加团中央和《课堂内外》共同举办的知识竞赛，荣获优秀奖（全省仅4人），应邀参加全国中学生长江三峡考察活动；1986年，她撰文参加全国中学生读书评书活动，文章评为三等奖；文社成员马海燕，参加武夷山夏令营所写的《九曲溪之游》一文，获华东六省一市中学生作文竞赛二等奖；1996年7月，在延安举行的全国中学文学社团研究会第二届年会上，东台文学社被评为"全国中学优秀文学社团"，《星云》荣获"优秀社刊二等奖"，钱师淮老师被评为优秀指导老师，黄冰凌同学被评为优秀文学社社员，学校也荣获关心支持文学社团工作先进集体奖。社刊改版以来有100多篇学生作品在各级各类报刊上发表，我校学生习作深受《语文报》《作文天地》《海峡语文世界》《语文月刊》《中学生周报》等报刊编辑部的好评，有一些几千字的长篇习作还被这些报刊全文刊发。第一届校园辩论赛辩词《中学古诗文应该增加还是减少》被《海峡语文世界》刊发在1999年第2期上。在"圣陶杯""语文报杯""华夏杯""跨世纪杯""新世纪杯""新星杯"等全国中学生作文比赛中，我校均有较多同学获等级奖，还连续三次荣获华夏青少年写作大赛集体奖，先后三次获得"跨世纪杯"组织奖。一分耕耘，一分收获。2001年4月27日，《闽西日报》对我社的读书活动作了详细报道。《福建日报》也曾以"校园充满七彩阳光"为题介绍过我校东台文学社等社团的活动情况。《作文天地》《海峡语文世界》《冠豸山下》等刊物也对东台文学社进行过全面介绍。2002年，学校语文组承担了中国教育学会"十五"科研规划立项课题"新时期作文教学全境研究"子课题"高中作文分组合作教学探究"的课题研究，形成了"人人参与，班班办刊，个个争优"的良好氛围。仅2002—2003学年，我校学生有42篇习作在国内14种报刊上发表。2003年，东台文学社应福建省学生文学研究会要求，配合语文组的作文教改将《东篱》的学生优秀习作整理结集成《冠豸山下》（《东篱》优秀作品集）。该书以高质量的文章得到了学校师生及校外人士的好评，成为连城一中第一本校本教材。2006年，《冠豸山下》（《东篱》优秀作品集）又出版了第二辑。2006年我校在第六届"语文报"杯作文竞赛中再获佳绩，80余人获省级以上等级奖，其中余承霖荣获国家级一等奖，饶潇、李家杰、江湉三人获国家级二等奖，罗铭、陈夷花、吴晨曦三人获省级特等奖。2010年，社员周超楠参加全国中学生作文大赛（恒源祥文学之星）获全国二等奖。龙岩市中学生作文大奖，我校学生获市级奖34人，其中一等奖有7人。2011年，在福建省教育系统关工委主办的"省中小学生感恩老师征文比赛"中，黄沛敏的《青春的调酒师》获省一等奖。2011年12月，在纪念福建省红十字会组织建会100周年文学征文绘画书法摄影活动中，李婷获市中学组征文类一等奖，罗丽倩获二等奖，黄伊涵、吴颖丹、颜洁获三等奖。2014年3月，在全省"中国梦·青春梦"主题征文比赛中，张薇、黄筱嫣获得金奖，张艺航获得银奖，傅晓清等5人获得铜奖。文社指导老师、省作协会员陈碧珍于2011年出版了《想飞的鱼》散文集，文社指导老师傅开容等也经常在报刊上发表文章。

从《小草》《星云》到《东篱》，30年风风雨雨，东台文学社一步一个脚印，不断成长壮大。现在东台文学社已成为学生开展课余文学活动的乐园，学校培育文学幼苗的摇篮，校园文化对外交流的窗口。东台文学社随着时代的前进，学校的发展，将会孕育更多的文学新人。我们今后将继续建好指导教师队伍，努力挖掘写作尖子，努力营造校园文化氛围，坚持把文社办好，使写作有一块适合它生长的肥沃土壤。有学校领导的关心支持，在文社指导老师的精心组织和全体社员的积极努力下，东台文学社在新世纪的征程上正稳健迈出新的步伐，而《东篱》文学小园中的文学新苗也将苗壮成长！

连城一中校址变迁

◌ 1914—1915　豸山中学（在冠豸山）

◌ 1915—1932　旧制中学（在儒学斋舍、礼乐局、上庙明伦堂、奎宿阁、儒学坪、把总废署，即今县商业局、北门医药公司第二门市部、县供销社、圣师大酒店）

◌ 1938—1950　明耻中学（在东门外东塔寺）

◌ 1942—1950　县立初中（先在林坊架，即今西门明光影院附近；后迁文庙、礼乐局，即旧制中学校址处）

◌ 1951—1972.2　连城一中（在东门外东台山）

◌ 1964—1974.9　麻潭中学（在揭乐乡麻潭）

◌ 1972.3—1974 工农中学（在东门外东台山）

◌ 1974.9 至今 连城一中（在东门外东台山）

连城一中学校沿革

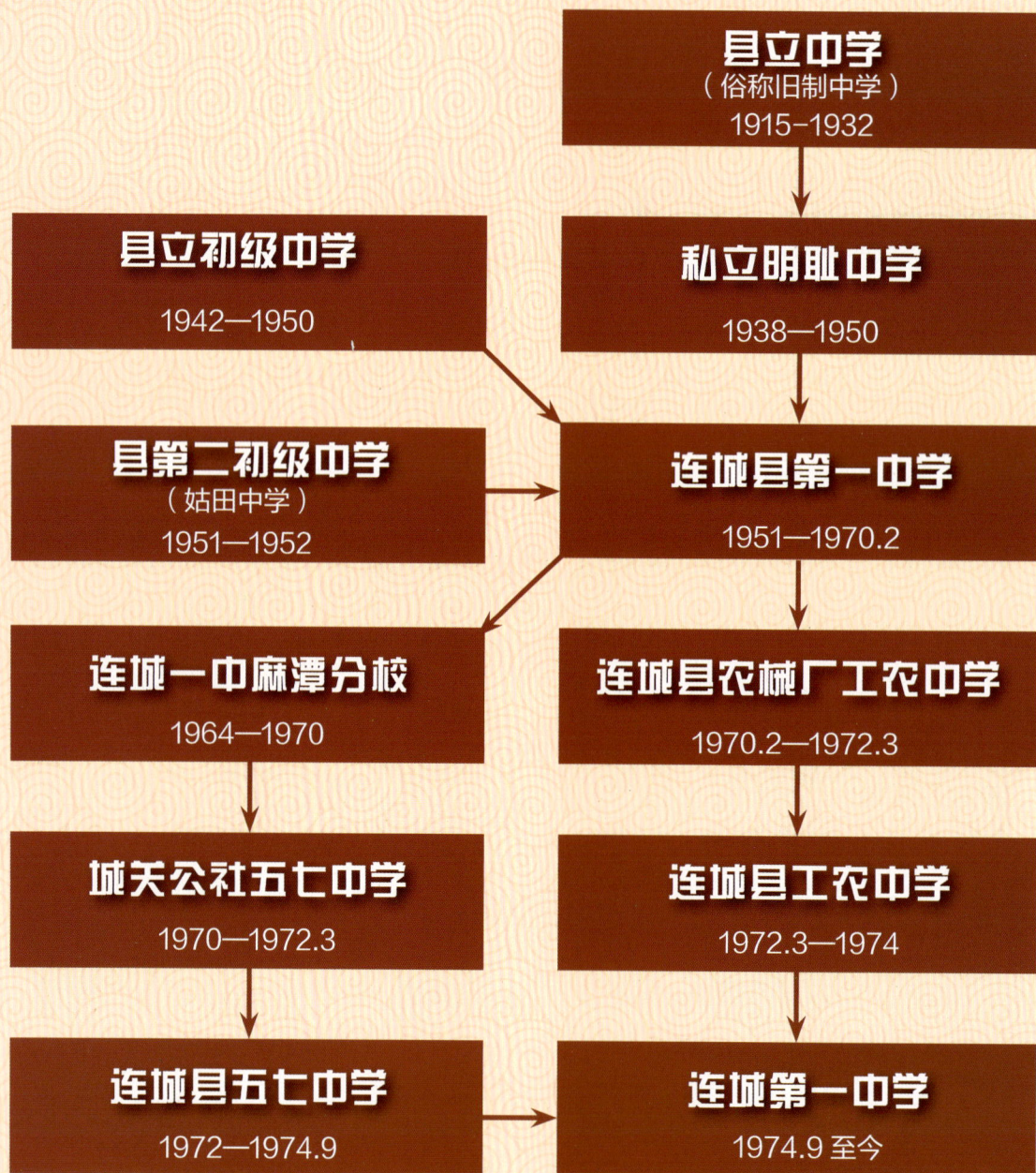

县立中学
（俗称旧制中学）
1915–1932

私立明耻中学
1938—1950

县立初级中学
1942—1950

县第二初级中学
（姑田中学）
1951—1952

连城县第一中学
1951—1970.2

连城一中麻潭分校
1964—1970

连城县农械厂工农中学
1970.2—1972.3

城关公社五七中学
1970—1972.3

连城县工农中学
1972.3—1974

连城县五七中学
1972—1974.9

连城第一中学
1974.9 至今

旧貌存真

1	2
3	4
5	

图 1 明耻中学校门
图 2 明耻中学校舍
图 3 五六十年代校门
图 4 60 年代的科学馆
图 5 70 年代校园

①
②
③

图 1 五七中学
图 2 原仰云楼
图 3 80 年代校园

图1 80年代前校门
图2 80年代教学楼
图3 90年代初的读书公园（1）
图4 90年代初的读书公园（2）

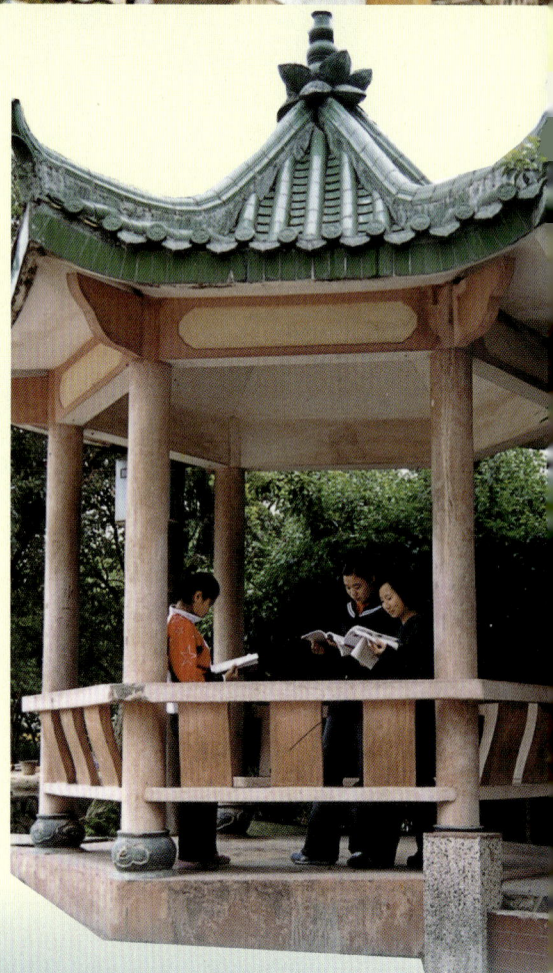

图 1 90 年代校园
图 2 90 年代老三楼
图 3 90 年代校园一角

图 1　90 年代以校徽为图案的花圃

图 2　建于 90 年代初的敬和楼

图 3　建于 2002 年的逸夫楼

图 4　今日校园一角

序号	时　间	内　容
1	1914 年初	豸山中学创办
2	1915 年秋	县立旧制中学创办，豸山中学并入
3	1919 年春	省教育厅核准县立中学办学方案
4	1919 年夏	县立旧制中学声援五四运动
5	1923 年 9 月	县立旧制中学改为三年制
6	1932 年 6 月	因经费困难，县立旧制中学停办
7	1938 年 6 月	私立明耻中学创办，呈报省教育厅奉准立案
8	1939 年春	私立明耻中学招收初中两个班
9	1939 年 6 月 22 日	因日机轰炸城关，明耻迁林坊上课
10	1939 年秋	私立明耻中学成立"教战剧团"深入农村广泛宣传抗日
11	1942 年春	县立初级中学创办
12	1945 年秋	明耻中学办高中招高一新生一个班
13	1946 年春	明耻中学在"砺志斋"办高一先修班
14	1949 年 6 月	明耻中学、县立中学响应起义，升起第一面五星红旗
15	1950 年春	县立初中聘请厦大、福州师院毕业生 9 人任教
16	1950 年 10 月	县立初中成立共青团支部，县立初中和明耻中学共有 60 余人参加剿匪、镇压反革命和土改运动
17	1951 年春	明耻中学与县立中学合并为连城第一中学，以明耻校址为校址
18	1951 年秋	兴建五爱楼与和平楼。师生到姑田乡义演为抗美援朝募捐
19	1951 年秋	在县中山公园体育场（现政府门前）举办第一届校运会
20	1952 年寒假	全校教师参加省教育厅直接组织的中学教师思想改造运动
21	1954 年	兴建平房教室 10 间
22	1955 年夏	连城第一次学代会在一中召开
23	1956 年暑假	全校教师参加龙岩地区中等学校教师肃反学习
24	1956 年	兴建"少年宫"
25	1957 年	建立党支部
26	1957 年	在教师中开展反右派斗争；在学生中开展大鸣大放，进行思想批判斗争
27	1958 年春	县委拨荒地一块约 29.583 亩开辟农场（称为板栗园农场）
28	1958 年夏	县委拨李彭村农田一块，约 20 亩（现冠华小区、汽修厂一带）为一中农场
29	1958 年 9 月	龙岩行署抽调高一 70 位学生，高二 4 位学生到龙岩雁石读煤炭专业学校（中专）
30	1958 年 10 月	开展"五四"双红、全民大炼钢铁运动，学校全面停课

续表

31	1958 年 10 月	华东师范大学化学系 10 余人来校支援连城地质普查，对庙前的锰矿、铅锌矿进行定性定量分析；福建师范学院李如龙教授等来校，协同进行连城方言调查
32	1959 年	在党支部组织反右倾学习；在教师中开展树红旗拔白旗运动
33	1959 年	兴建试验楼，命名为科学馆，土木结构，两层。于 1960 年 7 月竣工
34	1965 年	创办麻潭分校，县府批拨麻潭地段农田 81.7 亩，山林近 6000 亩
35	1966 年 6 月	"文革"工作组进驻一中，设立办公室
36	1966 年 8 月	附设麻潭农中招初、高中各一班
37	1966 年 10 月	红卫兵大串连，全面停课，"文革"工作组撤出一中
38	1967 年 3 月	红卫兵新字派夺权，学校处于无政府状态
39	1967 年 5 月	红卫兵新、红两大派组成联合委员会（简称"联委会"）
40	1967 年 8 月	新字派为避免武斗撤离一中
41	1967 年 11 月	连城红字派参与攻打龙岩城新字派，一个红字派学生被打死
42	1967 年 12 月	连城红字派攻打北团新字派，三个新字派学生被打死
43	1968 年 4 月	军宣队（空八军连城驻军）进驻一中实行军管，促进两派大联合
44	1968 年 11 月	连城一中"革委会"成立
45	1969 年 3 月	高、初中"三届生""复课闹革命"，学生一个月后发给毕业证书
46	1969 年 7 月	实行斗、批、改，清理阶级队伍
47	1970 年 2 月	连城一中更名为农械厂工农中学，同时在麻潭创办城关五七中学
48	1971 年 6 月	农械厂工农中学建办公楼一座（两层，即现得麻楼），工宣队进驻学校
49	1972 年 9 月	农械厂工农中学更名为连城工农中学；同时，城关五七中学更名为连城县五七中学，工宣队进驻工农中学
50	1974 年 6 月	连城县五七中学为特大洪水所淹，被迫停课一周
51	1974 年 8 月	连城县五七中学与连城工农中学合并，恢复连城第一中学校名
52	1976 年 10 月	学校举行打倒"四人帮"庆祝活动
53	1977 年 12 月	高考制度恢复，一中设置考场
54	1978 年	拆除明耻旧校门和附属建筑，建成教工宿舍 1 号楼
55	1978 年	连城一中列为省重点中学
56	1980 年秋	麻潭的房地产使用权转让
57	1981 年 9 月	全面改组一中领导班子
58	1982 年 8 月	拆除最北的 8 间平房教室，动工兴建四层教学大楼
59	1982 年 10 月	东台文学社正式成立，并创《小草》社刊
60	1982 年 10 月	拆除旧仰云楼，改建为教工宿舍 3 号楼（即新仰云楼）
61	1983 年 6 月	拆除原沈家祠及其附属建筑
62	1983 年 8 月	学生膳厅竣工
63	1985 年 9 月	举行首届教师节庆祝活动
64	1986 年 9 月	庙前锰矿、林委等单位集资建公寓楼
65	1987 年 10 月	拆除最南 8 间平房教室，动工兴建实验楼
66	1987 年 11 月	在原沈家祠地基上兴建教工宿舍 5 号楼
67	1988 年 10 月	企业局所建 5 间商店验收
68	1988 年 10 月 20 日	举办第十六届校运会
69	1988 年 10 月	东台文学社向民政局登记为文联分支机构
70	1989 年 9 月	黄修桂被评为"全国教育系统劳模"
71	1989 年 9 月 10 日	举行 75 周年校庆，当晚发生重大伤亡事故
72	1990 年	板栗园农场 29.583 亩被县政府征作房地产开发用地
73	1990 年	县政府把姚坪 30 亩柑橘园辟为一中学农基地

续表

74	1990 年 3 月 27 日	刘金美副省长由地区李伟民副专员陪同来校检查指导工作
75	1990 年 4 月 8 日	国家教委、卫生部领导及专家一行 20 余人来校调查红斑性肢痛症
76	1990 年 8 月 8 日	拆除原党校所建特级危房红砖楼
77	1990 年 10 月 26 日	举办第十七届校运会
78	1990 年 12 月 31 日	党支部组织党员参观山峰水电厂
79	1990 年	在原红砖楼地基上动工兴建学生宿舍楼
80	1990 年	东台文学社的社刊更名为"星云"
81	1991 年 4 月 27 日	《情系杏坛》小剧参加地区中学文艺汇演，获创作奖
83	1991 年 8 月	与林委签订协议，将新地伐木场初中并入，为附属初中
84	1991 年 9 月	李如珍老师被评为"全国优秀教师"
85	1991 年 11 月 4 日	举办第十八届校运会
86	1991 年 11 月	周千和捐建的敬和楼奠基
87	1991 年 11 月 29 日	敬和楼举行奠基仪式
88	1991 年 12 月 5 日	拆除危房和平楼
89	1991 年	学校获省委六家单位共颁的校园绿化知识宣传工作二等奖
90	1992 年 1 月 1 日	学校通过地区教育局"六项督导"检查验收
91	1992 年 2 月 24 日	国家教委计财司长，由省教委副主任王昕陪同莅临检查指导工作
92	1992 年 4 月 19 日	天主教部分教徒闹事，擅自撬开学校保管室大门，将校产扔到室外
93	1992 年 10 月 1 日	举办第十九届校运会
94	1992 年 11 月 26 日	18:30 赖源 5.4 级地震，组织学生疏散
95	1993 年	评为"福建省中小学文明学校"
96	1993 年	板栗园被征用，县府另拨姚坪果林场土地 28 亩为学农基地
97	1993 年 1 月 2 日	第五届教代会召开
98	1993 年 3 月	敬和楼竣工
99	1993 年 11 月 18 日	举办第二十届校运会
100	1994 年	通过"六项督导"检查
101	1994 年 7 月	图书馆动工兴建
102	1994 年 8 月	吴有春老师被评为我校首位特级教师
103	1994 年 10 月初	初中招收两班预备班学生
104	1994 年 8 月 18 日	与天主教达成协议，划定围墙界限，开始建筑隔离墙
105	1994 年 10 月 18 日	栗园教工集资楼奠基
106	1994 年 10 月 20 日	举办第二十一届校运会
107	1994 年 12 月 18 日	召开集邮协会成立大会
108	1995 年	拆除原五爱楼
109	1995 年 7 月	校园北侧城墙窝一带围墙建成
110	1995 年 7 月	拆除板栗园养猪场，以集资方式改建教工宿舍楼（栗园路 2 幢）
111	1995 年 7 月 16 日	举办周仰云诞辰一百周年纪念活动
112	1995 年 8 月	学生宿舍二期工程竣工
113	1995 年 9 月	罗炳杰老师被评为"全国优秀教师"
114	1995 年 10 月	图书楼交付使用
115	1995 年 10 月	省教委授予"电化教育先进单位"
116	1995 年 10 月 25 日	举办第二十二届校运会
117	1995 年 12 月	通过省"二级达标"学校验收
118	1995 年 12 月	通过"两基"达标验收
119	1995 年 12 月	栗园教工集资楼封顶
120	1996 年	购买原县百货公司房地产，面积 7 亩，两层办公楼一座，三层仓库房一座，单层仓库房两座

续表

121	1996 年 3 月	建立连城一中党总支
122	1996 年 8 月 17 日	闽、粤、赣三省六市区邮展在龙岩市举办。本校邓榕获二等奖，江仁标获三等奖
123	1996 年 10 月 1 日	举办第二十三届校运会
124	1997 年 3 月	省体委授予我校为"全民健身工作先进单位"
125	1997 年 5 月	罗炳杰老师被评为"省劳模"
126	1997 年 8 月	被省自考办评为"自学考试先进单位"
127	1997 年 9 月	改造原百货公司三层仓库房为教工宿舍楼
128	1997 年 10 月	举办第二十四届校运会
129	1998 年 7 月	在原五爱楼的地基上兴建由邵逸夫先生捐建的逸夫楼
130	1998 年 9 月	东台文学社社刊更名为"东篱"
131	1998 年 10 月	学校工会评为"省级先进教工之家"
132	1998 年 10 月 31 日	举办第二十五届校运会
133	1999 年 5 月	校团委被市团委评为首批"五四"红旗团委
134	1999 年 7 月	被省数学学会评为"数学尖子摇篮"
135	1999 年 11 月	学校获得福建省第十届青少年发明创造比赛和科学研讨会优秀组织奖
136	1999 年 11 月 7 日	举办第二十六届校运会
137	1999 年 12 月	省委、省政府授予"第七届文明学校"
138	2000 年 2 月 13 日	福建省教育规划建筑设计院院长等专家开始对我校校园进行重新规划
139	2000 年 5 月	李如珍老师被评为"省劳模"
140	2000 年 5 月 19 日	教育厅朱之文厅长、刘平副厅长到校视察学生宿舍
141	2000 年 9 月 13 日	校友旅泰爱国华侨周仰云之孙周年茂回校观光，并颁发一年一度的仰云奖学金
142	2000 年 9 月 29 日	龙岩聚宝水泥有限责任公司董事长陈振洲先生捐助我校 60 名特困生
143	2000 年 9 月 16 日—10 月 15 日	黄修桂校长赴美国参加福建省教育行政管理赴美高级培训班
144	2000 年 10 月	吴元龙同学在"千禧龙杯"全国青少年书画作品联展中荣获银奖
145	2000 年 10 月 25 日	首次实行教师评聘分开制度
146	2000 年 11 月 2—4 日	举办第二十七届校运会暨体育节
147	2000 年 11 月 14 日	学校通过"二级达标"学校复查
148	2000 年 11 月 14 日	全国武术之乡检查团到我校检查验收
149	2000 年 11 月 25 日	原福建省军区副司令员李德安向学校捐赠其回忆录《铁流火花》及 3000 元稿费
150	2000 年 12 月 1 日	学校召开第六届教育教学研讨会
151	2000 年 12 月 26 日	省思想政治高中教学研讨会在我县召开，与会人员到我校参观
152	2001 年 2 月 25 日	召开八届一次教代会
153	2001 年 3 月 3 日	工会组织女教工到厦门旅游
154	2001 年 4 月 16 日	校园电台"东台之声"广播站进行改组
155	2001 年 4 月 19 日	福建省文学会语文研究会理事会筹备会议在我校召开
156	2001 年 6 月	举行纪念建党 80 周年系列活动
157	2001 年 9 月 13 日	台胞周千基先生回校颁发仰云奖学金
158	2001 年 9 月 22 日	省教育厅专家到校评审逸夫楼建筑等级
159	2001 年 10 月 15 日	省、市"学生常见病防治"检查团到校检查工作
160	2001 年 11 月 1—3 日	举办第二十八届校运会
161	2001 年 11 月 15 日	实行首次教师资格认定体检
162	2001 年 11 月 16 日	校文艺队《大把把辫子》获市中学生文艺调演二等奖
163	2001 年 11 月 22 日	厦门集美大学工商管理学院向我校赠送 53 台电脑

续表

164	2001 年 11 月 26 日	学校举办第五届科学技术节、第四届文化艺术节并成立龙岩市重点中学中最早的科普协会
165	2001 年 11 月 30 日	第七届教育教学研讨会召开
166	2001 年 12 月	工会被评为省"模范教工之家"
167	2002 年 1 月 1 日	校教工男子篮球队连续四届蝉联县"园丁杯"冠军
168	2002 年 1 月 30 日	北京圆明园学院资助我校高一吴桂联、李锋、罗丽华等三位同学"一周北京游"活动
169	2002 年 3 月 9—10 日	学校工会组织女教工到广州梅州观光
170	2002 年 4 月 13 日	我校教师参加首次普通话培训
171	2002 年 5 月	评为全省第三届军（警）民共建社会主义精神文明先进单位
172	2002 年 5 月 1 日	连城一中首届师生美术作品展在县文化馆展出
173	2002 年 5 月 14 日	94750 部队汽车全连官兵为我校高三学生捐款助学
174	2002 年 5 月 18 日	县武警中队官兵为我校高三学生捐款
175	2002 年 5 月 31 日	清华大学李政博士到校宣传招生政策
176	2002 年 6 月 1 日	县环保局组织的"争做合格小公民"百人签名活动在我校举行
177	2002 年 6 月 9 日	"黄仲咸资助奖"颁布会在县老促会举行，我校 9 人得奖
178	2002 年 7 月	我校最后一届初三学生毕业，至此我校成为只有高中部的完全高中
179	2002 年 8 月 7 日	县政协组成专题调研组对我校创一级校达标进行调研
180	2002 年 9 月 27 日	由罗培辉副县长召集有关部门专题讨论一中一级达标会议
181	2002 年 10 月 13 日	全校组织教工参加全县学法考试
182	2002 年 10 月 16 日	省建家工作复查组通过我校自 1998 年以来省级"教工之家"的复查
183	2002 年 10 月 18 日	仰云奖助学金颁布
184	2002 年 10 月 24 日	学校第一期学生业余党校开学
185	2002 年 11 月 20 日	县委书记谢小健、县长江国河到我校召开有关一中一级达标的现场办公会
186	2002 年 11 月 24 日	学校举办第六届科技节和教育教学开放周
187	2002 年 11 月 28 日	学校举办第五届文化艺术节
188	2002 年 11 月 31 日	省市"两基"巩固提高工作督查组领导到我校检查指导工作
189	2002 年 12 月	省教育建筑规划设计院完成对我校的校园建筑规划设计
190	2002 年 12 月 7 日	举办第二十九届校运会
191	2003 年 1 月 4 日	成立象棋协会
192	2003 年 2 月 6 日	福建教育出版社阙国虬社长到校看望被资助学生
193	2003 年 3 月 14 日	深圳市松岗镇团委、个协捐资助学仪式在我校举行，高三 21 位同学获捐赠
194	2003 年 4 月 14—18 日	学校举办首届教育教学研讨周活动
195	2003 年 4 月	拆除教工宿舍 1 号、3 号、5 号楼
196	2003 年 5 月	学校被省委、省教育厅、教育工会授予"先进教育工会"
197	2003 年 8 月 18 日	西端教学楼破土动工，总建筑面积 13569.5 平方米，共投资 1600 万元
198	2003 年 10 月 9 日	学校校园网投标，各项目经投标节约资金 41 万元
199	2003 年 11 月 24—29 日	学校举办第七届科技节及第九届教育教学研讨会
200	2003 年 10 月 9 日	石狮市中小学 50 多位校长到校观光指导
201	2003 年 11 月 30 日	校文艺队所编排表演的舞蹈《客家女》在市中小学文艺调演会上获一等奖
202	2003 年 12 月	学校被评为"全国青少年爱国主义读书教育活动示范学校"
203	2003 年 12 月	省委、省政府授予学校"第七届文明学校"
204	2003 年 12 月 18 日	校集邮协会成立九周年暨第六届专题邮展举办
205	2003 年 12 月 26 日	学校 400 米新运动场通过评审方案，校园宽带网正式开通并开通学校网站

续表

206	2003 年 12 月 27—28 日	学校举办首届主持人大赛
207	2003 年 12 月 28 日	迎新年元旦文艺演出首次在新操场举办
208	2004 年 1 月	《东台党建》小报创办
209	2004 年 2 月 25 日	新一届集邮协会理事会选举产生
210	2004 年 3 月 31 日	中国科普报告团专家孙万儒教授到校作科普报告
211	2004 年 4 月 22 日	省财政厅马潞生厅长到校视察"一级达标"情况
212	2004 年 4 月 24 日	学校通过省级绿色学校省级评估，童雅芳老师首次参加省高考自主命题
213	2004 年 5 月	第二届业余党校结业，学生有 7 人批准为预备党员
214	2004 年 10 月 29 日	举办第三十一届校运会
215	2004 年 11 月 12 日	迎"二级达标"复查工作
216	2004 年 11 月 19 日	校庆各职能组汇报工作
217	2004 年 11 月 25 日	学校艺术中心广场完工、投入使用
218	2004 年 11 月 28 日	年茂教学楼完工、投入使用
219	2004 年 12 月 4 日	建校 90 周年庆典大会在艺术中心广场举行
220	2004 年 12 月 29 日	学术报告厅建成投入使用（共两层可容纳 1100 个座位）
221	2004 年 12 月 31 日	各年段成立家长委员会
222	2005 年 3 月 11 日	九届一次教代会召开
223	2005 年 3 月 15 日	市特级教师讲学团报告会在校举行
224	2005 年 3 月 25 日	开展"爱祖国、爱福建、爱家乡"的活动
225	2005 年 4 月 27 日	市中学语文课题研讨会在校召开
226	2005 年 5 月 16 日	首次保送生考试招收 54 名，周年茂先生捐款 50 万元设立"千和奖教基金"
227	2005 年 7 月 20 日	谢贤明、黄巍森、江道剑录取清华，邱文晖、陈烨录取北大
228	2005 年 8 月	吴有春、李如珍被评为龙岩市首届杰出人民教师
229	2005 年 9 月 2 日	成立教代会考评委员会
230	2005 年 9 月 12 日	省先进性教育督导组到校检查
231	2005 年 10 月 20 日	组织全体教职工学习十六届五中全会精神
232	2005 年 11 月 9 日	做好莲中路居民拆迁工作
233	2005 年 11 月 10 日	设立千和奖教基金
234	2005 年 11 月 18 日	第九届文明学校检查验收
235	2005 年 11 月 24 日	聚宝水泥有限公司陈厂长及夫人莅临我校颁发 2005—2006 年奖助学金
236	2005 年 11 月 28 日	举办第九届科技节
237	2005 年 12 月 1 日	举办第三十二届田径运动会
238	2005 年 12 月 2 日	修订学科竞赛奖励办法
239	2005 年 12 月 28 日	迎新年元旦文艺汇演
240	2006 年 1 月 20 日	朱瑞虹副局长到我校检查教育教学开放周准备情况
241	2006 年 2 月 17 日	学习胡锦涛同志视察闽西时的讲话
242	2006 年 3 月 19 日	九届五次教代会召开
243	2006 年 3 月 21 日	实施高中新课程方案通过
244	2006 年 4 月 28 日	反馈县督导室在我校检查情况
245	2006 年 6 月 18 日	校园食堂、老实验楼、教学楼、敬和楼改造
246	2006 年 7 月 25 日	黄强（保送）、张万开、李钧、沈勇录取清华，江家健录取北大
247	2006 年 8 月 21 日	1956 届校友毕业 50 年聚会
248	2006 年 9 月 1 日	高中新课程首次在我校高一年段实施
249	2006 年 9 月 15 日	成立校本德育课程编写委员会

续表

250	2006 年 9 月 28 日	提高市素质教育先进校检查评估
251	2006 年 10 月 13 日	高中新课程研究性学习课程研讨会召开
252	2006 年 10 月 27 日	学习十六届六中全会、新《义务教育法》
253	2006 年 10 月 28 日	学校获得"福建省法制教育先进单位"荣誉
254	2006 年 11 月 23 日	举办第三十三届校运会
255	2006 年 11 月 24 日	李阳疯狂英语闽西公益活动在学校艺术广场举办
256	2006 年 12 月 26 日	成功举办龙岩市第六届"普通中学开放周"
257	2007 年 1 月 21 日	九届七次教代会召开
258	2007 年 2 月 24 日	成立创"省一级达标高中"材料准备小组
259	2007 年 3 月 6 日	卢彬副县长到校听取创"省一级达标高中"情况汇报
260	2007 年 3 月 16 日	龙岩二中、浦城一中到校交流
261	2007 年 4 月 13 日	通过校园北部规划意见
262	2007 年 4 月 27 日	招保送学生 54 名
263	2007 年 5 月 11 日	学习中央政治局关于青少年体育工作及网络文化建设会议精神
264	2007 年 5 月 23 日	市政府督导评估组到校检查
265	2007 年 6 月 29 日	通过创"省一级达标高中"实施设备采购方案
266	2007 年 9 月 4 日	宣传部部长郭浠恒到校调研高三毕业班工作
267	2007 年 9 月 12 日	龙岩市教育局对学校实施高中新课程情况进行检查
268	2007 年 9 月 18 日	省教育厅普教室陈小敏主任到校检查高中新课程样本校建设情况
269	2007 年 10 月 12 日	确定"千和奖教基金"获奖名单
270	2007 年 10 月 26 日	党总支组织全体教工学习党的"十七大"报告
271	2007 年 11 月 8 日	市素质教育先进学校检查组到校检查
272	2007 年 11 月 22 日	福建省中学化学新课程研讨会在我校召开
273	2007 年 12 月 4 日	举办第三十四届校运会
274	2007 年 12 月 29 日	举办迎新年"东台之声"文艺演出
275	2008 年 1 月 25 日	教育局黄修桂局长到校宣传中共"十七大"精神
276	2008 年 1 月 26 日	对学校临时聘用人员按照新《劳动法》一律解聘，执行新的法规
277	2008 年 1 月 30 日	宣传部部长郭浠恒到校调研管理工作
278	2008 年 2 月 15 日	新学年（下学期）工作安排
279	2008 年 3 月 31 日	第十届省级文明县城到我校检查
280	2008 年 4 月 11 日	毕业班召开省质检情况分析会
281	2008 年 4 月 27 日	省绿色学校检查组到我校检查
282	2008 年 5 月 16 日	全校师生员工向四川地震灾区捐款
283	2008 年 6 月 22 日	举办全校师生员工支持北京奥运会签名活动
284	2008 年 7 月 20 日	马林、傅楗强、黄福海被清华录取，周雨辰被北大录取
285	2008 年 7 月 23 日	运动场中标，签订施工合同
286	2008 年 9 月 19 日	举办福建省第二十四届青少年创新大赛
287	2008 年 10 月 20 日	电子备课室、电子阅览室的电脑配备招标
288	2008 年 11 月 10 日	网络教室安装完成，市级文明学校检查
289	2008 年 12 月 1 日	县第十三届中小学生田径运动会在我校举行
291	2008 年 12 月 4 日	举办第三十五届校运会
292	2008 年 12 月 30 日	举办"改革开放 30 周年"元旦文艺晚会
293	2009 年 1 月 2 日	农历年底慰问退休教师
294	2009 年 4 月 23 日	召开龙岩市普通中学新课程样本校工作会议
295	2009 年 5 月 18 日	龙岩市教育督导到我校检查
296	2009 年 6 月 13 日	深圳蔡春明先生"创明心奖学金"设立
297	2009 年 7 月 13 日	1959 届校友毕业 50 周年聚会

续表

298	2009 年 8 月 10 日	陈溪海、江宇辉、赖海强、蒋生健、华春榕 5 位同学同时考上清华大学
299	2009 年 8 月 31 日	西大门改建动工（原老校门）
300	2009 年 9 月 2 日	连城县县长江国河到校调研，解决学生食堂、学生宿舍建设资金问题
301	2009 年 9 月 10 日	福建省杰出人民教师罗炳杰、全国模范教师童纪宏参加市教育局组织的教师节座谈会
302	2009 年 9 月 14 日	我校举办中华人民共和国成立 60 周年风景油画展，并举行"感恩中国"万人签名活动
303	2009 年 9 月 17 日	龙岩学院教师 Ms Sanders（美籍）到校讲课
304	2009 年 9 月 23 日	福建省教育厅原副厅长、富闽基金会会长林瑞昌到校检查指导工作
305	2009 年 10 月 17 日	我校沈在阳等 4 位班主任到福州参加由省特级教师协会联合主办的"全国著名班主任教育思想福建片区报告会"
306	2009 年 10 月 19 日	2009 年度"黄仲咸奖学基金"在我校敬和楼颁发
307	2009 年 10 月 21 日	举行"秀山助学金""千和奖教基金""红七匹狼爱心助学金"颁发仪式
308	2009 年 10 月 30 日	通过《连城一中奖励性绩效工资分配方案》
309	2009 年 11 月 5 日	946901 部队到校资助连城县贫困生
310	2009 年 11 月 5 日	举办第三十六届校运会
311	2009 年 11 月 1 日	南安诗山中学老师到校交流
312	2009 年 11 月 18 日	福建省集邮协会李必生会长到校指导我校集邮协会工作
313	2009 年 11 月 22 日	沙县一中、上杭二中、龙海市榜山中学老师到校交流
314	2009 年 11 月 27 日	高三教学质量分析会召开，连城县教育局黄修桂局长对毕业班工作做出指示
315	2009 年 12 月 3 日	龙岩市中学化学研讨会在校举行
316	2009 年 12 月 7 日	福建省对我县人民政府教育督导检查组到校检查工作
317	2009 年 12 月 8 日	举行第十三届科技节开放周活动
318	2009 年 12 月 19 日	上杭二中林琳校长一行到我校交流后勤总务工作
319	2009 年 12 月 23 日	南安华侨中学洪培钦到校交流高三毕业班工作
320	2010 年 1 月 19 日	举行"赛特基金助学金"颁发仪式
321	2010 年 1 月 22 日	第十四届教育教学研讨会召开
322	2010 年 1 月 23 日	十届一次教代会暨会员代表大会召开
323	2010 年 1 月 27 日	我校省级课题"师生互动网络学习模式的构建"在晋江养正中学举行结题仪式
324	2010 年 2 月 21 日	北京社科院文学博士、副研究员吴子林到校作讲座
325	2010 年 3 月 1 日	"四地六校"协作联席会在我校举行，华安一中、泉港一中、龙海二中、漳平一中、永安一中校长出席
326	2010 年 3 月 25 日	福州民族中学老师到校交流
327	2010 年 3 月 29 日	龙岩市普教室到校调研毕业班工作
328	2010 年 4 月 7 日	工会组织女教工到厦门园博苑等地学习、观光
329	2010 年 4 月 28 日	市级素质教育工作先进学校督查会在我校召开
330	2010 年 5 月 5 日	法制安全知识进校园宣讲会在我校举行
331	2010 年 5 月 10 日	龙岩市督导室邓正东督学到校进行"素质教育先进校"督查
332	2010 年 5 月 17 日	举行全校安全疏散演练
333	2010 年 5 月 21 日	永安一中校团委到校交流
334	2010 年 6 月 2 日	龙岩市政协郭丽珍、李新春副主席到校调研校园安全工作
335	2010 年 6 月 9 日	龙岩市监察局卢启明科长、国土资源局刘福明科长到校检查校安工程（学生食堂）情况
336	2010 年 6 月 10 日	龙岩市依法治市办到校检查"五五"普法工作

续表

337	2010 年 6 月 28 日	龙岩市教育工委马浠副书记到校检查安全工作
338	2010 年 7 月 17 日	李涛泳被清华大学录取（国防生）
339	2010 年 7 月 19 日	德化一中老师到校交流
340	2010 年 9 月 7 日	学校食堂及学生宿舍图纸汇审
341	2010 年 9 月 10 日	连城县县长江国河到校调研学生食堂及宿舍建设情况
342	2010 年 10 月 7 日	举办第三十七届校运会
343	2010 年 10 月 12 日	"秀山助学金"颁发
344	2010 年 10 月 21 日	武夷山一中老师到校交流、"黄仲咸奖学金"颁发
345	2010 年 10 月 27 日	龙岩市教育行风检查组到校检查、"红七匹狼助学金"颁发
346	2010 年 11 月 2 日	龙岩市普教室罗养贤主任到校指导教研工作
347	2010 年 11 月 4 日	由莆田知青捐赠的孔子石雕像运抵我校并开始安装
348	2010 年 11 月 5 日	第五届"千和奖教基金"颁发
349	2010 年 11 月 11 日	莆田二中老师到校交流
350	2010 年 11 月 16 日	举行孔子像剪彩揭幕仪式
351	2010 年 11 月 25 日	龙岩市普通高中通用技术研讨会在我校举行
352	2010 年 11 月 29 日	厦门主教蔡炳瑞先生到校协商有关天主教堂搬迁的问题
353	2010 年 12 月 6 日	龙岩市第四届高中教研室主任工作交流会在我校举行
354	2010 年 12 月 11 日	教育部"五五"普法检查验收组到我校检查指导法制教育工作
355	2010 年 12 月 13 日	省对县"双高普九"验收检查
356	2010 年 12 月 30 日	庆祝元旦"相约东台"文艺汇演在学术报告厅举行
357	2011 年 1 月 5 日	召开创一级达标高中专题会议，启动一级达标高中工程
358	2011 年 1 月 9 日	校长带领有关处室人员到建瓯一中、永安一中学习创"省一级达标高中"工作经验
359	2011 年 1 月 17 日	龙岩市教育局中教科黄煌新科长到校指导创"省一级达标高中"工作
360	2011 年 1 月 18 日	龙岩市教工委马浠副书记到校检查"创先争优"工作开展情况
361	2011 年 1 月 19 日	十届二次教代会暨会员代表大会召开
362	2011 年 1 月 21 日	我校第十五届教育教学研讨会召开
363	2011 年 3 月 5 日	厦门六中老师到校交流
364	2011 年 3 月 19 日	香港福建希望工程基金会主席周年茂先生捐赠我校多媒体教室 25 间（50 万元）装备落成剪彩仪式
365	2011 年 3 月 23 日	龙岩市文化出版局、共青团市委宣传部到校检查校园安全工作
366	2011 年 4 月 1 日	"省一级达标高中"市级验收组到校检查、市教育局领导到校视察校安工程
367	2011 年 4 月 14 日	龙岩市高三物理学科会在我校召开
368	2011 年 4 月 16 日	建瓯一中老师到校交流
369	2011 年 4 月 20 日	龙岩市人大常委会主任陈万里到校看望罗炳杰老师
370	2011 年 4 月 26 日	龙岩市副市长郭丽珍到校检查工作
371	2011 年 4 月 29 日	我校高三教师到莆田二中学习
372	2011 年 5 月 5 日	龙岩市文明办刘洪华副主任、市教育局林小洪副局长到校检查创"省第十届文明学校"情况
373	2011 年 5 月 8 日	福建师范大学陈清华教授到校讲学
374	2011 年 5 月 26 日	龙岩市卫生局、工商局到校检查卫生工作
375	2011 年 5 月 28 日	龙岩一中领导到校交流
376	2011 年 6 月 12 日	顺昌一中、明溪一中老师到校交流
377	2011 年 6 月 21 日	龙岩市市委党校领导到校作"党在心中"专题讲座
378	2011 年 6 月 28 日	连城县委举办的"唱响连城"大型歌会在报告厅举行
379	2011 年 8 月 29 日	学校获"2006—2010 年全市法制宣传教育先进单位"荣誉
380	2011 年 9 月 1 日	修洪副县长到校检查工作

续表

381	2011 年 9 月 4 日	"四地六校"高三备课组长联席会在我校举行
382	2011 年 9 月 6 日	连城县县长林英健到校调研
383	2011 年 9 月 8 日	94691 部队政治部、94750 部队领导到校慰问教师
384	2011 年 9 月 22 日	召开创"省一级达标高中"会议落实市检收组提出的整改措施会议
385	2011 年 10 月 9 日	上杭一中老师到校交流
386	2011 年 10 月 31 日	连城县检察院干警到校讲课——法制宣传进课堂活动
387	2011 年 11 月 4 日	中国社会科学院吴子林博导到校讲学
388	2011 年 11 月 7 日	"黄仲咸奖学金"颁发
389	2011 年 11 月 10 日	莆田三中老师到校交流
390	2011 年 11 月 18 日	龙岩市教育局普教室到校调研高三毕业班工作，广东焦岭一中老师到校交流
391	2011 年 11 月 19 日	福建省教育学院组织的高中校长班校长到校交流
392	2011 年 11 月 24 日	举办第三十八届校运会，高三部分教师到集美中学学习
393	2011 年 12 月 3 日	龙岩市中小学生文艺调研在我校举办，我校节目《云间花溪》获一等奖
394	2011 年 12 月 22 日	我校派人参加龙岩市第八届"普通中学开放周"
395	2011 年 12 月 28 日	石狮石光华侨联合中学老师到校交流
396	2012 年 1 月 3 日	高二会考
397	2012 年 2 月 10 日	高一备课组长"四地六校"联席会在我校召开
398	2012 年 2 月 24 日	清流一中潘校长一行 5 人到校交流
399	2012 年 3 月 3 日	学校女教工一行 65 人到广东潮州、汕头（南澳）考察学习
400	2012 年 3 月 21 日	龙岩市教育局中教科黄煌彩处长到校指导创"省一级达标高中"验收准备事宜
401	2012 年 3 月 22 日	龙岩市督导室沈声文副主任到校督查素质教育工作
402	2012 年 3 月 29 日	"省一级达标高中"现场考察组一行到校考察评估
403	2012 年 4 月 5 日	武平二中到校交流
404	2012 年 4 月 10 日	龙岩市教育工委马涑副书记到校开展推进学校党建科学化调研访谈
405	2012 年 4 月 11 日	厦门集美中学老师到校交流
406	2010 年 4 月 12 日	龙岩市高三地理学科会在我校举行
407	2012 年 4 月 17 日	龙岩市高三数学学科会在我校举行
408	2012 年 4 月 22 日	清华大学刘宇老师到校宣传清华大学招生情况
409	2012 年 5 月 28 日	福建师范大学外语系黄远振教授到校指导外语教学
410	2012 年 5 月 12 日	莆田二中老师到校交流
411	2012 年 5 月 15 日	江西寻乌中学老师到校交流
412	2012 年 5 月 23 日	连城县骨干教师工作室（第 2 批）成立，我校共有 8 个工作室
413	2012 年 5 月 27 日	《闽西日报》公布罗小林、徐金华分别被评为"省名校长培养对象"和"省骨干校长培养对象"的消息
414	2012 年 6 月 6 日	连城县委书记江国河到校检查高考准备情况
415	2012 年 6 月 19 日	龙岩市委组织部组织科刘主任到校检查党建工作
416	2012 年 6 月 29 日	福建省教育厅李天奇处长到我校检查创"一级达标高中"工作
417	2012 年 7 月 28 日	武平一中老师到校交流、龙岩市教育局黄煌彩处长到校调研高三教学情况
418	2012 年 8 月 21 日	深圳蔡春明先生到校参加"创明心"续签约暨颁发奖学金仪式
419	2012 年 8 月 22 日	连城县教育工委书记曾佑繁到校宣布徐金华校长、罗小林书记、江开田副校长、李德芳副校长、付辉华副校长、李明锋副校长等的任职决定
420	2012 年 8 月 31 日	连城县县委书记江国河到校检查新食堂和新学生公寓的建设情况
421	2012 年 9 月 1 日	连城县县长林英健到校检查新食堂和新学生公寓的建设情况

续表

422	2012 年 9 月 3 日	修洪副县长到校检查指导开学情况
423	2012 年 9 月 9 日	我校举行第 28 个教师节活动，县委书记江国河、县长林英健到校庆祝
424	2012 年 10 月 9 日	"秀山奖助学金"颁发
425	2012 年 10 月 10 日	福建省委、龙岩市委教育工委"依法治校"调研组到校调研
426	2012 年 11 月 6 日	上杭四中领导老师到校交流
427	2012 年 12 月 8—10 日	泉州城东中学、厦门集美中学、沙县一中高三领导老师到校交流
428	2012 年 12 月 28—29 日	福建教育学院老师到校交流
429	2013 年 1 月 4 日	罗建新副县长、李正鸿局长到校调研创"省一级达标高中"工作
430	2013 年 1 月 10 日	福建省教育厅对我校创"省一级达标高中"进行评估
431	2013 年 1 月 13 日	我校被评为"省级优秀高中"
432	2013 年 2 月 19	"四地六校"联席会议在我校举行
433	2013 年 2 月 28 日	"感恩·立志"报告会在运动场举行
434	2013 年 3 月 4 日	龙岩市普教室中教科教研员一行到校调研
435	2013 年 3 月 7 日	福建省生态文明校检查组到校检查
436	2013 年 3 月 13 日	新华都慈善基金会 300 万捐赠仪式举行
437	2013 年 3 月 20 日	永安一中特级教师范纯正老师到我校讲学
438	2013 年 3 月 21 日	公安部、教育部授予我校"2010—2012 年度全国消防安全教育示范学校"
439	2013 年 3 月 24 日	福建省教育厅确认我校为"福建省一级达标高中"
440	2013 年 4 月 23 日	连城县县长林英健到我校调研新综合大楼建设准备情况
441	2013 年 5 月 22 日	龙岩市学校安全大检查
442	2013 年 6 月 27 日	揭育澄同学被清华大学录取
443	2013 年 9 月 10 日	我校被龙岩市政府评为龙岩市教育系统"先进集体"，徐金华、黄椿被评为龙岩市第二届杰出人民教师
444	2013 年 9 月 16 日	秀山助学金颁发
445	2013 年 10 月 15 日	方正教育助学基金颁发
446	2013 年 11 月 1 日	第三十九届校运会召开
447	2013 年 12 月 15 日	校文艺队节目《客家姑娘》在 2013 年龙岩市中小学文艺调演中获得一等奖
448	2014 年 2 月 21 日	"三导"高效课堂模式在全校推广
449	2014 年 3 月 22 日	十届七次教代会胜利召开
450	2014 年 3 月 12 日	1967 届校友周年茂先生荣归母校商议百年校庆，并独资捐建仰云文化公园
451	2014 年 4 月 1 日	连城县县长蓝凯英一行到校调研
452	2014 年 5 月 23 日	江开田、邱宏桂、吴健、吴勤、官福凤、沈才华、邹建华、张涛生、黄一文、邱丽芳、沈君飚等 11 位教师评为龙岩市第 2 批名师
453	2014 年 5 月 26 日	江开田、邱宏桂、吴健、吴勤、官福凤、沈才华、沈君飚、黄椿、谢健辉、黄一文等 10 位教师评为福建省第 4 批中学学科教学带头人
454	2014 年 6 月 10 日	2012 年诺贝尔文学奖获得者莫言为连城一中百年校庆题词

注：本资料由江开田整理。

大德篇

连城一中有今天，离不开众多为她倾情奉献的人。

他们的言与行和由其言行所体现的品，令人高山仰止；他们给母校留下的精神财富是无价的。称这些人为大德，一点也不为过。如同中华数千年名垂青史之大德向有春风化雨之功一样，他们也一定会让无数的后继者从中汲取阔步前进的正能量，为一中续写更加灿烂的篇章。

爱国华侨周仰云先生二三事

罗心如

周仰云先生（1885—1964），我县文亨乡人，出身于中产家庭。时值清朝末季，政治腐败，民生凋敝，外侮日亟，中国已沦为半殖民地。因家境益落，受启蒙教育数年后，弃学往姑田镇商店当学徒，以勤谨机敏，为店东倚重，派赴广东潮州，组织纸行推销土特产。1930年以后，组广福纸烟公司，在泰国设厂，以经营管理得法，业务蒸蒸日上。在20世纪30年代末至40年代初的十年中，仰云先生慷慨解囊，捐资兴学、兴办公益事业，颇受邑人赞许。然而仰云先生所经营的企业并非一帆风顺，其捐资兴办学校与其他公益事业，亦非拥有巨资以后，出其余力而为，这就更为难得。

据我所知，他的事业三起三落，直至第四次才获得成功。

第一次失败是1914年，他与友人合资经营德国拜尔厂出口颜料。时值第一次世界大战期间，德国潜艇破坏海上航线，颜料价时跌时涨，受到很大损失，至欧战结束时，竟宣告破产。大股东以有政治背景，诿卸责任，掉头不顾，一切责任由他担负，竟至陷身缧绁达半年之久。幸而他信义素著，许多朋友仗义解围，讼事才解。第二次是在1930年，连兴昌纸行，以家乡纸业生产萎缩，运输困难，潮汕同业多兼营申广各埠汇兑，多数失败，连兴昌自不能免。当纸行摇摇欲坠之际，他组织了另一企业广福纸烟公司，资本五万元，每股五千元。因股东为广东、福建人，故取名"广福"。公司设在汕头，

周仰云先生

上海、泰国设有分支机构。起初代销英国美丽牌和鹰牌纸烟，由沪运至泰国出售，另在汕头设厂自制，经理由他和汀人许葛通负责，产品质量颇佳，业务不断上升。不料技术工人（即当时所谓

师傅）被同行以不正当手段收买，离他而去，继任技工，不得其人，产品质量下降，亏损过半。于是召集股东会议，谋加资以图再举。而股东畏缩不前，会议毫无结果，公司濒于解体，这是第三次失败。幸而许多朋友，合力以巨资相贷，他决定收缩沪、汕机构，自赴泰国经营。适值美籍某烟草公司以美烟草生产过剩，国内滞销，派代表到泰国谋出路，仰云先生与他取得联系，并得其帮助在泰自行建厂制造，并允将烟草赊销。他吸取过去失败经验教训，改善经营管理，选用长才，因而业务蒸蒸日上，几于执泰国同业牛耳。

20世纪30年代后期，他的企业得到初步发展。但斯时国难日亟，正是国家民族危急存亡之秋，他爱国爱乡情殷，不顾企业羽毛未丰，毅然为家乡教育和公益事业，尽了很大的努力。

抗日战争发生之第二年，即1938年，我县教育人士如邓光瀛、李云霄、李师张、童近宸、罗莲舫、李少韩等，以中学停办数年，青少年备受升学无门之苦，时兹国难当头，更非办教育以益民智，激发其爱国之心，以救亡图存不可。于是倡议筹办私立明耻中学，寓"明耻教战"之义。当时吾连华侨资力雄厚胜周仰云先生者，颇不乏人。谁知劝募捐款，首名才五百元。倡议诸公，气为之馁。不得已派代表携函赴港征求仰云先生捐资，他欣然同意，回信大意说"办教育是美事，诸公以此美事让我做，我毋乃感激，愿独资办成"云云。于是鸠工庀材，建筑校舍，招收学生，于1938年秋开学。但当时教育厅长郑贞文以私立中学，需要十万元存入中国银行作基金为由不予立案。于是，再函告仰云先生。兹时，美商因日寇正谋南进，收缩烟叶赊销，公司银根较紧。然周先生立即如数将十万元款汇交其族侄孙周年荣存入长汀中国银行（连城只有该行办事处），明耻立案手续方得以如期办成。在此前后数年间，他对地方公益事业亦多有奉献。如修复彭坊桥，费资六千元，揭乐一带群众，迄今尚津津乐道其对劳力待遇之优厚体贴。在其家乡周屋建小学，除校舍、设备齐全外，学生全部免费入学，每人还发制服一套，为附近学校之冠。其他公益事业，不管本乡外乡，如修路修桥建校舍等，有求必应。他曾告诉吴鸿猷先生说："钱财如浮萍，易聚也易散，我从三起三落的教训而知道公益事要尽力而为，否则萍散时，便有交臂失之的懊悔了。"当时吴以自己正经营纸业，不欲兼任明耻学董会出纳，因感其言，才接受出纳任务。只此一端，可见其见义勇为的胸怀。

他爱国之心是炽热的。笔者写稿前，曾访问久在泰国为他司账的79岁高龄的周千发先生。他说：抗战时期，仰云先生动员全厂职工，捐资救国，每月发工资时，全厂职工数百人，每人捐三元五元不等，约千余元，他必凑足万元，准时由福建银行汇回国内支援抗战。后为亲日的泰国政府侦悉，在泰的福建银行被抄查，经手汇款的周千和先生，于1941年被泰驱逐出境。由此，我们可以见到周仰云先生不避艰险的一片爱国赤子之心和"民胞物与"的广阔胸怀。

1942年，周仰云先生见到泰国局势已"山雨欲来风满楼"，便调回一部分资金，自己也随即过港。1944年日军南进，泰国沦陷，公司全部财产被日军接管。他在港将公司股金一本一利发还股东，自己虽十分拮据，仍然守信重义，此足以说明他事业三落所以能三起的原因了。1948年，他赴港时，笔者适以事赴杭武，在朋口乘船至矶头，过山易船赴上杭，与之相处约二日半。推心置腹，昼夜长谈，相见恨晚。最后他对我说："我恨不能早日同你相识，否则我会拨回巨款托你代创十万桶义仓（约150万斤）惠济贫民，此事没有办成，反资寇仇之用，迄今犹感痛心。"

周仰云先生极重友谊，有古侠义风。当朋友落魄时，千金之赠，毫无所吝，受援手的朋友，有的事业飞腾，更胜于他，他虽不望报，但"种瓜得瓜"，报亦自在其中。香港沦于日寇时，他赖朋友力，辗转至新加坡，绕道于1945年回到祖国怀抱。1948年港商中南公司经理张静庵先生邀其赴港，宾礼备至，终赖朋友关怀安度晚年，于1964年，在港逝世。次子周千和君与张静庵之婿李嘉诚先生共事，亦有成就。千和先生早岁已热心抗日救国事业，受到异国迫害，近年又输资返梓，为建设家乡名胜增色，其爱国热诚，岂徒受其先人熏陶而然也耶。邑人嘉之，特建仰云亭于冠豸山上，以志纪念。周桂珍女士，为先生第三女，曾对笔者说："先父会赚钱，但更知道如何用钱。"要言不烦，可谓善颂。笔者少先生十岁，且与长君蔚文为友，当然以前辈礼重先生，但先生谦光可挹，晋接晤对，视同辈敬礼有加，其待人接物如此，谦德尤足矜式云。

注：本文选自县政协文史资料。

缅怀周仰云先生业绩 弘扬爱国主义精神

敬 贤

周仰云先生原名树瀛，1885年生，我县文亨乡周屋人。他是我县著名的爱国华侨企业家，继承和发扬了客家人爱国爱乡的优良传统，在连城人民中享有崇高的声誉。

周先生仅受过启蒙教育，少年时期在连城纸业之乡姑田当学徒，青年时期到潮州经商。从20世纪20年代起，先在潮州与友人合作经营德国拜尔厂出品的颜料，继办连兴昌纸行，后来又在汕头成立广福烟草公司，并在上海、泰国曼谷设立分公司，在越南西贡组建了建丰米业进出口公司，回香港寓居期间又曾先后与友人开了"广诚昌""广华昌"等纸行。从他经商的全过程看，经历了几次起落，失败的次数远比成功的次数多，但他每次都能"挽狂澜于既倒"，把事业推向前进，至30年代终于发展到高峰，获得了很大的成功。周先生以自己勇于进取的精神，坚忍不拔的毅力，诚信重义的品德，勤俭节约的作风，科学经营的方法，艰苦奋斗，谱写了一部辉煌壮丽的连城华侨创业史。

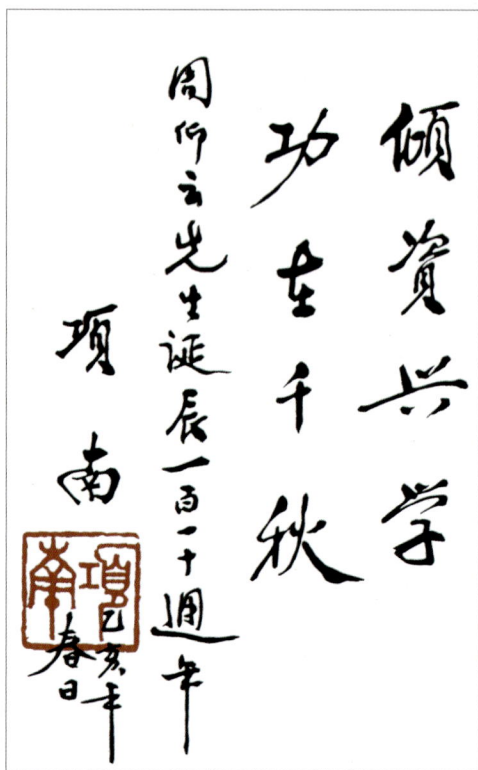

项南为周仰云题词

周先生热爱祖国和桑梓。他的一生可以说是在我国社会动荡和世界风云变幻中度过的。面对民族危亡，他虽身居异域，却情系故国，始终以满腔的爱国热情和炽烈的赤子之心，时刻关注和支持祖国与家乡的建设事业。周先生在泰国期间，祖国正受日本侵略者的蹂躏，生民处于水深火热之中。为共纾国难，他不顾身家安危，带头捐资，还动员"广福"泰国分公司员工每人每月捐三五元不等，自己每月必凑足一万元准时由福建银行汇回国内，支持抗日战争。他深知培养人才对振兴民族和祖国的重要意义，大力支持家乡办教育，独资创办"明耻中学"（连城一中前身），校名取《左传》"明耻教战"之义，表达了他对家乡青年为抗日而学习的厚望。他还捐资支持办金山小学、周屋小学、隔川小学、姑田的院庄、进化小学、北团溪尾中心小学等，受益学子达两万余人。周先生一生捐资兴教，功在祖国，惠泽子孙，家乡有口皆碑。此外，他对家乡的公益事业也十分热心。如1938年连城修《县志》（民国版），他捐国币三千元，约占全额的40%；又如捐资兴建彭坊大桥，修建定安大桥等，至今仍为连城广大群众所称颂；再如"捐医院，济难民"诸义举，"莫不慷慨输将，数年以来不下十余万金。乐善不倦，庶乎近焉"（语见《县志》民国版）。这种仗义疏财的品格，为家乡父老所敬佩，亦为后人所景仰。

周先生慷慨大度，热情助人。许多朋友都因得到他的资助而顺利地渡过难关。他资助朋友，既慷慨又有原则，那就是给钱之前，你要多少资本，如何经营，都要说清楚，目的在防止有些人借名义乱花钱而失去他接济的意义。他热情助人，却从来不望报，即使后来自己有了困难，也从不愿向人谈及，更不愿向朋友伸手。有的朋友送去财物，他总是婉言辞谢，一一退还。这种"施惠勿念"的胸怀，实在难得。

周先生一生报效祖国，造福家乡，自己却克勤克俭，对儿孙的要求更为严格。他教育儿孙的宗旨，就是要他们懂得爱国爱乡，立志报国。他对儿孙说："无论到哪里，都不要忘记自己是中国人，是福建连城人。中国虽然贫弱，家乡尽管很穷，我们在国外做生意，却不能连中国和家乡都卖了、忘了。""有钱要造福社会，有才要服务社会。"他还告诫儿孙们："君子之泽，五世而斩。"社会不会有万年不变的豪门，世间的成就主要靠自己的努力。他要求家庭成员处处克制自己，不要炫耀财富，要学会自食其力。正是这种人生志向，善良的心地，高尚的品德，对儿孙产生了巨大的影响。祖孙三代故园心，周千和、周年茂先生继承和发扬了乃父乃祖的传统，改革开放以来先后捐资人民币近三百万元支持家乡办学育人和兴办其他公益事业。周先生的崇高精神已在其后代中得到发扬光大。

周仰云先生逝世于1964年，享年八十。他的一生是艰苦创业的一生，爱国爱乡的一生，他的一言一行无不闪烁着客家人的优秀品质和中华民族传统精神的光辉。我们缅怀他的业绩，就是要弘扬和继承这种品德与精神，报效祖国和家乡，为把连城建成美丽、繁荣、文明、富饶的新连城而贡献自己的力量。

2004年4月13日

滴水可映万丈辉

——从周仰云先生生平点滴看客家人的若干优良秉性

和　风

客家民系是一经历了1000多年时间自中原而往南方乃至海外迁徙的汉民族支系。客家人由于生存和发展的需要，不仅在几次历史性的社会大动荡中被迫进行的大迁徙、大移民时期，而且在相对安宁辛勤拓荒、艰苦耕耘的日子里，广泛吸纳各地文化的精华和人民的智慧，因而形成了独特显著的客家人的优良秉性。这种秉性的内涵是极为丰富的。显然，想在一篇文章或一个人身上便将其囊括无遗，谁也难于办到。但就整体而论，我可以这样断言，凡属客家人的优良秉性，无论哪一种，体现于哪个人的身上都闪烁着炎炎华夏之光，萦系着泱泱古国之魂，裹挟着现代文明之风。对于连城人而言，则还凝聚着文水豸峰之情；如就个体而论，则凡客家优良禀赋越多者，其对社会所做之贡献则越大，因而也越受到后人的推崇，对后人的影响也越深。换言之，凡我客家人，对社会的贡献越大者，其身上所体现的客家人的秉性则越丰富、越精粹、越灿烂。周仰云先生正是这样的客家人的代表之一。

那么，从周仰云先生生平点滴中，究竟能看到客家人的哪些优良秉性呢？

周仰云先生生于我县文亨乡周屋村，是纯粹的客家县中的客家人。对于他的事迹，连城的父老乡亲早已耳闻目睹，感同身受，并怀着深深的敬意。作为连城人中的一分子，这种敬意无时不在笔者的心中出现，这是很自然的事。正因为如此，我曾在周先生110周年诞辰之际，写下了这样的题联："疏财办教文水畔人人仰侨门孔圣；骞凤翔龙豸峰前岁岁云商海周公。"我认为，称周先生是我县的"侨门孔圣""商海周公"是恰如其分、实至名归的，并无丝毫过誉。考察其生平点滴，我认为至少可以从中看出客家人的若干种可贵的秉性。

一是勇于开拓。周先生13岁就离乡背井到外面当学徒，之后则走广东、奔上海、赴泰国、闯南洋，历尽艰辛，开创了自己事业的一片天地，并不断地赢得了辉煌。这中间，从未停止过创业的脚步。他凭的是什么？是客家人特有的一股闯劲，一种勇于开拓的精神。这些都不是那些足不出乡、足不出户，甚至从生到死都未离开过同一个"热炕头"的"安贫乐道"者或"安富尊荣"者可以相提并论的。周先生浪迹天涯白手起家的生平，充分展示了客家人开拓者的风貌。

二是精于经营。周先生到泰国广福烟草总公司任职不久，便针对泰国蛇多的现实和泰人防蛇的心理，欣然采纳了朋友的建议，采用了蛇的克星——鹅——作为其中一个商标，果断地推出"三鹅牌"香烟，从而赢得了众多主顾，使该公司得到显著的效益。他的这一奇招，表面看来出于偶然，实际上是客家人比较能适应环境，懂得顺应各地民情风俗这一内在秉性的必然产物。它反映了客家人的精明。实际上，茫茫商海，从来风急浪高、弱肉强食，凡能应付自如于其间并最终获得"主沉浮"的主动权者，大都是些胸怀韬略，善于把握机遇，精于经营的行家里手，昏昏碌碌者是不可能游到理想的彼岸的。周先生的成功，正是客家人善于审时度势，长于运筹帷幄，精于经营谋略等非凡才华的光辉结晶。

三是忠于祖国。卢沟桥事变后，周先生虽身居异国，仍心系民族安危，每月慨然筹资一万银元汇回国内支援抗战，即使经济拮据时，也不例外。以至于惹恼亲日的泰国政府，强行将其公司低价"收归国有"。由此引起的连锁反应是：周先生不得不把上海、汕头的公司同时关闭，经济上蒙受巨大的损失。以周先生的过人才智，是绝不可能不知道在亲日势力横行的国外坚持抗日会遭到什么样的打击的。而他却义无反顾，"明知山有虎，偏向虎山行"，坚持抗日救国，即使厄运临头，亦无怨无悔，从未稍减爱国之心。他的儿子周千和先生因办理支援抗日经费的汇款手续而被泰国政府驱逐出境时，他劝慰说："凡有良心的人都会这样做的，你没有错，没有给中国人丢脸。"客家人对祖国之忠心赤胆于此可见一斑。

四是乐于公益。但凡家乡修桥铺路、修编县志等事，周先生无不慷慨捐资。我认为，由于历史和现实的种种原因，客家人长期处于颠沛流离、艰难创业的状况，总是顺境时少、逆境时多，加上中国数千年灿烂文化道德精华的熏陶，时日一久，便逐渐形成了一种离开社会、离开集体的力量和民众的扶持就难于生存和发展的心理积淀，养成了“取诸社会、回报社会”的优良传统。周先生乐善好施、热衷公益的事迹，正是客家人这种心理积淀和优良传统的必然。

五是明于治家。客家人向来勤俭节约，对柴米油盐开销的精打细算当然是他们明于治家的一个方面。但我所要特别加以点明的是另一个更主要的方面，即比较得当地对后代进行教育，使他们能成为有用之才。对后代教育一团糟的人，是很难算得上明于治家的。客家人由于自己的特殊历史，使他们相信花盆难栽大树，温室的花草难经风雨，相信百炼钢才能成绕指柔，相信幸福之花要靠自己的双手去浇灌，所以不论家道如何，对子女的教育都很重视，很严格，自然也很有效。在客家地区，家教有方无方，后代有为无为，已成为衡量家长是否明于治家的重要标准。这正是客家人的精明处，也是其秉性的优越处。正是出于这一秉性，周先生始终把教育孩子当成对社会的一种责任而认真地肩负起来。尽管他日理万机，生意繁忙，仍念念不忘孩子的教育。夫人要去香港看望他，他总要事先写信交待把孩子安置好。尽管明耻中学是他出资创办，孩子在校读书仍然和一般平民子弟一样，不搞任何特殊化。他尤其重视对孩子的爱国教育。他在泰国时对孩子讲：“无论到哪里，都不要忘记我们是中国人，是福建连城人……我送你们进华人办的学校就是这个意思。”由于他的言传身教，从严要求，他所生的九子九女，除早夭者外，都在事业上有所成就，都对祖国怀有一片爱心。

六是笃于兴教。周先生及其后代慷慨捐资创办明耻中学、仰云小学，支持兴建许多中小学教学楼，帮助家乡兴学育才的佳话，在连城早已妇孺皆知、有口皆碑，无须在这里一一列举。我在这里要说的是，他笃于兴教的事迹，亦是客家人内在优良秉性使然。客家人重视教育，并不是一时的心血来潮，也不是出于短视的功利主义，而是源于自身经历的痛苦体验和深思熟虑的结果，当然也是出于一种对民族振兴的强烈愿望。他们深知，无论是国家还是个人，灿烂的成就之花，只有靠先进的科学文化知识和良好的品德修养的滋润才能分外艳丽。一旦个人有了某些成就，首先想到的不是自己的享受，而是捐资兴办学校，惠泽桑梓，提高广大民众的素质。客家民系之所以能成为今日世界文明大军中一支源远流长、所向披靡的劲旅，其源盖出于此。

七是坚韧不拔。客家民系由于长期处于“客”的地位，其生存发展的条件自然要比别的民系差些，但正是由于这个“差”，造成了一个“优”，即每个细胞都包含坚韧不拔的优质内核。这个优点在周先生身上也是表现得十分出色的。纵观他的一生，其失败的次数远比成功的次数多。有一次，因遭人陷害，甚至还身陷缧绁达半年之久。但他从未灰心过，而是坚持屡败屡战，所以一次又一次使事业得到更大的发展。应该说，周先生的成功，原因是多方面的，但如此坚韧不拔的秉性应是不可缺少的一个条件。

此外，重义守信、勤勉敬业、气度恢宏、济困扶危等秉性，也是客家人血液中的有机组成物。这些秉性，在周先生一生的言行中亦有许多光辉的反映，这里就不一一细述了。

注：本文选自陈福楏诗文集《生活刚刚开始》。

祖孙三代桑梓情
——记周仰云祖孙捐资一中事迹
张金汉

一中师生盛传着港胞周仰云、周千和、周年茂祖孙三代热心帮助连城一中兴学育人的动人事迹。

20世纪20年代，连城的教育比较落后。1914年初，邑举人吴海澜、庠生李师张为首倡办豸山中学，校址在冠豸山，因地点不适宜，省教育厅未准立案而停办。1915年，县知事周赓慈倡办县立中学，先为四年制，后改为三年制，历届只招一个班，50人左右，就是这样一所规模小的中学，也于1932年因经费无着而停办。热心教育人士和全县人民都热切地盼望着有一所中学。

1938年，我县热心教育的老前辈邓光瀛、李云霄等商议创办一所中学，倡义者多方发动集资，仍属杯水车薪，无济于事。于是，大家在拟订办学方案之后，即推选李云霄、周蔚文（周仰云长子）专程到香港，向周仰云先生详细陈述创办中学的具体方案。周先生听后，欣然应允。当时省教育厅规定：申办一所中学要有10万元立案保证金，方可注册立案。周先生即汇回国币10万元（相当于10万银元）作为立案保证金交李云霄代办，存入长汀中国银行；另汇回3万多银元作筹建校舍之用。时值抗战，取《左传》"明耻教战"之义，定校名为"连城私立明耻中学"。校址定在东塔寺原县立小学旧址。学校筹建速度很快，不到一年时间便建起两层土木结构的仰云楼一幢，平房教室三间，实验室一间，礼堂一座，教师宿舍一排，总建筑面积1200多平方米，校园占地面积约3000平方米。同时购置了桌、凳、图书、仪器设备。1939年春开始招生。明耻中学从1939年春开始招生至1951年春合并，

周千和先生

办学经费大部分由周仰云先生筹措，部分款项由校董事会向社会各界捐资，创办12年共有初中毕业生16届507人，高中毕业生3届72人。在校学生最多时达12个教学班。在明耻中学接受教育者累计超过2000人。

1951年，明耻中学由人民政府接管，与县立中学合并，更名为连城第一中学。时序更新，今日的连城一中已发展成为省级重点中学。1989年全校学生达2140人，教职工154人。学校占地面积60亩，校舍总建筑面积13427平方米，有227米跑道的操场一个，有可供36个教学班上课之用的四层教学大楼一座，还有科学馆、学生公寓等建筑。学校环境优美，花木扶苏、绿树掩映，真正成了省级教书育人的重点学校。

连城一中有今天的成就，和前身明耻中学创办十多年来积累的丰厚基础是分不开的。连城一中的发展中蕴藏着明耻中学长期积累的物质财富和精神财富。今天的连城一中仍继续得到周仰

云先生全家的支持。1989年连城一中75周年校庆，周千和先生就捐助4.2万元新建大理石的校门。1992年又捐款50万港元（折合人民币39.2万元）兴建敬和楼，建筑面积1700平方米。敬和楼以其新颖的造型，雄伟的姿态屹立于一中校园。1994年，仰云先生夫人邓慧贞女士到一中观光，又捐资6万元建立奖学基金，捐资2万元购买图书。尔后，千和先生之子周年茂先生回一中母校参观，又捐资30万元建设容教学、实验、电脑于一体的综合楼。周仰云祖孙三代不仅独资创办明耻中学，为改善连城一中教学条件捐资，同时还为隔川中心小学、文亨周屋的仰云小学、姑田下堡小学、北团的溪尾小学、文新中学、县成人中专等校捐资，捐资金额达100余万元。他们祖孙三代热爱桑梓，热心捐资办学，乐育英才的精神，连城人民将永志不忘。

连城一中首任校长吴海澜先生

罗心如

吴海澜先生字子舟，本县莲峰镇人，生于清同治五年（1866年），卒于民国5年（1916年）。先生聪颖好学，凝神一志，在喧嚣中亦不分心。相传严冬苦寒，以熏笼暖足读史汉，炭火延烧布袜，足趾烧伤犹不觉，专精如此。为文纵横驰骋，出经入史，尤邃于易，不为八股程式所拘。赴省应贡举试，久不售。迨三十七岁癸卯科试时，入场即腹泻，草草完卷，竟中是科举人。先生谈及此事，每感惭恧，认为试官论文肤浅，何能选拔真才。光绪维新最大措施为废科举，设学校。戊戌政变虽然夭折，但创设新校之举不可逆转。先生与地方人士首创东塔小学，后复与友生创设文昌小学（校址在实小东段），自任校长。一时俊彦如童魁枫、谢宏裕、李齐贤、罗存诚、吴新民等悉被罗致为教员，以故该校成绩特优，为昔时中学校输送高才生不少。

民国2年（1913年）城乡各小学毕业生逐渐增多，需至长汀中学升学。然名额少，道途远，不能满足当时要求。先生毅然与地方人士，请于县知事张卓奎，筹办中学。以豸山离城近，风景佳，环境幽静，宜于办学。且昔贤如"二丘""四愚"均在此读书成名，更可鼓励学子见贤思齐、奋发上进。遂定校址于山，假五贤祠为校舍，先生被选为校长。先招收一班，约50人，于翌年春开学。

后来，省教育厅在批准立案时，派视学聂某莅县视察，认为豸山路险峻，不宜设校，于是立案搁浅。先生辞职，力荐邓光瀛先生继任。乃迁校址于城内孔庙旁旧儒学衙门和明伦堂，将豸山中学辍学半年的学生编为一班，另招新生一班，共有两个班级。1915年秋正式改名为连城县立中学（旧制）。

先生长光瀛先生七岁，登贤书则迟十二年，顾先生以前辈尊之，士论翕然，服其谦德。先生卸豸山中学校长职务后，仍任文昌小学校长，中心坦然，亲为小学生改文。终以连年筹办中学，委顿曲折，心力交瘁，次年竟卒，仅五十，教育界深表惋惜，以为先生生前虽无烈烈轰轰之拯民伟绩，却有扎扎实实办教之笃行，阳寿虽不永，青史长留名，亦是题中之义。

注：本文据县政协文史资料选编。

儒雅风流 大节善终

——连城明耻中学校董会董事长李云霄先生传略

乐 水

李云霄，字步青，号凌庵，连城县新泉镇乐江人，清光绪四年（1878年）生于书香之家。其祖仁季、父家驹，均乐善好施。祖倡立"常济纲"社仓，亲为置产数百担，以济饥民；父倡建登龙书院，以培养后学。他得到很好的家庭教育。在家教里，有传统的儒家入世精神。他父亲常以北宋理学家张横渠的"为天地立心，为生民立命，为往圣继绝学，为万世开太平"四句勉励他兄弟三人，要他们至少为人处世做到"仰不愧于天，俯不怍于地"。他兄弟三人都能遵父训，学业有成，云元为秀才，云霄、云峰同年拔贡。

他曾任江西南丰知县。为官清廉正直，处世公正无私，卓有政声。他以道德文章名重汀、龙、潮州。抗日战争前，为潮州纸业"莲峰纲"的法律代表，人称之为老师。其时周仰云先生因经济纠纷被江某某兄弟三人诬陷，身入囹圄达半年之久，他以老师身份竭力为之奔走斡旋，终于得到圆满解决。

他热心教育。1938年，周仰云先生满怀爱国热情，应他和李师张等人所请，独资兴办明耻中学，特聘他为明耻中学校董会董事长，全权委以校务。明耻中学先后四任校长邓光瀛、黄翼琛、王成瑚、童庆鸣都是学贯中西、兼通新旧的宿儒、学者，他们由校董会聘请，他为董事长，可谓慧眼识人。他的爱国和敬业精神，也令人钦敬。他所作的《明耻中学校歌》歌词，充分表达了救国抗战的精神。歌词说："中华抗战，民族复兴，正艰难奋斗中，喜吾校应运诞生；""明耻教战，一德一心，扫黑暗，缔造光明。"太平洋战争爆发，"广福"泰国分公司被亲日的泰国政府按五万银洋的原始资本"收归国有"，周仰云先生被迫回香港寓居，所开的"广诚昌""广华昌"纸行，也以种种原因相继歇业，中断了明耻中学的经费来源。作为董事长，他以高度的负责精神，团结商界大户多方筹措经费，为使明耻中学能够办下去殚精竭虑，直至新中国成立后政府接办，明耻、县中合并为连城一中。

他善诗文、工书法。为诗淡宕清新，为文常有感时愤世、经世致用之作，惜均已散佚。他的书法，源自颜、柳碑帖，秀丽刚劲，飘逸潇洒，自成一体，在广东潮州、汕头和福建闽西各县颇负盛名。晚年为人作书，极少收取笔润。其品格，多为世人所称许。

1937年与邓光瀛先生主修《连城县志》（民国版），在处理重大历史事件中，尊重史实，去伪存真，成为后辈修志的楷模。

他为人正直厚道，学识渊博，为民排难解纷，议论公允，颇负声望。20世纪50年代初，曾应邀出席连城县人民代表会议。1956年病逝于城关，享年78岁。

2004年4月15日

邓光瀛先生传略

罗心如

邓光瀛先生，字覃伯，号复庵，本县庙前镇丰图村人。先世在粤经商，于佛山镇置有恒产。先生自幼在佛山读书，为简竹居先生门人。简为朴学大师朱九江弟子，隐居不仕，著有《读书堂集》，海内笃学之士，多从之游。以故，先生学问精博，对典章文物、经世致用之学用力尤多。弱冠举于乡，以候补知府，任粤省方言学堂监督。

民国后回县，受本县理学风气影响，复致力于程朱之学，在连南名山仙高嶂潜心讲学，以朴学实用之长，补理学空疏之短，而其要在复人性之善，以实学用世，故自号复庵，一时俊彦从者如云。树立了"讲道德，重名节，本来一致，体用兼赅"的特独学风，名重当时，想望风采者甚众。

先是城内举人吴海澜先生筹办豸山中学于冠豸山，以校址不宜，立案搁浅。众议迁校于城内孔庙旁之教谕旧署，以海澜先生之荐，和新派沈光甫等推崇及汀漳道尹熊之任命，敦请先生任校长，先生欣然应命，积极创办，任全县名宿黄颖成先生为学监，聘罗先舫、吴頵香、吴新民、吴光熊、黄光济、李锡崇、黄永源、罗素征、陈积钦、吴运源、谢耀生等为教职员，其后陆续聘用外籍何其伟、张海怀、丘赞侯、丘扬武等，皆一时俊彦，时论赞佩。这些人有的在长汀中学参加光复起义；有的参加讨袁，为军阀以重金缉拿的对象；有的则对现实不满，成为抨击当时政治社会的过激分子。但先生大度包容，皆予重用，且循循善诱，潜移默化，师生们望之俨然，自生敬畏。五四运动风起云涌，席卷全国。我县以中学为中心，掀起了游行示威、焚烧日货等爱国运动。以后转入打击当地军阀和反对贪官污吏的斗争，讲究方法方式，为在我县传播新思想起了积极作用。这些都是在先生默许下由进步教师领导进行的。以故县中学风，既严肃，又活泼，培养锻炼人才，为大革命播下种子。

先生办学，德、智、体三育并重，尤重德育，认为"士先器识，而后文艺"，修身为体，齐家、治国、平天下为用。修身之道，重在立志，亦在"正心诚意"。"惟精惟一，允执厥中"，然后可以"问世"和"用世"，"达则兼善天下，穷则独善其身"。本此体系，自编"修身"讲义，分为"持躬""处世""待人"三编，将其平生修养所得，贯串其中，言传身教。严格考核学生操行。某生学业成绩，考列前茅，因为恃才傲物、屡犯校规，先生立将学监所定该生丙等操行，朱改丁等，留级察看。后来，某生痛改前非，终于成才。先生聘讲武学堂毕业的陈积钦先生任体育教师，寓军事训练于体育锻炼之中，盖鉴于清末积弱之弊，慨然兴"明耻教战"之图，后之明耻中学取义，盖犹先生志也。厥后学生投笔从戎，入黄埔军校的颇多，而发扬踔厉、事功卓著者颇不乏人。

1930年县中停办后，先生受长汀县聘，主修长汀县志，臧事后，主修连城县志，出其所长，订讹补缺，较前志益精备。

总之，先生一生精力，萃于教育。其为教一本儒术，而济之以法。故其门人以及再传弟子，分布在本县和外省外县任军政教育实业者，指不胜屈，皆能秉承先生教泽，重道德气节，讲求实用，各有贡献，是有所为，更有所守，其影响至巨且深。

先生出生于1873年，卒于1944年，享寿72岁。门人某等挽以联云："操持不隐，出处称恭，论人应在夷惠上；治学无成，从政乏术，愧我虚随弟子行，"其称誉先生之处，识者颇以为恰当云。

注：本文选自政协文史资料。

我对邓校长的回忆

李仕铨

我于1917年秋考入连城县立（旧制）中学肄业，于1921年秋毕业。当时的校长是邓覃百先生。先生的道德文章，功名事业，县志当有记载，兹不赘述。这里只谈我个人在四年肄业中对先生的观感，及一些印象深刻的记忆。

当时的礼乐局是校长、学监及几位老师作息的地方。先生治事严谨，终日在礼乐局处理校务，极少出外。他手拿"水烟筒"，但不常吸它。生活很朴素，从未见他穿着绸缎的衣服。当时学校的伙食雇人承办，承办人是李克十。那时生活程度低，个人每日伙食费仅5分钱。校长及老师们与学生共同生活，仅星期日大家加油一顿。

我投考中学时的作文题是"士先器识然后文艺"，据说是覃百先生拟定的。事后据先生指示，大意是所谓器识，是指一个人的学识和胸怀气魄的大小，亦即指一个人应该建立为人民为国家的世界观。假如一个人的器识平庸甚至恶劣，那么他的文章纵然写得好，也不可能发挥匡济时艰的作用，甚至会走到恶劣的方向去。于此可见先生教育后进，务从大处着想。

当时学校课程有"修身"一科。这一课本是先生编著的。内容主要是讲正心、诚意、修身、齐家、治国、平天下的大道理。其中对伦理观念写得比较多。犹记书中论夫妻关系有这么几句话："妻者齐也，一与之齐，终身不改……"于此可见先生持躬严谨，重视伦理。先生曾自己讲过几次"修身"课，因为住在广西好几年，所以他的普通话带有很浓厚的广西腔。以后的"修身"课改由黄佩囊先生讲授。

印象最深刻的是先生教授书法课。他用粉笔在黑板上写了一首唐人的五言律："青山横北郭，白水绕东城……"先生是学颜帖的人，虽然是粉笔写，也写得很工整。

先生曾写一副对联送给我父亲，联文是："尘世功名一鸡肋，人生道路九羊肠。"先生阅世既深，倦于仕进，情见乎词。

当时上杭丘纬侯先生在校担任数学教师。丘在课余之暇弹奏钢琴，常弹一曲《寡妇扫坟》的小调，音调凄惋，老师们斥为郑卫之音，力加反对。覃百先生抱"尊贤而容众"的态度，认为这是小节；认为丘有可取的一面：教学方法好，深得学校学生敬仰；认为课余生活，不应干涉别人。于此可以见先生"以恕待人"，处事持平。

先生学问渊博，那时连城学者罕有其俦。论及连城学问好的人时，他说："邑城只有半个读书人。"这半个人是谁呢？他说是罗素征先生。罗先生勤研中医学，卓有成效。由此可见先生风度高迈，对人不轻易许可。

我的回忆止于此。事隔60多年，有些事情记忆已经很模糊，如果还有想得到的，当再续述之。

注：本文选自政协文史资料。

忆连城旧制中学校长邓覃百先生

谢子梅

先生名光瀛，字覃百，本县庙前镇丰图村人，清季举人。广东候补知府。先生学问渊博，为国内人士所钦仰。民国初年，上海某书局出版《四库全书》时，曾发行预约订购卡，其中列有数十位国内知名人士可以特别优待订购者，先生即其中之一人。

先生书法刘石庵，笔力雄伟，劲健古雅，但少应酬，故不为人所注目。然而学生中，间有求其书者，则亦欣然命笔。民国4年（1915年）本县开办县立中学（四年制，不分高初中），县政府选聘他为校长，先生毅然承担重责，主持一切，遴选教员，自编"修身"教材，并亲自授课，深为学生所钦仰。

先生不苟言笑，待人亲切，教学认真，一丝不苟。学生受其熏陶者绝大多数成才。他事无大小必自恭亲。记得我报考入学时名字是用"子梅"，被录取后，我请求更名为"昌其"，他知道后，为我把昌其改为"昌岐"，还特请教师吴新民先生通知我，但因昌其名字早已载入族谱，故未更改。又有一次我受人所托，求他书写大幅屏书，我曾借寄宿同学的金山毡来垫宣纸，他看到后说："快把毡掀掉，不然，渍到墨汁人家会要你赔偿。"

他任校长十年中，共毕业九班学生，400余人，颇多高才生，为社会国家服务，皆有建树。特别是文学一科，学生考入大学，颇受学校赞赏。

先生中学离职后，恰逢本县倡修县志，地方人士一致请他为总纂。他对于各方采访来稿，俱精心详核，然后编入有关专志。特别是《山川志》经黄佩囊先生重新考察，更为详尽无遗，具有特色。关于《大事记》，他看到当时进步势力蓬勃发展，故只编到民国5年（1916年）为止。据他说，拟另编一册《戊己录》以补1916年以后之不足，后因种种原因未果。

先生父早卒，而事母至孝。在家时，晨昏定省无缺，每晚总要到母亲房中坐谈，等母亲吩咐去休息时，他才敢离去。可称人子楷模。

先生出生于1873年，卒于1944年，享寿72岁，葬于城西鹧鸪岭下。

1986年4月

注：本文选自政协文史资料。

黄颖成先生传略

罗心如

黄颖成字佩囊，号栗园，本县庙前芷溪村人，生于清光绪三年（1877年），卒于1955年，享年78岁。

他生而岐嶷，13岁入邑庠（即秀才），有神童之誉。时复庵邓光瀛先生，为吾连朴学大师。自粤归里后，讲学于连南名山仙高崀，连南各乡俊彦，多从之游，而先生为之长。先生精六艺，尤长于史，议论鸿博，为文纵横驰骋。当时孙中山先生民主革命思潮广泛传播，先生思想深受影响。宣统三年（1911年），赴省应贡举试，不觉形诸笔端，卷被落。后房师知府张某查落卷，见其文，击节称奇，亟荐于学使，辟为记室。辛亥革命后归里，先任文亨培英小学校长，后任连城县立中学学监（即今之教导主任）代校长。县中停办后，入粤任南雄萃英小学校长，回乡先后任芷溪小学校长、连城私立明耻中学、县立初级中学、省立连城师范、清流简易师范教员，勤勤恳恳服务教育近50年。在连城县旧制中学任教计15年，时间最久，影响较巨。

1915年，先生任连城县立中学学监，由于他品学兼优，言传身教，全校师生，翕然向风。先生黎明即起，巡视全校，午夜以后，巡视宿舍至再，对学生健康，校舍安全，特别注意。学生一言一行，严格要求，然秉性慈和循循善诱，很少疾言厉色，学生无不敬畏之。对家庭贫苦的高才生，无力缴纳学费者，先生则解囊相助，在教学上赞襄校长，编"修身"讲义，内含持躬、处世、待人三大纲。其处世、待人二篇，皆为先生笔。为学熔朱王学说于一炉，既继承"格物致知"，尤重"即知即行"。讲授历史，兼及方舆与当时环境，见解精邃，出人意表，语言抑扬顿挫，举手投足，使学生如亲历其中，学习兴趣甚浓，加以校风整肃，为我县造就不少人才。

1936年，协助邓光瀛先生续编县志，人少事烦，他与友生杨怀祖始终其事，凤夜在公，尤以山川志为他一手编写，详审晓畅颇具特色。

先生家境贫寒，薪资微薄，内而仰事俯蓄外而顾恤亲族，心力为殚。族人某，迁居旁邑，家贫鬻子，先生贷资取赎，今此子已儿孙绕膝矣，人多佩其高谊。

先生雅志高洁，清操严谨，手不释卷，老而益笃，邑宿儒李步青先生赠诗云："博学精思与古争，胸罗经史俨书城。"杨怀祖先生为作像赞云："朱简模学，复庵承之，仔肩分荷，医赖吾师，斯文谁钦，仰止歆歊。"以此赞先生，先生是当之无愧的。

注：本文选自政协文史资料。

急公好义童校董

童运堂

童魁枫（1885—1954）字近宸，晚号北园，自幼聪颖好学，熟读经史，于光绪二十五年（1899年）赴试汀城，一举入泮，时年方14岁。于宣统元年（1909年）己酉科举优贡，次年赴京殿试，补用散州州判，江西即补县丞，后因政局鼎革而罢。清末废科举兴学校，政府设连城简易师范学校以培养师资，童魁枫卒业于师范学校。民国初，连城创立县立两等小学校，其任首任校长。致力于教育十余年，造就人才甚众。民国15年（1926年）东路北伐军入闽，原连城县长张廷元潜逃，其亦曾一度代行县长职务。在抗战期间，其曾任中国红十字会连城分会会长。太平洋事变后，周仰云先生在泰国经营的产业全被亲日的泰国政府按五万银洋的原始资本收归国有，侨汇因此中断，明耻中学经费难以维持，童魁枫当时为校董会董事，竭力协同校董会向热心教育殷商和各姓祖祠募捐，并函请连城在潮汕纸商捐助，使该校在困难中得以继续。1942—1949年，其先后担任县立初中、明耻中学初、高中国文教员，教学认真，受业学生至今仍怀念不已。凡涉及公益事业，其无不尽力以赴，不避艰辛。如参加纂修《连城县志》（民国版），倡设公医局，经理育婴堂，总理培元书院，发展作韶吟院，协助崇儒、莲峰、金山等小学发展校务，调解乡居民事纠纷等。

疾风知劲草

——记童庆鸣老校长的几件事

李兰芳

一、我县宣传革命的先驱

1924年，孙中山先生在广州召开国民党第一次全国代表大会，确定了联俄、联共、扶助农工三大政策。童庆鸣先生当时就读于广州广东大学，亲自听了孙先生在广东大学礼堂所作的关于新三民主义的报告，并参加了黄埔军校成立典礼。孙中山先生在黄埔军校成立典礼上演讲时指出：他创办广东大学和黄埔军校这一文一武两个学校，目的是培养革命的文武人才，为了实现三民主义，打倒帝国主义和北洋军阀，建立中华民国。之后，庆鸣先生与在广州机关工作和学校求学的汀属同乡、同学江董琴（永定）、谢秉琼、修焕璜、李景蟾（武平）、胡轶寰、吴炳若（长汀）、

蓝启盛（上杭）等十余人创办宣传革命的刊物《汀雷》，寓意是以隆隆雷声唤起我汀属人民的革命觉醒和激励革命的思想感情。《汀雷》前后出刊9期，庆鸣先生撰写了《告汀属民众》《汀属青年学生今后应做的救国工作》《汀州人民应怎样去反抗帝国主义者的侵略》《五卅惨案纪念日告汀属民众》等文章。《汀雷》在广州出版后分别邮寄汀属八县机关、团体、学校，起到很好的宣传效果。1926年革命形势大发展，何应钦率领的东路北伐军，由潮汕长驱直入福州，各同乡和同学分赴各地参加革命工作，童庆鸣先生也参加了在福州的东路北伐军政治部宣传科工作，《汀雷》遂于1926年12月停刊。

童庆鸣先生

二、参加省港大罢工游行和担任工人学校教师

1925年6月23日，香港回广州工人为支援"五卅运动"举行了政治大罢工，其时，工人、农民、学生等十万人，在广州举行声势浩大的示威游行。庆鸣先生所在的广东大学学生队伍与十万游行大军一道，沿惠爱东路、永汉北路，向长堤方面前进，沿途高呼口号，高唱"打倒列强军阀"等革命歌曲，一路浩浩荡荡前进。经过沙面英租界对岸的沙基路时，英国侵略军和巡捕，竟向示威群众开枪扫射；同时，各帝国主义兵舰也开炮助威。游行队伍被当场打死打伤200余人。这就是有名的"沙基惨案"。但这次省港大罢工锻炼了革命群众，同时严重地打击了帝国主义，巩固了广州革命根据地，为1926年的北伐战争做好了准备。省港几万罢工工人集中在广州。当时各区为

罢工工人开办了补习学校，给工人讲授革命理论，并帮助提高他们的文化水平。庆鸣先生调到沙基新填地担任工人学校教师，与罢工工人生活在一起，白天为工人上课，晚上组织工人开展文娱活动，为工人学校服务一年多时间，直至北伐开始。

三、领导师生抗日救国

1943年，庆鸣先生回到家乡受聘出任县立中学校长，当时我是县中初二的学生。他到任后立即领导师生开展抗日救国活动，极力激发师生的爱国热情。学校组织了演讲队、歌咏队，教唱抗敌歌曲，宣传抗战大义。当时我们唱的有《义勇军进行曲》《黄河大合唱》《大刀向鬼子头上砍去》《打回老家去》《打杀汉奸》《打倒东洋兵，大家一条心》《流亡三部曲》《毕业歌》等抗战歌曲。歌咏队经常上街宣传，对激发群众爱国热情、振奋群众抗敌意志起到了积极作用。还有一件事也值得一提：当时学校有一个教音乐图画的俞老师，他是浙江敌占区撤退过来的，因亲身经历失去亲人和家乡的切肤之痛，所以教唱抗战歌曲和组织歌咏队活动特别出力。但另一位童军教师则经常与他过不去，在组织学生活动中常设阻力。两人经常发生争吵，有时他们会在每周一早上升旗仪式后，发表互相攻击的言论。对这件事，庆鸣先生总是站在俞老师一边，支持他。庆鸣先生还在学生集会上对他们两人说："一个人总是要有一点自省精神的，要严于律己，宽以待人嘛！"庆鸣先生公正待人的高尚品德，既使俞老师备受感动，也使作为学生的我们深受教育。

四、参加起义，迎接解放

1948年冬，国民党统治已处于土崩瓦解的边缘。在这关键时刻，当时任龙岩专署专员兼专区保安司令的李汉冲，联合地方势力派傅柏翠、练惕生等人，决定弃暗投明，率部起义。1949年4月下旬，李汉冲在郭车召开起义会议。连城县长张友民会后返回连城即召开秘密会议，庆鸣先生以明耻中学校长身份参与了秘密会议，并在起义书上签了名。6月21日，江子芹率领独立一团进驻连城县城，帮助县长张友民于6月22日正式宣布连城起义。后来国民党胡琏兵团窜驻连城，起义人员只好暂时撤出连城县城转移乡下，分散待命。胡琏兵团溃退后，10月21日连城第二次和平解放。11月6日，龙岩地区委派中国人民解放军驻连城军事代表团接管连城，因此，"一一·六"成为连城正式解放日。连城解放后，庆鸣先生立即领导学校师生上街宣传。难能可贵的是他以校长的身份亲自带领师生上街扭秧歌，在社会上影响极大。由于庆鸣先生是连城起义的签名参加者，所以明耻中学在新中国成立初成了连城人才的供应地，不少学生参加了土改，走上了革命的道路。

五、参政议政，发挥余热

1982年2月25日，政协连城县委员会一届六次常委会通过增补庆鸣先生为一届政协委员。3月13日，庆鸣先生正式出席了政协连城县委员会一届二次会议。这时庆鸣先生已经是80岁高龄的老人了。庆鸣先生参加政协后，积极参政议政，对政府工作和实施方案都能提出中肯的意见和建议。如对精神文明建设的工作，他写了疏导北大街沟渠、迁移北街煤炭厂、建设县城公厕、清理主要街道两旁摊点、整顿市容、倡新风除陋习等提案交政协提案委员会研究审查，送交有关部门办理。他还在1988年三届三次会议上，就教育和法治问题作了发言，就社会上出现的歪风邪气和一些党员干部以权谋私违法乱纪等问题，提出了自己的看法。他提出了两个观点：一是政府要从治本上重视教育以改造提高人民的素质；二是要从治标上重视法治以安民心。

庆鸣先生还本着"三亲"经历，积极撰写文史资料。他先后撰写的十多篇回忆文章都已刊载在各期的《连城文史资料》中。这些都给人民留下了一笔可供研究和参考的珍贵财富。

1986年，经县委批准，由政协、对台办、宣传部和文化局组成工作机构，请上影厂帮助拍摄《故乡行》《连城掠影》《连城新貌》三部电视录像片，庆鸣先生不顾年迈，热情地参加了县委召开各有关单位和人士的座谈会，对拍摄内容等积极提出了意见和建议。庆鸣先生和罗心如、李仕铨三人，都有故旧亲朋在台湾。为了使台湾故旧亲朋能看到家乡巨变和建设新貌，了解这些老人过着幸福的晚年生活，他们都上了镜头。庆鸣先生说："我乐意做有利祖国统一的事，为沟通海峡两岸亲人情感尽自己的绵薄之力。"后来这三部电视录像片中的《故乡行》经连城同乡送去台湾，在台湾的连城同乡中放映多次，收到很好的效果。旅台乡亲李治铸先生写了一首《无声录影观后》，诗云："放影机前客满庭，山川人物眼中经。少年俊彦皆头白，唯有名山黛色青。梦里逢君笑语温，影中相对竟无言。挥毫'白日依山尽'，玉面斑斑老寿星。胜友徐来集一家，评诗对弈品新茶。乃翁何事开心笑，老返婴绷未出牙。裳云吴母太夫人，望九高龄仰大椿。爱子隶书堂上见，正襟而坐鹤精神。"充分表达了他们怀旧思乡的游子之心。此后，旅台连城同乡纷纷归来，归来后都津津乐道这部电视录像对他们的感召力。

庆鸣先生在新中国成立四十周年时赋诗云："解放中华四十年，炎黄祖国换新天。翻开廿四千秋史，几代升平似眼前。"他在政协敬老会上有诗云："流水光阴叹逝川，去年此会又今年。老残自愧无能耐，急步斜阳赶向前"；"政协当前好事多，三通四化是先河。知情出力吾人事，勿把余光枉自过。"我想，这些诗句是这位年逾九十高龄仍然在政协常委位置上发挥余热的老者风范最好的注脚。

庆鸣先生虽然已然离开了我们，但他的道德文章永远值得我们敬仰，他的高尚品德，永远值得我们学习。

王成瑚校长在"明耻"片羽

撷华

非常幸运，我一踏进明耻中学校门读初一，就碰上王成瑚先生接任校长。

依稀记得，王校长是湖南人，燕京大学毕业，曾在国民党省党部任职，做过福建《大成日报》总编。他在明耻中学任校长虽不满三年，却在全校师生中留下深刻的印象。

他学贯中西，通兼今古，治校有学者之风。他的教育思想似属蔡元培、胡适的体系。

其一，重视道德的教育和培养。他曾说过，教育家要尽的任务，"不外乎五种主义，即军国民教育、实利主义、公民道德、世界观、美育是也。五者以公民道德为中坚"。"现在极要的，是从'地方自治'入手……学成可以效力于地方，这是救国最好的方法。"（蔡元培语）很明显，他的宗旨是要学生"成才"而能救国。所以，他任校长期间，写了校歌，提出"自觉、自动与自治""自强不息，永无止期"作为立校的基本精神。他认为，学生在学习上要"自觉、自动"，管理上要"自治"，目的在"自强"、在"奋进"，成为"出类拔萃"的有用之材。为了达到预期的培养效果，每个星期都提出一个中心，如"立志""爱校""整肃""礼貌""勤勉""坚忍""诚实"等等。这些中心，根据期初、期中、期末的不同任务和要求提出，严格要求学生做到，周周有总结，做得好的表扬，差的批评甚至处分。他对考试的要求特别严厉，只要是舞弊者，不管是谁，一定开除不贷。他认为，这样持之以恒，经几年的努力，必有显效。

其二，着力使学生具有坚实的基础和广博的知识。他把学生做学问提到相当的高度。他常用蔡元培、康有为的话"试问现在一切政治社会的大问题，没有学问怎么解决？有了学问还恐怕解决不了吗？""夫才智之民多则国强，才智之士少则国弱"来勉励师生教好、学好。除了课内各科要求学生学好外，学校的课外学习活动也很活跃。如每周一期的《古今中外集锦》专栏，由各科教师供稿，国文教师郭永榕任主编，内容非常丰富，时事、国文、数学、物理、化学、天文、地理、历史、英文等各科内容都有，学校又辅之以一月一次、在专栏范围内的竞赛考试，前三名给予物质奖励，因此非常吸引学生。除专栏外，各科经常举行讲座。如"中国文化的传承和演变""中国社会制度之探索""孙中山的哲学思想和民主思想""原子弹威力有多大""天有多大""生物趣味谈"等等，还请了外国人（天主教、基督教传教士）作英文讲演，这些都深受学生欢迎。还要特别提到的是他十分注意学生的"自动的求学"。他认为"学校不能单靠教科书和练习，讲堂功课固然要紧；自动自习，随时注意自己发现求学的门径和学问的兴趣，更为要紧"（蔡元培语）。所以他特别重视实验、图书设备的建设。图书有近万册，仅《万有文库》和《中学生文库》就各有两套，后来侨商李非鲁又送《中学生文库》两套，还有《四库提要》、二十四史等。理化实验仪器、药品和生物标本挂图，基本上可以满足教学演示和学生实验之用。可惜的是这些设备，连同明耻、县中1951年合并为连城一中后历年添置的两三万册图书和实验大楼几十台高倍数生物显微镜和精密天秤，于"文化大革命"中被洗劫一空！

其三，要求学生有强健的体魄、坚忍不拔的精神。严格的体育课和童子军训练之外，重视开展课外体育活动。要求学生动静分明。"静如处子"，进图书馆读书、阅读书报时，专心致志，静到一根针掉到地上都能听见；"动如脱兔""活如龙，猛如虎"，充分表现出年轻人的蓬勃朝气。他还带动老师课外与学生一道打篮球，或师生球队互赛。

其四，聘请质量比较高的老师特别是青年教师任课。抗日战争中期，福州、厦门等城市沦陷，国民党省党部迁连城，一大批文化人亦流入连城，这就为王校长延聘好教师提供了条件。他所聘的教师无论学问造诣、品格为人都给学生以深刻的影响。如郭永榕，旧学根底深厚，新文学和外国文学造诣亦深，且年轻潇洒，无论讲授古文，或新文学作品，或外国文学作品，学生都获益匪浅，深受学生欢迎。英文教师叶佩珍，年轻美貌、雍容文静，细致耐心，教学得法，所教初一三个班学生，学习都很好。后来听说郭、叶两位教师都留学英国去了。数学教师刘启诚课堂教学注意精讲多练，学生作业，精批细改，及时发还，对学生要求十分严格，所教第一届初中毕业生获全省会考第一。物理教师孔庆汾，不仅课上得好，还教给学生自学的方法，而且课外讲座内容丰富，引人入胜，学生十分爱听。

教务主任朱增江，福州人，是王校长的得力助手。教学安排井然有序，而且记忆力惊人，开学第一周他带上各班学生名册，逐班认识，见过一面，名与人就能对上号，久而不忘。各班学生名册都装在他脑子里，给学校管理带来极大的便利。

朱主任从不让各班有空课，教师请假，总要安排别人代上。很多情况下是校长、主任亲自代课。更为难得的是，王校长不仅代上国文、英文，还代上数、理、化，而且胜过专任教师。因此

教师上课无不兢兢业业，不敢有丝毫怠慢。

其五，关怀爱护学生，注意引导学生了解"天下大势"，以顺乎潮流，合乎人群的需要。他非常注意对学生进行时事教育。学校每周都有一次时事讲演，大多数由他自己负责。在一次讲演中他对我们说："有些政党好像花，你没有接近它，就不知道它的芬芳；如果有人故意说它是臭的，你也会信以为真。"所说的政党，自然有所指，只是当时我们年轻幼稚，不知何意。今天回想起来，实在耐人寻味。国民党组织"十万青年十万军"的时候，他和教务主任朱增江公然劝阻："抗战已胜利了，现在去当兵没有价值！"由于他们的劝阻，明耻中学基本上没有人报名。1945年新县长叶伯孚带来的一个巡官打了明耻中学的一个学生，他同朱增江发动学生截拦，将巡官抓到学校关了起来。叶伯孚来校保了三次，巡官写了悔过书，赔了医药费，才让回去。对此，全校师生无不拍手称快。

王校长的事业心令人十分钦敬。20世纪40年代初，连城县还没有一所完中，为了让连城人民的子弟能就近读书上高中，他到任后，在董事长李云霄的支持下，开始为明耻中学增办高中部奔走。次年，在学校"励志斋"招了一个"先修班"，1946年秋获省教育厅批准增办高中，遂开始正式招收高一新生。至此，连城县就有了一所完全中学了，邑人无不称善。

可是不知什么原因，1947年上半年，王校长去意已决，董事长李云霄再三挽留，全校师生一再请求他留任，都没有效果。

王校长离开连城后，听说先在厦门任《益世报》总编，兼任厦门大学文学院英语教授。新中国成立后，1952年，我就读于福建师范学院（当年院系调整，几所院校合并，改为福州大学）中文系，曾同连城籍的几个同学去拜访过他和朱增江主任。以后，60年代初，从东北审干外调干部中知道他在沈阳师院汉语言文学系当教授，以后再没有音讯了。

世事沧桑，连城一中在曲折中前进，发展壮大已达相当规模，为国家培养了不少出类拔萃的"有用之材"。物是人非，"黄鹤一去不复返，白云千载空悠悠"。睹物思人，宁不怆然！因不揣谫陋，撰此文，表示对王校长的思念。

2004年4月15日

深切怀念魏稼秋校长

李传耀

我于1955年从武平一中调连城一中，担任高中两个班的语文教学，次年由行署提任为第一副教导主任，主持教导处的工作，这样与魏校长接触的机会就多了。到1959年初他调省教育厅基建处当领导，我们相处大约四年，时间不算长，但他的为人、工作、学问、品德都给我很好的影响，使我受益匪浅而终生难忘。

一次语重心长的谈话

连城一中的教师相当一部分是我的老师。我这个人没有什么官本位思想，一心只想做个专家、学者，行署提拔我当教导主任（当时是科级干部），我认为会影响我做学问，心里不怎么愿意。

加上有的老师对我的工作有意刁难，更助长了我不干教导工作，做专任教师的思想。因此，一段时间里，心里总是不自在。魏校长似乎看到了我的心事，一次晚自修下课后到宿舍找我谈心来了。他先从我毕业分配到中学（无论永定一中、武平一中，还是现在的连城一中，他对我的教学工作都满意）执教两年，第三年就被提拔为第一中学的教导主任谈起，说明党组织对我的量才取用和寄予我的厚望，并从他自己的经历说明这在旧社会是完全不可能的，要我不辜负党的信任。然后谈到中学各门学科教学的研究固然可以成为专家、学者，教学管理和班级工作管理，也都是一门大学问，只要加强马列主义、教育理论的学习，并善于同具体的工作实践结合起来，同样可以成家。接着谈到每当学校把一批批毕业生送往祖国各地，接到他们一封封热情洋溢的信，看到他们的飞快成长的时候，就会感到无限的欣慰，真正享受到从事教育工作的幸福。我被他这种热爱教育事业的感情深深感染了。此外，针对我从家门到学校门再到学校门，接触社会实际少的弱点，他还教我如何从日常工作中学会贯彻党的知识分子政策，学会尊重、爱惜人才。还谈了许多为人处世的道理。一直谈到午夜。他走后，我心情久久不能平静。真是"聆君一席肺肝语，胜我十年萤雪功"。我一个初出茅庐、不谙人情世故的小伙子，能遇上这样的好领导，实在是幸运！

深入教学实际

指引学校工作前进的是党的教育方针，学校的根本任务是教学工作，就像工厂的任务是生产一样，这是无可置疑的。只有抓好教学工作，才能全面贯彻党的教育方针。作为一校之长的校长，其首要任务是领导好教学工作。魏校长深深懂得自己肩负的职责，懂得要领导好教学工作，就要深入教学实际中去。而教学实际的中心则是课堂教学。深入课堂听课是对教学的最好监督。只有经常听课，才能发现问题，同教师一起研究、改进教学的方法，提高课堂教学质量。他规定校长、教导主任每周至少听六节课。听课计划由教导处制订，语文、数学、外语分别连续听一个月，各年级都听。其他科视情况而定，有的连续听两周，有的听一周。听课除领导外，还邀请教研组长和备课组长，听课时认真记录好笔记，课后及时与教师研究、商量如何改进方法。每周一小结，每月一总结。在每周全体教师例会上报告，提出的改进教学的意见中肯而切合实际，促进了课堂教学质量的提高。特别值得一提的是，校长、教导主任、校医、体育教师共同学习体育科教学大纲，上操场连续听体育教师上课一个月，每堂课，校医都严格检查学生的运动量、肺活量等等，不放过每一个环节，从而保证了体育科教学大纲的实施和贯彻，保证了教学质量的提高。

除了深入课堂听课之外，魏校长还十分重视教研组的建设工作。他认为，学校各科教研组，是教师发挥集体智慧，开展教学研究的重要阵地。为此，学校明确规定各学科教研组长的职责和任务。这样，既调动了教研组长的工作积极性，又便于校长、教导主任对教研组工作的检查和督促。教研组长会议、各科的教研活动时间，学校都作了妥善的安排，只要没有其他工作和活动，他一定参加。

魏校长学识渊博，精力充沛，性格豪爽，作风民主。多年的校长工作，加上他学生时代各科知识的坚实基础，他对语文、数学、外语、政治、历史、地理、体育多科教学都有相当的了解，正如古语所说的"若驷马，驾轻车，就熟路，而王良、造父为之先后也"。尽管如此，他却从不自以为是。参加学校各种会议和教研活动，总是耐心地听完了每人的发言以后才发表自己的看法。同我交换教学工作的意见，对我所写的学校工作计划、工作总结有所改动，说了他的看法以后，如果我陈述的理由比他充分，他会愉快地接受而尊重我原来的观点。这种民主作风，十分难能可贵。

深入实际，领导学校的教学工作，这是当校长的重要基本功。我从魏校长的言传身教中，确实学到不少宝贵的经验。

身处逆境，襟怀坦荡

"得意淡然，失意坦然。"马寅初先生说的这两句话，也被许多人奉为"养生"的座右铭。但要做到，却谈何容易！没有丰富的人生阅历、深厚的修养，鲜能臻此。魏校长，福州人，1917年9月生。1937年延安抗大毕业，曾从事党的地下工作，掩护过不少革命同志，是名副其实的老革命。可是人生道路坎坷，1957年受到极不公正的待遇。这年，他应邀参加省宣传工作会议，发表了一些意见，后来被认为是"右派言论"，接着是学校组织的接二连三大小会议对他的批判斗争，随后是下放劳动，种田、养猪，什么活都干过。可是对这一切他都能坦然处之。（1）积极劳动。种地、养猪之余，还主动帮教导处刻印复习提纲。他刻写蜡纸又快又好，是搞地下工作时练出来的。他到教导处来，我内心对他的崇敬并未稍减。（2）爱护学生。1958年全民大炼钢铁，连城一中砌三个高炉，按民兵建制，组织三个营，一个营负责一个高炉。砌炉、烧炭、冶炼都自己搞，指标完不成，要拔白旗受处分。班级按高、低年级搭配，教师随班，魏校长分配在我这个营。组织学生烧炭，他常跟我一起上布地山。但凡学生的生活、安全、生产，多有建议，并付诸行动。如亲为学生烧水、蒸饭、煮菜；冬季山地寒风凛冽，夜间巡铺再三，为学生盖被；炭窑内暖烘烘，学生装窑后打赤膊出来，他立即脱下棉衣给学生裹身。在场学生无不深受感动。（3）照常学习，看书读报。当然，内心的短暂苦闷有时或许难以排解，这是人之常情。但据我所知，更多的是对党、对师生的坚定信念。1959年初，他被调到省教育厅基建处当领导。据说，以后又调任龙岩一中，"文化大革命"亦不能幸免于难，于1974年6月赍志长逝。

魏校长逝世已整整三十年了。"别来世事一番新，只吾徒犹昨。"作为他的下属，我没有什么建树可以告慰老领导在天之灵的，只能聊缀数语表示对他的深切怀念！

2004年4月20日

超常的胆识　坚定的原则性

——回忆张彰校长在连城一中的二三事

李传耀

张彰同志于1959年接任连城一中校长兼党支部书记，直至1977年，同王德明、宋岐山等同志由中共龙岩地委直接调离连城。回忆所及，有我印象最深的他在连城一中的二三事，不妥之处，请张彰同志和一中的其他领导同志及当时知情的老师指正。

每年高考前各县完中都要对高中毕业生进行"政审"，由学校人事干部对每个考生的家庭出身、社会关系进行调查，班主任根据其在校三年表现、学业成绩及县医院体检情况写出鉴定意见，然后由党支部逐个讨论，作出能否给予升大学的结论，再同公安部门共同讨论，作出最后决定。1957年反右派以后，整个大环境是"宁左毋右"。尽管如此，学校党支部的结论还是比较公允的。当时大学的专业有分绝密、机密、一般专业，有的学生虽然出身于剥削阶级家庭或家庭社会关系复杂，但本人表现好，学习成绩优异，体检合格，学校的结论可以读一般专业。但一到公安部门共同研究，则不予区别对待，一律不予录取。人事干部回校汇报，张校长认为学生的出身不可以选择，但走什么道路可以选择，不区别对待，不是党的政策。他交待人事干部持学生档案，把公安部门和学校党支部的不同结论，拿到省教育厅人事处汇报。大多数情况下，教育厅人事处还是同意学校的结论，决定可以升大学读一般专业。这样，每年都挽救了一些学生。

1962年，中印边境战斗英雄来连城机场向空军作报告，学校也接到通知，组织全校师生去听。前一天公安局 X 股长来一中告诉我：剥削家庭出身的、家庭社会关系复杂的学生和有政治历史问题的教师不能参加。我说："牵涉面这么广，特别是学生，我不能决定，要请示张校长。"其时张校长正在教导处外，当即进来说："不要请示了，通通参加，有问题我负责！"随即挂电话问局长："是不是局里决定？哪里的规定？"局长回答很干脆，对张校长相当尊重："局里并没有研究，就按您张校长说的办。"

四十多年前，在阶级斗争"年年讲，月月讲，天天讲"的年代，张校长敢于坚持原则，敢于正确贯彻党的政策，没有超常的胆识是不可能的，而这种胆识，则正是由于他襟怀坦荡，无私无畏啊！

2004年4月22日

注：本文作者是1950年一中高中毕业校友，曾任连城一中教导主任，成人中专主持工作的副校长。

斯世永怀其人
——怀念李葆中校长
江初祥

一

1997年9月13日夜里，李葆中校长因心肌梗死而溘然去世，噩耗传来，我们感到无比悲痛。次日，我以总支副书记兼工会主席的身份代表学校往李府致吊唁之仪。看着李校长安详地躺在那里，我噙着眼泪肃立着默哀了三分钟。出殡那天，因公务我不能前往执绋，特撰写了一副挽联同花圈一起让工会副主席送去，表达对李校长的无限敬仰之情。

李校长是我的老师，又是我的领导，他的为人处世、道德修养、敬业精神，给我留下深刻的印象，足以为后世之楷模，值得我们永远怀念。

二

李葆中，原名乾恩，生于1921年9月14日，自幼聪敏好学，少时就读于省立福州第一小学，1942年7月毕业于长汀中学，1947年7月毕业于厦门大学经济学系。厦大毕业后，他立志于教育事

业，毅然辞去厦门市海关高薪聘请，欣然接受了明耻中学的聘书。以下是他的工作简历：

　　1947年8月—1951年1月　明耻中学教务处主任；

　　1951年2月—1953年7月　连城一中教导主任；

　　1953年8月—1960年7月　连城二中教导主任，代行校务两年；

　　1960年9月—1962年3月　连城六中副校长；

　　1962年4月—1970年1月　连城一中副校长；

　　1970年2月—1971年1月　新泉中学教员；

　　1971年2月—1975年3月　新泉中学副校长；

　　1975年4月—1981年7月　北团中学副校长、校长；

　　1981年8月—1984年8月　连城一中校长、县人大常委会副主任；

　　1984年9月—1986年8月　县人大常委会副主任。

　　从以上的工作简历，可以看出李葆中校长终身从事教育，凡39年，从连南到连北，经历了五所中学，任教育行政之职。

　　在任教育行政职务的同时，他经常兼课或代课，所兼任之课程有英语、数学、政治、生物、农基等。我在连城二中就读时，他是我的代数老师。

三

　　我第一次见到李校长是在1954年。这一年8月，我考取连城二中，当时我们都称他为李主任。刚一入校，就听人说，李主任是厦门大学全优生，学问渊博，中学的各门功课他都能教。从此，在校园内，在膳厅里，在学生集会上，常看到他的身影，听到他的讲话。上初二时，他教我们代数，几乎每天相见。

　　他是那样的温文尔雅，和蔼可亲，讲话细声细气，慢条斯理，娓娓道来。他从不愠怒于色，也从未见过他大声训斥学生。

　　在课堂内，他教给我们代数课程的基本知识和基本技能；在课堂外，他教给我们良好的学习生活习惯。

　　他常在早操或课间操集会时，给同学们讲话，每周一两次，短则5分钟，长则10分钟，专讲学习生活常规。起床，做操，上课，自修，作业，课外活动，公共卫生，个人卫生，以及如何待人接物，一次讲一个问题，该怎么样做，不该怎么样做，讲清道理。这就叫生活教育，也叫常规教育吧。那时似乎还没有颁布中学生守则、中学生行为规范，但是李主任所讲的这些内容与后来的中学生守则与行为规范是那么的契合。由此可见，他不但乐于育人，而且善于育人。他深知日常行为规范的教育在育人方面的重大意义，他深知良好的学习品德的养成比传授知识更为重要。

　　李校长到连城二中之日，正是私立连南中学改为公办连城二中之时，校址也由芷溪水尾之杨孔怀公祠迁至凉棚街旁的骏亭公祠、云岩公祠、丽章公祠，百废待兴，困难重重。李校长不仅在学校的硬件建设方面，努力地创造条件，建立起正常的教学秩序，而且在软件建设方面，殚精竭虑，建立起良好的校风、学风，培育了一批又一批的优秀学生。连城二中的教育质量高，学生的综合素质强，这在当时的社会上便有传闻，是公认的。李校长在连城二中任职七年，对这所学校很有感情。1993年5月间，连南中学（连城二中后来又恢复连南中学的校名）建校五十周年，召开校庆筹委会，李校长十分高兴，他邀我一同前往参加，还留下几帧照片，以作纪念。

四

　　李校长对连城一中的建设贡献更大。他在一中的任职时间累计凡19年。明耻中学4年，他任教务处主任，是主管教学工作的，他积极地为创办高中部而建言献策，还兼任高中部的英语教学。新中国成立后，明耻中学与县中合并为连城一中，他担任教导主任两年，这期间，他呕心沥血，建立起正常教学秩序，妥善安排各项政治活动。1962年4月，再次调回连城一中时，他任副校长。此时一中的校长是张彰，在连城二中时，他是张彰校长的得力助手，工作上两人配合默契，相处甚洽。1962年国民经济经过"调整、巩固、充实、提高"之后，经济形势开始有了好转，一中也摆脱了大量流生的困境，开始走向稳定。教学是学校工作的根本，教学质量是学校的生命。李校长是抓教学质量的行家。他到任后，分管教育教学，便采取了一系列措施，加强教学管理，提高教师的教学水平。一两年间，便见成效。1964年8月，我从福建师院中文系毕业，分配到连城一中任教。此时，连城一中的各项工作可以说蒸蒸日上，教学质量已有了很大的提高。可是，1966年6月"文革"开始，连城一中惨遭劫难，40多位名牌教师被点名批判，李校长自然首当其冲，被抄家，游街，批斗，送麻潭农场劳动改造。直到1970年2月调离一中。

　　连城一中是"文革"的重灾区，粉粹"四人帮"恢复高考制度时，一中已不能适应形势发展的要求，必须加以整顿。1981年8月，县委和县教育当局作出改组连城一中领导班子的决策。李葆中调回连城一中任校长（他是新中国成立后历任校长中唯一的非党人士），承担起整顿连城一中的历史责任。我也在这一年调回连城一中任教务处副主任，是李校长点的"将"。众望所归，一批1970年被"清洗"出校门的中、老年教师又陆续地调回一中。往届高中毕业生，不论是哪所中学毕业的，如潮水般涌入连城一中补习。久被压抑的心，释放了，舒畅了，师生热情很高，第二年便出了成绩，赢得了社会的好评。李校长知道，科学是实事求是的，光凭一腔热情是不够的，老教师也要继续学习，接受新的知识，掌握新的技能。于是1982年9月间组织了一批中、老年骨干教师赴厦门市、三明市等外地市的名校去参观学习，从而改进教学管理，提高教学水平。此后，高考成绩逐年提高。1983年，文科班高考略有失误，李校长吩咐我：文科班的学生收回复读，要加强这个班的师资配备，语文由你自己担任，你拟一份任课名单给我。我拟好名单后交与他，他同意后便按计划实施。1984年这个班的高考成绩突飞猛进，66人参与高考，录取大专以上36人（其中本科13人），录取率竟然超过50%。这在当时是极为突出的。教师资源的调配，这在教学管理上只是普通常识，只要情况明了，便能做好。然而李校长作为一位领导者善于协调各方面的关系，调动教师的积极性，发挥每一位教师的内在潜力，使一个团体能和谐地发展。这种人格的魅力却不是所有领导都具有的。

　　1981年8月至1984年8月，可以说是连城一中的复兴时期。李校长在任三年，功不可没。

五

　　李校长人格的魅力，就在于他德行之中和，待人之宽厚。他的小舅谢济中先生曾赠他一副嵌名联，文曰："葆养精神培学子，中和德性与人群。"颇能概括他的秉性。中和者，中允平和，为人厚道，待人诚恳，和气大度之谓也。陈基春老师在《一片丹心育英才》（载《文史资料》第31辑）所叙的李校长以德报怨的事实很能说明这一点。

　　我与李校长也有一段感情的经历。

　　1966年6月，"文革"之初，我在"文革"办公室当材料员。一天，有位领导通知我去参与抄李葆中的家，我对李校长一向敬重，但领导下令，大势所趋，岂能不从？于是跟着一群红卫兵到了李府。红卫兵折腾了一阵之后，便有一位红卫兵拿着一本线装的簿子前来问我："这是什么？"我翻阅了一阵，回答说："是新中国成立前的旧账本。"红卫兵和那位领导便认定是"变天账"。要批斗李校长的前一天，那位领导拿着那本"变天账"交与我，要我准备上台发言。批斗会那天，我慷慨激昂地把李校长批了一顿，且掷出了那本"账簿"，责问道："这不是'变天账'是什么！"师生情分早已抛到九霄云外去了。事情过去多年，我每当想起此事，内心就感到愧疚。李校长却毫不介然于怀，1981年8月还把我调入连城一中任教务处副主任，且把我当作倚重的对象，许多重要的事让我去办，许多内情，甚至内心的话语也跟我讲。我的卧室就在他办公室隔壁，他常到我卧室里来闲聊，相处甚欢。

　　我知道，他是站在理性的高度来看待个人的恩怨，来理解"文革"这一场政治斗争的。

　　李校长向来廉洁奉公，生活俭朴，不求奢华。在领导岗位那么多年，他从来不贪不占，也从不接受任何人、任何单位的馈赠。我与他是"君子之交"，从未有过任何的物质相赠，互相往来一杯清茶而已。据我所知，他没有宴请过谁，无论为公为私。1984年9月得了一笔高考奖金，其分配的原则是"利益均沾"，人人有份。

　　他任县人大常委会副主任，开会步行而往，下乡坐班车而去，没有让县府派过小车。退休后因病住院，他尽量让子女不请假，不耽误工作。

　　李校长以助人为乐，多有善举。他以业余时间自学中医，颇有心得。他在新泉中学（即今之连城三中）与北团中学任职期间，义务兼作校医，常为师生治病。一般疾病，药到病除。在新泉中学时，有位教师夜间回校，路上为毒蛇所伤，他紧急为这位老师排毒，并带上手电连夜到附近田野寻找"半边莲"，捣碎后敷于伤口，使这位老师翌日便消去红肿。在北团中学之时，有位学生夜半忽然腹部剧痛，他起来为这位学生诊治，亲熬草药，让学生喝下。不久，学生便痊愈了。善举出自善心。李校长心性善良，人到哪里，好事便做到哪里。20世纪70年代初，他的家属子女插队到城郊公社上寨大队，他也常回上寨的家。有一次，适逢大队放电影，他同家人一起去看。电影放完散场回家时，要经过一条深沟，沟上搭一木板桥，没有灯光，也没有月亮，他用手电照明，让家里人通过后，还站在桥头，用手电给村里人照明，生怕有谁掉下深沟，直到最后一个人安全通过。村里人无不称赞他为"好心人"。

　　李校长不苟言笑，喜怒不形于色，外表看来严肃得近乎古板，其实却是兴趣广泛、富于生活情趣的人。他爱好多种活动：篮球、排球、乒乓球、太极拳、游泳。兴之所至，还喜欢哼几句京调。不仅如此，他还会在夜间带上手电与孩子们一起捉知了哩。

六

　　李葆中校长教子有方，所育四子一女皆成才。长元诚，毕业于上海第二医科大学，主治医师，医学著作颇丰。次元焜，毕业于省电大，助理工程师。三元铭，通信技师。四元庆，毕业于福建师大数学系，中学数学高级教师。女琼英，毕业于龙岩师专英语系，为中学英语教师。

　　（本文承蒙李元庆、李琼英提供材料，在此一并表示感谢。）

2010年4月

注：本文作者为1960年高中毕业生。

多栽花 常提醒

——记李葆中老师教学的两件事

罗仲南

1952年，我在连城一中读初三。教英语的是罗永和老师。有一天，永和老师请假，课由一位二十多岁，中等身材，国字脸庞，身着一袭中山装，待人谦和，大智若愚的李葆中教务主任亲自来代课。

李主任缓步走进教室，第一句话，轻声和气地征询道："同学们，你们对学习英语有什么意见？"我是班干，立刻举手站起来实话直说："我感到英语十分难学！我用二分之一的时间去学习其他科，足足花了一半的时间去复习英语，还是学不好，真伤脑筋呀！"话音刚落，有如一石激起千层浪，大部分同学也认为英语是一块烫手的山芋，非常难学，就七嘴八舌地表示都有同感。这时李主任用睿智的目光扫了大家一眼，正色道："同学们！这是我们国家决定的，教育部执行的，不可敷衍塞责，更不能马虎应付！非学好不可！有段名言说得好'读语文使人灵秀，读历史使人明智，学数学使人精密，学科学使人深刻'。外语是国际交流和发展国际友谊的工具……"听了李主任的连珠妙语，全班同学都受到了启发，议论英语难学的声音戛然而止。紧接着，李主任抓紧时间，认真地教读《姐妹的雁》（Sister Anser）。最后是"巩固新课"，第一个点名叫起来读课文的就是我。皆因本人的语文学得不够好，学习外语就不用说了，此刻惧怕李主任会当众狠狠地批评……我忐忑不安地勉强把它读完。准备接受李主任的斥骂。出乎我的意料，他给我纠正两个单词的发音后，就表扬我读得还好（我心知肚明，读得糗）。他语重心长地对大家说："学英语不会十分难吧！"李主任这样一说，一下就搬掉压在我心头的一块石头，还让我觉得像吃了半罐蜜一样甜。因为我自上小学以来，破天荒地得到中学的主任的表扬。另外两位被指名朗读课文的同学也一视同仁，得到褒奖。此后，我们对英语就渐渐地不再厌恶了。

一个盛夏的星期一的早上，我去学校比较早，就单人独马地到操场背后的"天主教堂"的大门口去，一边读英语，一边等升旗。李主任刚好经过，用平和的语调点醒我说："仲南，你碰到有不懂的地方，可以虚心请教这里的外国信徒。"李主任的一言之荐，使我如醍醐灌顶，茅塞顿开。事后，我把这件事戏称为"仙人指路"。

我的性格是内向型。以往，遇到英语的疑难点，没有本事上前去求教从闩门出来（大门深锁，闲人免进）的陌生的修士、修女等人。经过李主任指引迷津后，我硬着头皮，鼓起勇气，彬彬有礼地向前请教胸前佩戴十字架者。他们有求必应，百问不厌（其中有一位汉人称林先生，也精通英文）。从此，我深深体会到 English 也不会难学了，再也不需要耗费一半的时间去苦磨硬练了，终于达到了事半功倍的学习效果，期末的成绩也有所提高。

李葆中主任（不久提升校长）一生有着善良的禀性，纯洁的心灵，是一位时时处处为学生着想，兢兢业业为党的教育事业而工作的好老师。他这种褒奖在课堂，教育于随地，因材施教的方法，对连城一中的教风产生了很好的影响，对我日后承担的教书育人工作亦产生了潜移默化的作用。我后来能被评上"全国优秀班主任"，荣幸地参加第一个"教师节"，应该说，这是一个最主要的原因。

就职母校 奉献连城

罗焕南

我于1956年毕业于连城一中高中部，考入武汉测绘学院航测专业。1961年毕业后留校任教，直到1971年调回连城。

我与母校连城一中可谓荣辱与共，结缘情深。1980年初，因高中重点毕业班物理教师韩淑云老师生病住院，一中校长牛承恩向县教育局、教师进修学校领导提出，借用我接任韩老师所教的两个高中重点毕业班的物理课教学。当时我感到很为难，因为我从未系统上过高中物理课，更不用说要教高中毕业班物理，承担高考前总复习辅导，自己心中很没有把握。牛校长之所以推荐我，则是韩老师介绍。我在福师大短期进修过物理课，在龙岩地区和本县进修学校组织高中物理教师培训班里上过物理课。鉴于母校确实需要人，加上我在头年10月才被批准加入中国共产党为预备党员，觉得应该服从组织安排。于是进了一中硬着头皮边学边教。在四个月里，我确实非常用心，刻苦钻研，认真上好每堂课，仔细抓好高考前总复习辅导。

有道是"天道酬勤"，高考结果，连城一中物理科平均成绩为75.83分，居龙岩全区第一，而且在物理科成绩达90分以上的八名考生中，我校就占三名：李明、邱承斌、罗健斌。当年连城一中高考被大学录取人数达36人，大大突破恢复高考后的录取数。牛承恩校长非常高兴，要我留在一中任教。我说，今年高考物理成绩突出，主要是韩淑云老师前一年半教学有方打下的基础，功在韩老师。1980年8月底，经县教育局、县委宣传部批准，我被调进连城一中担任副校长。

1980年9月至1981年8月，一中安排我负责抓高中毕业班教学工作，兼任一个毕业班物理课。学校行政领导会议提出，力争在1981年高考上大学人数突破50人。这一年里，我着重抓课堂教学。自己身先士卒，认真备课教课，还经常组织同学科的高中教师去听毕业班教师的教课并进行讲评，广纳良谋，改进教学方法，提高教学质量。由于全校领导和老师团结协作，毕业班教师专心努力，这年高考升入大学人数达53人，超越预期目标。

中共十一届三中全会，为教育事业的发展迎来了永恒的春天。从此各级党委、政府非常重视教育事业。1981年秋，县委、县政府决定调我县教育界经验丰富、德高望重的党外知名人士李葆中任连城一中校长，治学经验丰富的江兴坤、罗贵榕为副校长，张泉富和我亦留任副校长，调县教育局长赖绍定为校党支部书记。这是县领导重视教育，加强连城一中领导班子建设的重要举措。9月初，李校长组织领导班子成员认真学习贯彻改革开放后党的教育工作方针政策，决定要狠抓教育、教学和教改工作。在工作分工上，李校长、江副校长对我非常信任，放手让我大胆去抓高中毕业班教学工作。李校长、江副校长分别是我50年代在一中读书时的教导主任、副校长，是我崇敬的德高望重的良师。他们几十年奋斗在教育战线，培养了众多的人才。如今他们年岁已六十左右，还为连城教育事业做奉献，令我十分敬佩。在此后三年相处中，他们治学严谨、管理有方、细致耐心、教学得法的教育治校经验和平易近人、和蔼可亲、任人唯贤、作风民主的高尚品行，都让我受益匪浅，终生难忘。他们将50年代同事的老教师视同挚友，放手发挥他们的专长；将中年教师视为教学的中坚力量，予以充分信任重用；对青年教师则要求严格，热情培养，关心爱护。这样全校教职员工上下团结一致，同心同德，各自搞好本职工作，使学校连续三年教育、教学质量大大提高，高考升学率大幅度提高。

1984年秋，县委、县政府根据中央干部"四化"方针，对重点中学领导班子作了调整。县领导多次派人来校考察，并征求一些社会名人意见，决定让年龄超过60周岁的李葆中、江兴坤、罗贵榕三位正副校长退居二线，由我任校长兼党支部书记，由傅嘉滨、杨子良任副校长，李大谌任党支部副书记。一中新班子成员在暑期集中10天时间学习中央有关教育方针政策，讨论新学年的教育、教学、教改工作。通过总结开放改革以来几年的经验提出了学校"八字校风"为"勤奋、严肃、团结、向上"，"十六字教风"为"认真备课，讲究教法，教学相长，教书育人"，"十六字学风"为"实事求是，勤学好问，互帮互学，精益求精"。为学校的治校、教学、读书都树立了具体的目标和方向。在领导分工方面，我全面负责学校教育、教学、教改工作；傅嘉滨负责全校理科教学、教研和监理教务处工作；杨子良负责全校文科教学、教研和监理总务处工作；李大谌负责支部党务、共青团和政教处监理工作。

新学年开始，当时遇到的最大困难，就是初中、高中学制"二二制"恢复为"文革"前的"三三制"，增加了初三年段四个班，200余名学生，高三增加六个班和文科、理科、中专三个补习班共500余人，因而师资严重不足，教师任课表排不下去。我向县教育局长黄和光反映，要求增派教师，但黄局长也很为难，因学制一改，全县各中学都缺少教师。面临这一严峻局面，我只好采取如下措施：（1）学校处室以上行政领导一律到毕业班兼课。（2）紧紧依靠50年代从教的资深老教师，如林锡祺、李拔材、黄盛鑫、罗美焕、李安澜、童广华、罗道谋、谢尧孙、林占松、周兴仁、沈君湖等的支持，学习上传扬他们教学得法、精益求精、对学生作业精批细改的师德和工作责任心。（3）充分发挥中年教师的骨干作用，动员他们勇挑重担，如罗培章、张福馨、罗学贞、罗滔、巫桂潮、林仁晃、徐焕奎、韩淑云、李泉、陈建新、饶惠群、曾朝元、郑建国、郑绪平、项焕钦、罗顺垣、陈焕南、陈广声、罗重圣、李如珍、陈世荣、钱师淮、杨启淳、翁文灿等，让他们在初、高中毕业班任课，担任班主任，有些还任教研组正副组长。（4）对青年教师，如黄修桂、罗小林、范友祥、童运和、童纪宏、陈晓辉、童华荣、童银兰、江明等好苗子，着力培养，压给担子，让他们做初、高中毕业班课任教师，有的还担任班主任、年段长，促进他们业务能力加快提高，早日成为教师骨干。1986年，黄修桂、范友祥被评为龙岩地区"优秀青年教师"，1987年黄修桂被评为福建省"优秀青年教师"。（5）对新教师，如曹七琼、罗云兰、沈小青、陈文强、沈小英、邹建华、童雅芳、李德芳、罗炳杰等采取以老带新、新老结合的办法，促进他们快入角色，早成中坚。（6）针对外地到连城挖引教师状况，主动关心教师特别是外地教师的生活，寻找各种渠道，尽力为他们解决家属就业和子女上学等问题，使他们安心在连城一中就教。

我吸取以往之经验，要想提高教学质量，就要深入教学第一线，到课堂中去听教师授课，目的在于鞭策教师认真备课，讲究教学方法。我要求各教研组长，每学期给教师至少安排一节公开课，通过讲评，教师间达到互帮互学，取人之长，补己之短，改进教学方法。特别是对年轻教师，通过听中老年教师的公开课，可学到他们丰富的教学经验，通过自己的公开课，可得到中老年教师诚恳善意的点拨帮助。在严格"教"的一面的同时，也严格要求"学"的另一面。对于学生，我要求教师应经常告诫他们，应养成自觉主动、刻苦勤奋的习惯。"书主要靠自己努力去学会，不能完全依赖老师去教会。"上课要专心致志，善于排除干扰；课后要先复习再做作业，才能事半功倍。要经常给他们介绍本校历届优秀学生的拼搏精神和良好的学习方法，激励他们好学上进。对学习有困难或缺乏信心的学生，要耐心启发，发现长处，鼓励进步，增强信心，鞭策向上。

1984年8月至1987年8月，连城一中教育教学质量有了较大提高。特别是1985年，中考成绩居龙岩地区上游，高考成绩跃居龙岩地区八所重点学校第四名。我校被福建省人民政府授予"福建省教育工作先进单位"，我本人被评为"福建省先进教育工作者"。1986年高考再传喜讯，有180多名学生被全国各类大学录取。其中杨海龙同学考取清华大学，成为我校自1955届沈君藩考上清华31年后又踏进清华园的第一人。1987年高考再创辉煌，大学上线人数达220多人。

1987年暑假，因新泉中学李春盛校长调入连城一中任校长，县里拟调我去任县科协主席。我经过反复考虑，认为自己在大学、中学任教已27年，从未离开过学校，如今年过五十改行新岗位怕难以适应，加上很多老师都劝我不要离开一中，于是我向县领导要求愿留在一中当一名普通教师。最后县委决定由李春盛任校长，我留任党支部书记。1988年暑假应李春盛本人要求，县委同意让他调回原籍清流一中，由傅嘉滨接任校长职务，我仍担任党支部书记。

1989年初，开始筹备连城一中建校七十五周年校庆。由县政协主席吴尔铿（1945年校友）任筹委会主任。我主动承担具体筹备事务。9月10日举行校庆活动，庆祝大会、参观展览、校友座谈等都非常顺利。当晚由李屋烟花厂无偿给学校放烟火，由电影院给学校放电影。大约20时30分左右，烟花即将放完，灯光球场电影机正对光，此时有上百名中小学生爬上灯光球场边钢筋水泥砌成的宣传栏雨盖上面，因超重盖倒扣翻落。我得知后一边组织人去抢救，一边立即给县领导打电话。罗意珍副县长首先赶到现场亲临指挥抢救工作，她请来机场部队并调来一部推土机翻开雨盖救人。最后清理出被压死学生28人，压伤25人。当晚在厦门开会的王兆国省长和连维雄县长连夜赶来学校了解情况，察看现场，处理事故。王省长指示，这是一起偶然性、突发性事件，要求县里做好善后疏导安抚工作。9月12日，国务院秘书长罗干来电，代表李鹏总理向事故中伤亡的学生家长表示慰问，要求当地政府全力组织抢救伤员，及时做好善后工作。我深知发生这一特大伤亡事故，学校主要领导有不可推卸的责任，准备诚恳接受组织处理。经上级组织的认真调查，最后给我和傅嘉滨校长以免去职务，留党察看一年的处分。

我在连城一中工作期间，县委、县政府尊师重教，尊重知识，尊重人才，给了我本人诸多的荣誉，使我终生难忘。我记得，1984年8月，经县委、县政府上报地委行署后，我是由龙岩行署专员郑霖任命为连城一中校长的。1984年10月29日—31日，中共连城县委召开第五次代表大会，我被选为出席中共福建省第五次代表大会代表。1984年11月4日—8日，在县第九届人代会上我被选为县人大常委会委员。1985年，全国人大常委会作出每年9月10日为教师节的决定。在首届教师节，我被省人民政府授予"福建省先进教育工作者"光荣称号。县委罗土卿副书记、县政府罗秋生副县长等到校参加首届教师节，发表热情洋溢的讲话，向我和全体教师祝贺节日。1987年11月26日—28日，在中共连城县第六次代表大会上，我又被选为县委委员。

荣辱与共，奉献连城，这是我的连城一中母校情！

注：本文作者为连城一中1956年高中毕业生，曾任连城一中校长。

执行群众路线的典范

——黄修桂校长在一中

钱师淮

　　黄修桂同志是1994年8月开始担任连城一中校长的。他上任没几年，学校各项工作就取得了飞跃发展。特别是学校工会工作从1997年开始才被评为县级"先进职工之家"，到2001年就被省总工会评上了"福建省模范职工之家"。高考成绩也一路飙升，龙岩市重点高中排名由1998年的第六名到1999年的第三名及2000年的第一名。连城一中在短时间内之所以会有这么快速的发展，这与黄修桂校长的工作是密切相关的。他的最突出的一个特点，就是模范执行党的群众路线，关心群众、相信群众、全心全意依靠群众，从而得到了群众的支持和拥护，同心协力把各项工作搞好。

　　在他担任校长的8年时间，我一直担任年段长，兼任学校工会委员、党小组组长，后来又兼任了工会副主席、文科党支部书记。我素来不善于经常向领导作请示汇报，更别说有事没事经常去领导（包括各处室）办公室走走坐坐，只知道忠于职守，按照学校要求认真做好自己分内的工作，极少到他的办公室去找他，我和他只保持着一般的上下级的关系。但是，他给我留下的印象却是极其深刻的。虽然十多年过去了，许多事情却让我记忆犹新。

　　他不因为自己是校长，就自以为是，办事从不独断专行。在他的心目中，群众是真正的英雄。他能认真听取老师们的意见。每次教代会，他总是认真逐份审阅代表提案和整理后的讨论意见，并一一批转给相关处室，要求他们提出具体处理意见，并在全校教师大会上作出答复。在任课安排上，相当长一段时间，我校高三的课基本上就是由那么一些人担任，而那些比较年轻的老师只能反反复复在高一高二任课，经过多轮反复后，也不一定能升到高三去。年轻教师欲上高三而不能，心中愤愤不平；高三老师年年上高三，叫苦连天。而领导却在感叹高三把关老师配不齐。高考成绩好了，是高三老师的功劳，奖金多得；高考成绩差了，是高一高二基础没有打好，是高一高二老师的过错。老师们私下里称那些年年上高三的老师为高考把关专业户。就此事，我曾经向校长提出过建议，安排多一些年轻老师担任高三的课，要相信年轻老师是有上进心和责任心的。可以订立军令状，多少次考试不能达到要求，就自动回高一高二去。并且，老教师退休了，如果形势发生变化，把关老师就会更安排不了。他欣然采纳了我的建议。由于能做到未雨绸缪，大胆使用新教师，因此后来一些老教师退休了，许多把关老师调走了，而高三教学却未受到丝毫影响，甚至连续几年高考成绩一直保持在龙岩市前几名。1998年高考结束后，我提议将1998届的段长留一个加强1999届，便于将他们在组织复习、高考时的得与失提供我们参考。这一个提议得到了校长的支持，并且，上一届段长留任下一届副段长这个举措一直延续了好几年，收到了良好的效果。

　　黄校长不仅在工作上深入群众，善于采纳教师们的合理化建议，而且在日常生活中，他也是把老师们的冷暖需求挂在心头，关心老师细致入微。一位年轻教师脱产去读研究生，按学校规定，他是不能享受学校的福利的。这一年春节，考虑到他家属没有工作，经济有一定困难，黄校长带着工会人员，给他送去了500元的困难补助（相当于当年教师的春节福利）。2001年的一天，我送材料去校长室，取材料时发现，天天带着上课用的公文包破了，我随口一句糟糕，包破了。这不经意的一句话恰好被黄校长听到了。这一年的教师节，全校教职员工每人就都发到了一个精美的公文包。关系到教职工切身利益的事情，只要反映到他那里，他总是马上处理。2011年，学校工会换届选举，一位女职员当选为女工主任。按照上级有关规定，女工主任享受工会副主席待遇。可是学校在期末分发2012年春节物资时，总务处却没有按规定发给她相应物资。问题反映到我这里，我马上去找了黄校长，他让我把文件给他看看，我将有关文件复印了一份给他，他当即打电话给总务处，让他们按规定发给了这位女工主任春节物资。前后不到半个小时就使这件事得到圆满解决。对老师的关心，还表现在他能正确对待老师们工作中的一些失误上。1999年，学生个人高考成绩出来了，我立即组织班主任对各班各任课教师的达标情况进行统计，结果各班都大幅度超过了当年高考责任目标，许多老师也超标了，而我所任班级学科的达标率却排在末位，我十分内疚和不安。我去向也在等待统计结果的黄校长汇报完总体情况后，忐忑不安地说，我个人的成绩排在最后。话音刚落，黄校长说，我对你们段长主要是看年段总体成绩的。简单的一句话，使我不安的心稍微得到了平静。自那以后，我在抓好年段工作的同时，也更加注意抓好自己担任的班级学科的教学。2000年高考，学校跃居龙岩市重点中学第一位，我任教的文科补习班的学科成绩也位居前列。2003年也同样取得了较好成绩。

黄校长对在职的教职员工是这样，对离退休教职工也是关怀备至。他上任不久，老年节临近，他到工会了解老年节活动的安排情况，又亲自到食堂反复交代，老年节的膳食要安排好，要针对老人特点，菜要煮好，肉要煮烂，要让离退休教职工吃饱吃好。以后每年老年节前夕，他都要反复交代工会认真安排好适合老年人的各项活动，特别要注意那些高龄的、体质较差的老教师的往返和活动中的安全。一位已退休多年的老教师逝世了，出殡前一天家属才来告知学校，并说明天一大早出殡。而这一天，又正是按风俗不宜去丧家的日子（记得是农历七月初一）。我们工会感到左右为难，黄校长知道了，毅然决定，由他自己带着工会有关委员前往慰问，与死者遗体告别，丧家亲属深受感动。按照惯例，我们学校慰问丧家，只局限在城内的，城外的只发慰问金。黄校长主持工作后，这个惯例改了，全县范围内的都组织去慰问了。

黄修桂同志在我校担任了8年校长，这8年是我校历史上最辉煌的8年。之所以会有这样的效果，我认为，这是由于黄校长模范执行党的群众路线，相信群众，依靠群众，无微不至地关心群众，最大限度地调动了全校教职员工的积极性，使全校广大教职工心往一处想，劲往一处使，紧密团结，奋勇拼搏所取得的。

注：本文作者为1964届高中毕业校友。

我的老师吴有春

雷婉辉

老师的家乡在连城县宣和乡培田村，家乡的青山绿水把灵气给了他，古民居丰富的历史内涵熏陶了他，勤劳朴实的农民养育了他。

他很幸运，小学毕业就迎来解放，13岁就走出山村，开始攀登那文化与科学的圣山。

县立中学的旧址，仿佛还听得见他琅琅的读书声；长汀师范的校园，仿佛还留着他专心作画写生的身影；福建师院的教室，仿佛还有他向科学进军时洒下的汗水。书山有路勤为径，学海无涯苦作舟。一路走来，一步一个脚印。当他站在龙岩师专的数学讲台上，还是一个腼腆幼稚的农家娃。

1962年，因国家经济困难，师专停办，他调回连城一中任教。我在1963年进一中读高一，幸运地成了他的学生。在连城一中这块求真务实的土地上，我们共同享受风雨、阳光，我们一起经历了"文化大革命"。他是我的老师，但他只长我几岁，更似我的兄长、朋友。我们一块长大，一块成熟，一块品尝快乐和苦难。

我和我的同学是他试验田的苗，他辛勤耕耘，科学管理，创新栽培，尽心尽力让这些苗苗壮成长。启发兴趣的教学方式，形象通俗的讲解，以培养能力为主导的理念，以系统的知识网络和严谨的逻辑思维为准则的教法，引导着我们，塑造着我们，我们跟随着他，充满好奇地跨进数学百花园的大门。

他教给我们知识，教会我们做人。同时，我们也顺理成章地为他成长铺路，成了他迈向特级教师的第一级台阶。

我初中不在连城，高中方进一中。代数少学半本书，面临留级的危险。吴老师主动为我补课，每天1小时，雷打不动，且分文不取。两个月的补课，吴老师无怨无悔地付出，我专心专意地吸收，当我以考分回报他时，我感觉到他发自内心的快乐。他成了我最尊敬的师长，我成了他最虔诚的弟子。这段补课经历，似乎还在昨天，50年过去，弹指一挥间。

"文革"期间，吴老师仁心处世，淳朴善良，没有任何野心、私欲，低调做人。

他同情和保护那些被批斗的老教师，他关怀和爱护那些"黑五类"子女，他看不惯个别"红五类"子弟趾高气扬，盛气凌人，他不赞成殴打、谩骂、攻击，以至施暴的批斗。他对那些打手恨之入骨，面对被害的同事、同学深感同情，他无兴趣参加武斗，也不愿拿起绳索和刀枪，对付自己的同事和学生。他成了立场不稳、意志不坚的中间人物。因其单纯，幸好没被划为打击对象，也没遭到围攻和批斗。

"文化大革命"的风口浪尖上，吴老师处变不惊，高风亮节，一身正气，刚正不阿。他不折不弯，不屈不挠，以自己的方式自然应对，终于熬过了这非常岁月。正如他自己所写："无名利之妄求，有谐畅之心得。善美驻心灵，肩梯是人生。"

1969年，我们离开学校，上山下乡干革命。吴老师则留在学校，教书育人铸辉煌。他白天站立于讲台，面对那几十双渴求知识的眼睛；夜晚伏案于书桌，思索那数学王国的奥秘。一批一批优秀的学生走向世界各地，桃李遍天下；一篇一篇出色的论文刊登在 CN 杂志，硕果满枝头。同时，一本一本校级、县级、市级、省级荣誉证书飞到他身旁，他也一个一个阶梯地走向学校领导岗位，班主任、教研组长、教导主任、一中副校长。

在一中这片神圣的土地上，他几十年如一日，挥洒汗水，印下足迹。他真正做到了把最美的青春献给了一中，献给了一中的学子，献给了他终身从事的教育事业。

一中的粉笔，染白了他的鬓发；一中的风雨，刻画出他脸上的皱纹；一中的雨露，滋润着他的心房；一中的阳光，照亮了他的前方。他与一中风雨同舟几十年，他见证了一中的成长和辉煌。他迎来了一级又一级幼稚可爱的学子，他送走了一届又一届未来的国家栋梁。他用自己的青春和心血为一中写下动人的旋律和优美的乐章。

他善于思考，勇于创新。1966年2月，发表于《数学通报》的论文是他的处女作。这篇《增强记忆开拓思维》的论文提出高中教材排列组合应先引入"加法原理"和"乘法原理"，这样，才便于有关公式的论证，方便指导学生解题。这个观点得到数学界重视，被中学教材引入。1997年，在福建初等数学研究年会上，他的论文《斜头 N 棱柱体积》获一等奖。2004年，他出版了一本书，书名为"中小学数学活动课——趣味数学"。此书伴随时代步伐，密切联系生活实际，充满了数学情趣和数学哲理，得到广大数学爱好者的喜爱。吴老师从教以来，在数学百花园中辛勤耕耘，共有40多篇有关教材、教法、解题思想方面的经验性文章，陆陆续续发表于 CN 专业杂志或者专业学会的年会文集。吴有春这个名字活跃在中学数学界，他成了一中众多学子和教师尊敬和崇拜的老师。

正如吴老师自述，他一生奉行的准则是："有艰辛之准备，无侥幸之追寻。""谈笑悟真知，往来向光明。诚实求发展，莫等闲。"他还常说，遇顺境，处之淡然；遇逆境，处之坦然。

他辛辛苦苦当了一辈子老师，也踏踏实实做了一辈子学生。正因如此，方有如此非凡业绩。

吴老师多才多艺，光彩照人。他的诗词、文章常见于报纸、杂志，文字优美，自然流畅，寓意深远。他的字圆润、饱满、规范、刚劲。不论是钢笔、粉笔还是毛笔字，都上得了墙，挂得上壁。他的钢笔画更是令人叫绝。他画的《连城一中校园协奏章》曾获得县教工字画一等奖，他在学生时期还是闽西日报美术通讯员。这次他为一中百年校庆画的《1950年县立中学校园记忆图》玲珑剔透，错落有致，立体感强，令人一目了然，浮想联翩。那回廊、泮池、石桥、树木、台阶、牌坊，栩栩如生。因我儿时的家就在其隔壁，我念高中时那儿是总工会，我常去打乒乓球，借图书看。因而，这幅画唤起了我对儿时生活的回忆，特别亲切自然。

他还能在玻璃上刻画，刻的苗家姑娘体态优美，妙不可言。刻的古松挺拔苍劲，傲然屹立。我常想，吴老师要是不教数学而教美术，他肯定会在艺术的殿堂上占有一席之地，他的画也许会是天价。那样，亿万富翁，非他莫属！

吴老师退休后，还忙忙碌碌，笔耕不止。钻研教材，辅导学生，写论文，辑文稿，编族谱，推荐培田古民居，为家乡成为著名旅游风景区做贡献。他活得充实、自在、快乐、安康。

翠竹直指苍天，枝枝叶叶全向上，十尺有余，竿竿笔直，竹节均虚心；绿柳面朝大地，丝丝絮絮都垂下，几丈之高，棵棵婀娜，柳条皆俯首。吴老师像翠竹一样耿直且虚心，似绿柳一样潇洒却低调。他学春蚕吐丝，似蜡烛照明，虽已古稀，却老当益壮，不减当年，恰似一江春水，奔流不息。是的，晚霞之美丽，是因收集了阳光，夕阳无限好，是因无私的奉献。

注：本文写于2013年12月20日，作者为连城一中1966届高中毕业生。

我永远怀念的恩师

江修椿

张霞老师是我永远怀念的恩师。

1940年8月，我考取明耻中学初中。张霞老师是我的图画科与劳作科的教师，他的夫人詹慈爱是我的音乐教师。他们的教学都十分认真尽责。常利用课堂宣传抗日救国的道理。张老师画技高超，当时城内墙报上的许多画都是他的创作。当年他只三十来岁，个子高大，和蔼可亲，给我留下深刻的印象。

张霞老师是仙游县人，上海美术专科毕业，是暑假艺术讲习会会员。他曾经在仙游的枫江中学、德化的培风中学、南洋的南华中学担任过艺术教员。他的夫人詹老师是闽清人，南洋南华中学简师班毕业。听说张老师是共产党地下党员，这些情况都是我后来才知道的。

中学毕业后，我去从军，从大陆到台湾，我的军阶一步步提升，但几十年来，无论我到哪里，无论做什么，张霞老师那高大的身影与慈祥的面容始终在我的脑中萦回。我始终的理念是：没有张霞老师对我的义助，就没有我今日的前程。

那是1942年初，初二上学期期考刚完，我和几位同学在校长室门外的围墙上晒太阳聊天。校长和书记看见了，为安全计，要我们赶快下来，并严厉地斥责我们。我年少无知，在背后说了几句对书记不敬的话。谁知我说的话竟然被黄映奇同学，添油加醋，写成文字，悄悄地放在书记的桌面上。

假期回家，突然得知我被学校开除的事。我家境贫寒，靠亲友的资助，好不容易才读上明耻，却要被学校开除了。这对我的打击，真是如五雷轰顶，我伤心极了。

张霞老师在了解事实的真相后，为我主持正义，替我申诉：

1.江修椿这位学生出身贫寒，勤奋上进，拾金不昧，是品学兼优的学生。桌面上的字不是他写的，是另外的学生写的。

2.开除学生，未经校务会议研究，由书记一人决定，不符合程序。

后经校董李步青鉴定笔迹确认那字不是我写的而是黄映奇同学写的。于是，校方才不得不收回成命，准我回校续读。直至完成学业。

两岸开放探亲，我几度回家乡，曾多方打听张霞老师。知道他最后的工作单位是在福州市省党校。1993年10月，我曾拜托过一中的一位领导去党校问过，但他早已退休了。"滴水之恩，当涌泉相报"，这是我国传统道德，而我于张霞这位恩师，却终未能报，至今仍引以为憾。

注：本文作者为一中校友，去台乡亲，住台中。

老师，感谢您的"栗子"！
——刘启诚老师数学教学点滴回忆
罗道谋

我是明耻中学首届毕业生，毕业时间是1942年7月。从1939年春进入母校补习班算到现在，已经65个年头了。尽管往事大多依稀，但刘启诚老师当年上数学课时的情景，仍历然在目。

那是初一下学期，数学由刘老师接教，教的是几何。我亲眼看到：在他的教本中夹着一份名单，我和其他一些同学，上个学期的数学不及格，全都名列单中。

刘老师数学教学的特点，一是课堂上精讲多练，二是课堂短测多。多练的一种方式，就是当堂叫学生板演。被叫去板演的，全都是那份名单中的学生。整整一个学期，我不知被叫了多少次。做对了，他就微笑着点点头；做错了，他就冷颜相对，同时举起手，屈起中指关节敲我的头——赏我一个"栗子"。对我来说，被敲一次就感到难堪一次。可是，他的"赏赐"让我受益匪浅。我不但学好了几何，接着他又教三角，我也学得很好。那份名单再也没有我的名字了。后来，在当时全省初中毕业会考时我考出了好成绩。

请不要误会，我不是提倡老师可以体罚学生，也不是对老师有所记恨。刘老师虽然敲我的头，可是我的头顶不痛也不肿，那只是象征性的动作。而我，却在多次愧受之后，自尊心被激发，自信心增强了，学习也从被动变主动了。我明白，这是老师对学生的严格要求，对他来说是"恨铁不成钢"的一种方式。轻轻一叩，包含了警诫、激励和鞭策。这也就是古话所说的"耳提面命"吧！

小事一桩，引出一个结论：学生是永远不会忘记严师的。

历史回眸 师尊情重
罗道谋

1939年秋，明耻中学正式招生。而在当年上半年已办了一期补习班，于是，补习生和新招生便合成一个班——明耻中学第一班。我是补习生升上去的，自此一直读到1942年夏毕业，是明耻中学的首届毕业生。逝者如斯，哲人浩叹；人生易老，谁不伤怀。从那时算到现在，已经六十五个年头，我亦虚年八十了。回想当年事，依稀如梦中。那些曾深印脑中的师尊群像，在记忆底片中大都模糊不清，有的已经消失。这就是岁月无情啊！

1951年，明耻、县中合并为连城一中。自此，明耻、一中都是我的母校。趁此筹备庆祝建校九十周年之际，展开我的记忆胶卷，让全都作古的师尊形象重现，该是最好的纪念吧。

记忆的胶卷缓缓展开，怀思萦回脑际……

看！显像啦！

——讲台边站着一位衣着简朴、身材高瘦、情态严肃的老师，手拿玻璃试管、酒精灯在讲台上晃着蓝色光芒。是上化学课，老师正在演示。记起来了，那是兼教我班化学（而身为校长）的黄翼琛校长！他是留学法国专攻化学的，对他来说，教初中化学，是割鸡用了牛刀。学校初办，没有专设理化实验室，但每堂课都能看到他的实验演示，使得那神秘的化学天地，成了可以触摸眼见的实实在在的物质世界。

——啊！一位身穿蓝色哔叽中山装，手拿圆规、三角板、直尺等教具的老师，大步走进教室，踏上讲台。记起来啦，是数学老师刘启诚！刘老师教我们班的几何、三角。他很严肃，目光锐利，课堂上很难见到他的笑容。他更严格，被叫去板演的学生做错题时，他会给你吃个"栗子"——象征性地敲你一下头。他精讲多练，多课堂短测，讲得清楚记得牢。他留给我们的形象是严师加名师。

——哈，一幅双人照。两位老师都不那么讲究衣着，都是中等身材偏矮。一个是胖墩墩大头大脸，大嗓门；一个是结实身板，细声细气，显得沉静斯文。记起来了，是教我们班公民课的两位老师。大头大脸的是何其伟老师，沉静斯文的是吴逎青老师。何老师好像是莆田人，早年曾在国民党军队里待过，有过不小军阶。他说不了两三句话一定有"的话"两个字，有同学曾暗中计数过，一堂课下来，竟有四十多个"的话"，那些爱给老师起绰号的同学，就背后叫他"的话先生"。吴老师也是留学法国的，但跟黄校长一样，从他身上嗅不到一点"洋"味。听说，他俩都是好酒量。今天，以"九厅十八井"闻名远近的古民居群——宣和培田，就是吴老师的故土。

——听！有老师在大声问："密司王是什么意思？"——是"王小姐"。"密司特张是什么意思？"——是"张先生"。"你们知道'李惠堂'是什么人吗？"——"不知道"。奇怪，这不明明是在上英语课吗？怎么跑出一个"李惠堂"来啦！是的，是上英语课。当年教我们班英语的是周次乾老师。他是个不修边幅的人，说起话来满口的长汀腔。在课堂上，总会拉扯些题外话。他确实问过我们知不知道"李惠堂"这人。当大家无言以对时，他讲开一则小故事。他跷起大指头说：李惠堂是大大有名的"足球大王"，是我们中国人，是广东人。一次，他跟外国足球队比赛，一记翻身凌空射门，球儿破门而入，连外国人都跷起大指头，大喊"OK！OK！"他那么一踹，为中国人争光、争气，真是了不得啊了不得。他边说边比画那凌空倒射的样子，引出一阵哄堂大笑。

——清晨。操场上举行升旗仪式。在学生队伍后面，站着一位老师吹着"洋号"（西洋乐器）为学生伴奏。啊，是音乐老师，也是兼教美术和劳作的张霞老师！张老师真是多才多艺，一个人教了三门课，都教得有门有道。令我至今记忆犹新的是有关他美术方面的事。在当时的美术教室墙上（其实是当时一所旧祠堂大厅）挂了一幅他画的女人裸体素描。模特儿躺身床上，脸朝内背向外，一幅轻纱披在下半身。据说，做模特的竟是他的爱人！这在当时，算是够"开放"的了。当年的莲峰小学背后有座神庙，人们叫它"上庙"。里面有个相当空阔的大厅，被用来作礼堂。

张老师被当局请去作壁画，画了四幅。每幅都有画题，叫什么《一个主义》《一个领袖》……墙壁粉得雪白，全用青色画上去。人立堂中，只觉冷森凄惨，犹如身处灵堂。那些画我亲眼看到，如：《一个领袖》，画面上是蒋介石像，一群人紧紧围着他，高举着手，五指张开向上，情态是愤怒呼喊的样子。如此用色，如此画意，难逃当时鹰犬眼睛。因为，那时国民党的福建省省党部和闽浙监察使署都在连城。后来，张老师被当局传审，说他是"异党分子"。

啊啊，清晰的、模糊的，一幅连着一幅显现：身材高大、仪态慈祥的国文老师林伯樵，衣着整洁、注重仪表的史地老师何柳泉，留着八字胡的动植物老师董洒耕，身体健壮、朝气勃发的童子军教练林宗藩……

敬爱的师尊们，真是久违啦！

人是富于感情的，而感情是多种多样的。但，浓重而又难忘的该是师尊情吧！

谨以此文，作为我的一瓣心香，遥祭师尊们的在天之灵！

注：作者为明耻中学首届毕业生。

李杏生老师的逸闻趣事

陈　尘

早年就读明耻中学，一年有半。往事悠悠，大都随半个多世纪的似水流光渐渐淡忘了。唯独国文老师李杏生老先生的诸多逸闻趣事却在记忆中历久弥新。

杏生先生短小精悍，一如当年鲁迅先生那样，常穿一领藏青长袍，出入于时兴全套灰色中山装的文化人群之中，显得倜傥洒脱，卓尔不群。他学识丰富，才思敏捷，道德文章亦如其人，鹤立鸡群，超凡脱俗。对当时官场黑暗、世态炎凉的社会，他疾恶如仇。对身边那些党棍军阀的种种恶德丑行，常常痛下针砭，而且巧出奇招，屡屡不见痕迹，致使仇者疾痛难言而亲者则拍手称快。

有一天，杏生先生和三数文友相聚，闲谈文学。忽然一个身为兼职公民课教员的驻校三青团总头目闻得他们谈笑风生，便上前附庸风雅道：

"诸位，诸位，请听我通报一则文人新论。"

他说胡适之博士在某报刊上发表，如今打倒孔家店，女人的"三从四德"，彻底废除了。代之而起的倒是男子的"三从四得"新风。

他左顾右盼，自以为大家都在欣赏他，便一整衣冠，连比带说道：

"何谓'三从'？答曰：夫人的命令要绝对服从！夫人的指示，理解的固然要百分之百地听从，不理解的当然也要不折不扣地盲从！"

他自鸣得意地停了停，继续说道：

"何谓'四得'？当然，此得非彼德。"他以指代笔，沾着唾沫在桌面上比画着，继续说：

"这'四得'嘛，第一，夫人的生辰华诞要年年记得；第二，夫人的训斥打骂要次次受得；第三，夫人的吃喝玩乐要样样舍得；第四，还有一得、一得……"

当他还在拍着脑门，一得一得地说时，杏生先生一挥手说："何必搜索枯肠呢？我代你答了吧——这第四嘛，夫人恩赐的绿帽要顶顶戴得！"

大家立即哄堂大笑起来。只见这个公民教员满脸飞红，拔腿就走了。原来他是出了名的"能屈能伸的惧内大丈夫"！

那一年期末考快到了。这个开口"主义"，闭口"党国"的公民教员，为了取得自己任课的好成绩，这天起个大早。他一踏进教室，只听得同学们都在摇头晃脑地朗读国文和英语，没有人复习他的公民。这陡地使他怒火中烧，恶狠狠地一手夺下面前一个同学正在读的国文书，指着那篇《滕王阁序》的课题，大发雷霆：

"大家放下手上的"胜王阁序"（胜的繁体字是勝，滕和勝字形相近），复习公民课，否则……"

同学们听他一再把"滕王阁序"念成"胜王阁序"都忍俊不禁，笑出声来。当然，这事不胫而走，很快就传进了杏生先生的耳里。只见他惋然长叹一声：可怜，可笑，更可悲！接着，他脱口吟出一首打油诗：

> 料字本来念作料，
>
> 胜王阁序奈我何？
>
> 平生所学无他术，
>
> 河东狮吼怕老婆！

常言：好事不出门，孬事传千里。这事这诗很快传遍了校园，流向社会……

遥忆当年，正是国无宁日、民不聊生的20世纪40年代。当时在任连城县县长叫池彪。他抽丁派款，鱼肉百姓，人民怨声载道。人们为此虽曾屡屡上告上访，但都如石沉大海。忽一日传言池彪要走了，调往仙游，取而代之的新任连城县长叫沈遇春。举凡这一来一往，一迎一送，新旧交换的当口，官府都照例要举行仪式，并邀请地方名流、绅士参与宴会迎送的。

果然，不久，传言成真。德高望重的杏生先生和众多士绅都接到了县府的宴会请束。官请民不可失礼，礼尚往来，该如何表示呢？那天晚上名流士绅们不约而同地聚首一处，大家一致决定送一面锦旗。可是旗上写什么，谁来写呢？大家推推让让，客套一番后，有人建议由杏生先生主笔。

"好吧！当仁不让，献丑了！"只见杏生先生不假思索，挥毫泼墨，立马写下了八个大字：

> 池彪仙游，连城遇春。

众人见此，齐声叫好！杏生先生巧用两个人名、地名组成意境迥异的两句：既有诅咒，又有祝福，上句咒骂万人痛恨的池彪归西天去，下句祝福万象更新的春天降临连城。内涵丰富，寓意隽永，十分耐人寻味……

据说，那天，众人敲锣打鼓，抬着这富有象征意义，红白两色相间，嵌着那八个大字赫赫醒目的锦旗，伴随众多名流士绅，浩浩荡荡进入县府去。顿时活活把一向作威作福的池彪气炸了肺。他满脸青紫，几乎晕倒。不过，他毕竟是个老奸巨猾的政客，在众人面前仍强打精神，故作镇静，对众人频频敬酒，声声言谢之后，漏夜就怯愧交加、悄无声息地驱车远去他方了。

尽管历史的长河滚滚东去，李杏生老先生的历历趣事却成为连城人民代代相传的美谈。

李杏生老师还是闻名遐迩的书法家。字如其人，潇洒飘逸，笔锋劲道，如刀似剑，或藏或露，挥洒自如。在校期间，他曾手书一联赠我：

　　铁肩担道义，妙手著文章。

　　这可说是他一生为人处世的自我写照，当然，之所以赠我，更是勉励我铁骨铮铮做人的谆谆师训和拳拳叮嘱。它是我高悬书斋，日以三省吾身的宝鉴。遗憾的是在那史无前例的"十年浩劫"中，这副于我价值连城的墨宝也在劫难逃，红卫兵抄家时它连同众多古籍名著被毁于一炬！呜呼哀哉，那个年代！

2004年初夏于文川

我的国文老师李杏生

怀　英

　　李杏生，名瑞梁，号啸篁，连城城关镇李坊人。县立旧制中学毕业，与邑人罗承纯、李仕铨等同学。他天资颖悟，工诗能文，还在中学读书时，就有"才子"之称。毕业后，同学罗列（国民党将领）聘他任秘书，不就。一度开过西药房，大部分时间从事教育，当过小学校长，任中学教师时间最长。

　　他新旧文学修养都好，古学根底尤为深厚，晚年专攻《易经》。我就读李坊建新小学时，他当校长。明耻中学从初中三年级开始，一直到高中毕业，都是他上我的国文课。当时从高一开始，教材全部是古文，历代文选各年级有所侧重，诗词歌赋选配亦适当，而且分量不少，每学期约读四十篇。他教学方法灵活，因文定法。如孙中山《上李鸿章书》、多尔衮《致史可法书》，均为近代文，学生容易读懂，但内容多，篇幅长，就着重引导学生归纳内容，明确主旨，学习作者谋篇布局的方法。有的虽用传统教法，亦随文而异。如丘迟《与陈伯之书》，全文串讲，有注解者略，无注解者详，至"暮春三月，江南草长……"一段，为全文最精彩部分，则带领全班反复朗读至会背诵，领会如何以情动人，学习遣词造句。文章讲完了，这精彩段学生个个熟记于心。每学期，他不仅篇篇课文都能讲完，而且在诗词讲完后，还能用一节或半节课讲点诗话、词话，引导学生领会诗词意境，欣赏其遣词用字之妙，激发学生的学习兴趣。

　　在作文教学方面，他鼓励学生要有创见。每周一篇作文，两节课内当堂交卷。命题之后，稍作点拨，学生就开始写。随交随改，一发现哪怕是一点可取之处，即当堂分析、表扬，学生多受鼓舞而乐于写作。高三学生李某某，于《劳心劳力辨》一文中，以古今中外许多科学家、作家、诗人、草莽出身而成为君主、将军者，说明"劳心者未必治人，劳力者未必治于人"，与亚圣孟子唱反调，他大加赞赏，当即评为"甲等"。高一一个学生于一节课内写的《中秋怀友》（限"二箫"韵）"七绝"一首："月明人静独吹箫，飒飒秋风信寂寥。何日与君重握手？天涯南北两魂销。"他认为"两魂销"的"两"字，设想得好，能从古人诗句中化裁而出，大加表扬。只要不离开特定的时间和条件，我认为先生对两生的评奖当是确当的。

　　他是标准的封建文人，琴、棋、书、画，诗、词、文、赋，样样皆能。他住在城东李坊村，书房取王维诗"长啸幽篁里"句意，名曰"啸篁轩"。工作之余，在书房里，"痛饮酒，读《离骚》"，或挥毫写字，泼墨作画，或二三良朋时而对弈，时而吹、拉、弹、唱，或与同宗兄弟叔侄来几路拳脚，自得其乐。他有济世之心，常存文人"不为良相，当为良医"之念，精通中、西医，一度开西药房，歇业后，常无偿代人诊病。浙江缙云人李雄赠他的七律之一首："家在城东傍郭门，板桥流水自成村。莳花种竹生涯好，感事伤时意气存。未老何堪身伏枥，长贫犹幸酒盈樽。检书烧烛情无尽，欲把兴亡细与论。"基本上道出了他的生活情韵。

他恃才傲物。城关北门富翁某某某，攀官结府，且喜附庸风雅。一天，宴请新县长，这已是第四次了，李步青、童近宸、李师张等应请作陪，李杏生亦幸邀列。席间，富翁说："香案桌围拟绣金字联一幅，请各位赐作。"新县长谦让李步青等先生，大家认为还是让年轻人作好，推给杏生，也有一试其才之意。杏生并不谦让说："献丑了。"随即写上一幅："马屁几回精致拍，我心一片玉冰壶。"大家一看，无不敛容，富翁变脸，瞬间阴笑说："作得好，作得好！"结席，不欢而散。杏生泰然自若。他不惧权势，于此可见一斑。事后步青先生曾对罗承纯先生说："杏生年轻恃才，无容人的雅量，其必不寿。"不幸被步青先生说中了。承纯先生在县政协常谈及此。揣其意，可能在告诫我们这些后辈。

杏生先生于1952年春逝世，正当壮岁。天不佑英才，殊可叹也！临终前作自挽两联：（1）富贵本无缘，虎奋鹰扬安足论；死生原有命，鼠肝虫臂任何之。（2）今生债已还清，多谢眼前孙子；不了缘从此断，难辞心爱亲朋。盖一联在"明志"，既不求飞黄腾达，亦不屑于从俗；二联对子孙、亲朋而言，实则表明已"了无牵挂"。

"垂涕为师通一语，华亭千古鹤孤飞。"杏生先生去世已半个世纪了，谨以此二句表示我对老师的无限怀念之情。

2004年4月24日

怀念罗莲舫老师

江瑞琼

罗莲舫先生是本县文亨人。暮年住在县城吴屋巷一亩庄。他是当年县立中学的倡建者。在该校班级增多、师资紧缺时，先生虽年逾古稀，却欣然应聘教国文课。1945年秋至1946年夏，我因转学县中就读，得蒙罗师直接授业，实属幸福际遇。虽然时间只有短暂的一年，但我从中所获的文化素养、社会知识、伦理观念、人生哲理等等，却让我终身受用。

记得在开学第一节的国文课中，莲舫师在我脑子里，曾起过一百八十度的转折。说实在的，当首节课的钟声敲过，莲舫师由童校长引领跨入教室之时，我的心情委实欠佳。我自忖：我在连南就读，就是生怕碰上这些宿儒授课。尽管这些老先生一个个群书博览、敏慧绝伦，但在传授知识给我们时，对我们的文化基础、天资颖悟，往往估计过高。故其所讲，我们大都囫囵受之。而今，又是一个须发皆白的老者来做我师，实实心有余憾！私心还在反复捉摸，而堂上讲课的纶音已徐徐注入耳鼓。开初是新奇，随后是舒适，最后听了下课钟声敲响，才恨不得一个上午都由罗老师一直讲述下去。当莲舫师步出教室之时，内心除了敬爱之外，便是觉得这堂国文课惬意非常。

莲舫师的教课语言，是操着南方官腔来讲的，初听起来确实觉得有些别扭，但其咬字吐音，却清晰分明，听习惯了，也就顺当了。莲舫师对全本课文的处置，是通盘权衡、详略有分。他把全本课文划分为白话文和文言文两大块。白话文由学生自己阅读，他只摘讲一下题意和提示一下主题思想而已。拿他当时的话来说是：中学生连白话文都看不来，还算什么中学生？！对于文言文，他是分段朗读，逐句细讲，还要求篇篇背诵。整个学期倘有剩余的课时，他就寻摘一些古文名篇，作为补充教材。记忆中，印象比较深刻的，当推《李陵答苏武书》《陈情表》《光武帝致严子陵书》等。特别是他寻觅这篇《光武帝致严子陵书》来授，影响十分深邃。通篇只有六十二字，却写得那样言简意赅，文采斐然，把一个开国之君求贤若渴的心境，抒写得尊崇得体，分寸适宜，确属一篇可供初涉写作者借鉴的范文。

莲舫师的另一教学特点，是根据社会需求，注重学生的实战写作。他的作文课，分堂课和斋课两种。一般说来，记叙文在堂课上完成，论说文可以回去家里，早晚构思而成。这就有较充裕的时间，让学生去回忆、咀嚼、实践、涉猎。三两天不等，四五日也可。他出作文题，也比较通融。譬如1945年深秋，本校二、三年级学生赴冠豸山下野营，回校后，罗老师就出了两道作文题：《露营生活抒怀》和《冠豸山露营记》，供我们自选其一。尤其值得记取的是：莲舫师对作文课不是孤立对待，而是经常在课文讲述中，结合课文有机地喻示我们：要多学些应用文，多懂些实用文字。他说，必须丰富自己的知识，方能服务社会。因此，他在作文课中曾经出过《拟请县府拨款修建校舍由》的公文式的作文题。于我个人来说，这对我以后的谋业、从教诸方面，都富有启发、仿效之功。人谓严师出高徒，其实，良师亦可悟劣徒。从莲舫师身上，我悟到了这一点。

莲舫师最使我钦敬和怀念之处，还在于他的讲课中语言直观，阐释上博引周详。记得在讲授《赤壁之战》的"蒋干盗书"一节时，他对蒋干的为人，竟以文亨方言来说："蒋干是个贼头贼脑，过桥端板，不顾后果的小人……"经他这么一说，我们全班同学都笑起来，课堂十分活跃，收到意想不到的效果。又如讲述《淝水之战》时，莲舫师作了这样的归结："在淝水一战中，晋军能兵不血刃，以少胜多，是有军事前提的：首先是，晋将刘牢之，先在洛涧夜袭秦军前哨、歼敌一万五千，大挫秦军锐气；其二是，晋军的军伍严整及在八公山布置疑兵，使苻坚望之疑惧、心存怯意；其三是，当秦军后移，阵脚撤动之时，突然冒出朱序（被俘的晋将）在阵后大喊：'秦军已败，晋军追上来了。'顿使几十万秦军顷刻溃散，不知所措，自相践踏、草木皆兵……"听完上述剖析，即便知识浅薄如我，也能初步领悟。总之，罗老师讲国文，就像讲故事一样，文中有史，史中涵文。莲舫师虽年过古稀，却还童心未泯，讲起课来，笑容可掬；喻古论今，谈笑风生。他能很快地缩短我们师生间的年龄距离。听他的课，学生们如坐春风。可以说，听罗老师的每一堂课，都是一种精神享受。

莲舫师已作古多年，但他的为师之道，至今令我追怀不已。他对授业，十分认真，堪称敬业表率。他总想尽快增添弟子的知识，开阔弟子的视野，全面提高学生的经世之能。先生岂止良师，实实是位哲人。他已年逾古稀，却仍要售其人生余勇，以庇荫桑梓的莘莘学子。莲舫师真不愧是我邑杏坛上的常青树。

附《光武帝致严子陵书》供当年同窗检校：

古大有为之君，必有不召之臣；朕何敢臣子陵哉？！惟此鸿业，若涉春冰；譬诸疮痏，虽杖而行。昔绮里不少高皇帝，奈何子陵少朕哉！箕山颍水之风，非朕之所敢望。

送礼

罗仲南

　　1952年，我正在连城一中读初二。暑假期间，母校在廖屋山举办一期夏令营——模拟军事野营活动。一个月色朦胧的深夜，轮到我和本班的沈在正同学在本队的营地上巡逻（防止有人来偷营）。由于7月的酷暑，加上我白天未午睡没有休息好，午夜里倍感疲劳，我穿着背心短裤来到一棵大松树下的一块大青石上歇息。本想只休整一会儿的，没想到被瞌睡虫俘虏了。天刚蒙蒙亮，我猛醒过来，一连打了几个喷嚏。翻身一看，却有两件外衣盖在我的身上。我意识到，这是有人在关照我，怕我着凉。我慌忙拎起带有凉意的外衣，一辨认：这件米黄色的衬衫，是级任（班主任）肖永晃老师的；那件天蓝色的"列宁装"是傅尉涛老师的……听说，那晚是肖老师代替我和在正同学一起巡逻到天亮。

　　事后，我把这事禀告父母。父母非常高兴，叫我送点土产给两位老师。我先把一斤老笋干送到傅老师那里。傅老师却微笑着说："这种礼物，我不喜欢！我想向你索取别的礼物，你可不要吝啬呀！"我傻笑着，连忙问："傅老师，那您要我送您什么东西呀，我保证送来。"他却意味深长地回答："我要你的好品行和好成绩送给党和人民呀！"听了老师的话，我毕恭毕敬地退了出来，然后，把两斤笋干一起送给级任。然而肖老师也再三推却不肯收。他语重心长地说："南，你现在是学生，将来就是老师（学校打算动员我读师范），我心领你的盛情就是了。爱护学生，是教育工作者应该做的事。希望你从教后，要情系儿童，那就是你对我最好的回报呀！"一路上，我在心里细细地掂量着两位老师给我的"礼品"，我在不知不觉中，好像长大了许多。

　　1983年，我被评为"全国优秀班主任"。这和两位老师当年送给我的"礼品"，我想是有因果关系的。是他们的"礼品"不断地鞭策激励着我诲人不倦，教而不厌，爱生如子……

注：作者系连城一中初中1953届校友。

师恩难忘

——怀念我的班主任肖永晃老师

项如海

　　母校迎来了百年华诞，我倍感光荣和自豪。

　　我是1951年秋考入一中初一的，1954年秋，考入高中部。六年的一中生活，印象深刻，回忆当年感到十分亲切。尤其是培养我成长的班主任肖永晃老师，他在学习上是严师，生活中是无微不至关心爱护我的慈父。

　　1953年秋，姑田中学因学生数少，并入连城一中。为了平衡班级人数，我和项志文等十多位学生插入姑田班，组成初三丙班。班主任是教语文的肖永晃老师。此后，与他相处留下许多难忘的记忆。

一

　　肖老师教学认真，讲语文引经据典，讲古文深入浅出，紧扣中心，没有多余的话语。板书工整，有深厚的书法功底。教学上很严谨，作业要求一定要按格式书写。

　　肖老师对学生很关心，平易近人，课余或劳动（开拓操场），与学生打成一片。

　　开学后，初三丙班这个新集体，团结、融洽、人人奋发向上，好人好事不断涌现。我用快板写了表扬稿贴在班级学习园地。肖老师看了，说写得不错，还特地送《李有才板话》给我。这更加激起我写作的兴趣。当年一中学生会曾聘请我为校刊通讯员。

　　肖老师每次作文课都有三个题目，供学生选做一个。而我每次三个题目全部都写了。他不厌其烦地为我精批细改，好句加圈圈点点，有眉批，有总批，并在讲评时把我的作文读给同学听。这使我写作兴趣倍增，进步更快。

二

　　肖老师待学生热情和蔼。晚自习后，我常到他房间（那时老师尚未成家）去聊天。新中国成立前夕，我读小学四五年级。老师领不到薪水，学生便自己出谷子请老师。没有课本，就选古文名篇，如《师说》《五柳先生传》《木兰辞》、岳飞的《满江红》、文天祥的《正气歌》、王勃的《滕王阁序》等作为临时教材，供学生背诵、默写，但不作讲解。一次晚修后，我把临时课本给肖老师看，肖老师立即兴致勃勃地将《师说》作详细的讲解。此后，把我所学的二十多篇古文全部做讲解。这增添了我学习文言文的兴趣。

　　1954年秋，我读高中一年级时，语文改为《文学》《汉语》两本书。文学全部是古文，从诗经第一篇《关雎》开始学起，都由肖老师课外作细心讲解。

三

　　1954年春，学校正逢劳动教育高潮。当时的口号是：一颗红心，两种准备。动员说，中学毕业生回到农村参加农业生产，无限光荣。肖老师想到将有三分之二的学生不能升学，便在教完课本内容后，精心编写了一套《农村应用文》作为补充教材，给大家讲授。他说毕业后，回到农村，你们就是"秀才"了，学会这些应用文会有用的。肖老师，真是用心良苦，为我们毕业后的事想得真周全。事实上，他增教的这些内容，让我们终身受益。

四

　　1954年秋季，高中、中专招生的形势严峻，将有四分之三的初中毕业生不能升学，要回乡参加农业生产。

　　我因曾患小儿麻痹后遗症，肢体残疾，非常希望能够多学点知识，以后找一份自食其力的职业。根据自己的家庭经济，报考师范最合适。但在填报志愿时，却左右为难，是肖老师帮我下的决心。他教我第一志愿、第二志愿全填上连城一中，第三志愿龙岩师范。

　　8月中旬收到编号为12的录取通知书，录取在连城一中高中部。

五

　　天有不测风云。1957年肖老师被打成"右派"，被开除公职。后来，安排他到朋口供销社卖肥料。他寄口信给我和项志文，说他有工作了。我和项志文立即去看望他，老师有了工作（每月28元），有饭吃，大家都高兴。他踏实肯干，毛笔大字写得好，领导、同事都喜欢他。1980年落实政策，为他摘帽平反，他很高兴，但很不幸，年后就驾鹤西去！

谨以此文，作为我的一炷心香，遥拜我尊敬的班主任——肖永晃老师。

永远的李安澜

陈基春

教师节到了，我情不自禁地怀念起我的良师益友李安澜老师。

安澜老师与世长辞三年多了，但他的音容宛在。我有幸与他共事二三十年，往事历历，时时涌上心头。

1988年教育界初评教师职称。不少人四处奔走，甚至不择手段。他却不屑置之。那时，他刚办完退休手续。领导一再动员他申报高级，但他不愿"滥竽充数"，坚持他原有的中教四级的待遇。他引用先哲张衡的话表白自己："一个人不怕官位不高，只怕品德不高。我不以俸禄不高为羞，但以知识贫乏为耻。"他说："我们读过俄文原著的人，或许对列夫·托尔斯泰的名言理解得更透彻也记得更牢：'人的价值是一个分数式。他对自己的评价是分母，别人对他的评价是分子。分母越大，分数值就越小'……"

知情人曾悄悄告诉过我安澜老师的罗曼史，说他当年在高校就读时，风流倜傥，翩翩一少年；又出身书香门第，品学兼优。多少名门闺秀视之为心中的白马王子。登门作伐者不乏其人。全县一首富华侨也极想以千金相许，招为东床。但都被他一一婉言拒绝了。后来他和一个来自农村的姑娘喜结伉俪。这里，人们看到了他那自立自强，不附骥权贵，不攀龙附凤的高洁士风和嶙峋傲骨。

"文革"期间，他的祖母被逼悬梁自缢，父亲被揪斗游街，自己被勒令"交罪"，家舍被抄，儿女受辱……全部灾难，都落在一个单丁独子身上！他一介文弱书生，硬是咬紧牙关，挺直腰杆，一步一个脚印地走过了这段凄风苦雨的人生旅程！

俗话说：吃苦就是吃补。吃过大苦的人格外懂得生活，孩子们也成长得格外好。转眼间，安澜老师的儿女都渐次成才，出息非凡。亲眼目睹这雨过天晴、喜讯频传的一家，我抑制不住思绪万千，放声朗朗地背诵起这样的诗句：

恨煞前冬烈火烧，

青青一旦变枯焦。

灵根终有灵枝秀，

傍涧亭亭别长苗！

安澜老师听后露出孩童般的腼腆与不安，连声说道："惭愧！惭愧！"

"文革"后，我们都放下俄语，改教英语了。为了更直接地向安澜老师学习，我常常夹在学生群里听他讲课。他那驾轻就熟的教材讲解，循循善诱的教学方法，以及和蔼可亲的教学态度，真叫受业者如沐春风。然而一次上毕业班的复习课时，他却一反常态，大发雷霆。

那天，课堂上进行英语问答。正当同学们全神贯注、对答如流的时候，一个同学被点了名，却久久不见反应。老师提高嗓门，再叫一遍、两遍……依然如故。安澜老师再也沉不住气了。他铁青着脸，大步流星走到教室后端，砰的一声敲响了那同学的桌面，大喝一声。那同学这才如梦初醒，霍地站了起来，同时摊放在他大腿上的一本厚书也嗖的一声滑落在地。《射雕英雄传》——一行醒目的书名赫然映入众人眼帘。悄静的教室里响起一片唏嘘声……

安澜老师面冷如冰，久久凝视那同学之后，指着他的鼻子，毫不留情道："我劝你别再做大学生的黄粱美梦了！还是把这年复一年的补习费省下来，买你的武打小说去吧！"

那同学的脸由红转青，紫涨的嘴唇直打哆嗦……看他憋闷了许久，最后竟也毫不示弱地嚷道："你也别从门缝里看人，把人看扁了！我……我考不上大学，誓不为人！"

他结结巴巴说完后，一转身，一脚踢翻了地上那本小说，挎起书包，扬长而去。

眼看这样尴尬的局面，我不禁为安澜老师捏了一把汗。可是，课后他却胸有成竹地说："对付这种病入膏肓的人，就得亮出你的手术刀来，让他流几滴血，或许还可救药！"

从此，那学生发愤苦学，急起直追，前后判若两人。功夫不负有心人。第二年他真的如愿以偿，考入重点大学，后来还出了国。

前年春节，一个在上海某中美合资企业工作的校友回来说，他在旧金山出差时和这同学邂逅，并且与同伴们一道被邀请到他家做客。当他听到安澜老师因患肝癌去世时，有如五雷轰顶，满屋的欢声笑语戛然而止。只见他默然无语，踽踽独步到窗前，潸然泪下，忽见他手指窗外东方的一片蓝天，哀号道：

"苍天无眼，夺我恩师！是他在迷途中救了我呀！……"

伟大的教育家孔子倡导的因材施教，叫了两千多年，有多少人真正深得其要领呢？我想：安澜老师当年此举或许不失为一范例吧？

岁月不饶人。事隔两年后，我也告老退休了。手持退休证，带着茫然无所适从的心绪请教他。他爽朗地笑出声来："哈，既退便休嘛！优哉游哉，岂不快哉？！"他接着说："我很赞赏古人解甲归田后写下的这样一副对联。"他铺开宣纸，提起笔，用他那苍劲圆熟的颜体写道：

　　粗茶淡饭布衣裳，这点清福让老夫我来消受；

　　齐家治国平天下，那些大事叫儿孙们去担当。

旁边的小字眉批："善哉斯言！足矣斯愿！"

我小心翼翼地珍藏起这副墨宝，连同良师益友的一片真情挚意。

1996年9月于文川

怀念张文烈老师

项如海

一

张文烈老师是我高二、高三的班主任，地理科任老师。

他对地理教材熟悉，讲解重点突出，容易记牢。他做班主任，对学生的关心体贴入微，使我终身难忘。

我班的同学，在录取时，是从几百人中择优录取，都是品学兼优者。所以，全班学生尊师守纪，发奋向上，不用扬鞭自奋蹄。大家热爱班集体，对学校的号令一呼百应，从高二开始被评为先进班，并以走在时间最前面的全国劳模王崇伦名字命名为"王崇伦班"。我们班能获此荣誉与班主任的工作做得好、全体同学的努力分不开，大家都倍感光荣和骄傲。

劳动课上，班主任和我们一起参加东台山挖坟堆抬土开辟东操场活动。在活动课上，班主任和学生们一起打球，班里的文体活动搞得有声有色。当年学校篮球、排球代表队里，张文烈老师是队长，本班学生沈在煊是投篮高手，沈君根的个子最高，是抢球能手，林恒进是最佳中锋，都是校代表队的主力队员，他们曾代表学校与各校进行友谊赛，也曾代表县参加在龙岩举行的省级比赛，取得优胜。

在学习上，班里的学生成绩都很优秀，有钻研精神，到高二下学期，有的同学已把高三的数学练习题做完了。如罗顺垣高中毕业后，在一中教数学，成了高中毕业班数学把关教师。江兴鎏北京大学毕业后在原子核能研究所任职，林占梅政法大学毕业后曾任法院院长。

二

1956年秋，高三上学期，大家都在为第二年升大学做准备。开学后全班学生进行一次全面的体格检查。但县医院设备差，胸腔透视要到龙岩地区医院。我怀疑自己心肺有问题，在国庆时，买了去龙岩的车票。文烈老师告诉我国庆节放假，此时去龙岩要住下来等几天，多花钱，不如把车票退掉，只花几角钱的手续费，于是我退票改期。第二次买好票去龙岩前，文烈老师精心为我安排，写了一张条子给龙岩校友，并教我到龙岩下车后，先到最近的护士学校找我初三同学罗庆娥，请她带我到龙岩师范找校友谢在溶，由谢在溶带我去找医院，找便宜又好的，离医院最近的客店住宿。由于有校友的帮助，第二天顺利进行透视检查。第三天及时取回透视报告，结论是"心肺正常"。谢同学早已帮我买好回校车票。第三天下午回到学校上课。

去龙岩检查这样顺利，是文烈老师精心安排的结果。期末，文烈老师在操场上苦楝树下找我谈话，问我有什么困难。他告诉我，学校给我减免一半学杂费（弥补去龙岩的费用）。张老师真关心我，为我想得真周到。古人云："滴水之恩当涌泉相报。"我愧对老师，未能回报！

三

1956年，我读高三上，住在五爱楼，与天主堂一墙之隔。张文烈老师一家三口，住在天主堂修女院。这年秋，我碰上长恒牙，发烧，牙龈肿胀，痛得不能吃干饭。文烈老师知道后，叫我到他家里，早晚吃稀饭，中午吃面条。有一天，他家杀了一只母鸡，还用鸡肉煮稀饭给我吃。我把这件事告诉家里，父母感动地说：在家靠父母，在校靠老师。文烈老师这样照顾你，比父母还亲，真是难得。

在母校百年华诞的时候，谨以此文，表示对老师、班主任的无限怀念之情，衷心祝福他们健康长寿，他们的功德永载史册，流芳百世！

2013年9月15日

注：本文作者为1954届初中、1957届高中毕业校友。

斯人云逝憾无穷

——谢尧孙老师九十人生的点滴回忆

罗道谋

一

来也匆匆，去也匆匆，人生总是叹匆匆。老教师、老校友，我的老知交谢尧孙老师，乐享了九十高龄之后，匆匆离去了，悄然地永远离去了……

2012年农历正月十九，我的一位宗亲，也是谢老的学生来我家叙说一些族事时告知我，就在刚过去不久的旧历年关，谢老师与世长辞了。是因为跌倒，虽然立时住院，第二天就接出来，就此离去。由于时届年关，只好依从俗习，丧事从简，也不敢去惊动那些知交、老友。

听此噩耗，突然、意外、震憾一齐涌上我的心头，想到未曾跟他见上最后一面，未曾向他的遗体告别，未曾在他灵前奠上一杯酒、奉上三炷香，我生长憾事莫此为甚！

由于劳动巷拆迁，他的新居远在南门外冷库边，我没有踏进他新居一步。他却有过三次坐着三轮车来我家坐叙近况。最后一次，距他去世大约半年，坐叙了约半个小时，谈到他的视力、听力和脚力都大不如前，还谈及他患上疝气住过院。走出我家厅门口，要步下三级台阶，他第二步就踩空了，要不是那位三轮车主在他近身，将他紧紧抱住，后果可想而知。我吓得大惊失色，心想：怎么他的精力衰退得这么快呢？更想不到这竟然是他来我家互相见上最后一面！

二

岁月无情人有情。对于知交故友的记忆是无法宽释的。古代诗人望着暮云春树忆知交，我这个平凡人对于知交老友的离去，不能不临风怀想以寄哀思。

那是1935年，我进入莲峰小学四年级，他跟我的小叔和一位堂兄同在六年级。放学时大家同走一段回家路，这就让我知道了他的名字。一次，不知是什么节日，城区的小学生集中在当时的中山公园的中山纪念堂开庆祝会，会后举行现场比赛。比什么呢？很简单：比谁脱衣服快。那时小学生已穿上了学生装，胸前一排五个大扣子。只听哨子一响，他就双手一扒，一次性拉开了胸前衣襟，得到了第一名。在热烈掌声中，他手捧着铅笔、簿子走下台来。这么一个细节，八十来年后的今天仍历历在目。

后来，他考入连城简易师范，我小叔又跟他同学。再后来，他们又升学永安师范普师科。这时已是1942年下半年了。我也在永安中学念高一。逢上星期天，他俩从大湖往永安城里来，我从吉山往城里去，会在永安桥尾一家连城人开的小客栈里见面。

1946年至1949年，他在县中教音乐，我在莲峰小学任教。这期间，他在永师时的一位同学也在莲峰小学，课余时间就在一起闲谈说笑。他们跟另外一些人合股开了一家书店，我也凑了一股。

1950年寒假期间，进驻连城的军事代表团的文教组举办了一个星期的"中小学教师寒假讲习班"，我和他一起参加培训，住在文庙。晚上，时不时传来枪声——土匪在放冷枪，形势相当严峻。结业后，他分配在县中，我被派往隔川小学任校长。

1954年下半年起，我调入一中，跟他在东台山上一起经历了肃反、反右、社教等政治运动，经历了高举"三面红旗"的所有活动。在紧接而来的"文革"中,我俩同时落难。"四人帮"垮台后,又同回一中"吃回头草"。直至1987年5月1日,同唱"归去来"。

从1935年我初识他的姓名算至他逝世止,经历了近八十个春秋,我们一同饱尝了人生的"辛、酸、苦、辣、甜",这是多么值得珍视的人生际遇啊!

三

如果说以上所写是我俩之间的一份情缘简表,有嫌粗略,那么,下面所写的就是在特殊年代里,让人刻骨铭心的几个特有的生活镜头。

因为他是音乐老师,曾长期搞文艺宣传队,"文革"一开始,厄运立即临头。当大字报满天飞时,就连县歌舞剧团也来贴他的"罪状",批判他为小型演出所配曲谱是"毒草",将他打成连城文艺界的"土地伯公"(当地一霸主,与"反动学术权威"同义),实在太抬举他了。

当"文攻武卫"的派斗枪声在连城打响后,1967年的"8•28",连城一中的"新字派"退至麻潭。我和他,另外还有几个人,认为那里不安全,决定做"逃亡者",经过隔川、北团,到宁化的盖洋坐上火车去了龙岩。谁知龙岩的枪声比连城更响。我们住在第二招待所。一天上午,不知何处打来一枪,一粒子弹从气窗上飞进来,落在人们脚边乱转。见此情景,大家只好分开别寻出路。他决定跟其他几个人走回头路,我决定跟着黄盛鑫老师去江西吉安(因为黄老师一位侄子在那里的部队)暂避。回忆当时情景,确实如同"惊弓之鸟"乱飞,"丧家之犬"乱窜。

"文革"进入"斗、批、改"阶段后,我俩同是"待罪之人"重聚头等候处理。先是一同住在板栗园农场北边的矮屋子里看农田、守板栗。有一天,我爱人(早已被赶去农村)从车站托信,叫我用板车拉她去医院。我不知她得什么急病,拉起板车就跑。医院的医师看了也不说是什么病,先开了两天西药,说:服药后看病情变化再来。回来农场将人背进小屋后,细看她的膝盖已肿得又红又大,痛得根本不能下地。遵医服药后,第二天早上起来竟不用人扶,能一拐一拐地自己走出房门外。这时,他从家里来农场,老远见到病人已能活动,就一边大笑一边说:"你是诈病,你是诈病!"这一出自内心的畅怀大笑,既有他平素的幽默,也是在跟我共享欢乐。他的那一阵笑声,其实在晨风中立时飘散,可是在后来的日子里,每当我想起彼时彼事彼景时,笑声又在我的身边重响……

过了不久,我俩搬至农场南端新建的猪舍,一同服侍猪群。有一天,我早上起床时突然头晕目眩,想呕吐。躺回床上后闭目喘息,只要眼睛一张,立时天旋地转。他见此情景,一时不知所措。又是感谢他,为我问医抓药,照顾了我三天。后来才知道,这种病西医叫"美尼尔氏病",中医叫"眩晕"。起病突然,服药静息后好得也快。

最后一个镜头出现在一中食堂的猪舍里。我和他又在这里同做"猪倌"。我们按解放军的养猪经验,搞"糖化饲料"。先是依样画瓢,用尿水拌米糠,盖上塑料布,让其发酵。第二天,揭开塑料布,米糠堆里冒出热气,黄澄澄的透着甜香味,拌上生切的水浮莲,猪群抢着吃得欢快。后来,他联想到连城人做酒饼时,也要用米糠发酵,让我打探用什么料子。我向亲戚处探问,得知除了要用上好些中药,另外再用野菊花煎水拌米糠发酵。于是,他就去拔了好多野菊花来煮水,照样试验。结果是不用什么药料也能糖化米糠。当时,另外一些"难友"看到我们对这项工作如此敬业乐业,暗中问:你们是不是先做好准备,在"扫地出门"之后走这条谋生路啊!我们只好以苦笑代答。

我俩如此这般在东台山上同灾共难，称得上是名副其实的"难兄难弟"，直到1972年下半年，在斗、批、散后扫出校园而终止。说是不幸，无可置疑；说它是幸，亦无不可。如果没有那些"幸"事，哪能留下这些历久弥新的忆趣啊！

四

亲身经历过的人和事是不会因为时过境迁而遗忘的。我和谢尧孙老师近八十年的交情，特别是那特殊年代里整整六个年头的同灾共难事，我随时都可娓娓道来。可是，人，终归是要离去的。我俩曾经的"特殊人生"，他已不能同我一起回味了。悠悠苍天，情何以堪！

我真希望有所谓"心灵感应"。为了弥补我不能释怀的"三不"——不曾跟他见上最后一面，不曾跟他的遗体告别，不曾在他的灵前奠上一杯酒、奉上三炷香，只好时时在心中默念本应随着他灵车徐行的挽联：

> 福寿全归君应笑
>
> 知交永诀我心悲

愿谢尧孙老师的在天之灵能听到我的心声！

2014年1月

注：本文作者为明耻中学首届毕业生，连城一中退休教师。

师恩如山　永耸心间
——深切怀念最敬爱的李大谌老师
罗土卿

> 恩师全归正五载，巧逢母校诞百岁。
>
> 拙文一则表怀颂，功高德厚铭五内。

人活百岁，俗誉人瑞。校届百年，当称校瑞。瑞者，吉祥也。在连城，祥瑞之校，至今区区两所。小学者，庙前中心小学是也，2012年已过完百岁生日。中学者，即吾之母校连城县第一中学，今年迎来百年华诞之禧。

百年古校，历经世道沧桑，历史人文积淀深厚，人才精英遍布四海五洲，社会钦敬，势在必然。人们自然要问，是谁竖立起了这所人们心灵中的豸峰下的殿堂？不言而喻，当然是那一代又一代的"传道、授业、解惑"的师长们！

作为从这所心中殿堂走出的一名学子，我总是不时地顾眷着恩重如山的母校，所以在其九十周年校庆之时，写了一篇《永难忘啊母校恩》，以表铭刻情怀。值此欣迎百年华诞之际，已过古稀之年的我，特别想念叨念叨那位令我一生不忘的李大谌恩师。

李大谌，男，1935年10月出生于连城县杨家坊（即今新泉镇乐江、乐联村）。少年时代，家境贫寒，生活坎坷。家中无盐吃，就把店主包盐的芭蕉叶拿回来洗下盐水煮菜。他一入学就从小学三年级起读，毕业后无法续学，帮人打工当记账员，跟随母亲到外地为店主挑盐巴，沉重的盐

罗士卿（右一）与李大湛老师伉俪（中）合影

担压得他经常哭，哭了还得去挑。后来在兄弟、朋友的扶持下，上了初中，好不容易毕业了又只得去当泥水匠。后来自己拼考师范被录取，1955年冬毕业后就职于县教育科。工作了一段才去报考大学，1960年毕业于福建师范学院，分配在龙岩师专办公室当秘书。1962年师专停办，调回连城，从此开始了他终身的教师生涯。曾先后在连城三中（即今朋口中学）、连城一中任政治、历史课教师，1984年起任连城一中党支部副书记、工会主席，多次被评为县教育系统先进工作者，县委、县政府表彰的先进工作者、优秀共产党员、优秀党务工作者，中共龙岩地委、龙岩地区行政公署表彰的精神文明建设积极分子等。他是连城一中的高级教师，1996—1999年中央党校大专学生毕业论文指导，福建省国际共产主义暨科学社会主义学会会员，龙岩地区中学德育研究会理事，连城县教育工会委员会组织部长。

大湛师和蔼可亲，是个爱生如子的人。这是他身为教师最为感人的魅力。他是我读高中时的政治课教师，应该说跟其他科任教师一样，也就是一般的师生关系。但自我上大学到他逝世，他成了我终生难忘的良师益友。1963年9月我入学北京大学历史学系开学不久，便给高三时每位科任老师写了一封信，表达感恩之情。不久，他就给我复了信，给予鼓励，并以自身经历教导我应如何过好大学学习生活。一来二往，我们书雁情深。我写大学生活，写个人思想，写"文革"动态，写毕业志向，写插队当农民的苦衷，写在各个工作单位的历练成长……他呢，则以自己的经历、经验、思考、判断、见识为我导向，殷殷之情，拳拳之心，细流涓涓，润物无声。这种互吐衷肠、心心相印的书信交往直到1981年我调回连城工作而止。我经常感叹自己一生遇到的最好知己和贵人就是他！大湛师这种特有的为师秉性，我县老干部局主任科员罗锟亦感同身受。他是1974届高中毕业生，当时只读两年半，在麻潭五七中学就读，建校舍劳动成了主课，加上"不学ABC，照样干革命"的"读书无用论"风气影响，学习书本知识可有可无。作为班主任的大湛老师则鼓励班团支部书记、学习委员罗锟要认真学习书本知识，还特意买了一本字典送给他。1977年恢复高考时，正好罗锟在长汀学开车，大湛老师替他报了名，但罗锟后来后悔没去参加高考愧对了老师的一片真情。今年3月3日在罗锟办公室里，他对笔者说："我一生遇到的最好老师就是大湛老师，他像爱自己的孩子一样爱学生。在他去世送葬时，我到他家里，哭着跪了下去，那是发自内心的悲痛，跟我一起去的曹国锋等四五个同学也随着我跪了。我只有对自己的亲人过世这样跪过。"讲着讲着，他不禁又潸然泪下。

大湛师心地善良，为人常性，极富怜悯之心，他是个乐于济贫的人。我上大学时，家境苦寒，只带了两身替换单衣和一条棉被，其余一概皆无，身上所带的钱也仅够交付学费。在校五年，家中每两三个月才寄5～10元钱给我。所以在班上我是享受助学金最高的学生之一，第一学年每月15.5元（其中伙食费12.5元，零花钱3元），1964年毛主席在湖北视察大学时指示要增加大学生营养，于是我的助学金提升至19.5元（伙食费15.5元，零花钱4元）。大谌老师知悉我的家庭经济拮据后，每年都寄两三次钱给我，每次10～15元不等，而他当时月薪才50多元！校系的温馨关爱和恩师的无私相助成为我奋发学习的莫大动力。在大学期间我的学科成绩多是得5分，得4分的不多（当时学苏联评分制，5分为最高分，3分为及格）。即使我走上工作岗位了，每遇到困难，他仍主动伸出援手。20世纪70年代，我十分想购买一只上海牌手表（120元），他借给了我一半的钱；80年代初，我的父母相继离世，他又助借相兼，使我及时地处理好了后事。1965届高中毕业的县国土局主任科员、高级工程师陈国也给笔者讲过："我上大学时，大谌老师给了20元钱，那时候20元钱可不少啊！而且我在北京地质学院期间他还时不时地与我相互通信，他毫无架子，非常热情友好，与农村贫困学生似乎更合得来。1964年连城一中高二（1）班下去北团公社山下大队支农劳动时，大谌老师还同我和周子光同学同铺睡觉呢！"原在县建筑公司工作的李桃芳也说："大谌老师对贫困学生特有感情。1965年我考上福建建筑工程学校，因我父亲去世早，家庭很困难，我去上学时，曾担任过我班主任的李老师到车站送我，将自己口袋里剩下的钱掏给了我，多少钱现在已记不清了。他还交待年纪大一点的同学要带我到福州。'"文革"'时写信叫我们不要冲冲杀杀。武斗了见我们平安回县就很高兴。毕业后调回连城工作也是他帮的忙。他对我们学生真是非常好啊！"大谌师到底资助过多少贫困学生，连他的妻子姚鸾英也不知道，因为他们俩的工资都是大谌师掌管的，她只知道他不时地把一些贫苦学生记挂在心头上。

大谌师忠于职守，对学生既苦哺知识乳浆，又细引品格养成，他是个传道授业一丝不苟的人。他不但课堂上认真教，而且对课下的复习、预习也抓得很细。姚鸾英说，老李经常带学生到我的家中自习，我家成了一些学生的另外课堂。政治课教学如照本宣科，那是比较枯燥乏味的。但他讲课既阐释基本原理，把握要点，又善于联系实际，深入浅出，引人入心入脑。我读高中时，正是中苏两党论战激烈之时，他要求我们要关心时事政治，课外多看一些重要理论文章，强调看问题要有哲学思维的头脑，待人处世要学会运用"两点论""两分法"，不要偏执走极端。那时候正是我们的人生观形成期，报刊论世界观、人生观的文章连篇累牍，观点见解五花八门，他强调人生观的核心要讲诚信，讲良知，追真理，求贡献。他在一次上课时讲什么是历史唯物主义，说《国际歌》就是历史唯物主义原理音乐化的阐释，一定要学会唱这首歌。我这个人对音乐兴趣较淡，但自那次课后我积极参加了班上唱《国际歌》的歌咏活动。真是巧合，1963年夏高考语文试题有两个作文选题，其中一个记得大概是：当你唱起《国际歌》的时候！我因熟悉歌词，平时又读了不少中苏两党论战的重要文章，于是选做这道作文题。估计作文成绩也不会太低吧，否则哪能录取北大呢！每当想起此事，我对大谌老师总是不胜感激。

大谌师喜爱购书藏书读书，勤于自学，他是个采珠书海，善于自我完善的人。他说过，当老师不能满足于肚子里的半桶水，自己知识越丰富，教出来的学生知识水平和思想素养就越高。"腹有诗书气自华"，也许正是他从书海的遨游中获得真谛更多，所以他对人对事有较多的独到见解，为人处世时常体现不凡的素养。连城一中原副校长吴有春回忆说，李大谌等两三位政治、历史课老师在"文革"中对"三忠于""四无限"，天天拿着《语录本》"早请示""晚汇报"，狂热地把领袖当作"神"来膜拜很反感，他们跟我讲："这种活动是搞不长久的！"这种话当时一般人是不敢想也不敢说的，一旦被人告发是会被打成"反革命"挨批斗甚至坐牢的。吴有春还说，李大谌老师为人正直，学校评特级教师、高级职称等他都主持正义，公道正派，态度鲜明。原校长罗焕南更感到他为人善良，共事和谐，从不跟人吵架计较；工作认真负责，很支持校长的工作；关心他人，做工会主席，老师生病，他都是亲自慰问。此外，据姚鸢英回忆，李大谌喜爱购书藏书还有另外一个原因，就是以书赠友，以书结缘。如与县医院中医师谢在秋，两人交情不错，一次他见到新出版的李时珍的《本草纲目》，价格不菲，但还是下手买了，赠送给了谢医师，谢医师对李大谌的诊病用药则格外用心，老年时似乎他的疾病非谢开的药方不能痊愈。但谢医师先辞世，姚鸢英听说了，便似乎有种于丈夫不详的预感。笔者本人在担任县委副书记、政协主席期间，大谌老师曾语重心长地教导过，再忙也要挤时间多看点书，须知"书中见往事，历历知祸福"啊！他不时向我推荐有关怎样当领导以及思想理论动态、著名人物传记与回忆、著名文艺作品、养生保健等书刊，让我认真学习，广阔视野，升高站位，注意健康，增长知识才干。我也感到，如他推荐我阅读的《曾国藩家书》等，对我真是受益匪浅。

大谌师对他人热情大方，包容厚道，慷慨相助，对自己却名利淡置，生活淡定，俭朴一生。他是个淡泊守世的人。他从龙岩师专调回连城时，本是叫他去县文教科工作的，如去了也许升迁有望，但他选择当"教书匠"；"文革"后期他曾被借调到县"革委会"政治处工作，如留在机关自然为官有份，但他还是毅然回校。他一生桃李满天下，在县里，学生为官执政者不少，但他不向他们伸手要些什么。他对子侄教育严格，要求他们靠自己的辛勤才能立足社会，子侄们也都争气。他的一个亲属曾希望他出面求助当官的学生，将自己从部分拨款的事业单位编制补缺到同单位全额拨款的事业编制岗位。他也就这件事出面找过几位在职的学生，但当他得知这属"逆向调动"，政策不许可之后，便不强人所难，只得默默地淡然面对亲属的误解。其妻子姚鸢英，本省浦城县人，他们是在1958年福建师范学院学生到浦城支援"大炼钢铁"时在工地相识相爱后结婚的。姚鸢英1962年毕业于南平师专化学专业，1970年已改任初中数学教师，但1972年调回连城时却被作了"两改"：一是调入城郊杨梅村跃进小学改任小教，二是从熟悉数理化改教语文。而后来大谌老师也不找关系把妻子调入中学，如调了待遇显然高得多。他却努力帮助妻子适应新岗位，帮她抄正所写的学生评语、填写报考表等等。姚鸢英多是教小学毕业班，其所教语文课入考初中的成绩在全学区最终荣居第二名，后来在莲花小学任教时她还年年被评为先进。在生活上，大谌老师吃得简单，穿得简朴，一生没穿过什么高档衣服。他的好友罗亮球说，一次一起上街买衬衣，有15元一件的和5元两件的，他挑了后一种，买来后拿去裁缝店，用了2元钱将其中一件缝上一只口袋，另一件改成短袖，就那么穿了。而亮球的儿子结婚时问他借钱，他念其工资低有困难便按开口数额主动加倍借与。亮球至今仍感慨地说："他实在是个实诚无私的人呀！"

天有不测风云。从2008年冬季起李大谌老师时断时续住院治病达两个多月。我挺心焦的，先后10多次去看望他。2009年3月30日下午本已在家休养的他再次入院，且突然出现吐血、拉血现象，血色素仅剩5克。姚鸢英师母告知我后，我赶到医院请院长找医术好的医师抢救，但最终无望送回家中，当晚10时20分溘然离世。堂兄罗亮球年过古稀，其他亲人亲戚的白事他已不再前往，但我告知他后，他表示次日一早和我一起去李大谌老师家的灵堂吊唁。31日早上7点多我们两人按照客家人的风俗到他的遗体前奉香燃烛，瞻仰遗容，鞠躬作揖。我们心痛不已，泪流不止。我哽咽着对着他说了下面一段话："大谌老师，我的堂哥、您的好友亮球和您的学生土卿送您来了！您一生对我们兄弟关爱甚多，情谊深厚，友好相处。特别是我，您是我的恩师、良师！是您给了我知识，是您教我应当怎样做人，是您慷慨资助我读书，是您一生关爱我全家老小，直到临终之前！您对我们的恩情比天高，比海深！原本冀望您能长寿百岁，继续与我们经常聚首叙谈，聆听教诲，但您却驾鹤西去，永远离开了我们！我们心中无比悲痛！请您一路走好。大谌恩师，安息吧！"我所有的孩子出于对这位师公的敬仰，也都奉送了吊仪。情深人去后，五年来他的音容笑貌还会不时地浮现在我的脑海。我的手机里的电话簿至今仍留存着他的名字和号码，总不愿意将他删去。

何谓人师，何谓师德，何谓师生情，与李大谌老师近半个世纪的交往中，他向我，也向许多人作出了最好的注解和诠释。百年老校，正是由于有许多这样的人师，这样的师德，这样的师生情谊的支撑和积淀，才铸就了她的耀眼的荣光，而让莘莘学子永久心仪，终生崇尚！

2014年5月14日

省劳模陈学宠

思　宁

陈学宠，男，广东省文昌县人，生于1937年。次年，随父侨居新加坡，在华人学校读书，1959年高中毕业。1960年从新加坡回到祖国，安排到福建师范学院外语系学习，1964年分配到漳州福建第二师范学院外语系任助教。1970年主动要求到闽西山区工作，先后在连城麻潭五七中学（连城一中的组成部分）、隔田农业中学任教。

陈学宠在连城工作期间，先任英语教员，后改教农业基础知识课。教学认真负责，自费购买200多册农业科普书借给学生阅读。在隔田农业中学任教时，培育了优质高产的甘薯良种"隔田白""隔水红""隔紫红"等，编写《茯苓菌种的制种技术》一书，自编、自订、自印高中、初中英语复习资料各一册。1978年被评为龙岩地区和连城县教育系统先进工作者，1982年被评为福建省劳动模范。1982年9月因患癌症去世，终年46岁。同年12月，中共连城县委根据陈学宠生前的表现和要求，决定追认他为中国共产党正式党员。1983年1月，福建省人民政府、省教育厅、省侨办、龙岩地区行政公署、连城县人民政府分别作出决定，号召全省教育工作者向陈学宠学习，省人民政府并在连城召开"向劳动模范陈学宠学习"大会。

永不熄灭的烛光

——记连城一中教师韩淑云

江积仕

"韩淑云老师病重住院了！"

这个不祥的消息，不胫而走，如晴天霹雳，撞击着千百人的心扉。

很快的，从美国、香港、北京、上海、南京、福州、广东、连城县的各个角落飞来了200多封信件。人们同声呼唤：

"韩老师，您不能倒下啊！"

为什么一个老师的疾病，竟扣动了这么多人的心弦？

"关键时刻，我没有任何理由可以退却！"

韩淑云，祖籍福州，1964年其以优异的成绩考入上海水产学院。1969年，在解放军某部接受了一年的军训后，组织上决定让他到农村去工作。这位立志当工程师或航海家的年轻大学生，翌日就告别了美丽的海滨城市，愉快地来到了闽西这片红色的土地上。连城县教育局把他分配到仅100多人的塘前中学任教。第二年，又调他到姑田中学。他听从学校的安排，教体育、音乐、语文、数学、物理……不管让他教什么，他都认认真真地教好，学生都喜欢上他的课。1976年底，他得了病，当地的保健院医生误认为他偶感风寒，用感冒药治了又治，就是不见效。挨到寒假，妻子逼他到医院诊治，方知患了肝病，且到了非住院不可的光景。他万般无奈地在医院住了一段时间，病情稍有好转，就偷偷地回到姑田中学，心急火燎地走上讲台。

1987年，组织上把韩淑云老师调进了连城县第一中学，并很快就把他推到教学的前沿阵地——高中毕业班物理科教师兼任班主任。他感到了肩上担子的分量，为了带好毕业班，他坚持天天晚上到班上辅导学生。夜深人静，他坐在15 W的台灯前备课、批改作业，为学生编刻复习资料。日复一日，年复一年，他自编自刻的复习资料就达1700多份，85万余字。功夫不负有心人，他担任高中毕业班的班主任和物理科教师11年，所带的班级以及他教的科目，连年都获得好成绩。

可是，又有谁知道在这些成绩的背后，韩淑云老师付出多大的牺牲！其间，肝病复发三次，他没有拖下一节课；妻子腹部动手术住院一个月余，他没有向学校请过一天假；老母亲在老家7次病得死去活来，在病榻上呼唤他，却未见其踪影；在香港的亲姐姐韩宝仙寄来身份证，12次来信催他去探亲，他都回信给姐姐说："现在工作忙，脱不开，等退休时再去……"

去年年初，肝癌细胞已在体内疯狂地吞噬着他，但他没去医院检查，认为还是一般的肝病。他以惊人的毅力，一肩挑起了高三年段段长，高三（3）班班主任，高三（3）、（4）两班物理科教学和物理教研组组长4副重担。妻子看不过去，叫他去找学校领导要求卸掉一些担子。他却说："在这关键的时候，我没有任何理由可以退却！"

同学们永远不会忘记韩老师一手撑住讲台，一手压住肝部，消瘦的双肩在颤抖，蜡黄蜡黄的脸也在不断地抽搐，讲课的声音越来越小。同学们站起来，请求他休息，可他却摇摇头，又继续讲课。许多女同学低下头悄悄地抹眼泪。韩老师硬是撑着给同学们上完高考前最后一节课。

去年7月1日，他的肝部痛得越发厉害了。妻子、老师和同学都劝他赶快到医院诊治。可是，高考在即，还有很多工作要做啊！他用手顶着肝部，坚持着、坚持着。7月9日，高考完毕。7月10日，他进医院检查，从此便没有从医院出来……

"他比我的父亲还亲！"

熟悉韩淑云的人都说，韩老师对学生的爱，就像巍峨的大山，深沉而又博大。

寄宿生陈聚元，生性好动，反应灵敏，好胜心强，但学习成绩平平，纪律松散，还会几套拳路，成为班上的"刺头"，谁也惹不起。一天中午，一位小同学跟他争洗衣池，骂了他一句，他便把那位小同学打得鼻血直流。一位老师见了，狠狠地批评了他一顿。他气呼呼地闯进韩老师家："我不读了，你给我退学费！"韩老师不知缘故，连忙放下饭碗招呼他坐下来慢慢谈，他却转身冲出门外。

等韩老师赶到学生宿舍，同学们告诉他，陈聚元已卷起被褥回家了。

当天傍晚，韩老师骑车跑了4公里路，找到了陈聚元家。跟朋友谈心似的开导陈聚元说："你的成绩在班上不算很差，你的脑子好使，记性好，现在离高考还有一个多月，加把劲，还是很有希望的。"接着又说："中午那件事我调查过了，那位小同学骂人是不对的，但你也不该动手打人。同学之间要团结友爱嘛！你应该吸取这次教训。至于医疗费，我会给你付。只要你向那位小同学赔个不是就可以了。"听着这席暖融融的话，陈聚元连连点头："韩老师，我这就跟您回学校去。"

当晚，师生俩头顶满天的星斗，踏上返校的路途。

陈聚元据此写了一篇文章，题为《难忘的教训》，在学校举办的作文竞赛中得了二等奖。韩老师满怀喜悦，在班会课上朗读了这篇作文，又让陈聚元同学介绍写作体会。一石激起千层浪。这件事使陈聚元和全班同学都想了许多。当年，陈聚元以优异的成绩考入了福建农学院。

学生小李，原来学习成绩优良。有一段时间，他同社会上一些"哥儿们"泡在一起，晚自习常不见其踪影。韩老师深知：对这样的学生，拉一把，前面是坦途；推一下，后面是深渊。韩老师找小李谈心，小李却说晚上都在家复习。于是，韩老师决定到他家看个究竟。谁知走到半路，天空电闪雷鸣，一会儿暴雨倾盆，韩老师被淋成了落汤鸡。该死的肝病又偏偏在这时发作。韩老师紧一步、慢一步地挪到小李家。小李见韩老师全身湿透，脸色铁青，嘴唇发紫，忙扶住老师说："韩老师，是我不对，今后我再也不撒谎了！"说着，泪水如同韩老师脸上的雨水，扑簌簌地往下流。

真的，从此小李再也不撒谎了。如今，他已是大学二年级的学生了。

韩老师常说：学生是父母心中的太阳、星星和月亮，是祖国的未来，民族的希望，我们能不倍加爱惜吗？！

寄宿生林报嘉，秉性聪颖，勤奋好学，但家庭经济比较困难。眼见高考在即，偏偏又碰上胃出血。韩老师两次背他到医院治疗。考虑到他的家境，韩老师不但私下为小林垫付了63.5元的医疗费，还把小林同学接回自己家中疗养。夫妻俩轮流为他熬药、煮稀饭、泡面条，补功课。为了让小林身体更快地恢复健康，韩老师又上街买来一大兜人参蜂王浆之类的补品给小林补养。在韩老师夫妻俩的悉心照料下，小林同学身体很快康复，当年考上了北京大学。

韩老师爱生如子的事迹，犹如吐鲁番的葡萄一样，一串又一串。

女生陈金英家庭经济拮据，韩老师便用自己的工资，两次替她垫付113元的学费；学生小蔡粮食不够，他把自己家中节余的粮票送上；罗培勋同学眼睛出血，他半夜起床送其到医院抢救；

假期学生返校吃不上饭，他请同学们到家里吃饭。他常常深夜巡视学生宿舍，为同学掖被子，生怕同学们着凉感冒……

无怪乎不少学生流着泪跟人说："韩老师比我的父亲还亲啊！"

"学习雷锋，应从我做起"

"学习雷锋，应从我做起。班主任在学雷锋活动中起表率作用，应树立为学生服务的观点，想学生所想，急学生所急，并在学雷锋活动中有实际行动。这样才能消除学生心中怀疑的心理和冷漠的情绪。"这是韩淑云的"班主任工作计划"里的一段文字。

这段文字，与其说是他的工作计划，不如说是他的心迹坦露。他不但利用班会课给学生们讲雷锋故事，开展探讨人生意义的师生对话，教唱《学习雷锋好榜样》《唱支山歌给党听》等歌曲，而且处处以身作则。早在上海水产学院求学期间，他就曾为志愿军献血400毫升。走上工作岗位后，他见一些学生头发蓬乱，便自个掏钱买来了一套理发工具，开始义务理发。18年来，据粗略统计，他为学生、农民及左邻右舍义务理发1260多人次。

天寒地冻，连城一中一幢住有25户教师的宿舍楼楼顶的一个蓄水池里，一位中等身材的中年人，挽着裤管，卷着袖子，手执一把竹扫，在使劲地刷扫池子里的脏物。他，就是韩淑云。从1983年10月搬进这幢叫仰云楼的教工宿舍后，清洗水池的活儿，似乎成了他的分内事。以至有的同事发现自来水有点不干净，就开玩笑地对他说："老韩，你的活来了！"

有一次，学校的一个厕所粪便外溢，臭气冲天。一些同学见状，捂着鼻子躲得远远的。他却回家换上水鞋，卷起袖子，一边用棍子捅，一边用手清除堵塞物。同学们见了，纷纷上前帮着干，很快就将厕所清理好了。

在韩老师心中，只有他人，唯独没有自己。就在韩老师备受肝病煎熬的日子里，他也没有忘记给他人送去温暖。去年3月，年轻教师卢家炎正沉浸在当爸爸的喜悦之中，却突然昏倒了。医生的诊断是得了再生障碍性贫血，需立即送省城医院治疗。这突如其来的打击，使卢老师和他正在坐月子的妻子一时六神无主。韩老师看在眼里，急在心头。妻子以为他肝病又发作了。他摇摇头，述说了焦虑的缘由。突然，他的眼睛一亮，紧蹙的眉舒展了："有了，卢老师爱人不是在你厂工作吗？你这个女工委员会主席，不是可以用女工委员会的名义，向全厂职工倡议募捐吗？"

于是，他们夫唱妇随，连夜起草了募捐倡议书。第二天，韩老师又向学校建议为卢家炎老师开展募捐活动。接着，城关税务所的同志也伸出了温暖的手。不上三天功夫，4000多元一齐汇到了卢家炎老师的账户上。

"韩老师，我们需要您！"

连城县医院诊断：韩淑云患的是肝癌！

县、校领导无不心急如焚，立即决定：马上送韩老师到福州治疗，想尽一切办法抢救韩老师的生命！学校还派专人随同前往医院商讨治疗措施。

然而，人间有情病无情，1990年11月16日凌晨，可恶的肝癌夺走了韩老师年仅45岁的生命！

在最后的一段日子里，他叨念着："连城人真好，我真想回连城去！"辞世前的一天，他把妻子唤到身边，吃力地、反复地嘱咐："我离开连城已经3个月了，我、我走后，你、你一定要把我的党费补交清楚……"

哀乐，在连城县东门影院悲泣。600多干群师生瞻望着他的遗像，任泪水哗哗地流淌。

一位福州大学的学生，推光了平头（连城有亲生父母去世儿女理光头的风俗），趴到韩老师的坟头，失声痛哭："韩老师，如果您能早点去治疗，就不会这么早离开我们，我有好多好多话要对您讲啊……"

一位农妇带上一篮黄澄澄的橘子和一大把香纸蜡烛，从20公里外的罗坊乡赶到连城一中，泣拜在韩老师的遗像前："韩老师，要不是您，我的儿子就不会成为村里的第一名大学生。您生前没喝过我一杯水，一口茶。今天，我带来这些橘子，您就尝一尝吧……"

文川乡的一位老农提着一篮子的菜心送进韩老师家，对着韩老师的遗照倾诉道："韩老师，前年春天，我进城买鱼苗还缺100元钱，是您帮了我的忙，您真是个大好人呵……"

……

今年清明节，在福州求学的十多个学生，代表数百名同学的心愿，专程来到安葬在故乡的韩老师墓前。数百封信化为无限的思念，在小小山包上纷纷扬扬地飘荡，同时迸发出一个声音："韩老师，我们需要您。"

但，他终究走了，走了。这位一级教师、福建省优秀教师，走得太匆忙了！毫无遗憾又充满遗憾地走了。然而，他对人民教育的忠贞、对莘莘学子的挚爱、对连城父老的深情，都凝成一团永不熄灭的烛光，闪耀在他教导过的每一个学生的心中，闪耀在他温暖过的每一个普通老百姓的心中，闪耀在闽西这块红色土地上！

注：本文刊于《福建日报》1991年4年30日，获《福建日报》"红烛篇"征文二等奖。个别地方作过修改。

记化学教师李如珍

童运堂

请将你的脂膏，不息地流向人间。开出慰藉的花儿，结出快乐的果子。

——闻一多《红烛·序诗》

李如珍老师生于1946年12月，于1972年参加工作。她先后在罗王中学、北团中学任教，于1984年调到连城一中。凡是听过她上的化学课的老师和学生无不钦佩地称她"魔术大师"。

魔术大师

"魔术大师"这个称号对李老师来说有两个含义：一是指她所上的化学课，经常有实验演示，宛如魔术表演，绘声绘色，引人入胜；二是指她上课的语言表情酷似演员登台，活灵活现，妙趣横生。

初三化学是起始学科，学生对这门学科是陌生的。但李老师凭她那灵活多变的教法，生动风趣的语言，出色精彩的演示，很快就像磁石般地把学生吸引住了。不几天，学生们都喜爱上她的化学课了。

"问渠那得清如许，为有源头活水来。"

李老师虽然对初三化学的内容了如指掌，但她仍坚持业务进修，认真钻研教材，不断改进教法，精心备好每一堂课，因而听她的化学课，是一种艺术享受。她的每节课都令人耳目一新。她的指导思想，是向45分钟要质量。她的课堂容量、密度、质量都堪称一流。通过多年努力，她已逐步形成了自己的教学风格。省、地、县领导来检查听课，对她的教学都给予了高度评价。地区教研室主任张汉中同志1988年听了她的课后，对学校领导说："李如珍老师的教学就值得总结，整个地区同样教材内容的教学，还很少有比她讲得好的。"

高明的魔术师以其灵便的手脚、迅捷的技巧，演出变幻莫测、眩人眼目的戏法；而李如珍这位魔术大师却凭她那灵活的教法、生动的表达、扎实的教学，使学生在化学这门学科中取得了优异的成绩。她所任课的班级统考成绩不仅总居全县第一，而且在地区9所重点中学也总是名列前茅。

李如珍老师不仅教书成绩显著，而且育人方面也很出色，她把众多学生当成自己的孩子，而她的学生都把她当作自己的严父慈母。

严父慈母

一次，班上的三个学生在晚自习时溜去看电影。这事被李老师知道了。放学后，她把他们留下来，板着脸，狠狠地剋了一顿，直到他们认识了错误，她的脸上才露出一丝欣慰的笑容。学生们松了一口气，刚想离开。只见她又把脸一沉说："就在这里吃饭。现在食堂已经没饭了。"他们只好服从命令。李老师看他们低着头吃饭，才高兴起来，再三嘱咐他们要吃饱，不要客气。这样的事，在李老师家经常发生。李老师就是这么一位外严内爱的严父慈母。

李老师对学生要求严格，管教学生像严厉的父亲。如果哪个学生上课不坐端正，准得挨她的剋；如果哪个学生作业不认真完成，也准得受她的批。但她对待学生又有一颗慈母心。班上的小谢同学不慎脚扭伤了，李老师带他上医院；别班学生病了，李老师知道后，也赶紧帮忙找医生、买药。学生吴某某，家庭困难，米不够吃，李老师送他钱、米，在寒冷的冬天，看他衣服单薄，又给他买毛线衣……

李老师常说："我关心更多的还是差生。"班上学生小童，初二时不用功读书，不遵守纪律，学期考试成绩平均只有49分。李老师初三接过这个班后，多次对其批评教育。在李老师的严格要求和耐心教育下，小童逐渐改掉了坏习惯，中考时以432分考上本校高中，1988年又以优异的成绩考上了北京化工学院。他请高三老师喝喜酒，还特地请如珍老师，并激动地对她说："没有您的帮助，我不可能考上大学。"

李老师爱她的学生，而她的学生也不会忘记自己的老师。每至新年前夕，一张张贺年卡从全国各地如雪花似的飘到李老师手中。上面写着热情洋溢的话语："李老师，是您教我描绘理想的蓝图，引我追索人生的真谛！""您心血凝成的雨露，滋润着我纯洁幼稚的心田。""忘不了您对我的悉心培养，忘不了您对我的谆谆教诲。"……这一张张贺年卡，饱含着学生对他们的严父慈母——李老师的无限感激之情；这一张张贺年卡，表明了李老师在学生身上倾注的心血已经结出了丰硕的果实。

《水浒》中有个"拼命三郎"石秀以敢于拼命著称，而我们的李如珍老师干起工作来也颇具石秀风度。她可以说是连城一中的拼命三郎。

拼命三郎

李老师身上始终有股拼劲，总是不知疲倦地工作。她整日忙着上课、家访和学生谈心或个别辅导。每天总是备课、改作业到深夜。1987年，李老师光荣地加入了中国共产党。入党后，她工作更加积极，浑身仿佛有股使不完的劲。特别是被选为学校工会副主席、女工主任后，更加忙了。她除了上好所任班的化学课外，还要配合党政深入开展师德教育，引导广大教工参加学校民主管理，维护教职工的合法权益……为此，她经常忙得连饭也来不及做。

初三化学课程较紧，为了按时完成教学进度，李老师从不肯缺一节课。她每次外出开会，都要事先与其他科任教师换课。如换不了，也要千方百计利用空闲时间补上。因此，她每开一次会，回来后都要忙上一段时间。李老师还经常利用休息时间，给差生补课。由于她的精心辅导，差生成绩都有较大的提高，几年来化学中考的及格率均达98%以上。

李老师心系学生，一心扑在教育事业上。一次，她患了重感冒，医生给她开了药，嘱咐她吃完药后要好好休息。傍晚，她爱人正在给她煎药，但转眼间，躺在床上的李老师不见了。深知她脾性的老伴急忙找到学校，只见她正在班上给学生辅导。老伴只好叹了一口气，无奈地回家了。

学校领导和老师常常劝她："如珍老师，身体有病，要好好休息，请假算了。"但她却说："只要我能坚持，就不能放弃一节课。"就这样，她没有请过一次病假，空过一节课。

"衣带渐宽终不悔，为伊消得人憔悴。"李老师为了学生、为了教育事业的拼命精神，只怕石秀也自叹弗如了。

有的人把教师比作蜡烛，照亮了别人，毁灭了自己，而李如珍这支红烛，却越燃越亮，不断发出光和热，正如人们所说的，她是烛光永亮。

烛光永亮

李如珍老师参加教育工作有20多个年头了。她几十年如一日，一心扑在教学上，为人民的教育事业呕心沥血。她的努力耕耘，辛勤浇灌，结出了丰硕的果实。她任班主任的班级，年年被评为先进班级；她任课的班级，学生的化学成绩均居地区9所重点中学前三名。在面对全体学生的同时，她还培养了一批又一批的化学尖子生。1987年，她的学生有8人获得龙岩地区化学竞赛等级奖，占全地区获奖人数近1/4，其中李元鑫同学获得地区第一名。1995年和1996年，她指导的学生参加"全国奥林匹克化学竞赛"，先后有3名学生分别获全国一等奖和全国二等奖。1999年和2000年，她指导的学生参加"全国初中化学素质与实验能力"竞赛，又有2名学生分别获省级一等奖和省级二等奖，若干名获市级奖励。

李老师在搞好自己教学的同时，还积极主动，热情帮助新教师成长。她先后和罗炳杰、姚宝媛、李春招等教师结对子。经她指导的罗炳杰老师现已被评为化学特级教师，姚宝媛、李春招等老师也成了学校化学科的教学骨干。

李老师的辛勤劳动，得到了学校和社会的承认。党和人民给予她崇高的荣誉。她多次受到有关部门的奖励和表彰。1988年她被评为地区"教书育人"先进工作者；1989年，她被评为龙岩地区优秀教师；1991年，她被评为全国优秀教师；1995年和2000年，她分别获得市级"园丁奖"、省级"园丁奖"、全国"园丁奖"的荣誉称号。在成绩和荣誉面前，她不骄傲，不自满。她经常说："我做得还很不够，今后应继续努力。"她这么说，也是这么做的。人们相信，烛光永亮，李如珍这支红烛将发出更大的光和热。

2004年3月25日

辛勤园丁
XIN QIN YUAN DING

园丁倩影

现任校领导班子

现任校领导班子

1	4	7
2	5	8
3	6	

图1 历史教研组　　　图4 物理教研组　　　图7 体育健康教研组
图2 地理教研组　　　图5 化学教研组　　　图8 艺术教研组
图3 政治教研组　　　图6 生物教研组

①
②
③

图1　综合实践组
图2　后勤组
图3　信息技术组

连城一中骨干教师、学科带头人、名师情况汇总表

姓名	骨干教师			骨干教师工作室领衔人	学科带头人			龙岩市名师	
	级别	学科	确认时间		级别	学科	确认时间	学科	确认时间
徐金华	省级	语文	2001.08	市名师工作室领衔人	省级	语文	2008.10	语文	2009.04
傅明钦	省级	数学	2003.07						
邹建华	省级	生物	2001.07	县级生物	省级	生物	2011.10	生物	2014.05
童晓红	省级	音乐	2002.09		市级	音乐	2008.10		
林裕光	省级	物理	2002.07	县级物理				物理	2013.03
沈才华	省级	英语	2001.07		省级	英语	2014.06	英语	2014.05
吴恒熙	省级	计算机	2001.07						
江开田	市级	历史	2001.12		省级	历史	2014.06	历史	2014.05
沈君飚	市级	历史	2001.12		省级	历史	2014.06	历史	2014.05
傅辉华	市级	语文	2003.12	县级语文					
邱宏桂	市级	政治	2003.06	县级政治	省级	政治	2014.06	政治	2014.05
黄戊南	市级	历史	2000.12	县级历史	省级	历史	2009.12	历史	2009.04
饶智荣	市级	数学	2003.12						
吴 勤	市级	语文	2004.06		省级	语文	2014.06	语文	2014.05
钱盛海	市级	历史	2002.12						
张健力	市级	语文	2003.12		市级	语文	2008.10		
黄一文	市级	化学	2002.12	县级化学	省级	化学	2014.06	化学	2014.05
陈子招	市级	政治	2003.06						
江 钧	市级	政治	2003.12		市级	政治	2008.10		
华 真	市级	语文	2000.12						
江梅兰	市级	语文	2004.06						
罗华文	市级	语文	2003.12						

续表

姓名	骨干教师			骨干教师工作室领衔人	学科带头人			龙岩市名师	
	级别	学科	确认时间		级别	学科	确认时间	学科	确认时间
沈在阳	市级	语文	2002.12						
邱丽芳	市级	英语	2003.12	县级英语	省级	英语	2009.12	英语	2014.05
吴美英	市级	英语	2003.12		市级	英语	2008.10		
谢桂珍	市级	英语	2004.10						
官福凤	市级	英语	2000.12		省级	英语	2014.06	英语	2014.05
沈小英	市级	英语	2003.12		市级	英语	2008.10		
谢静仪	市级	英语	2004.10						
黄椿	市级	数学	2004.07		省级	数学	2014.06	数学	2013.03
谢贤郓	市级	数学	2004.07						
张世雄	市级	数学	2003.12						
李德芳	市级	物理	2003.12					物理	2009.04
胡冰琳	市级	物理							
黄运钦	市级	物理	2003.12						
范小荣	市级	化学	2003.12						
沈君飚	市级	历史	2002.12					历史	2014.05
董雪花	市级	地理	2002.12						
谢健辉	市级	地理	2002.12		省级	地理	2014.06		
沈月华	市级	地理	2002.12						
董桂华	市级	地理	2002.12						
周荣光		生物						生物	2013.03
姚红明	市级	生物	2004.12						
吴金鸾	市级	生物	2004.12						
沈家斌	市级	体育	2004.12	县级体育					
林进德	市级	美术	2004.12						
罗宗益	县级	数学	2001.06	县级数学					

续表

姓名	骨干教师			骨干教师工作室领衔人	学科带头人			龙岩市名师	
	级别	学科	确认时间		级别	学科	确认时间	学科	确认时间
李志铭	县级	历史	2001.06						
邓爱斌	县级	体育	2001.06						
傅贵石	县级	政治	2001.06						
李婷婷	县级	英语	2001.06						
钱 鹭	县级	英语	2001.06						
张惜招	县级	数学	2001.06						
张建平	县级	数学	2001.06						
张涛生	县级	数学	2001.06					数学	2014.05
郑金云	县级	化学	2001.06						
伍小春	县级	历史	2001.06						
傅四兰	县级	生物	2001.06					生物	2013.03
张才进	县级	生物	2001.06						
吴振东	县级	体育	2001.06						
周宗义								数学	2013.03
伍永树					市级	数学	2000.06	数学	2013.03
李元华	县级	化学	2001.06					化学	2013.03
罗炳杰	国家级	化学	2001.11		省级	化学	2005.07	化学	2009.04
江 明	市级	英语	2000.12						
傅文伟	市级	物理	2000.12						
童雅芳	市级	英语	2000.12		市级	英语	2008.10		

秋实篇

泮宫果硕
艺苑葩奇
东台师生
金玉其质
唯愿后学
赏之思之
闻鸡起舞
见贤思齐

泮宫果硕

PAN GONG GUO SHUO

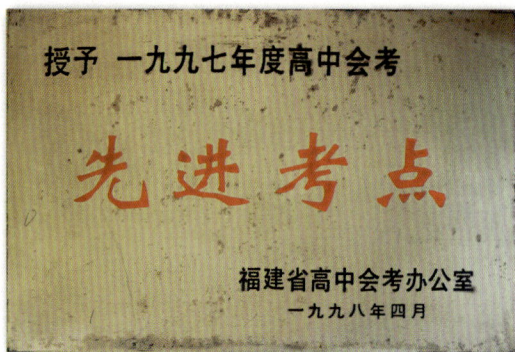

授予 一九九七年度高中会考

先进考点

福建省高中会考办公室

一九九八年四月

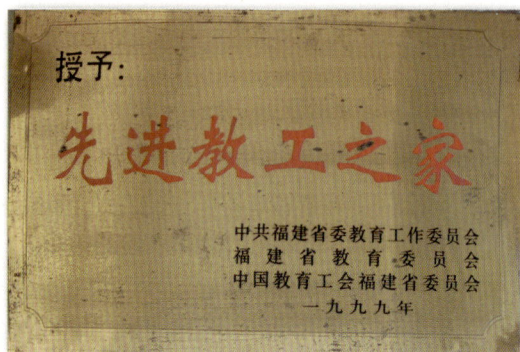

授予：

先进教工之家

中共福建省委教育工作委员会
福建省教育委员会
中国教育工会福建省委员会

一九九九年

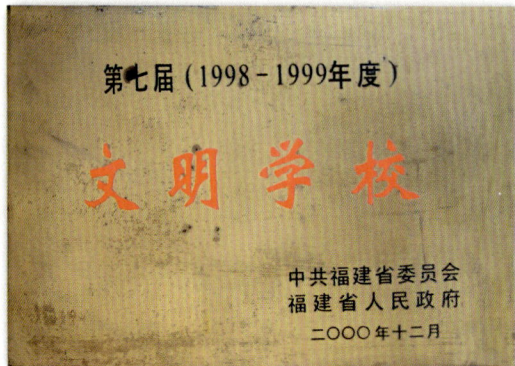

第七届（1998-1999年度）

文明学校

中共福建省委员会
福建省人民政府

二○○○年十二月

授予

模范职工之家

福建省总工会

二○○一年十二月

福建省青少年爱国主义读书教育活动

示范学校

福建省青少年爱国主义读书教育活动组委会

二○○三年十一月

授予 连城第一中学

福建省第八届（2000-2002年度）

文明学校

中共福建省委
福建省人民政府

二○○三年八月

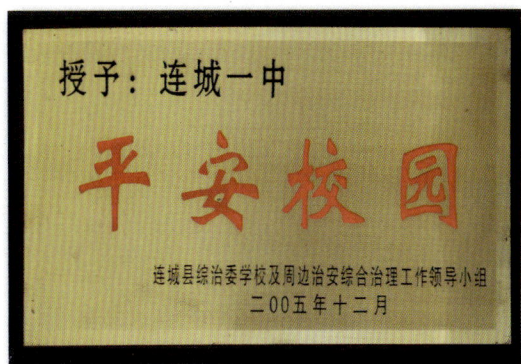

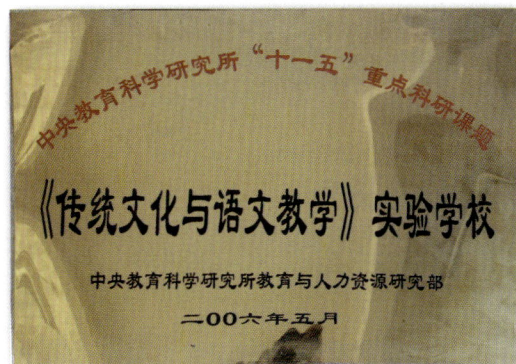

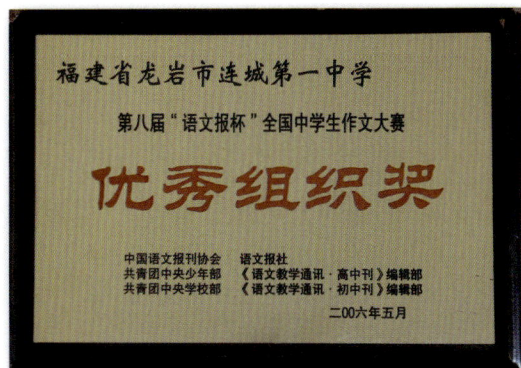

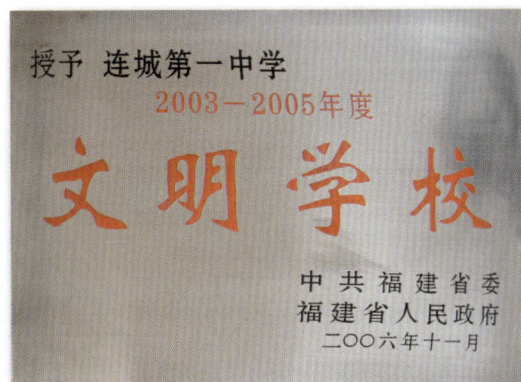

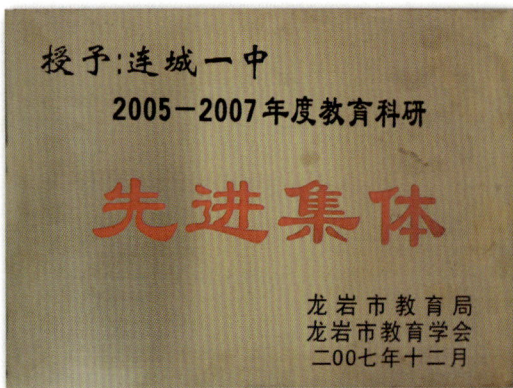

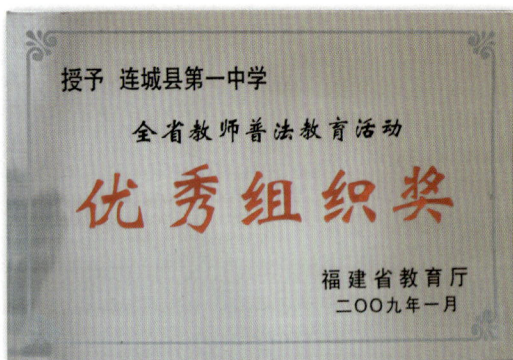

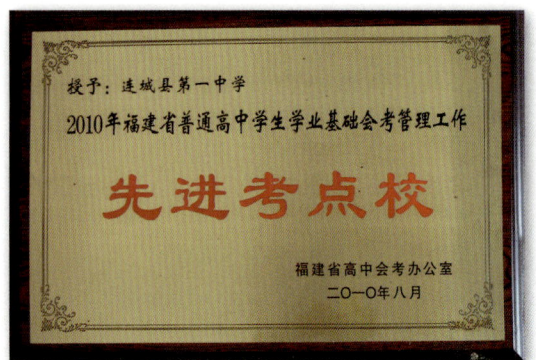

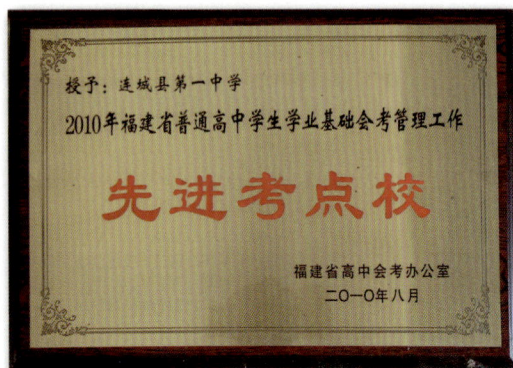

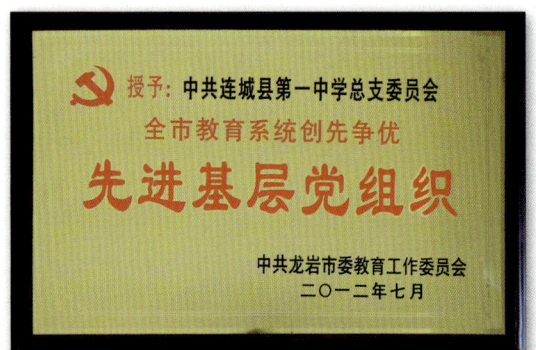

学校获奖情况一览（2004—2014）

省级

1. 2004年9月，我校获省教育厅、省总工会授予保持省"模范职工之家"。

2. 2006年7月，我校被省司法厅、省教育厅评为2001—2005年全省法制宣传教育先进单位。

3. 2006年11月，省环保局、省教育厅授予我校为全省"十五"期间创建绿色学校活动"先进单位"。

4. 2006年12月，我校被省委、省政府表彰为第九届（2003—2005年度）省级"文明学校"。

5. 2007年12月，我校语文工会小组被省总工会评为"模范职工小家"。

6. 2008年5月，我校被省环保局、省教育厅授予"2006—2007年度""省级绿色学校"。

7. 2008年6月，中国环境报社福建记者站授予我校"绿色校园共建单位"。

8. 2009年1月，我校被省教育厅、省总工会授予继续保持省"模范职工之家"称号。

9. 2010年，我校被省会考办评为"先进考点"。

10. 2010年8月，我校获省教育厅颁发的"2010年全省中小学安全法制知识竞赛活动"组织奖。

11. 2010年7月，我校被中国图书馆学会中小学图书馆委员会评为"全国中小学图书馆先进集体"。

12. 2011年12月，我校高二（10）班、高三（10）班被省教育厅评为2011—2012学年福建省先进班集体。

13. 2011年12月，我校被福建省委、省政府评为2009—2011年度"文明学校"。

14. 2012年12月，中国教育和科研计算机网中共教育在线授予我校"优秀高中"荣誉称号。

15. 2012年12月，我校被福建省司法厅、教育厅等评为福建省法律进学校先进集体。

16. 2013年3月，我校荣获2010—2012年度全省"全国消防安全教育示范学校"。

17. 2013年3月，福建省教育厅确认我校为"福建省一级达标高中"。

18. 2013年5月，华中师范大学《语文教学与研究》杂志社、中国教育学会中学语文教学专业委员会授予我校"全国作文教学先进单位"。

19. 2014年8月，我校通过第十二届省级"文明学校"初评审。

市级

1. 2004年12月，我校被市教育局、市教育学会授予"先进集体"。

2. 2005年4月，我校语文工会小组被评为市"先进职工小家"。

3. 2006年3月，我校被市教育工委、市教育局、教育工会评为"先进工会组织"。

4. 2006年7月，我校被龙岩市委授予"先进基层党组织"。

5. 2006年12月，我校被市环境保护局、市教育局评为"保留'市级绿色学校'称号"的学校。

6. 2007 年 3 月，我校被龙岩市教育局授予"实施素质教育工作先进学校"。

7. 2007 年 12 月，我校被市教育局、教育学会评为"教育科研先进集体"。

8. 2007 年 12 月，我校被龙岩集邮协会授予"龙岩市青少年集邮示范基地"称号。

9. 2010 年 1 月，我校化学组被市总工会授予"工人先锋号"荣誉称号。

10. 2011 年 7 月，我校被龙岩市依法治市领导小组和法制宣传领导小组评为 2006—2010 年全市法制宣传教育"先进单位"。

11. 2012 年 12 月，龙岩市环境保护局授予我校"环境教育基地"称号。

12. 2013 年 9 月，我校被龙岩市政府评为"龙岩市教育系统先进集体"。

教师获奖情况一览（2004—2014）

省级以上

1. 2004 年 8 月，省优秀教师：卢家长。

2. 2004 年 11 月，省杰出人民教师：罗炳杰。

3. 2005 年 9 月，省级中小学优秀班主任：周宗义。

4. 2005 年 11 月，第五届福建省五好文明家庭：胡冰琳。

5. 2005 年 11 月，福建省家庭教育工作先进个人：周飞。

6. 2006 年，全国冬泳锦标赛优秀裁判员：吴振东、章冬梅、沈家斌。

7. 2006 年 10 月，省"三八红旗手"：胡冰琳。

8. 2006 年 12 月，第五届福建省青少年科技教育先进工作优秀辅导员：邱宏桂。

9. 2007 年 9 月，全国模范教师：童纪宏。

10. 2008 年 6 月，省优秀评卷教师：伍小春。

11. 2009 年 12 月，全国中小学图书馆先进工作者：吴发荣。

12. 2010 年 6 月，受聘为省人民政府特约督学：罗炳杰。

13. 2010 年 12 月，福建省教育学会历史教学委员会先进工作者：黄戊南。

14. 2014 年 5 月，福建省中小学学科教学带头人：吴健、吴勤、黄椿、沈才华、官福凤、黄一文、邱宏桂、沈君飚、江开田、谢健辉、林裕光、邹建华。

15. 2014 年 9 月，省人民政府表彰优秀教师：吴勤。

市级

1. 2004 年 9 月，龙岩市优秀教育工作者：黄戊南。

2. 2005 年 12 月，龙岩市"巾帼建功"标兵：胡冰琳。

3. 2006 年 12 月，市环保局、市教育局"创建'绿色学校'活动先进教师"：周平清。

4. 2008 年 9 月，市政府优秀教师：吴健。

5. 2008 年 9 月，市政府优秀教育工作者：李德芳。

6. 2008 年 10 月，龙岩市教育局"中青年学科带头人培训班优秀学员"：童雅芳、官福凤、谢健辉、吴健、江开田、沈小英。

7. 2008 年 5 月，省环保局，省教育厅授予"福建省绿色学校优秀教师"：周平清。

8. 2009 年 4 月，龙岩市首批"名师"名单：罗炳杰、徐金华、黄戊南、李德芳。

9. 2011 年 3 月，龙岩市"巾帼建功"标兵：杨芳。

10. 2012 年 6 月，龙岩市委"全市创先争优优秀共产党员"：林裕光。

11. 2013 年 9 月，龙岩市第二届杰出人民教师：徐金华、黄椿；市优秀教师：邱丽芳、邹建华、官福凤；市优秀教育工作者：江开田。

12. 2013 年 12 月，福建省平安家庭创建活动领导小组授予李春招"福建省平安家庭示范户"。

连城一中各个时期毕业生数及考入大专以上院校人数一览表

时期	初中毕业生	高中毕业生	时期合计	高中毕业生考入大专以上院校人数	备注
旧制中学 1914—1932	245 （三年制）	315 （四年制）	560	320	
明耻中学 1938—1950	507	72	579	52	
县立初中 1942—1950	405		405	未统计	
1951—1965	2092	864	2956	未统计	
1966—1976	2724	1345	4069	"文革"十年由地方保送估计人数不少未统计	初高中毕业生数均含五七中学
1977—1988	4234	3294	7528	1052	
1989.7	273	307	580	101	
1990.7	277	291	568	95	
1991.7	312	299	611	102	
1992.7	308	287	595	64	
1993.7	304	298	602	83	
1994.7	298	287	585	107	
1995.7	280	296	576	180	
1996.7	372	279	651	212	初中毕业生中包括 113 名新地寄读生

续表

时期	初中毕业生	高中毕业生	时期合计	高中毕业生考入大专以上院校人数	备注
1997.7	465	328	793	224	初中毕业生中包括 171 名新地寄读生
1998.7	491	367	858	239	初中毕业生中包括 203 名新地寄读生 高中有 50 名三中寄读一中学生
1999.7	500	418	918	280	初中毕业生中包括 204 名新地寄读生 高中有 114 名三中寄读一中学生
2000.7	368	452	820	352（本科以上）	高中毕业生中包括三中 18 名，朋口中学 12 名寄读一中学生
2001.7	370	504	874	317（本科以上）	高中毕业生中包括三中 96 名寄读一中学生
2002.7	210	562	772	343（本科以上）	高中毕业生中包括三中 87 名，朋中 77 名寄读一中学生
2003.7		723	723	407（本科以上）	寄读生有三中 209 名，朋中 102 名，社会考生 34 名
2004.7		745	1165（含往届）	707（本科以上）	本科一 195 人，本科二 707 人，寄读生有三中 134 名，朋中 136 名
2005.7		747	1357（含往届）	1038（本科以上）	本科一 265 人，本科二 667 人，本科三 106 人（含往届）
2006.7		622	1501（含往届）	1046（本科以上）	本科一 264 人，本科二 551 人，本科三 231 人（含往届）
2007.7		761	1454（含往届）	1098（本科以上）	本科一 232 人，本科二 611 人，本科三 255 人（含往届）
2008.7		850	1665（含往届）	1045（本科以上）	本科一 216 人，本科二 760 人，本科三 69 人（含往届）
2009.7		972	1782（含往届）	1178（本科以上）	本科一 372 人，本科二 661 人，本科三 145 人（含往届）
2010.7		973	1767（含往届）	1213（本科以上）	本科一 301 人，本科二 715 人，本科三 197 人（含往届）
2011.7		952	1535（含往届）	1256（本科以上）	本科一 409 人，本科二 847 人（含往届）
2012.7		921	1333（含往届）	1159（本科以上）	本科一 397 人，本科二 762 人（含往届）
2013.7		864	1169（含往届）	982（本科以上）	本科一 377 人，本科二 605 人（含往届）
2014.7		875	1096（含往届）	878（本科以上）	本科一 333 人，本科二 545 人（含往届）

学生参加省级以上学科竞赛部分获奖情况

2005 年

福建省高一数学联赛：省二等奖　廖明荣

全国中学生生物学联赛：全国三等奖　黄胤强

全国高中数学联赛：全国一等奖（省级）黄强

全国中学生英语能力竞赛（省赛区）：省二等奖　林菲；省三等奖　张万开

全国高中学生化学竞赛（省级赛区）：省二等奖、全国二等奖　张万开　沈勇　魏华跃

　　　　　　　　　　　　　　　　省三等奖、全国三等奖　杨洁　谢东周

第八届语文报杯全国中学生作文大赛：国家一等奖　余承霖

　　　　　　　　　　　　　　　　国家二等奖　江湉　饶潇　李家杰　林子龙

　　　　　　　　　　　　　　　　省特等奖　陈夷花　吴晨曦　罗铭

2006 年

全国中学生生物联赛福建省赛区：省二等奖　李超　杨章华

　　　　　　　　　　　　　　　省三等奖　林涛　童华辉　马华彬　黄焰

全国高中学生化学竞赛：三等奖　罗彦彬

全国高中数学联赛：省三等奖　李安滨

福建省高一数学竞赛：一等奖　李大文　罗智淼　陈永涌；二等奖　罗培煌　元凌峰　林涛

2007 年

福建省"弘扬长征精神 共建钢铁长城"国防教育主题征文：二等奖　上官仪

福建省高一数学竞赛：一等奖　李意；二等奖　蒋生健　谢世杰　黄宗辉　赖文瀚

全国中学生生物学联赛：全国二等奖　周雨辰

全国高中数学联赛：全国二等奖　罗冬密；全国三等奖　罗智淼

省十六届中学生生物学竞赛：省一等奖　周雨辰

全国中学生物理竞赛：省二等奖　罗智淼；省三等奖　林涛

　　　　　　　　　　省优秀奖　蒋生健　黄斌　钱晨　傅楗强

全国高中学生化学竞赛：省一等奖　陈溪海；省二等奖　马林　傅楗强

　　　　　　　　　　　省三等奖　林报杰

全国青少年信息学奥林匹克联赛：省三等奖　饶德彰

2008 年

福建省高一数学竞赛：省二等奖　李明键　傅威　林荷叶　傅力英

省三等奖　罗乔雨　邹文通

福建省高中数学竞赛：省二等奖　赖文瀚

第二十二届全国高中化学竞赛：省一等奖　林报杰　张程远

全国中学生生物学联赛：全国二等奖、省二等奖　上官仪　揭月薇

省三等奖　江宇辉　杨鸿荣　江雯琳

全国高中数学联赛：全国二等奖　赖文瀚

第二十五届全国中学生物理竞赛：全国一等奖、省一等奖　蒋生健；省三等奖　张骏　杨桂才

全国中学生化学联赛：省一等奖　林报杰　张程远

全国中学生英语能力竞赛：省高二组二等奖　巫雪桉

省高二组三等奖　罗积炜　李妍

福建省首届中小学生英语故事演讲比赛：高中组二等奖　黄沛敏

高中组三等奖　吴佳　江稚萱　上官健　周洁　黄德飚

谢志伟　罗丽程　黄腾骁

2009 年

第十八届全国中学生生物联赛：省三等奖　陈宣锋

福建省高一数学竞赛：省二等奖、市二等奖　杨健

全国高中数学联赛：省一等奖　罗乔雨

全国中学生物理竞赛：省二等奖　李杰雄；省三等奖　傅其杰　邱贞平

福建省高一数学竞赛：省一等奖、市一等奖　林铭；省二等奖、市二等奖　罗茜

省三等奖、市三等奖　罗舒榕

中国中学生作文大赛恒源祥文学之星：二等奖（全国）　周超楠

第十五届全国青少年信息学奥林匹克联赛：省三等奖　黄涵宇

全国中学生新课程英语语言能力竞赛：一等奖　江丽红　罗明健　马梅兰　李妍

第十一届新世纪杯全国中学生作文大赛：二等奖　柯梦静　邱俐衡

三等奖　李洁　李婷　沈燕琳　钱小榕　谢奕甜　李志玲

2009 年全国高中学生化学竞赛（省级赛区）：全国三等奖　陈中溧

省三等奖　陈中溧；省优秀奖　吴嘉龙　谢歆　陈聚洪

2010 年

福建省第十九届中学生生物学竞赛：省一等奖　陈宣锋；省二等奖　谢贤彬　沈舒奕

省三等奖　邱钲峰　李羽

福建省高中数学竞赛：省一等奖　邹宗棋

第二十七届全国中学生物理竞赛（福建赛区）：省三等奖　杨健

省优秀奖　詹帆　谢仁栩　罗志成　魏灿森

全国中学生英语能力竞赛：省高三组二等奖　黄沛敏

省高三组三等奖　邱俐衡　魏灿生

福建省中小学生感恩老师征文比赛：省一等奖　黄沛敏；　省优秀奖　余业琳

全国中学生新课程英语语言能力竞赛：高三组一等奖　谢贤彬　沈舒奕

第二十四届全国高中学生化学竞赛（省级赛区）：全国二等奖、省二等奖　罗远旺

全国三等奖、省三等奖　陈祥炼

省优秀奖　黄奕钒

省第十二届中学生思想政治小论文评选：省三等奖　陈语甜

2011 年

福建省高一数学竞赛：省二等奖　卢长胜　揭育澄

省三等奖　罗明增　巫永琳

福建省高中学生化学竞赛：省一等奖　陈彬

省二等奖　吴振豪　林小强　吴远斌　邱越洺　黄翊君

陈剑平　姚伟铨

第二十届全国中学生生物联赛：省二等奖、全国二等奖　邹安龙

省三等奖、全国二等奖　吴远斌　蔡嘉鑫　罗楠

全国三等奖　黄沁　谢荣庆

全国高中数学联赛：省三等奖　罗茜

全国中学生英语能力竞赛：省高一组二等奖　罗泠蕙　黄丽娴

省高一组三等奖　黄小清　罗腾　张杨

省高二组三等奖　罗治文

省高三组二等奖　黄扬萍

省高三组三等奖　张秀

福建省"红旗在我心中"征文赛：省三等奖　钱宇　项丹

第二十八届全国中学生物理竞赛复赛：省优秀奖　揭育澄

第二十六届省青少年科技创新大赛：省三等奖　林爱冬

2012 年

全国高中数学联赛：省二等奖　卢长胜

第二十六届全国高中学生化学竞赛：全国二等奖（对应省二等奖）　黄德金　黄德键

全国三等奖（对应省三等奖）　罗腾　李大炜　陈剑平　江东华

黄翊君　罗培春　吴伟淋

第二十一届全国中学生生物联赛福建赛区（决赛）：省三等奖　余木春

第二十九届全国中学生物理竞赛福建赛区：省二等奖　揭育澄；省优秀奖　黄德金

全国中学生英语能力竞赛：高二组二等奖　罗泠蕙　黄丽娴　黄小清

高二组三等奖　张杨

高一组二等奖　卢健森

高一组三等奖　吴雨忆

第五届全国中学生英语"外教社杯"阅读竞赛福建赛区决赛：

高中组二等奖　邱越洺　罗中铭

全国中学生新课程英语语言能力竞赛：

高一组一等奖　钱谦喜

高一组二等奖　周洁

高一组三等奖　林棣榕

高二组一等奖　黄炜　吴鑫宏　华志庚　李尤　邹烨　罗泠蕙

高二组二等奖　罗琳　罗敏烨　谢武　江雄　钱鼎玮　巫洁霞

高二组三等奖　罗洁　钱鼎伟　林上程　林云燕　谢晨　吴蕙如

高三组一等奖　陈伟峰　江爱丽

高三组二等奖　沈小育　罗梦娟

高三组三等奖　罗舒恩　陈剑

第十一届中国日报社"21世纪杯"全国中小学生英语演讲比赛福建赛区（中学组）

一等奖　黄乐　李渴　林需镇　罗钰娇　王小炜　童栩晖　周小林　华珅　吴亦祾

二等奖　李奇珍　杨琳　罗拉

三等奖　张尧鑫

第二十八届省青少年科技创新大赛：省二等奖　赖馨玲

第十四届"新世纪杯"全国中学生作文大赛：

二等奖　林茜敏　吴鑫宏　张美霞　江蕴洁　黄琦锦　杨小雪

三等奖　吴萍　林慧彬　傅敏　黄小玲　江鑫海　罗拉　傅梦琪　陈烨　杨柠

陈小姑　俞晓燕　周思田　杨琼　黄怡　邱建兰　沈小育　沈宇丹　邱文柳

林晨　邱锦华　黄显滔

2013 年

第二十六届全国高中学生化学竞赛（福建省赛区）：省三等奖　黄德金

福建省高中学生化学竞赛：省一等奖　罗腾

福建省高中学生化学竞赛：省二等奖　罗中铭

第二十七届全国高中学生化学竞赛（福建省赛区）：省三等奖　罗腾　罗中铭

全省中小学生"我的中国梦"集邮书信比赛：省一等奖　杨晓倩

第二十六届省青少年科技创新大赛：省三等奖　林爱冬

第二十二届全国中学生生物学竞赛：省二等奖、全国二等奖　钱谦年　陈泽众

　　　　　　　　　　　　　全国三等奖　丁雨欣　谢清琪　罗滨锋

第三十届全国中学生物理竞赛（福建省赛区）：省二等奖　黄德金；省三等奖　黄德键　罗源

全国高中数学联赛（决赛）：省一等奖　黄德键　黄德金

第二十七届全国高中学生化学竞赛（福建省赛区）：省三等奖　罗腾　罗中铭

2014 年

第六届"外教社杯"全国中学生英语阅读竞赛福建赛区：

　　　　　省一等奖　邹诚彬　罗晓宇

　　　　　省二等奖　傅泽　邱祺　梅宇　邓盛辉　张柽越　吴家彬　罗晨琳

　　　　　　　　　　罗昌锐　曹琬廑　杨严凯　李渴　邱健　柯家彬　曹凡炜

　　　　　　　　　　曾彩容　巫洁霞　卢长钊　江玺虹

　　　　　省三等奖　华潇濡　江雯茜　邱翔　谢丽芬　余梦霞　魏霞　李蓁　童蕾

　　　　　　　　　　周子王　若静雯　马钰洋　邹东哲　王钟辉　董晓煜　黄钰涛

　　　　　　　　　　邱丽晨　罗培福　童政伟　李明基　江梦　林伟华　何蕾

　　　　　　　　　　华喜　华桂玉　陈金霞　马秋月　杨秀娟　罗燕霞　林叶　蒋洁

　　　　　　　　　　张小蕊　张小华　吴雯岚　张文照

2014 年福建省高一数学竞赛（2014 年省高一数学联赛初赛）：

　　　　　省二等奖　周子王　吴家彬　黄建霏　邹泽耀

　　　　　省三等奖　陈思琦　黄彦　罗炎　邹东哲　李光敏　沈枫

第十三届全国中小学生"创新杯"作文征文大赛：

　　　　全国一等奖　杨银花　邹海文　黄家鹏　吴道琦　张笑颖　胡舒欣　李蓁　邓兰妹

　　　　吴雨菲　童慧慧　陈盛坤　华桂玉　童栩晖　吴亦棱　江桂花　吴蕙如　邱桂秀　李晓春

　　　　杨秀娟　张美霞　曹文宇　俞晓燕　王舒婷　吴水明

全国二等奖　罗锟　傅银珍　林丽蓉　张慧婷　饶晓琳　林熠珉　傅铃雁　曹琬窿　邱丽晨　
黄筱嫣　黄烨婧　黄雅雯　蒋恒　杨晓芸　黄露　上官琴　史超　林晓东　林雅婷

2014 年福建省高中学生化学竞赛：省一等奖　余梦霞　吴家彬

第二十三届全国中学生生物学竞赛：全国二等奖、省一等奖　卢健森

省二等奖　谢政航

省三等奖　黄宇枞　李炜婷

2005 年以来教师教改（课题）及负责人汇总表

2005—2006 学年

1. "传统文化与语文教学"（国家级）　负责人：徐金华

2. "语文教学与社会实践活动"（国家级）　负责人：徐金华

3. "高中物理探究性学习"（省级）　负责人：李德芳　童纪宏　林裕光

4. "数学思想方法教学模式实践"负责人：钱德生　童文玮

5. "尝试教学法"负责人：伍永树

6. "学案导学"负责人：卢永兴

7. "主动阅读自主发展"负责人：吴美英

8. "高中英语课堂教学形成性评价研究、学习阶段性评价实验研究"负责人：沈小英

9. "学案导学"负责人：政治科　杨芳　童锦；历史科　伍小春；化学科　姚宝媛

10. "尝试教学法"负责人：张秋莲

11. "程序教学法"负责人：邱宏桂

12. "变《教案》为《学案》"负责人：谢健辉

13. "探究式教学"负责人：沈月华

14. "科学探究——实验探究教学法"负责人：周桂园

15. "'问题导学式'课堂教学"负责人：姚红明

16. "学案——尝试教学法"负责人：傅四兰

17. "学案导学培养学生自主学习能力"负责人：吴恒熙

2007—2009 学年

1. "传统文化与语文教学"（国家级）　负责人：徐金华

2. "多媒体学习平台在中学英语教学实践中的应用"（省级）　负责人：邱丽芳

3. "英语报刊阅读辅助教学新模式的研究"（国家级）　负责人：邱丽芳

4. "师生互动网络学习模式的构建"（省级）　负责人：李德芳

5. "语文高考写作题的命题与评价研究"（省级）　负责人：徐金华

6. "课堂教学有效性的研究——学案导学"（省级） 负责人：罗小林

7. "师生互动网络学习模式的构建" 负责人：罗炳杰

8. "学案导学" 负责人：邹青

9. "基于专题网站环境下的主题探索学习模式" 负责人：邹青

10. "以班级为本的学校心理辅导模式" 负责人：罗艳芳

2009—2010 学年

1. "传统文化与语文教学"（国家级） 负责人：徐金华

2. "多媒体学习平台在中学英语教学实践中的应用"（省级） 负责人：邱丽芳

3. "师生互动网络学习模式的构建"（省级） 负责人：李德芳

4. "新课程背景下高考试题中解析几何主观题的研究"（省级） 负责人：罗宗益

5. "乡土历史与校本课程的开发"（市级） 负责人：江开田

6. "课堂教学有效性的研究——学案导学"（省级） 负责人：罗小林

2010—2011 学年

1. "传统文化与语文教学"（国家级） 负责人：徐金华

2. "多媒体学习平台在中学英语教学实践中的应用"（省级） 负责人：邱丽芳

3. "新课程背景下高考试题中解析几何主观题的研究"（省级） 负责人：罗宗益

4. "政治学科试卷分析研究"（省级） 负责人：邱宏桂

5. "乡土历史与校本课程的开发"（市级） 负责人：江开田

6. "课时训练" 负责人：罗小林

7. "中学初高中物理衔接教学的研究" 负责人：胡冰琳

8. "高中地理课堂教学细节的观察与改进研究" 负责人：董雪花

9. "高中生物课堂提问有效性及策略研究" 负责人：邹建华

10. "教育信息技术在体育与健康理论教学中的运用" 负责人：黄益民

11. "新课程下有效培养学生信息素养的研究" 负责人：童远飚

12. "班级师生有效沟通的实践研究" 负责人：沈君飚

13. "班级学生自我管理模式的实践研究" 负责人：邹致富

14. "学生心理社团运行机制建设研究" 负责人：罗艳芳

2011—2013 学年

1. "多媒体学习平台在中学英语教学实践中的应用"（省级） 负责人：邱丽芳

2. "新课程背景下高考试题中解析几何主观题的研究"（省级） 负责人：罗宗益

3. "政治学科试卷分析研究"（省级） 负责人：邱宏桂

4. "乡土历史与校本课程的开发"（市级） 负责人：江开田

5. "课时训练" 负责人：罗小林

6. "高中生物课堂提问有效性及策略研究" 负责人：邹建华

7. "高中地理课堂教学细节的观察与改进研究" 负责人：董雪花

8. "教育信息技术在体育与健康理论教学中的运用" 负责人：黄益民

9. "新课程下有效培养学生信息素养的研究" 负责人：童远飚

10. "班级学生自我管理模式的实践研究" 负责人：邹致富

11. "班级师生有效沟通的实践研究" 负责人：沈君飚

12. "学生心理社团运行机制建设研究" 负责人：罗艳芳

2103—2014 学年

1. "少教多学与高效课堂研究"（国家级） 负责人：徐金华

2. "中小学英语整体教学的研究与实验"（国家级） 负责人：官福凤　邱丽芳

3. "高中化学问题导学中问题设计有效性研究——选修 4《化学反应原理》问题设计"（省级）
　负责人：黄一文

4. "导入、导学、导练—— 物理课堂教学有效性研究"（市级） 负责人：李德芳

5. "习题教学有效性的实践研究"（市级） 负责人：林裕光

6. "试卷讲评课中学生说解题思路的研究"（市级） 负责人：吴莉英

7. "高中生物规范答题的研究"（市级） 负责人：傅四兰

8. "高三学生考试焦虑团体心理辅导研究"（市级） 负责人：罗艳芳

2014—2015 学年

1. "少教多学与高效课堂研究"（国家级） 负责人：徐金华

2. "中小学英语整体教学的研究与实验"（国家级） 负责人：官福凤　邱丽芳

3. "'三导'高效课堂教学模式的探究（2014 年度福建省基础教育课程教学研究课题）"（省级）
　负责人：徐金华

4. "高中化学问题导学中问题设计有效性研究——选修 4《化学反应原理》问题设计"（省级）
　负责人：黄一文

5. "高中政治'三导一体'高效课堂教学的实践研究"（省级）负责人：邱宏桂

6. "高中生校外学习状况研究"（省级） 负责人：杨德胜

7. "导入、导学、导练——物理课堂教学有效性的研究"（市级） 负责人：李德芳

8. "习题教学有效性的实践研究"（市级） 负责人：林裕光

2004 年以来教师论文在省级以上刊物发表情况

（含获奖情况）

·····2004 年

徐金华：《如何做到话题作文"有创新"》，《起跑线》。

林裕光：《守恒思想方法在高考中的应用》，《物理实验》。

李德芳：《从物体受力和运动情况分析静摩擦力》，《中学物理教与学》。

吴小平：《学习仪器装备目录 搞好实验室的装配工作》，《中国教育技术装备》。

吴发荣：《对我市中小学图书馆管理改革的思考》，《中小学图书情报世界》。

罗炳杰：《承认差距 尊重差异 善待差异》，《福建教学研究》。

吴有春：《趣味数学》（专著），北京林业出版社。

·····2005 年

吴有春：《各季节阳光直射地球的纬度数》，《中学数学月刊》。

吴　健：《垂柳》，《中学生时代》；《作文亮点 话题自选》，《新作文》；《优化高中学习流程 全面提高语文学养》，福建省首届"我与新课程"征文评选；《写、评、编、赏、读作文教学法》，《中学作文教学研究》；

吴恒熙：《Windows XP 注册表解锁三法》，《中小学电教》；《浅谈信息技术》，《中小学电教》。

谢健辉：《高考地理专题复习研究》，《中学地理教学参考》。

李仲富：《浅谈数学课堂如何实施"探究性学习"》，《中学生学习报》。

李德芳：《加深对机械能守恒定律的理解》，《起跑线》。

黄一文：《从反思中开展学习策略指导》，《福建教学研究》。

江　明：《如何应对英语新课程填空题及例举透析》，《现代教育研究与探索》。

江　钧：《保持党员教师先进性的对策与思考》，《学校党建与思想教育》。

卢家长：《先进社会意识影响中国近代化进》，《中国教育理论与实践杂志》。

林金花：《畅游网络世界 关注语言规范》，福建省宣传部、省教育厅等。

黄开玥：《在生物教学中培养学生的问题意识》，省普教室、省生物教学委员会。

·····2006 年

吴　健：《话题作文的写作误区及规律》，《中学生语文》；《语文高考讲究九种思维意识》，《新作文》；《锤炼文采 陶冶情操》，《对联》；《一种全新的写作教学组织——介绍"写—评—编—赏—谈"作文稿教学法》，《语文世界》。

沈君飚：《民主革命时期的中国共产党》，《中学政史地》。

陈四妹：《比较型问答题应对策略》，《中学政史地》

李德芳：《例谈高考试题中的加速器》，《中学生理科应试》。

黄戊南：《听课的变化》，《福建教育》。

徐金华：《从省质检作文题谈高考作文问题与对策》，《中学生语文》高考专刊，《词语手册》七年级上、下册；《喜欢当老师的理由》，《福建教育》。

谢健辉：《中学环境教育的实施策略》，全国教师教育论文大赛。

邱宏桂：《正确认识矛盾分析法》，《素质教育大参考》。

官福凤：《提倡"零干扰服务"，落实新课程理念》，《大学英语》举办的教育论文大赛。

吴恒熙：《浅谈信息技术教学》，《中小学电教》。

黄一文、李春招：《化学教学中进行反思性教学的探索》，《基础教育参考》。

卢家炎：《新课改激活地理课堂 让学生主动参与学习》，《福建教育学院学报》。

周荣光：《食物网中种群数量变动题型的分析》，《中学生生物教学》。

·····2007 年 ·····

黄耀明：《浅谈多媒体在地理教学中的运用》，《地理教育》。

谢火荣：《新课程呼唤作业"四化"》，《中学化学教学参考》。

张莲珍：《政治课多媒体教学手段的运用》，《人文教育》。

黄辰斌：《浅谈新课程理念下的高中作文教学》，《读与写》；《追本溯源 提升素养——把课外阅读落实到高三总复习中》，《新课程研究》。

邱宏桂：《浅谈高三政治专题复习》，《教学与管理》；《政治主观题解题例析》，《中学政史地》；《浅谈作业评语的功能》，《新课程研究》。

邱丽芳：《新课标理念下的英语作业评语》，《现代教育理论与实践论坛》。

饶智荣：《浅谈新课程标准下的"问题教学法"》，《人文教育》。

沈君飚：《识破"陷阱"巧解题》，《高考·政史地》；《解读京杭大运河》，《历史专刊》；《漫谈古代君臣礼节的变化》，《历史专刊》；《图表类选择题问题方略》，《高考·政史地》；《鸦片战争与不平等条约》，《历史专刊》；《新文化运动"新"在哪里》，《历史专刊》；《警世钟——帝国主义瓜分中国的狂潮》，《历史专刊》；《高考历史首轮单元复习（一）》，《历史专刊》；《中国古代宰相制度的兴废》，《高考·政史地》。

吴　健：《作文开头第一句话写法示例》，《新作文》；《三个高度、三个关系、三个教育》，《中国教育科学研究》、《语文世界》；《新课标呼唤"五点式"美谈》，《语文世界》；《写出作文深刻的思路》，《新作文》。

吴　勤：《上海市二期课改高中语文学生学习用书》（一年级第二学期），华东师范大学出版社。

吴小平：《学习仪器配备目录搞好实验室的装备工作》，第二届中国教育教学创新成果一等奖。

陈子招：《尝试教学法在中学政治课教学中的运用》，《中学教学研究与实践》。

罗长忠：《激发问题意识 培养创新精神——浅谈实验教学中如何提高学生综合素质》，《海峡科学》。

邱丽芳：《麻辣英语》高考分册词汇手册编写，陕西师范大学出版社。

·····2008 年

陈子招：《尝试教学法在中学政治课教学中的运用》，《中学教学研究与实践》。

黄戊南：《学校德育工作有效性探索》，《福建教学研究》。

黄一文、李春招：《新课程化学教学的三反思》，《中国基础教育研究》。

邱宏桂：《把握重点 讲究方法 让政治试卷讲评课更精彩》，《福建教育》。

邱丽芳：《对提高英语课堂教学有效性的几点思考》，华东地区第四届外语教学研讨会。

吴　勤：《现代文阅读"导学式学案"教学法初探》，《语文教学与研究》；《语文研究性学习透视》，《新课程研究》；《让学生练就一双慧眼》，《作文教学研究》；《初中作文实验教程》，汕头大学出版社；《上海市二期课改高级中学教学参考资料〈语文〉》（试用本）（三年级第二学期），华东师范大学出版社；《上海市二期课改高中语文学生学习用书》（三年级第二学期），华东师范大学出版社。

吴　健：《作文快速构思方法》，《新作文》；《中学生语文学习五大习惯》，《新作文》；《考场作文段落写法揭秘》，《新作文》；《中学生语文学习五大习惯》，《新作文》；《记叙性散文快速构思之一、之二》，《新作文》；《联想丰富有文采，想象深刻有创新》，《新作文》；《高考作文命题调研与思考》，《新作文》；《〈荷塘月色〉的写作技法与考点训练》，《新作文》。

吴恒熙：《信息技术中培养学生创新精神》，《中国教育》。

周荣理：《截得的交线是怎样的圆锥曲线》，《成功》教育版。

黄辰斌：《如何将课外阅读落实到高三总复习中》，《教学与管理》。

黄耀明：《浅谈学生地理学习能力的培养——新课改地理教学中学生创新能力的培养》，《教育前沿》。

罗炳杰、黄一文：《2008年高考理综化学答题情况分析及教学建议》，《福建教育》。

童雅芳：*Impression of Our New Zealand Teaching Experience*，《学英语报·高中教师版》；*Our New Zealand Teaching Experience*，《奥克兰理工大学学报》。

吴金鸢：《生物教学中创造性思维能力的培养》，《龙岩学院学报》。

……2009 年

陈碧珍：《在中学语文教学中渗透传统文化》，《教育与教学研究》。

林小凤：《思想的高度决定作文的深度》，《素质教育论坛》。

邱宏桂：《中学集体备课在新课程实施中的问题与对策》，《福建教育》（"我与新课程"省第三届征文）。

邱丽芳：《英语报刊阅读教学辅助教学的新模式》，《中学英语教学与研究》。

邱丽芳、官福凤：《新课程背景下中学英语教学如何培养学生的跨文化交际能力》，《新课程研究》。

沈君飚：《〈历史上重大改革回眸〉在高考中的地位》，《当代中学生》；《近代西方思想解放运动比较》，《当代中学生》；《文艺复兴与启蒙运动的区别》，《当代中学生》；《北平和平解放》，《当代中学生》；《2010年高中历史总复习·学海导航》，首都师范出版社；《2010年高中历史总复习·优化设计》，西苑出版社；《试题调研·历史学科小专题研究》第2辑，新疆青少年出版社；《试题调研·突破高考难点100讲》（上下册），新疆青少年出版社。

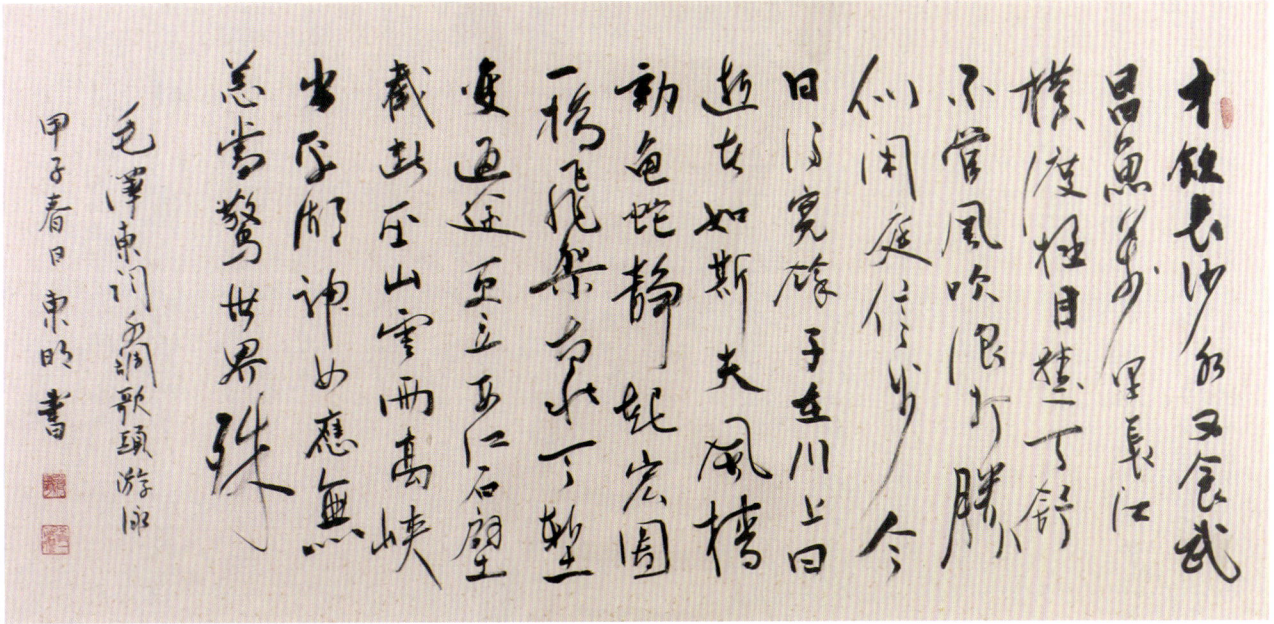

毛泽东《水调歌头·游泳》　　蒋东明

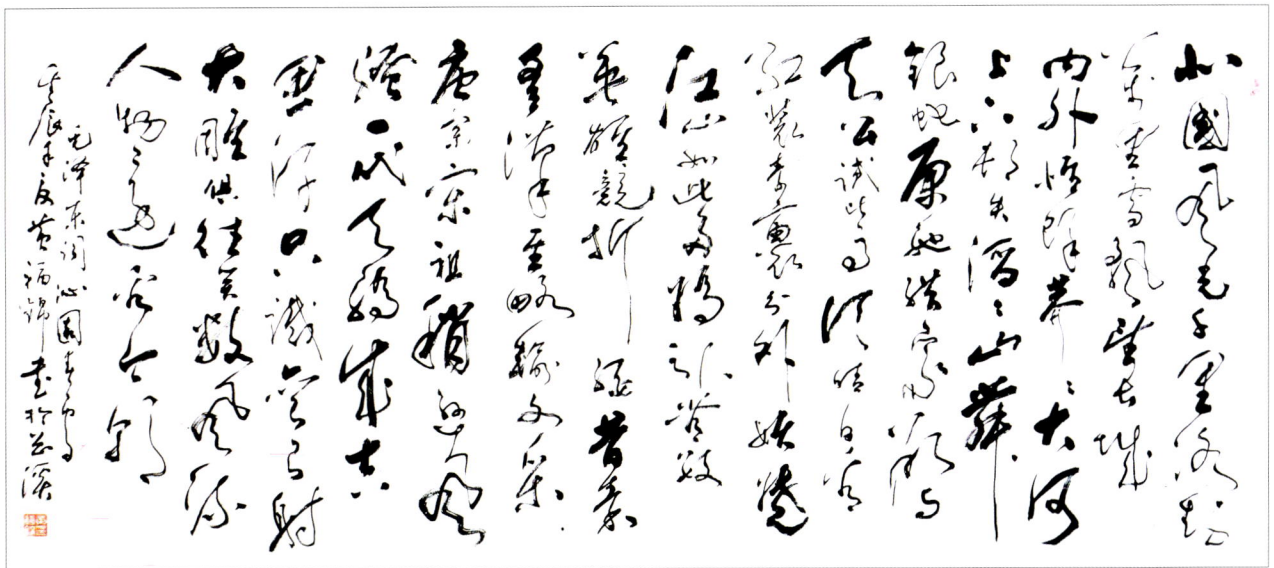

毛泽东《沁园春·雪》　　黄福锦

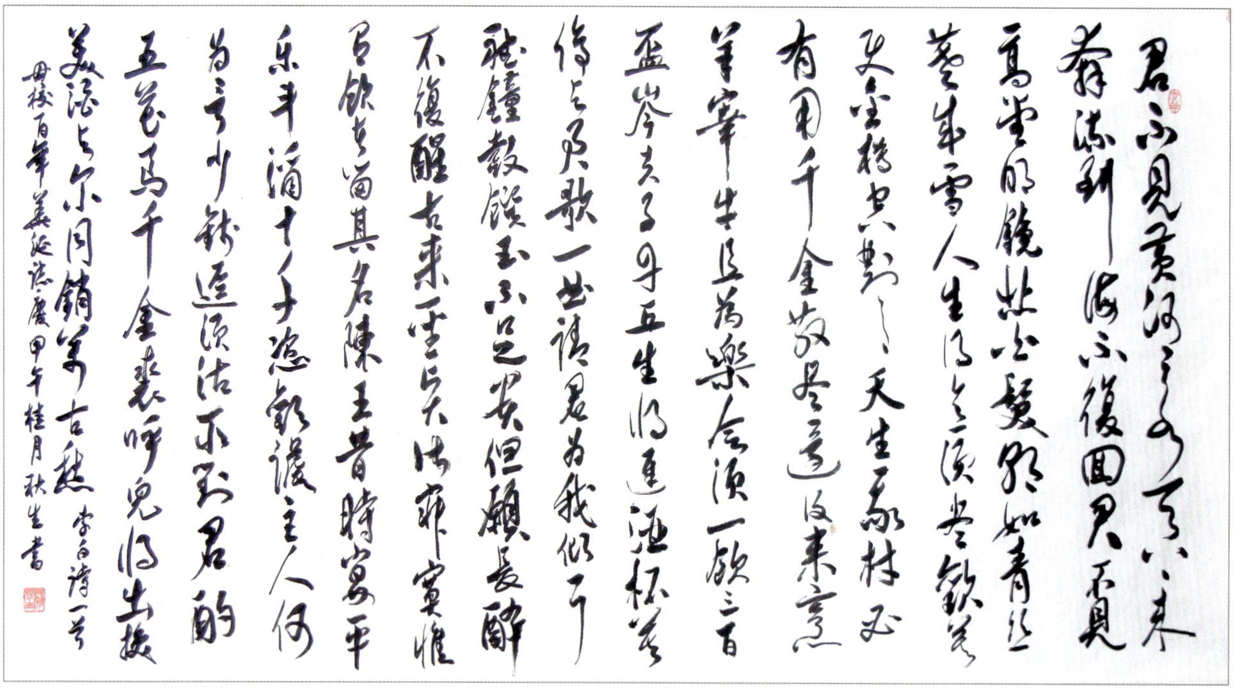

李白《将进酒》　罗秋生

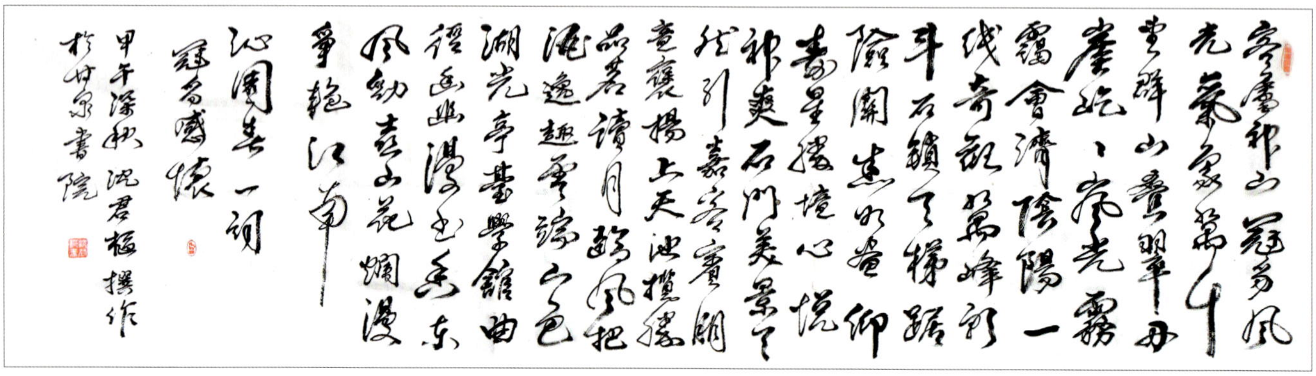

《沁园春·冠豸感怀》　沈君枢撰并书

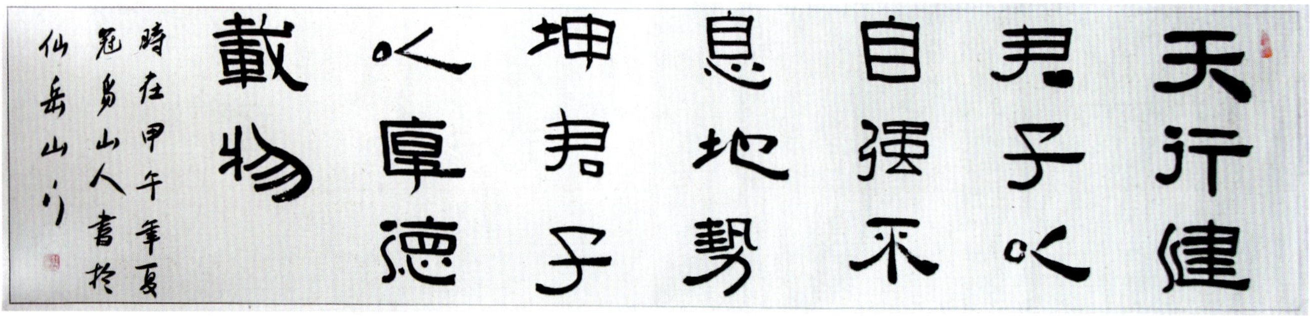

《易经》句　周兴栋

大江东去，浪淘尽，千古风流人物。故垒西边，人道是，三国周郎赤壁。乱石崩云，惊涛拍岸，卷起千堆雪。江山如画，一时多少豪杰。遥想公瑾当年，小乔初嫁了，雄姿英发。羽扇纶巾，谈笑间，樯橹灰飞烟灭。故国神游，多情应笑我，早生华发。人生如梦，一樽还酹江月。

苏轼词 赤壁怀古 丙戌年秋月 忠桂书

苏轼《赤壁怀古》　李忠桂

司马光《率真斋铭》　黄庆桓

《庄子》节录　周兴恒

一受其成形不亡以待盡·與物相刃
相靡其行盡如馳而莫之能止不
亦悲乎終身役役而不見其功荼然
疲役而不知其所歸可不哀邪
人謂之不死奚益其形化其心
與之然一可不謂大哀乎人之生
也固若是芒乎其我獨芒而
人亦有不芒者乎
庄子齊物論節錄
三月十六　興恒

美輪美奐令人心往神馳奇石為生命
為類甘泉湧其中瑩柏士其鑄瓷苔附
其表瑞氣發其里成地老天荒幸遇知
音脫深山出江河稟荒漠登大雅身價
倍增榮耀至極成陷深淵長眠靜鈜俏
身養性一朝問世桃差讓燕妒鶯慚
或歷寒曝凌雨震風隨波逐流遊減鱉
盡成沉江海滄海變桑田萬年重望身
奇石種靈毓秀自古為帝王將相文人
亘藝而青睞陶潛眠於醉石上曾送淵
明入硯鄉束坡卧於醒石米芾服袍
拜石文宗徽宗封石為盤固侯藝賞歸
來約與石為鄰有緣能覓得奇石善恩
方悟出韻味精品才熘熘生輝賞石清
心益智返樸歸真且樂於衷樂者健健
者壽壽為鼎福無怪手覓石者眾神哉
自然美哉奇石

甲午夏冠身山下
慶璠撰書

张若虚《春江花月夜》

春江潮水连海平，海上明月共潮生。
滟滟随波千万里，何处春江无月明！
江流宛转绕芳甸，月照花林皆似霰；
空里流霜不觉飞，汀上白沙看不见。
江天一色无纤尘，皎皎空中孤月轮。
江畔何人初见月？江月何年初照人？
人生代代无穷已，江月年年望相似。
不知江月待何人，但见长江送流水。
白云一片去悠悠，青枫浦上不胜愁。
谁家今夜扁舟子？何处相思明月楼？
可怜楼上月徘徊，应照离人妆镜台。
玉户帘中卷不去，捣衣砧上拂还来。
此时相望不相闻，愿逐月华流照君。
鸿雁长飞光不度，鱼龙潜跃水成文。
昨夜闲潭梦落花，可怜春半不还家。
江水流春去欲尽，江潭落月复西斜。
斜月沉沉藏海雾，碣石潇湘无限路。
不知乘月几人归，落月摇情满江树。

甲午之夏　项运洪书

张若虚《春江花月夜》　项运洪

冠豸赏石

奇石乃石中奇葩，上乘之奇石，纳六合之精英，汲山水之灵秀，聚四时之瑞案。沐日川之光华，成万象于方寸，荟奇趣于一身。奇石千姿百态，巧夺天工，图整色艳，如丹青妙手，或叠嶂越横生，或绘花草树木，婀娜紫嫣红；或临田园村落，怡静优雅，或崚嶒峋俊峭，或湍清溪流潺潺，或排空惊浪簇吞山河，或映碧波连游浮，光鳞鳞，或见日月星辰璀璨闪耀，或人事典故，婀娜动听，或写抽象，夸张叙灵动洒脱，或娓娓动听，出物化石，古拙凝重，或落天外飞顷，或击罕音稀贵，或泷地慢熔流斑驳莹微，或呈玉音金声悦耳清别，透温文尔雅千般。物象彩神兼备，惟妙惟肖，黑黝如墨，白纯似雪，黄灿类紫，红艳赛丹，蓝澈碧空，缘翠葱茏，景致如诗如画，使人心旷神怡。赏地温润如肤，让人如痴如醉，神韵……

冠豸赏石　陈庆璠撰并书

摄影

罗丹摄影作品

罗丹，女，1947年生。1965届高中校友，北师大毕业。

无题

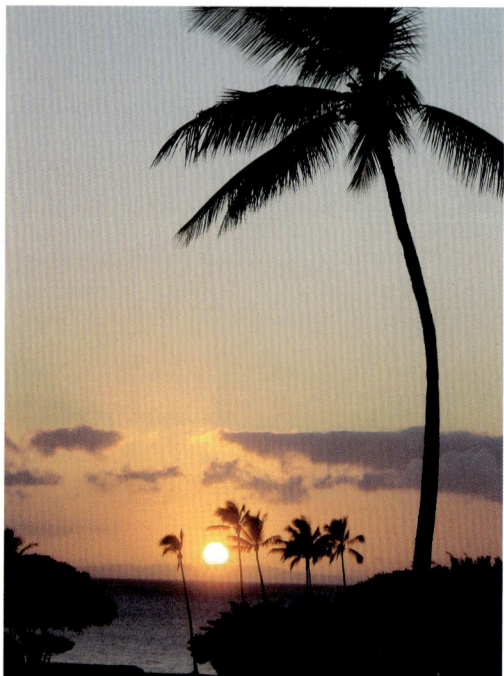

日出

剪纸

吴群英剪纸作品

吴群英，女，1953年生。1972届连城一中初中毕业校友。退休工人。酷爱剪纸艺术。近年所创作《清明上河图》剪纸作品宽0.55米，长12.6米，在同类剪纸作品中，居福建之冠，全国之亚。

马到成功

清明上河图（局部）

感恩篇

人生在世，安身立命，需要感恩的东西很多，却都离不开天地国亲师五字。天和地是自然环境，亲和师是人文环境，国是自然环境和人文环境的综合体。离开这些，我们一刻也不能生存，更谈不上发展，谈不上幸福和快乐。缘此，母校百年华诞之际，编者特辟此栏目，以表达校友们的一片感恩之心。

人一定要懂得感恩。感恩是一种善良的人性，是一束自勉的火光。通往天堂的路是用感恩的心铺就的。谁有此心，谁就会发现更多的美，创造更多的美。

校友们，让我们将它永远地保持下去吧！

连 城 一 中 琐 记

童庆炳

不远处是远近闻名的雄奇的冠豸山，旁边是闪着光和影的池塘和水田，那座有着高高的台阶的园子就是连城一中的校园了。这是60多年前留下的印象。我是一个贫苦农家的孩子，当年能进入连城一中初中读书纯属偶然。

我的家在莒（ju）溪乡，偏僻、贫穷、落后，而那里的山水却十分秀丽。当我从莒溪小学毕业后，我和我的小学同伴都带着自卑的心理去考连城一中，我想，莒溪小学在偏僻的山沟沟里，我们的学习水平肯定不高，去考试也许只是碰碰运气而已。那是1949年，共和国快要成立，但连城还没有解放。全县只新招收初中生40名，而考生则有400多名，虽不是百里挑一，也是"十里挑一"吧，连城一中的门会向我们开吗？连城一中教室里的座椅能有我们的份吗？发榜的日子到了，我和我的同伴翻山越岭来到县城。在当时县城北门连城一中初中部的马路对面，在一个高高的布告栏上，那里如期张贴着一张红得耀眼的录取榜。看榜的人互相推搡着，嚷叫着。红纸上只有40个名字，还排了序号。我不敢相信我会名列前茅，所以我读榜的时候，是从最后一名开始往前读的，第40、第39、第38、第37，没有，心往下沉，第36、第35、第34，还是没有，心继续往下沉，我几乎没有勇气往前读……这时候，我的几个同伴不约而同地叫了起来，"童庆炳，哎，在这里，你第三名"。我半信半疑，连忙往前看，真的，"第三名"下赫然写着"童庆炳"的名字。立刻，我心中的幸福感几乎要泛溢出来……就这样，我跨进了连城一中的校门。

可家里太穷，太需要我这个刚刚能干活的劳动力。刚读完一年级，父亲不得不让我辍学。我不情愿地回家放牛、挑柴、插秧、耘田、割稻，但我想回连城一中，我常坐在家门口的高高的门槛上，望着层层叠叠的远山，向往读书，向往山外边的世界，平原啊、草原啊、泰山啊、长江啊、黄河啊，还有那富丽的北京城，那时候我还不敢想世界之都的巴黎，还有伦敦、罗马、莫斯科、纽约……还有亚马逊河和好望角（如今我去过的地方何止这些）。那时我心中的"连城一中"真像奥地利作家卡夫卡笔下的"城堡"，"城堡"就在眼前，可进不去，无论如何进不去。在家里干了半年活，也闹了半年要复学，终于在祖母的帮助下，我回到连城一中的教室。我永远难忘祖母用她那积蓄了一辈子的准备给自己买棺木的四块银圆，燃起了我重新读书的梦。求学的道路是曲折的。可当我上连城复学的那天，那种高兴是无法用语言来形容的，阳光那么明媚，山景那么清丽，似乎通往县城的窄窄的山路也变得宽阔起来了。

连城一中老师是难忘的。我记得林锡祺老师给我们讲语文课，他刚从厦门大学毕业，年轻、帅，还有一位漂亮的妻子。他是璧洲人，他的老家与我的村子只有五里路。他用他带有一点璧洲腔的普通话，朗读着课文，分析着课文，把我们领进文学的情感世界，我第一次感到了文学的魅力。讲几何课的是吴大钊老师，也是我喜欢的老师之一。他讲的是几何，那逻辑力量征服了我小小的心灵。我在他的指点下，喜欢上了数学。一道证明题，别的同学一般只能找到一种证法，我却能找到两三种证法，那奇妙，那得意，那愉快，至今不忘，虽然那些几何题目已完全忘了。黄盛鑫老师是我们的班主任，还是历史课老师，他特别关怀我，给我许多照顾。他讲的历史课具体而生动，使我第一次获得一种历史文化是人类不可或缺的那种认识。早些年他特地来到北京，我接待了他，还特别请一位博士研究生带他去他想去的长城。还有政治课的江兴坤老师，记得他当时还兼任校长，常听他充满革命新词的讲话，他也年轻，充满活力，话语很能感染人，他那样子至今仍在面前晃动。对于一个学校来说，还有什么比有这一群有道德、有丰富知识、有特点、有吸引力的教师更重要呢？

连城一中集体生活是有趣的，可以说贫穷而有趣。吃饭的办法是个体式的，自己的小蒲包，自己往里装几把米，自己带咸菜；但在个体方式中又带有集体印记，大家的蒲包都要放在同一个大蒸笼里去一起煮，咸菜也在蒸笼里一起热。吃饭的时候个人找自己的蒲包自己的咸菜，但大家站在桌子旁，你吃我的咸菜，我吃你的咸菜，根本不分彼此，似乎总是别的同学的咸菜好吃。到了星期六下午，米和咸菜吃完了，都要翻山越岭回家要米要咸菜。几个同村的同学结伴而行，边走边说笑，游山逛景，有泉水解渴，有山果充饥，鸟鸣婉转如音乐，远村历历如图画，美得不能再美，从县城到莒溪的六十里山路，一溜烟就到了。在我们的字典里从没有"累"这个字。星期天下午，再背着新的米和咸菜，开始新一周的日子。记得当时学校宿舍紧张，我们一个班住在一个教室里，通铺，人挨着人，像罐头鱼那样挤着，大家相安无事。如果有一个人放一个响屁，满室的同学就会开怀大笑，有的同学会跳起来，做出各种新鲜的动作，那快乐热闹绝不比现在的什么"派对""舞会"或"蹦迪"差。偶尔我们也结伴去游离校园不远的冠豸山，不收门票，无拘无束，高声说笑，随便攀岩，野趣无限。在连城一中我与同学的友情无比纯朴真诚。现在哪里再去寻找这种有趣的日子和难得的友情呢？

我在连城一中前后只读了两年半的书，1953年就到龙岩师范学校继续求学去了。但我从连城一中开始了我的教学和学术之旅。连城一中给我以知识的乳汁，教我以做人的准则，还有那发愤、温暖、尊严、活泼、开朗、勇敢等许多文明品质的熏陶，都成就了我日后永远用不完的财富。连城一中，感谢你！在你百岁诞辰的时候，深深地祝福你！

注：本文作者为北京师范大学资深教授。作者2004年6月23日草拟此稿，2014年冬日又改了几个句子，是为纪念连城一中百年华诞。

兵荒马乱中的师生风采

——县中、明耻、一中生活回忆

罗滔

1946年秋，我（原名罗道濂）从莲峰小学毕业后，考进县立初中。1949年秋，升入明耻高中。1951年春，县中、明耻合并，我又成了一中的学生。1952年春，因班级人数过少，全班并入长汀中学，在汀中毕业。

我的中学时代，是一个兵荒马乱，去旧迎新的革命年头，在连城先后经历了国民党败兵过境、闽西人民起义、军事代表团进驻连城、"自由军"围攻县城、二五三团来连剿匪以及土改镇反等重大政治事件。处在这样一个大动乱和大变革时期的县中、明耻、一中师生迎风起舞，演出了一出出生动活泼的活剧。如今，回忆起这段六十年前的往事，仍是心动不已。

一、县中三年

四方学子　群聚一堂

连城县中成立于1942年秋，除招收本县学生外，邻县的长汀、清流也有不少人前来就读。就以我1946年秋季班来说，至今还记得起名字的同学有城关的我、吴振发、吴大增、吴运福（吴立东）、罗永涛、罗尚义、罗道椿、李秉信；隔川的陈瑞英、陈雪瑜、陈家灿；北团的揭长庚、揭业汉、揭业权、邓启水；文亨的罗柏齐、罗木生；莒溪的罗福树、罗熊开、罗启津、罗克文、罗道辉；陈地坝的邓生元；新泉林屋坪的林汝光；揭乐的揭象祯等。还有来自长汀四堡的马传书、马恒驰（马奔）；长汀岩头的罗扬升、罗鸿模；清流李家的李恕、古坑的罗鹏飞、官坊的上官正经等。连城县中成了当时四方学子求学的首选之地。

这些来自四面八方的同学，带着不同的土语来到学校，在课堂上讲着南腔北调的普通话，在课后则用自己的方言交流。来自邻县和乡下的同学，除少数在学校寄宿外，多数住在亲友家或在外面租房子住。在学校里，大家不分县份，不讲乡镇，亲如一家地共同接受老师的教诲，勤奋学习。

那时的中学生，不论城里的还是乡下的，生活都十分清苦。城里的同学，回家吃着粗菜淡饭，乡下的同学则要在星期六回家拿米带菜，吃的是罐子饭，菜是自己从家里带来的豆酱干、酸菜、萝卜干，只有逢年过节才能吃上鸡鱼鸭肉。大家穿的都是粗布衣服，剃光头，热天打赤脚，冬天穿单裤。上课用的课本大多是向上一班的同学借的，一支铅笔做数学，一支毛笔写作文，圆规、三角板、量角器常常两人共用一套。晚上点的是小小的煤油灯，在豆大的灯光底下读书写作。虽然大家都很勤奋，但学校考试非常严格，期末成绩不及格的，下个学期初补考，三科补考不及格就要留级，因而每个学期都有人留级或中途辍学，每个班的同学都是一期比一期少。有的班级学生流失严重，到毕业时往往只剩下初一入学时的一半。

名师荟萃　教导有方

连城县中之所以成为四方学子云集之地，除去地理条件和收费低廉外，主要是因为她有一支学识渊博、教导有方的教师队伍，让学子们慕名而来。

连城县中的教师队伍主要由三部分人组成：一是清代宿儒和社会名流，如罗莲舫、童近宸、林振斌；二是当时凤毛麟角的大学生，如吴运启、李葆中、罗诚端；三是高中或师范毕业的高才生，如谢尧孙、谢济中、罗明机。他们都是师德高尚、治学严谨、教学有方的连城教育界的精英。那时的教师队伍流动性较大，连续教满三年的不多，多数只教一年，少数只教几个月。记得初一时有个女音乐老师叫赵勤，上海人，歌声很优美，人也很漂亮，学生很喜欢，但她教了两个月就回上海去了。在最后一节课上，她深情祝福我们前程远大，叫我们以后去上海找她，让我们这些孩子们十分感动。

在我就读的三年里，校长是吴运启，教导主任是罗盛君、罗诚端，训育主任是朱增光、罗培春。记得起来的科任教师，有国文老师罗莲舫、李忠钊、林振斌；数学老师杨怀祖、吴大钊；英文老师李安澜、韩爱莲；历史老师罗启向；物理老师罗培春；化学老师傅蔚涛；音乐老师谢尧孙、谢济中、赖丹；绘画老师陈世德；体育老师罗贵诚、钱昌堃等。语、数、英、史、地、理、化、生老师业务精通自不必说，图、音、体老师也是技有所长。如谢尧孙老师会唱歌，会演戏，连续唱两个小时喉咙都不会哑；谢济中老师精于乐器，陈世德老师擅画公鸡，赖丹老师文采出众，是《连城简报》的主编。老师们学识渊博、循循善诱、严格灵活，在学生的心里，他们都是一棵棵永不凋谢的长青树。下面仅述其中几位老师在我心中的深刻印象：

罗莲舫先生是全校学生最敬佩的国文老师。他是清代举人，当过县令，还在北伐军中当过旅长，上过战场，几十年走南闯北，生活阅历十分丰富，曾为连城县中的创办奔走呼号，是一位德高望重的社会名流。他在县中教书时，已年近古稀，高高的个子、花白的胡子，上课时拿着一根长烟竿往讲台上一坐，就用那从广西带回的西南官话，抑扬顿挫地讲起课来。他讲课不是照本宣章、寻章摘句，而是根据课文的内容，把他亲见的北京的城墙、西藏的风雪、战场的烽火、名人的逸事和书本上根本找不到的个人亲身经历都结合在课文之中，让学生听得竖起双耳，直到下课都不知道，有时还插上一两句文亨土话，画龙点睛，引得学生哄堂大笑，人人都说听莲舫先生讲课是最生动的艺术享受。他的夫人韩爱莲教我们英文。韩老师文雅清秀，说话细声细气。她毕业于香港英文专科学校，语音清晰、纯正，听她读英语，犹如在听轻音乐，行云流水，娓娓动听，个个称赞。莲舫先生的讲课方式对我影响很深，我后来当中学语文教师，喜欢模仿他的方式，把自己读书的体会和亲身的经历加进课文的有关部分，以增强语文课的吸引力。

赖丹老师原是教唱歌的，国文老师李忠钊请他改作文，因此他就成了我初一的作文老师。他第一次打我的作文是85分，第二次作文就打到了90分，并且在批语中用"士别三日，便当刮目相看"的古语来鼓励我。当时的我，还未能理解这句古文的含义，但已可领会他是鼓励我要继续努力，告诉我在写作上大有可为。因此，我在中学阶段一直爱写作文，这也为我在大学毕业后搞业余创作奠定了基础。如果说莲舫先生是我后来讲课的榜样，赖丹老师就是把我引上写作之路的导师。

吴大钊老师是教数学的。他备课非常认真，手写的备课册是厚厚的一本。他讲课简明扼要，深入浅出，很受学生欢迎。其他科作业不多，只有他的数学每次课后都有作业，而且每本作业他都收去认真批改。记得有一次发作业本时，我看到自己做错的竟有三分之一，而这些做错的地方，吴老师都用红笔改正了。吴老师为了我的作业花了多少心血啊！我惭愧地低下了头，久久不敢抬头看老师。他的认真行为，让我后来对学生交来的作文也能做到每文批改，并写好批语，因此，我的作文课也像他的数学课一样受到了学生的欢迎。

罗培春老师是训育主任兼初三物理老师。白天他事务繁忙，备课时间全在晚上学生熄灯之后。他从图书馆找来《万有文库》，按照"天""地""人"三个字编写三个专题讲座，讲得十分生动有趣。下课时，我们跑上讲台去看他的讲稿，厚厚的一本，全是密密麻麻的毛笔小字。《万有文库》本来就是精华，经过他的提炼，就更加精粹了，所以人人都爱听。在他的影响下，我也去图书馆借了几本《万有文库》来看，获益颇多。

"夫子循循善诱"，当年连城县中的老师就是这样以言传身教的方法，引导我们走进知识的王国，他们的恩情我们永远铭记，永远感谢。特别值得我永远感谢的是校长吴运启。吴校长虽是北京朝阳大学的毕业生，但衣着朴素，平易近人，一点儿也没有校长的架子。当时的中学生每个学期要交120斤学米，但我家境贫寒无法筹措，无奈之下，硬着头皮去找吴校长请求免交。吴校长说："别人不行，但你是第一名，就给你免了！"我高兴地连忙敬礼致谢，他又补了一句："只要你年年考第一，我年年都给你免！"校长的关心爱护给了我努力奋进的力量，结果，我不负期望，每个学期都名列第一，因而三年初中没有交一斤学米。我后来能够读完高中、考上大学，当上人民教师，全靠吴校长当年的格外施恩，不然，我这辈子大概只是一个市井平民而已。吴校长对我的恩情可以说是重如山岳，深过海洋，说多少的感谢也不够！

课外活动　丰富多彩

连城县中的校址设在文庙。文庙的正殿作礼堂，每周在这里开两次大会，其他时间作教室用。正殿两边的回廊是教室和教师宿舍。正殿大门的左边是图书馆，右边是办公室。文庙左边还有一个小院子，是旧礼乐局所在地。里头有一座两层楼房，上下各有两间教室，厨房和食堂也在这个院子里。操场在正殿后面，升降旗和体育课都在操场上。这样的校舍虽然简陋，但课外活动却很活跃。一是因为老师布置的作业少，二是考试题目都是问答题，即使"平时不烧香"，"急时抱佛脚"也还来得及，许多同学都是到临考前一两周才来挑灯夜背，平时不愁没有活动时间。当时的课外活动主要有以下八大项：

（一）出墙报。每逢各种节日，各班同学都在教室外的墙壁上贴上一版墙报。学校虽不搞什么评比，但各班都在暗地较劲，谁也不甘示弱，因此一般都能做到图文并茂、字体端正、内容丰富。

（二）看书报。学校图书馆有一整套王云五主编的《万有文库》，天文、地质、生物、理化、文艺，应有尽有，同学们可以去借。我在罗培春老师的启发下，也去借了几本天文、地质、生物的书来看，使我在初中时就懂得找天空的北极星和牛郎织女星，懂得地球的大体构造。有一本讲进化论的书，叫《鸡生蛋还是蛋生鸡》，让我知道人类进化的大体过程，书名至今难忘。

（三）学乐器。星期天或晚上，几个要好的同学在一起拉二胡、吹笛子、弹秦琴、演奏《孟姜女》之类的民间小调，这是当时相当普及的文艺活动，很多同学都会一两手。

（四）开晚会。我们每个学期都要开一两次晚会，舞台就在文庙正门的门厅，挂上两重布幕就可以了。面对门厅的"大天井"比门厅低三尺左右，这就是观众的座位。表演的节目有唱歌、乐器合奏、杂技和自编自演的"活报剧"，演员大多是初三年级的同学。

（五）看球赛。当时有县中、明耻两校学生的篮球赛和两校教工的排球赛。篮球赛在体育场举行，双方旗鼓相当，打得十分激烈。明耻中学陈汉铮的三步上篮和县中罗永熊的远距离投篮常常获得观众的喝彩。排球赛大多在两校的操场上举行，当时打的是九人排球，主要得分靠一排中和二排中两人的轻吊、快搬，不太激烈，观众大多为两校替老师助威的学生。

（六）远足。学校组织的"春游""秋游"，当时一律叫"远足"。每学期都有一次，由学校统一指挥，地点大多是冠豸山。大家早上8点钟出发，到了山上，分散活动，下午各自回家。最远的一次是去清流灵地的大丰山。那是初二的时候，由罗培春老师任总指挥。我们早上8点出发，经过北团到清流的李家、古坑，到官庄吃中饭。饭后向大丰山前进，到山脚下，天已全黑了。大家就摸黑上山，到了半夜才到山上的大庙里，个个都累得腿酸脚软，精疲力竭，一躺下去就起不来，听着外面的山风把屋顶的铁瓦吹得叮咚作响，不知不觉就呼呼睡着了。第二天一早起来，只见满山云雾弥漫，五米外的东西都看不见。我们去山顶看日出没看到，去棋盘山看棋盘也不知在哪里，直到中午才看清庙顶上的屋瓦是又大又长的铁瓦。原来大丰山是"大风山""云雾山"，难怪那么神秘。在山上吃完午饭后，我们就下山回校。回头马，跑得快，大家一路小跑，晚上8点钟全部回到学校。这真是一次难忘的"远足"。

（七）童子军露营。当时的初中生都编为"童子军"，有黄色的军装，有专门的童军课本和专职的童军教员。每天升降旗都按童子军的组织排队。最热闹的是每年一次的童子军露营，初二时我去过一次，地点在西门外的石子山，由钱昌堃老师任总指挥。石子山上有一块相当宽阔的平地，周围都是陡坡，易守难攻。队伍到了之后，头一天是砍松枝叶安营扎寨，一个班级一个帐篷，自己做饭烧菜，每个晚上都要轮流守夜，捕捉来"偷营"的人。来"偷营"的大都是明耻的学生。到明耻童子军露营的时候，就由县中的学生去"偷营"，大家都是"知己知彼""彼此彼此"，不敢太动真格的，大多只是呐喊恐吓一番而已。露营时间共五天，同学们一个个熬得两眼通红，收队之后，回家大睡两天才去学校上课。

（八）举办辩论会。辩论会由初三同学举办，全校学生都去听。论题是物质与精神的关系。甲方论点是"先有物质后有精神"，乙方是"先有精神后有物质"。甲方主辩是吴大春，男生；乙方主辩是吴亚凤，女生。双方唇枪舌剑，争辩得十分激烈，令听众们赞叹不已，尤其是吴亚凤，更是"英姿飒爽"，语出惊人。这是其中唯一的一次辩论会，令我至今记忆犹新。

以上这些课外活动很好地补充了课堂教学之不足，锻炼了学生的体力和工作能力，可以说是简而不陋，寓教于乐。

1949年上半年，国民党政权已经摇摇欲坠。一百元的法币变成了一块钱的金元券，物价飞涨，民不聊生，社会一片混乱。这段时间从淮海战场上败退下来的国民党刘汝明兵团和胡琏兵团的残兵，两次从连城过境。他们抢劫财物，拉夫抓丁，学校已无法正常教学，于是在六月份提前毕业，结束了三年的初中生涯。

1949届的县中毕业生，除少数回家待业外，大部分都是升学。一部分人走进师范，毕业后成了连城小学教师的骨干；一部分人升入明耻高中部。读高中的同学多数在1951年参军参干，成了连城县的党政干部，少数人在1952年毕业于长汀中学，考上大学。

二、高中三年

1949年秋，我以第一名的成绩考进了明耻中学高中部，高中的学费是240斤学米。无奈之下，我又去找童庆鸣校长请求免费。童校长也和吴运启校长一样，爱生如子，一口答应，还推举我当学生会主席。当年的高一新生共有40多人，大部分是县中、明耻两校的初中毕业生。

明耻中学的教务主任是李葆中，训导主任是罗贵榕，总务主任是林寿朋。科任老师有语文老师罗贵榕，英文老师韩爱莲、李安澜，历史老师陈毓洪，生物老师林昭容，音乐老师谢济中，体育老师钱昌堃，政治老师张福成，数学老师张明锦等，可谓人才济济、师资雄厚。

兵荒马乱过高一

1949年下半年到1950年上半年的连城县是兵荒马乱的一年。先有刘汝明兵团的败兵过境，后有胡琏兵团的蒋益来当县长。蒋益抓了连城的一批壮丁逃往广东以后，就出现了"乱世英雄起四方，有枪便是草头王"的局面。乡下的匪首恶霸纷纷"揭枪而起"，三五十条枪的称营长，一百条枪的称团长，今天这个团长带兵来，明天那个团长带兵到。到了1949年11月6日，由广东梅县来了军事代表团45人，正式接管了连城县政府，成立了六个区人民政府，并把连城北大街命名为"一一六"路，以纪念连城的解放。但军事代表团只能控制县城，广大的乡村仍为土匪武装盘踞。1950年4月，台湾派来的唐宗，在连城莒溪、文亨交界的清风山，建立了所谓的"自由军司令部"，在闽、粤、赣边境地区组建了37个纵队。连城的土匪头子纷纷投靠唐宗,当上了"自由军"的纵队司令、团长、连长、排长,他们杀人放火、抢劫钱粮,袭击区政府,两次攻打县城,一时间连城的上空乌云满天,妖雾弥漫。

在这种极为混乱的状况下,明耻中学仍然正常上课。李葆中、罗贵榕两位主任都亲自上课,科任老师也是一丝不苟。张明锦老师的每一堂课都认真讲授,布置练习。历史老师陈毓洪自己编写了一大本讲稿,他那洪亮清晰的声音,给我留下了深刻的印象。还有李安澜老师教英语,谢济中老师教二胡,都得到了学生的欢迎。明耻、县中的老师还经常举行排球赛,增进两校的友谊。由于时局混乱,学生的流动性明显增加,乡下的同学有时来有时不来,到了高一下学期结束时,40人的班级只剩下一半人了。

虽然形势严峻,明耻中学的师生仍然政治热情高涨,如集队到东门外马路边欢迎警备团的队伍进城,到中山纪念堂前听军事代表团副团长陈梅光的政治报告,在街上贴标语搞宣传活动等,都表现了高涨的革命激情。

欢欣鼓舞迎大军

1950年秋,明耻中学照常开学。开学没多久,就发生"自由军"围攻县城的大事。几十名"大刀会"头裹红巾,口含符咒,喊着"刀枪不入",从南门头的正街向县政府进攻。守城的县大队在县长马力的指挥下沉着应战,打死一名"大刀会",其余人员见"刀枪不入"的符咒不灵,才仓惶逃去。连城人民急盼解放大军早日到来。

1950年11月中旬,解放军253团从海防前线开来连城剿匪。解放大军一到,"自由军"倾刻间土崩瓦解、四散奔逃。学校师生欢呼雀跃,敲锣打鼓到东门外马路两边列队欢迎大军的到来。过了两天,团政委张茂勋就来明耻中学礼堂向县中、明耻两校师生作政治报告,让大家看清了大好形势。没多久又传来好消息,"自由军"总司令唐宗已被解放军活捉。解放军很快就送来一本叫做《活捉唐宗》的活报剧,叫我们排演。谁演唐宗好呢?当时我们班里有一个转学来的武平人林举烈,他讲的话跟连城人的不一样,唐宗是四川人,讲的不是普通话,于是大家推举林举烈去演唐宗,其他次要角色就由本县同学分担。《活捉唐宗》在中山纪念堂演出时,挤满了观众,反映很好。接下来是两校师生参加土改队,跟解放军一起到基层开展土改、反霸和镇压反革命的斗争,报名的同学很多,有一半集中在土改文工队,我当时也参加了土改文工队。

土改文工队的队长是谢尧孙老师,副队长是张文烈老师,队员全是明耻县中的同学。队员们穿着解放军的军装,打着背包下乡巡回演出,吃的是大锅饭,睡的是稻草铺,每走到一个地方,下午贴标语,晚上就演出。演出的剧目主要是《穷人恨》,由队长谢尧孙演苦大仇深的老贫农王仁厚,李美招同学演王仁厚的妻子,我演王仁厚的孙子小栓。我的戏不多,大部分时间是在幕间给黄仁厚提示台词。这出戏是歌剧,谢老师几乎从头唱到尾。《穷人恨》演出非常成功,有力地推动了土改运动的开展。在土改文工队中,明耻的同学有罗永材、罗永湘、吴振斌、沈文生、蒋生源、江道元、谢贤安、李子群等,县中的同学有黄培生、郭淑仁、李文生、杨兰清、谢金兰、李孟门、吴大治等共三十余人。1951年元旦后,文工队解散,队员们分配到各区工作队去,我去罗坊区公所给区长当"翻译"。区长是253团的侦通连连长,他说的是苏北话,老百姓听不懂,老百姓讲的乡下话他也听不懂,因此不论是开大会还是审讯犯人都由我在旁边"传话"。1951年3月,"翻译"的事告一段落,我才回到学校读书。在这段时间里,两校师生积极响应号召参军参干。

我班李瑞英、罗永涛去参军，罗鹏飞、邓生元、罗福树去参干，我回校时，两校已合并为连城一中，我继续当了一个学期的学生会主席，在生指会主任张文烈的具体指导下开展各项活动，并有幸被选为连城县首届人民代表大会的学生代表，参加了首届连城县人民代表大会。

连城一中气象新

两校合并后的连城一中，由马力县长兼任校长，江兴坤任副校长，主持学校工作。江副校长是厦门大学毕业的大学生，有胆识、有魄力，在他的主持下，连城一中的校园里出现了一派欣欣向荣的新气象。

一是师资力量空前强大。在江副校长的主持下，学校聘请了李葆中、罗贵榕、钟如松、林锡祺、林静文、李拔材、张明锦、韩爱莲、李安澜、黄盛鑫、罗美焕、张文烈、林炳辉、傅蔚涛、林昭容等一大批大学生为教师，不是大专生的也都是学有所长、久经考验的良师。教师队伍空前强大，为连城一中的发展打下了坚实的基础。

二是开始进行教学改革。为了提高课堂教学质量，江副校长亲自在我们班举行一堂政治科观摩课，理论联系实际，深入浅出，生动活泼，获得了师生的一致好评，推动了各科课堂教学改革的开展。

三是发动劳动建校。为了解决校舍狭窄的困难，江副校长组织全体师生到离城十里的园岭上原连城师范旧址，把那里的砖瓦木料运回来建校。大家每周六下午一齐出动，挑的挑、扛的扛，干得热火朝天，连瘦小体弱的英文老师韩爱莲也跟同学们一起去搬运木板，真是人人动手，个个出力，谁也不甘落后。

四是组织宣传队下乡演出。由谢尧孙老师带领，我们到姑田等乡镇演出了《血泪仇》歌剧。主角由谢老师自己当，我当时是一名小配角。售票所得全部捐献抗美援朝。

1951年秋，我进入高三上毕业班，班主任是物理老师林炳辉，其余分别为政治老师江兴坤、语文老师钟如松、数学老师张明锦、历史老师黄盛鑫。为了更好地复习，全体同学晚上在学校寄宿，学习搞得有声有色。没想到期末接到龙岩地区的通知，我们这个班因人数太少，要合并到龙岩一中去，当时我们班只有15人。

汀中毕业上大学

1952年正月元宵节后，我们10位同学挑着行李"长征"去龙岩。原本班上有15人，有3人不去，1人后去，1人从武平去，所以只有10人同行。我们第一天走到朋口，第二天走到林汝光同学新泉林屋坪的家里，第三天半夜走到龙岩的将军庙，第四天走到龙岩，走得脚都肿了。到了龙岩，大家刚松下一口气，可地区教育局的女科长说，龙岩一中人数已满，你们要到长汀去。我们说要去长汀，为什么不早通知，现在我们的脚都走肿了，怎么去？局长说用汽车送你们去。于是我们又坐车去了长汀中学，加入了汀中的高三下班。该班原有25人，加上我们11人，共36人。

第一次离家外出读书，想家想得要命。1952年清明节放假一个星期，连城的同学结伴回家。早晨5点钟从汀中出发，取道童坊小路，越过苦马岭，日行百里山路，晚上10点钟走到罗坊区公所住下。第二天翻过西山，两个小时就到家了。7月毕业后我们到漳州集训，然后在那里考大学。那年福建省只有福州、漳州、南平三个考点，龙岩、晋江（泉州）、厦门的学生都在漳州考。连城去的11人，除1人因身体条件不合格外，其他10人全部录取。填志愿时，大家都不想在本省，都往外省跑，结果是我、林汝光、吴振斌去了北京，沈君河、伍宗韶去了上海，吴大顺去了南京，吴运东、罗尚义去了杭州，林举烈去了唐山，张芳赐去了安徽，全都如愿以偿上了大学。我从北京中央民族学院语文系毕业后，去广西教了23年书，于1980年回到家乡，1983年到一中当一名语文教师，直到1993年退休。同一年上大学的同班学友多数在外地退休，如沈君河、吴振斌在陕西，伍宗韶、罗尚义在上海，吴运东在福州，张芳赐在昆明。当年土改文工队的队友或是去参军的同学也有许多在外地退休，如李瑞英在无锡，罗永涛在南京，杨兰清在上海，罗永湘在武汉，黄培生在山东，李孟门在福州。虽然时光已过了六十年，老同学们仍常有书信往来、电话联系，在旅游时更是互相访问、畅叙友情，共享"古今多少事，都付笑谈中"的乐趣。

"悠悠岁月，说起当年好困惑"，时光流水，洗得青丝成白发，一转眼已到了耄耋之年。时光催人老，忆旧变年轻。每当老朋友灯前聚首之时，大家总喜欢重叙当年同窗之往事。这时候，那峥嵘的岁月、恩师的慈颜、同窗的笑脸就一一浮现在眼前，令人欢欣，令人叹惋。时近母校百年华诞之际，回忆新中国成立前后求学之往事，敬撰此文，以感谢母校对莘莘学子的栽培和恩师对我们的厚爱，希望它能为母校这棵参天大树的百年巨史添上一片绿叶。

注：作者为1949年县中毕业校友，一中高级教师，客家语言研究专家。

东台四梦长追忆

罗道谋

今年（2014）是母校——连城一中第一个百寿年，也是我生九十之年。一个日薄西山的耄翁，能躬逢一生只能一遇的母校百龄庆典，实是幸中之幸，喜中之喜。面对这一不同寻常的幸、喜同临，思绪萦回中，我的人生历程也呈现眼前，而最为清晰的路段是在东台山上三十年——这可是一万多个日日夜夜啊！

回头细看来路，我在那段路边，立下了让人永远追忆的四块里程碑、东台四梦的标志——身为学子整三年，接传薪火十二年，劫难临身整六年，夕阳东台又九年。路段有长有短，路况有平坦、有崎岖，有的路段更是走得如临深渊，如履薄冰……

一梦东台为学子

这是我与东台结下深厚情谊的开始，具体时间从公元1939年上半年至1942年上半年。梦过境迁，今已七十五年。

虽是短短的三年，却是接受爱国、救国教育的三年。那时，抗日烽火燃遍神州大地，救亡的战歌唱彻山城角落。公元1939年农历五月初六，这是一个鲜血淋漓的日子，日本军国主义分子在这一天欠下了连城人民的一笔血债。那天上午，一片晴明的天空，突然闯来三架倭机一阵狂炸，从东台山下直过东门桥外的李坊村，顿时浓烟冲天。大路边倒着尸体，河滩上散着残肢碎体，河边树上挂着碎肉肠肚……

　　面临国家民族危急存亡之秋，灾难深重之际，连城父老乡亲办学育才的决心毫不动摇。以"明耻教战"为宗旨的"连城私立明耻中学"定址东台山，并开始招生。1939年上半年先招一个班的补习生。已经待学在家的我有幸考入，直至公元1942年7月，结束了我初中三年的学业。

　　公元2004年，母校九十华诞之时，我写了《回眸历史师恩情重》一文，用以表达我对当年辛勤授业的师尊们的深切感念。十年过去，我有幸再逢母校的期颐庆典，虽未再写专文，但师尊们的群像仍然清晰如前，感念之情丝毫未退。我为自己能在东台山上留下的第一个好梦，献上颂诗一首：

> 东台旧事忆如新，
>
> 瞬息流光七五春。
>
> 最是师恩铭肺腑，
>
> 心香再奉在天灵！

二梦东台接薪火

　　在我离开东台十二年之后的公元1954年8月，我接到上级调令，离开莲峰小学行政职位，进入连城一中任语文教师。面对这一调动，我毫无思想准备深感突然，更想到业务素质短缺，内心更是惶惑不安。

　　回想当时，我是虚年三十，所谓"三十而立正当时"，凭着人生最富能量的优势走进校园，直至公元1966年5月止，在初中部的教室里进进出出了整整十二个年头，是我辛勤耕作得到丰收的梦境！它值得我忆念的是：我切实地长了业务！

　　"工欲善其事，必先利其器。"我"欲善的事"就是教好语文，我的"器"就是语文教学所需要的业务知识。那么，我是怎么"利"的呢？一方面，我在教学实践中，牢记"教学相长"的古训，教什么学什么，缺什么补什么。看似"现买现卖"，其实是"点滴积累，逐步提高"。另一方面，从1961年开始，参加福建师范中文系本科（函授）学习，坚持了四年时间，业务素质有了系统性的提高。

　　在这期间，语文组的教研活动，诸如组内的公开课，跨组、跨校的观摩课，县、地教研单位下校的听课，我承担得最多，我认为"不怕丑""敢献丑"，通过"抛砖"而"引玉"是提高教学业务的最好途径。就这样，整整十二年时间，我的能量在课堂上随着粉笔灰飘散，在一本本的学生作文簿上化为圈圈点点。

　　我是在尽自己的本职，是真正从师尊们的手上接过薪火，我全心全意，兢兢业业，无怨无悔。

　　在这十二年中，不少的政治关在考验我。如：肃反、反右、社教三座大关接踵而来，我有惊无险地走过去；在高举"三面红旗"的各种活动中，我也能跟上形势。

　　可以这样说：二梦东台十二年，不失朝气蓬勃，不乏心情舒畅；无愧于忝为人师，是值得追忆的好梦境。

三梦东台遭劫难

　　这是一场厄梦，在东台山上整整梦了六年。具体时间从1966年6月中旬直至1972年8月下旬，这是"十年浩劫"天下大乱的六年。

　　因为是"文化大革命"，在连城，连城一中是当然的重点，而连城一中的语文教研组更是当然的靶子。组里那些教龄长、资历高的，有一定教学经验的老师，无疑都是"反动学术权威"，是"黑帮分子"。从1966年6月下旬至8月下旬，四位高中老师和我这个初中教师被打翻在地，加上一个"走资派"校长，一共六名"黑帮分子"扫出校园，送去麻潭的校办农场"劳改"。

　　麻潭的上坝正在披荆斩棘搞基建。下坝有座破旧的小庙，一连三开间。居中一间有个小神位，都不知供何神圣，右边一间作"劳改"人员住房，左边一间是牛栏。六个人是先用谷笪铺地作床，后来用旧木料架起一尺多的大床。房外后檐下围起一个小灶间。庙前不远有河水可汲，周围是草丛、灌木丛和松树枝，柴火不用愁。

　　白天，主要是在上坝搞基建，晚饭后坐在床上，点起煤油灯读"老三篇"、背"语录"、唱"语录歌"。每天轮值一个人在下坝看牛兼煮饭。基建用的木料，由我们用板车去塘前圩拉桁条和屋桷板，回到一中拉旧木料，到黄坊大队挑屋角板，扛桁条。通过这些力气活，我们的体力确实得到了锻炼。比如，去黄坊挑屋桷板，我一次可挑一丈二尺长的新料10~12块。一次，回头走在石板路上，路势稍向下斜，我左脚踩在一块石头上，顺势向前一滑，右脚来不及跟上，立时跪倒在地上，肩上被木板压着，心想：右膝完了！一起出"工"的急忙移去我肩头上的重压，把我架起来试着走动，然后拐回麻潭。暗谢天公保佑只是严重碰撞之伤，并未骨折。

　　时近深秋的一天下午，我在下坝路边手牵牛绳陪着吃草的牛儿，天上飘着细雨，旷野吹来冷风，我头顶斗笠，身披一块塑料布，看着牛儿安详地吃草，耳听草丛里传出的虫声。远看小河对面的"五子吃奶山"沉迷在雨气中，连塘公路上不见人影。清冷和宁静让我忘记自己是"待罪之身"，想起了陆放翁的"此身合是诗人未？细雨骑驴入剑门"两句诗，眼前的情景也是诗情画意啊！但是，严酷的现实破灭了我的幻境，不免自伤自问：

> 诗仙曾叹"蜀道难"，
>
> 我今船行险恶滩。
>
> 余生能作牛倌未？
>
> 细雨秋风在麻潭
>
> …………

　　大约过了半年多，外面在批判"刘少奇的资反路线"，驻校的工作组撤走，我有幸被解放回归校园。可是，接着来的"派斗"，我在枪声中做了"逃亡者"。在"斗、批、改"阶段，再次沦为"罪人"等待处理。从校园到板栗园农场，再到食堂猪舍以养猪为"业"。终于在公元1972年8月底，一纸通知下来，降两级工资，去隔田中学任职员。我明知这是对我的不公平——无罪重判，但也无可奈何。而且只想到只要能离开东台山伤心之地，去什么地方，做什么工作都不在乎。

　　事后回想，整整六年的"东台三梦"，桩桩件件都是让人莫明其妙，都是刻骨铭心，唯一让人宽慰的是劫难过后人仍在！

四梦东台奋老蹄

　　当我拉起装着被盖的板车，步出一中校门时，心里是这样想的：从今绝足东台山，余生应是隔田人。

不经意间，时光逝去六年！公元1978年8月底，又是毫无思想准备地接到调令，将我从隔田中学调回连城一中。倒行逆施的"四人帮"早已垮台，一年前，已恢复了高考。春天走进了校园，伟人发了话："老九"不能走！

在此附上一笔：1972年11月，我"降薪降职"的处理已被撤销，恢复原薪原职。隔田农中也改为全日制中学。五年半时间，我担任了高中语文课程，怀着恋恋不舍的心情离开隔田，暗想：这是人们所说的"吃回头草"吧。

任何事物都有一个渐进的过程。在全面范围内的拨乱反正声中，东台山上的"十年坚冰"不可能一朝融化。包括我在内的"老九"们旧地重游时第一感竟是不约而同：

> 东台虽非昨，
>
> "山主"仍姓牛。
>
> 坚冰未全化，
>
> 余悸在心头。

当年东台山上八面威风的人跟被他打翻在地的人见面时，双方的笑脸显然十分勉强，握握手也只是形式。但在"老九"们这一边，却庆幸劫后余生重聚首，见面时的会心笑意里都在说：

> 东台本是弦歌地，
>
> 十载声咽究可哀。
>
> 今日天公重抖擞，
>
> 弦歌声里咱重来！

重进语文组的我，名分是"副组长"，教高一。跟"浩劫"前相比，是大大的"升值"了。林锡祺老师比我早一年回归，担任教研组组长。但是，岁月无情，人生易老，俗话说，"年过半百，世上做客"，这时的我已经虚年四十有四，红日已经西斜了。

公元1981年，连城一中定位省重点，领导班子大调整，牛"山主"送去龙岩"高"就，最后一颗钉子拔掉了，重进校园的"老九"们才真正心情舒畅，"老牪明知夕阳短，不待扬鞭自奋蹄"，但无情的"退休"二字一天逼近一天。

公元1987年5月1日，包括我在内的十一位教师、两位职员，"超期服役"之后齐唱"归去来"。我的"东台四梦"一共九个年头，走出校园时已是虚年六十有三。既有留恋，更有忆念。我将"三梦"和"四梦"凑成一首"油腔滑调"，给为时十五年人生历程作总结：

> 滚滚长江东逝水，浪花淘尽"英雄"。"十年浩劫"转头空。东台芳草绿，兰芷沐春风。
>
> "前度刘郎今又来"，指看晴日星空。是是非非谈笑中。劫后人仍在，同庆夕阳红。

人生能有几个三十年啊！我用了三十个春秋——一万多个日日夜夜跟东台山深结情缘，我约三分之一的人生能随着母校的发展脚步同行。可以这样说：我生没有白活！今值百年庆典隆开，谨借几件旧事的回忆，表达我的感恩忆念之情。

亲爱的母校，您七十五年前的一位学子，衷心祝愿您寿山福海，永创辉煌！

2014年1月

注：本文作者为明耻中学首届毕业生，连城一中退休教师。

此生难忘是县中

江瑞琼

　　1945年秋，随着抗日战争的胜利，和我叔父举谦毕业于厦门大学的双重喜庆降临，我才有幸离开烟店的佣工柜台，走上复读中学的幸福之门。当时的名字是江初开。又以家叔应聘于省立连师，当时连师设在龙岗，与县城相距很近，所以我得获就读县中的机缘。

　　我家贫穷，世代佃耕。虽然父辈们长年劳作，但合家都难致温饱。偏偏1941年秋，叔父举谦考取厦门大学；1943年，我又考入连南中学。对当时的殷实人家而言，这可算是文星高照、"双喜"临门之事。然而，这对我那负债累累的父亲来说，委实不啻雪上加霜。当时合家九口，全靠他一人在上杭纸行里做管账先生，挣些工钱来支付学费和维持家用。原先只支付叔父一人的学费，已经勉为其难；如今，又冒出儿子也上私立中学，作为父亲，应如何来面对现实？！

　　1944年夏收后，母亲给我丝丝细语道："儿呵，你父亲肩上的债务够重了，再压会压垮的呀！我看，你是不是先停学一年，待你叔父明年大学毕业后，再去复读如何？"还有何说，我已十五龄了，还能不知家庭底细？！我轻轻点头默允，母亲却泪如泉涌。

　　这次复读，实顺自然。初入校门，一切陌生；读了数周，始悉概略。记得当时的校长是童庆鸣，教导主任是罗诚端，总务主任是李杏生，班主任是李葆中（并教英语），罗莲舫先生主教国文，吴大钊先生教我数学，至于史地、图音、童体等科，则分别是童近宸、罗上珍、吴冰亮、张桂芳诸师兼任。在这众多的师长中，有的是宿儒，有的是名流。如莲舫师、近宸师，分别是晚清的举人、拔贡，童校长当过周宁、尤溪两地知县，而莲舫师则曾出仕过清季潮安县令和民国桂军旅长。至于诚端、杏生、上珍、葆中等师，亦属当时邑内俊哲。总之，县中师资，堪称雄厚。当时县中有春秋两季招生的章程，有一（上）至三（下）共计八个班、三百多位同学，比起我在连南开创时的上百个同学、十几位员工的场面，确实热闹得多。特别是那庄严肃穆的文庙大成殿，竟是我们的集会礼堂。此前，我曾阅过几部古典小说，都对金銮宝殿有许多迷人的描述。既属殿，自然大同小异。如今，我却亲临其境，徜徉其间，内心的舒爽，实在难以言喻。我除了欢悦而外，就是感到无比的幸福。

　　时光飞逝，转眼秋去冬来，行将一个学期。父亲偕表叔为商行赴永安采购香菇、闽笋，特地在文亨下车，前来县中看我。当他问起我在此学习的境况时，我噙着热泪回答说："这里有像父母一样的师长在爱我，有像兄长一样的同学在护我，您就不必牵挂了。"我这样说，虽然出自安慰父亲的动机，但也绝不是假话。当时县中的校风与教风，委实端正严肃，统一和谐。记忆里，所有教师极少迟到、早退，更无随便旷教，全期如一日。老师们一个个态度慈祥，循循善诱。就以李葆中先生来说吧。当时的学生也并非泥塑胚子，人人一模一样，可以说懒散者有之，刁顽者亦有之。然而，葆中师对待这些同学的训教，从不疾言厉色，恶语相辱，总是以理相喻，反复规戒！印象中，我班全年尚未发生严重逾越校纪的行为。至于其他诸师，也各具教学特色，我就不一一详列。这里我只想追提一位数学老师吴大钊先生。他当时还很年轻，但在执教中，却十分负责、老成。他讲授代数、几何例题，总以启发诱导入手，然后才引证、笃定、导入示范演练。对于习题，他不全部布置，他总要选择有代表性、典型性的部分来示范板演，以加深学生对该章节的全面理解，让学生能独立完成其余的全部习题。这种授法，对于优拔学生，可能感到繁赘、多余，但对中才以下学生，却是十分适宜。我属中下劣才，实实受益匪浅。十年以后，我奉调芷溪小学担任该校（刚刚合并的学校）首届毕业班数学。在开学的摸底测验中，全班平均成绩只有60.5分。这使我惊出一身冷汗！怎么办？我在反复思虑中，觉得要尽快、扎实提高本班成绩，必须仿照大钊师的教法，方能奏效。计划敲定，我就原原本本依法"炮制"。果然，在一年之内竟把该班的平均分提高到81分，比原来足足增加20.5分。收此良效，如果论功，则须记在吴师名下。可惜吴师已仙逝多年，倘若他在泉下有知，亦当有所慰藉。

　　由于我县方言差异很大，我虽是连城人，却听不懂城里话。所以我就读县中的短暂一年，在同学之间的结识上十分有限，而且还有偏颇。具体地说，也就是本班中南以下的几位同学而已。他们是项信钰、王祝众、罗惠贤、张万石、罗提初等。尽管这些都属少年学友，况且也绝无音问，可是，每当偶然相聚和有所知讯时，心胸就格外灼热。1970年春，我挈内子到新泉保健院看病，在街上骤然碰上提初兄，在彼此简叙阔别遭际之后，他看寒荆脸呈菜色，二话不说，转身就走。下午，他竟抱一大包食品来病房看望。我打开包包一看，不由得大吃一惊！里面装着四斤黄糖，两斤冰糖，四连肥皂和五斤花生米。说实在，当年，连买中华牙膏都要走后门，何况这许多。我知道提初兄在新泉供销社服务，可他并不经营百货和食杂柜台，他何能一下子弄来如许食物？可见他费了不少心机。他走了后，内子问我，这是哪路亲戚？我告诉她，这是我的中学同学。

　　1981年5月，我因胃溢血，住在庙前卫生院调治。信钰兄特地找上门来。据他讲述：他在朋口学区张屋田小学已当了17年的民办教师，而且还挑重梁。可是，由于他的兄长项信启在台湾军界服务，竟以涉台关系，一直得不到转正。因我也是台属，他要我替他写一申述报告上诉组织。可他见我病躯萎靡，又吞吐起来。我立即说：犹豫什么，下周回来拿就是。第二个星期天，信钰兄果然来取"报告"，并且抱了一个大包裹进来。当时，我确实有些愠恼。我深知他经济不裕，为何要在老同学面前搞这般"礼仪"？殊不知，哪里是什么礼物，却是信钰兄伴他婶娘赴山上采掘的专治胃疾的几种草药。虽然他这些草药并未根治我的胃病，然而，信钰兄的这片关切同学病痛之心，却使我至今也未曾淡忘。

　　1985年夏，我第二次患大量胃溢血，蒙组织关怀，予我退休安处。翌年春，身体基本恢复。当时惠贤兄在县新华书店主持工作，他得知我赋闲在家，遂对我三弟初平转述道："庙前有省办锰矿、地办铅锌矿、电厂及县办煤铁厂、中学等许多机关，可就没一家正规的书店，你回去跟你哥商量一下，是不是叫他把书店开起来。至于书画吗，他要多少就给多少，有些书如果到年终确实销售不出，就退回来掉换……"这是一桩包赚不亏的买卖，也是惠贤兄煞费苦心为我谋划的致富之道。可是，由于我胃病断断续续反复发作，未曾应承下来。书店虽然没有开成，但惠贤兄关爱同学的这片谊情，我却始终铭记于心。

　　以上所述，看来都属生活琐事，微不足道。但，它体现了同学之间的这种相互关怀、相互体惜之情。而这种情分，却源于当年县中。这于我而言不能不说是我就读县中在精神上的另一巨大收获。中学时代，是人生的最佳花季！中学教育，是塑造青年的知识摇篮。我因家贫、命蹇，仅受过两年的初中正规教育，而在县中就读的这一年，却是感触最深的一年。我所获取的各种知识和人生哲理，在我尔后谋业、执教中，确实受益无穷。每一忆及县中种种，我必心驰神往，感激之情溢于言表。唯一希望就是：东台山不老，文川河无恙；母校弦歌，更加悠扬；莘莘学子齐竞秀，长江后浪推前浪！

注：本文作者为民国时期县中校友。

师恩难忘

谢金兰

我能完成高中的学业考上大学，跟我的三位班主任是分不开的。几次面临转向和辍学，都是他们及时帮助了我。每想起逝去的如烟往事，几位恩师的形像便浮现在眼前，并为师恩未报而伤感、内疚。如今我已退休，老师也早已作古，我只能以这种方式来纪念他们并寄托自己的哀思。

我初中毕业时，家境还算不错，供我升学应该没有什么问题。但我母亲总以姐姐的模式来套我，要我沿着姐姐的脚印走，不能超前她一步。姐姐只念到初中毕业，我便不能上高中。但毕竟姐姐大我十多岁，十多年中社会风气起了很大的变化。何况由于时代的关系，姐姐上学比我迟，她初中毕业时已十八九岁，而我初中毕业时才虚龄十四。就是因为年龄的关系，父亲才不让她再上高中，为此母亲与父亲争吵了一场。后来母亲怕她窝在家里会闷出病来，于是大伯父便把她介绍到民生小学去教书，其时我才在该校念二年级。为什么七年以后我初中毕业，母亲反而不让我上学了呢？这使我很不服气，很长一段时间我对此事耿耿于怀。

毕业典礼那天，班主任林静文老师把我叫到跟前，问我："你准备读什么学校？"我说："我想念师范，将来当一名小学教师，自己有了职业就不必看别人的脸色生活。"当时在我们这个小县城，妇女能从事的职业就是小学教员，我不知道外面的世界还有多宽阔。但林老师说："你个性好强，人也聪明，应该有更高的理想和追求。我看你还是报考高中，争取将来念大学。"我说："念大学我想都不敢想。即使我念完高中，家里也不会让我外出念大学。"林老师说："社会是不断进步的，人们的观念也会随之而改变。现在看起来不可能的事，三年之后也许变得极为平常了！"他的一番话，使我豁然开窍，于是我报考高中。

1950年秋，在父亲支持下，我升入高中。这时学校里来了很多省革大的学员，他们都是生龙活虎的年轻人，教我们唱歌、跳舞、扭秧歌、打腰鼓，生性好动又正值容易接受新事物年龄的我，很快便参加到这些活动中，上街宣传，下乡访贫问苦，不久又参加了土改队，我被分配到文工队。就如林老师所说的情况是会不断变化的，才短短的几个月时间里，便起了翻天覆地的变化。母亲再也限制不了我了，但父亲一直都没有阻止过我。

就在这个时候，父亲被县里"请"去开"开明人士会"，与他一起被"请"去的还有城里几间有名商号的老板。父亲当时在城里开了一间叫"义源号"的京果店，又在姑田镇开了间叫"吉成号"的布店。他是县商会的委员，同时还是华侨周仰云先生出资兴办的私立明耻中学的校董，算是小有名气和有一定影响力的人。父亲被叫去之后，他就没有回家。先集中在一个祠堂里学习，后来便被送到龙岩去改造。一直到1952年夏天才回来。父亲突然不在家，生意无人管理，两间店铺相继倒闭。母亲一个家庭妇女，领着我们8个兄弟姐妹，靠变卖倒店后的剩余物资和姐姐每星期三十斤大米的工资过活，生活一下子陷入窘境。少年不识愁滋味，我对父亲被羁押没有过分担忧，仍然积极要求进步，参加学校组织的各项宣传活动，并于1951年11月被批准参加新民主主义青年团（共青团前身）。

1951年4月土改结束，我回校续学，这时家庭经济已很困难。以往父亲在时，学费、书杂费都是直接向他要的，现在母亲一人支撑这个家，我怎么向她开口？有时连买书的钱都没有，我急得像热锅上的蚂蚁似的，只好咬紧牙关认真听讲，尽量作笔记。这样过了两个学期，当高二上学期将要结束的时候，地区教育局来了通知，要将我们班合并到邻县的长汀中学去，因为我们班人数实在太少。得知这个消息后，我惴惴不安，不知该如何向母亲开口，也不知道母亲会不会同意我去。

这样过了好几天，终于怯生生地对母亲说了。不出我所料，母亲果然叫我辍学。之后的几天，我想找机会向母亲请求，但她却不搭理我。眼看寒假将要过去，无奈，我只得将情况告诉班主任肖永晃老师。肖老师很着急，立即到家里来做母亲的思想工作，说我是个很好学、很有前途的孩子，辍学很可惜。母亲说："这也是没办法的事，她下面还有五个弟妹，就像楼梯一般，生活已很困难，在家多一人，大伙少吃一口也就克服过去了，外出念书实在负担不了。"于是肖老师便着手给我跑街道，跑镇政府，跑来了家庭困难需申请助学金的证明。这个证明是我自己跑不来，也不敢去跑的，因为当时小小的县城里都认为我们家是有钱人。就这样，肖老师还唯恐不保险，又到学校给我开了一张"该生在我校享受助学金"的证明。虽然当时我并没有在学校申请过助学金，但我理解老师这是善意的谎言，为了学生的前途他不得不这么做。老师给我办了双重家庭困难证明书后，又以班主任的身份给我写了介绍信，然后兴冲冲地再次走访我母亲。母亲被老师的热情所感动，终于同意我到邻县去求学。

1952年春节过后不久，我怀揣着老师给我开的证明，告别了家乡和亲人，走了一百四十华里的山路，到一个我所陌生的地方去求学。根据那些证明，我获得了丙等助学金，每月四元五角（当时的面值是四万五千），家里每月给我寄两元，合在一起正好够买大米、墨水和肥皂，没有多余的钱吃公菜。当时食堂有吃公菜和私菜之分，吃公菜，每天菜钱五分钱，一个月一元五角，如果只吃早晨这一餐，每天一分钱便够了，但我甚至连每月三毛的早菜钱也省起来了，成年累月地吃家里带来或托人捎来的自制豆腐乳、豆酱和咸菜。

女生宿舍设在一间祠堂的厢房里，后院杂草丛生，蚊子嗡嗡叫，我没有蚊帐，整夜在跟蚊子打仗中度过。第二天起来，稚嫩的脸上布满蚊子叮的小红点。这时我才十六岁。有时我很想哭，尤其是在阴沉的雨天。但一想到学习机会来之不易，想到肖老师为我能有这个机会而奔走，我便发狠起来好好学习。

有一天，我接到姐姐的来信，说家中实在困难，连每月两元钱也无法寄给我了，叫我最好转学到长汀师范去，因为念师范吃饭不要钱。我苦恼得很，不知怎么办才好。正好这天晚餐时班主任陈学钦老师到食堂检查，发现碗柜里有一瓶吃了一半的豆酱，就问这是谁的。同学们告诉他说是我的。我觉得很没面子，眼泪含在眼眶里。当陈老师走过来问我："你一直吃这个吗？""是的。"我回答他的时候，眼泪滴到碗里。"那怎么行！怎么能长期不吃蔬菜。"他说着就走了。

晚自修的时候，陈老师到教室来把叫我出去，问我生活有什么困难。我含着泪花把姐姐的来信给他看，还对他说我想转学到师范去。陈老师没多说什么，只叫我回去好好自修，他把姐姐给我的信装进口袋就走了。第二天下午文体活动课的时候，一个同学跑来告诉我："快到布告栏去看看，你的助学金提了！"我急忙走到布告栏前，见上面贴了一张布告："经研究，高二年下学期学生某某某因家庭经济困难，助学金提至乙等兼免费。"像这种中途提升助学金和退学杂费的事情实在不多，陈老师真是雪中送炭啊，当我为几斤米折腰、在十字路口徘徊的时候，是恩师拉了我一把，我才得以念完高中。这年暑假我回家后不久，父亲就由龙岩回来了。他不愧是在商场摸爬滚打起家的，回来后重拾旧业，由摆摊做起，家里的经济总算由坐食山空变为日进分文，念高三的时候，我的日子就好过多了。但是，要不是陈老师此前及时拉我一把，我将在接到姐姐的来信后转入师范，那么此生与大学便无缘了，人生的轨迹也将大变。

虽然时间已过去了60多年，但三位班主任的恩情，却一直铭记在我的心中。几十年来每当我遇到困难想却步的时候便会想到他们，取得成绩庆幸的时候也会想到他们。师魂不散，永远激励着我。只是师恩难报，又使我倍感惆怅。如果说他们的人生道路是平坦的，那么想起他们时或许不会这么难过，我只需在内心铭记他们的一份恩情，保持一份尊敬，默默祝福他们便可以了，然而命运对他们却是如此不公，在我还未念完大学的时候，噩运便相继降临到肖、林两位老师的头上。在一段特殊的年代，他们的身上背着政治和经济的双重重负。肖老师才三十多岁就辞世了！林老师有幸熬到党的十一届三中全会之后平了反，但已是垂垂老矣，再无力施展才华了。陈老师，在我高中毕业后两年便调回原籍福州，此后便一直没有他的音讯。

命运这东西，宿命论者认为这是前生注定的，想逃也逃不了。有时我也相信它，因为不信它便无法解释这些现象：刁钻古怪、损人利己者往往福寿康宁，而助人为乐刚正不阿者，或夭折或潦倒。在怨叹好人没好报，坏人不遭报应，苍天不长眼之余，只能以前生作孽或行善来宽解自己。但唯物主义者认为性格决定命运，想想还是这种说法更有说服力。恃才傲物者，必然得罪上司和同事，命运肯定不济；廉洁奉公刚正不阿者，必然得罪贪官污吏和溜须拍马之徒，日子自不会好过；善于察言观色、曲意逢迎的人，必定取悦于上级，瞒过同仁，仕途一定通达。试看那些总踩着别人的肩膀往上爬的刁钻古怪之徒，虽做了许多缺德事，却一帆风顺，芝麻开花节节高。而助人为乐者，在关键时刻必定舍己救人，于是为救溺水的人，自己却葬身鱼腹者有之，为擒歹徒而牺牲者有之……人人都在按自己性格所决定的人生轨迹运行。我那两位老师的命运，事实上与他们的性格有关。

林老师有些恃才傲物，为人不是很随和，与同事没有深交。其秉性刚直、敢于执言，免不了得罪领导，政治运动来了必然首当其冲。1957年其在龙岩农校任教时被打成右派，随之开除公职，文质彬彬的中山大学文学士，只得靠出卖力气过日子。肖老师为人随和，但在1955年"清理阶段队伍"时被清除出教师队伍。原因是据说他曾经是三青团的小组长。

肖老师被清出教师队伍之后，被发配到朋口一个饭店去卖饭签（公私合营后已没有私营饭店）。1956年大三暑假我回家乡探亲，在朋口停车吃午饭，刚在桌边坐定，便见一个围着白围裙戴着蓝色袖套的人满面春风地过来跟我打招呼。我正寻思："这里服务员的态度怎么这么好啊？"发现是肖老师，马上向他问好："肖老师您好！您怎么到这里来了？""我调到这里来了！""那多可惜啊！您不教书了？""不了，不了，都一样，都是革命工作。"这时隔壁桌的人叫："服务员！买签。"肖老师边向我招手，边说："来了！来了！"他端着签盘到那张桌子去了。卖完之后，他又过来问我："你要吃什么？"我说要一盘炒米粉。当我交粮票和钱给他的时候，他一直不肯收。我说："肖老师，您也是要用钱和粮票去换签的呀，这饭店不是您开的，若是老师开的我就不交了！""哪里，哪里。"他终于收下了。

给我买完了签，他又忙着去招呼别的客人。虽然他总是满面春风，但我却满心酸楚。我想如果我将来收入高了，一定要报答他。然而，1957年，大学毕业的我，每月才四十七元，除寄二十元回家，所剩仅够自己用的。接下去便是连续三年全国性的困难时期，粮食、副食飞涨，一个月工资只够买十五斤高价米或七八斤猪肉。等到困难时期过去，我也提了两次工资，稍有余钱，问起肖老师，他们说："死了！""死了？年纪轻轻的怎么就死了呢！？""饿死的。""怎么饿死了？""困难时期他总是把自己分得的那份饭拿回去给家里人吃，骗他们说自己在店里吃过了，日子长了油尽灯枯，便饿死了！多好的一个人哪！"

得知这件事后，我久久不能平静，关山远隔信息难通，我不知老师当年为每月数斤米而死，不然那时我虽没有余钱，但每月节省下几斤粮票，加上以往节余下来的寄去给他度荒还是行的呀！老师！您以前为我续学而奔波的恩情，这辈子我是没法报了，对不起！老师！

2014年3月于厦门

注：作者为连城一中1953届高中校友，食品与发酵专业高级工程师，曾任泉州市政协常委兼科技委主任，荣获过福建省"三八红旗手"称号。退休后，应聘出任一家中外合资企业的总工程师。

感谢严师

谢金兰

那是60多年前的一段往事了！

1951年春，私立明耻中学与县立中学合并为连城第一中学。我原是县中高一的学生，1950年冬参加土改，1951年4月土改结束回校复读。我班原有40多人，大多数都参加了土改，土改结束后，大部分人去参军，随253团开赴海防前线，一部分人参加地方工作，只有几个人回校读书，而女同学只有我一个。那时候男女生之间很少说话，男生如果主动跟女生说话，会被同伴取笑，女生要保持一份矜持，更不会主动跟男生说话。于是我成孤家寡人一个，在班级独来独往，上课时来，下课即走，与男生完全没有信息交流。15岁的我，在班上感到特别孤寂，只有在课余时间与其他班级的女同学在一起时，才恢复活泼好动的童真本性。

转眼到了期中考，从周三开始停课考试。当时有七八门功课，每门功课都要考，每天上下午的第一、二节课是考试时间，一日考两科，其余时间自由复习。星期六上午，我交完卷后便离开教室，回家关起房门复习下午要考的最后一门功课。午饭后我早早来到教室，但上课时间快到了还没有其他同学来，上课铃响了，还是只有我一个，是不是换教室考了呢？或者是延到下一节课了？全校静悄悄的，只有风吹树叶的沙沙声。我在校内转了一圈，各班级的学生都在埋头考试，唯独没有见到我班的同学。我一个人回到教室，直待到下午放学，才带着满腹疑团回家去。

周一上午，课间操的时候，谢尧孙老师把我叫到一旁，问我为什么周六没有参加数学考试？他说张明锦老师很生气，说我是故意逃考，要把这件事写成布告向全校公布。我把周六下午的情况告诉他，他听后对我说，考试的时间临时改在周六上午三四节课，我说我没有想到会是这样，因为按以往的惯例两科连考的情况很少。他叫我自己去向张老师解释清楚，争取补考。正好课间操后的一节课便是张老师的课，我惶恐不安地听完这节课，下课时便跟在张老师后面叫住他，向他解释不是我有意逃考，而是不知道临时改时间。我根本不敢问为什么改时间，及什么时候通知改时间，也不敢说是因为我与男生之间根本没有交流，所以只有我一个人不知情。我请求他重新出题让我补考。张老师听后似笑非笑地边走边撂下一句话："补什么考！看你期终考的成绩！"

那种笑容明明告诉我他不相信我。好强的我觉得自尊心受到了打击，于是暗下决心：看期终考便看期终考吧！

事后我才知道，那个星期天在单身教师宿舍几位老师关于我的一场谈话：张明锦老师很生气地说要将此事向全校张榜公布，以令全体学生引以为戒。李拔材老师附和。但谢尧孙和张文烈两位老师认为不可，建议了解清楚问明原因后再说。并说，据他们了解我平时表现不错，且自尊心特强，不会是个故意逃考的人，要是贸然以布告的方式向全校公布其逃考，恐怕会接受不了，后果很难预料。张老师说："要了解，那就拜托你们去了解吧！"

此事往后也就没有人再提过。我在班级虽然很孤单，但在学校仍然很活跃，我被选为学生会女同（学）部长，被学校定为出席第一次省学代会的代表候选人，是学校的文艺骨干和各种活动的积极分子，并于1951年11月入团。但这件事给我的震动很大，我认为张明锦老师之所以要采用这么偏激的方法处理此事，是因为他原先是明耻中学的教师，对县中的学生存在一种偏见。为争这口气，我必须加倍努力。我重新仔细地检讨自己：以往学习与其说是靠努力不如说是靠聪明，课堂上听懂了，课后花的时间不多。今后必须把时间的重心转移到学习上来，我相信只要自己再加一把劲，学习成绩必会更上一层楼。我要以优异的成绩扭转张老师的看法。

从此以后，我像变了个人似的，除了参加学校必要的课外活动外，几乎把所有的课余时间都用在复习功课上，中午一吃完饭就到教室自修，在家亦是两耳不闻窗外事，关起房门只读书。后来为了便于随时请教老师，干脆到学校寄宿。清晨，在校园的清静处或在操场的某个角落，常常有我埋头苦读的身影。

张老师在高一下学期和高二上学期都教我班三门课。高一下是平面几何、代数和三角；高二上是立体几何、代数和化学。这在当时崇尚"学好数、理、化，走遍天下都不怕"的年代，那可都是重点课程啊！他还是那么严厉，每次考试下课铃一响便要交卷。记得高二上的一次平时考，吴先梁，一位学习很不错且很努力的男生，多写了两个数字，前后还不到两秒钟，张老师便拒收，走人。气得吴先梁当场撕了试卷，重重地落坐在凳子上。我愕然地站在座位上看着张老师离去，只见他听到撕纸声后回头看看，脸上露出一种说不清的笑容，然后扬长而去。我为吴先梁惋惜，我相信那会是一份不错的答卷，也感到张老师有些过分了，特别是那笑容，使人觉得好像恶作剧似的。但相处了一段时间之后，我终于明白这是"不出重拳，不足以立军规""没有规矩，便不成方圆"，或许他是对的。

我们班只有8个学生，然而张老师还是那么严格认真。慢慢的，我对他的抵触情绪消除了，转而崇敬他。因为他课讲得很好，条理清晰、深入浅出，甚而引人入胜。在课堂上能牢牢抓住学生的思绪，使学生思维始终保持积极状态。我觉得一个教师要做到这一点，一必须要有扎实的专业知识功底，二必须要在课前花一番功夫备课。我敬佩他的敬业精神，不再觉得他那么可怕了，渐渐的，有问题也敢去向他请教了。他教的数学和化学不仅使我获得了好成绩，而且还使我对此产生了浓厚的兴趣……

1952年春，我们班奉命并到长汀中学去，本来只有8个人的班级，现在又有几个人转到长汀师范去了，到长汀中学插班的便只有4个人了。无独有偶，教代数和解析几何的也是位很严厉但书教得很好的老师——董绍焘老师。他个性很强，说话不留情面。上课的第一天开头的第一句话便是："你们连城来的同学基础比较差，今后要好好向长汀的同学学习。"长汀自古以来是闽西八县的首府，由于汀江入广东韩江直达汕头出海，航运发达促使商业繁荣，所以长汀人颇具优越感。董绍焘老师的这两句话，把他们的这种优越感表现得一览无遗。我听了感觉很刺耳："凭什么说连城的同学就一定比长汀的同学差？"这不是歧视么？这个时候，我特别感谢张明锦老师，感谢他的严厉，给我打下了较扎实的数学基础，使我对学好董老师的课程很有信心。同样，董老师的话也激励我更加努力地学习。

当时与我同桌的男生叫林彩民，长汀濯田人，他是个学习很好又很正派的学生，有一次数学试卷发下来，我偷瞄一眼，便对他说："100分喽！"他随口应道："你也是呀！"听了这句话，我知道他也在暗中留意我的分数。但我嘴上却说："哪里，哪里，我们应该好好向你们长汀的同学学习。"说完都会心一笑。但林彩民总体学习成绩的确比我好。班上还有几个学习尖子，除林彩民外，便是李威海、李荣、郑炀曾、郑元访、游本章，清一色男生。我现在还保存一份长汀中学时的成绩单，全班约40名学生我第七名。我虽然不知道前面的几名是谁，但我想一定是他们。同时我也相信，在我们班8位女生中，我应该是排在最前面的一个，虽然张梅清、郑蕙和罗美琼三人学习也不错。我数学与化学成绩的取得，应该感谢张明锦和董绍焘两位严师。感谢他们的出色教学和对我的激励。

其实在汀中求学时，我也想让成绩更上一层楼，但这里就要说到与长汀同学的差距了。差距是有的，我觉得主要在英语。我们的英语基础的确比较差，特别是输在语法与国际音标方面。我们根本没有系统地教过，或者说没有结合课文好好学过。然而这可是掌握英语的两大拐棍呀！此外，教英语的女老师太过温柔和客气，没有狠抓也是原因之一。事实证明严师才能出高徒，这是颠扑不破的真理。当然，女教师也不一定都不严格。记得我大一时带我无机与分析化学试验的是一位非常漂亮的年轻女教师——吴老师。她对学生非常严格。玻璃仪器必须洗到倒翻时水流尽，表面不留一滴水珠。她说挂有水珠就说明器壁上还残留有肉眼看不见的异物。她对操作规程、方法，甚至试管夹要怎么拿、坩埚钳要怎么放，都有严格的要求。有一次我正在埋头做试验，突然听到讲台那边吴老师叫我的名字，我知道大概是什么地方错了，赶忙检查试验台，发现坩埚钳放反了，我立即翻过来摆好，她朝我笑笑点点头。吴老师的严格要求，亦让我受益匪浅。我一生都谨记她的教诲，也以同样的要求对我的学生和实验室工作人员。

严师令人崇敬和怀念，是因为他们对教学的高度责任感，其实也就是对学生的高度负责任。但是教师被誉为"人类灵魂工程师"，如果将学校比作工厂的话，那么学生便是产品，德、智、体、美全面发展便是产品的标准。而作为灵魂工程师的教师，他的工作好像不是没生命的物品，而是有思想、有感情的活生生的人，而且每一个人的个性、家庭环境和社会关系都不一样。因此，如果想把每一个学生都培养成为全面发展的人才，除了严于教学之外，还必须深入地了解每个人的品性和成长环境，因势利导、因材施教。这就需要遇事冷静、崇尚调查和善于做耐心细致的思想工作。有的老师虽然没有直接给学生授课，但是却能让学生一辈子记住和感恩，就像前面提到的谢尧孙和张文烈两位老师，我这一生时刻都铭记他们，这除了因为他们当时及时阻止了张明锦老师的"张榜公布"，使我免受一次难以承受的挫折外，还因为在他们身上看到了令我十分钦佩的品德，那就是处事冷静、调查研究、耐心细致的工作作风和那种如家人、如慈父般对学生的全面关爱与高度的责任感。今天话感师恩、弘扬师德，我觉得张、董与谢、张四位老师都是我的恩师。借此母校百年大庆的一席园地用这篇拙作以表对他们的感谢和怀念。

2014年3月写于厦门寓所

老师，您是我的引路人

张志园

在喜迎母校连城一中百年华诞之际，不由让我想起把我引向人生幸福之路的老师。

小学毕业后，我因家贫无法进城上一中，只好在家干些上山砍柴和学种蔬菜之类的农活。幸好，仅失学一年多，家乡姑田就办起了二中使我得以继续升学。此时，我如饥似渴地一心扑在学习上，各科成绩都很优秀，才一个学期就经林占松老师介绍入了团，激励了上进心，并于初一下学期末被选为省学联首届代表大会代表，出席了在福州仓山召开的省学代会。会议期间，聆听了省主席张鼎丞热情洋溢的讲话，受到了极大的鼓舞。初二上学期合并到一中学习，我被选为班长。从此，更加严格要求自己。我给自己定下的目标是：既要学习好，也要工作好。

母校一中，环境优美，风气良好。老师教学认真，学生学习努力。同学互助友爱和睦相处，人人都勤奋学习，争取用最好的成绩向祖国汇报。我忘不了在一中的日日夜夜，自己是怎样遵循老师的教诲，怎样立志做一个德才兼备的人的。上语文课时，林锡祺老师生动地讲解了魏巍的《谁是最可爱的人》、丁玲的《果树园》，其情景至今仍记忆犹新。我之所以对文学感兴趣，1956年高考时还报了文科，想来跟这个很有关系。后来，我能在工作之余写一点东西发表，以至于结集成书（《教育·世象杂谈》和《诗词·随感集》两个小册子），更与当年老师在我的心头播下的文学种子有关。

不仅如此，我1996年退休后能够从事关心下一代工作，也和当年受到的教育有关。

退休时，我面临两种选择：一是完全自由地安排退休生活，安逸地欢度晚年；二是活到老学到老奉献到老，继续为党的事业工作。我选择了后者。当时主要出于两种考虑：一是要践行"对党忠诚，积极工作，为共产主义奋斗终身"的入党誓言；二是觉得自己在"文革"和下放期间失去的太多了，以往又没有什么建树，正好利用退休时间做一点有益于青少年的事以补偿过去工作中的不足，来报答党的培育之恩。于是，退休后，我先后担任三明市教育关工委常务副主任、市关工委副主任、圳尾社区关工委主任，同时兼任德育报告员和家教员，以期在促进青少年健康成长和帮助家长提高家教水平方面尽一点绵薄之力。

退休后经过17年的默默奉献，在市教育局党组的领导和上级关工委的支持下，关心下一代工作得到了党政领导和上级关工委的充分肯定，我先后受到市委市政府、省教育厅、教育部关工委和中国关工委的表彰，2010年6月被中国关工委、中央文明办评为"全国关心下一代先进工作者"；我所在的市教育局关工委也先后被市委市政府、省教育厅、教育部关工委评为"关心下一代工作先进集体"。

关心下一代功在当代利在千秋。我认为，关心下一代工作只有进行时，没有完成时。我愿为青少年的健康成长继续奉献余热，以践行自撰的晚年自勉格言："退休不褪色，离岗不离党；老有所学，老有所为；永葆先进性，续写光荣史。"

师恩难忘。我今天所以有如此幸福的生活，正是因为一路有老师的引领。感谢您，敬爱的老师！

2013年10月11日

注：作者为1956届高中毕业校友。退休后热心从事关心下一代工作，2010年6月曾被中国关工委、中央文明办评为"全国关心下一代先进工作者"。

立德树人的大摇篮

——献给母校连城一中100周年庆典

黄智斌

我于1951年秋，入连城第一中学初中一年级甲班就读。

开学报到那天，我和连城中南部的十多位新同学肩挑行李徒步一整天，日临西山时到校，注册老师已下班了，我们暂住在办公厅（仰云楼）左侧楼上第一间大教室。亲和的江兴坤副校长十分关怀我们这些还未注册的新生，当晚约7点时分，他满脸笑容地亲临我们的住处，热情而和蔼地跟我们促膝谈心。他问我们家住哪个区乡？连城籍同学争答：朋口、莒溪、新泉……他说："远道而来，辛苦了！辛苦了！宿舍床铺又没安置，对不起，请原谅！"问话时，他发现我们三人（另两人陈德梅、陈任昌）没有答话，就又问："你们三人是哪里人？"我们马上说："长汀人。"他有点惊讶地说："喏！长汀人。"接着，他风趣地说："我曾经也是半个长汀人，因为我在长汀中学念过三年高中。"他这么一说，现场的气氛马上活跃起来。又问："是长汀县城还是乡下？"我答："我们三人都家住长汀县三平区池岗乡，处于跟朋口、新泉形成等腰三角形的顶点地带，到朋口、新泉都是40华里。"他夸奖我三角形知识学得好通。我又介绍，三人都是在朋口考点参加考试的。他问我叫什么名字？我说："叫黄智斌。"他略加思考一下，说："你在朋口考点38名录取生中好像是第一名吧！"（当年在录取榜上只列出第一至第五名，其余未列，只写姓名）我说："是的。"接着他又说："难怪你三角形知识学得通，希望更加努力学习。"这时他又对大家说："我们都是邻居，远亲不如近邻，不能分长汀人、连城人、新泉人、朋口人，都是一家子人，一家兄弟姐妹亲。"他带头鼓掌并发动在坐的连城籍同学热烈鼓掌欢迎长汀同学到连城一中读书。这时气氛更加热烈，他还语重心长教育我们："你们从各地的小家，来到一中这个大家，要团结互助，友爱和睦，发奋读书，学好本事，报效祖国……"接下来，他又建议我们学唱《团结就是力量》，他双手边打节拍，边教我们唱，教了几遍，把谈心引向高潮。这场短促的交谈，确实亲密无间，十分融洽，谈笑风生。最后，他安抚我们再辛苦一夜，好好休息，明天见。离开后，我们大家盛赞他是一位难得的好校长。这是第一天进住连城一中，江校长给我们新同学上的第一堂意义深远的生动的思想教育课，至今还记忆犹新。

母校的恩师，个个是教学高手，人人是育人先锋。像张明锦、李葆中、林锡祺、林炳辉、黄盛鑫、李拔材、林昭容、吴大钊、傅蔚涛等都是一流的教学权威，教书育人的行家，得到广大师生和社会的高度尊崇。母校十分注重对学生的思想政治教育，新中国成立初期，五爱教育是学校政治教育的重点，为了有一个育人的好环境，显现五爱教育思想，1950年新建成的一座四个教室的教学楼和一座教工宿舍楼，分别取名"五爱楼"和"和平楼"。恩师们把爱国主义教育这根主红线贯穿到各学科各课目之中。袁国昌老师担当我班的语文科教学，他上的每篇课文，以至每堂课都会很自然很婉转地输入爱国主义思想教育。如教《田寡妇看瓜》这篇课文，他提出："田寡妇为何由看瓜转变为无心去看瓜？"经过课堂讨论发言，由他引导得出：在共产党领导下，经过土地改革，贫穷人分到田地，有了生产资料、生产积极性很高，正如秋生所说的："瓜多了就多得没个样子，要这么多哪吃得了！"还有谁去偷瓜呢！这正是田寡妇无心去看瓜的原因。从而讲述"这就是新中国、新社会制度给穷人的好处"。同学们自然而然地体会到要热爱共产党，热爱新中国，热爱新社会制度。袁老师平常就是"爱国"不离口，所以我们这些幼稚的学生给他起了一个雅号叫"爱国主义"。同学们一说"爱国主义"，指的就是袁国昌老师。这也辉映出袁老师的爱国豪情。

谢尧孙老师教我们音乐课，教唱的第一首歌就是《你是灯塔》，在解说歌词时，他教导我们要热爱救星共产党，向往新中国，永远跟党走。接着是教《歌唱祖国》这首激动人心的好歌和《解放区的天》《没有共产党就没有新中国》等一批朝气蓬勃的新歌曲。嘹亮的歌声荡漾整个校园，激发我们爱国情怀，鼓舞我们发奋读书。

张文烈老师任我们班主任期间，正是抗美援朝战争打得热火朝天之时，他在报纸上看到一篇战地抒情长诗，题目是《祖国啊，您好！》文章开头是："金刚山的树由青又变黄，清川江的水由温又变凉……"这是一篇爱国主义和国际主义教育相结合的好诗篇。张老师特地在班会上读给我们听，他自己读得热泪盈眶，我们大家听得哭泣成声，十分感人肺腑，同学倍受感动。课后全班同学马上自发行动，人人写一封信寄到朝鲜平壤志愿军司令部，慰问中国人民志愿军。一个月后，志愿军司令部给我班同学回了一鸿，鼓励我们热爱祖国、热爱和平，发愤读书，学好本领，建设祖国，保卫祖国……

体育老师钱昌堃，上第一堂课就带领我们到西操场，针对围墙上毛主席书体"发展体育运动，增强人民体质"的题词讲了一节课，教导我们热爱领袖毛主席，加强体育锻炼，炼好身体报效祖国。

张瑞云等老师是教数学的，也不忘结合教学内容对我们进行思想教育，当讲"勾股定理"时贯输爱国主义思想；讲因式分解"$a^2-b^2=(a+b)(a-b)$"时，告诉我们这就是一分为二的哲学思想。代数式"$-(-a)=+(+a)$"是较难理解的，但他采用"减少付出等于增加收入"的辩证法进行讲解就容易理解了。

1954年植树节，我们丙班（姑田中学于1953年春并入连城一中后，我调到丙班）负责种东操场南边上一大排苦楝树。我是劳动委员，班主任萧永晃老师带领我和几位同学去保管室领树苗，我问萧老师，干嘛要种那么多树？他说："智斌呀！你要懂得，古人讲'前人种树，后人乘凉'，这是做一件大好事哩！人人都要做好事，不做坏事。"我又问："为何要种苦楝树？"他说："种苦楝树有何不好？人人都要"苦炼"，做什么事都得"苦炼"，读书要苦炼，锻炼身体也要苦炼，苦炼才能出人才，才能出栋梁之才。当你们看到这一大排苦楝树时就会不忘'苦炼'。"这分明是以"炼"和"楝"同音来开导我们要"苦炼本领，不忘劳动本色"。他就是这样一位勤勤恳恳、扎扎实实教书育人的好老师。他的楷书工整秀丽，尤其是笔画竖撇和捺，那简直是笔落千斤刚劲有力，撇、捺笔锋形如尖刀。我曾学过他的书法字体，但学得很不像，很惭愧，他永远是我最崇敬的恩师之一。就连我们班毕业照，也不忘对我们思想培育，照片上写"我们是祖国的建设者和保卫者"这句话，也是他的好主意。

我总觉得，敬爱的母校100年来，为国家振兴、民族富强而精心培育和输送了一批又一批（据查将近4万人）有突出贡献的精英人才，像张南生、华福周、童庆炳、黄启章、饶求荣等不少人成为华夏栋梁，可谓英才辈出、桃李满天。母校恩师教我育我，终身难忘。连城一中不愧是立德树人的大摇篮。更期望母校蒸蒸日上，再创辉煌。

2014年5月写于朋口寓所

注：作者为1954届初中校友。

永难忘啊母校恩

罗土卿

母校连城一中即将迎来90华诞，那在校时的点滴往事又不时地涌上了我的心头。

1960年秋，我以品学兼优从连城二中（即现在的连南中学）被保送进连城一中高中部读书。这对我来说，算是第二次被保送了，因为三年前我进连城二中初中部读书，也是从芷溪中心小学保送去的。

当时连城一中60级高中部共招生4个班，约200人，我分在甲班。按理说，我是很幸运的。因为我村罗氏始祖自文亨搬迁进那个偏僻的小山沟仙坪村算起，到我已达12代，可还未曾有人读书能读上相当于高中这个学历层次的。应当感谢共产党，新中国成立后在我那个评为革命基点村的二十几户不上百人的山村里设立了公办初级小学，我才得到了读书的机会。可是在我踏进连城一中门槛时，却碰到了那个被刘少奇恰当地称作是"三分天灾七分人祸"的年代，即国家三年困难时期。因此，高中三年，饥饿相随寒窗，穷困陪伴苦读。

我怎能忘啊，在我与饥饿的抗斗中母校对我的那份殷殷关爱。本来高中生原是由国家供应粮食，每月24斤大米、3两食油。对于我们那些年约20岁、正在长身体的青年人来说，尽管吃不饱，总算还是有吃的！但好景不长，从1961年起，因全国粮食连年减产，供应紧张，我们高中生的口粮供应由"居民户口"改为"农村户口"了，每个人由所在的农村生产队分粮。许多同学因为缺粮挨饿无法坚持读下去，只得退学回家种地糊口，到1963年高中毕业时，全年段只剩下120人左右。当时我所在的新泉公社要求对高中生适当照顾，每人每年分给400斤谷子。但是在我家所在的生产队里，我只能随普通的公社社员一样分粮，有的年份一年只分到70多斤谷子，200~300斤地瓜（那时以5斤地瓜折合1斤稻谷计算）。在高中的后两年，每到春夏之际我时常是饭钵无米，菜干代餐。每日上午四节课，到了第4节，肚子饿得咕咕叫，口吐酸水胃作痛。即使是这样的日子，到了高三下半学期时也难以为继了。在高中毕业考试前一个月左右，我家中连菜干也难供应我了，我面临着退学回家的命运。就在这关乎我一生的前途和命运抉择的关头，是以张彰为校长的母校雪中送炭，救我于危难之中，决定从学校节余的一点粮食中供应我24斤大米（包括地瓜片），使我终于能够参加毕业考试，赢得了那本高中毕业证书！但毕业是毕业了，从毕业到高考，还有一个月的参与高考复习时间。想考大学吗？想！做梦也想啊！但吃什么？能饿着肚子去复习，去考大学吗？！当然不能。又是亲爱的母校，那么的关爱，那么的支持，决定再供应我24斤粮食，让我能参加高考复习。然而长期的饥饿造成了我体质甚差，20岁的小伙子只有一张瘦猴般的小脸。加上复习紧张，在参加高考的前夕，我已精神甚差，身体

罗土卿在未名湖畔

实在支持不住了，眼看到时进不了考场。在这关节眼上，母校专门在高考那几天里每天供给我半口杯牛奶、两个鸡蛋，以增加营养。在今天看来，半杯牛奶、两个鸡蛋是何等平常，哪个小学生考试时，妈妈给的营养品何止如此？但在那个特殊年代，对于我这个身体已极度虚弱的人来说，它的物质价值和精神力量却是无法估量的。我终于胜利地完成了高考。

我又怎能忘啊，在我困苦的学习中，恩师们对我的谆谆教诲。是他们用自己知识的乳汁点点滴滴地哺育了我，是他们用中华民族知识分子特有的道德情操和人格力量引导示范着我。无论是班主任还是科任老师都十分关心我这个穷困学生的学习和进步。高中三年，没有一个老师苛斥、责训、刁难过我，我是在他们严慈的温馨中成长的。班主任兼数学课教师张瑞云、黄福洪老师的严格，政治课教师李大谌老师的热情，语文课教师林锡祺、江兴坤、吴太容老师的细致，历史课教师黄盛鑫、罗美焕老师的认真，物理课教师李春盛、林炳辉、杨启淳和几何、三角课教师张明锦、李拔材老师的严谨，化学课教师许维炳、林昭容老师的耐心，俄语课教师李安澜、蔡美实老师的实在，生物课教师林文彩老师的精练，等等，都给我留下了深刻的印象。如张瑞云老师那既有师道尊严又从不责罚学生的课堂教学形象至今仍深深地镌刻在我的脑海里。他上数学课，解题熟练，逻辑严密，环环相扣，板书既快又工整。有时遇上个别同学听课不专心，在下面交头接耳或做小动作，他一经发现，便口不讲授，手折粉笔，一小段一小段地扔在讲台地板上，神情严肃，这时教室里突然一片寂静，不专心听课的同学猛然警醒，自惭改正，于是他又开始讲课了。又如李大谌老师上的政治课，既讲清概念原理，条理清晰，重点突出，又联系实际，顾及当时时事政治，不仅不使你感到那是枯燥的教条，还潜移默化地引导你明确自己应当努力的政治方向。正因为如此，我在高中阶段加入了共青团。再如林锡祺、吴太容老师对我的作文，每次都是段段批点，篇篇指评，好的段句画上红红，每看到一次批改过的作文就是一次新的启迪、新的提高。如此等等。恩师们的教诲、引导，既影响着我思想品德的养成，也促使我为各个学科知识打下了坚实的基础，无论小测或大考，我的成绩经常列位前茅。1962年秋，学校举行高三高二和高一初三年段作文竞赛，我获得了高三高二年段比赛第一名，奖品是当时走红的著名优秀小说《红岩》。1963年高考前，科任老师都给我以无限的关怀和热情的鼓励。文科老师指导我报考文科大学，理科老师指导我报考理工、医农大学，他们都希望我、鼓舞我报考名牌！母校给了我信心、勇气和力量。我的第一志愿填报了北京大学，并以名列前茅的成绩被录取进该校历史学系。

高中三年，母校、班主任、科任老师给了我很多很多。可是在当时，我却没能拿得出任何一点什么去回报他们，真有点"君子之交淡如水"的味道。不妨说个小插曲吧。1963年8月中旬，连城一中收到我被录取进北大的通知书后，便由班主任张瑞云老师负责给我送来。张老师是新泉人，我家离新泉15华里，那时没有公路，走的全是翻山过河的山路。当瑞云老师到达我家时已是中午。可那时的条件只能煮顿稀饭"招待"自己的班主任。我的父亲一生最敬重老师，他把腌制了很久也舍不得吃的仅有的两个咸鸭蛋煮熟了作为最好的菜给老师配稀饭。每每想起此事，一种愧然之意便会偷偷地涌上我的心头。

常言说，人老喜欢怀旧。是啊，就我来说，高中三年的经历真可谓甜酸苦涩，怎能忘怀？试想，如果不是母校恩师们的悉心栽培，我能学业优良考取名牌大学？！又试想，即使我高考有望，如果不是母校在关键时刻伸出救助之手，给我粮食帮我度过难关，还不早就打道回山沟了吗？！我一生旅程最关键的一步，是母校帮我走好的。这个恩，这份情，这场爱，比山高！比海深！我永远不能忘，不会忘，也不敢忘！

岁月如烟，母校今非昔比。我将永远以母校为荣。在此喜迎母校90华诞之际，我诚挚地祝愿母校永葆青春，久久长长；造福连城，更创辉煌；贡献祖国，多多栋梁！

2004年5月

注：本文作者为1963届高中毕业校友，曾任连城县委副书记、政协主席。

难忘一中

罗秋生

倏忽已届花甲之年。往事如烟，大多在心中了无踪影，唯四十年前高中求学的沧桑时光，追寻起来还那么鲜活，宛若发生在昨天。

艰苦岁月

我是1961年秋，从连城二中（今连南中学）毕业考入一中就读高中的。人说"走死连城，碰到汀州"，一点不假。从文亨下车，第一次远远看见县城，心里就有几分高兴，毕竟山里人跳入县城了，可挑着行李，约莫走了一个钟点，才到了东台山上的学校。

时值天灾人祸的"三年困难时期"，国家实施"调整、巩固、充实、提高"的八字方针，当年招生计划大减，全县仅连城一中招收两个高中班。一班是城里初中毕业生居多，二班大多数是乡下初中毕业生，我自然是被安排在二班。

高中生每月凭证享受国家定量供应口粮二十四斤，食油三两。几乎没有副食，更没有肉类供应。正是十七八岁的小伙儿，消化力正盛，自己放米的一小钵蒸饭，配上食堂的几分钱青菜，三下五除二，吃完仍觉得没吃一样。经常不是三五成群上东门桥头饭店再买三毛钱份饭填饱肚子，就是到街上小摊去买俗称"美国佬"的甘薯充饥。那"美国佬"蒸熟后，表面裂缝，香气四溢，十分诱人，吃起来又实又沙又香，着实解饿。可惜现在多年不见这个品种了。

四十年前的气候比现在冷。冬天，连城城关一带的霜下得很重，常常是满地煞白。那时，一年人均发丈余布票，有的用于卖高价交学费，我们这些乡下同学多数只穿单裤过冬。隆冬的阳光步履姗姗，做课间操时，许多同学嘴里呵着雾气，浑身瑟瑟发抖。做操的动作，酷似时下城市青年中流行的街舞。不过，那不是节奏使然的律动，而是体温抗不了严寒而引起的情不自禁的颤栗。我家里是种田的，但粮食却不够吃，还要供我上学，实属难得。当年留下的那张一个个瘦得皮包骨头的合家照，可说是历史的见证，现在看了也未免心酸。高二下的那年深冬，在外工作的姐夫见我实在冬衣太单，送我一条绒裤，让我高兴极了。那是我生平第一次穿上绒裤越冬呢。

"道路不平，电灯不明。"这是20世纪60年代连城城关恰如其分的真实写照。天后宫城关老电厂不时停电，学校不得不自购一部柴油机，请了一位叫吴大明的师傅专司发电。晚间限时供电，而且时明时暗，机器一出毛病，全校漆黑一团，常常靠墨水瓶改装的煤油灯补做作业。

那年月，吃不饱饭，时兴"瓜菜代"。种瓜种菜，我们的劳动课雷打不动。几分耕耘，几分收获。我们班到旗石寨种过地瓜，在板栗园种过萝卜。最难忘的是肩挑人粪尿给瓜菜追肥。学校茅厕，气味甚浓，同学们亲自动手一勺一勺地舀满尿桶。附城农用尿桶，其大无比，装满后要由块头高大的同学轮流挑至地里。居然没人嫌脏，更没人叫苦叫累。有的是，用气味的反义编些动听的词句相互调侃、逗笑，给劳动平添几分乐趣。

自那以后，我再也没有直接与人粪尿打交道了。但高中劳动课的情景，今生今世也不会忘怀。"当兵不怕死，种田不怕屎"这些浅白的道理，自小就听大人说了，但要真正做到，也并非易事。我这辈子凡事总是同情农民，以至他们入城打官司要我带路，也会欣然就道；农民因子女入学录取的事找我者，数不胜数，我亦常利用职便，尽力帮其所忙。这种农民情结抑或农家情怀，固然与家庭出身有关，但高中的劳动课确让我深切体味农业劳动的艰辛，对农民增加了几分同情。

老校友都称连城一中的学生不怕苦，勇于报考农林地矿类艰苦专业。可不是么，前后多少届都有毕业生被北京地质学院录取。他们被称为"和平时期的游击队员"，常年累月，餐风饮露，跋山涉水，足迹遍及祖国天南地北，不畏艰难险阻为国家建设探寻宝藏。更多的校友从农林院校毕业后，终身与农民摸爬滚打在一起，为解决中国人的吃饭问题付出了毕生的精力。他们不愧是社会的脊梁，时代的中坚。

高中三年，诸多苦涩与苍凉，可说于国于家于己，都是艰苦岁月。艰苦磨砺了我们的意志，苦寒锤锻了我们吃苦耐劳的精神。唯有艰苦，催人奋进；只有奋进，才会成功。所以，有人说，苦难是最好的生活教科书；也有人说，苦难是人生成长中最好的良药。"艰难困苦，玉汝于成。"自古至今，人们都赏识苦难的作用。君不闻"自古雄才多磨难"，何况涉世未深的年轻人？更何况那些缺乏独立生活能力，自小娇生惯养的独生子女？

因此，我认为，纪念校庆九十周年的时候，一定要把培养学生吃苦耐劳精神作为母校的传统人文精神加以弘扬光大。

欢乐年华

高中三年，有苦有乐。物质生活的贫乏，并没有消磨连城一中师生的办学热情。由于治校严，校风正，教师认真教学，学生刻苦学习，校园生活过得十分充实，充满欢乐与愉悦。

还是留恋我的高中二班。班上同学来自各个乡镇，方言不同，禀性各异，但整整三年，同学间和睦相处，精诚团结，从未发生打架斗殴之类令人不愉快的事情。学习生活在这样的班级集体，自然感到安宁祥和。课余时间，各自凭兴趣爱好选择活动，现在时兴的话叫任凭个性发展。同学发与同学全平日里形影不离，打起篮球来，他们是极好的搭档。同学江说话慢条斯理，生活有些不修边幅，一手象棋却着实令人倾羡。爱唱歌的，可在教室门口大树下引吭高歌；爱书法的，可以引来大家围观他的横竖撇捺。也有个别同学什么活动都不参加，时时捧着书本，恐怕这就是他唯一的爱好吧？当然，班上同学也有闹恶作剧的时候。我清楚记得，一次课间操，我与几位同学明知操场上有堆牛粪，事先不说，故意在"成体操队型预备走"的口哨声中，有意嘻嘻哈哈地伸开双手，半推半搡同学镇往牛粪踩去，及至他发现踩入牛粪正中进退为难愣在那里时，周围同学忍俊不禁，乐不可支，一个个笑得人仰马翻，至今想起仍觉可笑。晚间熄灯后，时不时总有个别同学发出怪声，逗得大家发笑，久久难以入眠。大扫除刚结束，不知哪位调皮鬼冷不防在同学背上贴上画着漫画的纸条，大家一路走，一路乐，背上贴纸条的同学被弄得丈二金刚摸不着头脑，还跟着大家傻笑。

最难忘的是高考后的那次乡下游。班上相约十来位同学，从县城出发，自北而南，步行到天马、朋口、莒溪、儒畲、庙前，一路欢歌一路笑。每到一地就住在同学家里。同学们亲自动手，把最好的手艺使出来，把最好吃的端出来，击节起舞，对酒当歌，觥筹交错。那是重负跋涉后的歇脚，高度紧张后的放松，心无挂碍，放浪形骸，最是彰显个性的时候。那会儿，我才真正领略了什么是豪放，什么是纵情。

那时的师生关系也值得乐道。吴铁生老师与学生同台说相声，黄嘉玮老师跟学生配伍打篮球。师生看包场电影一起入座，登冠豸山峰顶共进午餐。春天，我们抄着小路踩着野花去爬竹安寨；盛暑，我们光着膀子穿着短裤在白庙桥下嬉水。

想当年，虽说文川河水浑浊，常年喝它，有人说一年要吃下一块砖头，但我们觉得它可口甜美；虽说冠豸山似村姑无黛，但我们时常观赏，仍觉得它秀丽无比。

呵，忘不了那山，忘不了那水，忘不了在母校度过的欢乐年华。

铭记师诲

忆母校，最忆是老师。当时，一中拥有一批饱学卓识，非常优秀的教师。他们学有专长，治学严谨，才华横溢，各有千秋。而今想起每一位老师的教学特点，就好像重读《水浒》看梁山好汉，一个个那么个性鲜明，形象逼真，晃现在眼前。

班主任是我所敬重的数学老师张瑞云。据说，他学历不高，自学成才，凭自己刻苦钻研数学，当上了高中数学把关老师。培根说："数学使人严密。"我觉得瑞云老师身上一切都数学化了。他的教案条理分明，解题推理严密。板书刚直有力，一笔一画，入木三分，似钢刀铁钩一般。字如其人。那字，就像他的为人那么硬直。他说话直来直去，从不拐弯抹角。对学生，关爱又严格；对班级，关心又严厉。他上课，总要将黑板重擦一遍，把余灰吹净。要是哪一次班会，他进了教室未言语而脸先发红，此时班上必然出奇地安静，同学们个个屏心息气，都知道又有什么事做不好该挨批评了。一连串发问"是不是？"是他这时的口头禅。没有人直接回答，更没有人敢于申辩。不过，事后，他很快又会平心静气与同学们真诚交流与沟通，一切烟消云散。他了解学生，学生也了解他，师生关系一直是融洽的，从未产生过芥蒂。

厦大毕业的语文教师林锡祺，衣着整洁，仪表堂堂，金丝眼镜后一双明亮的眼睛炯炯有神。板书逸丽，一口流利的国语又很中听。也许是自己爱好文科的缘由，特别喜欢他的课。他的课，条分缕析，重点分明，对文章写作特点与修辞手法的分析，鞭辟入里。当然，我更忘不了，他前后把我的两篇习作，画出令人满意的段落与词句，加上评语后，当作范文，用他自己的逸丽且娴熟的手书抄贴在学校语文园地里。记得参加全校演讲比赛，讲稿也是他帮我修改润色，我获取二等奖，奖品是郭沫若著作《洪波曲》。这些对我当然是一种莫大的激励与欣慰，策励我更专注于语文科的学习，去争取更大的进步。

张明锦老师个子不高，待人和颜悦色，讲课不温不火，循循善诱。他的解析几何课传授的知识，对我这个大学读文科的学生来说，实在是一辈子受用匪浅。

李拔材老师从前当过部队教官，对于三角知识的运用，自有他自己的实践经验，讲起课来深入浅出，容易理解。他一手瘦长的板书，写得快而流利。也许是耳朵失聪的缘故，他讲话声音洪亮，但眼睛通常不面对学生。

身材修长而高挑的林文彩老师，大学就是优秀学生干部，伶牙俐齿，人才出众，因反右运动受了坎坷。她教生物，一条教鞭在手，挥洒自如地对着挂图讲述杂交子一代与子二代的排列组合过程，那情景交融的讲述，仿佛不是听课，而是一种美的享受。可惜她罹患癌症，英年早逝。

李安澜老师的俄语纯粹是自学的，他对俄文语法的透彻理解，让我们这些俄语学得比较好的同学无不叹服。俄文难学在变格与变位，这些难点，他都讲得特别到位。

陈基春老师做了苏联专家多年的口语翻译，教俄语讲读说写均无懈可击，他的书法也堪称上乘。以至我考入大学还特意写信向他索要墨宝，他慨然应允，托新录取北师大的福樟同学从隔川捎到北京给我。

吴有春老师当时是风华正茂的青年教师，他一边教学，一边搞科研，撰写的论文在中科院主办的《数学通报》上发表，实属难能可贵，难怪他后来会被评为县里的首位特级教师。

当时的副校长李葆中老师，政治上他是地管无党派民主人士，教学上更是一专多能的多面手，英语、历史、几何、数学，样样拿得起，教得好。他讲课，语速不急不缓，语言清楚，表述精当。更令人吃惊的是他掌握时间的功夫，每每是讲完最后一句，下课钟声就响了，给人"多一句太长，少一句太短"的感觉。

一中还有许多优秀的教师。我这里只不过就教过我的老师，印象尤深的，回忆他们的个别侧面，撷取他们教学生涯中的万一。凭印象追忆，评论也许失当。

斗转星移，时过境迁。我的老师们，不少已经作古，有的仍然健在，有的还在发挥余热。我衷心祝福他们健康长寿，颐养天年。

不忘良师教，常怀雨露恩。不管怎样，我们这些当年的一中学子，日后略有寸进，与当年这些良师益友的用心教导是分不开的。无论如何，一中史册上应留下他们的足迹，记下他们的印痕。

高三时光

忆一中，最想说的是高三。因为高三，对于我们永远是刻骨铭心奋斗的岁月，激情与理想交炽燃烧的岁月。

"吾十有五而志于学"的规律，在我身上也是起作用的。此前一直贪玩，十五岁过后开了窍，学习比较用功。初中考高中，作文拿了第一名。但是，我的用功总是有限，没日没夜地念书，整天死磕书本，好动的我，做不到。"天道酬勤"的道理，我懂，但要完全遵从，我也做不到。多少年，从小学到高中，成绩单的操行评语中总有"有时有骄傲情绪"的字眼，我一见就生厌。是的，也许是当事者迷，旁观者清，也许是自己没有正确对待，不敢面对，而给人的印象又总是这样。比如高三，人人都应心无旁骛，一门心思复习迎考，这是咬牙奋斗的时候。可我在开始复习时，仍与兴趣相投的同学晚自习溜出校门看戏或看电影去，终究挡不住那些剧情与角色的诱惑。

高三迎考，有人喻为"穿越黑色的隧道"，形容压力之大。压力对每个人都一样。尽管我的学习成绩一直较好，文科相对拔尖，但作为一个普通县城中学的学生，要想考取全国知名大学，也不是轻而易举的事情。我终于暗下决心，静下心来，按照复习大纲的要求，把高中阶段学过的内容，从头至尾重温了两遍，重点部分还反复咀嚼了多次，直至全部理解并记住为止。

柴油发电机旁，是个僻静的处所。头上有树荫遮盖，地上放置盛满柴油发电机冷却循环用水的木盆，水气氤氲，便有几分凉意，我的整个高三复习阶段，几乎天天是在那个旮旯里度过的。因为有水气，间有小青蛙或唤不出名字的小昆虫光顾，这时，也只有在这时，是我停顿思维让大脑休息的时刻，可心里还会想："小东西，你们这样自由自在，多好呀。"

　　复习高度紧张，又逢盛夏酷暑，食欲亢进，"人比黄花瘦"。考前填志愿，想到自己偏文科，俄语又学得比较好，决意学习外语。自报志愿时，我填了北京大学东方语言文学系及北京外国语专科学校的泰国语专业。当时想，东方语言不算世界通用大语，泰国当时尚未与我国建交，用心念好这些外国语种，将来必有用场。可是，后来同学灿告诉我，班主任、级主任与语文科任教师已经商量过，要我第一志愿填报中国人民大学，因为上一届那位文科尖子填了第一志愿未被录取，这一届动员我去填报，争取填补这所学校尚未通过高考录取连城一中学生的空白。我只好服从。我没有过多地考虑什么，因为我相信老师们的决定是对的。就这样，是一中的老师们决定了我的人生走向。

　　"黑色的七月"终于来临了。面对高考，说一点不紧张，那是假的。因为考场的气氛太肃穆了。作文题是《读报有感》，读一则关于支援灾区的菜干的报道，也属材料作文之列。我理出了这样的提纲：以革命的名义——想想过去，看看现在，展望将来。写起来很顺当，顺理成章。前两天的考试，接过了考题，会做的先做，心态慢慢平静下来，一科一科地就这样敷衍过去了。偏偏意外的事情发生在最后一科。原本以为俄文见长，可以考得好些，以提高总分，谁料想，刚出考场就意识到弄错了两个单词的比较级，而交卷前居然没有发现。伤心极了！一直跺脚，责问自己粗心。晚饭也嚼之无味。直至发榜前夕，我一直为此郁郁不乐。

　　一天清晨，我还没起床，二哥告诉我，县里同学打电话到邮电所转告，你考上北京大学了。我想，这不可能，我没填北京大学的志愿，是不是把"北京的大学"传为"北京大学"了。我将信将疑地坐车赶到县城，在东门桥上遇到李葆中副校长，他从怀里掏出福建省高等学校招生委员会颁发的录取通知单，编号为○○一九，通知确证被中国人民大学录取了。张彰校长还特地召见了我，讲了许多勉励我的话，至今言犹在耳。

　　"朝为田舍郎，暮登天子堂。"我，一个山区普通农民的儿子，经过连城一中的三年栽培，终于有机会到首都北京读大学了。

　　难忘一中，谢谢一中！祝愿母校生生不息，越办越好，铸造更加灿烂的辉煌，为了我们的民族，为了祖国的明天。

2004年5月27日

注：本文作者为1964届高中毕业校友，曾任连城县副县长、龙岩地区教育局副局长、闽西大学党委书记。

麻潭琐忆

罗秋生

　　我在麻潭城关五七中学前后待了三个学期，对那段生活的点点滴滴，曾经留下了刻骨铭心的记忆，四十多年过去了，现在念及，似乎就在眼前，确还饶有兴味。

一

1971年秋冬之交，我好不容易获准从东北调回老家工作，兴冲冲地到县委政治处人事组报到，满怀希望地能留在县城工作。谁料想，一下被指派到离县城二十里的城关五七中学任教，心里一时感到十分失落。那时，"文革"十年浩劫并未结束，县里还由军人接管，县委书记张志合、分管政治处的副书记朱明连、政治处人事组长王启臣等，掌实权的领导，一股脑儿都是在役军人，而我们则属"臭老九"之列，真有点"秀才遇到兵"的感觉，尽管心里不如愿，行动上还得无条件地服从分配。

从来没有去过，不知道麻潭在哪儿？经人指点，我沿着塘前公路往揭乐方向茫茫然走了约莫两个小时，爬了一坡又一坡，拐了一弯又一弯，在一处山旮旯儿，但见几排平房，一个足球场大小空空如也的操场，离校舍不远的拐角处还有座材质变黑的木桥，桥下的溪流把公路和校舍隔成两岸。

这就是麻潭。学校的命名当然是遵循毛主席的"五七"指示。当时在火烧炉还办了由李春盛任校长的"五七"大学呢。麻潭，地处城关最边缘的地方，它前不挨村，后不着店，平时也甚少看到老百姓的踪影。再翻过一个山头，就是塘前跶砾村了。选择这样的地方办学，其艰苦程度，便可想而知了。

二

限于当时的办学条件，所有的校舍全是土木结构，十分简陋。无论男生女生，没有独立的架子床，住的全是木头搭架的通铺，几十号人住在一起，又挤又窄。教师呢，两人合住不足十平米的房间，每人一床一桌一凳而已，备课、改作业、辅导学生，甚至吃饭，全都在这里。除了操场，没有活动场地，出了宿舍就得爬坡，学生宿舍与教室，都建在半山坡上。跨河的木桥，多次被洪水冲垮，直接危及师生安全。八十多亩农田的耕作管理，全靠师生共同劳作。为了备足基建材料，我们师生一起往返七十多里到姑田大洋地扛桁条和木板，可怜那些女同学累得腰膝酸痛，肩红腿胀，回校只能凉水擦身，没有热水洗澡，大家居然习以为常，没有人叫苦叫累。一个以"老阿婆"为主干的食堂，主要解决人头一份的笼蒸钵子饭，教师用餐蔬菜品种极少，更没有什么油星，学生多吃自带的干菜。更没有什么夜生活，只是月朗星稀时，可以坐在宿舍门口赏月，同事间拉些家常，讲些奇闻轶事，调侃一下生活情趣。可以说，全校师生过的就是"抗大"式生活，整个校园一派"抗大"氛围。不过，吃苦对学生来说，也是难得的锻炼，古训"艰难困苦，玉汝于成"再次得到了应证。我教高一语文的学生祝列克如今是陕西省副省长，他的妈妈就肯定地说，列克能有今天的进步，与当年在麻潭得到的锻炼是分不开的。宁德学院院长林跃鑫、龙岩市政协办公室主任江兴华、马尾炼油厂厂长罗重钧、闽西大学土木建筑系主任罗东远，还有不少行业的骨干，都是从麻潭走出来的。

在这所艰苦的学校里，二十多位来自不同行业不同院校的教师，能勠力同心，把一个山区学校办得生气勃勃，学生个个生龙活虎，主要得益于当时有个团结的领导班子和一批安心教学的老师。当时，主持校务的是从农业部门调来的张麟励同志，他为人严谨，平时不苟言笑，但尊师爱生，工作责任心强，深得师生敬重。当时高初中各念两年，上的是工业基础和农业基础课程。归侨教师陈学宠以校为家，以农田为实验基地，培植种苗，栽种食用菌，学生通过实地操作，动手能力增强，回乡务农的科技水平也提高了。应该说，陈老师后来在隔田中学培养出优良地瓜品种，教书育人取得骄人的成绩，获省表彰并得到省委领导的首肯，与在麻潭农田基地长期实验是分不开的。特别值得提出的是江初祥老师的骨干作用，他多次进出麻潭，情况熟悉，一贯忠于职守，安心教学，除了自己的课任课程，还要负责学校的教务安排，担当学校的部分行政事务，到县里联系部门，请示领导，工作量大，责任心强，奉献最多。

当然，在当时的历史背景下，"左"的思潮影响在所难免。那时年轻，我难免有些书生意气，对时局多有评说，心有不平，会发牢骚。我说过，麻潭这鬼地方根本就不是办学的地方，有人就向领导反映。那时，正当反击右倾翻案风，巩固无产阶级"文化大革命"成果，我就被当作否定"文化大革命"成果思潮的代表进行批判。因为一句词语出自《红楼梦》，要求学生可以查阅原著，就被扣上"提倡学生看黄色小说《红楼梦》"的帽子。那时的人啊，"左"着呢。现在看来有些可笑，可那是曾经发生过的事实。前事不忘，后事之师，难道我们还不应该从中悟出些道理来么？

三

我到校报到的时候，已是期中，学校安排我教时事政治。结合当时时政，我主讲两大热门课题：一是南亚次大陆东巴西巴分治；二是以色列犹太复国主义的来由。当时，东巴基斯坦改为孟加拉国，这要从英国殖民历史和印巴分治历史变迁状况讲起。我国当时尚未与以色列建交，以色列犹太人为什么要回到公元前7世纪离开的地方重新建立国家，与巴勒斯坦在领土与建国问题上的纷争不断，还必须查阅大量资料，才能讲清楚它的来龙去脉，让学生明了问题的缘由。课题切合当时世界局势发展，过去又闻所未闻，学生听起来兴味盎然，确实在讲述中让他们平添了国际常识，拓宽了国际视野，而我自己在备课过程中也增加了历史知识的积累，相得益彰。

新学期开始，除了负责两个高中班的语文教学外，还配合李大谌老师任高一（1）班下班辅导老师，协助做好班务工作。任教期间，教参甚少，备课基本靠自己的阅读和平时的知识积累。

一个星期一上午，高一（1）班第一节语文课，事先没有通知，时任县教育组组长兼五七中学主任的谢传淦同志，自己端着一条板凳，突然出现在教室最后一排，来听我的课。事有凑巧，头天因为家庭琐事未曾好好备课，当天早上才刚刚从县城赶回学校。当时心里咯噔一下，随即叮嘱自己冷静下来，沉着应对。记得那堂课要上的是长篇叙事诗《金训华之歌》的节选《油灯下》。课文分四个自然段落。首先，我得范读一遍。得益于长期在北方学习和工作，刚调回老家，受家乡土话影响时间不长，普通话发音比较规范，范读一关轻松过了。之后，请四位同学分别朗读一个段落，发音不准的，分别予以改正，个别难字，板书时注出拼音，然后按次序引导学生分析段落大意，分析正确的，予以首肯，不足的予以补充，走样的予以纠正，模棱两可的，自己引而不发，鼓动学生激烈争论，之后由老师作出评价与概括。这样，既把握课堂教学时间的支配与课堂内容密度，又发挥了学生主体的作用，师生互动，教学呼应。这堂课，据教务处的反馈，得到了正面的评议，领导的好评。

四

世界上经常发生"有心栽花花不长，无心插柳柳成荫"的事情。可不，1972年暑假是我当教师后应当享受的第一个暑假，其时，我家属还在龙岩化肥厂上班，尚在联系调动中。地区教育主管部门，利用假期在龙岩师范举办一期初中教师汉语拼音培训班，给五七中学一个名额，但学校没有人愿意参加，学校想到我既可探亲又可参加培训，就让我这个高中教师滥竽充数。我大学念的非师范类专业，拼音本来并未全面过关，这回让我参加学习培训，简直就是千载难逢的天赐良缘。谁知主讲教师是个地道的上杭人，发音满腔客家土话，"大""太"不分，我干脆不听，私下自读教材，着重克服连城人前"n"后"ng"不分的难点，把拼音掌握了。不说以后教学轻松许多，现如今手机上网，电脑百度，朋友聊天，发送邮件，方便极了。那期拼音培训，让我一辈子受用匪浅。我出自内心，真要感谢五七学校，感谢麻潭。

五

教书生涯让我懂得了教学的艰辛，但也尝到了当老师的甘甜。在人们过往匆匆的街头，会有人突然叫你一声"罗老师"，遇巧碰上学生，给你亲切问候；几十年过去了，聚会时，学生还会模仿你当年讲课时的动作与音调，让举座忍俊不禁，哄堂大笑；因表现不好，成绩极差，被刻意批评过的个别学生，可以一辈子不与你讲话，甚至正面相遇亦视同路人。我客居外地，当年的学生依然数人相约，远道前来看望。前年，回县办理乡下房产证手续，冷不丁会有当年学生上来热情打招呼并让座，而我已经认不得他了，按规定要十几个工作日办理的手续，他立马加班为我办妥。我不由地想，当老师，你真为学生"传道授业解惑"了，学生肯定会在需要时力所能及地给你回报。请问当过老师的人，不是么？

2014年秋月

那排苦楝树

罗 纬

每回返乡，车过东门桥，我总是要探出窗外去寻找，寻找东台山上那排熟悉的苦楝树，枝疏叶细，绿荫连幕——烟雾般的往事瞬间涌上心头。

我是1959年进入东台山上的连城一中初中部的。初中生，在一个少年的心中是多么令人神往而骄傲的事呵！更何况东台山，她一直是我童年的乐园。记得每年端午节一过，蝉声四起，便也开始了我们最快乐的时光。我和表兄弟童庆樑是小学同班，各带几个小伙伴，总是不约而同地一起出门来到东台山，来到那排苦楝树下，爬树的爬树，递竿的递竿，顷刻间捕满了一袋鸣蝉，顺着那黄泥大斜坡，挨个滑下去，躲进那密密匝匝的向日葵丛帐中。把蝉儿捉出裹上厚厚的一层纸、引燃，然后掐头去尾，中段的一团瘦肉，鲜嫩喷香，美味极了。今时少男少女们的烤羊肉串，跟它简直没有比的份儿！秋天，向日葵熟了，沉甸甸地佝着头，层层叠叠地遮蔽住那排苦楝树下的整面斜坡，钻进去割一盘足够解馋的了。当然，只能偷偷的，因为这都是中学生们栽的呀。由此，我常充当望风的角色。透过排排的葵杆，我窥视着了不起的中学生们捧着书本在苦楝树荫下喃喃有声，有的竟骑在杯口粗细的枝杈，颤颤悠悠地，手里捏一本书，屁股上还插一本，让人羡慕死了！

想不到轮到自己当中学生了，更让人兴奋的是，小学时的玩伴——庆樑、源滋、乾超、水生……还有一个绰号"鸡卵"的英俊少年（我的绰号是柑橘子），以及我们的头儿陈鹏生都来了。

后来才知道，我们正赶上"大跃进"的尾巴，全部进初中。按天干排列，连城一中59级初一破天荒有甲、乙、丙、丁、戊7个班级，伙伴们自然就风流云散了。我好像被编在丙班，都是陌生的脸孔。入学不久，新鲜感很快就消失了，原来中学生活是这样乏味，管得严，既不能烤鸣蝉，也不能套黄蜂，更不敢爬树，与那排苦楝树的亲近也只在体育课间那短暂的休息，得庇于她浓密的荫盖了。整天上课下课放学回家来去匆匆。图书馆那几本古典小说，除了《红楼梦》看不懂，其他全看完了，连董存瑞、刘根思的故事也看了，剩下的高玉宝、刘文学之类读本实在提不起兴趣。课余时间的唯一乐趣是相互比赛查四角号码及在全国乃至世界地图上赌查地名。那时全班登记买了四本四角号码词典，我有幸拥有一本，每本1.5元——学杂费也不过3元，所以这本词典宝贝得不得了，一直寸步不离地陪我读完6年中学。我用"国"字、"囙"（"因"的异体字——编者注）字不知考倒了多少人，几乎每人都报6000号码，实际是6010、6017。他们曾出"戊"字，这对我是小菜一碟，5320，脱口而出，甚至连同一号码字的排序号，我都能报出。如"送"字是38308，"逆"字是38304，为此赢得一大叠"郑和下西洋"的"卡通片"。但是在赌找地名时又把这叠卡片如数奉还给他们了，他们常出隐藏在各种地界线或河流道路交汇处的小村落让我找，真有一人藏万人找的感觉，不过也让我知道林、罗两字做地名的出现频率是最高的，足让我"傲视群雄"一阵了。

世事变化是如此之快，第二学期，市面物价一天一个样，到后来一颗糖果卖5角钱，一斤大米20元。学校开始不断停课，开荒种地打猪草积肥料下乡支农。现在回想起来，我的初中生活大半是在水里泥里泡掉的，唯一的收获是让我与农村来的同学亲融起来。因为小小连城县，以其方言多样性而闻名于世，说城里话不膏时下的京腔、海腔、广州腔，眼珠都要翻上的。乡下来的同学带着各自不同方言口音，在我耳中，他们啁啾咿哑，仿佛是化外之人。因而我们城里同学就模拟着他们口音，按不同地域取绰号，如"哈得""西堡仔"，当然，雪梨、黄瓜、芋头、番薯更是满天飞了。第一次下乡支农好像是到北团一个叫山垅的村子参加夏收夏种。晒干的谷子农民挑走了，剩下五六张谷笪叠卷起来叫我扛回去。我的天哪，这不是让我挟泰山以超北海吗？一个十几岁的孩子，个子又小，前面起肩后面滑下，如此反复，摔得满身泥水，我竟哭起来了。正当我抱着谷笪卷发愁时，"哈得"出现了。他在我身旁一蹲，就势插进右肩，双手抱住谷笪卷，一直腰站起，抖两抖，跨步就走，宽脚板拍着田埂，虎虎生风，我在后面一直跟到家。第二件事是没完没了的积肥，每星期两个下午停课，我与"西堡仔"等三人一个小组，要把操场边堆成小山丘似的垃圾筛捡一番，完成50担精肥。我和"西堡仔"个子相当，就分工摇大竹筛，另一同学力气大，大铲大铲地往里铲垃圾。开头几筛我勉强能配合，接下来便气喘脸红，再下来一个踉跄，连同碎石瓦片一同栽下去。"四堡仔"赶忙扶我起来，毫无责怪之意，只见他长长的睫毛忽闪几下说："你去食堂找一根麻绳来！"我似乎听到赦令，赶紧奔下斜坡去。"西堡仔"把绳子一头交给我，叫我爬上那十分熟悉的苦楝树，打个结牢牢拴在枝丫上，另一头则吊在竹筛边。哈！他一个人就行了，我的任务只剩下来回穿校到食堂打开水了。整整干了两个下午，终于把这臭山丘移走，还因超额10担肥料而受到了表扬。

此后，我每天都会提早10分钟上学，先到"哈得""西堡仔"他们的宿舍闲聊一会，然后一起上黄土斜坡，经过那排苦楝树，说笑嬉闹地走到教室。我们间的友谊也像那排苦楝树一样悄悄地生长着。

初二上学期，课堂教学起了变化，天天背诵"形势一片大好""迎来又一个丰收年"，大考小考都是"敌人一天天烂下去的具体表现，我们一天天好起来的十个方面"，还有那掷地有声的各条战线产值数据以及一堆似懂非懂的名词术语："左"倾、右倾、阶级、专政……然而情势却日趋恶化，先是所有副食品仿佛一夜间消失殆尽，尔后不断传来吃树皮、草根，以至谷壳灰，接下来就不断有人水肿，有人饿死。而饥肠辘辘的城市居民则忙于把半斤米饭再加水蒸一遍的所谓"双蒸饭"，这可是逐级下传的革命措施，据说经过科学研究，同量的米"双蒸"后，热量比"单蒸"多一倍。谁敢怀疑？那可是犯右倾的事啊！

不知何故，这天我提前半个小时到校，照例先去看"哈得""西堡仔"了。他们早已用完早餐，正端着饭钵去食堂准备蒸午饭，我无意识地随手把钵盖揭开一看，整钵盛满切成小段的芋荷梗，面上撒了稀稀的米粒，像盐花，特别显眼。"这是菜，还是饭？""饭呀！你不知道吗？大家都这样呀！"出于好奇，我跟到食堂，蒸笼里绝大多数饭钵都如此：盐花般的米粒点缀在上面，像我们的命题作文——千篇一律，只是下面整钵整钵的菜却五花八门，金碟菜、南瓜叶、蕉芋梗……最精彩的要数那几段木薯，几块地瓜了。

来上课的人日渐少了，有的请假，有的回家后再也不来了，铺盖卷还是由其兄长来校取走的。我们城市居民，似乎高贵些，受政策保护，每餐有5两大米（16两一斤），其余一切只能靠"精神会餐"去感受了（当时大学里流行的解馋游戏，几个人躺在床上描绘吃红烧肉的感受，以刺激味蕾）。很快我也出现了夜盲症，天擦黑便像瞎子一样由弟弟牵着走路，自然就不能去晚自修了。初中三年就这样渡过。这三年可不是现在饱食之余虚掷光阴的三年，那可是一个十四五岁少年的发育黄金阶段呀！其中的含义，是不用我再饶舌了。

没过几天。早上，先是"西堡仔"对我说，家里没吃的，他要回去帮父母上山挖葛根，可能再也不来上课了。他说时那样平静，那好看的三角眼微陷下去，长长的睫毛扑闪了一下，我眼眶里已湿润了，站在那里不知说什么好。在握手时，我才感到，他手很粗，有点像苦楝树的皮。后来才知道，他经常步行几十里路回到四堡去，上山干着粗重的农活。又过几天，我与"哈得"并排走在那排苦楝树下，"哈得"突然说："我不想念书了！"那种不容置疑的斩截语气，我至今还记得。原来下南一带饥荒十分严重，几乎家家水肿、大量死人，他家里根本拿不出可吃的东西供他带到学校。怎么分别的已无印象，只记得他一张难看的菜色脸，眼睛特别大，看着我时，眼神是那样迷惘、无助。

接下来大量农村孩子辍学，回到家里扛起生活的重担。班里上课总是稀稀疏疏。校方及时作出调整，原来按天干排序的7个班缩编为4个按阿拉伯数字排序的班，我好像在初二（2）班。

初中毕业升高中了，城里孩子又得益于政策倾斜，我轻易地考上了全县仅有的140名新生的连城一中高中。至今我都不解，我成绩不好，好多大题都不会作答，怎么就被录取了，而那些比我聪明的，有科代表水平的农村孩子却一个个落榜孙山，放归故里呢？现在当然明白，是贫困的农村厚道的农民一次又一次地在默默奉献、牺牲。我的初中三年正好与我们国家著名的"三年困难时期"严丝密缝地叠合在一起，"哈得""西堡仔"们也承担起为他们同龄的城市孩子奉献、牺牲的重任！

我又怀念起"哈得""西堡仔"了，一个个闰土般的农村少年，一张张鲜活的脸庞，他们在哪里？活得好吗？

呵，我的一中！那排苦楝树，如烟，如雾……

2004年6月

注：本文作者1959—1965年就读于连城一中，福州大学教授。

一枝一叶总关情

陈福榁

连城一中100岁了。论年龄，尽管我自己也是奔花甲的人了，可她比我的母亲还要大许多，按教育界历来的排序法，恐怕我连她的重孙一辈也够不上；论表现，我既不是那种天资特别聪颖前程可能无法限量（印象中，当时我班不少同学身体比我好，脑瓜比我灵）因而一定会让师长们特别垂青的人，也不是那种行为经常出轨时不时会干出一两件“惊天动地”的事情让师长们“头痛”的人；论影响，今天的我既不是大官，又不是大款，更不是大腕，无法让师长们为有我这样的学生感到特别荣耀。因此，一提起校庆，就难免联想到“颔首汾阳”的典故。唐时，为平定“安史之乱”立下汗马功劳被封为“汾阳王”的郭子仪，由于儿孙太多，以至于连名字也叫不全，只能在他们给自己拜寿的时候朝他们点点头而已。我在一中读过三年高中，我想，在她的面前，我顶多只能算是她印象中似乎有一点面熟但决然叫不出姓名，在我向她拜寿的时候只能朝我点点头的众多后辈中的一个。面对多少德高望重令人尊敬的师长，面对多少硕果累累能让母校倍感自豪的校友，我实在没有什么资格说话。然而，毕竟我的人生与她实在有太大的关联了，在她90华诞之际，我无论如何都想痛快地说上那么一段。郑板桥有一句诗，叫“一枝一叶总关情”，我不可能对在母校度过的三个春秋无动于衷。

是的，对我而言，一中实在有太多太多的东西可说了。

记得还很小的时候，我就对一中充满了憧憬。爷爷、奶奶、爸爸、妈妈问我：长大要做什么？我说，我要上大学。又问：上大学以后呢？我说要上县中（一中）。当时，我以为县中比大学还要了不起。小学毕业了，我和当时北团第二中心小学（今隔川中小）的同学由校长陈亮邦、班主任李翰元带领到一中参加升学考试。我家虽然离城不过十华里，但长这么大还是第一次进一中呢。我第一次看到这么大的操场，这么漂亮的楼房（可是用砖砌的呀，比隔川一家一户的泥墙不知要好看多少倍呢），这么美丽的校园（到处绿树掩映，时时清风徐徐，好爽好爽呀），感到真是“目珠头”（眼睛）都更光呀！能在这里读书，要多幸福有多幸福！可是，我却进了刚刚兴办的连城四中（今北团中学）！因为我虽进了一中校园准备参加升学考，却在进考场前半个钟点被宣布为“保送生”免于考试。当时我确实激动了一阵子。没想到，后来发生的事却令人扫兴：凡考试成绩较好的同学都进了一中，反之，相对较差的同学则被录取到四中去，而我和其他3位“保送生”，不知什么缘由，竟被扫到那儿。为此，我还真闹过一阵子情绪呢。我的父亲不得不带我到当时的文教科要求转学到一中，理由是，我胆小，不敢过北团的溪尾桥（四中初创时地点在今溪尾村）。文教科的同志听了，笑着回答：一个溪尾桥都不敢过，将来要去北京读书（没想到竟被他们言中！），要过更多的大江大河怎么办？父亲也觉得这样的理由讲不过去，只好反过来安慰我，要我打消转学的念头，安心在四中读书。可我怎么安得下心来呢？那是我幼小的心灵中的一块圣地呀！亏得四中的老师们对我关怀备至，才使我渐渐适应了四中的生活和学习。不过，由于人是万物之灵，对他所想要而暂无条件得到的东西往往会有更强烈的渴望（不如此，社会就无法进步），整个初中三年，我对一中的向往可以说没有停止过一天！

1962年，我终于在连城四中完成初中学业后顺利地考上连城一中高中部就读。从此，我跨入了人生的一个重要阶段。而这个阶段，我在知识上的收获人格上的完善对我日后的人生道路的影响可以说都具有空前的意义。由于这个缘故，只要回忆起它，我心里总是盛满花样年华的温馨和基督教徒对上帝般的感恩之情。

我所在的班是三班。班主任先后有两位：郭培钦老师、吴铁生老师；俄语老师有两位：陈基春老师、牛承恩老师；语文老师有三位：沈明通老师、吴太容老师、林锡祺老师（林老师负责高考复习阶段的语文教学）；政治老师有三位：郭培钦老师（班主任兼）、张金汉老师、李大谌老师；物理老师一位：卢发采老师；化学老师三位：揭月生老师、林昭容老师、张福馨老师。吴铁生老师兼教立体几何，李拔才老师教三角函数，张明锦老师教解析几何，张瑞云老师教代数，林文彩老师教生物，罗美焕老师教历史。好像曾昭文老师也教过我班一段数学。这些老师多为饱学之士，教学上各有特色，有的甚至还是自己学科领域的出类拔萃者；有的虽饱经磨难仍不坠其志，始终保持其高尚的人品。有的老师也许不是那么"纯粹"，比如有的说话带有浓厚的"地瓜腔"，有的则在后来的特殊年代走了弯路甚至犯了比较严重的错误，但不可否认，在我就读高中的三年，我所受教的所有的老师都是时时以学生为念，时时以教书育人为己任的。正因为如此，我才得以打下比较扎实的知识基础和思想基础，我才能在往后的日子里无论是顺境还是逆境都能做一个大写的人。举几件印象特别深的事：

整个高中阶段，我各科的成绩似乎都还差强人意，未出现明显的偏科现象，用当时的话说是"全面开花""齐头并进"，大概可以忝列上游吧。有两件事实可以说明这点：一是我在高中期间，除了刚进校的那段有些不适应外，几乎没有感到过有什么学习压力。不少时候，我的作业是在哼着歌的情况下轻易完成的。二是尽管高二下学期开始，我已基本确定要考文科，花在数理化方面的精力比过去少了许多，可毕业考试时，我的代数仍然得了满分。我想，我之所以能学得如此轻松，主要应归功于各科老师教得特别尽职。

兴趣是最好的老师。母校的许多老师在激发学生的学习兴趣上都有各自的高招。陈基春老师在讲好课文的同时，还用心地教我们唱俄语歌，许多同学都被他优美的歌喉吸引，被他歌声中所描述的俄罗斯美丽的大自然所吸引，学习外语的兴趣被大大地激发出来了。尽管在他任课的阶段我的外语成绩还不是特别出色，但正是由于他的引导，我才得以在后来"登堂入室"的。记得牛承恩老师接手以后，一次学校举行俄语听写比赛，我还得了第三名（前两名得主是从一中初中考上高中的，一中由于师资力量较之其他几所新办校雄厚得多，学生早在初中阶段就有安排俄语课程，四中则无此条件。我是上了高中才从字母学起）。应该说，我后来做俄语科代表，进大学中文系后又被编到外语快班，都与此有一定的关联。

表扬比批评更见功效。母校的老师深知个中奥秘。通常，老师手中既有"大棒"又有"胡萝卜"，但我班的老师很少有挥舞"大棒"的时候，他们更多的时候是送学生"胡萝卜"。吴太容老师上古文课，注意在难点重点上提问学生，如遇学生答不出或者答错时，他既不疾言厉色批评学生，也不冷嘲热讽挖苦学生，而是把某位语文基础知识较扎实的学生叫起来解答，待大家都听到正确的答案时，他才微笑首肯，以示鼓励。记忆中，我亦曾有过多次这样的殊荣。他和明通老师、锡祺老师批改作文，特别重视勉励的作用。学生习作如有可圈可点之处，他们多半要在其下加圈其边加注对作者加以鼓励；如果通篇都较好，时间又允许的话，还会用毛笔将文章抄正并张贴于墙。这样的做法，其收效自然可以想见。我学习语文，从来不怕基础知识丢分（从小学到中学，基础知识丢分的情况很少），苦恼的是作文写得平平的时候多，写得精彩的时候少。后来，经三位老师的鼓励指点，取得长足的进步。参加高考时，我的语文科不仅基础知识部分没有遇到什么不能回答的题目，就是作文也写得很顺手。当时的作文题是"写给越南人民的一封信"，文章的开头部分是怎么写的，我至今还有些"津津乐道"。我想，我能以高分考入北师大中文系（一进大学就被安排当学习组长）。大学期间，我应征创作的朗诵诗能在强手云集的条件下脱颖而出成为学校表演诗剧节目的首选并堂而皇之地登上大学的舞台；走上社会后，我能在工作之余创作出版多部小说、诗文集100余万字，主编出版和参与主编出版各种专著100余万字，加入中国作家协会，成为闽西作协顾问；我能代表龙岩市委市政府撰写《传承昭》铭文（此铭文被用青铜铸于龙岩大洋火车站广场）；我的应征联文能在《人民日报》海外版获奖，应该说都与高中期间在母校老师的帮助下夯实的基础有很大的关系。

在教书的同时重视做好育人的工作，这是我班老师的又一个显著特点。高三时，我所在的团支部有若干名团员有争取入党的愿望，为此，大家还组织了党章学习小组并利用课余时间交流心得。铁生老师对我们要求上进的心情特别理解，尽管工作繁忙，他仍然抽时间参加我们的活动，及时给我们以指导。那时，可以说，"一颗红心，两种准备"的口号，确已深植于心中。大家都有一种很神圣的感情，有一种为祖国而学习，为祖国而献身的冲动。那时候的学生，不少人至今还显得那么"正统"，究其根源，大概是当年已经融入到骨髓的东西很难被化开罢？

重视榜样的力量。记得铁生老师向大家传达了黄淑华的事迹，对大家树雄心立壮志，克服学习中的困难，争取向祖国交一份好答卷起到了近乎立竿见影的作用。黄淑华是一位贫农的女儿，小时没有受教育的条件，十几岁才开始上小学，可是，她有一股拼劲，没有几年就完成了大学的学业。我们对照她的事迹，受到很大的鼓舞。学习得到了一股很大的推动力，时间比过去抓得更紧了。俄语单词，我总是先预习，常常是老师讲完一课，我也将全文背得差不多了。究其原因，黄淑华的榜样所造成的推动力是重要的一条。

活跃的课余文化体育生活为吃不饱穿不暖的艰苦岁月增添了不少乐趣。除了课外活动时间有组织教唱革命歌曲外，每逢重大节日特别是五四青年节，学校往往会组织各种体育赛事或文艺表演或歌咏比赛等活动。时至今日，祝基台（后改名为祝卫华）同学上台表演节目的情景，罗樟树（后改名为罗丹）同学在下乡北田山龙支援春耕期间和另几位同学一起排练"小放牛"的情景，我们班由罗学升指挥上台表演集体大合唱荣获全校歌咏比赛第一名的情景，大家争着学唱《福大歌声》的情景，仍历历在目。那阵子，我班的同学真可以称得上是人人朝气勃勃，个个生龙活虎！它所给予我们的精神上的陶冶、思想上的潜移默化是显而易见的。

学校在力所能及的范围内给学生以最大的关照。生活上是这样，政治上也是这样。从生活方面讲，那时的学生普遍很穷，饥一顿饱一顿是常有的事。我每个礼拜最多只能带5筒米（一筒12小两，16两合1斤），一钵"烂芋荷"，顶一周的菜，基本没有什么油星，更谈不上什么肉类。而我的家在当时还不能算是最穷的。针对这种情况，学校千方百计想办法，让高三毕业班的学生在总复习阶段，每人每天上午课间操时有一碗豆浆两个馒头补充体力（属无偿供应）。平时吃不饱，每天上午到第三节课肚子就开始咕咕叫，心里饿得发慌。按理，总复习阶段是最紧张的时候，身上再掉几斤肉亦在所难免。可是，由于有了这个举措，我却胖起来了。这种结果，完全应该归功于学校的关心。从政治上讲，当时的学校对学生也曾在力所能及的范围内给予过许多关照。那时特别讲究阶级路线，对学生的政审非常严格，这一条可把许多人害苦了。不少学习很优秀的学生，就因为家庭成分，因为有台港澳等所谓"海外关系"而被堵死了进一步升学深造的大门。在那样的大气候下，学校办了一些错事是难免的。不过，由于学校可敬的师长们的努力，由于当时的校长张彰的实事求是的精神和爱才惜才之心，在可推可拉的时候，也能尽力给予学生一些实际的帮助，受惠者想来也不会少。就拿我自己来说吧，我因为父亲为了解决一家吃不饱的困难上山开荒种地瓜被说成是走资本主义道路，家庭出身在学校政审时被我出生地的支部书记悄悄地改为"上中农"。我家是中农，隔川人都知道，我自己也知道。不管填什么表，我从来都是在家庭出身这一栏填上"中农"的字眼。这一次填表当然也不例外。可这跟地方党组织提供的情况不一样。更为糟糕的是，我对这一突然出现的变化竟一无所知（直到我上了大学的第二年，我才知道家庭出身被个别手操农民和他们在学的子女生杀大权一贯宁左勿右的家伙随意改动的事，那时才知道什么是后怕），而按惯例，这是一种"不老实"的行为，这是不得了的事。幸运的是，我的班主任，学校的党组织没有因此把我"打入另册"（按当时的惯例，被打入另册的学生是不可能进大学的！）。为了让我能够在高考成绩达到要求的情况下能顺利升入大学，他们在为我选择志愿的时候小心翼翼地避开了诸如北大、人大等政治条件要求高的大学，而将北京师范大学中文系作为第一志愿让我填写，其用心之良苦，今天的青年学子恐怕是无论如何也理解不了的，但作为那个时代的过来人，我却将永志不忘。

一中不少老师的经历和表现对我起了"身教"的作用。由于众所周知的原因，教过我书的一些老师，有的虽然才华横溢，却受雪压霜欺；有的身份地位瞬间从天上掉到地下，但无论怎样，他（她）们的血始终是热的，他（她）们始终没有失去对学生的热爱，始终没有失去对生活的热情。说实在的，他（她）们只是给我们上课传授知识，而从未向同学们诉说自己的冤屈，无论课上还是课下，从他（她）们的言行举止中，我们丝毫也看不出他（她）们所经历的苦难。我和同学们表面上不说什么，但内心都对这些老师怀着由衷的敬意。数十年后，当自己也被人一棍子从云端打落在地，无论政治上还是经济上都蒙受了重大的损失时，我能够一如既往无怨无悔地默默地为地方的事业尽自己的绵薄之力，与当年在一中学习时我从老师们身上所获得的教益确实是分不开的。忆及在母校期间往事种种，我能不感慨万千么？我能不由衷地抱着一种感恩的心情么？

2004年5月23日

注：本文作者为1965届一中高中毕业校友，中国作协会员，曾任闽西报副总编、连城县副县长等职。

一碗猪肝汤

傅必文

欣逢母校九十华诞，忆及在校时的几个生活片断，以表对师友的思念之诚。那是一段恍如隔世，却又仿佛就在昨日的生活。

我于1964年考上连城一中。那年高中招三个班，我在高一（2）班。班主任是黄宇祥老师，教体育的，龙岩人。

那时的中学生，特别是农村的穷学生，吃菜是一大问题。因为交通不方便，寄宿生一般只能吃酸菜干，而且很少油。用水一蒸，汤汁黄黑黄黑的，吃起来酸酸的。我在朋口初中时，就因为长年吃酸菜干而得了夜盲症。太阳下山了，眼前就现出两个暗黑朦胧的大圆圈，看不见路，更看不见物了。

到了连城一中，学校食堂有学生菜，一个月只要交3元钱，每餐就可以享用一小碗蔬菜了，那可是绝对的绿色食品，只是油水太少。不过每个月都能交出3张大票的人是很少的。我享受了两个月以后，钱就无以为继了，还是吃汤汁黄黑黄黑的酸菜干。

我平时的生活费就只能靠助学金。助学金分等，等次是2元、3元、5元、7元。由班主任组织班干评定。我们班只有北团来的江积荣评上7元，我是5元。这5元要买每月13斤的补贴米、油盐、肥皂……有时还要买书、寄信，还要理发。因此，食堂的菜每个月还是只能吃几天，多数时间，不吃酸菜干，还能吃什么？

还能吃一点空心菜。那时每个班都分到一点菜地。我们班的菜地在县医院对面桥头坎下，土地肥沃，浇灌方便。我们种下的空心菜长得很茂盛。每星期摘一次，洗干净后送到食堂，倒入开水锅中稍煮，用竹笊篱捞出，装入脸盆，浇上油盐，绿莹莹的。每桌一盆，大家吃得津津有味。

理发问题也解决了。为了帮助同学们克服生活困难，学校组织大家开展勤工俭学。我们班在黄宇祥老师带领下，全班同学星期天到西山挑煤炭。黄宇祥老师拉着板车走在前面，我们挑着土箕跟着。我们用挣来的工钱买了一套理发用具，学生自己理发。那时不提倡美容美发，干净就好。黄宇祥老师后来调到龙岩师专，我在龙岩师专学习时，他又担任我们的体育老师，还带我到他家玩过。

就因为这些：国家、学校、师友的关心和帮助，我到连城一中后，夜盲症不再复发，对那暗黑的大圆圈我也渐渐淡忘了。不过有人还记在心上，那就是陈菲亚老师。陈老师在朋口中学时教我们地理，就是她带我们到野外去认识了石英、云母等岩石。那云母真有趣，是一片一片可以撕开的岩石。她还是我的入团介绍人。我上高中后，她也调到了一中，但不再教我。

有一天，不记得因为什么事，我进去少年宫——从校门进去，上几级台阶，就有一株大柳树，柳树后就是"少年宫"。那时的少年宫是女生宿舍，也住有女教师。我一进去就听到陈老师叫我的名字。我抬起头，才看见她和林文彩老师坐在屋檐下正吃饭。林文彩老师是教过我生物的。我意外地发现陈老师住在这里，很高兴，却又不知说什么好，就走上前去。她打了一碗汤，对我说："过来，这碗猪肝汤给你吃。"又小声对林文彩老师说："他有夜盲症。"林老师也就对我笑笑说："吃吧。"

我接过碗，站着，想说什么却又什么也没有说，很快就把猪肝汤吃完了。林文彩老师接过碗："还要吗？还有。"我忙说："不要了，不要了。"转身就走出了少年宫。那时我们没有学过文明用语，不会说"谢谢"。

我离开一中后，就再也没有见到她们，再也没有机会对她们说"谢谢"。只听说此后她们都命途多舛。

2004年

注：本文作者为一中1967届高中毕业校友，中学高级教师。

一中往事

江木树

1963年秋，我豪情满怀地跨进连城县最高学府——连城一中。半个世纪以来，一中四年的许多往事，令我一直记忆犹新，时时激荡着我的心灵。

一、进一中，方知"山外有山，天外有天"

当时我以连城五中（姑田中学前身）毕业考第一名的成绩参加中考，那时够沾沾自喜的。注册后得知，自己的中考成绩居全县120名新生中第42名。哟，第"1"名与第"42"名相差够远了，有什么好沾沾自喜的！这下，我才知道什么叫"山外有山，天外有天"！从此，我才奋起直追，一学期后，成绩跃居班里前3名。

小学六年、初中三年，我都当班长，谁知高一我只当了劳动委员！而且，就在此时我才第一次知道班里还有团支部书记！从其他五所初中来的好多同学已是团员，班委中除我之外都是团员，看来，我这个"民主人士"，能当上劳动委员，也算是吃老本了！这下，我才知道政治上也"山外有山，天外有天"！从此，我积极争取进步，三个月后的纪念"一二·九运动"大会上，我也成了一名光荣的共青团员，加上学习成绩优秀，高一下学期我又当上班长兼团支部宣传委员了。当初，我第一次戴上毛体"连城一中"白底红字铁质校徽时，就够自豪的了，但那些团员们的校徽上还加一枚金光闪闪的团徽，更令我这个"白身"羡慕不已，现在我也上了这个档次，够欣慰的了。特别是假日回到乡下，看到人们投向我胸前的校徽加团徽的目光时，我那种自豪之情就难以言表了。

进一中的第一篇作文是《中秋之夜》，江兴坤老师把我的作文当范文在班上讲评，表扬我能引用范仲淹《岳阳楼记》中的"而或长烟一空，皓月千里；浮光跃金，静影沉璧"的优美词句，我又有点沾沾自喜了。谁知，他又范读了另外一位同学——林广的作文，这下，我又吃惊了。原来，他的作文引用了"今月曾经照古人，古人未见今时月"的诗句。哟，这些诗句我闻所未闻啊！我引用的不过是大家都读过的而已，这就足见我的知识面不如他宽了！高一下学期，林英材同学的佳作《高歌欢庆新春来——电影〈江姐〉观后感》在校园里张贴，让全校师生欣赏，更让我大开眼界。这下，我更知道"强中更有强中手，高人头上有高人""山外有山，天外有天"了。

高中部晚自习课间休息时，各班都要学唱革命歌曲，歌曲自选，各班选人自教，那时全校歌声此起彼伏，豪情激荡。我清楚地记得，我选的第一首歌是电影《江姐》的主题曲《红梅赞》。我用毛笔把歌曲放大在宣纸上，自知自己是不会教的。我问其他班干，让谁来教呢？有人推荐："让林广来教。"我怀疑："他会教吗？"谁知当晚他先把谱哼了一遍，就教开了，接着，就教歌词了。我又暗想："可能这首是他本来就会唱的吧？"第二次选歌时，我故意把歌本拿给他选，只见他把这首哼哼，那首唱唱，而且还能用二胡配一下，这下，我确信他真的会识谱了！相比之下，我也高中毕业，怎么就不会识谱呢？这下，我又知道"山外有山，天外有天"了。原来，我小学、初中都是只要会唱老师教的那首歌，音乐就算过关了，根本没学乐理知识，这也算是误人子弟吧！

此后，我就买来简谱教本，课外自学，总算有些识谱能力了，而且至今还受用呢。

班里出墙报，我问：谁来出刊头呢？同学又推荐："让林广来。"我又怀疑："他会画吗？"谁知，他不用对照版本，凭想象信手就画来，这下我又惊呆了。我的图画60分还是老师照顾的呢，他的图、音技能科竟然这么优秀，真是"山外有山，天外有天啊"！同学一年后，我更佩服他的其他主科也科科优秀！他确实是个全才生、高才生！后来，我才了解到，他的祖父是秀才，父亲是龙岩师范的老师，母亲是大家闺秀，这足见家庭教育对他的引导至关重要。

上述的感慨，在我后来的教学中，我都会用来警醒学生，特别是那些优生：山外有山，天外有天。

二、一中四年的苦与乐

一中四年的生活是紧张艰苦的，但也是充实快乐的。

我们早晨6点准时起床，张恒树、邓志源等同学还提早半小时，先在教室自习一阵再出操呢！各班按民兵建制编为一个排进行队列操练，除非下雨，即使冰天雪地的早晨，东台山上，也是口令声声，喊声阵阵。接着，教室里、树林中、操场上，到处书声琅琅，人头攒动。

晚修9点下课，但好多同学至少还要加班1小时。每人一盏煤油灯（用墨水瓶自制）是必备的，有的就直接在路灯下看书，夙兴夜寐是常事，但大家也很自觉，不论早起晚睡，在宿舍都是轻手轻脚的，尽量不影响他人。然而，有的人早起，上午第三节就打瞌睡了，得不偿失！我是坚决反对"早起抓虱嬷"的。新泉一带的同学因早起很懂得补养，但也不过就是早晨一个鸡蛋加一勺白糖泡开水而已。

那时的周六、周日，我们是不用集体补课的。团支部组织内宿生到城郊那些家庭较困难的同学家里帮忙干农活、挑柴、拉煤炭，这样既有劳动锻炼，又增进同学友谊。李天喜家是菜农，家住洪山，每天早上要帮忙浇菜，但第一节课保证准时赶到，却总卷着裤脚。

周六、周日城郊的同学都要回家干农活，只剩下我们外地的同学，那晚宿舍就天高地阔了，唱歌的、学乐器的、打牌的、讲故事的，尽情释放。若是冬季，我们就把没人睡的棉被搬过来，加垫又加盖，够惬意了。难得享受两个夜晚，第二天不到9点不肯出被窝。周六中午，三五成群，煮粉干打牙祭，又是一种享受。除了自修外，周日下午一场篮球赛是少不了的。放松了两天两夜，我们又全身心地投入到紧张的学习中去。

每逢节假日，全校师生举行拉歌比赛。我至今还记得有一次轮到教师队时，指挥黄盛鑫老师郑重提醒："请注意，我们的歌只有四句。"正当大家疑惑不解时，他们唱开了："戴花要戴大红花，骑马要骑千里马，唱歌要唱跃进歌，听话要听党的话。"霎时，全场掌声雷动，既赞赏老师们的歌声，更赞美黄老师的幽默。这种活跃的场面，我们山区学校是难以见到的！

那时，我们的生活是艰苦的，在紧张的学习之余，我们还自己动手种菜，尤其是空心菜，既好吃又好种。多余的，还卖给学校食堂，换其他菜吃。我由于"又红又专"，享受了一等助学金——每月7元，这是够优惠的了。由于农村学生户口转居民，每月可从粮站买大米28斤，每斤0.098元；每月3元菜金，0.2元理发，还有0.8元零用呢！由于经济拮据，我们假日回姑田连0.9元的车费也付不出，都是步行。有一次，吃完晚饭我们就出发，天下着小雨，路边到处闪着绿光，6人排成"一"

字形队伍，只听得见"喊嚓喊嚓"整齐的脚步声，谁也不肯落后半步，我们的速度是被绿光"逼"出来的啊！到家刚好鸡叫，70华里公路7小时准时完成！第二天，双腿肿疼得连出恭也动作别扭得很！

那时，我们的人生目标就是一心考上大学，这是今后穿皮鞋还是穿草鞋的分水岭。1965年7月，师姐罗丹考上北师大，师哥黄华兹考上北京地质学院，我们真是羡慕极了！姑田的蒋文谦考上浙大，陈诚坤考上福大，华福周考上福师院（现福师大），我们还带路陪吴铁生老师送录取通知书到他（她）们家哩！当时，我心里一直暗念：他们的今天就是我的明天！那时的高考时间都安排在每年7月1日至3日。4月底毕业考结束后，学生才按文、理科分班总复习两个月，因为我们三年中各科都学得全面、扎实，基础打得较牢固，所以知识缺漏较少，总复习只是把所选学科的知识加以系统化、熟练化而已。何以见得？本人选科时就两心难舍：文科是我的爱好，但理科上线率较高，就业门路广，所以我还是选了理科。19年后，我参加民办教师转正考试，还能考出全县第二名的好成绩。1978年第一次评职称时，评委、高三时的班主任李春盛老师说了句公道话：如果不是"文革"，他考上大学是不成问题的。在后来29年的初中语文教学中，当牵涉到其他学科的知识时，我都能得心应手，学生也很佩服我知识面广阔，这都得益于当年各科的基础知识学得扎实，所以我是坚决反对这些年高一、高二就按科分班教学的。过早选科的学生，就像提前断奶的婴儿，先天不足，发育不全；就像偏食的孩子，营养不足，发育畸形。试问，如果一个文科毕业大学生，不知道"余弦定理""置换反应"，一个理科毕业大学生，不知道"贞观之治""十月革命"，那还算合格的大学生吗？

1966年5月，我们正进行紧张的高考总复习，突然，中央"5•16"通知下发，十年浩劫在全国拉开了序幕，全国停课闹革命，总复习也停止，接着取消高考，毕业也延迟。全校师生分裂成"红"字与"新"字两大派，严重的对立导致1967年秋爆发了流血武斗，我们"老三届"就不欢而散了。我清楚地记得，"5•16"通知下发后，学校宣布第一批红卫兵名单，条件是够严格的——政审中里三代外三代绝对要"纯洁"，而我这个又红又专的班长兼宣传委员，竟然没份，我懵了，全班同学也大惑不解。当晚，我去问李春盛老师，他只反问了两句："难道你自己不知道吗？""你父亲解放前为华仰桥干过什么吗？"我连夜挂电话问我大哥，原来，在我投胎前5年的1942年，我父亲担任过村保队副，我自知，我的"红专道路"从此要终止了。又过了一个月，我父亲被游街并被定为历史反革命，一夜间，我这个又红又专的优生一落千丈，如坠深渊，成了"狗崽子""历史反革命子弟"，人生厄运从此降临到我身上。果然，当不了红卫兵的我只好参加普通群众组织——红卫军，一群30多人到福州串联，只住了一夜，负责人动员我：为了纯洁组织，请你退出这个组织。我一个人含泪离开福州，福州也留给我终生痛苦的记忆。对于我的大落，同情者有之，幸灾乐祸者居多。有一天，在一中小便池不小心碰了一下罗某某，他劈头就骂"狗崽子！"恶语如锥，直刺我心。但我只好忍气吞声，谁叫我投错胎呢？

1967年秋，当初踌躇满志的我，满怀惆怅地离别了一中。

回乡老老实实修理地球的12年间，我厄运连连：谈了三个对象，因其父母嫌弃我是历史反革命子弟而告吹；1977年恢复高考，我也被剥夺报考资格……我落魄，我无奈，我几乎失去了生活的信心。但也有些好心人劝慰我：留得青山在，不怕没柴烧；一棵小草总有一滴水珠养的。庆幸我的耐挫力还强，12年间，什么苦活、累活、脏活都干过，挑140斤的担子，跑10多里山路，不在话下。风吹雨打，上山下田，吃苦耐劳的韧劲至今不减，感谢12年的历练磨难，还成了我人生的一笔精神财富。直到1978年秋，我父亲平反了，我才当上民办教师，所学的知识，才重新有用武之地。

我那个同学林广，因为父亲是老右派且拒绝"改造"而一直被压制，直至抑郁自戕。呜呼！一个全才就这样夭折在十年浩劫之中。

2004年5月3日，同窗赖运明为儿授室，特邀六六届高三（2）班同学相聚。时隔38载，大都年近花甲，有的已儿孙绕膝，有的已命赴仙乡，抚今追昔，感慨良多，心潮澎湃，欣然命笔：

<blockquote>
花甲重逢咒逝川，

同窗三十八年前。

"文革"乱盘无话别，

前程失舵有殊悬。

贫富低高因逆顺，

嬴康忧喜如地天。

幸喜瓦璋终堪慰，

老骥仍须自奋鞭。
</blockquote>

一中的岁月，丰富多彩；一中的情愫，梦绕魂牵。

2014年5月

注：作者为一中1966届高三（2）班校友。

师生风雨情

——六年高中生活

雷婉辉

我是1963年7月于湖北孝感市二中初中毕业，转学至连城一中，开始了高中生活的。

普通高中学制只有三年，而我却读了六年。这六年，政治运动频仍，风雨交加，电闪雷鸣。这六年，酸甜苦辣，五味俱全。这六年，因为遭遇了史无前例的"文化大革命"，大地苍黄，天翻地覆。但正如后来党的十一届六中全会通过的《关于建国以来党的若干历史问题的决议》明确指出的那样："'文化大革命'不是也不可能是任何意义上的革命或社会进步。"这个结论，反映了全党全国人民的共同认识。对"文革"就是要彻底予以否定。

父亲是部队转业军官，我是干部子女，母亲在新中国成立前因为曾填过一张国民党孝感市区分部书记的表，我又成了历史反革命的子女。我以这双重身份踏进了连城一中校门，一直到1969

年秋上山下乡，在广阔天地，在深山老林，接受所谓的贫下中农再教育。因此，我竟然读了六年高中，感受了六年五味杂陈的人生历程。但是在这六年中，以至往后走上社会的几十年，连城一中几位恩师的形象始终让我魂牵梦萦。

记得当年是江兴坤老师教我语文。他每次走进教室，一开始讲课，喧闹的课堂立刻变得鸦雀无声。听他的课，宛如行走在花园小径，欣赏蝴蝶在花丛中飞舞；宛如云淡风轻时，漫步海滩，感悟水天一色的蓝天大海；宛如在月明星稀的夜晚，在乐池倾听动人的音响，陶醉于优美的旋律之中。

给人以艺术熏陶、素质提升的语文课。江老师教给我们知识的同时，也教给我们人生的真谛。但是这么一位优秀的教师，在"文化大革命"的荒唐岁月也难逃厄运。记得他的一个罪证就是我的一篇作文。

这篇作文江老师给了我95分，被作为范文在校园张贴观摩。我在文中写到"小县连城国庆节的夜晚，路灯昏暗，似鬼火一样闪烁"。就这句话成了我攻击社会主义的罪证，把新社会的灯光写成鬼火，是发泄对社会主义的不满，而江老师不但没有指正，反而欣赏、宣扬，证明他也支持我反社会主义，站到了无产阶级的对立面。而事实上是因我从小随父走南闯北，见惯了灯火通明，霓虹闪烁的都市之夜，难免感叹小县山城连城的夜晚路灯昏暗而已。

没想到这句话成了我的罪证，也连累了自己崇拜的老师。本来这篇文章得到了许多同学和老师的赞赏，江老师为我有志从文之路开了绿灯，可"文革"风暴的席卷，破灭了我的美梦。加上父亲的一句话："放弃幻想吧，写作会有牢狱之灾！"我怎能不心灰意冷呢？

再说说我的生物老师林文彩。她风韵秀彻，光彩照人。上她的课，全班同学都很紧张，课前几分钟，大家慌忙翻书、背书，以应付不留情面的提问。她那明亮、敏锐的眼睛，仿佛能看透每个学生的心，但她那声情并茂的讲课，你想不听都不行。她从不留作业，也极少批评指责同学，可她的威严始终主宰着课堂的45分钟，连最顽皮的同学都怕她三分。不想我也走上从教道路，但就是缺少林老师的威严，似乎天生不是当教师的好材料。

我的化学老师是揭月生，当年是一位风趣幽默的年轻教师。有一天，他直爽地指责我：字太差，像蚯蚓爬，还不如小学生，字乃文之貌也。给！用这支笔，这瓶墨水，练字去！我收下了老师的笔墨，从此每天写半小时字，临摹柳体字帖，不论作业再多，时间难以分配，也从不间断，一写就是六年。等我上山下乡时，字虽然上不了墙，却不需要人"扶"了。几十年过去了，写毛笔字成了我的乐趣，陶冶情操，修身养性，只不过我悟性差，写字没有成才，达不到汉字书法艺术的境界。但作为一名教师，我的板书能让学生看清楚，也为我争了面子。

是的，一个教师，一本书、一支笔、不经意的一句话，往往有可能影响一个学生的一生。教师不愧为人类灵魂的工程师呀！

不幸的是由于揭老师在同学面前夸我的进步，也没逃过受我牵连的厄运，"文革"大字报上写道："一个贫农的儿子，没有站稳无产阶级立场，竟然去吹捧一个反革命的余孽。"

高中时，我有两个俄语老师：陈基春和牛承恩。

陈基春老师当过苏联专家的翻译，能讲一口纯正的俄语，表述如行云流水。

我在孝感念书时，进度比连城慢，少学了一本书。为此，陈老师特地免费为我补课，这在现在，似乎是傻，可在当时，陈老师和我都认为正常、应该。师者，传道、授业、解惑也。我肯补课，老师自然高兴。在补课中，陈老师得知我在初中时与苏联中学生通过信，后因中苏关系恶化中断。当我把信给陈老师看时，苏联学生那原汁原味的手写体，令他兴奋不已，他把信放在校公示栏展出，引起了全校师生的注意，大家对苏联中学生手写俄语有了感性认识。字迹虽然幼稚，但工整且流畅。这本是一片好心，可以激发学生学习俄语兴趣，可到了"文化大革命"，也成了陈老师的罪证。大字报上说我和陈老师都崇洋媚外，还说有叛国投敌企图。真是欲加之罪，何患无辞，可当时，却百口莫辩。

牛承恩老师是我高三班主任，他也是校团委书记。他年轻有为，仕途顺风顺水。在1966年临近高考时，为了让我这个表现不算坏的"可教育好的子女"入团，竟然也在"文革"中受我牵连。牛老师不仅遭遇大字报的狂轰滥炸，还被围攻批斗。当我在台下看到牛老师在台上被学生谩骂、殴打时，我很内疚。打他的人吼道："你为什么要把一个反革命的女儿拉进团内？你居心何在？"只听牛老师回答："我只想让学校多考上一个大学生！"他的回答很快被淹没在一片口号声中，激动中，我泪如泉涌，夺路逃离批斗会场。

想不到在"文革"期间这么残酷，世道竟如此绝情！成绩再优秀，因政审不过关，因不是共青团员，就休想跨进大学校门。我的师兄、师姐也有同样的遭遇，不知有多少人就因家庭出身不好而与大学无缘。"左"派们也曾说：出身不由己，道路可选择，但也只能是一纸空头支票而已。

由于我入团受挫，我这一辈子没入团。但后来我成了中共党员时，我更觉得扬眉吐气，比我评上高级教师职称还令我自豪。我做梦也没想到，我的政治生命也有如此辉煌的一页！

在"文革"岁月里有人对我说，你不写大字报就等于没参加"文化大革命"，休想毕业！我害怕了，情急之下，我妥协了，不得不矫情选了一位红五类出身的吴有春老师，心想吴老师他根正苗红，我即使写了，也不会连累他，伤害他。就这样，我写下唯一一张大字报。中心内容是：吴老师曾给我讲过一句诗"春蚕到死丝方尽，蜡炬成灰泪始干"，吴老师说，作为一名教师，正应该如此，为学生吐丝，为学生照明，而任由自己的青春和生命慢慢消失，就像春蚕，像蜡烛。

殊不知这份大字报竟也成了吴老师诽谤教师职业的有力罪证。当我颤颤悠悠地把它贴上墙时，就像一块沉甸甸的石头压在我心上。从此，我觉得愧对吴老师，认为自己以怨报德，不可宽恕。一直到我也成了教师，我对吴老师当年教给我的至理名言更有深深的感悟：教师就应该像春蚕，像蜡烛，教师就应该当人梯，当铺路石，教师用青春和生命照亮了别人的同时，也实现了自己人生的价值。教师是太阳光底下最光辉的职业。正如鲁迅先生所说："我吃的是草，挤出来的是奶。"吴老师一生不正是这样说，也是这样做的吗？

吴老师的确是一位才华横溢的特级教师。他几十年呕心沥血，辛勤耕耘。他不仅桃李满天下，在中学数学理论研究上也硕果累累。他推的定理已编入中学课本，他写的论文常被刊载在各种杂志上。他像鱼儿一样，在中学数学的海洋中遨游，何其自得、自在。正是渊博的数学知识，让他获得了最大的自由。同学们随着他的指引，感受数学科学的魅力，体会逻辑思维的奥秘，激发学习兴趣。

被沉淀了近五十年的记忆，今天终于被释放了。当年那一张张慈祥又严厉的面庞，那一句句震撼心灵的批评和教诲，全成了我人生银行的巨款。在那特殊的年代，让我拥有了特殊的经历。我更要感激六年中的日日夜夜给我谆谆教诲、培育我成长的恩师！

我常以普希金的诗自慰。这位伟大的俄罗斯诗人写道："假如生活欺骗了你，不要悲伤，不要心急！阴郁的日子需要镇静。相信吧，那愉快的日子即将来临。心永远憧憬着未来，现在却常是阴沉。一切都是瞬息，一切都会过去，而那过去了的，就会变成亲切的怀念。"

2013年10月7日

注：本文作者为1966届高中毕业生，退休前是中学高级教师。

一中时光里的缤纷往事

吴馥香

1982年高考，当尘埃落定，我不得不接受这样的事实：差了2分，这一年我与大学已是无缘。供养我读书的两个哥哥心凉了两个月，最终由二哥敲定，让我作最后一搏：到连城一中补习。

从初中到高中，我都在户籍所在地朋口中学就读，一中对我而言是陌生的。哥哥们通过我们的运洪叔引导，找来了在一中任教的本村项焕钦老师，请他帮忙报名和引荐。时年9月，我来到了连城一中文科补习班，班主任是巫桂朝老师。

在这个补习班里，我算是"尖子生"了。自然，我得到了老师们的重视和关心。班主任让我做副班长兼学习委员，我很认真地填写"班级日志"，记录每一天的班风情况。彼时，男女生仍是沿袭"老传统"，互相都没有讲话的，班级纪律特别好，大家只奔着一个方向和目标：死读书，上大学。当然，我听说，其实也有"暗流涌动"的，个别较活跃的男生私底下会约他们心仪的女生出去消遣消遣，至于什么活动，我就不得而知了。那个单纯的年月，又能有什么活动呢。

教我们的老师都是45岁以上经验丰富的老教师。时光已是久远，今天，坐在夏日的蝉声里，拉回往昔岁月，回忆起这些老师，我的心中充盈着感动和思念。

巫桂朝老师管我们班级，话不多，音不大，但字字敲在心上，他理解我们这些补习生。他上地理课，到讲台握一根粉笔，转身，一笔而下，黑板上立刻呈现出一幅中国地图，公鸡般轮廓，画上长江、黄河线条，然后，他讲地形、气候、物产等等。在中国地形图上，这里标一标，那里注一注。有时，他戴上老花镜，叫我们翻到第几页，注意某几段文字，读过后，他将老花镜下滑到鼻梁中段，眼睛向上翻，看着讲台下的我们，问我们掌握了没有。上他的课真是轻松舒服，他讲得自信清晰，我们听得明白晓畅。

巫桂朝老师有点儿个性，内热外冷。食堂偶遇，我一脸灿烂地问候："巫老师，吃饭啊？"他看我一眼，并不作声，顾自慢慢地往外走，等我的笑容收起，以为不再有应答时，他已然走向门边，拐角处听到他悠长地回一声："嗯，是啊——"他就是这味儿，我们几个女生都觉得好玩。他对女儿说话出奇地温柔，每次叫唤我们小师妹都是轻轻柔柔的："松哎，松子哎——"那声音，可真软得出汁啦。

我在一中学习这一年里，进步最大的科目是英语，这得益于李安澜老师精湛的教学艺术。李老师儒雅谦和，颇具教授风范。他教学极重视知识的系统性，以点带面，迁移拓展，我如饥似渴地吸收着新知。每一堂课，他都有大量的问题让学生回答，我总是渴望得到他的提问，特别享受答完问题之后他的一句表扬。至今，我还能记起李老师无数次地对我说"verry good"的声音和情景。

令我自豪的一件事是，高三历史知识竞赛，我得了全年段最高99分，当罗美焕老师在课堂上发给我一张"第一名"的奖状时，我沾沾自喜了好长一段时间。当然，此事大概只有我一个人记得的了。

教我们语文的江兴坤老师也常常在课堂上提问我，只是我倚仗自己的强项是语文科，没有花功夫去读，只拼命地攻读弱势学科数学，结果，数学没多少长进，语文却又退了下来。这可真是憾事，总令我耿耿于怀。

一学年后，我考进了福建师大中文系。我们这个补习班，成绩挺不错，两个同学进了厦大，七个上了师大。我的高考成绩发挥得不太好，那时的理想不是当教师，却偏偏还是进了师门。而今从来时的路往回看，从事教师职业我是喜欢的，感谢一中对我的栽培，让我通过这一年时光，命运得以改变。

那时我们读书的刻苦劲儿是不消说的。我一旦偷懒，心里会感到很虚。某个傍晚，我没了读书的心思，就在校园游荡，正接到已考上的同学来信，叙说大学里的各种美好，我突然很受刺激，想想自己前途未卜，还有什么脸面在这儿浪费时间游来逛去呢！于是抓着手中的信，在一中笔直的林荫道上疯狂地跑、龇牙咧嘴地跑，这一个百米冲刺，冲走了原先的惰性，冲出了浑身的干劲，我立马来了精神，回到教室专心致志地攻读。这个细节，我后来常常讲给我的学生听。我说，当你们产生怠惰心理时，你们可以到操场上用力地猛跑啊，疯狂地跑，能赶走消极、带来力量。

我们同班有个周同学，不知道他哪来的精力，高考之前的每个晚上都是在教室过的夜，晚修后我们离开教室时他还在学习，据说他是困得不行时才拼起几张桌凳睡个囫囵觉，第二天大早又开始读书了。他的这种自励精神到了大学也不消减，四年后他成了高校优秀毕业生。

我始终相信，勤劳是战胜困难、成就一切的法宝。

彼时一中阅览室，就设在校园内的天主教堂里，那是我课余常去的地方，至今打门前路过，仿佛还能闻到当时的书香。

天主教堂旁边就是我们的宿舍区，我住在十人一间的小宿舍，那年月，寝间的女生们年龄尚小，性情各异，笑闹声如银铃穿越时光的隧道，一飘一晃便是三十余年……

犹记得20世纪80年代，一中林荫道旁悬挂着用小锤敲打的大钟，"当、当、当"，清脆悦耳，它承载着一中过往的种种，连同一切缤纷的历史，刻进了记忆中，成了我心中永不消逝的纶音。

2014年8月3日

注：作者为连城一中1982—1983年高中补习班校友，中学高级教师，连城县进修学校中学教研室副主任，连城县作协副主席。

恩师难忘

陈黄犇

我能拿起笔写下这些文字，首先要感谢我所有的老师。虽然时间的流逝已经洗去我一些记忆——那是多么遗憾的事，但我仍衷心感谢所有教过我的老师。

我能够来到全国最高学府清华大学深造，首先最要感谢的是我高二和高三的班主任林裕光老师。至今我还记得，高二入学报名那天，他坐在那里，笑着对我说：你将来是要考清华的。在那之前我怎么也不敢想，像我这样的人可以去够一够清华大学的门槛。但是这句话给了我很多信心，无论在多么失意的日子里。林老师经常给我鼓励，让我觉得他从来都相信我有做好那些大小事情的能力。的确，很多人有时是因为不相信自己而不是没有能力才失去一些东西的。所以在选择志愿时，我冒着风险顶着压力报了清华大学。无论我成功或者失败，至少我还没有放弃。在发榜的日子里，我想林老师一定比我父母还要担心。其实老师从来都是比父母还操心的。

高三复习期间我们大多数时间在学校自习，家里除了负责我们的饮食起居，对我们的学习爱莫能助。父母亲除了叫孩子好好学习之外，也无法天天看着孩子学习，于是老师的责任更重了。早自习时大家常爱迟到，贪一会儿懒觉弄得一个早自习浪费了。于是林老师几乎每个早自习都提前到教室，坐在讲台旁边，让我们不得不尽量赶在上课前到校。每天这样赶，大家颇有怨言。可是这是老师的苦心所在。老师这样做对他自己又有什么利益可言呢？这就是老师的责任心。林老师对我们高三（6）班的每一个学生都很负责。我们以前多多少少都埋怨过他抓得太紧，可是现在回头想想才理解他的良苦用心。

谈起林裕光老师，他的学生都会很兴奋地说，"他是我的老师"，"他也是我的老师"。其实大家都很喜欢他，他是一个好老师。

还有一个老师是经常被我们谈起的，那就是我们这一届的年段长范小荣老师。在我们开北京—连城老乡会那天，有人说了一句话："小荣的学生都会带笔的。"这句话听起来很亲切很亲切，我们都记起范老师那严肃的神情，认真的口吻。他教给我们的不仅是知识，还有很多好的习惯和方法。范老师在该严肃的问题上一点不会放松，但在该轻松的时候也不会跟你玩假严肃。这也就是我们所欢迎的动静分明。我的学习成绩不太稳定，一不小心就会考砸。每次我考砸了，我总希望范老师能说我两句。因为只有他会不给任何人面子，包括女生在内，该说什么就说什么。我自惭是个很"老油条"的学生，很爱偷懒，也挺贪玩。但范老师一针见血式的话总能赶走我很大一部分惰性。在他面前任何偷懒或忘记都找不到借口。不过我的高考化学没有考好，尽管这次试卷是简单极了的基础题。在平时的考试中，我常常在基础上失分，选择题得分不高。范老师已经一再提醒我注意这个问题了，可是最后我还是在这个弱点上被击败。虽然，我有惊无险地进了清华，但这不代表我过去的弱点、短处全没有了。范老师常要求我们不要做"假高手"，否则一旦弱点恶化就会跌得很惨。他常常教育我们要戒骄戒躁，不要走极端，要冷静处事……范老师您放心吧，学生一定会牢记您的教导的。范小荣老师的缺点是烟酒，大家都知道的。不知现在范老师是否还像以前一样离不开他的烟。抽烟对身体不好，真希望范老师能多注意自己的身体。

　　当然，除了这两位老师，其他老师也都给予了我很大的帮助。如教我们语文的邹春盛老师，不仅给了我对付高考的指导，也给了我写作上的指导。如果不是他及时指出我的文章存在空洞的毛病，我还不知要在那空洞中彷徨多少时日呢。我在大学里也写了好些东西，在班刊、系刊上都有我的作品。看到自己的文章变成铅字，更从心里感激邹老师。又如教我们英语的钱鹭老师，教我们数学的周荣南老师等，还有关心爱护我的黄修桂校长、罗小林副校长。没有你们的教育和关怀，就没有我的今天。

　　师恩难忘，难忘师恩。

　　我将永远记住老师曾予我的，我也将尽己所能不辜负母校老师的期望。

　　愿所有的老师健康幸福！

注：本文作者陈黄韩同学系连城一中2000届高中毕业生，2000年7月高考以优异成绩考上清华大学。这篇文章是她进清华后写给母校的来信。

花开就一次成熟

陈碧珍

　　我倚门而立，目光散漫，思绪遄飞。

　　这是一栋年代久远的砖木结构四层小楼。彼时，我在二楼一间教室后面。教室很大，前后各有一块黑板，左右是一字排开的窗户，几乎将墙面占满。宽大的老式木质窗棂，抹着苍绿的油漆。四面墙裙也是苍绿色，深浅不一，偶而裸露斑驳的底色。唯有两块黑板漆黑闪亮，光泽如初。讲台前，监考员甲，一个面容消瘦神情冷峻的中年男子，坐在那里，目光如炬，扫视眼皮底下的考生。我在教室后面，时站时坐，不停变化姿势。四排课桌，二十五名考生依次而坐，正埋首做题，傲然地将后脊梁对着我。对了，我是监考员乙。教室很安静，只听见"唰唰"的写字声。波澜不惊的下面却暗流汹涌。又是一年高考时，这些孩子正挥笔疾书，写着前途未卜的未来。静谧中能嗅到紧张的味道，像一枚饱满的水蜜桃，外表光鲜，一掐却水花四溅，淋淋又滴滴。

阴天。风从窗口袭来，宛若旧光阴拂面。旧日气息像一块绵软顺溜的丝绸，将人缠绕得又熨帖，又苍凉。

从左边窗户看出去，是一排密不透风的女贞树。树身很高。瘦骨伶仃的树干撑起繁枝细节，一枝一节缀满簇簇小花，鲜妍如锦。闭上眼，满树密密匝匝的女贞花的模样就在眼前晃动。这栋旧楼就懒懒地躺在女贞树的浓荫下酣眠。我热爱校园这片风景。我熟悉校园的女贞，就像熟悉我的女儿。我眷恋她们，就像眷恋着女儿。女贞花其实一点也不张扬，一小串一小簇，淡淡的，粉粉的。淡黄的颜色喧豗成一片海，又湮没在一树流泻的绿意中。花开季节，校园就流动着小蛇一样无孔不入的香气。在树下经过，被浓重的花香裹挟，忍不住驻足凝望。这时倘若与女儿同行，女儿就会挣脱我的手，低声问，妈妈你看完了没？要不我先走了！一个年过不惑的女子对着一棵树发呆，这叫十八岁的女儿情何以堪？等我回过神，恋恋不舍收回目光，女儿挎着双肩包的背影已然隐没在小树林那端。

我不怪女儿，因为她不懂得女贞花的"花语"，更不理解女贞之于我的意义。当校园的女贞开出一树粉嘟嘟的米色细花，宛如赶赴一场盛会，当女贞馥郁的芬芳弥漫在校园的每一个角落，我就知道，高考的号角即将奏响，孩子们就将收拾行囊，奔赴他们的梦想，像一树树繁花流云飞散。

透过女贞树，依稀看见过道对面绿树掩映下的半截楼房。这里的树更加繁茂，驳杂不一，浓荫匝地。除了女贞，还有翠竹、香樟、木芙蓉、天竺桂，重重叠叠，错落有致，跌宕起伏。出于某种原因，这栋四层老楼只拆了一半。断壁颓垣里，有我二十五年前挥汗如雨战战兢兢答题的高考战场，有女儿高三备战的瘦弱身影，亦有一个个鲜活面容留给我的青春记忆。

四楼最东端教室，也就是这栋楼被拦腰截断的地方，曾是我执教的2007届高三（1）班教室，当时因班级"人多势众"自诩为"泱泱大班"。这一届孩子在我生命里烙下深刻的印记。作为班主任，与他们朝夕相处，披荆斩棘，共同奋战，一起成长。

犹记得，五月的女贞已经开得轰轰烈烈，孩子们正忙着写毕业留言，校园里穿梭而过的背影，仿佛带上伤感的味道。《东篱》文社"高三专号"告别版也出炉了，拿在手上，三年光阴轻轻从手指间流过。夜晚，站在四楼走廊上。朝里看，是正在埋头自习的孩子们，朝外看，是与我齐高的一大片郁郁葱葱的女贞树。树那么高，那么近，伸出手，就能摘到鲜嫩的叶片，犹如幸福触手可及。我喜欢那样的时刻，喜欢在那样的时刻，静静的，漫无边际地怀想。那些日子身心俱疲。杂七杂八的材料必须上交，许多躁动的心灵期待安抚，每天都有若干孩子生病请假，机械地发送着短信"好的，注意休息"，心情苦不堪言。终于熬到高考的钟声敲响，目送他们进场，忐忑不安地等待。头天上午考完语文，孩子们一个个笑着走出来，那颗悬着的心才放下。岂料下午数学考试结束，一个个苦着脸出来。平时成绩忽上忽下，数学是"致命伤"的薇，将准考证交至我手上后，突然号啕大哭起来。恰巧此时电闪雷鸣，暴雨骤至，哭声，雨声，令人感慨唏嘘。

事实上，高考那年我也哭过。语文出乎意料的难，我一路磕磕碰碰心惊胆战地做下来。做到最后，一边看时间，一边在心里狂喊"来不及了，来不及了"。然而，催魂的钟声依然准时响起，将答题定格在一片空白上。1988年7月7日上午，艳阳高照，我头重脚轻，茫然随人流往外涌，世界在我眼里一片漆黑。隐忍已久的泪水终于决堤。

在板凳上坐久了，腰椎抗议了，隐隐酸疼。站起来，伸着懒腰。忽然想起什么，下意识朝教室左前方的监控摄像头瞟了一瞟。或许此刻监控室的人正在吐槽姿态百出的监考员。还是正襟危坐吧。目光朝右，教室走廊这边，没有稠密的树林笼罩，显得格外开阔。楼外有一排夹竹桃，夹竹桃过去是一个小草坪，再过去，是学校的围墙，围墙边种着几棵香樟，还有一棵令我心心念念的乌桕。与上面提及的那栋旧楼一样，此刻我待着的这栋楼也是高三教学楼。最初跟上毕业班，就在这栋楼里。那时年轻，颇有一些文艺青年的毛病。冬天来了，喜欢一个人站在走廊上，凝望楼前那棵高大沉默的乌桕，盯着乌桕旁逸斜出的那一枝发呆。那光秃秃的枝丫直指苍天，仿佛一声喑哑的呐喊。熬过一季冷冬，春天降临了，我的视线又被近在咫尺的夹竹桃牵扯。仿佛一夜之间，教学楼前的夹竹桃争先恐后地探出花苞，沉寂了一个冬天的心事亦开始翻飞。看到夹竹桃，就会想起学生秋枫，一个嗜诗如命，阴郁颓败的少年。对秋枫而言，写诗是一种自我救赎。一个患有心理疾病孤苦无依的孩子，不被世人理解，受尽冷眼与嘲讽，唯有以诗为舟，以笔为楫，在黑夜里泅渡青春忧伤的河流。或许，是2001年那场高考解救了他。高考之后，他远走高飞。这将意味着，他或许可以告别苦闷与压抑，痛苦与彷徨，黑色与颓废，从此走向新生。

谁说不可以？若干年后，往事重提，忆起当年数学考试，出落得美丽大气的薇很淡定。谁的青春没有荒唐过？为高考"下一场雨"，是人生难得的一种体验。是谁说过，没有经历高考的人生是不完整的人生？经历高考火与冰的锤炼，或许就会脱胎换骨，人生就臻于成熟。

时光漫漫，钟表像停止了摆动。我盯着孩子们伏案疾书的后背，目光空洞，神游八仞。突然，左边窗户一个男孩举手示意，惊醒了我，我疾步走过。原来他想上厕所。我笑着摇头。男孩耸了耸肩。棱角分明的脸，有点酷，有点桀骜不驯。

窗外，一树繁花。恍惚中许多生动的面孔在花海里翩跹。花的开放不是为了相聚而是别离。盛宴必散，骊歌响起。年复一年，一茬茬孩子，宛若纷纷扬扬的女贞，夏天一过，就纷然飘落，像时光里的浮尘，不知飘向何方。

2013年6月13日

注：本文作者为连城一中高级教师，福建省作协会员，著有散文集《想飞的鱼》。

感恩母校

雷震洲

在美国呆了12年后，愈发对曾经培育过自己的母校连城一中有浓浓的感恩之情。

首先，我是在一中锻炼出了缜密的推理和分析能力，尤其是高中理科班的训练，对我现在从事的保险精算业有相当的帮助。如果说北大的经济金融培训成功地拓展了我的视野和思考广度的话，我的思考深度还得益于在高中的系统训练。正是这种系统的挖掘式演练让我在新的课题面前不轻易退缩。

其次，一中六年让我明白了一个受益终身的道理：今天流的汗越多，明天流的泪就越少。所谓人无远虑，必有近忧。我在2004年爱荷华大学经济学硕士毕业后也经历了求职的困窘、辞职的无奈。但是每当回忆起当年备考艰辛的日子就觉得现在的困难没什么大不了的。而且我深深明了，只要现在努力，未来一定会更好。

再次，我是在母校一中报考了理想的专业志愿，这对我接下来的人生产生了莫大的积极的影响。十几年来，目睹一些比我优秀的学子因为填报了不适合自己能力或性格的专业一直在事业上不得志。这让我领悟到一个真理：方向比努力重要。方向对了，事半功倍；方向错了，南辕北辙。

好几年不写东西了，谨以此短文献给我敬爱的母校——福建省连城一中！

2014年9月

注：作者雷震洲，1980年2月6日生，1991—1997年在连城一中读书；1997—2002年在北大经济学院获经济学学士；2002—2004年在美国爱荷华大学经济系获得经济学硕士；2009年成为北美精算协会认证的精算师；现在美国麻省从事保险精算工作。

翘楚篇

翘楚者，杰出人才之谓也；曾经为抗敌御侮、民族解放、中华强盛、人民福祉做出过突出贡献者也；正在为实现两个百年的宏伟目标努力拼搏且取得非凡成就者也。他们是让一中骄傲的人，也是让祖国骄傲的人。时值母校期颐之喜，谨向他们表示崇高的敬意！百年一中，此类人杰多如云涌浪翻。然而，限于集子的篇幅，更限于编者的眼界，未能全部囊入本书。为此，谨向那些本来有资格上榜却未能在此留名者和他们的至爱亲朋表示歉意。

将星张南生

老 成

求学为明理

张南生，1905年8月24日（农历七月初九）出生于连城县新泉镇北村的一户贫寒农民家庭。6岁进东山楼小学读书，10岁去一家半工半读学校就学。由于学习目的明确，1921年8月，他以优异的成绩考入连城旧制中学，直到1927年中学毕业。在校期间，张南生最感兴趣的是中国近代史，因为读近代史，可以从中明白当局为什么腐败，穷人为什么受穷，中国人为什么会受外国人欺负等道理。他经常向黄颖成、黄光济、杨怀祖、李宝来等几位同乡老师探讨一些自己不太明白的道理和学问，从而逐渐地认识到，只有起来革命，中国才有前途，人民才能不再受苦。

革命不回头

1929年5月20日，毛泽东、朱德率领红四军主力第二次入闽作战，经过张南生居住的北村。张南生和几个进步青年，当天就参加村里的农民协会和自卫队。翌年2月，张南生正式加入中国共产党，不久，担任了乡党支部书记。后来，他被分配到红12军第2纵队第1支队第3大队任政治委员。从此他一直跟着我党领导的军队闹革命，自始至终不回头。汀州整编后，他被编入红4军第3纵队第7支队第21大队任支部书记。1930年8月19日，张南生奉命率领第21大队随红四军主力，迅速赶至文家市，向驻守该市的国民党第4路军第3纵队发起围攻。战斗中，张南生指挥21大队的战士跨壕沟、穿小巷，3个排互相掩护，边打边冲，很快攻进镇子里，出色地完成突击任务，受到了上级表扬。

第二次反"围剿"中，张南生和所在34团的勇士们坚守九寸岭连续打退国民党军3次进攻，并歼灭了进犯之敌。

1931年8月，在良村战斗中，张南生的手掌被一颗子弹打穿，尽管疼痛难忍，但他仍坚持带

张南生

伤指挥，直到战斗胜利。

12月14日，国民党第26路军参谋长、中共党员赵博生，第73旅旅长董振堂，第74旅旅长季振同和团长黄中岳等，率全军1.7万多人，在宁都举行起义。起义部队被编入中国工农红军第5军团。为教育改造起义部队，张南生作为有部队工作经验、文化程度较高、会做思想工作的政治工作干部，被选调去担任连政治委员。当时，他正身患严重疟疾，隔三差五发高烧，但仍坚持以身作则，对官兵进行耐心的启发教育，使所在连官兵阶级觉悟明显提高，战斗力很快增强。1932年7月在水口战役中，该连子弹打完了还用大刀同国民党军肉搏。

1933年2月27日，在第四次反"围剿"的黄陂战斗中，张南生所在的红39师奉命从正面攻击驻守在霍源的国民党军。当日下午，第117团团长负伤，张南生临危受命，立即到该团任代理团长兼政治委员指挥作战。他带领该团官兵配合红12军全歼了云峰山的国民党军。接着，他又率部配合红22军、红15军歼灭了霍源的国民党军。

9月，蒋介石集中50万兵力对中央革命根据地和红一方面军进行第五次"围剿"。翌年3月，张南生率红37团参加了历史上有名的堡垒对堡垒、阵地对阵地的血染广昌保卫战。面对数倍于己之敌，张南生毫无惧色。他和广大红军指战员用血肉之躯，抵抗国民党军的飞机大炮轰击达18天之久。后来，红军主力被迫向湘西转移，时任保卫团政治委员的张南生带领该团在国民党飞机的扫射下抗击敌人，冒死保护中央和军委首长安全过江。

遵义会议之后，保卫团撤销，张南生调回红5军团第37团任政治处主任。中央红军二渡赤水，红37团指战员利用地形地物，连续多次打退刘湘部队的进攻，胜利完成了阻击敌人的任务。后来，该部又在石板河一带连续击退国民党军吴奇伟部的多次进攻。为了激励士气，张南生带领政治处干部到前沿阵地，一边做战场鼓动宣传工作，一边与战士们并肩作战。

接着，张南生和红5军团的指战员们又经历了翻越夹金山和三过草地的考验。

抗日建奇勋

1937年卢沟桥事变后，中国展开了伟大的全民抗战。8月，我工农红军改编为八路军。张南生任八路军第129师第385旅第769团政训处副主任。10月恢复政治委员编制后，他又到第129师第386旅第771团任政治委员。之后，张南生与团长徐深吉率部先后在长生口、杀石门、马山口、七亘村等处，以袭击、伏击和阻击等手段，给从石家庄方向沿正太路进犯的日军主力以沉重打击，狠煞了日军的嚣张气焰，同时解救了驻守在娘子关旧关而被日军围困的国民党军1000多人。不久，张南生和副团长韩东山奉命率第771团第1营进到邢台地区，开展游击战。

12月20日，日军远山联队100多人、伪军300多人，由汉奸李聘三引路，偷袭彭城，还妄图一举摧毁磁县抗日政府。张南生指挥部队在路边设伏，痛歼了由彭城急回打援的日军100多人，并缴枪100余支。

1938年2月，张南生调任晋冀豫军区先遣支队政治委员兼冀西地委委员、军事部长。此后，他把主要精力用在扩大抗日武装，配合八路军主力作战上。仅8个月时间，他所在的部队由组建时的600多人发展到4个建制团4000余人，枪由300余支增至2000余支，成为抗日斗争的一支生力军。

同年10月1日，张南生又被调到晋冀豫军区政治部任组织部部长。他到任后，立即着手组建党的基层组织，使上至司令员、政治委员，下到每个党员都参加党小组生活，定期汇报思想和工作。他还制定了干部管理规定，对排以上干部逐个鉴定讲评。同时，对问题较多的卫生部进行整顿，对连队指导员进行培训、调整，还对职工进行了锄奸保密和破除迷信的政治教育，使党员、干部队伍的建设进一步得到加强。

1939年3月18日，张南生被调到八路军第129师晋冀豫军区晋冀豫游击司令部独立支队兼第2军分区任政治委员。这个3000余人，主要活动在晋中一带山区的队伍，在反"扫荡"中，先后对日伪军作战30余次，歼灭日军2000余人，粉碎了日伪聚歼晋冀豫根据地八路军主力的企图。

1942年1月，张南生任第129师政治部组织部部长。在任部长期间，他结合工作实践，先后精心修改形成了《连队政治指导员工作暂行条例》《支部组织与工作暂行条例》《救亡室工作暂行条例》《朱德青年队与各级青年组织暂行条例》等4个基本文件。他的工作得到了刘伯承、邓小平的高度赞扬。这几个文件在连队推广执行后，使129师连队政治工作有了依据，大大加强了党对军队的绝对领导，使广大干部战士在残酷战争岁月能保持旺盛的革命斗志。这期间，为了粉碎日伪军的"蚕食"政策，扩大解放区，张南生根据刘伯承、邓小平首长的指示，从抗大六分校调出储备干部，组成精干的武装工作队，深入到日伪军兵力薄弱的地区进行政治攻势。这对扭转当时根据地的危险局面起到了很大作用。

由于张南生工作出色，1943年10月，他被调任八路军野战总部政治部组织部副部长；1945年8月，调任晋冀鲁豫中央分局组织部副部长兼晋冀鲁豫军区组织部部长。

治军显身手

抗日战争胜利后，解放军部队迅速壮大，需要在最短的时间内解决大量干部的需求问题。身为组织部长的张南生，在上党、邯郸两大战役中，冒着枪林弹雨到火线上了解情况，考察干部，发现和培养骨干，使晋冀豫军区的组织、干部工作做得有声有色，保证了战役的胜利。

邯郸战役中，国民党第十一战区副司令长官、新编第八军军长高树勋，于10月30日率部属1万余人起义。张南生参加领导了这支起义部队的改造工作。他编写了许多专题教育材料，使这支起义部队的官兵精神面貌焕然一新。

1946年7月，晋冀豫野战司令部副政治委员兼政治部主任张际春随刘、邓开赴冀鲁豫前线后，军区政治部的工作交由张南生负责。在战事频繁的日子里，张南生在军区党委的领导下，及时将中共中央、中央军委的指示、命令传达给一线的指战员，保证了政令、军令畅通无阻。他还随时掌握每个战场、战役的战斗进展情况，及时收集英雄模范先进事迹，总结通报政治工作好的做法和经验，及时批转各部队上报的干部调整和健全组织的请示报告，具体组织部队开展学习王克勤活动和对外宣传高树勋勇敢果断率部起义的壮举，从而鼓舞和激励了广大官兵英勇作战的精神。

1949年2月，张南生升任华北军区政治部副主任。根据军区首长指示，他又参与领导了改造绥远起义部队的工作，很快提高了起义官兵的思想政治觉悟。

1949年5月底之前，张南生为做好南下大反攻的准备，组织干部进行培训。许多干部听了张南生的动员后，认清了深入国民党心脏地区战斗的重大意义，增加了南下参战的决心和劲头。

6月11日，徐向前统一指挥华北第1兵团发起了晋中战役，解放了除太原以外的晋中地区。7月底，张南生赴第1兵团驻地临汾，帮助总结晋中战役的经验。他的总结，受到了华北军区第1副司员兼第1兵团司令员、政治委员徐向前的表扬。

同年9月底，张南生与宣传部的同志一道在直属队搞了诉苦运动教育试点。在教育摸底时，他们针对新兵、老兵及被俘兵员的不同实际情况，采取了不同的教育方法，使指战员明确了"苦根是老蒋"，"穷苦人是一家"，要"团结起来打倒国民党反动派"的道理，大大激发了部队的战斗热情。在当时，这样的诉苦曾一度成为部队作战的有力动员令。张南生抓的试点，为全区整军教育摸索了经验。

张南生在深入部队中还发现，随着战争环境的好转，很多干部战士对党和军队的一些新政策理解不深，执行不力。如对为什么要宽待俘虏，解放城市后应注意什么问题等都不甚理解。他马上组织机关的同志及时起草了干部战士要提高政策水平的意见。军区政治部主任罗瑞卿看后很高兴，批示以华北军区政治部的名义，于10月10日下发部队执行。

援朝扬国威

1951年6月3日，张南生任第20兵团政治委员兼政治部主任，入朝作战。

"联合国军"为试探新接防的第20兵团第67军的战斗力，从9月12日起，每天用三四个营的兵力，在10多架飞机、几十辆坦克的掩护下向我军前沿阵地进攻。张南生的部队，一天中打退美军29次冲锋，毙伤侵略军1140多人，击毁坦克17辆，使"联合国军"付出沉重的代价，同时，提高了我军对敌作战的勇气和信心。

同年10月，"联合国军"动用6个师的兵力，对我西起北汉江东岸至文登里以东地段发起了以"坦克劈入"为先导的进攻。张南生深入到第68军阵地做思想政治工作，强调党员和群众、新兵和老兵要结成对子，互相鼓励英勇作战。他还协助第204师将全师的重火器组成反坦克大队，击退了美军的进攻，受到了志愿军总部的嘉勉。第612团第1连在坚守938.2高地的反击战中，全连官兵与"联合国军"一个多团激战5天4夜，连续打退其80多次攻击，毙伤"联合国军"1800多人，创造了阻击作战的范例。张南生及时指示机关，总结宣传了第68军粉碎"联合国军""坦克劈入"战的经验。志愿军总部转发了第20兵团的经验和战绩。

1952年2月底，杨成武奉命回国休养，由张南生代理兵团党委书记。在新司令员到职前的4个多月里，第20兵团在以张南生为首的兵团党委领导下，各项工作都取得了很大成绩。

同年7月17日，郑维山代司令员到职时，"联合国军"再次发起狂轰滥炸。张南生积极配合郑司令，立即组织部队转入防"联合国军"登陆的作战准备。在作战指挥方面，凡郑维山决定的，张南生都坚决支持并从政治上保证落实。8月10日，张南生向兵团宣教部部长魏泽南指示，要做好坚守坑道中的政治工作。张南生强调说：政治工作要保证有统一的领导和指挥，要教育党员、团员既要挺身而出带头服从大局，带头吃苦耐劳，更要带头发挥聪明才智，研究对方活动规律，随时进行反击，消灭敌人，变被动为主动。他要求政治机关认真研究坚守坑道战、敌前潜伏战、穿插进攻战等战斗的规律和特点，针对容易出现的问题，拿出有针对性的教育办法来。根据张南生的指示，第20兵团各级政治机关很快研究总结了《火线救护中的政治工作》《狙击战宣传鼓动10条做法》《坑道坚守中应注意的问题》等政治工作经验，下发部队后，在战场上发挥了重要作用。

5月13日，张南生被任命为志愿军政治部副主任（主任为李志民）。由于第20兵团新任司令员杨勇、政治委员王平刚到任，反击战仍由郑维山、张南生指挥。其间，他们指挥的两个军共打退南朝鲜军69次反扑，毙伤俘虏南朝鲜军3300余人，取得第一阶段夏季反击战的胜利。

6月10日，郑维山与张南生、新任司令员杨勇、政治委员王平一道指挥了第60军向南朝鲜军北汉江阵地发起的攻击。第60军以3个团的兵力，经过50分钟战斗，全歼南朝鲜军1个加强团，创造了阵地战以来一次歼1个团的范例。到14日，占领了由南朝鲜敌军第5师第2团防守的西起加罗峙、东到广石洞段全部阵地。在反击战中，共毙伤俘虏南朝鲜军1.4万余人。志愿军总部立即向中央军委报告，并以"联司"名义通报表扬了第20兵团。第20兵团的胜利，为志愿军谈判争得了主动。美方被打怕了，不得不坐到谈判桌旁，并同意了中朝方面提出的遣返战俘方案。

根据战局变化，志愿军总部遵照毛主席关于"我方必须在行动上有重大表示，方能配合形势，给敌方以充分压力"的指示，决定暂停进攻美英军队，集中兵力歼灭南朝鲜军的有生力量。这样，第20兵团的正面即变成了志愿军作战的主要方向。张南生从这时起，全身心地投入到志愿军政治部工作。他提出了许多卓有成效的措施，提高了部队的战斗力，为金城战役的胜利奠定了思想基础。

风范永垂世

1957年8月，张南生任北京军区副政治委员，到1975年10月任北京军区顾问，在大军区副政治委员的岗位上一干就是18年。尽管位高权重，但他仍然保持着八路的本色。

1959年4月，张南生带领司令部机关干部54人，下到28师84团当兵，与战士实行"五同"。他不仅能放下架子，而且能在连队蹲得住。他到一个连炊事班当兵的时候，已是年逾半百的人了，仍带着自己的行李，吃住在班里，打水、扫地、磨面、种菜样样都干。张南生发现有的干部工作方法简单急躁，就把干部集中起来，讲述红军爬雪山、过草地时，干部关心战士，战士尊重干部，在艰难困苦中团结一致的优良传统，教育干部要怀着深厚的感情做工作，真心实意帮战士。当他发现炊事班将剩饭倒掉的浪费现象后，就及时给大家讲述抗日战争时期，很多八路军吃不上饭，还要坚持打日本鬼子的事例，教育大家要保持艰苦奋斗的光荣传统。他还带头打扫卫生，帮助炊事班班长搞好伙食调剂。战士有了思想疙瘩，他就以一个老兵的身份，与战士促膝交谈，直到把思想问题解决为止。在张南生当兵的一个月里，他不让师团领导去看望，连里为他增加的小菜也不吃；除重体力活外，战士们做到的，他都带头做到。干部战士反映说，从首长身上，看到了当年的老红军、老八路的本色，学到了党和军队的光荣传统，懂得了怎样带兵、怎样做人。

1960年，张南生在深入部队时，发现军区第261医院党委发扬"干打垒"精神，带领全院人员在三座破庙基础上建起救死扶伤的场所，并有深受部队官兵和人民群众赞誉的医疗服务制度等感人事迹，便多次带机关人员到该院参观学习，及时总结和推广了该院靠艰苦奋斗起家、靠全心全意为部队服务出佳绩的经验，对全区后勤分队政治建设起到了很好的推动作用。

1961年8月，在全区民兵工作会议上，张南生提出了各部队、机关、院校都应与驻地附近的公社、生产队或厂矿、学校民兵组织建立联系制度，本着服从生产、围绕中心的原则和便利群众、分片负责的办法，帮助搞好民兵工作的"三落实"。会后，张南生深入生产第一线，指导地方对民兵组织进行整顿，推动了全区民兵工作的发展。

自1964年起，张南生任军区党委纪委、监委书记10多年。他每年都要亲自组织查处一批违法违纪案件，从政治上巩固、纯洁部队。北京军区原某军一度连续发生政治事故，机关多次派工作组都没从根本上解决问题，张南生便亲自带人住到这个军。通过找常委谈话，找机关同志调查，到基层听干部战士反映，他找到了这个军存在思想政治工作软弱无力、领导干部盲目骄满、工作作风不深不实、干部选配不准等4个症结。他及时将调查结论和解决问题的办法报告了军区党委，并指导军师两级党委，对存在的问题逐个对照整顿，限期改正，很快使该军发生了变化。军区党委分析认为，张南生的调查报告，不仅抓住了该军问题的根子，也反映了全区部队存在的普遍性问题，于8月14日以军区党委名义，加按语向全区各单位转发了他的调查报告，从而加强了各级党委建设。

1965年，因张南生与北京市党政常有联系，既为驻军单位与当地党政加强军政、军民团结做了大量工作，又为地方党政建设出了不少好主张、好点子，所以被点名参加地方的"四清"运动。面对这个新课题，他反复学习中央文件，不顾自己患有严重高血压、糖尿病的身体，选择了条件艰苦、问题较多、工作比较后进的房山县周口店公社娄子水大队蹲点，一蹲就是一年。在这里，他强调干部要带头搞好生产，带头抗旱。他还深入发动干部群众认真学习毛主席著作，使一些社员改掉了过去私心杂念大的毛病和习惯，全村的好人好事层出不穷。

"文化大革命"期间，张南生受到了冲击，被打成"现行反革命""黑帮""黑线"人物，并受到批斗。但为了保护大多数干部和保守党的秘密，他忍受了许多精神、肉体上的痛苦。到"文革"后期，还有人恨张南生不讲"实情"，说他好人主义严重，是个"保官不革命派"。周恩来总理却说："我了解张南生，像他这样忠诚老实的干部有什么问题？！党和人民是信得过张南生的。"

1971年9月，林彪事件发生时，张南生正患病休养。军区领导考虑他的身体状况，建议他不参加下部队传达中央文件的工作。张南生认为，这不仅是个念念文件的问题，还有个了解部队动态，揭露林彪事件真相，教育和稳定部队的问题。在他的坚持下，10月29日至11月13日，他带工作组进驻第254医院，向1134名医护人员、伤病号、职工家属等传达了毛主席亲自批发的中央7个文件精神。由于他的动员深入，传达讲解透彻，使全院同志很快认清了与林彪反党集团斗争的性质，使教育达到了预期目的。

张南生在军区党委常委中，年龄偏大，资格较老，但他从不在同级、部属面前摆架子。他认为，一个人本事再大，离开上级和下级，都将一事无成。他在军区召开的不同会议上强调：一个党员干部，不以党和人民的事业为重，而去争权力、闹待遇、搞腐化，是极端可耻的。个人主义多了，集体观念就弱了。班子不团结，个个不合群，根子就是个人主义。凡是与张南生搭过班子的领导，都对他的高尚人品、官品给予高度赞扬。张南生一生克己俭朴，在灾区人民遇难时，他总是带头捐款捐物。1982年，张南生还把自己的稿费捐给军区政治部幼儿园。

1982年10月，张南生按大军区正职待遇离职休养，行政6级。

张南生于1951年11月18日，被授予朝鲜自由独立一级勋章；1952年12月1日，又被授予朝鲜自由独立一级勋章；1953年6月28日，再次被授予朝鲜民主主义共和国一级国旗勋章。1955年9月27日，被授予中将军衔，并被授予一级解放勋章；1955年11月，被授予一级解放勋章；1957年6月18日，授予二级八一勋章、一级独立自由勋章；1988年7月15日，被授予一级红星功勋荣誉章。

张南生平时酷爱学习，勤于记笔记。他任军区领导后，除坚持按军区党委统一安排的读书内容开展学习外，还挤出时间自学了《毛泽东选集》《列宁选集》、马克思和恩格斯的著作和文章，并结合工作和实践，一直坚持写日记和做读书笔记的习惯，表现了他关心国家大事，活到老学到老的革命情操。他从1930年至1934年一直坚持写日记，他的《一个红军战士的日记》，翔实地记载了中国革命和军队成长壮大的历史，现被中国军事博物馆收藏，为党和军队留下了珍贵的史料。

张南生是无产阶级革命家，我军优秀的政治工作领导者。他的一生是为中国革命事业和人民军队建设奋斗的一生，是共产主义者光辉的一生。1989年8月，张南生因病在北京逝世。宋任穷曾用于谦诗《石灰吟》对张南生的一生作了这样的概括："千锤万凿出深山，烈火焚烧只等闲。粉身碎骨浑不怕，要留清白在人间。"

张雪澄，值得骄傲的校友

张展文

张雪澄是连城县旧制中学的高才生，朋口镇张家营人，1905年出生。时值清朝末年，列强侵华，国内政治腐败，国力衰弱，民不聊生。他正是在这恶劣的政治环境中从偏僻山区走向社会的。20世纪三四十年代，他曾在十里洋场的大上海和"陪都"重庆从事职业教育和社会进步事业。新中国成立后，他又为发展中华职业教育做出新的贡献。他是一个爱国民主人士，是一名终身从事职业教育的教育家，是一个道德修养高尚的长者，生前获中国民主建国会中央委员、政协上海市委员会委员、中华职业教育社常务理事、职教社上海分社主任委员等殊荣。他是连城人民的骄傲，也是连城教育界的骄傲。

张雪澄

一、少年求学志峥嵘

张雪澄先生，7岁进私塾，13岁在璧洲小学读书，后转到朋口新民小学，1922年夏毕业。毕业后父亲要他到商店当"账房先生"，他却执意要考中学。这年秋，他参加县中初中升学考试。考试作文题目是《国家兴亡，匹夫有责论》，与考者200多人，张志鹏（后改名为张雪澄）成绩名列第7，考中连城县立中学。1925年到长汀中学读书，1928年毕业于长汀中学，1928年秋与罗健、罗佩光一同步行到漳州再乘船到福州，升入上海群治大学高等师范专科，后由福州到上海，1930年升入上海中华职教社乡村改进讲习所。

二、终身"职教"功德高

张雪澄先生1931年秋毕业于中华职教乡村改进讲习所后，由他的恩师黄炎培安排到中华职教社上海分社工作。中华职教社成立于1917年5月。由于当时社会处处弥漫着"君子劳心，小人劳力"的毒素，大量毕业生学非所用，黄任之（炎培）针锋相对地提出"教育与生活，生活与劳动不应脱节"的主张，把"双手万能，手脑并用"作为校训，将"为个人谋生的准备，为学生为社会服务的准备，为中国和世界增加生产的准备"定为办学宗旨。对此，张雪澄先生总是身体力行。他早年执教"晨班"，在"陪都"主办重庆职业指导班，新中国成立后主持上海职教分社，开展业余教育。改革开放之初，他力排众议，为保中华职教社社屋产权竭尽全力，义务编写"社史"，以引起各方面对中华职教事业的重视。在"社会力量办学"还不为教育行政所承认时，他大胆挂出"上海中华职业补习学校"校牌，坐镇招生。张雪澄先生一生与教育事业风雨同舟，执着忠诚，无私奉献的精神于此可见一斑。他终身于"职教"事业的光辉业绩和无量功德将彪炳于职业教育的史册。

三、抗日救国献赤忱

张雪澄先生在潜心致力于中华职业教育的同时，更倾尽全力为民族抗战事业奉献赤忱。

（一）投身坚持抗战，坚持民主的《国讯》编辑工作

《国讯》初名《救国通讯》，1931年12月23日创刊于上海。其时九一八事变爆发，日寇侵略东北。《国讯》以抗日救国为宗旨，以启发民族爱国之心为己任。张雪澄先生为《国讯》编辑写文近10年，从上海到"陪都"重庆，辛劳不辍，乐此不疲。1938年12月由黄炎培介绍，亲临拜谒周恩来，请周恩来为《国讯》写文章。周欣然答允，撰写抗日雄文《今年抗战的新形势和新任务》。

（二）高官厚禄不动心

1937年"8·13"后上海被日军侵占，日冠利用汉奸以金钱诱迫张雪澄写文，说："只要在《国讯》社论上连写三篇'大东亚共荣圈'文章，你需要什么就给什么，甚至还可配给一辆小汽车。"张雪澄却痛骂汉奸，詈声拒绝。

1938年，张雪澄辗转到"陪都"重庆，《国讯》复刊。1941年罗列（黄埔第4期步科毕业，先后任国民革命军连指导员，胡宗南部参谋长，第一军军长等职）由西安专程到重庆，邀中学同窗张雪澄到西安任中校军需官，可张雪澄却婉言谢绝了。罗列只好不了了之。

1943年，张雪澄的堂内兄聂开一的好友袁某从法国留学回国任四川民政厅厅长。袁厅长想请雪老出任县长，张雪澄依然站定脚根，婉言谢绝。

（三）参加发起建立"民主建国会"

抗战胜利后，国共两党在重庆谈判。黄炎培、胡厥文代表教育界、工商界发起酝酿成立"民主建国会"，职教社的杨卫玉、孙起孟、张雪澄也参加了。其宗旨是："不左倾，不右袒"，如国共分裂，则从"国民一分子，与闻国事，排解于其间"。"民建"于1945年12月16日在重庆西南实业大厦成立，董必武、王若飞、张治中、邵力子、张澜、沈钧儒等代表各党各派人士前往参加成立大会，大会表达了全国人民庆祝抗战胜利，欢迎国共合作，共同走向民主建国大道的热切期望。

（四）为地下党员和革命志士脱险甘担风险

抗战胜利后，我地下党员和革命志士在白色恐怖的上海，常遭特务追捕，为使早日离开"虎口"，急需从上海转到华北、东北。张雪澄利用曾在中国航空公司工作的有利条件，先后为阎宝航（新中国成立后任辽宁省省长）、罗叔章（新中国成立后任全国妇联副主席等职）、沈志远（"民盟"上海市负责人）等购买机票。上海解放前夕，我地下党从香港寄交中航公司运送到上海的包裹，内有《人民解放军宣言》《约法八章》《关于工商业政策》等重要文件，在特务严密跟踪的情况下，张雪澄通过老中航公司的老熟人，想方设法，及时取出，为党的解放事业竭尽心力。

罗列生平简介

随 缘

罗列（右站立者）与蒋介石

罗列，原名先发，字冷梅，1907年生于今连城县罗坊乡。自幼聪颖、勤奋好学。曾身陷囹圄，仍坚持熟读英文字典。无论在旧制中学8班、黄埔军校第4期和陆大第10期，其学习成绩均名列第一。黄埔军校毕业后，留校任少尉排长。北伐中，曾任东征军党代表。后为胡宗南所看中并得到器重，视为心腹。抗战爆发至1939年8月先后率部参加上海安亭、无锡、镇江、南京、滁县、罗山、信阳及兰封诸战役，屡立战功，尽显军事参谋才能，被提升为新编第一军军长。后来率部参与内战，在山西洪洞县被歼一个旅，由中将降为少将任整编第一师长。此后参与进犯延安。他参加北伐和抗战，战功卓著，参与内战则屡遭败北，险丧性命。1949年春任西安绥靖公署参谋长，不久升副主任兼参谋长，后退守四川成都。胡宗南飞逃台湾后，罗列担任西南长官公署参谋长退守四川西昌，所部被全歼，本人身负重伤。当时，国共双方战报皆将其列入阵亡者名单，台湾还将其灵位送祀"忠烈祠"。他苏醒过来后只身辗转逃至香港调景岭"难民营"。1950年6月被胡宗南接去台湾。1951年以后，先后出任台湾"国防部"中将参谋、陆军总司令，并往美国西点军校进修。之后曾任副参谋总长，获二级上将军衔。1961年任台湾"国防部联合作战研究督察委员会"主任委员。翌年任"三军联合大学"校长。1970年为"总统府"战略顾问，不久转任"总统府"国策顾问。1971年退役，筹组台湾磷业公司，担任董事长。1976年9月8日患肺癌病故。妻叶绍勤，生6子1女：名大维、大任、大祯、大涛、大铭、大坤、大炘（女）。子女均居美国，学有所长，并已成家立业。次子大任为"美国之音"华语播音员。

2014年7月

多能画家　激情歌者

——罗炳芳校友素描

和　风

罗炳芳

清华大学美术学院教授，中国美术家协会会员，中国老教授协会会员；中华名人协会理事，世界华人美术家协会荣誉主席，北京客家书画研究院院长，北京闽西老区建设促进会顾问，闽西书画院名誉院长——只要提起罗炳芳的名字，人们就会想到他头顶的这些桂冠，就会在心中升腾起满满的敬意。

我对他也充满了由衷的敬意。

不过，我的敬意不是仰望上述桂冠的结果。我的敬意，来自于对他作品的欣赏，来自于对他人品的钦佩。

罗炳芳的作品是精湛的。从艺60多年来，他不停地探索，不停地超越自我，不停地融汇中西，创造了自己独特的绘画风格。他在为国家培养了一大批美术人才的同时，独辟蹊径，创作了大量既充满东方韵味，又融入当代审美情致和西画的构成与色彩，格调高雅，能带给人无限美感的传世之作。他不仅擅长油画，而且对水彩画、中国画亦有相当造诣。1959年创作的油画《鲁迅和瞿秋白》为中国国家博物馆陈列收藏，编入《中国革命博物馆藏画集》，2011年被列为国家博物馆珍藏《中国当代经典美术作品》展出。他在改革开放后创作的"雪岭挺翠""啸傲云天""九曲轻舟""青山独秀""北国风雪""秋林帆影""果留人间""屋桥春雨""汀江源""冠山春晓""山泉清清""梦萦汀州""心飞故国楼"等诸多画作都得到了中国美术界权威的推崇。他的画作，具有端庄大度、质朴苍劲、气韵生动、内涵深邃之艺术神韵；他的篆书书法，亦有出尘脱俗之表现。其篆书作品继承古篆神韵，融入当代审美理念，开创了古韵今风的今篆书体。无论是画和书，他的作品所体现的都是经过千锤百炼之后形成的精神上的"真境界"和艺术上的"绕指柔"。

一个艺术家，创作了那么多精品，可是，他给人留下的印象却是平实而憨厚，除了他的人品已经进入超凡脱俗的境界，不会有其他更合理的解释——在认真地比较过、思索过我所接触过了解过的许多大家之风范后，我得出了这个结论。

首先，他超凡脱俗的境界体现在他有一颗特别上进的心。1931年生于罗坊乡，1945年毕业于连城县中初中的罗炳芳，从小就酷爱美术。

罗炳芳（右）与恩师吴作人先生（中）、肖淑芳先生（左）

他就读县中期间，常常为同学代笔完成美术作业。但他后来的成就，最主要的决定因素，却不是来自先天的禀赋而是后天特别上进的心。正是有一颗特别上进的心，才使得他有了今天的艺品和人品的双丰收。1949年高中毕业后，他先后在长汀师范、长汀一中任职，有了一份安定的工作。可他不满足于此，毅然离职报考大学，终于在1952年"金榜题名"——考入全国美术院校的最高学府——中央美术学院。其间，他受到当代著名美术大师吴作人、董希文、张仃、罗工柳、艾中信等众多名师的教诲和指点。这使他得以在较高的艺术平台上起步；这使他得以让自己的"望眼"不被"浮云"所遮挡（王安石诗：不畏浮云遮望眼，只缘身在最高层）；这使他得以让自己的笔墨纸砚获得更多的灵气。显然，进入中央美院，是决定他日后人生价值的关键一步。而他能跨出这一步，动力当然来自于他有一颗特别上进的心。他在学校主要学油画，可他又研习中国画和书法，努力理解和掌握中国笔墨、宣纸的特性，学习中国画论、诗词、古篆印章，不断丰富自己的文化底蕴。不能不说，他获得的每一点进步，都是这种永不满足的精神结晶。在中央美院学习期间，他喜欢什么事都问个为什么。他从来不满足于课堂中随大流而取得的收获。他经常利用课余时间向老师们请教很多重要的艺术观、人生观的问题。老师们亦乐于对这位才华横溢而虔心受教的弟子耳提面命。吴作人先生关于怎样不断提高修养、怎样从学生过渡到画家的许多不刊之论，董希文先生关于掌握绘画的技法固然很重要，但更重要的是要有深厚的文化底蕴，有深刻的思想内涵，有画家自己的情感的投入，有对现实生活的亲身感受，这才是作品的灵魂所在等经验之谈都成了他成功的不二法门。这一"论"（不刊之论）一"门"（不二法门）的获得，当然还要归功于他以顽强求索的精神体现出来的一种特别上进的心。

其次，他超凡脱俗的境界体现在他具有特别坦荡的情怀。罗炳芳的这种情怀，贯穿于他的整个从艺之路。罗炳芳从艺的几十年，传承的始终是中央美术学院老一辈美术家的艺术思想和优良学风，践行的始终是一条健康发展的艺术道路。他在美术教学岗位上辛勤工作几十年，不仅桃李满天下，而且清香溢四海。他的很多学生都早已成长为著名的画家、艺术家。对此，他由衷欣慰。教学之余，他把全部精力和才华都投到讴歌祖国、讴歌人民、讴歌自然、讴歌生活之中。1964年，他从中央美院调到公私合营的工厂搞设计；"文革"期间，他被下放到农村接受"再教育"；拨乱反正后，他被调到中央

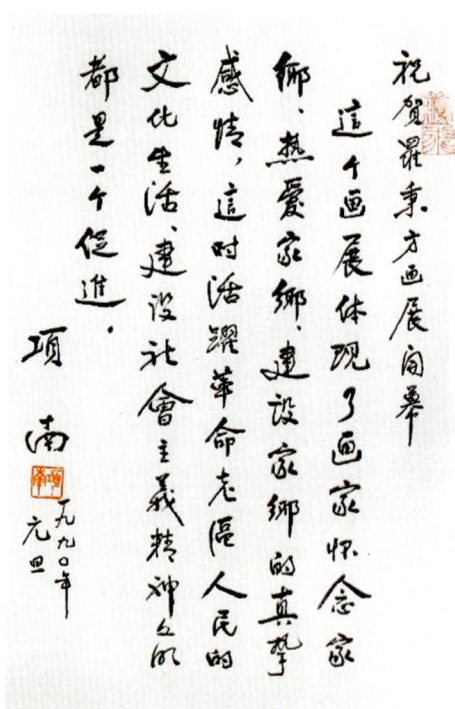

项南为罗炳芳画展题字

杨成武为罗炳芳画作题字

工艺美术学院任教。无论是身处人生的低谷，还是"风正好扬帆"的时节，他都最大限度地保持着决定一名艺术家作品价值的正能量。在人生的低谷，他"手中的画笔被手套和锄头替换"，可他仍然"默默呵护心田里的艺术幼苗"。在"风正好扬帆"的时节，他创作的激情像火山一样迸发出来。1997年，他为庆祝香港回归创作了《雄峙天东》；2005年，他为纪念抗战胜利六十周年创作了《国共携手合作，共赴国难》；2006年，他创作了《燕山远望》；2007年，他创作了《华夏一统中华魂》；2008年，他创作了《改革开放总设计师》；2009年，他创作了《人民万岁》"百川汇流，江山多娇"；2011年，他创作了《土楼瑰宝，世遗文化》等巨幅中国画。这些画作，凝聚着崇高的民族自豪感、社会责任感、历史使命感；这些画作，清正大气，领异标新，意趣天成。

特别难能可贵的是，他的这种情怀，老而弥坚。他80岁的时候，已经出版了四本专著，在国内外举办过五次个人画展，作品被媒体广泛传播。按理说，他已经功成名就，可以歇一歇了，可他还这样宣称："相信将来还会有第五本、第六本……问世。"如许铿锵心语，如许干云豪气，一定会使人想起唐代那个高歌"直挂云帆济沧海"的诗仙，想起太白遗风。

罗炳芳不愧是一位潇洒坦荡的多能画家，一位啸傲云天的激情歌者！

2014年7月23日（时值大暑）

童庆炳，中国文艺学的"拓荒者"

吴子林

童庆炳，我国著名文艺理论家、美学家、批评家和教育家。1936年生于福建省连城县莒溪乡。1951年2月至1952年9月，在连城县第一中学初中学习。1958年7月毕业于北京师范大学中文系，留校任教。现为北京师范大学文学院资深教授（终身教授）、博士生导师，国家重点学科带头人，中央马克思主义理论研究和建设文学组首席专家，教育部社会科学委员会委员，中国作家协会理论委员会委员，北京市社科联常委，教育部

童庆炳

人文社会科学重点研究基地北京师范大学文艺学研究中心研究员、学术顾问。曾任中国中外文艺理论学会副会长、中国文艺理论学会副会长等，被国内20余所高校聘为兼职教授。长期从事文艺理论、美学、文艺心理学等方面的教学与研究工作，发表了学术论文200余篇，提出了许多具有创新性的观点，得到学术界的高度瞩目与好评。

个人专著有《文学概论》上下卷（1984）、《文学活动的美学阐释》（1989）、《艺术创作与审美心理》（1990）、《中国古代心理诗学与美学》（1992）、《文体与文体创造》（1993）、《文学审美特征论》（2000）、《中国古代文论的现代意义》（2001）、《文学活动的审美维度》（2001）、《童庆

炳文学五说》（2001）、《维纳斯的腰带——创作美学》（2002）、《现代诗学问题十讲》（2005）、《童庆炳文集》1~4卷（2005）、《美学与当代文化讲演录》（2007）、《在历史与人文之间徘徊——童庆炳文学专题论集》（2007）、《童庆炳谈文心雕龙》（2008）、《童庆炳谈文学观念》（2008）、《童庆炳谈文体创造》（2008）、《童庆炳谈审美心理》（2008）、《童庆炳谈古典诗学》（2008）、《文学审美论的自觉——文学特征问题新探索》（2011）等20余部。

合著有《文学理论基础读本》（1988）、《中国古代诗学的心理透视》（1991）、《文学创作与文学评论》（1995）、《文学艺术与社会心理》（1999）、《马克思与当代美学》（2001）、《现代学术视野中的中华古代文论》（2002）等。

主编有《文学理论导引》（1989）、《艺术与人类心理》（1990）、《中西比较诗学体系》上下卷（1992）、《现代心理美学》（1993）、《文学概论》（1990、1994、2000、2007）、《文学理论教程》（1992、1997、2004、2008）、《文艺社会学的传统与现代》（1995）、《文学理论要略》（1995）、《文艺心理学教程》（2001）、《文学理论新编》（2005）、《新编文学理论》（2011）等18部，另主编《高中语文》（2010）必修课6册、选修课11种。

编辑有"心理美学丛书"（14部）、"文艺新视角丛书"（5部）、"文体学丛书"（5部）、"新时期文艺学建设丛书"（与钱中文共同主编，36部）、《文学理论学习参考资料》（3部）、"文艺学与文化研究丛书"（20余部）。

文学创作有长篇小说《生活之帆》（1980）、《淡紫色的霞光》（1987），散文随笔集《苦日子，甜日子》（2000），学术随笔集《风雨相随——在文学山川间跋涉》（2013）。

2000年，以童庆炳为学术带头人的北京师范大学文艺学研究中心率先建立了教育部人文科学重点研究基地。在童庆炳的领导下，作为国家级重点学科，北京师范大学文艺学一直处于全国领先地位，推出了一批学界公认的学术精品成果。如，童庆炳主编的《文学理论教程》获得国家优秀教材一等奖，已发行100万册以上，20多年来，被全国各高校普遍使用，影响巨大。童庆炳的论著被翻译成英文、韩文、越南文等，研究成果分别获国家教学成果奖、教育部人文社会科学著作奖、中国文联文艺评论奖等。

1983年，童庆炳协助黄药眠先生申报到了全国第一个文艺学博士点；1987年，协助黄药眠先生培养出中国第一批文艺学博士。1991年，童庆炳被评为博士生导师。迄今为止，培养出硕士研究生近100人（其中包括著名作家莫言、余华、刘震云、毕淑敏、迟子建、刘恪等）、博士研究生近80人，绝大部分都成了高校、科研机构的学术骨干，学界有"童家军"之盛誉，在海内外发挥着重要作用。

数十年来，童庆炳笔耕不辍，著述宏富，是中国"审美学派"的重要代表，也是中国文艺学现代学科范式的重要奠定者之一。童庆炳在中西文学、文化的透析中，融汇贯通中西文论与文化血脉，构建了一个崭新的文艺理论体系，以其学术思想的原创性、创新性始终引领着当代中国文艺学研究的潮流及其发展。

注：作者吴子林，文学博士，中国社会科学院文学所研究员，中国社会科学院研究生院硕士研究生导师，《文学评论》编辑部编审。

科研辟新途　技术传四方

——记国家菌草工程技术研究中心首席科学家林占熺

罗薛平

　　他是大学教授，又是"扶贫状元""援外专家"。在中国，他被称作"菌草之父"；在欧洲，他捧回了国际发明大奖；在南太平洋巴布亚新几内亚，我驻外使馆称他是"民间大使"，当地群众誉其为国鸟——"极乐鸟"；在南非，当地百姓说他是"上帝带给我们的最好礼物"。他发明的菌草技术先后获15项国际国内大奖，并被科技部列为"星火计划"重中之重项目，被中国扶贫基金会列为科技扶贫首选项目，被联合国开发计划署列为"中国与其他发展中国家优先合作项目"，目前已在国内31个省（市）406个县（市）推广，在世界96个国家传播。他的足迹踏遍万水千山，他的学生广布五湖四海。在学生心中，他是良师益友；在亲人眼里，他是"事业痴""工作狂"，是森林中的一颗小草，是崖壁上的一棵青松。数十年来，他为了菌草技术的研究、教学、推广、应用，殚精竭虑，呕心沥血。他用发明创造书写灿烂人生，以无私奉献筑起道德丰碑。如今虽然已年逾古稀，他仍矢志不移，带着一批骨干力量和30多位博士、硕士研究生，奔波跋涉在攀登科技高峰造福人类社会的漫漫征途之中。

攻坚克难拓新路

　　林占熺，1943年12月出生于福建省连城县林坊乡一个普通农民家庭。1964年福建连城第一中学高中毕业，考入福建农学院；1968年大学毕业后分配到全国著名的福建三明真菌研究所从事研究工作。农村艰苦的生长环境，陶冶了他的情操，磨砺了他的意志。坚韧不拔、吃苦耐劳是他的本色，勇于开拓、敢于创新是他的气质。

林占熺

　　1975年，林占熺从三明真菌研究所调回母校福建农学院，任福建农学院沙县洋坊教学实验农场党支部书记，主持该农场的全面工作。当时处在"文革"后期，洋坊教学实验农场和其他全民所有制农场一样，干与不干、干好干坏一个样。一个拥有256名工人的教学实验农场，产值才3万多元，亏损却高达7.7万元，工人的收入很低，最少的月工资16.2元，最高的才38元。当时福建农村还没有实施生产责任制，为改变教学农场吃大锅饭的现状，服务好学校的教学科研工作，他不顾个人得失，冒着犯"错误"被处分的风险，于1976年在农场率先实行了岗位经济责任制，使农场发生奇迹般的变化，工人生产积极性空前高涨，一年就扭亏为盈，为福建农学院的农学、植保、园艺、畜牧等学科开展教学科

研提供了有利条件。在全民所有制教学农场实施岗位经济责任制的成功经验引起农业部宣教司的高度重视，1983年，林占熺作为省属农业院校的代表在全国部属高等农业院校的教学实验农场大会上作了经验介绍，引起很大的反响。

1983年，福建农学院从三明迁回福州金山，林占熺调任学院生产处副处长、金山教学实验总场副场长，兼任学院第二总支书记，是学校最年轻的中层干部。然而，他的志向不在于仕途升迁，而在于技术发明。在做好本职工作的同时，他把全部精力用于菌草技术的研究。当时，国内外食用菌人工生产发展迅速，随之而来的是大量林木被砍伐，生态环境遭破坏，"菌林矛盾"日益突出，成为制约食用菌生产可持续发展的"瓶颈"。为攻克这一世界难题，林占熺开始了以草代木栽培食用菌研究。他克服了常人难以忍受的困难，白手起家，向工程队借了5万元资金，建起了简陋的研究室，白天处理完大量的行政和党务工作后，便将全部业余时间都用在科研上。他每天早上5点起床就到实验室，晚上听完新闻联播后又一头扎进实验室直到子夜时分。为了搞科研，当时月工资才50多元的他，背上了近万元的债务。历尽艰辛，菌草技术终于在1986年诞生了。实验证明，芒萁、类芦、芦苇、五节芒、菅、象草、拟高粱、宽叶雀稗等野草及各种牧草、海草的粗蛋白含量，及磷、钾、镁等矿物质的含量，比常规栽培食用菌的杂木屑一般可高3～9倍。用这些菌草不仅可以替代木屑，而且可以替代部分麦皮、米糠栽培香菇、木耳、灵芝等食用菌和药用菌。用草栽培的食用菌，人体所必须的氨基酸含量高，不仅营养丰富，而且风味不亚于用木屑栽培的菇类。草栽食用菌的废料还是优质的蛋白饲料。菌草技术不仅有效地开发利用了草资源，而且大大提高了自然资源的有效利用率和物质能量的转化率。在传统的农牧业中，把草转化为食品，效益最高的是牛奶，而现在，菌草的效益是牛奶的2倍。如果人工种草，1亩可产鲜草3万～4万斤，至少可收干草1万斤。1万斤干草又可转化为1万斤香菇或1.5万斤木耳，其收益远远超过其他种植业。

菌草技术打破了传统的菌、草、木等学科的界限，解决了全球菌业生产的"菌林矛盾"，并且使菌业生产的经济、社会、生态三大效益有机结合起来，开辟了人类食品来源的新途径。1996年，国家科委组织国内权威专家对菌草技术进行认真鉴定，充分肯定这一技术的理论基础和实用价值，高度评价这一发明的深远影响和战略意义。为了使菌草技术日臻完善，30多年来，他先后进行70多个课题的系列研究，并取得了系统综合的成果。到目前为止已可用45种野生或人工栽培的菌草栽培55种食用菌、药用菌，形成了系统配套的菌草综合技术。不仅如此，他还探索建立植物—菌物—动物三物多层次循环转化利用的高产、高效、优质的生态产业发展新模式，为把传统的两物（植物、动物）农业转变为三物（植物、动物、菌物）农业创造了条件，积累了经验。一个个课题的提出，一个个成果的突破，使这项技术不断系统化、工程化、实用化，并在菌业生产、菌物饲料、生物质能源、水土流失及荒漠治理、生态建设、扶贫开发、国际合作等领域不断取得重大突破。菌草技术研究成果于1988年获国家级星火展银奖；1990年获福建省首届发明与革新展览会特别金杯奖和第二届国际专利技术新产品展览会金奖；1992年获第二十届日内瓦发明展金奖和发明展大奖——日内瓦州奖；1994年获第八十五届巴黎国际发明展法国内政部国土规划整治部大奖，同年获全国第八届发明金牌奖、专利新技术博览会金奖；1995年3月获中国专利十年成就展金奖；1996年获北京国际发明展金奖。据统计，菌草技术先后获得省部级以上成果奖29项，并获17项专利权。在科研应用的基础上，林占熺撰写出版了多本专著，还出版了《菌草学》中文版和英文版。

呕心沥血为百姓

在福建农林大学菌草研究所的一个平台上，树立着一块大理石碑，上面镌刻着"发展菌草业，造福全人类"十个金黄色大字。这是中国扶贫基金会原会长项南同志专门给林占熺的题词。林占熺一直把它作为座右铭，激励自己献身于菌草技术的研究推广和扶贫工作。

菌草技术一诞生，有如"出墙红杏"，让人赞叹，让人惊奇。美国、日本等国家看到了它的发展前景，出高价购买林占熺的技术，高薪聘他出国去办菌草研究所，但是他不为所动。1990年，美国一位商人愿以每月8000美金的高薪聘请林占熺去他的公司，但他婉言谢绝了。"几十万成百万美元，只能富我一人，教会农民利用菌草技术栽培食用菌，富的是千千万万的人，我选择的是后一条路。"这就是林占熺的价值观。面对荣誉的光环，他首先考虑的是要尽快把技术转化为现实生产力，真正造福于民。为此，他呕心沥血，全身心投入技术推广和扶贫事业。

1987—1990年，菌草技术在福建各县市以及广西、浙江、广东、江西、安徽、江苏等省区进行示范生产，取得良好的效益。1991年开始，菌草技术连续被国家科委列为"八五""九五""十五"国家星火计划重中之重项目，开始在全国广泛推广。据不完全统计，从1991—1995年，仅福建省共示范推广12.39亿筒（袋），累计增加产值22.46亿元，节约阔叶树木材51.26万立方米。1994年，这一技术被中国扶贫基金会列为贫困地区科技扶贫首选项目，在广大农村特别是老少边穷地区推广，取得显著的经济和社会效益。

1997年开始，菌草技术被列为福建省政府对口帮扶宁夏项目。林占熺和他的助手在腾格里沙漠边缘贺兰山下的干旱荒漠地区和六盘山区运用菌草技术发展菌草业，使当地5000多户群众学会用菌草技术栽培食用菌，年平均每户增收5000元。2003年9月5日，国务院副总理回良玉在宁夏菌草技术扶贫点视察时高兴地说："在这里，我看到东西协作扶贫的希望。"并指示当地政府要把菌草业做大做强。据2007年底宁夏回族自治区扶贫办统计，当年菌草技术推广到全区13个县17500个农户，创产值近亿元。

2001年，福建省政府将菌草技术列为智力支援新疆项目。林占熺冒着零下28度的严寒到天山南北考察，制定实施天山菌草产业实施方案，在昌吉州8个县和农一师、农六师推广菌草技术。昌吉州项目实施第一年，全州75万农牧民人均增收60元。

2008年，菌草技术被列为福建省对口支援重庆万州区项目。

2009年，菌草技术被福建省政府对口支援办列为三峡库区移民项目；同年，菌草产业被列为福建省重点产业发展项目。

2010年，菌草技术被国家林业局列为"生态脆弱区发展菌草业关键技术的研究"。

2011年，福建农林大学与西藏林芝地区决定在"十二五"期间实施菌草产业开发合作，在高海拔流沙地种植菌草获成功。

2012年，在福建长汀应用菌草治理水土流失的顽症"崩岗"，3个月即见成效。

2013年，林占熺率队在内蒙古黄河西岸的乌兰布和沙漠开展菌草防沙固沙试验示范获得成功，这是他朝着实现"治黄梦"迈出的又一坚实的步伐。

近年来，菌草技术的推广坚持走产学研相结合和产业化发展的道路，已与国内40多家企业实现了项目对接，有力地推动了菌草业上规模、上水平，其辐射带动效应日益凸显。

30多年来，林占熺把菌草技术无私奉献给贫困地区、老区、山区和少数民族地区。他的足迹踏遍了大江南北。除在本校、四川成都、新疆昌吉州建立培训基地外，他还先后在山东沂源，江西宁冈、修水，湖北孝昌、团凤，陕西略阳、彬县，广西都安，广东清新，四川德阳、成都，宁夏彭阳，内蒙通辽市，辽宁阜新等地建立了菌草技术扶贫示范基地。他受中国扶贫基金会、中国农学会、共青团中央及有关单位的委托，为全国贫困地区共主办菌草技术骨干培训班110期，为全国各地培训技术骨干6637人，到各地举办技术讲座190多场，培训菇农5万多人次。迄今为止，菌草技术已在我国31个省（市）415个县（市）应用推广。

林占熺在科技扶贫工作中的突出贡献得到了社会的充分肯定和高度赞誉。1995年，他被评为全国"扶贫状元"；1997年8月被福建省委、省政府授予优秀专家称号；2000年6月被福建省人民政府荣记一等功，时任福建省省长习近平为林占熺颁发一等功证书；2000年12月获中国科学技术部、中国科学院、中国科学技术协会"1986—2000年科技扶贫杰出贡献者"称号；2004年11月被国务院扶贫开发领导小组和人事部评为"全国东西扶贫协作先进个人"；2006年9月获福建省科学技术大会特别奖；2008年12月被国际节能环保协会"国际生态环保特别贡献奖"；2009年11月获中国人民对外友好协会"人民友谊贡献奖"；2010年被商务部授予"中国援外奉献奖银奖"；2010年12月获中国科学技术协会授予"全国优秀科技工作者"；2011年4月获宁夏扶贫开发"社会帮扶先进个人"；2011年被国务院扶贫开发领导小组授予"全国扶贫开发先进个人"；2012年4月被福建省委人才工作领导小组授予"海西产业人才高地创新团队领军人才"；2012年9月获"福建省第三届杰出人民教师"称号；2013年9月，联合国生态安全合作组织向林占熺颁发"世界生态安全奖"，成为中国大陆获此殊荣第一人。

技术传播结硕果

1992年4月，菌草技术经中国发明协会推荐参加第二十届日内瓦国际发明竞赛，国际评委认为菌草技术解决了菌业生产发展的"菌林矛盾"和"菌粮矛盾"，具有国际领先水平和广阔应用前景，因而获得金奖，同时引起了联合国环境、资源、发展等有关部门高级官员的高度关注。1994年10月，我国外经贸部把菌草技术列为"多边援助"项目，决定采用在华为发展中国家举办技术培训班的方式进行援助。1995年2月，联合国开发计划署决定把菌草技术列为中国与发展中国家优先合作项目，并在北京签署有关文件。1997年5月，福建省与巴布亚新几内亚东高地省签署了进行菌草技术重演示范的合作协议。1998年中国政府决定把菌草技术列为中国援助巴布亚新几内亚的合作项目。林占熺作为项目负责人，先后15次率中国专家组赴巴布亚新几内亚，在异常艰苦的条件下进行菌草技术重演示范工作。菌草技术一举示范成功，受到了巴新政府和群众的热烈欢迎，并已产生良好的经济效益和社会效益，当地居民掀起了一股"中国热"，林占熺被当地官员、村民誉为"国鸟"（极乐鸟），巴新政府称他为"巴中人民的友好使者"。巴新国会议长纳科比在会见林占熺等专家组成员时说："你给我一些菇，我只能吃一两天，你教我如何种菇，可以解决我一辈子的生活。因此，这项技术的价值是不可用金钱来衡量的。"为了庆祝菌草技术重演示范成功，巴布亚新几内亚国家元首西拉斯·拉里主持召开由全国各地5000多人参加的菌草技术验收现场会，当地居民载歌载舞，用最隆重的传统仪式庆祝这一盛会。巴新政府和人民对中国科技人员的敬业精神和无私援助给予了高度的赞扬，为表达他们的感激之情，在巴新东高地省的菌草基地，罕见的8次升起鲜艳的五星红旗、奏响中国国歌。

2005年1月，林占熺带领专家组到南非夸那尔省实施菌草技术合作项目获得成功，受到南非国家领导人的高度重视和当地群众的热烈欢迎。他们认为这是消除贫困、增加就业、保护生态的好项目，为此先后投入1亿兰特用于发展菌草产业，并建立起非洲最大的菌草技术示范基地。2010年7月30日，南非祖鲁族酋长在1000多人参加的西德拉菌草基地竣工典礼大会上深情地说："我爱中国，我爱中国人民，感谢中国政府，感谢中国人民，感谢我的兄弟林教授把菌草技术带到南非并实施成功。"

2006年10月，菌草技术被列为中国政府援莱索托项目。2008年，为落实胡锦涛总书记在中非合作论坛北京峰会上宣布的援非八项措施，经商务部和农业部联合审定，确定援助非洲十大项目之一——援卢旺达农业示范中心项目由福建省农林大学承担，林占熺为项目负责人。他不辱使命，奔劳于中非大地，用智慧和心血谱写着一曲曲中非友谊之歌。2009年2月，菌草技术在习近平副主席的关心下被列为中国政府援斐济项目。

从1995年至今，在国内外已举办了54期菌草技术国际培训班，有近96个国家派出的1684名学员参加学习。这些学员多数是该国国内的知名专家学者，不少是博士生导师、教授、博士。他们除了系统地学习菌草技术之外，还与中国人民结下了深厚的感情和友谊。一批又一批不同国家、不同肤色的学员无不为菌草技术吸引，无不为林占熺的无私奉献精神和高尚人格魅力所感动，有的学员甚至把名字也改为"菌草"。菌草技术还引来巴新、南非、圭亚那等多个国家元首到福建农林大学实地视察，引起了强烈反响。现在，菌草技术已经走出国门，走向世界，在国际扶贫中发挥着特殊作用，在中国与其他国家的技术协作中架起了一座座友谊的桥梁。

再筑梦想谱新篇

有人说，在菌草技术发明人林占熺身上可以看到中国农民知识分子和农业科技工作者的草根性、创造性、开放性、坚韧性，可以联想到牛的精神和马的毅力。的确，菌草技术有如"离离原上草"，只要一扎根，就有顽强的生命力。林占熺视草如命，"点草成金"，用草种菇、用草发电、用草治沙……一个个梦想变为现实，三十年如一日，没有坚韧不拔的毅力和耕耘奉献的精神，何来今日的菌草青青？

离开现实的梦想只能是空想。谈到菌草技术的过去、现在和未来，林占熺说有四大信念是必须坚持坚守、一以贯之、初衷不改的。那就是：立足农村、服务农民；唯学唯实，知行合一；面向未来，放眼全球；开拓进取，勇攀高峰。

2011年12月和2012年10月，科技部与发改委先后批准依托福建农林大学建立"国家菌草工程技术研究中心"及"菌草综合利用开发国家地方联合工程研究中心"。2013年，福建省政府批准组建"国际菌草技术研究发展中心"。国家和省级的中心创建，将为菌草技术研发与菌草产业发展提供强有力的创新平台与技术支撑，标志着菌草技术研究及菌草业发展进入了新的历史时期。

关于菌草技术的未来发展，林占熺多年前就在编织他的更大梦想。他有四大目标：一是在我国创建一个世界菌草技术研究发展中心，引领菌草技术世界研发水平；二是开辟一个新兴的菌草产业，加快把菌草技术转化为现实生产力，力争在十年内使菌草业成为一个产值超千亿元的产业；

三是努力把传统的二维（植物、动物）农业，发展成高产、优质、循环、生态的三维（植物、动物、菌物）的现代农业；四是用菌草技术治理黄河、尼罗河等大江大河，治理水土流失和荒漠沙漠，为生态建设做出贡献。林占熺的梦想绝非空想。

如今，两个国家级中心建设已正式启动，根据具有"战略性、创新性、唯一性、开放性"的要求，中心已确定未来几年攻克目标。在菌草优良品种开发方面，将建立菌草优良品种科学评价体系，创建菌草种质资源库60~80个品种；在菌草综合循环利用和标准化生产关键技术研发方面，研发6个适宜（鲜）菌草生物转化的优良菌种，5个新产品及生产工艺，建立菌草菌类资源库500个菌株和菌草产品标准化生产技术体系；在开放服务方面，建立30个菌草技术推广基地，百家菌草技术企业服务计划，百名国内外博士生、硕士生培养计划，600名菌草技术骨干培训计划，6000户菌草产业扶持计划……中心建设必须达到"四个一流"：一流的工程化、产业化水平；培养一流的工程技术人才；建设一流的工程化实验条件；争创一流的现代管理水平。作为中心首席科学家的林占熺坚信：科学探索永无止境，菌草事业大有作为！

"把论文写在大地上，写在农民的钱袋子里。"这是林占熺从事科研教学工作所追求的目标；"不要人夸颜色好，只留清气满乾坤。"这是他的人生信条。《礼记·大学》有言："大学之道，在明明德，在亲民，在止于至善。"林占熺是知识的拓荒者，是希望的播撒者，是友谊的传递者，他用自己的实际行动诠释了中国知识分子为人师表、为国为民的思想品格和道德风范。他几十年如一日，在生活上淡泊名利、永葆本色，在事业中精益求精、至诚至善。他身上折射出的是中国知识分子的传统美德之光和时代精神之光。

注：本文选自福建省第三届杰出人民教师先进事迹汇编，录入时作者作了部分内容增删和数字修改。

大家风范可为师

——周年茂先生小记

荆山玉

周年茂，文亨乡周屋村人，1967届连城一中高中校友。香港特区商界新秀，福建省政协委员。1949年7月出生于广东潮州，1953年回到故园生活，直到1972年赴港，他在连城的时光头尾正好20年。因此可以说，他的童年和青年是在祖籍地父老乡亲的怀抱中度过的，他日后事业的万丈高楼是在家乡的土地上奠基的。尽管改革开放前，家乡也难免有"左"的阴云笼罩，可以想见他的人生旅途，曾经受过多少困扰和磨难，家乡给他留下过多少遗憾，可他对家乡的爱却依然是那般执着。"儿不嫌母丑"，中华民族的这点最可夸耀世人的桑园情结始终牢牢地植根其心。尽管他是连城著名爱国侨领周仰云先生的嫡孙，是真正的名门之后，却从来没有通常纨绔子弟的俗气，不要说娇气、傲气或自以为高人一等的凌人盛气跟他全然搭不上界，就是得过且过、懒散懈怠这些词跟他也沾不上边。由于勤奋好学、积极上进、天性乐观、喜欢运动，在连城一中求学期间，他不仅书读得好，特别是外语成绩拔尖，而且乒乓球也打得好。无论什么时候，他的身上始终保有一种刻苦好学、谦虚有礼、宽容待人的大家风范，始终保有一种奋发向上、努力拼搏、与时俱进的宝贵精神，这使他具有一种既是与生俱来又是后天熔铸的伟大的亲和力和感召力。正因为如此，无论何时何地，他都能赢得师长的器重、同窗的信赖、朋友的合作、同仁的支持、社会的尊重。正因为如此，他才能在度过了上山下乡的艰苦岁月，赴港定居时，不像普通人那样急于去求职谋生，去追逐眼前的一些蝇头小利，而是着眼明天潜下心来参加英语夜校班的学习，不断地充实自己、武装自己。显然，他日后创业所需的必备，尽管得益于聪颖的先天，得益于慈父的关爱，但更得益于他自身后天的努力。不久，他被推荐进入李嘉诚长江实业（集团）有限公司工作。他敬业乐群，见识超凡，很快就在同僚中脱颖而出，没过几年功夫，便从公司的一般文员渐升至该集团的副董事兼总经理位置，成为李嘉诚集团最年轻的"内阁成

周年茂

员"，最得力的助手之一。李嘉诚集团麾下的上市公司有长江实业、和记黄埔、嘉宏国际及香港电灯等，业务包括地产、通信、货柜码头、零售、财务投资及电业投资等。作为一个庞大的跨国企业集团，需要面对科技日新月异的挑战，需要面对企业之间激烈的竞争，周年茂先生被指定为公司的发言人，他给人以潇洒沉稳干练的感觉，给人以信心和力量。长实参与香港政府的土地拍卖，一般都由周年茂先生出马，只有较大规模的投资项目，李嘉诚才亲自压阵。这时的周年茂，"天时地利人和"皆备，"财如晓日腾云起，利似春风驾雨来"，事业如斯，夫复何求。如果是中等才具的人，自然要志得意满，从此止步了。可是，谁让他是人中骐骥呢？于是，20世纪90年代中期，他在保留长实集团非执行董事的同时，自己组建了华业（控股）有限公司并任主席兼董事经理，与中旅公司合作收购香港上市公司新福港，使新福港股票几个月内涨了六七倍。这件事在香港一时传为佳话。香港传媒纷纷报道，称其身家可抵10亿港币。

周年茂先生的祖父周仰云、父亲周千和热爱祖国报效桑梓的事迹向来有口皆碑。周仰云先生不仅慷慨捐资支援国内抗战，还独资创办明耻中学，被师生们尊为"校主"；周千和先生对连城的教育、文化等公益事业的支持也做到不遗余力。为此，一中的师生们将他捐资兴建的一栋大楼命名为"敬和楼"。乃祖乃父的言传身教，乃祖乃父的高风亮节的潜移默化，使他的思想境界远远高出于一般的商界精英。只要有空，他总要回家乡看看，或祭祖，或拜师，或探友。只要同学有困难，他总是乐于相助，多方提携；只要家乡有事相求，他总是千方百计，鼎力玉成。尽管他还处在创业阶段，多年来，他仍担起香港连城同乡会名誉会长的职务乐此不疲，经常抽时间为家乡的事奔忙。他为家乡做了诸多贡献，但他的话却讲得再平实不过。在回连城参加连城县委县政府举办的纪念爱国华侨周仰云先生诞辰110周年活动时，他这样表示：无论是先祖父、家父，还是亲属对家乡所做的一切事情，都是作为一个中国人，一个乡亲所应该做的。周家后人将一如既往为家乡人民做力所能及的事。

周年茂先生是这样说的，也是这样做的。2004年是连城一中争取一级达标的最后冲刺阶段，正是需要大量资金投入的时候。周年茂先生慨然捐资200万元港币，为母校建起了一座含有40间教室5间多功能教室，建筑面积达6800平方米，被母校师生尊称为"年茂楼"的教学大楼。2005

年5月16日，捐资50万元跟之前捐资的30万元一起作为连城一中"千和奖教基金"。该基金至今已颁发十届，奖励在当年教学、教研、教育工作中最突出的一中教师共10人，每人1000元。2008年12月18日，通过省教育厅关工委捐赠我县中小学一批图书，仅我校获得捐赠图书就达3万册，价格共计629730元。2011年3月19日，捐赠我县中小学多媒体教室建设费用70万元，其中连城一中25间（50万元），实验小学5间（10万元），城关中小5间（10万元）。2011年12月，捐建我县5所希望小学共计150万元（田心小学、四堡中小、隔川中小、庙前中小、姑田中小）。今年，我校将迎来百年华诞。5月，年茂先生又慨然允诺独资捐建连城一中文化公园（建设资金高达260多万元）。年茂先生的种种义举，再现了先辈之高风，理所当然地得到连城广大父老乡亲的尊敬。

2014年7月24日于连城城市公园老干部活动中心

现代著名菌药、菌医创始人——钱师良

钱师淮

钱师良，1953年6月出生于连城县莲峰镇，1968年在连城一中初中毕业，现为中华菌医菌药研究院副院长、抗肿瘤产品研究所所长。

1974年，钱师良被选送到龙岩师范学校学习。其间，他利用课余时间跟随邓之光老师学习食用菌菌种的制作、灵芝和菇类的栽培、灵芝糖浆的提炼制作。参加工作后，他曾先后到三明真菌研究所和上海市食用菌研究所进修，跟随国内知名食用菌专家进行研究工作，先后被聘为广州空军后勤部苗圃菇场技术员，广州市白云山食用菌研究实验场技术总监、高级工程师。1999年4月退休后，创办了"连城县思量食用菌研究所"，2007年创办了"连城百菌堂生物工程有限公司"。

钱师良

30多年来，钱师良一直致力于食用菌的栽培和药疗应用的研究，取得了丰硕的成果。他在国内建立了第一个仿野生金针菇栽培基地；第一次提出了不同颜色的灵芝具有不同的药疗作用的观点；第一次用灵芝菌丝体加工的灵芝糖浆治疗肺癌病患；编写出第一套完整的职业高中食用菌专业课教材；开创了用食用菌防病、治病的医学新途径——食用菌营养保健治疗法，运用营养手段来调节人体的免疫机能，提高机体的抵抗力，从而达到防治疾病的目的。他发明了对预防和治疗肿瘤、恶性肿瘤有显著辅助作用的"五芝保健饮料"，填补了中国食用菌在医学应用领域的空白，为人类健康做出了贡献。2003年初，在"非典"肆虐的时候，钱师良先生向中山大学第一附属医院呼吸科和广州医学院广州呼吸疾病研究所的研究人员和医务人员赠送了价值近10万元的五芝液产品，表达了对奋战在抗"非典"第一线医务人员的关爱。抗"非典"胜利结束后，广州呼吸疾病研究所为了表彰五芝液在抗"非典"中的作用，给他赠送了"五芝产品造福人民"的匾牌。2009年甲型流感流行期间，五芝液对预防甲型流感的传染起了很好的预防作用，采用五芝液预防的人几乎没有发生甲型流感的病例，对感染甲型流感的病人使用则可以起到很好的降温作用。

钱师良的成就得到了全世界众多权威机构的认可。其"五芝保健饮料"2001年荣获联合国科教文组织"中国专利知识产权中心"授予的"国际专利知识产权"资格证书，2002年荣获英国联邦专利技术研究院"国际专利发明个人终身成就奖""英国国际优秀发明专利技术金奖"、日内瓦国际专利技术成果博览会金奖，2005年荣获美国纽约专利项目博览会国际发明专利金奖等多个金奖。2006年国家知识产权局为之颁发了发明专利证书（专利号：ZL00107185.8）。他出席了在北京人民大会堂召开的，由中华医学会、中国医师协会和卫生部中国卫生杂志社主办的第二、三、四届中国名医大会；获得过中华专利技术发展成就奖、全国首届华佗·医圣药王杯金奖。曾获得"中华名医"称号。先后担任过中国民营医疗机构联合会理事，福建省科学技术学会理事，香港国际医学科学研究院—亚洲肿瘤研究中心高级研究员，中华传统文化研究院特邀肿瘤专家、高级研究员等。

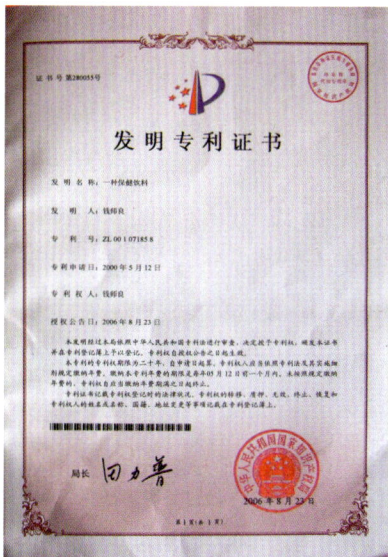

发明专利证书

梅花香自苦寒来

——记罗培新教授

罗焕南

罗培新，1974年8月生于本县文亨。1992年7月从连城一中高中毕业，先后成为华东政法大学经济法本科生、华东政法大学硕士研究生、北京大学法学院博士研究生、中国社会科学院法学所博士后。曾获"美迈斯"法学奖学金特等奖。2004年，年仅30岁的罗培新即成为中国最年轻的法学教授、上海市最年轻的曙光学者。2005年，成为最年轻的法学博士生导师。曾被评为第七届"全国十大杰出青年法学家"，教育部新世纪优秀人才，华东政法大学第十三届、第十四届、第十五届、第十六届、第十九届"学生心目中的最佳教师"。曾参加荷兰海牙世界法律大会，以英文开设专题讲座，博得参会者热烈赞扬。这些不凡的记录，使他被大家公认为是一位"为创造记录而生的法学家"。

2010上海教育年度十大新闻人物

2011年1月25日，罗培新荣获"2010上海教育年度十大新闻人物"，这源于其科研管理与育人成绩显著。

罗培新担任科研处处长期间，该校法学类国家社科基金课题立项数自2009至2011年连续三年名列全国第一，2013年再获全国第一，多个非法学学科立项数实现了零的突破。国家社科基金课题所有学科的立项总数，自2009年至2012年连续四年名列上海市前四名，2013年度甚至以27项的总数超过了北京大学，与复旦大学并列上海市第二名。由于科研绩效显著，2011年1月3日，

罗培新

《文汇报》头版头条以《华东政法大学的科研实力"飙升"了》为题进行了专题报道。

2010年，学校设立国际金融法律学院，罗培新教授受命兼任院长，招募了来自耶鲁大学、哈佛大学、加拿大多伦多大学、德国慕尼黑大学、法国巴黎大学等世界知名学府的博士加盟，建立了一支精英师资队伍，引入国外"通识教育＋专业教育"的管理理念。同时，建章立制，严格管理，创建了一套学生晨读、海归博士值守、专业教师把时间留给学生的制度。在倡导强健昂扬的学风的同时，推行温情管理，多方奔走化缘，先后为学院筹得150余万元奖（助）学金，为困难学生购置电脑、缴纳新东方英语培训费用等，解决了许多困难学生的问题。目前学院承担着教育部涉外卓越法律人才实验班的重任。该学院的建设绩效受到了媒体的关注，《文汇报》（2010年10月22日）、《人民日报》（2010年11月17日）等媒体先后以"明星院长的铁腕新政"对其进行了报道。

在"2010上海教育年度新闻人物"颁奖典礼现场，对罗培新教授的颁奖词是："您以严肃管理、情理教育而闻名，育人和科研成绩显著；您诠释了一个当代大学教师的使命和追求。"

板凳坐得十年冷的科研尖兵

本着"板凳坐得十年冷"的学术精神，这位目前年仅40岁的青年学者著述累累：在法学权威或重要刊物上发表中英文论文200余篇，其中在《中国社会科学》《中国法学》《法学研究》《中外法学》四本权威刊物上发表论文12篇；主持完成国家级、省部级课题多项，研究成果获教育部、上海市等多项省部级奖励；出版了20部专著、合著和译著，所发表作品被广泛引用。根据中国法学会《2007—2011年内所有作者平均引证频率统计表》，罗培新教授在《中国法学》上发表的两篇文章，分别位列全国商法学科与经济法学科引证频率排名第一位。

年轻的新华社特邀咨询专家

罗培新非常注重将学术能力转化为现实影响力，以法律知识为社会所用。他担任了新华社特邀咨询专家，《南方周末》2005年度财经法律时评撰稿人，多次接受《半月谈》《解放日报》《21世纪经济报道》《全球财经观察》等多家媒体的采访。此外，罗培新还担任了上海市高级人民法院高级咨询专家，对金融审判案件提出了宝贵的意见和建议。

罗培新教授独立完成的研究报告提出了"股改对价理论"，荣获全国证券公司与基金公司优秀研究成果一等奖。该报告的核心观点同时刊载于《中国证券报》等三大官方证券媒体，推进了股改的顺利进行。

勤恳敬业　真诚付出

罗培新经常买书送给学生。看到有些学生生活过于清苦，他悄悄地拿出部分收入，以科研补贴的名义发给学生。另外，他还把《中国社会科学》的1万元稿费捐给了一位患白血病的困难学生。

多年来，他已经给学生发放了各类津贴数万元。罗培新教授承担上海证券交易所的翻译项目，用部分翻译经费给国际金融法律学院的每位研究生订制了一套礼服，用于正式场合。目前该学院的研究生拥有礼服已经成为传统做法。

罗培新教授主持了国家社科基金重点项目、一般项目，教育部、上海哲社等多项课题研究，论著获得第五届教育部人文社会科学优秀研究成果、上海市第十届哲学与社会科学优秀研究成果、第三届钱端升法学研究成果奖、首届董必武青年法学成果奖等多项省部级奖励。

罗培新（左）与美国耶鲁大学校长雷文教授（右）合影

罗培新主持的《中国公司法与证券法》被列为上海市全英文授课示范课程，《证券法学》被列为上海市重点课程。鉴于教学的优异表现，他先后被评为华东政法大学优秀青年教师、优秀主讲教师、教学名师。罗培新教授的学生，除了供职于上海各级法院、宝钢、光大证券等单位外，有的还考取了北京大学攻读博士学位，后来到斯坦福大学留学，实现了学问的代代传承。

"热爱学术，热爱学生"，罗培新教授经常说，"因为他们是自己生命的延续"。

2014年3月

注：本文作者为1956年一中高中毕业校友，曾任连城一中校长。

情系家乡助腾飞

——谢腾小记

戴　寅

在连城县工业园区里，总投资7.5亿元填补亚洲空白的福建鑫晶刚玉科技有限公司的人造蓝宝石项目规模宏伟壮观、建设如火如荼；在美丽的冠豸山脚下，连城水立方纳米科技有限公司对接中国科学院、中国地质科学院刘家麒院士的奥体户外能量瓶生产加工技术项目"水立方健康科技园"已现端倪。

"家乡哺育我成长，为家乡发展大业做贡献是我的心愿。"人造蓝宝石、奥体户外能量瓶这两个好项目、大项目的成功实施，将助力连城经济加快腾飞，也凝聚着情系家乡发展的上海浦东工业技术研究院产业发展部主任、连城水立方纳米科技有限公司董事长谢腾的一番心血，他的赤子之心宛如蓝宝石价值连城。

上海滩上的"点子大王"

1978年出生于连城城关的谢腾，2001年毕业于上海海运学院工学院，曾担任过学生会主席。

谢腾从小在家庭影响和父亲熏陶下，喜欢出点子、搞策划，被大学同学称为"点子大王"。大一时，他写下了第一份企业策划书。2000年，他利用浦东改革开发开放十周年的契机，为上海必特软件有限公司策划的"浦东软件园的梦想"，使公司资产在一年多内从500多万元增加到2000多万元，成为中国学生创业第一强，并作为优秀案例，受邀参展首届中国策划艺术成果博览会，还被评为"中国十大青年策划人"，得到江泽民、胡锦涛、朱镕基、李瑞环、李岚清等中央领导亲切接见。

参加工作后，谢腾的策划、经营才能有了更大的展示空间。2001年，他参与APEC会议国礼——中国古典四大名著手写本的策划，该礼品不仅作为代表中国文化赠送给参加会议的21个经济体的元首和部长并受到青睐，还通过市场营销产生了4500万元人民币的市场销量。2005年，他应漳州市的邀请，在天城山策划建设世界最高、价值最大的整体缅甸佛玉观音立像——天成玉观音，有力推动了漳州对台合作交流和旅游产业发展。随后，他成立漳州水立方纳米科技产品有限公司，成功运用中国地质科学院院士刘家麒的科研成果，并结合台湾的专利技术，开发出能量小分子水，有效地解决了香蕉等果蔬保鲜的问题，切实增加果农的收入。如今，谢腾已是上海浦东工业技术研究院副研究员和产业发展部主任、上海宜生管理咨询公司副总经理、漳州市政府高级顾问及福建天城山旅游开发有限公司总策划……

回乡投资实施"院士项目"

"我要把家乡的水变成最好、最美的水献给全世界，为家乡发展出力，为人类健康做贡献！"说起在家乡投资1500万元创办连城水立方纳米科技有限公司，谢腾深情地说道。

谢腾事业成功不忘家乡。2007年，他应连城县揭乐乡的热情邀约，回家乡考察投资。连城日益凸显的交通区位优势、不断改善的投资软硬件环境和冠豸山风景区良好旅游休闲、体育健身环境，尤其是县委确定的"工业立县"发展定位和"抓项目、上工业、促发展"工作导向，坚定了他回家乡投资的信心和决心。

投资什么项目好呢？家乡山清水秀价值连城，要投资就要投高科技、环保型的项目，通过它推动连城跨越式发展。经过一番科学论证，谢腾决定在位于冠豸山脚下的揭乐乡投资1500万元新建连城水立方纳米科技有限公司，在漳州获得成功的能量小分子水应用技术的基础上，结合2008年北京奥运带来的巨大奥运商机，加强与刘家麒院士技术成果的联系、对接，成功研发出能量小分子水应用新技术、纳米科技成果"奥体户外能量瓶生产技术"，生产适用于体育、户外休闲、人体保健等领域，能促进人体吸收、新陈代谢，对治疗高血脂、高血压、高血糖、胃酸过多和结石等常见疾病有显著保健作用和对人体皮肤有美容保湿作用的奥体户外能量瓶。

通过谢腾的巧妙策划和精心营销，奥体户外能量瓶成功打入了北京奥运会，获得北京奥体户外运动发展有限公司的30万个订单，合同额达到数千万元，并在奥运会期间成为旅游产品集中销售。目前，这个院士项目在边建设边生产中，项目建成投产后年产值可达4000万元以上。他还将在冠豸山脚下兴建占地面积12亩的"水立方健康科技园"，推出"水立方健康生活体验馆"，吸引国内外各地消费者前来体验，努力为连城经济发展，旅游产业发展做贡献。

牵线搭桥引进"蓝宝石"

"个人的力量是有限的。如果能通过自己的努力，为家乡引进更多、更好的项目，对家乡发展帮助更大！"看着人造蓝宝石项目建设现场拔地而起的厂房，谢腾深有感触地说。

2005年，在上海浦东工业技术研究院担任产业发展部主任的谢腾接受了上海舒博铪特晶体科技有限公司董事长俞建强的委托，为人造蓝宝石晶体制造加工项目制作商业计划书，通过商业运作加快推进项目的研发和产业化进程。

"能把这个项目引回连城该多好呀！"在制作商业计划书和商业运作的过程中，谢腾对这个项目有了深刻的认识。光电、光伏产业是连城县近年来重点培育发展的产业，也是国家和我省鼓励发展的朝阳产业。人造蓝宝石晶体制造加工项目是光电产业上游核心项目，过去，全世界仅俄罗斯、加拿大两家公司掌握这项技术，而上海舒博铪特晶体科技有限公司是第三家在这项技术方面取得突破的公司，项目的实施将填补国内空白、亚洲空白，极大地推动光电产业的飞速发展。

2007年，谢腾在回连城投资、实施"院士项目"的过程中，将人造蓝宝石项目向县领导汇报和沟通，得到了县里的高度重视。谢腾又乘他的项目在当年的"618"项目成果交易会上对接的机会，特意邀请上海浦东工业技术研究院院长林启章到福州参加交易会，与县委书记林志坤见面会谈。林院长当时就决定为连城牵线搭桥引进一些大项目、好项目，其中人造蓝宝石项目被列为首要目标。

2008年，上海舒博铪特晶体科技有限公司的人造蓝宝石晶体制造加工技术取得实质性突破，开始在全国考察寻找项目投资、实施地点。谢腾和林启章院长决定利用龙岩市5月在上海举办"2008年上海项目成果对接会"的机会，正式为连城和人造蓝宝石项目牵线搭桥。

6月，连城县被该公司确定为三个候选城市之一，而竞争对手是重庆、昆明两个大城市。当时，重庆、昆明等大城市的主要领导都亲自出面做工作，连城要想胜出非常不容易。林启章和谢腾接受公司委托设立评分标准，一边是家乡，一边是委托的业主，谢腾斟酌再三，决定在客观公平的基础上，重点突出连城的人文、自然环境和所处的海西地位、对台作用等优势。第一轮评分，连城获得第二。 在谢腾的力促下，该公司项目团队再次到连城进行全面、深入的考察。这期间，谢腾全力做好考察团和县里的沟通协调。功夫不负有心人，终于，连城在第二轮评分中胜出，于9月28日和俞建强董事长签订了协议，并在"11·18"龙岩投洽会期间正式签约、开工。项目总投资7.5亿元，第一期投资1.0818亿元，占地面积117亩，主要从事人造蓝宝石晶体制造、晶体切片加工及销售。项目落地后，将带动大批下游产品深加工企业落户连城工业园及周边区域，形成光电产业链，推进连城光电、光伏产业的快速发展壮大，为连城提供新的就业点、财税增长点和经济增长点。

为了促成人造蓝宝石项目落户连城，一年多来，主要工作在上海的谢腾几乎每半个月都要搭乘航班往返"上海—连城"一趟，在连城一呆，短则两三天，长则十多天，为项目考察、签约、开工等各项活动打前站，做好汇报、联系、策划等工作，其间花费的飞机票、食宿费近10万元都是他自掏腰包。为了全力以赴做好项目的牵线搭桥和服务工作，他还先后推掉了5个在手的上海客户的策划课题，退掉了近100万元的策划咨询费。对谢腾的行为，这些客户感到不可思议，抱怨他放着现成的钱不挣，拼命跑回连城做什么。"家乡的事，不能用钱来衡量，只要是能帮助家乡发展的事，将尽自己的全力去做。家乡还穷，自己作为一个游子，不能考虑家乡能为自己做什么，而应考虑为家乡做什么。"谢腾如是说。

五湖玉树

WU HU YU SHU

罗毓桐 （1890—1930）

罗毓桐，男，又名伟，号静舒。1890年生于本县莒溪。连城县豸山中学停办后转入县立中学第一届学习。1925年东渡日本就读于明治大学，和沈毅民（旧制中学创办者，厦大沈持衡教授之父）等人参加孙中山先生领导的中华革命党。当时袁世凯背叛民国复辟称帝。毓桐、沈毅民等奉孙中山之命，于1915年冬回国策动护国讨袁活动。到福州后，因事机泄密，沈毅民被北洋军阀李厚基逮捕，于12月31日殉难于狱中。毓桐脱险离榕转赴云南，随蔡锷将军在云南起义，讨伐袁世凯。讨伐胜利后回闽。1923年春，东路讨伐军司令许崇智委毓桐为第五支队司令，回闽西组织力量，准备讨伐北洋军阀，后被北洋军阀驻连旅长刘祥汉追杀，致使第五支队遣散。毓桐返回许崇智部后被派任福建省代理军事厅长。1930年毓桐回莒溪准备携眷去福州，恰遇儒畲乡赤卫队攻打莒溪民团土豪，毓桐不明真相在出逃时被捕误杀，年方四十。（罗焕南2014.3）

罗树生 （1899—1955）

罗树生，男，字少敏，文亨牛角岭人。1919年毕业于连城旧制中学。1932年6月毕业于国民党中央政治学校市政系。1934年任福建省第一区行政督察专员公署署员兼长乐县土地呈报主任，旋后任该署民政科长。1937年8月先后任罗源、顺昌、惠安、沙县等地县长。1943年调重庆中央训练团高级训练班学习，翌年回省任龙岩县县长。1944年12月升任福建省第六区行政督察专署专员兼区保安司令。1948年8月调省政府任参议。次年辞职回故里。1953年被选为连城县第一届人代会代表。1955年病逝。（罗焕南2014.3）

李修森 （约1899—1933）

李修森，男，别号竹秋，连城县立旧制中学第二届的毕业生。每一年的学习成绩都名列第一，深为校长及老师所器重。约在1919年，中学毕业后，随即为祠山小学校长罗玉章先生聘任为教员，一个星期中，须负担24小时以上的课程，工作很忙，但仍不时抽出时间为友人书写"条幅"。他写得一手好行书，朋侪常笑他人瘦字肥。

北伐前夕（1925年夏），与人一道创办《连钟》月刊（先生主持），介绍当时国内革命形势，如"省港大罢工"，反对帝国主义侵略压迫；各地学生运动，反对当时的卖国政府。同时，指陈地方行政得失，建议地方应兴应革事宜，虽受大众欢迎，却遭当局忌讳，以致被勒令停办。

1928年秋末冬初，李云贵任国民党连城县党务指导委员会委员。云贵与竹秋早有交情。云贵常在祠山小学与竹秋商谈有关地方上的工作问题。竹秋处事精明慎重，深为云贵所信赖，彼此推心置腹，无所不谈。当时云贵计划《连钟》月刊复刊，拟请竹秋负责，因竹秋决定离连，是以未果。是年冬，竹秋离开连城，到福州投考"福建地方行政人员甲种养成所"，考入教育组。毕业后，竹秋以学业成绩最优，派任光泽县教育局长、代理县长约两三年，成绩卓著。（李仕铨）

李云贵（1902—1930）

李云贵，男，字蒲瑞，乳名蒲蒲，1902年生于新泉镇乐江村一户农民家庭。旧制中学校友。1926年毕业于福州法政专科学校，后又考入黄埔军校潮州分校第六期，并加入中国共产党。毕业后在张发奎部下任连长。1927年蒋介石叛变革命后，连队遣散回到家乡。1928年秋经友人推荐，以国民党党员身份任国民党连城县党部宣传委员。其间，发动进步青年破除封建迷信，宣传革命思想，同时秘密开展革命工作，发展中共党员，同年冬建立中共连城支部，任书记。1929年3月，在县城杀死了恶霸罗老永，打响了连城革命第一枪。随后转入连城南部山区，发动群众，组建农民武装，成为县委负责武装暴动的领导人。6月，率领100多人的武装暴动队伍在新泉接受红四军整编，编入4纵队7支队19大队，任7支队党代表，19大队大队长。7月，奉红四军前委指示，分兵连南，继续在当地发动农民开展革命斗争，组建暴动队伍。接着，发动了著名的"连南十三乡暴动"。暴动成功后留驻闽西，在连城与上杭交界的芷园、洋稠、大坪隔一带活动，打击地主民团，领导民众打土豪分田地，建立苏维埃政权。1929年底，红四军召开古田会议期间，为了阻击国民党对红四军的"三省会剿"，奉命率部在长汀涂坊一带阻击敌人。1930年初，在涂坊打击土著军阀马鸿兴和李七孜民团的战斗中英勇牺牲。（卢运泉）

李仕铨（1904—1987）

李仕铨，男，字秉衡。1921年毕业于连城县立旧制中学后，因无力升学，遂应聘姑田院庄小学、县立东塔小学为教员。1925年，在革命思潮影响下，先生与李竹秋、吴运启、李杏生、李少韩、谢子梅、罗玉章等人发起创办《连钟》月刊。先生是编辑之一。《连钟》宣传革命思想，反对列强侵略，反对军阀官僚，反对土劣横行，批评政治之腐败，以及地方应兴应革事宜提出建议。对当时改变地方社会风气做出一定贡献，受到人们的欢迎，但为当政者所不满。故于1928年春，为地方官吏与所谓的民军头子所忌而停刊。后来先生赴省考入福建地方行政人员甲种养成所建设组。结业后，被派充永春县建设科长。随后在国民党福建省党部任秘书职务。迨抗日战争胜利后，曾一度主政连江县。新中国成立前夕，先生在福州参加"民革"组织。新中国成立后，在家乡被选为县第二、三、四、五届人民代表。因其对中医颇有研究，政府安排他在县卫协会担任秘书，任职期间负责编辑《医案医话》《连城青草药》《青草药歌括》等刊物，并担任中医学员班教学工作，为连城卫生事业尽力。1972年年老退休后，常与几位退休老友诗酒过从，歌颂社会主义盛世风光和晚年幸福。再度被选为第八届县人民代表，以及政协第一、二届常委。年八十余，犹孜孜学医不倦，为群众治病不计报酬。（谢子梅）

罗诚纯（1904—1993）

罗诚纯，男，字心如，1904年8月生于文亨。1922年毕业于连城旧制中学。1929年考入福建省乡政人员党化教育养成所，毕业后任连城、宁洋、漳平、德化、长乐等县教育科（局）长，罗源、顺昌和龙岩专员公署秘书。1940年任大田示范县县长。在顺昌任职期间，冒着生命危险营救已被捕的中共地下党员余友烈。1939年在罗树生秘密示意下，通知处在万分危急的中共地下党员项南等火速转移脱险。新中国成立后，当选为连城县第一届人大代表。后以爱国民主人士身份任连城县政协第一届委员会委员，第二、三、四届政协常委。在改革开放初期为我县冠豸山风景资源的保护和开发建设作过不少工作。卒于1993年，享寿90岁。（罗焕南2014.3月）

项华崇（1921— ）

项华崇，男，1921年9月14日生，朋口镇文地村人。因家境贫寒，小时虽然考上连城县私立明耻中学和师范学校，但是只读了半年就辍学了。1947年5月参加中国人民解放军华东野战军（三野）第6纵队（后整编为第24军）司令部工兵连。曾任工兵集训队队长兼教练员等，被授予中尉军衔。1959年5月转业到邮电部上海通信设备厂，先后从事计划、调度、销售及工会工作。现已离休，享受处级待遇。解放战争期间参加过中原战场的睢（县）杞（县）战役，华东战场的济南战役、淮海战役、渡江战役、解放上海战役等。新中国成立后，积极参加海防和"三线"建设，参加抗美援朝。朝鲜停战后，领导全连积极排除数以千计的各类定时炸弹和地雷，为朝鲜人民重建家园扫清障碍，连队记集体功一次。本人曾多次立功受奖，记一、二、三等功各一次，一等学习模范一次，并获中华人民共和国解放奖章。离休后担任福建省龙岩地区旅沪人员支乡联谊会副秘书长、上海市连城县科技支乡分会会长。（老成）

罗尚功（1927— ）

罗尚功，男，1927年生，文亨乡人。明耻中学1942届初中校友。1951年毕业于福建医学院六年制本科，由国务院统一分配到人民空军部队工作，从事耳鼻喉科专业。退休前为空军长春医院耳鼻喉科主任医师。曾被誉为"活着的蒋筑英"。由于空军部队的特殊需要，他曾潜心研究航空中耳炎防治20余年，此项科研成果获国家发明二等奖。还对咽鼓管基础领域提出了许多新的见解用以指导临床，对咽鼓管狭窄及异常开放的论断及治疗独辟蹊径，获得显著疗效。对喉癌的临床治疗及手术功能重建的研究亦有新的突破，能使咽喉切除丧失功能患者恢复全部三大功能。这一成果获国家发明三等奖。此外，还发明了高频电扁桃体截除术，使流血手术变成无血处置，被同仁誉为一次术式"革命"。这项成果获部队科技成果一等奖，现已在全国多处推广。发明的膨体聚四氟乙烯人工气管及成型术，可重建新喉口，使患者恢复健康体貌，此成果获吉林省省级发明革新一等奖。40多年来，先后发表论文70余篇，还为《中华医学百科全书》耳鼻喉分册、航空航天医学分册撰写词目，为全军手术学耳鼻喉科分册撰写条目。由于成绩突出，他一身都是荣誉的光环：第六届、第七届全国人民代表，空军医学学术委员会委员，吉林省发明协会名誉主任委员，中华医学会吉林省耳鼻喉科分会副主任委员，中华医学会吉林省航空医学会副主任委员。（老成）

傅静平（1931— ）

傅静平，男，1931年7月7日生，朋口镇石背村人。曾就读于私立明耻中学，后弃学从军，参加闽西革命行动委员会的工作。连城解放后，经组织介绍考入广州市行政学院深造，毕业后被分配在广州市文教局，随后调市文工团工作。1950年考入北京中央戏剧学院舞运班，接受全面系统的舞蹈专业学习，从此开始了他的舞蹈艺术生涯。在几十年的艺术生涯中，先后自己创作和与别人合作编创过数十个舞蹈和多个大、中型舞剧，主编出版过《湖北民间舞蹈选》《湖北民族民间舞蹈素材汇编》和撰写评论文章数十篇。1979年被推选出任湖北省舞蹈家协会副主席，1980年又兼任《中国民族民间舞蹈集成》（湖北卷）编辑办公室主任（后改编辑部任主编）。任职期间，为湖北舞蹈艺术的繁荣与发展做出了积极贡献。（和风）

李正燎（1931—　）

李正燎，男，1931年8月16日出生于新泉乡李家坊。连城一中1956届高中校友。1960年兰州大学地质系原子能铀矿专业毕业后留校任教。先后在福建省水电勘测设计研究院、福建省水电厅、福建省电力工业局工作。高级工程师。曾任海南省三亚鹿回头旅游区开发总公司副总工程师，福建省建发监理公司副总监理工程师。参与过福建省35座大、中型水利水电工程的规划、勘测、设计、管理、监理工作。1987年赴美国MKE国际咨询公司的施工管理研究会培训，回国后参与水口水电站八项国际招标、资格预审、评标、合同签约，具有较丰富的国际合同和工程施工管理经验。负责的水口电站库区10万人移民安置规划与实施，得到世界银行官员、专家很高的评价，被誉为世界移民成功的典范。负责编制的水口电站移民安置规划报告（英文版）被世界银行官员在世界银行新的贷款项目评估时推荐为参考模式。曾多方为李家坊村筹资30多万元，建起一座砌石拱桥。为新泉乡政府筹集40多万元，补助矶头库区的新泉移民安居。为修建仙师大桥、铺设新泉街道混凝土路面、兴建连城三中四层教学楼，亦尽了不少力。此外，还出力帮助连城县筹措资金3000多万元，建起连城714水电站一级、二级和山峰电站以及与省电网连接的35千伏输变电工程。（思宁）

伍宗韶（1931—　）

伍宗韶，男，字善彰，1931年11月19日生，莲峰镇人。一中1952届高中校友。1955年毕业于上海外国语学院俄语系俄语专业，被分配到二机部任俄语译员。1963年10月，调中国科学院昆明动物所。1987年7月，调中国科学院上海文献情报中心。1991年12月退休后被返聘中国科学院上海昆虫所从事文献情报工作。亲自参加和组建的中国科学院昆明动物所情报室已逐步成为以灵长类生物学和动物细胞遗传学文献为特色的收藏中心，亲自参加创建的《中国生物学文摘》和《中国生物学文献库系统》是目前国内唯一大型的综合性生物学文献检索系统，在生物学文献处理现代化领域内填补了我国的空白，获得中国科学院科技进步二等奖。在图书馆学情报学刊物上发表论文30余篇，多次被评为中国科学院昆明分院和云南省科技情报先进工作者，并获得中国科学院文献情报优质服务先进个人的光荣称号。（和风）

张芳赐（1932—　）

张芳赐，男，1932年10月出生于林坊乡张坊村。连城一中1951届高中校友。云南农业大学教授，茶学硕士研究生导师。1954年毕业于安徽大学农学院茶学专业，被分配到云南省农林厅工作。1972年调云南农业大学筹建园艺系，先后担任过系副主任、系党总支书记、校教师职务中评委委员、校副教授评委委员、云南省茶叶学会理事、云南省农作物品种审定委员会委员、中国国际茶文化研究会理事、中国99昆明世界园艺博览会专业评审组专家。1976年，参加编写了全国高等学校统编教材——《茶树育种学》。1985年，参加统编教材《茶树育种学》的修改，该教材在1991年被国家教委评为全国优秀奖。承担过云南省茶树资源调查，该课题在1980年荣获云南省政府科技成果四等奖。多次参加国际茶文化学术研讨会并发表论文。专著有《茶经浅释》《云南主要茶树特征、特性及其利用意见》《茶树原产地云南》。主要论文有《云南少数民族饮茶习俗》《再论茶树原产地——云南》《云南名茶昆明十里香宝洪茶》《高香茶良种——罗松茶》等。名字和业绩被收入《当代中国科学家与发明家大辞典》。（老成）

杨华芳（1933— ）

杨华芳，男，1933年2月3日生，朋口镇鱼潭村人。连城一中1953届初中校友。1956年毕业于福州林业学校。1964年毕业于中国人民大学新闻系，后任福建日报社主任记者。在几十年记者、编辑生涯中，写过大量新闻、人物典型、调查报告、评论。其中《为什么小料材越砍越多，越砍越大？》一文曾获全国好新闻二等奖。与人合作的《生物奇观》获福建省科普作品一等奖，全国科普作品二等奖。此外，还有几十篇作品获得省、全国好新闻作品奖。他写的许多文章、评论、内参，曾引起省领导重视。是连城县智力（科技）支乡协会福州分会第一任会长，为家乡办过不少实事。（和风）

罗永湘（1933— ）

罗永湘，男，1933年端午节生，莲峰镇北门人。连城一中1951届高中校友。1956年毕业于福建医学院医疗系。同济医科大学同济医院骨科教授，博士研究生导师。主持的科研课题"神经生长因子促进周围神经再生"多次获得国家自然科学基金的资助，其研究成果达到国际先进水平，已由《健康报》《文汇报》《人民日报（海外版）》等十余种报纸杂志报道和转载。在国内外有关杂志发表论文50余篇，并多次选入国际会议作大会交流。在国内、省内有关学会担任主要领导职位，还担任国内几十种一级医学杂志的编委。（和平）

谢济堂（1933— ）

谢济堂，男，1933年5月26日生，莲峰镇西街人。县中1948届初中校友。1955年福建师范学院中文系毕业后从事教育工作。先后调上杭县才溪乡调查纪念馆，古田会议纪念馆任副馆长、馆长，中共龙岩地委党史研究室副主任、主任、编审等职。专著《闽西苏区教育》获省党史征研优秀成果二等奖，专题论文《福建批"罗明路线"事件始末》（执笔）获省党史征研优秀成果一等奖，《欣欣向荣的中央苏区印刷业》获省党史征研优秀成果三等奖，主编《中央苏区革命歌谣选集》获1991年全国计划单列市出版年会优秀图书一等奖。参与编写的著作有《闽西革命根据地史》《中国革命根据地教育史》（二卷）、《谭震林传》《红色号角》；与人合作编写8集电视剧《三月杜鹃红》（已拍成4集并在省、地台播出）。主持龙岩地委党史研究室工作期间，该单位先后2次荣获全省党史工作先进集体光荣称号；个人多次荣获省、地党史工作先进工作者光荣称号。退休后任龙岩地区华夏文化促进会秘书长。（和平）

黄 宇（1933— ）

黄宇，男，原名黄栋祥，1933年7月出生，隔川乡隔田村人。连城一中1948届初中校友。1956年考入北京俄语学院，1957年转入南京师大中文系，1960年毕业。1981年调入福建省教育厅，先后担任省普通教育教学研究室副主任，省职业技术教育中心书记、主任，省教委农村教育综合改革办公室主任，省农科教协作领导小组办公室副主任及福建省国际劳务使用培训中心副主任，福建省职业技术教育常务副会长，福建省职业中学教育研究会理事长，《福建职业技术教育》总编，福建中华职业教育社教育顾问。撰有《职业教育的开放性及其强化措施》《论职业中学的教学管理》《"三教"统筹是农村教育改革的必然》等70多篇论文，均发表在《人民教育》《教育评论》等国家级、省级公开刊物上，部分被编入《中国教育科研成果概览》、中国人民大学影印资料等丛书。专著《职业道德》《职教办学模式探索》《职教硕果遍八闽》及1989年主编的福建省中小学劳技课教材，均由福建教育出版社出版。其对职业技术教育的理论阐释和实施意见在省内外的职业教育实践中具有很强的导向作用，在同行中享有很高的声誉。1991年荣获福建省优秀教育工作者称号。（和平）

罗长懋（1933— ）

罗长懋，男，1933年10月生于本县文亨。1947年8月至1950年10月参加土改工作前为县立中学校友。1951年3月参加中国人民解放军，1958年3月从海军东海舰队复员后在县水电局工作。1959年9月考入武汉水利电力学院电力系发配电专业。1963年毕业后任国家基本建设委员会党组办公室秘书，后任六机部6502工厂办公室主任，1979年5月调国家基本建设委员会燃动局，国家计划委员会重点建设司任处长、副司长。1993年4月调入国务院三峡工程建设委员会计划资金司司长、高级工程师。2006年退休。妻陈陵从1984—2006年任公安部计划装备司司长、科技司司长。（罗焕南2014.3）

罗　滔（1934— ）

罗滔，男，原名罗道濂，1934年生，莲峰镇新兴村人。连城一中1952届高中校友。1957年中央民族学院语文系毕业后，在广西壮文学校、广西民族干部学校任教23年。1980年调回县文化馆。1983年调回连城一中任教。早在大学三年级时就在报刊上发表了作品。壮歌《壮人永跟毛泽东》被选入1958年《广西诗选》，并编进周扬、郭沫若主编的《红旗歌谣》。1984年以后，承担了《连城方言志》的编撰任务，调查了连城各方言点的语音、词汇、语法情况，在《连城文史资料》上发表了9篇连城方言的文章，为宣传连城方言做出了贡献。1992年，论文《试论连城客家话的复杂性及其成因》在全国首届客家方言研讨会上交流，并选进会议专刊。地名论文《连城地名的命名方式及其内涵》在《福建地名》上发表后，又被选入《福建省地名学论文集》。近年出版了专著《连城客家话》。（老成）

汤盛钦（1935— ）

汤盛钦，男，1935年2月18日生，朋口镇洋坊尾村人。1950届初中校友。1954年考入华东师范大学教育系学校教育专业，1959年毕业后，留校教育系和心理学系任教。1990年5月—1991年6月曾赴美国佐治亚大学任高级访问学者。华东师范大学心理学系教授、特殊教育教研室主任和硕士研究生导师。主要论文、专著和合著有《智力落后儿童心理与教育》《特殊儿童的心理与教育》《医学心理学概论》《变态心理学》等20余种。（老成）

周兴忠（1935— ）

周兴忠，男，1935年农历五月初三生，文亨乡龙岗村人。连城一中1955届高中校友。1955—1959年就读于上海社会科学院法律系。1959—1962年在上海哲学研究所当研究生，毕业后留研究所从事《自然辩证法》理论研究工作。曾参与编写《自然辩证法注释》一书，并在《文汇报》《哲学研究》等报刊发表论文，颇具影响。1993年任政协三明市委员会副主席、党组成员，中共三明市委精神文明建设领导小组副组长，市计划生育领导小组副组长，老龄工作委员会主任，三明市律师协会顾问。由于事业心强，积极工作，曾多次受到表彰奖励。他热爱家乡，关心家乡建设，热情接待拜访和委托办事的乡亲，为家乡办了许多实事好事。（老成）

黄启章（1935— ）

黄启章，男，1935年6月15日生，庙前镇芷溪村人。连城一中1955届高中校友。1955年考入同济大学航空摄影测量专业，后转到武汉测绘学院继续学习。1960年毕业后被分配到中国科学院地球物理所工作，1964年调兵器工业部办公厅工作，1987年任国家机械电子工业部办公厅任办公室主任。1991年调国家土地管理局任机关党委常务副书记、土地利用规划司司长、高级工程师。先后主持过"三线"建厂勘测设计工作，主持召开兵器、机电系统全国性局办公室主任会议。1995年初，带队到新加坡出席"亚洲物业论坛"，发表了《中国土地使用制度改革的进程与发展》一文，受到好评。参与主持筹备全国土地利用工作会议，全国耕地保护工作会议，赢得了同行的赞誉。（老成）

李元正（1935— ）

李元正，男，1935年9月21日生，莲峰镇南街大桥下人。1955年毕业于连城一中。1959年毕业于厦门大学物理系电子物理专业。1962年云南大学物理系无线电物理专业研究生毕业。曾担任龙岩师专物理科主任、微机电教室主任，厦门电大电教中心主任等职。主编《电化教育实用教程》（全国发行），撰写论文《脉冲在长线上传送时瞬变过程基本实用公式的研讨》《脉移调制多路通信机的研制》《FOXBASE+编译程序解密》《dBASEⅢ与高级语言程序通信的新方法》和《多路广播电视》等（以上论文均在省级"CN"以上刊物发表，并在华东或全国学术会议上宣读交流）。（老成）

林 鸿（1935— ）

林鸿，男，1935年11月29日生，莒溪镇璧洲村人。连城一中1955届高中校友。厦门大学物理系电子物理专业毕业。贵州科院贵州省理化测试分析研究中心副研究员、仪器研究室主任。曾为轻工部南京电光源材料研究所、上海船舶研究所、中国科学院地球化学研究所、贵州省各高等院校、科研、厂矿、卫生医疗等许多单位解决了理化检测、大型精密仪器安装、调试、验收、维修工作中的大量问题，为国家节约了大量外汇。在贵阳、昆明等地多次与日本专家共同参与解决扫描电子显微镜、透射电镜、红外紫外原子吸收等分光光度计，气相液相色谱仪等大型精密仪器的安装、调试、验收、维修工作。在研制电弧炉碳硫自动分析仪、环境杂散磁场测量仪等仪器方面，曾获贵州省人民政府、贵州科学院科技成果奖和科技进步奖。在全国性刊物和书籍中发表了10多篇论文，受到重视和运用。（老成）

傅广樟（1935— ）

傅广樟，男，1935年12月7日生，朋口镇池溪村人。连城一中1955届高中校友。厦门市人民代表大会常务委员会委员，厦门市人民代表大会城市建设委员会主任（副厅级），高级城市规划工程师。曾任西藏自治区城乡建设环境保护厅城乡建设处处长。1960年7月毕业于上海同济大学城市建设系城市建设工程专业。在西藏自治区工作26年中，撰写了《高原古城——拉萨》等多篇论文，先后刊登在全国性专业学报《城市规划》上；所提的合理化建议一次性为西藏道路工程建设节省了350万元投资。曾多次被授予西藏自治区建设系统先进工作者称号。1983年7月获得中国科学技术协会、中华人民共和国人事部和国家民族事务委员会联合授予的长期从事西藏科技工作荣誉证书；1985年8月20日获得西藏自治区科技成果评定奖励委员会授予的"拉萨城市总体规划成果二等奖"；1986年4月25日获得中华人民共和国城乡建设环境保护部和中国建筑工会全国委员会授予的先进科技工作者荣誉证书；2004年9月获"中国城市规划学会资深会员"殊荣。1986年被引进厦门工作后，担任了厦门市连城科技支乡分会理事长，积极为连城的经济建设和改革开放献计出力。（老成）

邓东旺（1935— ）

邓东旺，男，1935年12月14日出生于莲峰镇北街。1954年毕业于连城一中后考入浙江大学机械系，并于1958年毕业。高级工程师。先后在浙江省计划经济委员会科技处任副处长、处长，负责全省科技管理。曾组织编制过浙江省"七五"和"八五"科技发展规划。后又担任质量处处长，兼任省质量管理协会副理事长、秘书长、省广告协会副会长。曾先后带队赴日本、德国考察国外先进质量管理，并结合本省实际，组织推行现代质量管理方法。主编《质量管理基本知识》一书，发行全省供工业企业职工学习应用。1992年初开始，在全国率先实施省的名牌战略，对发展浙江名牌产品起了重要作用。近20年来，先后为家乡的几十家工厂企业提供技术资料，联系参观学习，协助采购设备，解决紧缺物资等作出了自己的努力。（思宁）

童莲芳（1936— ）

童莲芳，女，1936年2月5日出生，莲峰镇北街人。连城一中1955届高中校友。1959年毕业于南京农学院牧医系。毕业后分配到浙江农业大学任教。曾任牧医系副主任。1983年评为浙江省优秀教师，并当选为中共浙江省第七届代表大会代表。编写过《蛋品加工工艺学》《普通畜牧学》和《家禽学》等教材和书籍。经常带领学生深入农村，帮助当地开发农业资源，推荐优良家畜品种，受到当地政府和农民群众的称赞。多年来，结合教学，承担多项省的重点科研课题任务，主持"浙江麻鸭种质测定"研究，参与"农业综合开发"和"白毛乌骨鸡选育"等科研，在国内外发表了10多篇论文。浙江省家禽协会常务理事和省家禽学会领导成员。她不仅在事业上倾注毕生精力，而且在家庭安排方面也颇出色，被评为"浙江省家庭事业兼顾型先进工作者"。（老成）

吴 熹（1936— ）

吴熹，男，1936年生于宣和乡培田村。1956年从部队到连城一中高三学习，当年考入西安交通大学。1961年大学毕业后分配到北京化工学院任教。曾评为高级工程师、教授。有多项发明专利，如FAB—自由浮球自动排液器、BQJ波纹管球态阀门、BQJ—H波纹管球芯截止回阀门、CHBQJ程控气力波纹管阀门等获国家科技部、外经贸委、环保部等五单位联合颁发的技术创新证书，有的设计突破传统理论模式，受到国内外好评。（有春）

陈宣珍（1936— ）

陈宣珍，女，1936年10月生，隔川乡人。主任医师。1956年毕业于连城一中。1961年毕业于福建医学院医疗系，毕业后分配在连城县医院从事妇产科工作至今。撰写过不少医学论文。其中《27例孕产妇死亡分析》在福建省妇幼保健学术会议宣读，《输自体血抢救失血休克型宫外孕的体会》一文在《医师进修杂志》上发表。几十年中，抢救过数以千计的各种难产孕妇和新生儿的生命，做过1万余例计划生育手术没有出现任何事故，深受广大群众的信赖和好评，多次被省、地、县评为先进工作者。1991年，获得龙岩地区人事局升级奖励；1994年又被龙岩地委、行署评为优秀知识分子。曾是政协连城县第一、二届委员，连城县第十、十一届人大代表，连城县第十二届人大常委会委员，政协福建省第七届委员会委员。（老成）

罗兆生（1936— ）

罗兆生，男，1936年12月生，文亨乡班竹村人。1956年连城一中毕业后，考入华东水利学院（后改名为河海大学）水文系。先后任河南省黄河河务局工程管理处处长、工务处处长、河南省黄河防汛办公室副主任，教授级高级工程师，主持河南省黄河河务局全面技术工作。在水利工程规划设计施工管理和科研工作中，在施工组织领导、工程加固、推动技术进步，把科研成果转化为生产力方面做出了重大贡献。其中，放淤加固堤防技术项目获省科学大会奖，高压旋喷桩的应用项目获省科学大会奖；其论文被评为省优秀科技论文并在《中国水利》杂志发表。（思宁）

童庆诚（1936—　）

童庆诚，男，1936年12月12日生，莲峰镇人。矿山地质高级工程师。1955年毕业于连城一中，1960年毕业于北京地质学院金属及非金属勘探专业。在化工部化工矿山设计研究院从事矿山设计、地质工作26个春秋，对国内25省（区）的磷、硫、硼、钾、钒、石灰石、明矾石、天然碱、膨润土等矿种，70多处矿区的建设条件调查、规划、开采设计工作，做出了贡献。参加过国内24项大中型工程设计和斯里兰卡、阿尔巴尼亚两项援外工程的设计，担任专业负责人12项，项目总负责人1项。在云南一大型磷矿设计时，曾制作8张顶底板等高线图代替80张阶段图，此项革新为当时首创，深受赞扬。20世纪70年代，曾作为中国专家出国参加援建斯里兰卡磷肥项目，其负责的专业工作深受国内外专家的好评。八十年代，在我国与世界开发银行合资的一大型矿区，曾对矿段划分提出独特见解的意见，为勘探部门采纳。参与编制的《化工矿山设计对地质勘探程度要求》获院"优秀业务"建设奖；参与编写的《化工矿山设计统一技术规定》获化工部优秀奖。1983年11月，被中华全国总工会授予"全国优秀工会积极分子"称号。1993年4月，被龙岩地委组织部授予"先进知识分子工作者"称号。1994年3月，被福建省科协评为"先进工作者"。（和平）

谢仁濂（1936—　）

谢仁濂，男，1936年12月16日生，揭乐乡揭乐村人。连城一中1955届高中校友。1959年毕业于福建师范学院化学系。早年在泉州一中任教，后任泉州七中教务主任，泉州市化学化工学会理事，市首届中学教师高级职务评委会委员，泉州市鲤城区政协委员，中学特级教师，享受省政府特殊津贴。在历年高考和省、市化学学科竞赛中，所教学生的成绩都名列全市前茅。先进事迹在第一个教师节的前夕曾在《福建日报》作过报道。（老成）

罗庆华（1936—　）

罗庆华，男，1936年12月26日生，文亨乡人。连城一中1956届高中校友。1960年毕业于东北师范大学中国语文文学系。吉林省中学语文专业委员会会员，中国写作协会吉林省分会理事，延边语文专业委员会副会长。1988年被评为吉林省特级教师。1989年调吉林省延边财贸学校任教务副校长。先后撰写了《坚持思想政治教育和语文知识教学的统一》《论文章的功用》《在作文教学中如何开拓学生的思路》《在作文教学中怎样培养学生的求异思维》《切实加强领导，采取有力措施，改进教学管理工作》《紧跟改革开放的步伐，适应市场经济的需求，培养社会需要的人才》等10多万字的论文在各种刊物发表。（老成）

林报琮（1937—　）

林报琮，男，1937年3月20日生，林坊乡岗尾村人。连城一中1956届高中校友。1962年毕业于华东水利学院（现已改名为河海大学）港口航道水工建筑专业。中国水产广州建港工程公司高级工程师。主持承担规划设计和施工管理的工程项目50多宗。1986年担任广州建港工程公司东莞沙角 B 电厂工程部总指挥兼技术总负责人，该电厂（首期装机70万千瓦）工程建设速度创世界纪录并在英国获大奖。该工程为建港公司创利润300多万元。1991年后任公司总工程师兼广州建港工程勘察设计院总工程师，该公司3个单位工程获农业部优质工程称号，6项成果获总公司科技成果奖，7项质量管理小组成果分别获农业部、广东省、广州市优秀成果奖。公司还获农业部全面质量管理奖，并两次获中国施工管理协会管理优秀奖。被农业部聘为全国一级群众渔港规划评审小组副组长，已评审了全国一级渔港15个（包括福建石狮的祥芝渔港）。被聘为中国水产总公司高级工程师职称评审委员。1993年，获准享受国务院颁发的政府特殊津贴。（和风）

吴修林（1937—　　）

吴修林，男，1937年5月9日出生，庙前镇庙上村人。1956年毕业于连城一中，同年考入南京工学院（现为东南大学），1959年选派至清华大学工程物理系核动力反应堆专业学习，1962年毕业后回南京工学院工作。先后在工程物理系、自动化系、计算机科学与工程系、建筑设计研究院等部门工作，担任实验室主任、教研室主任、计算机辅助设计中心主任等。现为教授、高级工程师。著有《电路与电子技术基础教程》《计算机数字电路基础教程》《自动控制技术》等教材，在各级学术刊物上发表论文30多篇。20世纪70年代参与研制的我国首批工业过程控制计算机，在上海、南京石油化工企业投入运行后，获得了良好的经济效益。80年代，与军工企业联合研制海军舰船导航系统在部队中投入使用。1987年调入设计研究院工作后，担任计算机辅助设计中心主任，并承担南京市交通指挥中心系统、南京市人民银行安全报警系统、武汉大学科学馆电气系统等几十项大型工程设计。（和平）

谢金兰（1937—　　）

谢金兰，女，1937年6月20日生，莲峰镇东街人。连城一中1953届高中校友。食品与发酵专业高级工程师。1957年在福建农学院毕业后，在高等学校任教13年。1970年后，转到工厂工作，承担了全国葡萄糖协作会提出的攻关课题"应用全酶固体曲制造注射葡萄糖"并获得了成功，填补了国内空白。后来，又运用华罗庚"优选法"优选出最佳工艺条件，使糖化时间缩短一半。还把令厂家头疼的"葡萄糖废蜜"提炼成制造糖果的优质糖浆，并创立了"葡萄糖——淀粉糖浆联合生产工艺"，此项成果获省科技成果奖。曾被选为福建省微生物学会理事、省青少年科技辅导员协会常务理事、泉州市科协副主席、市青少年科技辅导员协会理事长、市生物学会理事长、市食品科技协会会长、市政协常委兼科技委主任，并荣获福建省"三八红旗手"称号。退休后，应聘出任一家中外合资企业的总工程师。（和平）

沈君荷（1937—　　）

沈君荷，男，1937年7月15日生，莲峰镇人。印尼归国华侨学生。1956年毕业于连城一中。1961年毕业于南京林学院林业专业。先后在浙江开化县国营林场任技术员、副场长、场长、工程师，开化县林业局副局长，中共开化县委常委、组织部长、县委副书记，衢州市林业局党组书记、局长，市委统战部长、省政协委员。1993年6月调浙江省民革工作，担任秘书长职务。撰写的多篇论文先后在中央和省级刊物发表，多项科技成果获省、市科技进步奖。改行从政后，曾被中共浙江省委、省政府授予"全省侨务系统先进工作者"称号。（老成）

吴树曦（1937— ）

吴树曦，男，字日羲，1937年农历十一月二十八出生于宣和乡培田村。连城一中1956届高中校友。高级工程师。1961年毕业于南京工学院（现东南大学）汽车设计制造专业，随后考取吉林工业大学研究生，攻读地面——车辆系统力学。1965年研究生毕业后，分配在机械工业部洛阳拖拉机研究所工作。主要从事液压马达、水田机耕船和轮式拖拉机系统电子计算机辅助设计（CAD）的研制和开发。曾出版专著《拖拉机形态学》，发表多篇学术论文与译文。有两项科技研究成果分别获得原国家机械委重大科技成果三等奖和国家计委、国家科委、财政部联合颁发的重大科技成果奖。1982年，考取国家公派留学资格，以访问学者身份赴加拿大渥太华卡乐尔顿大学机械与航空工程系研修。1984年11月学成回国。留加期间曾任渥太华地区中国留学生和访问学者联谊会学习委员。根据研修成果撰写的两篇论文分别在英国伦敦剑桥国际学术会议和北京亚太地区学术会上宣读，获得好评，多次被国际上引用。1988年，作为厦门市引进人才，调回厦门工程机械股份有限公司工作。历任技术引进与新产品开发办公室副主任、研究所副所长、设计部副经理等职。参与主持国外技术引进工作，主持国家经贸委下达的《国家重大引进技术消化吸收》项目中6个课题的研究攻关。曾先后出访美国、德国、法国、意大利、比利时、奥地利、俄罗斯、新加坡等国，进行技术考察和洽谈合资项目。1992年10月获国务院颁发的在工程技术事业中做出突出贡献的证书，享受政府特殊津贴。本人现为中国国民党革命委员会成员，厦门市计算机学会理事，厦门市专家协会成员，厦门市第十届人大代表。（老成）

黄家岑（1937— ）

黄家岑，男，1937年12月23日生，姑田镇人。江西省第七届政协委员，全国照相机械标准技术委员会副主任，中国电影电视技术学会理事，《影视技术》和《放映技术》杂志编委，江西省激光学会副理事长，《江西光学仪器》杂志主编。1955年毕业于连城一中，同年考入浙江大学机械系光学精密仪器专业。1960年毕业后被分配到北京轻工业学院任教。1969年底内迁到江西省上饶市江西光学仪器总厂工作，历任总厂研究所副所长，技术副厂长、总工程师等职，现任江西凤凰光学仪器（集团）公司总工程师。1979年，主持研究成功"SKH35"快速合成摄影机，填补了国内空白，获原机械工业部设计二等奖。1983年，组织和参加"六五"国家重大科技攻关项目"光学冷加工最佳工艺参数的研究"课题，1987年获国家科技进步二等奖。1984年组织并参加"环幕摄影设备"的研制，1989年获国家科技进步二等奖。近几年为调整企业产品结构，组织开发了凤凰系列照相机和多种系列显微镜、测绘仪器以及其他新产品，其中凤凰DC-303单镜头反光照相机等2项新产品获部、省级科技进步二、三等奖，DSZ3-D型自动安平水准仪等7项新产品获省优秀新产品奖。1988年，被国家人事部批准为"有突出贡献的中青年专家"。1991年，获国务院颁发的政府特殊津贴。（老成）

谢在润（1938— ）

谢在润，男，1938年6月24日生，莲峰镇东大街人。连城一中1959届高中校友。陕西省机械研究院机电研究所高级工程师、总工程师。在连城一中就读期间，连续六年获"三好"优秀生称号。1965年毕业于西安交通大学电机系，其优秀毕业论文刊登在交大学报上。毕业后分配在北京一机部第八设计院工作。1967年为上海"二锻"研制成功华东地区第一台数控冲床、1969年为西安微电机厂试产成功西北地区首台数控线切割机、1970年为铁道部搞成大型可控硅整流设备等10多个技术项目成果。在数控机床、工业自动化、计算机应用研究等方面颇有建树，共计获得全国科学大会奖2项，省、部级一等奖1次，二、三等奖6次，其他院级以上奖励20多次。在各级刊物和学术会议上发表论文10多篇。曾多次推荐一些高科技项目供家乡挑选。（和平）

罗道天（1938—　）

罗道天，男，1938年6月24日生于莒溪镇莒莲村。连城一中1957届高中校友。上海医科大学影像诊断学教授，眼耳鼻喉医院放射科主任医师。上海市高级法院法医鉴定中心顾问、上海市连城旅沪人员支乡联谊会副会长。1957年以优异成绩从连城一中考入上海第一医学院医疗系学习，1962年毕业后留校，分配在国内首建的眼耳鼻喉科专科医院，从事放射诊断工作，积累了丰富的经验，培养了大量的学生、进修医师和研究生。出版著作数十万字，成为专科影像诊断方面国内颇受信赖的专家。（老成）

陈家义（1938—　）

陈家义，别名陈敏维，男，1938年9月6日生，文亨乡鲤江村人。连城一中1959届高中校友。1964年毕业于北京地质学院地球物理勘探系石油物探专业。江苏石油勘探局地质科学研究院南京分院高级工程师。主要从事地震资料解释研究和探测石油资源工作。写有论文和科研报告14篇，多次获奖，其中《金湖凹陷三维地震勘探方法研究》和《苏北高邮水网地区地震勘探方法》获得石油部科技二等奖。1992年和1993年两次被评为局级劳动模范。1994年被评为江苏油田十大功臣和中国石油天然气总公司（部级）劳动模范。30多年来，在11个省、市、自治区的万水千山留下了足迹，发现和探明了多处油气宝藏，为中国六大油田（胜利、华北、江汉、长庆、中原、江苏）的勘探和开发进行了大量的野外采集和室内研究工作，提供了大量的地质成果图件，为中国石油工业的发展做出可贵的贡献。（思宁）

吴有春（1938—　）

吴有春，男，1938年10月3日生于宣和乡培田村。连城一中1953届初中校友。1956年从长汀师范考入福建师范学院（今福建师范大学）数学系。曾任连城一中副校长、县人大常委委员会委员，中国数学学会龙岩地区分会理事。1978年评为福建省先进教育工作者。1993年被地区授予"优秀知识分子"称号，1994年被评为福建省中学特级教师。曾多次参加本县和龙岩地区高考数学复习资料编写工作，与人合作写过3册高中数学学习指导书并出版发行，还自编了《数学高考常用思想方法》在县内使用。撰写了30余篇文章发表在省级以上报纸杂志或在省级学会上交流。其中《增强记忆与开拓思维的一些做法》发表在全国性《数学通报》1966年第2期。文中对排列组合教学之前应引入的两个原理后来被全国中学教科书所引入。《数学问题的构造——元与基式》《选编复习课的几个注意点》《参数在解题中的作用》《运用函数思想解题》《探索性问题及解法》《试谈解题中的转化思想》《用分类思想解立几问题》《函数图像画法及其应用》等多篇文章在《福建中学数学》和《理科应试》等刊物发表。《平面曲线卷成空间曲线的投影》一文还入选省初数第二届年会优秀论文汇编，并获龙岩地区科协1994年科技论文三等奖。《斜头几棱柱的体积》获1995年省初数研究年会一等奖，后收入《中国百科成果全书》。有的还被转载或收入《中华科技优秀论文选》。此外，还发表过《月亮运行的数学对话》《十二时辰·农历年号·公元年数》等多篇科普性文章。撰写的《中学生学习方法要点分析》《科学处理教材，艺术驾驭课堂》《试谈中学数学的思想教育》等文参加龙岩地区教育学会年会交流，均获奖励。退休后，还编著并出版了《中小学数学活动课——趣味民间数学》及《中学数学纵横》两本书。（和平）

张毓东（1939—　）

张毓东，男，1939年4月10日生，新泉镇新泉村人。连城一中1959届高中校友。1963年毕业于华东师范大学物理系。高级工程师。在上海无线电二十三厂设计所从事激光、超声、电子技术的开发应用工作，对国际传统的测温热敏电阻 R.T 关系式作了重要补充；研制的产品"GZW1型低空探空仪——BNZ3型遥测接收机系统"和"小型机帆船用的程控鱼群探测仪"，取得上海市重大科技成果三等奖、国家专利和首届中国金榜技术与产品博览会金奖。（和风）

江兴鎏（1939— ）

江兴鎏，男，1939年7月3日生于莲峰镇李彭村。1957年毕业于连城一中，后考入西安交通大学电机工程系。1962年毕业后到兰州大学现代物理系任教。作为项目主要负责之一，参加和负责研制中子发生器获陕西省科学大会奖、国防科委科技进步三等奖。改革开放后，以优异的成绩通过第一批公派出国人员考试，1979年赴欧洲核研究中心（简称 CERN，日内瓦）研究高能粒子加速器。1981年11月回国后，作为课题负责人，承担过四项国家自然科学基金资助的科研项目，曾赴美国、加拿大、日本等国进行合作研究，多次出席国际学术会议。研究成果曾获陕西省高校科技进步一等奖、国家教委科技进步三等奖，并被评为国家自然科学基金委员会数理科学部资助项目优秀成果。主要著作有《赝火花放电原理及其应用》《脉冲金属离子注入》《星球大战与束流武器》等50余篇。1994年，调往北京航空航天大学应用物理系任教授、博士生导师，在航空航天领域从事教学和科研工作。（和风）

罗义麒（1939— ）

罗义麒，男，1939年8月20日出生，文亨乡文陂村（原坑子堡村）人。连城一中1959届高中校友。1959年考入福建医学院医疗系。福建医学院外科学教研室副主任，福建医学院附属第一医院泌尿外科主任、教授、主任医师、硕士研究生导师，在泌尿男生殖系肿瘤、尿石病、泌尿男生殖系感染和先天畸形、肾上腺外科、肾移植和男性不育症等疾病的诊断和治疗方面具有丰富的经验，在全省享有较高的知名度。自20世纪70年代以来，开展多项新技术研究和应用，填补了省内空白，特别是对女性下尿道感染、先天性尿道下裂、后尿道损伤、肾上腺嗜铬细胞瘤和皮质肿瘤等诊治以及肾移植等方面的研究成果，受到国内同行专家的重视与高度评价。先后在国家级和省级医学学术刊物上发表论文20多篇，荣获过由福建省人民政府，省卫生厅、省教委颁发的科技成果奖4项。其中《膀胱黏膜尿道成形术》《手术治疗女性尿道口处女膜病156例报告》《女性尿道口处女膜病的临床研究》分别被编入《中国外科年鉴》《中国科技成果大全》。《先天性膀胱直肠外翻一例》《双例重肾左侧三重输尿管一例报告》分别被编入《罕见少见病案选》《泌尿外科少见病案选》。30多年来，热情接待或亲自治疗过来省城求医的家乡患者不计其数，其热爱家乡，乐于为家乡人民服务的动人事迹，早已为连城人民广为传颂。（和风）

江振扬（1940— ）

江振扬，男，1940年5月生，庙前镇庙前村人。连城一中1959届高中校友。1964年8月毕业于北京地质学院（现改名中国地质大学）。福建省水文地质工程地质勘察研究院总工程师、高级工程师，中国地质学会福建省水文地质工程地质专业委员会副主任。参加工作以来，主持或参加的勘察研究项目达400多项，撰写的各类技术报告和论文40多份，约数百万字。为福建省找到了大中型地下水供水源地数十处，初步查明福建温泉200余处，评价鉴定矿泉水数十处。其中在缺水的连城盆地找到日开采地下水资源14万多立方米的特大型地下水源地；在庙前一芷溪找到1万多立方米中型地下水源；在新泉、儒畲、莒溪、文亨汤头、姑田等地勘察鉴定了6处医疗矿泉水和温泉养殖基地。其勘察研究成果已在经济建设中得到开发和应用，解决了数十万人的生活用水，数百个企业的工业用水，数万亩旱片的农业用水。主持编制的《福建省湄洲湾国土规划地学系列图》曾得到有关专家和规划部门的好评，并与德国同仁进行交流。与中科院合作的《漳州地热田基本特征和成因分析》曾与美国同行交流，并在美国地热刊物上发表。担任总工程师期间，本单位曾获国家科技进步二等奖，地质矿产部一等、二等、三等、四等奖计20多项。本人获国家科技进步二等奖，地质矿产部三等奖、四等奖各1次。（和平）

吴淑清（1940— ）

吴淑清，女，1940年8月生。1958年初中毕业，1961届高中校友。连城县医院儿科主任医师。

李齐隆（1940— ）

李齐隆，男，1940年9月27日生于莲峰镇李彭村。连城一中1957届高中校友。1962年毕业于北京农业机械化学院（现改名为北京农业工程大学）机械化系机械化专业。北京农业工程大学车辆工程系教授。参加的国家"七五"重点科学攻关课题"轮式拖拉机CAD研究开发"于1991年9月获国家计委、国家科委和财政部联合颁发的重大科技成果奖，1993年获机械工业部科学技术进步一等奖。主要著作有《拖拉机零部件优化设计》《汽车拖拉机构造原理》《汽车拖拉机程序设计》《车辆负载换档变速装置设计》等。发表过学术论文20余篇。多次被评为学校和北京市教书育人先进工作者。由于他在高等教育和科学研究工作中做出的突出贡献，从1993年起享受国务院颁发的政府特殊津贴。（思宁）

罗仰洪（1940— ）

罗仰洪，男，生于1940年10月25日，莲峰镇北街人（1970年迁入水南街）。连城一中1958届高中校友。1963年毕业于福建医学院医疗系，后曾脱产到福建中医学院学习中医2年，到厦门大学外文系学习医学英语一年。1984年初升任正团级主治军医，1986年初转业到龙岩市立医院任内科主任，1988年晋升为副主任医师，1990年经福州市市长特批，调入福建省福州市鹤龄医院任中西医结合科主任，1995年晋升为主任医师。曾荣获中国人民解放军总政治部建设社会主义精神文明先进个人的称号，多次被评为先进卫生工作者。擅长用中西医结合的方法抢救内科危重症和外科急腹症，用中西医结合诊治血液病、心脑血管病、肺病、肾病和肿瘤。在省内外医学杂志上发表论文20余篇。研制的新型中草药止痛剂——达痛静注射液，获中国人民解放军科技成果三等奖。在国内首创用山莨碱预防输血浆反应，被选入中国中医药出版社（国家级）出版的《中国当代专科专病医论文萃》一书，在国内外公开发行。被聘为《中华医学论文集》副主任编辑，《中国临床医药肿瘤诊断与治疗专辑》编委。（思宁）

罗明览（1940— ）

罗明览，男，1940年10月30日生，莲峰镇杨梅村人。连城一中1958届高中校友。1963年毕业于福州大学电机工程系。福建省电力勘测设计院高级工程师、副总工程师。1978年由他研制的"3kW电源变换器"获福建省人民政府颁发的"福建省科学大会奖"；1983年研制的"DBQ-3kW电源变换装置"获福建省科技成果三等奖；1985年此项发明又获"福建省新产品开发先进奖"；1989年由他担任总工程师承担设计的厦门"杏林220kW变电所扩建工程"获省优秀设计奖；1991年由他担任设计部工程师承担初设的"厦门东渡220kW变电所新建工程"

获中国电力部优秀设计奖；同年，以他为主提出的"利用小档距母线作为拉线以平衡大档距母线拉力"的设计方案获省"合理化建议活动"重大成果一等奖；1994年，由他负责电气原理设计的"PJ1—35A（B）、PJ1—10E（F）电能计量柜"获福建省电力工业局科技进步二等奖；1995年承担设计部总工程师设计的"福州市南郊220kW变电所新建工程"获省优秀设计奖；同年，以他为主提出的"中性点全绝缘自耦变在南郊变、涵江变的应用"获省总工会颁发的技术改进重大成果一等奖。1992年荣获福建省电力工业科技先进工作者称号，1995年被推荐为"省科技成果鉴定评审专家库"专家人选。先后被电力部南京电力自动化设备厂、中国机械部许昌继电器厂等部级企业聘为技术顾问。1995年下半年承担全省第一个50万伏超高压变电所的设计总工程师。历年来的优秀设计为国家节省2000多万元资金，节省土地上百亩，为我省电力工业发展做出重大贡献。（老成）

沈在召（1940— ）

沈在召，男，1940年生，本县莲峰镇人。1959年连城一中高中毕业校友。中国画家，连环画家。长期致力于连环画和中国画长卷的探索和创作。迄今创作出版了《齐白石》《瞿秋白》《师长和他的儿女》《砍刀连长》和《慈航画传》等数十部连环画作品，在全国及港澳发行，并不断再版。其历时四年创作的中国画百米长卷《客家风情图》荣获中国文联颁发的"万里采风成果奖"，并出版邮品专辑在世界28个国家和地区发行。现致力于中国画长卷和连环画元素的结合和创新，历时六年，数易其稿创作完成百米神话长卷《妈祖》（白描卷）。（佳红）

邱国辉（1940— ）

邱国辉，男，1940年11月29日生，莲峰镇李彭村人。主任医师。连城县政协第一至六届委员，第三至六届常委。连城一中1960届高中校友。1965年福建医学院医疗系（五年制）本科毕业。1976年4月曾成功地为我县氨厂青年工人杨梅春施行断臂再植手术，术后功能恢复良好。从20世纪80年代开始，在我县开展食道癌、纵膈肿瘤、肺叶切除及风心二窄闭式分离术等较高水平的手术，曾获县科技进步奖9项（第一作者）、市科技进步奖1项。《甲状腺手术严重并发症5例报告》《食道贲门癌手术治疗体会》《网袋式肾固定术治疗肾下垂》等论文在全国性医学杂志或外科学术会上发表或交流，5篇论文在全国基层医药卫生论文大奖赛中获奖。1995年被聘为《现代临床外科领域研究新进展》编辑部编委，《中国临床医学》编委。1987—2004年省心胸血管外科学会委员。市1994—1997年度优秀知识分子。1995年10月当选为省第六届党代会代表。享受国务院特殊津贴。（和平）

余仰涛（1941— ）

余仰涛，男，1941年4月1日生，朋口镇上莒村人。连城一中1959届高中校友。1959年考入武汉测绘科技大学工程测量系工程测量专业学习，后又由学校选送到当时的湖北大学政治系学习。毕业后留武汉测绘科技大学任政治经济学课程教师。现任武汉测绘科技大学教授、博士生导师，中共武汉测绘科技大学委员会宣传部部长。主要著作有《领导学基础》《现代领导艺术》《大学生就业学》《领导学通论》等，并在国家级、省级刊物发表论文20多篇，其研究成果受到国内同行的高度评价和重视。（和风）

谢仁亨（1941— ）

谢仁亨，男，1941年12月4日生，莲峰镇西大街人。连城一中1960届高中校友。1964年毕业于福建农学院农业机械化专业。汽车技术工程高级工程师。福建省永安林业汽车保修厂副厂长、厂科协主席。擅长汽车运输、汽车维修和汽车改装技术及技术管理工作。1966年参加福建省林业厅组织的FYQ—06型运材汽车液压起重臂油缸部分的设计试制。该项目1978年获福建省科学大会成果奖。1991年主持开发（参与设计试制）解放牌CA3112K2型5.5吨自卸车，经"一汽"和福建省联合鉴定达国内先进水平，填补了福建省汽车工业的空白。1993年、1994年又主持开发了菱叶牌YLQ3091型4.5吨自卸汽车、YLQ3191型9吨自卸汽车及YLQ5110X型6吨厢式运输汽车，经省级鉴定均达国内先进水平，同时YLQ5110X型6吨厢式运输汽车填补了福建省汽车工业的空白，荣获新产品开发奖。（和平）

谢贤武（1942— ）

谢贤武，男，1942年2月12日生，莲峰镇东街人。连城一中1959届高中校友。高级工程师。厦门市工程技术高级职称评委会委员，连城科技支乡协会厦门分会副理事长、顾问。1962年8月毕业于福建省农学院农业机械系。毕业后分配到河南省洛阳市中国第一拖拉机制造厂工作，历时20年。擅长机械设计制造，参与主持多条自动生产线以及各种大中型专用机床和工艺装备的设计制造。在该省、市首创成功推广应用射流技术、优选法和高速磨削三项新技术，受到市、省、部的表彰。1982年12月作为厦门市引进人才，调到厦门自行车厂工作，1984年4月任技术副厂长，1985年后任厦门自行车公司副总经理、总工程师。先后从法国、美国、德国、日本等国家及台湾省引进了高速静电喷漆、车圈成型、微孔铬电镀、车架组装与多嘴焊接、整车装配的自动线或流水生产线等先进技术与设备，使企业的生产能力和产品质量上了新台阶。主持开发的scooter12型踏板车，1988年获轻工业部出口新产品金龙腾飞铜质奖；BMx系列越野车，1988年获省、市优秀新产品奖；MTB系列山地车，1992年获福建省优秀新产品三等奖、厦门市科技进步三等奖；QH系列女式轻便车，1994年获福建省名优轻工产品及消费者信得过理想产品称号。被省轻工厅评为技术开发先进工作者。（和平）

罗松柏（1942— ）

罗松柏，男，1942年农历十一月十一日生于文亨乡。连城一中1962届高中校友。后到香港经商。香港连城同乡会第一、二届会长。曾分别捐资10万元、1.5万元给文亨中小、文新中学，在家乡投资近百万元办厂。龙岩市政协第一、二届委员。（和风）

饶求荣（1943— ）

饶求荣，男，1943年5月17日生，朋口镇池溪村人。1960年从连城一中考入福州大学电机工程系电机制造专业学习，1965年以优异的成绩毕业，被分配到北京中国航空工业规划设计研究院（原名为三机部四院）从事航空工业和民用建筑电气工程设计。1987年晋升为高级工程师。20世纪70年代初，主持设计的飞机总装厂吊装调速装置，是飞机总装方式的一项重大变革，荣获1978年全国科学大会奖；开发的"建筑工程计算机辅助设计软件包"推广使用后大大提高设计工作效率，取得良好的经济效益。1990年被评定为国家工程设计计算机优秀软件，荣获银质奖。曾多次应邀在中国建筑学会建筑电气专业学会作学术报告，介绍高层建筑电气设计和国外建筑电气设备及建筑电气设计先进技术等，深受赞誉。（和平）

罗炳行（1943— ）

罗炳行，男，1943年7月出生，文亨乡人。1958—1964年就读于连城一中。1968年毕业于福建农学院（现为福建农林大学）农学系。福建省档案局（馆）助理巡视员、研究馆员（专业技术职称）。编写了《档案概论》《档案管理学》《档案保护技术》等教材，并担任大专院校有关档案课的兼职教师。在省部级刊物、学术讨论会上发表《福建省档案馆介绍》《从保护档案特殊要求和气候特点角度论档案库房建筑》《浅谈档案蛀虫的发生规律和防治方法》《掌握自然气候的变化规律，做好档案库房的温湿度管理工作》等20余篇专业论文，曾担任《福建档案》编辑部副主任、副主编，福建省档案学会理事长，福建省档案学优秀成果评委会主任，福建省档案专业中、（副）高级职务评委会主任。为福建省档案库建设、档案保护、档案学术活动、档案专业干部教育培训、职称评审和档案工作发展做出了积极的贡献。（天成）

罗维功（1944— ）

罗维功，男，1944年1月出生于莲峰镇。1957—1959年就读于连城一中初中部。高级经济师，龙岩市市管拔尖人才。连城县政协第五届、第六届副主席，龙岩市政协第一届、第二届常委，福建省第九届人民代表。1992年获福建省五一劳动奖章，1994年评为省劳动模范。1984年9月筹建塑料包装材料厂（1987年改塑料彩印厂），不到四年时间就还清了所有的贷款和利息，等于赚回了一个厂；不到三年时间，其全员劳动生产率、产品成品率、人均创利税等主要指标即跃居全国同行前三名。所领导的厂1989年获省政府"省级先进企业"称号和"全省首届工业品博览会"银奖；1990年获"中国包装十年成果"金奖；1993年获中国工商行龙岩分行授予的"AAA级信用企业"牌匾；1994年获"福建省小型工业企业评价百佳明星"美誉和福建省第二届工业博览会金牌。福建省原委书记、中国扶贫基金会会长项南欣然为之题词"十年创业不寻常，山沟飞出金凤凰"，予以高度评价。热心公益事业，曾先后捐资教育事业50万元，其中7万元用于一中购置语音室设备，10万元用于兴建实小科技楼，25万元用于建姚坪希望小学。一中百年华诞，已退休多年的他又和孩子们（罗海峰、罗宇峰）一起向母校捐资10万元表达感恩之情。（老成）

王同琢（1944— ）

王同琢，男，1944年1月生，原籍山东淄博。1956年随父到连城，1961年毕业于连城一中初中部。后应征入伍，由战士而军官。现为中国人民解放军广州军区副政委兼纪委书记，中国共产党中央纪律检查委员会委员，领中将衔。（江钧）

校友王同琢（中）回母校

张叙元（1944— ）

张叙元，男，1944年农历四月二十八日出生，新泉镇北村人。连城一中1963届高中校友。厦门大学经济系政治经济学专业毕业。1980—1981年在上海华东师范大学高等学校哲学教师进修班读研究生课程。历任漳州师范学院马列教研室主任、福建省高等学校马列主义教学研究会理事、福建省美学研究会理事、华东高师政治理论课丛书编委会编委。先后在大学学报、省级学术刊物发表学术论文30多篇，主编、参编的《政治学概论》（南京大学出版社出版）、《简明欧洲哲学史教程》（上海社会科学院出版社出版）、《思想政治工作概论》（厦门大学出版社出版）在华东地区高校中使用。在省内外报刊发表政论、杂文、散文、随笔、书评等文章100多篇，弘扬正气，针砭时弊，得到社会好评。（思宁）

邓先萌（1944—　）

邓先萌，男，曾用名邓煊铭，1944年农历十一月十七日生，庙前镇丰图村人。1963年于连城一中高中毕业。后应征入伍，在部队当卫生员。1966年初被选送到福州军区军医学校学习。1968年5月毕业，任某部团卫生队司药。1973年初调某部师医院工作。1980—1982年在北京军区学习，毕业后到山西医学院附属第二医院内科进修一年。1984年4月调北京军区某部南京干休所任卫生所长。享受副军级待遇。从事干休所医疗保健工作以来，全心全意为军队离休干部服务，曾荣立三等功一次，被集团军评为"先进老干部工作者"，被北京军区保健领导小组评为"全区干部医疗保健先进工作者"，被北京军区评为"先进老干部工作者"。还受到全军保健领导小组的奖励，所领导的卫生所也曾荣立集体三等奖。（天成）

黄汉德（1944—　）

黄汉德，男，庙前芷溪人。1965年连城一中高中毕业校友。大学毕业于福建中医学院医疗专业。2000年晋升中医主任医师。1998年当选福建省中医药学会第四届内科分会（研究会）委员。1998年到2004年任龙岩市卫生系统高级职称评审委员会委员和医疗事故鉴定专家库成员。1991年和2002年分别被省卫生厅授予"农村卫生先进工作者"光荣称号。从医40年，勤求古训，苦研岐黄，博采众长，兼收并蓄，法古而不泥古，曾在多家省内外医学杂志教学及学术研讨会上发表有关中医内、妇、儿科常见病论文10多篇。论文《中西医结合治疗习惯性流产的体会》入选"中国世纪英才业绩与论著征集活动"，被评为三等奖，该作亦被全文载入"中国经典文库"系列丛书之《中国古代医疗专家论著精粹》中。（颐中）

黄奕生（1946—　）

黄奕生，男，1946年4月生，祖籍同安，出生在厦门。1958—1964年就读连城一中。1969年毕业于北京地质学院地球物理勘探系金属与非金属地球物理勘探专业。并留校任教。1976年参加"地质444计算机研制"项目荣获湖北省科技成果三等奖、地质矿产部科技成果三等奖；1984—1987年负责中国地质大学大型计算机引进项目；1991年负责"大体积混凝土温度自动寻检系统"设计和制造，获建设部科技成果一等奖。（天成）

于　健（1946—　）

于健，男，1946年8月28日出生于山东省海阳市辛安镇辛安村。1962—1963年就读于连城一中高中部，后转学福州八中，参军后就读海军学校。转业后曾在华东、福建、天津三所体育学院就读并毕业，是国家一级射击教练。

刘　平（1946—　）

刘平，男，1946年9月14日生，福建莆田人。连城一中1964届高中校友。大学本科毕业。高级经济师。1964—1978年在南京军区空军服役，转业后相继在龙岩地区邮电局任职和南京邮电学院管理系脱产学习，之后历任龙岩地区邮电局办公室主任、党委副书记、代局长、局长，三明市邮电局局长，福州电信局局长，福建省邮电管理局助理巡视员兼福州电信局局长，福建省邮电管理局副局长。1997年7月至今，任福建移动通信有限责任公司董事长、总经理。曾先后荣获福建省委、省政府授予的"福建省优秀企业思想政治工作者"（1988年），邮电部授予的"全国邮电优秀思想政治工作者"（1990年），福建省邮电管理局授予的"先进工作者标兵"（1992年），邮电部授予的"全国通信企业优秀管理工作者"（1996年）和福建省总工会授予的"省五一劳动奖章"（1996年）称号。（天成）

华福周（1946—）

华福周，女，1946年10月25日生于连城县姑田镇。1959—1965年在连城一中学习，1969年7月毕业于福建师范学院。1969年8月—1970年8月在福建省龙溪地区军垦农场锻炼。1970年8月先后任中共连城县委委员、县妇联主任、团委书记、中共北团党委书记、连城县政府副县长、中共龙岩地委委员、中共武平县县委书记。1984年10月任中共福建省省委委员、福建省人大常委会委员、福建省妇联主席、党组书记。1987—1992年当选中共十三大、十四大代表。1993年9月任中华全国妇女联合会副主席、书记处书记、党组成员兼机关党委书记。2003年7月—2007年7月，任国家劳动和社会保障部副部长、党组成员兼机关党委书记。1998年3月—2003年3月当选第九届全国政协委员。2003年3月—2013年3月当选第十届全国人大常委会委员、第十一届全国人大代表、农业与农村工作委员会委员。1993年9月—2003年8月兼任中华全国总工会主席团成员，中国职工思想政治工作研究会副会长，中华环保世纪行组委会副主席，中央社会治安综合治理委员会委员，中国家庭文化研究会常务副会长，中国计划生育协会副会长，中国人口福利基金会副会长，"中国人口文化奖"组委会副主席，中华全国体育总会副会长等社会职务。2007年7月至今担任中国劳动学会会长，2009年至今担任中国东盟协会副会长。（颐中）

华福周

林钟绪（1946—　）

林钟绪，男，1946年10月23日生，林坊乡人。1965年一中高中毕业校友。填补了连城神经科空白的首位神经内科主任医师，福建省破格晋升主任医师的医学专家之一。中华医学会会员，龙岩市康复医学会理事，神经科分会委员。龙岩市医疗事故技术鉴定专家库成员。1968年8月毕业于福建省卫生学校。曾在福建医科大学附属第一医院进修神经内科、脑电图、CT；参加西医学习中医班学习。曾任连城县医院医务科主任、内科主任。从医40多年，擅长诊治内科、神经内科多种疑难杂症，善用中西医结合治疗脑血管疾病、脑炎、头痛、癫痫、帕金森氏病、脑萎缩、老年痴呆症等。参加全国及省级各类学习班、研讨班进行学术交流十余次，在国家级、省市级刊物发表学术论文30多篇。《老年人心理疾病及预防对策》获中国老年学会优秀论文奖，《Dnechenne型肌营养不良症的家系分析》获县科技进步三等奖。多次被评为市、县卫生系统先进工作者，优秀带教老师。（颐中）

项开文（1946—　）

项开文，男，1946年12月25日生，朋口镇文坊村人。连城一中1965届高中校友。高级工程师。1970年毕业于北京地质学院矿产地质与勘探系，分配到广西水文地质队从事水文地质、工程地质工作。1995年10月至今任广西黄金管理局局长兼党组书记（副厅级），中国黄金广西公司经理。主编过1/20万贵县幅区域水文地质普查报告、1/20万东兰幅区域水文地质普查报告；参加编写《广西矿产资源对国民经济保证程度论证报告》（至2010年）。1987年获地矿部成果奖励评审委员会颁发的成果四等奖（1/20万东兰幅区域水文地质普查报告），1988年获地矿部颁发的科技二等奖证书（1/20万水文地质普查图幅的主要负责人之一）。（天成）

梁卫平

梁卫平，男，原籍山东。1962年录取到连城一中高中部就读。后改名为葛益参军。因作战勇敢被誉为我海军某部"海上猛虎艇"的"小老虎"，后提拔为艇长。转业前任海军某部副司令；转业后任福建省无线电管理委员会副主任。（和平）

李天喜（1947— ）

李天喜，男，1947年7月7日生，莲峰镇洪山村人。连城一中1966届高中校友。离校走向社会后，当过农械厂文书和连城团县委、中共连城县委组织部干事。1975年开始，先后任中共罗坊公社副书记，龙岩团地委书记，中共龙岩市（今新罗区）委副书记、政法委书记，龙岩地委文明办主任、地委副秘书长，中共长汀县委书记。1997年至今任龙岩市人大副主任。1978年、1980年先后光荣出席全国第10次、第11次共青团代表大会。1993年荣获中共福建省委、省政府授予的"社会主义精神文明建设先进工作者"称号。1995年荣获省水电厅授予的"全省抓冬修水利县长（书记）"称号。1996年荣获"福建省抗洪救灾优秀党员"称号。1993—1994年荣获中共龙岩地委授予的"双拥模范工作者"称号。（天成）

罗 纬（1947— ）

罗纬，男，原名罗庆刚，1947年11月生，文亨乡人。1959—1965年在连城一中初、高中读书。1965年考入福建第二师范学院中文系本科。现任福建省黄乃裳研究会副会长；福州市佛教协会常务理事、副秘书长；世界赖罗傅宗亲联谊会监事会副主席。

福州大学中文系原主任、教授、硕士生导师。

主要学术成果：主编福建省高校通用教材《大学语文》（福建教育出版社出版）；著作《中国文化简史》（撰哲学思想部分，北京大学出版社出版）；参编教材多部（略）；有关《老残游记》研究及人文素质教育研究论文十余篇（略）。（天成）

曹林升

曹林升，男，1967届高中校友。福建医科大学第一附属医院主任医师。

马森发（1948— ）

马森发，男，1948年5月生。1967年毕业于连城一中高中部，后参加自学考试获得福建中医学院中医专业本科文凭。中医内科主任医师。几十年坚持不懈，钻研中医经典，博采众家，学以致用，并将临床经验撰写成文，如《络病论治慢性内伤杂病举隅》《治验二则》等20余篇，先后发表于多家CN级刊物。2007年发表在《中医杂志》上的《白花蛇舌草能除疣》获得全国中医药成果奖。悬壶数十载，兢兢业业，救死扶伤，深得群众的信赖与赞誉。

2003年3月获省总工会、省委宣传部、人事厅、教育厅、科学技术厅、劳动和社会保障厅联合组成的评审委员会授予的"福建省职工自学成才者"荣誉称号。（颐中）

谢 传（1949—　）

谢传，男，1949年7月生，城关人。1968年一中高中毕业校友。1976年12月毕业于福建医科大学中医系。2005年取得中医内科主任医师职称。曾任省中医药学会第三、四、五届内科专业委员会委员。擅长中药、针灸结合治疗脾胃、心、肺、肾、肝、胆等内科疾病。曾在国家级、省级药学刊物上发表过《洋参白茇茅根汤治重症咯血举隅》《三仁四君五子汤在肺气肿的临床运用》《涌泉太冲穴治高血压病》《中西医结合治疗面瘫40例》等十多篇论文。退休后在县益民中医院工作。（颐中）

邹瑞洸（1949—　）

邹瑞洸，男，1949年9月20日生，四堡乡双泉村人。1965年9月至1969年1月就读于一中高中部。1972年9月进福建医学院医疗系就读，1976年1月毕业后安排在塘前卫生院工作。1984年5月起在连城县医院内科工作至今。2007年10月获内科主任医师职称。曾撰写《有机磷中毒治疗中体温变化与阿托品用量观察》等八九篇论文在全国和省级刊物上发表。（颐中）

李治莹（1950—　）

李治莹，男，笔名李迅，1950年9月生，莲峰镇东街人。连城一中1967届初中校友。曾任中国写作学会会员；福建省写作学会常务理事、秘书长；福州市作家协会常务理事。1974年进入福建师范大学中文系就读。在校研读期间，曾任师大广播电台台长。1977年毕业后留校工作，先后担任福建师大团委常委、宣传部长；师大后勤处、教务处科级秘书；《教学改革》期刊编辑组长等职。1985年任中共福建省委党办秘书处秘书；1989年任省旅游干部学校党支部书记、副校长；1994年担任省旅游干部学校党支部书记、正处级副校长、并兼任省旅游局岗位培训办公室主任；1996年7月，调任福建省旅游局市场开发处处长；2001年后任福建省旅游局机关党委专职副书记。同时被泉州国立华侨大学、福州闽江大学聘为客座副教授。1995年被中国财贸工会、国家旅游局评选为全国旅游行业先进工作者。工作之余，辛勤笔耕，创作有数百万字的文学作品。曾创作出版长篇报告文学《海纳百川》《猎鹰》《沧海桑田》；报告文学专集《明天是不一样的》《云卷云舒》《闪光的足迹》；散文集《弯弯曲曲的小巷》《年年岁岁》等。创作的作品先后有几十篇获各级各类奖项。其中中篇报告文学《福州·在开放中崛起》《垃圾咏叹调》等获省级最高文学奖二等奖。（天成，2014年9月）

吴新成（1954—　）

吴新成，男，1954年10月生于上杭，原籍江苏靖江人。连城一中1974届高中校友。曾下乡四堡。1977—1980年就读于无锡轻工业学院，后考入北师大低能所，1984年硕士毕业。现供职于厦门市工商行政管理局。福建省作协会员。所撰学术专著《论语易读》由中国社科院出版。此外还在各级文学刊物上发表过许多文艺作品。（老成）

陈　龙 (1955—　)

陈龙，男，汉族，1955年出生，本县隔川乡人。现任厦门联发集团有限公司董事长，联发集团有限公司总经理。

陈龙校友是刻苦自励、自学成才的典型。虽然他仅仅于1966—1968年间在一中初中部就读过，然而，他却拥有了大学本科的学历、高级经济师的职称。因为他不仅聪明，而且勤奋；因为他始终以"世上无难事，只要肯登攀""科学有险阻，苦战能过关"自勉，从未停止过进一步深造的步伐。无论是在部队当兵的时候，还是退伍回乡就业的时候，乃至后来肩负更大责任的时候，他的最大爱好都是如饥似渴地读书。可以说，从战士到连城县百货公司经理、连城县商业局副局长，到今天的总经理、董事长，他做事的卓著成效，他做人的崇高境界，都是用书本托起来的。他的经历，他的成就，是"天道酬勤"这句经典的最好诠释。

陈龙校友是精于管理、开拓奉献的典型。他担任联发集团总经理、董事长后，决策理性严谨，坚持集体领导、民主集中、分工负责的原则，发挥了集体的优势，保证了决策的科学性，不断提高了企业抗风险的能力。他勇于创新，深入改革企业内部管理制度，切实提升企业核心业务的专业化程度，改革薪酬绩效考核体系，加强团队建设和企业文化建设，锻炼培养出了一批有事业心、复合型的专业技术骨干，成为公司可持续发展的宝贵财富。他与公司全体干部员工还特别重视运营与管理。其结果是：他所领导的公司在规模、效益、区域、储备、品牌等方面都取得了重大突破。12年间，联发集团的营业收入增长了17倍，净利润增长了16倍，总资产增长了25倍。如今，联发集团的业务已拓展到了全国9个城市，位列中国服务业500强、中国房地产百强、厦门企业百强。他本人则荣获了福建省优秀企业家的光荣称号。

陈龙校友还是热爱家乡的典型。他对家乡，始终保持着一颗拳拳赤子之心。2003年，陈龙出任厦门连城科技支乡协会分会长。上任以来，他为做好协会的工作想了许多办法，出了许多力量。他总是尽力地为连城的招商引资提供方便，尽力地支持家乡公益事业。他团结了一大批连城在厦乡亲，为支乡建设，出钱出力。在他的影响带动下，厦门支乡分会成了一个越来越有凝聚力、团结友爱、发挥的作用越来越大、产生的影响越来越深的社会团体。他认为，支乡工作讲的是热心、不计报酬，是借此感恩桑梓，回报家乡。为此，他始终保持谦虚、谨慎、待人诚恳的态度，尽可能为乡亲们排忧解难、出谋划策；他总是以身作则，带头捐款。从1996年起，他捐助公益事业，扶持贫困学生累计金额数万元。 所有这些，都使他在连城乡亲中享有很高的声誉。许多连城乡亲在遇到困难的时候，连城县委、县政府领导在需要外地乡贤出力的时候，往往想到的第一个人就是陈龙。（天成 2014年8月14日）

林跃鑫 (1955—　)

林跃鑫，男，1955年12月13日生，林坊乡林联村人。1968年至1970年在连城一中初中毕业，1971年至1972年在麻潭中学高中毕业。1978年毕业于福建师大生物系。先后担任过福建师大教授、福建师大生物工程学院院长、党总支书记、龙岩学院副校长。现任宁德师院校长。长期从事生物化学和分子生物学的教学和研究，多项研究成果通过国家和省级鉴定。曾在比利时根特大学分子生物实验室进修（1988—1989年），出版过《细胞结构与功能知识》《工业微生物育种学》《酶工程》《微生物工程》等著作。在国内和欧美同行中颇有影响。在全国性学术刊物上发表过论文30多篇。（知足）

宋 力（1956— ）

宋力，男，1956年10月出生于连城县，原籍福州。连城一中毕业后到新泉高地插队，1975年10月被推荐就读于北京科技大学（原北京钢铁学院）。1989年1月后供职于福建省烟草专卖局，先后任政治部主任、省烟草公司副总经理、党组成员。2001年6月，提升为福建省烟草公司总经理。2002年1月起，兼任福建省烟草专卖局（公司）局长、总经理，负责全省烟草专卖工作。就任以来，始终不断推动全省行业整顿规范工作深入开展，强化专卖管理工作，加大卷烟打假力度，有力打击了制售假冒商标卷烟违法活动，使卷烟市场经营秩序明显好转，行业内部管理逐步走向规范；狠抓经营机制改革，狠抓规范管理，坚持和完善"公司＋农户"的运作模式，向广大烟农普及推广烟叶生产先进实用技术，不断提高烟叶品质；指导龙岩、厦门卷烟厂投资16亿元完成了易地技改工程，大大地提高了企业工艺技术和制造水平，使企业技术装备达到国内一流、国际先进水平，并双双跻身全国烟草行业36家重点企业行列；大力推行卷烟流通现代化，构建全省卷烟现代营销网络，在扩大销量的同时紧扣提升结构这一事关行业发展的关键，使全省卷烟销售比重大幅度提高，全省卷烟市场规范化建设和调控能力得到显著增强。2003年全省行业主要经济指标增长幅度均超过两位数，实现销售收入250亿元、利润26亿元，为国家增加税收43亿元，全行业净资产总额达到97.6亿元。（周兴栋）

陈文斌（1956— ）

陈文斌，男，1956年11月18日生，福清市人。1973年1月至1974年7月在连城一中上高中。中共党员，现任国家举重队总教练。1974年10月至1981年9月，任福建省举重运动员，运动健将。1981年9月至1983年7月，在天津体院教练专修科学习。1983年7月至今，先后任福建省举重队教练、主教练、总教练。1996年起亲自培养的运动员石智勇、张湘祥、吴美锦、王国华、万建辉、吴景彪、苏达金以及张国政、李宏利等获奥运会、世界锦标赛金牌30多枚；2004年雅典奥运会，石智勇、张国政成为奥运冠军；

校友陈文斌（左四）回母校

2008年北京奥运会，率领中国男子举重队获得4金1银的战绩。2012年伦敦奥运会，率领中国男子举重队获得2金2银的战绩。

1996—2012年12次荣获国家体育总局颁发的"体育荣誉奖"；1997年享受国务院颁发的特殊津贴待遇；1998—2003年福建省政协第八、九届委员；1999年当选为全国"十佳"教练员；2004年、2008年、2012年3次获得省政府授予"功勋教练员"称号；2007—2012年中国共产党第十七次代表大会党代表；2008年获中共中央、国务院颁发的"突出先进个人"称号；2010年获"全国先进工作者"称号；2013年起第十二届全国人民代表大会代表。（颐中）

邓晓华（1957— ）

邓晓华，男，1957年2月生，莲峰镇人。连城一中1974届高中校友。1987年华中科技大学硕士研究生毕业。厦门大学教授，厦门大学人类博物馆副馆长，中国人类学会常务理事、秘书长，厦门大学国际客家研究中心副主任，日本国立民族学博物馆客座教授，香港城市大学客座教授，中国民族学会理事，中国都市人类学会常务理事，中国汉民族研究会常务理事，中国人类学与民族学专家组成员。发表专著《客家方言》《人类文化语言学》《中国人类学的理论与实践》和80多篇论文。曾荣获福建省政府社会科学优秀成果奖，厦门市社会科学优秀成果奖，华东地区优秀成果奖，台湾海基会两岸文化交流成果奖，华东地区优秀著作奖。（天成）

黄立东（1957—　）

黄立东，男，1957年2月生，隔川乡隔川村人。1973年1月连城一中初中毕业。连城六中高中毕业（母亲工作调动，随母转乡下就读）。恢复高考后考入上海海运学院。大学毕业后留校工作，又考入上海机械学院硕士研究生。1991年赴美国休斯敦大学继续深造，热工专业博士生毕业。现为美国德州热传导研究所高级研究工程师。（天成）

祝列克（1957—　）

祝列克，男，1957年10月出生，原籍福州。连城一中1972届初中校友。1974年毕业于龙岩一中。1981年8月毕业于南京林业大学。历任国家林业部综合处副处长、处长。1994年调往西藏自治区林业厅任常务副厅长，1997年调任国家林业部科技司司长，后升任林业局副局长、陕西省副省长。（初祥）

安　钢（1957—　）

安钢，男，1957年10月生，隔川乡隔川村人。1975年连城一中高中毕业，在本县罗坊乡知青农场上山下乡四年，之后考入厦门大学生物系，1986年厦大研究生毕业，同年赴美国留学，1993年获博士后出站。现在英国某制药公司美国分公司就职。（陈奎声）

董汉国

董汉国，男，1975届高中校友。东海舰队政委。

黄立红（1958—　）

黄立红，男，一中初中校友。在广州一所中专毕业后，自学电大毕业，后到清华大学进修。多年前已经成长为国家一名高级会计师，现任厦门信达集团常务副总。和他的哥哥陈龙一样，除了工作业绩突出外，还默默地为家乡的教育事业做出了贡献，得到家乡父老乡亲的好评。（老成）

林　斌（1959—2010）

林斌，男，1959年1月生于连城，福州市人。1974年7月高中毕业于连城一中。之后上山下乡，参军入伍，1981年退役从警。一级警督，中国作家协会会员。1975年开始在《福建日报》《人民日报》《福建文学》《中国作家》等报刊发表诗歌200多首，有的作品收入《福建文学四十年（1949—1989）·诗歌卷》《中国当代公安诗选》。1985年后转入小说创作，在《海峡》《啄木鸟》《福建文学》《中国作家》《江南》《莽原》等刊发表中篇小说30余部，短篇小说数十篇。有些中短篇小说收入《中国当代公安题材文学作品选》《当代争鸣小说丛书》《当代公安文学大系（短篇小说卷）》《福建省文学创作50年（1949—1999）作品选·小说卷》。中篇小说《泉塘轶事》获福建省《绿源》杂志"1987—1990年优秀作品一等奖"，中篇小说《朱门风景》1989年获"福建文学佳作奖"第一名，中篇小说《名门后裔》1994年获"福建省文学奖暨黄长咸文学奖二等奖"。随笔《眺望闽西》获"1995年度华东地区地、市报刊文学副刊好作品二等奖"，文化随笔《"散文大省"质疑》1999年获"福建省新闻奖二等奖（副刊作品）"。散文集《寻找骑士》2003年获"福建省文学奖暨黄长咸文学奖佳作奖"。近年曾先后在《厦门商报》《海峡都市报》《江南时报》等报刊开辟专栏。有散文、随笔数百篇刊发于《法制日报》《中华读书报》《人民公安报》《新民晚报》《粤港信息日报》《福州日报》《福建日报》《海峡都市报》《厦门商报》《江南时报》《杂文界》《海峡》《福建文学》《散文·海外版》《美文》《散文天地》及新加坡《联合早报》等一些海内外报刊。出版著作有小说集《山雉声声》（海峡文艺出版社1991年版）、《死亡日历》（群众出版社1992年版）、《激情追踪》（鹭江出版社1999年版），长篇小说《朱门风景》（群众出版社2001年版），散文随笔集《寻找骑士》（作家出版社2002年版）。1985年参与《警坛风云》公安文学月刊的创刊筹备工作，并担任编辑、副总编、常务副总编。连续六届（1986—2002）获得"福建省期刊优秀栏目""优秀作品"责任编辑奖。《警坛风云》亦获得"华东地区最佳期刊奖"（1997年）。主持杂志社工作后，刊物获得"中国金盾最佳期刊奖"（2001年），个人获"中国金盾最佳期刊最佳编校奖"。（天成）

蔡锦红（1959— ）

蔡锦红，女，1959年5月出生于连城。1972—1976年在连城一中读初高中，1978年考入龙岩地区卫生大专班医疗系。现任厦门大学厦门眼科中心眼外伤学科带头人主任医生，全国眼外伤学组委员。先后在国家级医学杂志发表论文数十篇，先后获得省市科技进步奖。从医30年来救治了成千上万的眼疾患者。能熟练开展严重眼外伤的修复术及各种白内障摘除。（贻中）

张立平（1961— ）

张立平，男，1961年9月12日生。主任医师，现任连城县医院党支部书记。1977届连城一中高中毕业校友。1979年6月毕业于龙岩地区卫生大专班。分别发表了《385例急诊入院病人误诊原因分析》《急诊队伍的专业化建设探讨》《连城县私营企业职业卫生工作调查分析与对策》等十余篇论文。曾担任过连城县卫生防疫站站长、连城县疾控中心主任兼党支部书记。2006年被卫生部授予全国结核病防治工作先进个人。（颐中）

赖海英（1962— ）

赖海英，男，1962年3月出生，莲峰镇人。1978年毕业于连城一中。现为省人大代表，龙岩市人大常委会委员，龙岩市青年联合会委员，连城县人大常委会副主任，连城县医院院长。自工作以来，认真做好本职工作，全心全意为贫困山区的病人服务，待病人如亲人；认真看书学习，重视知识更新、临床经验的总结。撰写的10篇论文在全国及省级刊物上发表。主编《儿科疑难病案分析选》等6本书分别由福建科技出版社、鹭江出版社及福建美术出版社出版发行。因成绩突出，被评为连城县优秀青年专业人才、龙岩市先进工作者、龙岩市优秀人大代表、福建省防治"非典"工作先进个人，2004年荣获省五一劳动奖章。（和平）

谢贤和（1964— ）

谢贤和，男，1964年1月6日生，1980年7月毕业于连城一中高中部。目前为福建医科大学附属第一医院化疗二区主任，肿瘤内科专业主任医师、医学博士、美国加州大学医学博士后、韩国延世大学肿瘤学博士后、硕士生导师、中华医学科技奖第三届评委。《肝癌》《海南医学》杂志编委。

谢贤和长期从事临床工作，擅长复杂难治性恶性肿瘤（如恶性淋巴瘤、鼻咽癌、乳腺癌、肺癌、食管癌、肝癌、胃癌、胰腺癌、结肠癌、黑色素瘤）的诊断及以化疗、分子靶向治疗为主的肿瘤内科综合治疗。负责承担省自然科学基金及厅级肿瘤科研课题5项。在国际（Int.J.Cancer，Proteomics，Scientific Reports）、国内学术期刊上发表论文40多篇，部分研究成果收录于美国癌症研究协会（AACR）第九十五届、第九十六届年会论文集。恶性肿瘤细胞周期调控的研究获省科技进步三等奖（第一完成人），培养硕士研究生22名。（颐中）

邹道勤

邹道勤，男，1980届高中校友。浙江大学土木系教授。

华瑞茂（1964— ）

华瑞茂，男，1964年生，姑田镇人。清华大学化学系教授、博士生导师。研究领域：催化化学、绿色化学与环境化学。1982年由连城一中考入福建师范大学化学系。1986年在中国科学院大连化学物理研究所攻读硕士学位，1989年获有机化学硕士学位，留研究所工作，做助理研究员。1992年由联合国教科文组织（UNESCO）资助，作为第二十八届国际大学（院）讲座研究员到日本东京工业大学进修。1993年考入东京工业大学，1996年获东京工业大学环境化学与工程博士学位。同年受聘日本科学技术振兴事业团，作为科学技术特别研究员在日本物质工学工业技术研究所从事均相催化有机合成研究，并于1999年参加日本科技振兴事业团战略基础课题的研究工作。2002年3月受聘为清华大学教授、博士生导师，回到清华大学化学系催化研究室工作。（华真）

吴晨衍（1964— ）

吴晨衍，男，1964年9月生，新泉镇官庄村人。1982年连城一中高中毕业，同年考入厦门大学生物系，毕业后在南平林学院工作。1988年考入上海中国科学院研究生班。1993年赴美国留学，2000年博士后出站。现在美国辉瑞公司就职。（陈奎声）

邱承斌（1964— ）

邱承斌，男，1964年10月生，莲峰镇人。博士研究生。1980届一中高中校友。毕业于南京大学物理系晶体专业（1984年），分配在福大当助教，1988年考托福到加拿大多伦多留学。1996年赴美底特律密西根一工厂制液晶彩电。2000年转美国旧金山硅谷从事研究工作。1998年曾回福州大学讲学。（天成）

庄小荣（1964— ）

庄小荣，男，1964年12月生。1976年10月开始进入母校初一学习，1980年7月高中毕业。1985年7月毕业于华东师大化学系，1985年8月至2011年8月在厦门六中工作，2011年9月起在厦门集美中学工作，现任学校党委书记、校长，省特级教师。曾获全国优秀教师、福建省劳动模范等称号，现为中国教育学会化学教育专业委员会理事。热心母校家乡基础教育事业发展，先后组织力量对口支援四堡中学、连城三中等学校。（贻中）

李美华 (1965—)

李美华，女，笔名忆泠，1965年10月生于莲峰镇。1983年连城一中毕业后考入厦门大学外文系，1990年获硕士学位并留校任教至今。曾为美国哈佛大学访问学者，现为厦门大学外文学院教授。主要作品有中英对照个人诗集《忆泠短诗选》，长篇译著《飘》及《汉弗莱·克林克历险记》。(贻中)

罗炳杰 (1966—)

罗炳杰，男，1966年3月生。1982年一中高中毕业校友。1984年龙岩师专化学系毕业，1988年福建师范大学化学系本科毕业。曾任连城一中副校长。目前在厦门市大同中学任教。参加工作30年，曾获国家、省、市、县、校各级表彰20余次。其中1995年9月被国家教委和国家人事部授予"全国优秀教师"荣誉称号并授予全国优秀教师奖章，1997年4月被福建省政府授予"福建省劳动模范"，2000年3月被龙岩市教委授予"龙岩市化学学科带头人"，2001年9月至2002年3月到清华大学化学系参加"全国中小学骨干教师培训"，2002年9月被福建省政府授予"中学特级教师"荣誉称号，2004年11月被福建省委、省政府授予"福建省杰出人民教师"荣誉称

校友罗炳杰（左）与黄小晶省长（右）合影

号，2005年5月被国务院授予"全国先进工作者"荣誉称号，2006年10月被福建省教委授予"福建省中学化学学科带头人"荣誉称号。2007年12月当选为福建省第十一届人大代表，2010年被省教育厅聘为"福建省特约督学"，2010年5月被龙岩市市委、市政府授予首届"优秀人才"，2010年8月担任省特级教师片段教学评委和省特级教师评审委员，在我省有较高的知名度。

积极撰写论文。先后在CN级刊物发表论文十余篇，如《发散思维能力培养初探》《化学课堂教学中学生主体作用的发挥》《论演示实验教学与能力的培养》《"反馈与矫正"在课堂教学过程中的实施》《化学课堂教学紧密联系实际探索》《承认差异，尊重差异，善待差异》《2008年高考理综化学答题情况分析及教学建议》等。(奕中)

罗英武 (1969—)

罗英武，男，1969年生，本县文亨人。1986年7月，连城一中高中毕业，同年考入浙江大学化工系。1990年获学士学位，1990年至1995年获博士学位，1996年至1998年为浙江大学高分子科工程系博士后。1999年至2001年在美国亚特兰大市佐治亚理工学院（Georgia Institute of Technology）化工系做博士后研究工作。2002年任浙江大学化工系教授、博士生导师。主要从事聚合物新材料研究工作，研究乳液活性自由基聚合、纳米结构高分子材料、化学产器工程等。在包括Macromolecules, Macromol Rapid Comm,Journal of polymer science part a-polymer chemistry等国际一流高分子科学与工程期刊中发表论文40余篇。2001年获国家科技进步二等奖一项，浙江省自然科学论文一等奖一项，入选2005年教育部"新世纪优秀人才支持计划"。2007年获第一届"中国百篇最具影响优秀国际学术论文奖"，2009年获教育部自然科学一等奖，2011年获国家自然科学基金委"杰出青年基金"之荣誉。(罗焕南2014.3)

吴子林 （1969—　）

吴子林，男，1969年生于福建省连城县姑田镇。文学博士，中国社会科学院文学所研究员，中国社会科学院研究生院硕士研究生导师，《文学评论》编辑部编审。

1985年9月到1989年6月于连城一中高中部学习。1993年毕业于福建省漳州师范学院（闽南师范大学），获文学学士学位。1999年毕业于福建师范大学，获比较文学与世界文学硕士学位，导师为我国著名的比较文学家李万钧先生。2002年毕业于北京师范大学，获文学博士学位，博士导师为我国著名文艺理论家、美学家、批评家和教育家童庆炳先生。2003年被聘为福建漳州师范学院文化诗学研究所兼职研究员。2008年被中国社会科学院研究生院聘任硕士研究生导师。2013年被教育部人文社会科学重点研究基地北京师范大学文艺学研究中心聘为兼职研究员。现任中国中外文艺理论学会理事、中国文艺理论学会理事、中国巴赫金研究会秘书长、中国叙事学研究会副会长。

主要致力于中国古代文论、文学基本理论、中西比较诗学及中国当代文学理论的研究与批评。已在《文学评论》《文艺理论研究》《中国社会科学院研究生院学报》《社会科学战线》《小说评论》《文艺争鸣》《南方文坛》《当代文坛》《思想战线》《江汉论坛》《天津社会科学》《西南大学学报》《文学自由谈》《浙江社会科学》《浙江学刊》《文艺评论》《河北学刊》《学习与探索》《艺术百家》《学术论坛》《中国文学研究》《文学理论前沿》《北方论丛》《东方丛刊》《马克思主义美学研究》和《文艺报》等发表学术论文100余篇。其中，有近40篇次被《新华文摘》《中国社会科学文摘》《高等学校文科学术文摘》《中国人民大学报刊复印资料》(《中国古代、近代文学研究》《美学》)、《中国文学年鉴》《中国文学理论批评文选》《中国古代文学研究年鉴》等复印、转载或论点摘编。

专著有《自律与他律——中国现当代文学论争中的理论问题》（与我国著名文艺理论家钱中文先生合著，北京大学出版社2005年版）、《经典再生产——金圣叹小说评点的文化透视》（独著，北京大学出版社2009年版）、《中国现当代文学论争中的理论问题》（合著，台北市秀威资讯科技股份有限公司2013年版）、《二十世纪中国文学史通论》第六卷（独著，北京三联书店2014年即出）、《童庆炳评传》（独著，北京大学出版社2015年即出）。

主编有《艺术终结论》（中国社会科学出版社2011年版）、《外国短篇小说选读》（北京师范大学出版社2011年版）、《外国短篇小说选读·教师教学用书》（北京师范大学出版社2011年版）、《中外新闻作品选读》（北京师范大学出版社2010年版）等。译著《夜总会之王》（合译，北方文艺出版社2000年版），另有编著《中学生课外阅读与欣赏·外国散文卷》（合著，四川人民出版社2000年版）、《文学理论学习参考资料新编》（北京师范大学出版社2005年版）、《高中语文》（童庆炳主编，北京师范大学出版社2010年版）必修课2册、《新编文学理论》（童庆炳主编，中国人民大学出版社2011年版）等。（子林2014年7月）

邹受忠 （1970—　）

邹受忠，男，1970年3月5日生，四堡乡雾阁村人。1988年一中高中毕业校友。1995年厦门大学化学系硕士生毕业，之后由厦门大学推荐赴美国普渡大学攻读电化学博士。现为俄亥俄州迈阿密大学化学系教授，生化专业博士生导师。发表世界性化学论文34篇。（天成）

罗祥基 （1971—　）

罗祥基，男，1971年2月生，罗坊乡人，博士。1988年连城一中高中毕业校友，1988—1994年就读于上海第二军医大学海军临床医学系（六年制本科）。1994—1995年任东海舰队福建基地舰艇军医。1995—1997年任解放军第442医院外科医师。1997年开始，师从中国肝胆外科泰斗、国家最高科学技术奖获得者吴孟超院士。现为第二军医大学附属东方肝胆外科医院胆道一科副主任、硕士生导师；中国抗癌协会理事、胆道肿瘤专业委员会秘书长、胆道肿瘤专业青年委员会主任委员；上海肝病研究中心委员、上海医学会胆道学组委员。2003年被选派奔赴北京小汤山医院抗击"非典"。2013年被龙岩第一医院授予该院名誉主任、肝胆外科首席专家。擅长原发性肝癌的早期诊断和治疗，中晚期肝癌的综合治疗，原发性肝癌术后抗复发治疗，复杂胆道疾病的手术治疗以及终末期肝胆疾病的肝移植。每年完成肝胆恶性肿瘤切除200余例，尤其在肝门部胆管癌根治性切除、胆囊癌根治性切除、胰十二指肠切除术以及复杂肝肿瘤的根治性切除率及预后均在国内外处于前列，并在国内率先开展了门静脉栓塞术（PVE）、经皮肝穿刺肝内胆管引流术（PTCD）、改良胰肠吻合术、精细化肝切除等技术的应用与创新，多次在国内外学术会议交流经验。近期申请肝癌外科综合治疗的临床研究获得国家重大专项子课题220万元资助，参与肝癌外科综合治疗的规范化和复发防治的新策略获2013年上海市科技进步一等奖，肝癌生物治疗研究获2003年上海市科技进步二等奖，原发性肝癌术后肝内复发肝外转移再手术治疗获2006年军队医疗成果三等奖，胆道恶性肿瘤的基础与临床研究获上海市医疗成果三等奖。近5年来发表论著30篇，其中第一作者及通讯作者发表SCI论文8篇。参与编写著作5部，其中《肝移植》为副主译、主审助理，《实用胆道肿瘤外科手术学》为副主编。

罗健雄（1971— ）

罗健雄，男，生于1971年12月30日，文亨镇人。计算机高级程序分析员。1983年进连城一中初中部学习，1989年以全县高考第一名成绩推荐入上海交通大学计算机科学与应用专业学习，1995年考入广州中山大学攻读硕士研究生，1997年考入美国密西西比州立大学攻读博士学位，1999年至今在密苏里圣路易斯某汽车出租公司工作。（焕南）

杨晓煜（1972— ）

杨晓煜，男，1972年11月出生，福建连城人。医学博士，教授，博士生导师，福州市卫生局党组成员、副局长。2004年上海第二医科大学（现上海交通大学医学院）博士毕业并获医学博士学位，2006年破格晋升副教授并入选福建省高等学校新世纪优秀人才支持计划（首批），2008年入选福建省"百千万人才工程"，2010年破格晋升教授，2011年遴选为博士生导师并经省委组织部选拔至美国密苏里州大学留学访问；近年作为项目负责人主持国家自然科学基金2项，获得首届福建省杰出青年科学基金，在国际上发表英文SCI论文10余篇，著作在科学出版社和人民卫生出版社等出版；以第一完成人获福建省医学科技奖一等奖、福建省自然科学优秀学术论文一等奖、福建省自然科学奖和福建省运盛青年科技奖等奖项。

丁海峰（1973— ）

丁海峰，男，1973年7月生。1985年由连城实小考入连城一中，1987年随父母工作调动转入龙岩一中学习。1991年考入天津大学应用物理系学习，1995年获学士学位，1998年获复旦大学物理系硕士学位，2001年获德国马丁·路德大学（哈勒·维滕宝）物理系及马克思·普兰克微结构物理研究所联合培养博士，2002—2005年美国阿贡国家实验室材料部博士后。研究方向：实验凝聚态领域，主要包括分子束外延、磁光克尔效应、自旋极化扫描隧道显微镜、磁性超薄膜及磁性纳米结构、自旋电子学与磁性相关量子现象等。2006年作为"海外留学优秀人才"引进南京大学，并聘为教授，同年，入选教育部新世纪人才，担任国家重点基础研究发展计划低维自旋体系中的量子效应及其调控（2010年1月—2014年8月）首席科学家，国际电气与电子工程师学会磁学分会技术委员会委员（2010—2014年）。（碧珍 2014年7月）

陈德烽 (1973—)

陈德烽，男，1973年9月生。1990年连城一中高中毕业校友。1995年本科毕业于福建医科大学，1998—2003年在武汉同济医科大学硕、博连读，师从我国著名肝胆外科专家陈孝平教授，获得外科学博士学位。现任漳州市医院肝胆外科副主任医师，专长于肝胆外科手术。截至目前已经进行了2000例次的肝胆手术，取得了良好的治疗效果和社会效益。尤其对肝脏血管控制手术和肝内胆管复杂结石的外科治疗有较深刻的研究。

已经发表的论文有：《过氧化物酶体增殖物激活受体对小鼠原代肝细胞即时反应基因和细胞周期蛋白D1表达的影响》(《中华实验外科》2005年)、《急性梗阻性胆管炎合并血小板减少的外科治疗》(《中国医师进修》2006年外科版)、《重症急性胰腺炎术后合并急性肾衰的诊断和治疗》(《肝胆胰外科》2010年)、《外科治疗肝内胆管结石并尾状叶代偿性肥大4例》(《实用医学》2011年)、《改良Sugiura术治疗门静脉高压70例分析》(《临床外科》2011年)、《左半肝切除治疗左肝内胆管结石40例分析》(《临床外科》2013年)、《肝破裂并胆管损伤20例手术治疗》(《临床外科》2014年)。(老陈)

童　峰 (1973—)

童峰，男，1973年10月生。1990年连城一中高中毕业校友。厦门大学海洋与地球学院应用海洋物理与工程系教授、博士生导师，系副主任。2000年毕业于厦门大学海洋系，获工学博士学位；2000年12月至2002年12月在东南大学无线电工程系做博士后研究；2003年1月至2004年7月在香港城市大学任副研究员；2009年12月至2010年12月在美国加州大学圣迭戈分校做访问学者。主要研究方向为水声通信与网络、水声信号处理、智能信号处理，主持相关领域国家自然科学基金、国防科研、福建省重大科技项目、福建省重点科技项目等课题多项。近年来在国内外学术刊物及会议发表论文60余篇，其中在Signal Processing, IEEE communication letters, Journal of Sound and Vibration等本领域国际权威刊物发表SCI论文十余篇，获国家发明专利授权8项。任国际电子电器工程师协会(IEEE)CIS Xiamen Chapter副主席，Springer刊物Journal of Marine Science and Application编委，厦门市电子学会理事。2006年入选"福建省新世纪优秀人才支持计划"。

陈基海 (1975—)

陈基海，男，1975年生，隔川乡人。1994年毕业于连城一中高中部，并以优异成绩考取北京物资大学。大学毕业后，就业于北京中美合资吉事多公司。后升任意美世家集团总公司总经理。该公司与世界多个国家有业务往来。(桂明2014年7月)

罗海彬 (1977—)

罗海彬，男，1977年9月生，本县文亨镇人。博士、教授、博士生导师，中山大学药学院副院长。1995年高中毕业于福建省连城一中，1999年本科毕业于厦门大学，2005年博士毕业于香港浸会大学，2006年底以"百人计划"入职于中山大学药学院，2011年底晋升为教授。研究方向为药物化学（药物分子设计）和结构生物学，主要从事抗老年性痴呆、哮喘、糖尿病、男性功能障碍等药物的设计和发现研究。2012年中山大学首届"优秀青年教师"培养计划入选者，2014年中国药学会"施维雅青年药物化学奖"获得者。2000年以来，在Cell、Org Lett、J Med Chem等国内外重要期刊上发表了90多篇高水平论文，并主持2项国家级、5项省部级和2项市局级科研项目，已申请1项PCT专利和7项中国发明专利。(广大)

罗志煌（1900—1958）

罗志煌，男，字星启，本县莒溪镇人。1918年考入县立中学，于1921年考入北京朝阳大学法律系，毕业后回乡任连城县法院承审员。1931年出任东山县县长。1932年至1937年被聘为潮州纸行律师。1942年回连城，在连城师范和明耻中学任教。由于正直廉洁，深得龙岩专署专员罗树生赏识，于1947年推荐出任龙岩专署军法官，次年调福建省保安司令部任军法官。1958年病逝，终年59岁。

吴承熹（1901—1990）

吴承熹，男，字集鸿，号慕亭，莲峰镇东街吴屋巷人。旧制中学毕业后投考黄埔军校。曾任部队上校团长。其弟承德1946年赴台，1949年接应其兄（承熹）去台。

张福滨（1902—2003）

张福滨，男，谱名渭曾，号壶冰，新泉镇人。曾在国民党福建省党部任职并兼省银行监察，又是国民党制宪国大代表。赴台后倡组连城同乡会，担任一至三届理事长和四至十一届名誉理事长。书法秀丽，对甲骨文、金文和篆书尤有研究。同乡会的会刊"连声"二字便出自其手笔。曾任私立连南中学首任校长。1993年5月，该校举行50周年校庆，张先生特地从台湾寄回四言十二句亲笔题诗一首。生有5男5女，内外孙21人。其中2男3女在美国，2男（培元、杰元）在身边。长子培元（寒），曾任同乡会常务监事。1女在福州，1女在厦门。在美国的2个儿子（国元、健元）都是化学博士、高级研究员，可惜先后遇车祸身亡。孙子孙女就读密西根大学有3位，史丹佛大学2位，哥伦比亚建筑系硕士1位，台大法律系1位，大同工学院1位。生前回乡探亲2次，对新泉中学捐赠奖学基金。晚年回福州定居。2003年3月在福州病逝，享寿102岁。被称为去台连城和闽西人瑞。

罗仲若（1904—1976）

罗仲若，男，原名辉世，本县莒溪人。1925年毕业于连城县立中学（旧制中学）。曾在莒溪中心小学执教。1939年7月，受省府之命，前往地处抗日前线的平潭县接任县长一职。1941年7月，调任福清县长，兼理平潭县政。1943年1月，又调任同安县长。历任县长多年，始终坚持抗日御侮，除寄回许多社会人士、人民团体赠给的奖旗、奖杯、奖鼎之外，身无积蓄。陈嘉庚先生佩其清操，曾赠其个人以巨资，但他又将陈先生所赠全数用于救济平潭难民，并登报感谢陈嘉庚先生。陈先生了解事缘后，即赠其巨幅奖旗1面、银鼎1只，以示褒扬。

抗日战争胜利后，应台湾"行政长官公署"邀约赴台，历任公署民政处视察、台湾省政府民政厅第一科科长、嘉义市长、省政府行政建设委员会委员、省社会处专门委员，建树良多。办地方行政区域划分，县市政府组织及筹划地方自治等，多有建树。女小辉，美缅因大学土木工程硕士，美肯普顾问工程公司工程师。

罗国昌（1904—1968）

罗国昌，男，原名芳岐，字仰周，号卓民，文亨镇恩盖山人。1925年连城旧制中学7班毕业，考入中国大学法律系。1929年毕业后又考入司法行政部法官训练所第一期，1936年毕业后曾先后任厦门思明地方法院候补推事，湖北汉口地方法院推事、庭长。1937年任四川最高法院刑庭审判长。1945年荐升为最高法院推事、刑庭审判长。1950年去台。1955年初，"最高法院"荐为推事、刑庭审判长。1968年因病官舍失火而窒息，终年64岁。其妻蒋昌炜，北京朝阳大学法律系毕业，原台湾"最高法院"推事、大法官，2001年5月病逝，享年90岁。女静远，台湾政治大学法律系毕业，获台大法学硕士，任"法务部"专门委员、副司长，"内政部"参事兼文化大学教授。

吴振刚（1906—1989）

吴振刚，男，字俊德，城关东街人。1926年入黄埔军校第三期毕业，1934年中央训练团党政班第十期结业，1940年10月兵役研究班第一期毕业，留校任教。曾任军校15期一总队步一队大队长，17期一总队副总队长。1941年调校部练习团团长，曾任师部高级参谋训练班主任等职。1947年任闽北师管区上校副司令，1948年9月任司令。一生中曾参与棉湖、北伐及中原、徐蚌大会战。1949年去台后在嘉义定居，任"国防部"高级参谋。1964年退役，转任"经济部"台南制盐总厂顾问。生一子二女。次女美榕，曾任十二届同乡会理事长。（贻中）

黄际蛟（1906—1988）

黄际蛟，男，字凌云，庙前镇芷溪人。连城旧制中学及中央训练团党政班7期毕业。抗战时任长汀县党部书记长，后任第8区督导员。1945—1946年当选连城县首任参议长；1947—1948年任福清县县长，并当选为连城县"民选"国大代表（终身国代）。去台后任连城同乡会第一至三届常务监事。长女秀芬在北京人民出版社工作（已退休）；次女秀民在台；子振福，农技干部，曾任连城县政协副主席。（天成）

沈持衡（1906—2000）

沈持衡，男，原名在崧，莲峰镇西街人。沈毅民烈士之子。1934年清华大学电机工程系毕业。曾任空军部队机务、空军通讯学校教官。1948年随校迁台。1949年任台湾成功大学电机系教授，从教20年。20世纪70年代末绕道美国回大陆，被安排在厦门大学物理系任教。1980年当选为福建省政协常委、思明区人大代表。曾获得4项国家发明专利，完成2项国家自然科学基金资助科研和多项省自然科学基金赞助项目。在《次声对生物和酶体作用》的研究方面获得丰硕成果。发表论文10多篇。出版《数字通信电路及原理概要》一书，被载入《当代福建科技名人录》。中国易学会和中华孔子学会的发起人之一。

罗先致（1907—?）

罗先致，男，莒溪镇人。1927年11月至1929年黄埔军校第七期毕业。1933年进炮兵学校，毕业后留校任教。

1937年任第5军22师炮营中校营长；1939年参加昆仑关战役，任团长；1942年驻印度任炮兵指挥官。回国后任东北第8保安司令、60师副师长、86军284师师长。复员后去香港。1951年去台湾，任台湾糖业公司花莲糖厂管理。1972年退休。

罗兰岳（1907—1968）

罗兰岳，男，又名兰墀，后改名罗健，号剑功，文亨镇文陂村人。先后毕业于连城县中、上海持志大学、中央军需学校。曾任军政部会计处少校科员、陆军48师中校会计科长、中央军校第七分校经理处上校副处长、新疆供应局副局长、军政部第3制革厂厂长、联勤总司令部西安被服总厂厂长等职。国民党军少将军衔。1949年去台。1952年任"经济部"专员、渔业公司台北办事处主任。1963年任台北市"公车管理处"处长。1964年改任台湾省"公路局"台中监理所所长。原配陈仙音生子芳瀚、芳翘（见后）；继娶郭淑媛（民国版《连城县志》是由她提供给罗佩光的），商专毕业，生三子（斌、匡、通）、三女（庆、沪、华），皆移居美国。罗匡，淡江大学私管系毕业，1973年赴美，任美通运保险公司达拉斯分公司助理副总裁。

黄永滋（1907—1989）

黄永滋，男，字象先，庙前镇芷溪人。中央训练团党政班毕业。1946年9月至1949年4月任建宁县县长。1949年赴台，1989年7月17日在台病逝。

童懋山（1908—1977）

童懋山，男，原名童庆莹，本县西门外车陂童屋人。连城县立中学（旧制中学）毕业，黄埔军官学校第三期毕业生。先后就读于陆军大学将官研究生班，国民党中央培训团党政班，美国参谋大学。曾任陆军连营长、团长，陆军第五十二师及四十四师少将副师长，军事委员会高级参谋，国防部处长，闽南师区司令部少将参谋长、司令。曾在抗日战争及其他战役负伤两次，获国民政府颁发的勋章。太平洋战争爆发后，在香港之役中，与日本鬼子英勇拼搏，救护了英国陆海空军官兵百余人，获英皇所颁荣誉勋章。1949年入台后，晋升陆军中将。平生著述颇多，有赣、粤、闽、湘、鄂五省政治、经济、军事概况等多种著作。1977年5月病故于台南，安葬在台湾高雄登厝湖畔国军公墓。童懋山生平治军严谨，身先士卒，对部下亲如手足，关心弟兄疾苦，深受台湾老兵赞扬，闽西、闽南等地的旅台老兵为了纪念他的功绩，自动捐资为其塑制铜像，置于同乡会建造的怡灵堂内供祭祀缅怀。（童运堂）

罗乙楠（1908—　）

罗乙楠，男，文亨镇人。毕业于连城县立旧制中学。福建省县政训练所区政班毕业后，曾任永安、莆田、南平等县区署区长，南日岛特种区署区长，顺昌县田粮处处长。1945年11月去台，初任台湾省"财政厅"视察科长，继任"中央财政部"国有财产局组长、专门委员等职。

项际科（1909—1998）

项际科，男，字行素，朋口镇文坊村人。福州法政专门学校（福建学院前身）毕业后，出任连城、上杭等县教育科（局）长。1940年参加全国普通行政科考试赴渝受训，旋任福州教育科长。1941年任永定县县长。抗战胜利后任邵武、武平县长。1948年去台任台湾省民政厅二科科长。1950年任台北县长，再任"农林厅"农民组织科长，转任"财政厅"简任专门委员兼检验室主任。生有5子1女：长子运九留原籍文坊，其余在台。

罗佩光（1909—1995）

罗佩光，男，原名珮光，字任夫，莒溪镇人。上海中国公学大学部肄业、大夏大学文学士。曾任连城县财务委员会委员长，南安县政府禁烟科长；仙游县一、二区区长，民政科长；长汀县一、二区和童坊区区长，省社会处及人事处股长；台湾省长官公署及省府人事处科长，林管局人事室主任，省卫生处人事室主任，"行政院"卫生署人事室主任、参事（简任）等职。1976年2月退休。1972年起组织旅台同乡会，历任常务理事、理事长，购置会馆，重印民国版《连城县志》，兴建莲峰怡灵堂（骨塔），编印同乡会之刊《连声》及《闽西》，常在各大书刊发表诗词文章，编撰《学府纪闻》中《中国公学》一书（计20万字）。业余爱好国画，所绘山水画曾被美国博物馆珍藏。退休后做了大量公益事业。妻傅玉良，原为文化不高之农家女子，赴台后在师大夜校补习9年，学识精进，成为一名诗人。1979年病逝后，罗佩光将其生前撰写诗词、散文、小说等编成《傅玉良诗文辑要》一书，还将丧事从简节余资金5万元台币捐献同乡会，设立"傅玉良奖励基金"。此举得到纷纷仿效，设基金者现已扩大至19位。长子裕武（见后）；次子裕民，军法大学毕业，从商，其妻方琼珠，台北护专护理科，文化大学家政系毕业，任护士长，护理督导兼商专讲师，生子一女三。长女珍珍，台大数学系毕业，台湾"清华大学"数学研究所硕士，美国佛罗里达州立大学博士，在美大学任教。三女秀芳，辅仁大学毕业。

陈汉源（1914—1979）

陈汉源，男，隔川人，字杰三，号真影。1929年以优异的成绩毕业于连城县立中学。然而，由于弟妹众多，父母年迈，家境维艰，身为长子，弱冠年华即弃学从业。三年后，考取连城县区政任职。工作期间，才华横溢，为上司所赏识。1942年调田粮处。不久，先后选调海澄、南靖县府、厦门税捐处任秘书。1946年应召首批赴台参政，供职于台湾省"财政厅"，由科员、视察、秘书擢升第二科科长，主管地方财政，成绩斐然。1962年升台湾省府专门委员兼秘书处第二组组长，督导财政金融业务。1969年升调台湾省粮食局（厅）副局（厅）长。其间，对台湾省重大施政事宜如财政建制、公地放租、三七五减租、耕者有其田、都市平均地权及战士授田等均参与策划，荣获第一届特保最优第一名、台湾最高层颁发之资深绩优特奖，并受蒋经国先生召见。辞世后，葬台北阳明山。其墓碑顶镌刻经国先生之题挽"够劳永彰"。在台育有二女，均为留美硕士。她们在为父亲做71岁冥寿时，捐新台币5万元回乡设置"陈汉源助学金"。（陈桂明2014年7月）

吴　淳（1922—2001）

吴淳，男，又名粹文，乳名松树妹，宣和乡培田村人。曾在明耻中学肄业。1946年赴台，先在部队，后转入行政部门，退休后任同乡会监事。隶书颇有造诣。曾捐款人民币25000余元维修文物古迹珊瑚庙和其他公益事业。

项信棨（1923—　）

项信棨，男，朋口镇文坊村人。明耻中学第一期毕业。1949年在厦门大学肄业后跟随堂兄信荣赴台。曾任台湾烟酒专卖局台南分局技师、局长，1992年退休。

罗裕武（1924—2002）

罗裕武，男，莒溪镇人，罗佩光嗣子。明耻中学及福州高农毕业。1947年赴台，曾任台中山林管理所工作站主任，检核室主任、副技师等职。喜爱书法。

李恒生（1924— ）

李恒生，男，学名竹生，新泉镇良盟村白沙潭村人。1943年考取明耻中学后转县中及连南中学（1945年毕业）。1946年秋被征兵赴台，从二等兵至上尉，转业后考取师大国专科。毕业后，在长安国中任教20年。退休后，返故乡成家，编著《苦李咏集》诗集一册。所写诗词常登于同乡会刊物《连声》。

陈登瑞（1926— ）

陈登瑞，男，隔川乡人。明耻中学毕业，明耻中学体育教员陈积钦之子，汉源之胞弟，曾在明耻中学第一期就读。1946年毕业于长汀师范，受聘于连南中学训育主任。任教一年后，和该校校长江举谦一道赴台，任竹南中学及台北省立第一女子师范附小训育主任，后入台北师范大学研究生学院深造。毕业后连任台北市"国立"中学校长23年直至退休。在职期间，曾被聘为台湾教育委员会委员、台湾中等学校教材编辑委员会委员。一生酷爱书画，于国画造诣尤深。就读明耻时，曾得张霞老师传授，奠定了西画功底。入台后又得名师溥心畬、张大千、黄君碧等教诲与指导，技艺逐日精进，无论国画、西画均臻化境。笔下山水人物、花草树木、鸟兽虫鱼、瓜果藤蔓，无不栩栩如生，惟妙惟肖。据返乡探亲台胞口述，登瑞先生所创的一张"连城冠豸山"画作，悬挂于其兄长汉源之客厅，既曲折地表达了思乡之情，亦体现其上乘之画功，见者无不啧啧赞赏。（陈桂明2014年7月）

罗　翘（1931— ）

罗翘，男，原名芳翘，文亨乡文陂村人，罗健次子。明耻中学及上海新闻专科学校肄业。1949年赴台后在政战学校毕业。旅台同乡会常务监事。

吟咏篇

慈母华诞，大庆之期，
欣逢治世，载歌载舞。
今日东台，熠熠生辉，
明朝学府，灼灼其华。
谁言寸草心，报得三春晖？
谨刊莘莘学子若干诗词曲，
颂我母校无量之功，
绵我母校无疆之寿。

百字之歌颂期颐

——献给连城一中建校一百周年大庆

罗道谋

冠豸山头腾旭日，文川河畔月溶溶。
盛世之年多胜事，又见东台庆典隆。
嘉宾校友群贤集，彩旗飘展映晴空。
同颂校龄今晋百，共赞培桃育李功。
百年岁月传薪火，今日东台火更红。
杏坛春暖园丁笑，芬芳兰芷沐春风。
应谢天公长我寿，九旬衰朽效华封。
华龄岂止期颐祝，万载千秋不老翁。

2014 年 1 月

注：作者为明耻中学首届毕业生 连城一中退休教师

敬贺母校百年华诞

罗道濂

东台山上百花鲜，连城一中庆百年。
师生校友同欢唱，光辉历史照人间。
旧制中学领头建，县中明耻肩并肩。
合为一中解放后，承先启后谱新篇。
解放初期稳步走，文化革命灾祸延。
改革开放迈大步，东台旧貌换新颜。
座座新楼平地起，年年高考凯歌旋。
一级中学光闪闪，济济英才出校园。
百年创业道路艰，前人辛苦后人甜。
过了百岁再超越，高歌猛进永向前！

2013 年 12 月 28 日于厦门

注：本诗作者为 1952 届高中学生。

贺母校连城一中百年华诞

张志园

豸岭祥云映一中，东台校庆百年隆。
贵宾满座同来贺，校友盈门共庆功。
启智园丁心似镜，求知学子志如虹。
千株兰蕙八闽艳，万树李桃华夏红。

念慈恩·写慈恩·见慈恩

——同韵二诗一词颂母校连城一中百年华诞

杨子良

一

三载同窗聚黉门，笃行励志忘晨昏。
峥嵘淡泊皆成器，鹤发龙钟念慈恩！

二

东台堪忆大黉门，育我才华铸我魂。
欲借石门千顷水，淋漓七彩写慈恩！

三

石门湖清，豸岭崚嶒。
百年华诞，母校欢腾。
忆当年，翩翩学子聚黉门。
幸遇师尊：盛鑫史，锡祺文……

岁月流星，身履漂萍。
历霜寒，终抱梅馨；
云闲淡定，鹄奋惊鸣。
悠悠月，漫漫年，东台情影，魂牵梦萦。
百年庆，欣见慈恩！

2013 年 11 月 10 日

注：黄盛鑫是母校历史教学名师、高三毕业班主任。林锡祺是母校语文教学名师。

宝塔诗（三首）

——贺母校百年华诞

谢家海

簧。
除垢，启蒙。
传技艺，训顽童。
孔门竞秀，书院争荣。
开千年基业，造百代精英。
一向育才培德，满园李白桃红。
玉树琪花香作锦，尊师重教誉连城。

师。
传道，释疑。
雕璞玉，奠根基。
儒家卫士，家国良医。
宁尝天下苦，不教此心移。
遇事诲人百忍，平时律己多思。
明德育才都是愿，正心启智总成诗。

生。
字里，书中。
寻道理，取真经。
以身许国，励志图雄。
洒满腔热血，展万里鹏程。
正气风扬华夏，斯文炳曜连城。
百年华诞九州颂，一日成名天下惊。

注：本诗作者现名谢刚，1959—1965 年在一中就读。

罗维功古风一首并书

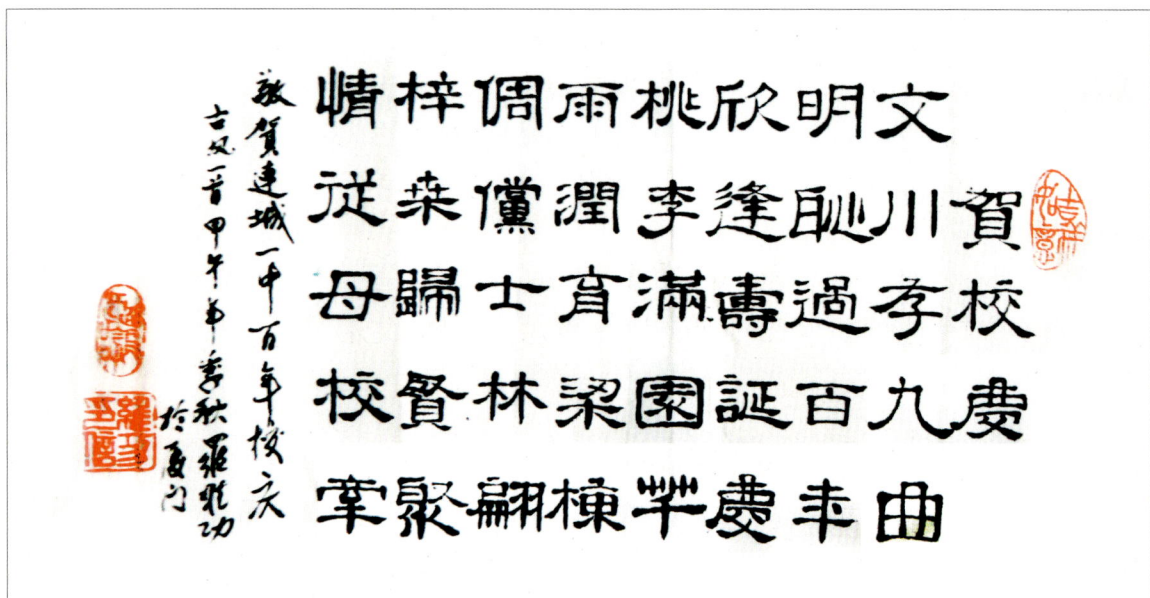

吴莉英：《高中化学课堂问题设计有效性反思》，2014年"全国基础教育化学新课程实施成果"。

巫增仁：《浅谈如何培养创新型人才》，第二十二届福建省科技教育论文评选。

邱宏桂：《如何让学生喜欢哲学课》，《思想政治课教学》；《浅谈政治课教学中学生时政素养的培养》，《中小学教育》。

饶智荣：《浅谈改变教学方式的"三创"策略》，《文理导航》；《落实薄弱环节，提高解题训练成效》，《新课程》。

童晓红：《音乐课堂教学中"教"与"学"的双向互动》，《华章》。

谢健辉：《巧设导入　活跃课堂》，第一届"探索杯"全国地理教学成果大赛（中国地理学会·地理教育）。

谢健辉：《用好乡土案例　拓展地理教学》，《中小学教育》。

谢云兰：《例谈数学思想方法的渗透》，《福建中学数学》。

谢火荣：《"问"在这里升华》，《新课程》。

邹建华：《探索生物学有效教学的途径》，《福建基础教育研究》。

邹建华：《关注课中休息　提高课堂效益》，《课程教育研究》。

周荣理：《由 n×n 方格数表求正整数方幂和》，《数学通讯》；《合情推理在解析几何教学中的应用举例》，第三届福建省基础教育优秀论文。

周荣光：《优生培养经验总结》，第三届福建省基础教育优秀论文。

郑金云：《提高化学课堂有效教学点滴反思》，第三届福建省基础教育优秀论文。

张树扬：《优化课堂教学　培养学生自主学习能力》，全国教育科学"十二五"规划教育部规划课题教研论文。

沈君飚：《例析时序思维能力考查特点及对策》，《试题与研究》；《例说现代世界发展模式》，《教学考试》。

沈雪梅：《利用阅读与听力的相关性来提高听力水平》，《外国语言文学》。

杨　芳：《高中思想政治课"先学后教，以学定教"之学案导学的思考》，第三届福建省基础教育优秀论文。

俞彩加：《浅谈地理教学中的几种"巧方法"》，第三届福建省基础教育优秀论文。

吴有春：《中学数学纵横》，广西教育出版社。

艺苑范奇

YI YUAN PA QI

绘画

鲁迅和瞿秋白　罗炳芳

罗永涛庆祝母校百年华诞诗

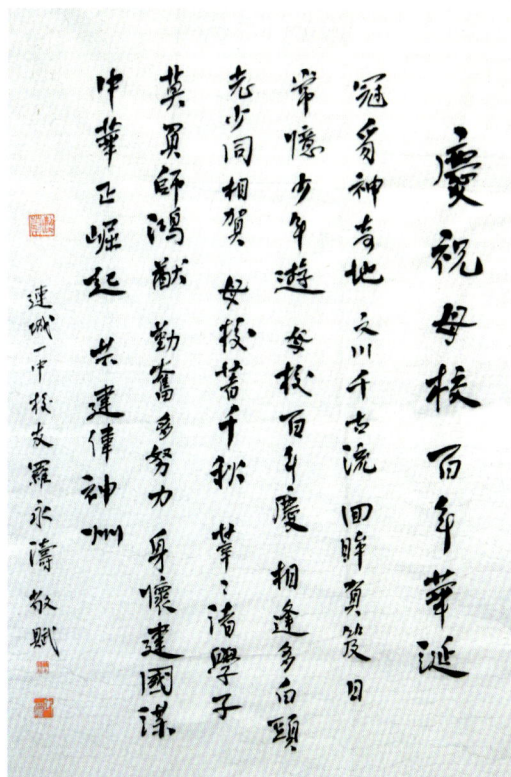

庆祝母校百年华诞

凝眸神奇地 汀州千古流 回眸贺筏日
常忆少年游 参校百年庆 相逢多白头
老少同相贺 安校蓄千秋 莘莘潜学子
莫负师鸿献 勤奋多努力 身怀建国谋
中华正崛起 荣建伟神州

连城一中校友罗永涛敬赋

罗永涛，1946—1949年就读于县立中学，1950年12月由明耻中学入伍参军，转业后在江苏省文艺部门工作。2013年辞世前，嘱咐妻子向母校捐赠人民币1万元并献上一首亲撰之贺诗。

陈焕南贺母校百年华诞楹联

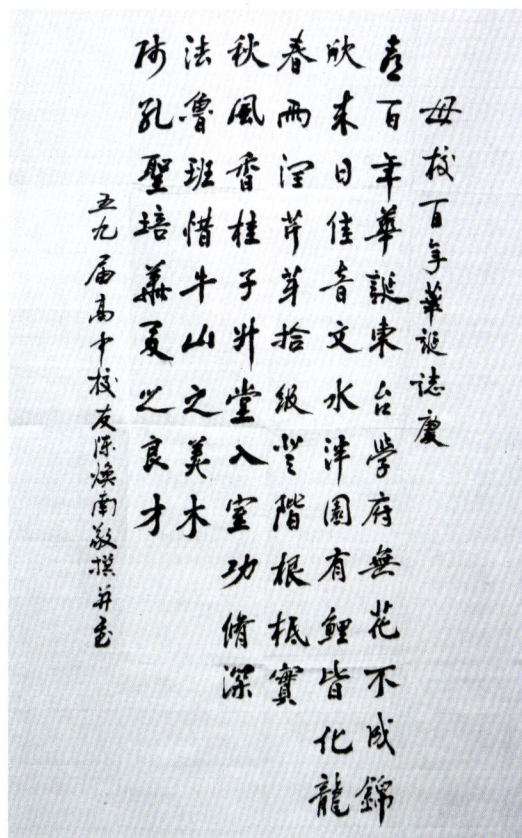

母校百年华诞志庆

庆百年华诞东台学府无花不成锦
欣末日佳音文水泮园有鲤皆化龙
春雨润芹芽拾级步阶根柢实
秋风香桂子升堂入室功倩深
法鲁班培英木之良才
扬孔圣嵩夏之良才

五九届高中校友陈焕南敬撰并书

一中校友情谊深 百年校庆喜重逢
（京剧唱段）

张志园　词
杨子良　曲

[二簧导板]◀导板头▶ ……（5 ……32 …… 61 23 46 3 …… 5 5 5 3 …… 216 3665 …）

2…… 53 …… 23 …… 1·212 12 22 ……32（5612 ……）2 32 61 2 45 3 …… 21 7123

一　　中　　　　　　　　　　　　　　　　分　　手

1 …… （12 3 3 216 365 ……）3 12 3 …… 232 …… 1·216（576 ……）361 2 ……

各　　　　　　　　　　　　　　　　　　　　　　西　　东

3 453 3 3 3 2 …… ◀冒子头▶[回龙]（多罗 3235）1/4 ｜ 2346 ｜ 3（35）｜ 2321 ｜ 1（643）｜ 6 3 ｜ 621 ｜

今相见 乐融融 母校百年

1232 3 ｜ 312 3 3 ｜ 3 323 ｜ 5 ｜ 3 3 ｜ 361 ｜ 2346 ｜ 3 ｜ 3 53 ｜ 3 - ｜ 3·532 1212 ｜ 3521 6161 ｜

华诞 日 校园处处 气象 新 翩翩 学子 展笑 容

2312 321 ｜ 163 2 2 ｜ 1 - ◀长锤▶[二簧原板] 2/4（06 ｜ 12 3·6 ｜ 565 561 ｜ 235 3276 ｜

5 2 3276 ｜ 5613 7656 ｜ 12 3·6 ｜ 565 561）｜ 2 3532 ｜ 132 2·3 ｜（2325 612）｜ 61 21 ｜

今日 校友 喜

321 161 ｜ 2 2 1 ｜（1656 12 ｜ 3276 6723 ｜ 7656 12 ｜ 325 23 ｜ 36 56 ｜ 565 57 ｜

重 逢 呃 ＜初惊见＞

656）53 2 ｜ 123（3656）｜ 332 61 1（656）｜ 01 63 ｜ 22 2·1 ｜ 123 2532 ｜ 1235 2 0 ｜（235 321 ｜

多 年 未见面， 见君 面 已 是 白 头 翁！

65 612）｜ 2 3 1212 ｜ 321 161 ｜ 3 3 2 2 - [转反二簧] 4/4（06 5643 ｜ 2123 5653 2351 6532 ｜

＜感慨地＞白 头 翁（呃） 前2=后5

1562 1235 2321 1561 ｜ 5323 5672 6156 321 ｜ 213 212 256 453）｜ 6165 3561 535 5（6

情切切

5643 235 5）2 2532 ｜ 123（3643）｜ 4·3 231 ｜（1321）445 3 3 ｜ 3 3 3 3 ∨ ｜

意浓 浓 乐 融融

＜转慢＞

235 321 6161 2·312 ｜ 321 761 2 232 1 1（03 ｜ 2321 6123 ｜ 1）2/4 ｜ 323 5 ｜ 5632 212 ｜

母 校 恩 深

123（3643）｜ 323 561 ｜ 32 12 365 ｜（3656）5·61）｜ 165 365 ｜ 3656 2 1 ｜ 332 61 162 ｜

校友情浓 母 校 恩 深 校友情浓 万语 千言 话 难

＜慢＞ ＜再慢＞

1 · 3 ｜ 2321 76 ｜ 1 - ｜ 1 - ◀住头▶‖

终 曲 难 终

注：词曲作者均为1956年一中高中毕业校友。

母校百年华诞感怀

祝卫华

我站在长城之巅，
眺望我亲爱的母校
不灭的灯光，
我仿佛看见了
矗立于祖国四方的参天栋梁。

我依偎在黄河母亲的身旁，
聆听我亲爱的母校
朗朗的书声，
我仿佛看见了
书写于五湖四海的灿烂篇章。

我端坐在黄山的苍松之下
回忆着我美丽的母校
尊敬的师长，
他们付出的心血和汗水，
是我此生永远的难忘。

我徜徉在长江宏伟的岸边，
关注着我美丽的母校
由艰辛铸就的辉煌，
我由衷地觉得这世间再没有什么
比她更让我荣光！

2014 年 10 月

注：作者为 1965 届高中毕业生，原名祝基台。

东 台 放 歌

——献给连城一中百年华诞

（朗诵诗）

寸草心

女领：您赐给我的天空最湛蓝，
　　　您赐给我的天空最高远。
男领：您赐给我的怀抱最温暖，
　　　您赐给我的怀抱最香甜。
女领：您的百年华诞，
　　　让我想起了大海、高山，
　　　让我想起了浩瀚、绵延。
男领：是您让父母眼中的"小不点"，
　　　变成人民眼中的英雄汉；
　　　是您让"井底蛙"，
　　　变成"千里眼"；
　　　是您让"放牛娃"，
　　　变成"闹海仙"！
女领：您是谁？

　　　您在哪？
双领：一块美丽的杏苑，
　　　 一座庄严的圣殿，
　　　坐落于冠豸山下、
　　　文川河边。
男领：从 1914 到 2014 年，
　　　 您拥有过
　　　三万六千轮阴晴圆缺月；
　　　您经历过
　　　三万六千个悲欢冷暖天——
女领：您的冲天香阵曾透过长安；
　　　您的万道金光曾穿过云端！
男领：啊！连城一中——
合：　我们添水加油的驿站；

我们起锚扬帆的港湾。

女领：您是教我们爬坡攀岭
　　　永不衰老的亲娘；

男领：您是渡我们跨江越海
　　　永不沉没的航船。

女领：只要一提起您的名字，

合：　我们就听见娘亲的呼唤，
　　　我们就豪情满怀、柔情无限！

女领：饮水思源，
　　　难忘一个个可亲可敬的先哲前贤：

男领：吴海澜、李师张敢为人先——

合：　作为一中前身的豸山中学
　　　是他们点燃第一缕炊烟。

女领：周赓慈、邓光瀛披肝沥胆——

合：　县立中学的正式批件，
　　　凝结着他们的苦辣甜酸；

男领：周仰云、李云霄倾情奉献——

合：　为了明耻中学的创办，
　　　哪一刻他们不在梦绕魂牵？

女领：还有一任接一任的师长啊——
　　　都在用全副身心
　　　让古国精粹
　　　在这儿薪火相传；

男领：都在用满腔热忱
　　　将天真儿郎
　　　送到科学的彼岸。

合：　他们的一言一行，
　　　是何等的亮丽光鲜；
　　　他们的一言一行，
　　　不愧为教书育人的经典。

男领：饮水思源，
　　　难忘一张张匡时救弊的悬河之口，
　　　难忘一柄柄励志醒神的倚天之剑：

女领："五四"运动期间，
　　　我们的许多师长挺身在前，
　　　让爱国的情怀

撒遍街面；

男领：抗日战争期间，
　　　"教战剧团"声情并茂的表演，
　　　激励了多少热血青年
　　　奔赴救国的前沿！

合：　为了建设美好的新中国，
　　　多少令人尊敬的鸿儒名士，
　　　毅然让青春尽付杏坛，
　　　把传道授业解惑的任务
　　　愉快地挑在双肩；
　　　多少风华正茂的莘莘学子，
　　　自始至终
　　　把目标锁定在
　　　"又红又专"。

男领：啊！回首百年，
　　　我们一中
　　　涌现了多少玉树芝兰，
　　　涌现了多少翘楚俊彦！

合：　我们的校友，
　　　活跃在各个时期各条战线，
　　　用赤忱和才智
　　　助推民族的风帆；
　　　用热血和汗水
　　　滋养中华的浪漫。

男领：或许——
　　　有人的业绩不那麼绚烂；

女领：有人的道路不那麼平坦；

男领：有人的生活显得过于平淡；

女领：有人的日子面临更多艰难，

男领：然而——
　　　谁的脊梁也没被压弯！

女领：谁也没想过低眉顺眼！

合：　啊！理想之花，
　　　决不因雪压霜欺而凋残！
　　　一中人不离不弃的唯一
　　　始终是那教人变得高尚

的人生标杆！

男领：因此，

不用担心闯不过急流险滩；

女领：不用担心看不破世情冷暖！

男领：凭着平日练就的火眼金睛；

凭着平日养成的义胆忠肝，

女领：对祖国，我们无须信誓旦旦，

只要一出手，

喷洒的就一定是碧血，

跳动的就一定是寸丹 。

男领：一中人的字典

合：　没有"辛劳"和"疲倦"；

没有"怕事"和"畏难"；

没有"沮丧"和"蹒跚"。

女领：一中人的史册，

合：　没有浑浑噩噩的蛆虫；

只有默默吐丝的春蚕！

双领：我们一中，

一代一代的学人

为我们树立了良好的样板。

女领：有了明灯一盏盏，

合：　我们还怕什么沟沟坎坎！

我们还怕什么暴雨狂澜！

我们还怕什么雾涌云翻！

我们还怕什么林枪雨弹！

男领：多么幸运啊——

合：　我们已看见了初露曙光的纪元；

女领：多么荣光啊——

合：　我们已踏上了圆梦新华的路段。

男领：祖国啊——

山青水蓝；

人民啊——

体健心宽。

女领：我们没有丝毫理由浪费光阴，

男领：我们没有丝毫理由消极懒散，

女领：我们没有丝毫理由妄自菲薄，

男领：我们没有丝毫理由骄傲自满。

合：　我们要努力学习；

我们要刻苦锻炼；

我们要认真修养；

我们要积极乐观。

女领：我们要让精神更健康；

男领：我们要让体魄更强悍！

女领：我们要让每一个昨天

合：　都没有虚度的遗憾。

男领：我们要让每一个今天

合：　都享有丰收的甘甜。

女领：我们要让每一个明天

合：　都萌生全新的灵感！

女领：可敬的老师们啊，

让我们循循善诱，

帮每一位学生学会破隘夺关。

男领：可爱的同学们啊，

让我们孜孜不倦，

把每一级通向未来的台阶牢牢铺垫。

合：　亲们——

让我们一道把意志锤坚；

让我们一道将双翅舒展；

让我们用毅力为人生充电；

让我们用清纯过滤丝丝杂念。

男领：让我们时时与高尚谈天；

女领：让我们永远跟委琐绝缘；

合：　让我们在离开母校的时候，

能够无愧地

和她说声再见；

让我们在重返母校的时候，

能够尽可能地

少一些羞赧；

让我们在彼此重逢的时候，

相互之间有着更多的恋眷。

男领：为了祖国——

我们时刻准备着，

合：　准备着让青春之花

开得更娇艳！

女领：或许，我们还无法
　　　将每一块沙漠都变成良田，
男领：或许，我们还无法
　　　将每一个日夜都变得不凡，
合：　但无论如何
　　　我们总是在学习学习学习，
　　　我们总是在实践实践实践，
　　　我们总是在向前向前向前！
女领：亲们——
　　　不到生命的终点
　　　我们决不说完！
男领：我们一定要让东台山的一草一木
合：　见证我们怎样书写尊严；
　　　见证我们怎样
　　　运算人生的乘除加减。
男领：我们一定要让冠豸山的苍松翠柏
合：　见证我们怎样跃马扬鞭；
　　　见证我们怎样

用勤劳把祖国装扮。
双领：我们一定要让神州的山山水水
合：　见证我们怎样摘取桂冠；
　　　见证我们怎样
　　　用智慧将未来打点。
男领：我们一定要让我们的长辈
　　　放心地给我们交班；
男领：我们一定要让我们的晚辈
　　　再也没有噩梦纠缠！
合：　我们一定要让
　　　"两个百年"的梦想实现；
　　　我们一定要让
　　　炎黄的子孙
　　　对我们的付出由衷地礼赞！
　　　我们一定要为
　　　中华的史册
　　　留下清风阵阵、瑞气团团！

2014 年秋月吉日于和风斋

仁爱篇

　　万丈高楼平地起。一中有今日的辉煌，离不了许多爱心人士奉献的一砖一瓦。而赠人玫瑰，手留余香；行善积德，福有攸归。愿爱心人士施与一中之福泽，不但给幸福于受施之一中并进而惠及于社会，也同样给幸福于施与人之自身。百年华诞之际，特辟仁爱篇，为来者作范，为贤者祈福。

捐献金榜
JUAN XIAN JIN BANG

90华诞捐资金榜

90周年校庆捐款名录

捐1万元以上者：周年茂201万元　邱鸿荣5万元　　华天德5万元　　罗　斌5万元　　池小勇4.2万元
　　　　　　　罗　萍3万元　　罗学瑛3万元　　陈国霖3万元　　林新玉2万元　　罗水旺2万元
　　　　　　　俞智武2万元　　周燕清2万元　　徐明旺1.1万元　汤干军1万元　　刘史良1万元

捐5000元者：吴铭远　　钱小光　　黄春进　　邱群华

捐3000元者：上官兵　　上官荣　　邓　颖　　江兴坤

捐2200元者：罗小林　　罗炳洲　　高中77届同学会

捐2000元者：沈家铨　　罗维功　　廖双泉　　沈在斌　　邱文辉　　黄本祥　　谢海峰　　罗理荣
　　　　　　　张仁凯　　李治莹　　童满秀　　黄修桂　　李满琴　　邹文生　　徐仁溪　　陈文斌
　　　　　　　罗秋生　　罗明览　　曾繁光　　宋　成

捐1600元者：李先珍　　傅广璋

捐1500元者：曹长海　　邓东旺（含童莲芳）

捐1200元者：徐金华　　江开田　　李德芳　　沈君生　　邱楠生　　罗坤河　　罗炳杰　　李志刚
　　　　　　　李秀珍　　罗道锶　　黄一鑫　　罗道佺

捐1000元者：曾庆连　　罗诚富　　罗培辉　　肖宝萍　　罗炳行　　林占熺　　江初祥　　罗培章
　　　　　　　周兴忠　　傅志勤　　罗晓荣　　谢仁亨　　黄书东　　李华美　　陈小红　　黄书智
　　　　　　　蔡锦红　　邓晓华　　童晓滨　　罗艳华　　李水根　　林国光　　张小玲　　赖海英
　　　　　　　吴家群　　罗福兴　　李　麟　　吴　蓉　　罗宗乐　　池　明　　林秀燕　　吴大智
　　　　　　　李　俭　　沈澍润　　林家鸿　　李京燕　　罗意珍　　林　峰　　李小海　　黄奕生
　　　　　　　李贞壹　　官桃元　　李　旭　　陈维新　　黄天坤　　林映辉　　李天喜　　吴新成
　　　　　　　江兴华　　杨东生　　肖桂光　　吴永锋　　林桂功　　曹国丰　　罗元亮　　周必亮
　　　　　　　谢剑峰　　李　明　　吴远斌　　庄小荣　　罗小泉　　罗龙晖　　张达生　　林智东
　　　　　　　罗祥基　　黄珊珊　　陈培娜　　陈宛容　　项开文　　张安远　　童　迪　　刘保生
　　　　　　　江月霞　　傅长盛　　胥婉君　　杨小希　　俞松源　　谢　德　　吴昌华　　吴小玲
　　　　　　　林七生　　林红霞　　罗红玲　　华钦炳　　童运和　　杨新民　　谢贤伟　　邓水生
　　　　　　　吴振华　　林家龙　　邓菊芳　　童文锋　　江闽华　　沈长生　　陈任中　　童运洪
　　　　　　　罗源功　　周德明　　姚剑洪　　祝卫华　　张　勤　　李怀宇　　黄开明　　童长生
　　　　　　　林报琮　　张永谟　　黄小龙　　邱国辉　　黄秀彪　　谢文英　　陈　龙　　黄立红
　　　　　　　林家祥　　李志铭　　傅小岩　　周平清

捐900元者：梁　纹

捐800元者：杨聪凤　　谢仁畅　　童庆琛　　罗武英　　揭礼铭　　伍永树　　郑理生　　黄茂南

捐600元者：谢小建　　江国河　　傅开照　　吴大东　　林汝维　　罗芳健　　卢美光　　陈　浩
　　　　　　　黄启章　　黄启森　　黄家岑　　马焕崇　　罗满香　　罗明彪　　许云秀　　罗芳耀

捐 5 0 0 元者：

```
              李秀荣　张榜元　陈　阳　吴宏红　李元正　沈荣秀
陈晓辉　罗云兰　蔡绍权　蔡小燕　罗木生　林健英　李　斌　邓淑洲
余声生　沈媛婷　林志刚　巫爱珍　谢永生　李团珍　李步洪　罗丽芳
林跃鑫　谢华玲　李正鸿　罗小芳　许　蕲　杜宏文　童木根　陈永水
罗桂玲　罗德沂　廖方顺　赖小香　林庆祯　赖建梅　廖继清　吴竹保
江济强　邓建东　沈清宇　罗炳祥　周任昌　董业龙　王咸柜　林百坤
吴开达　沈在莱　吴振龙　谢　睿　黄上榕　吴泰容　谢忠民　林冠珍
李昌勤　吴丹芹　陈亨祥　黄经华　陈小琳　沈君祺　张敏霞　侯　军
刘爱华　张　虹　祝　榕　邹钟庆　黄永生　李　隽　江炳兴　卢　彬
陈朝春　吴家平　李贞鑫　林富功　邓梅花　吴振彬　邱　燕　谢凌云
林燕明　林报嘉　张　松　江小兵　罗光湖　谢银兰　杨梅兴　罗昭君
罗梅玲　周桂园　黄海英　杨　成　罗雪玲　江　钧　陈小莲　童雅芳
沈在杰　陈志坚　薛建华　陈　祥　吴大开　邱文生　张源发　赵梅华
蔡　玲　罗秀芳　谢　峭　林　洪　吴载春　罗道生　陈祥华　谢跃孙
罗道和　谢贤武　余仰涛　黄超炀　邹道荣　项　中　沈君彩　邓正河
谢仁昭　吴振洁　李长镜　李运春　李传耀　吴　瑛　杨钦明　谢仰钦
杨子良　陈宣珍　罗柏忠　沈君荷　李秉泓　董武德　李贞龙　沈一琦
沈小青　罗重华　邓小琴　罗顺长　蒋慧玲　江淑华　陈昌声　林小英
罗莲清　吴修林　傅干春　李耀德　李明立　姚永霖　黄庆民　吴炎金
项敏欣　张立平　李庆琪　周荣广　林锡兴　张志佳　简佛斌　李吉湖
江　南　童长明　庄小雄　谢仁浩　江　萍　陈荣斌　童灏章　吴伟民
罗永澍　周月芳　李月霞　罗源鸿　江年跃　傅开谋　李向阳　黄运源
罗土卿　李如珍　邱东升　江春发　吴功胜　江志洲　吴冬珍　林晓宁
饶祯仪　沈孝龙　周治生　林学根　谢健峰　谢　腾　黄金明　邓家沂
罗菊宜　陈文祥　钱盛炫　陈晓萍　江斯宗　李永康　侯莉丽　张　健
李长青　王建亮　柯兆星　罗　伟　吴　青　谢建平　周兴寿　王海英
叶　薇　罗北京　邱丽芳　饶智荣　童纪宏　邱宏桂　黄耀明　钱师淮
邹木荣　邱振崇　周　飞　江　明　邹建华
```

注：囿于版面，捐500元以下者未录芳名，下同。

90周年校庆捐物名单

单位或个人	捐赠名称	价值（元）
张扬椿	铁树两棵	1000
罗景春	铁树两棵	1000
连城县委党校	桂花树一棵	20000
厦门厦华村岛照明电器有限公司	厦华灯具	50000
罗焕南	花瓶两对	5000
沈家明	铁树两棵	1000
杨先金	兰花40盆	3000

90周年校庆单位捐款名单

单位	金额（元）	单位	金额（元）	单位	金额（元）
连城县国土资源局	5000	连城县人民银行	2000	连城县财政局	10000
连城县电大工作站	2000	连城县城乡建设局	5000	连城县法院	3000
连城县曲溪中学	2200	连城县移动公司	6000	连城县检察院	3000
连城县农业局	3000	连城县党校	1000	连城县政法委	1000
厦门大学出版社	10000	连城县人大	2000	连城县揭乐中学	1000
连城县新泉镇政府	10000	连城县工商银行	5000	福州市连江尚德中学	500
连城县莒溪中心小学	1200	连城县隔川乡政府	5000	连城县教育旅行社	1200
连城县地税局	50000	连城县编办	1500	连城县城关中学	3000
地税城关分局		连城县物价局	2000	连城县教育局	12000
文川建筑公司		连城县统计局	1000	连城县文亨中学	1200
连城县锰矿	20000	连城县物资总公司	3000	连城县宣和中小	600
连城县塘前中心小学	500	连城县朋口镇政府	10000	连城县商业总工司	1000
连城县揭乐乡政府	5000	连城县粮食局	2000	连城县莒溪中学	1200
连城县莲峰镇政府	10000	连城县计划局	2000	连城县北团中学	1090
连城县残联	1000	连城县四堡中学	1200	连城县城关职中	4200
连城县农办	1000	连城县实幼	1000	连城县经贸局	3000
连城县连城二中	2000	连城县赖源中学	500	连城县外经局	1000
连城县农业银行	5000	连城县赖源乡政府	5000	连城县新泉中小	1000
连城县文新中学	1200	连城县工商局	1000	连城县林坊中学	1000
连城县林业局	3000	连城县圣师大酒店	1000	连城县消防大队	1000
连城县劳动社会保障局	1000	连城县委办	2000	连城县武装部	2000
连城县农业综合开发办	1000	连城县公路局	2000	连城县进修学校	2000
连城县政协	2000	福建省黄仲咸教育基金会	6500	福建省尤溪县第一中学	1000
连城县信用联社	5000	连城县姑田中小	600	连城县总工会	1000
连城县城关中小	1000	连城县庙前中学	1200	冠豸旅游经济开发区	1000
连城县城关二小	1000	建设银行连城支行	2000	连城县自来水公司	1200
连城县李彭中小	1000	连城县李屋乡政府	500	连城县妇联	1000
连城县地方志编纂委员会	1000	连城县国税局	10000	连城县水利局	10000
人保财险连城支公司	2000	连城县公安局	1000	连城县北团中小	500
连城县医院	5000	连城县人防办	1000	连城县委组织部	1200
连城县庙前镇政府	10000	连城县四堡中小	500	连城县统战部	1000
连城县塘前中学	800	连城县交通局	2000	连城县人事局	2000
连城县宣传部	1200	连城县实验小学	1200	连城县罗坊中小	500
连城县民政局	3000	厦门第六中学	1000	连城县隔川中小	500
连城县文亨中小	500	连城县烟草局	10000	连城县人寿保险公司	5000

续表

连城县老区扶贫办	5000	连城县隔田劳动基地	500	上杭县教育局	1000
连城县团县委	1000	连城县卫生局	2200	连城县安全生产监督局	500
连城县罗坊乡政府	5000	连城县冠豸中学	1000	连城县智力支乡协会·龙岩分会	20000
连城县林坊中小	500	连城县科技局	2000	长汀一中	2000
连城县揭乐中小	600	连城县姑田中学	1200	漳平一中	2000
连城县县府办	2000	连城县铁办	1000	宁化一中	1000
连城县莲冠工业园区管委会	1000	连城县司法局	1000	武平岩前中学	1000
福建省烟草公司、福建省烟草公司龙岩分公司	50000	连城县莲峰镇农税所	600	厦门湖里区教育局	10000
连城县综合执法大队	1000	连城县朋兴中学	1800	连城县文亨乡政府	10000
连城县林坊乡政府	2000	连城县隔川中学	1000	连城县职业中学	600
连城县联溪中学	600	连城县邮政局	5000	连城县石油分公司	1000
连城县朋口中小	1000	连城县交警大队	2000	连城县宣和乡政府	3000
连城县曲溪中小	400	连城县文体局	1000	新罗区教育局	1000
连城县连南中学	1200	连城县电力公司	5000	连城县八一宾馆	1000
连城县赖源中小	600	连城县姑田镇政府	10000	连城县防疫站	1000
龙岩二中	1000	连城县莒溪镇政府	10000	连城县科协	1000
武平二中	1000	连城县计生局	2000	连城县妇幼院	1000
永定教育局	1500	连城县文明办	1200	连城县场站	1220
长汀二中	800	连城县供销社	1000	连城县新华书店	3000
漳平市教育局	1000	连城县煤炭行业管理办公室	1000	连城县北团镇政府	10000
清流一中	1000	上杭县第一中学	2000	连城县塘前乡政府	2000
三明一中	1000	三明支乡协会	5000	泰宁一中	1000
长汀县教育局	1000	三明二中	1000	龙岩高中	2000
上杭二中	1000	福州市第一中学	1000	龙岩市第一中学	2000
清流连城智力支乡会	500	连城县农机站	1000	永安第一中学	1500
四堡乡政府	2000	建宁一中	800	沙县第一中学	1000
厦门市松柏中学	1000	连城县庙前中小	600	武平一中	2000
连城县曲溪乡政府	2000	永定一中	2000	北京同乡会	7000
将乐县第一中学	800	连城县四堡乡政府	2000	八六届初中毕业学生	19520
福建教育出版社	2000	连城县新泉第三中学	4200	连城县畜牧水产局	3000
连城县宣和中学	1500	连城县电信分公司	3000	连城县朋口中学	1200
连城县纪检会（监察局）	1800	永定侨育中学	1000	章萍金富山制衣有限公司	20000
连城县老干局	1000	连城县森林公安	1000	冠豸山风景管委会	10000
连城县环保局	2000				

2004—2014年单位捐款名单

2004年连城一中教师节捐款名单

捐款单位或姓名	金额	捐款单位或姓名	金额
连城县林业局	2000	国土资源局	1200
连城县锰矿有限公司	2000	设计院	1000
连城县农业银行	1000	北团镇政府	1200
俞智武	1200	连城县庙前政府	1200
连城县武装部	500	连城县卫生局	1000
连城县水利局	1200	莒溪政府	1200
连城县隔川乡党委政府	1000	人民银行	1000
连城县国税局	1200	粮食局	1000
连城县地税局	1000	信用联社	500
连城县科技局	500	寿险公司	500
连城县公安局森林分局	600	莲峰镇	1000
连城县揭乐乡政府	1000	赖源乡政府	1000
连城建设银行	500	县医院	800
连城县罗坊乡政府	1000	县工商局	1000
连城县新泉镇政府	1000	县工行	1000
连城县电信分公司	600	冠豸山管委会	1200
连城县姑田镇人民政府	1000	自来水公司	800
上官荣	1200	朋口镇政府	1200
连城县文川建筑公司	2000	邮政局	500
百花公司	1200	罗水旺	5000

2005年连城一中
教师节捐款名单

捐款单位或姓名	金额（元）
建行	500
汽车连	500
连城锰矿	2000
莲峰镇财政所	2200
人寿保险公司	500
工行	1000
县木竹检验中心	10000

2006年连城一中
教师节捐款名单

捐款单位或姓名	金额（元）
中国人民解放军 94691 部队	1200
连城县莲峰镇财政所	1000
连城县工商银行	1000
中国人民解放军 94750 部队政治处	600
汽车连	500
福建省连城锰矿	2000
中国人民银行连城县支行	1000

2008年连城一中
教师节捐款名单

捐款单位或姓名	金额（元）
94750 部队场站	600
连城锰矿	3000
莲峰镇财政所	1000
连城工商银行	1000
连城县烟草公司	5000

2009年连城一中
教师节捐款名单

捐款单位	金额（元）
连城锰矿	3000
连城场站	600
连城汽车连	600
莲峰镇财政所	1000
中国工商银行连城县支行	1000
连城县烟草公司	5000

2010年连城一中
教师节捐款名单

捐款单位	金额（元）
莲峰镇财政所	2000
中国人民解放军 94750 部队	600
连城锰矿	3000
中国人民解放军 94691 部队	1500
空军连城场站汽车连	600
连城县烟草公司	5000

2011年连城一中
教师节捐款名单

捐款单位	金额（元）
中国人民解放军 94691 部队	1500
中国人民解放军 94750 部队	600
连城锰矿	3000
连城县莲峰镇	2000
连城县烟草公司	5000

2012年连城一中教师节捐款名单

捐款单位或姓名	金额（元）	捐款单位或姓名	金额（元）
连城县建设银行	1000	福建省连城县科学技术协会	500
连城县锰矿有限公司	3000	连城县工行	800
连城场站	600	连城县妇幼保健院	500
连城县发展和改革局	2200	连城县药监局	500
中国人寿保险股份有限公司连城分公司	1000	连城县民政局	1200
武装警察部队连城县消防大队	1200	冠豸山旅游经济开发区管委会	1200
连城县朋口镇政府	2200	连城县交通局	1200
连城县农业银行	2200	连城县曲溪乡政府	2200
住房和城乡建设规划局	5000	连城县工商联	600
连城县人民银行	1000	连城县党委	600
俞智武	6200	连城县审计局	2200
共表团连城县委员会	500	连城县赖源乡政府	2200
连城县邮政局	1200	福建省连城县工业园区管委会	1200
连城县莲镇政府	3000	连城县计生协会	1000
无人机旅	1000	连城县残联	1200
连城县武装部	3000	连城县自来水公司	1000
连城县文联	600	连城县塘前乡政府	2200
连城县供电有限公司	800	连城县国税	1200
连城县总工会	2000	连城县地税	500
连城县供销社	2000	连城县莒溪镇政府	2000
连城县妇联	500	连城县邮政银行	600
连城县李彭村委会	1200	连城县安监局	600
连城县水利局	2200	连城县科技局	800
连城县老干局	620	连城县扶贫开发协会	600
连城县联控中心	500	连城县统计局	600
连城县煤管局	500	池小勇	1000
连城县红十字会	500	连城县公安局森林分局	1200

续表

连城县委办	1000	连城县公安局	1200
连城县隔川乡党委政府	2200	连城县农村信用社	1000
连城县质量技术监督局	2200	连城县城市综合行政执法局	1200
连城移动公司	1000	连城县计生局	2200
九四柒五零部队汽车连	600	连城县司法局	1200
连城县文亨镇人民政府	2200	连城县政府办	1000
连城县新华书店	1200	连城县党校	1200
电力公司城关客户中心	600	连城县公路分局	1000
连城县旅游局	2000	连城县人力资源和社会保障局	1200
连城县公安局交管大队	500	何华荣	2200
福建省连城县庙前镇人民政府	3000	连城县农业局	1200
连城县蓄牧水产局	1200	连城县林坊乡政府	2200
明珠城	2200	连城县北团镇人民政府	10000
连城县揭乐乡政府	4000	福建广电网络集团连城分公司	2000
连城县林业局	2000	连城县建筑规划设计有限责任公司	1200
连城县法院	600	华天德	6200
连城县档案局	600	连城县环境保护局	1200
连城县罗坊乡政府	2000	连城县电信分公司	620
连城县信访局	1000	连城县文体广电新闻出版局	1200
九四六九一部队政治部	1500	连城县姑田镇人民政府	1200
连城县工商局	1000	龙岩市烟草公司连城分公司	5000
连城县宣和乡政府	2200	连城县四堡乡政府	2200
连城县新泉镇政府	2200	连城县检察院	600

2013年社会捐资办学名单

捐款单位	金额（元）
连城慈善总会转来新华都捐款	100 万元
连城慈善总会转来新华都捐款	101 万元

2014年社会捐资办学名单

捐款单位	金额（元）
连城慈善总会转来新华都捐款	100 万
福清市商会捐款建设体艺馆	500 万

2004年以来资助我校优秀贫困学生的单位和个人名单

中国人民解放军94691部队

全国妇联"儿童基金会"

省希望工程赈灾助学

福州连城商会

省扶贫开发协会的"秀山助学金"

省低保助学

美国感天益善会助学

厦大旅港校友会

厦门市捷顺成进出口有限公司

深圳市创明心物业管理有限公司

龙岩市浙商爱心慈善基金

龙岩市慈善总会

龙岩基金会

志高慈善助学

旭日教育基金

《海峡都市报》利群阳光助学

富闽教育基金会

海西春雨光彩助学

《闽西日报》圆梦大学助学

"红七匹狼"爱心助学

智力科技支乡协会三明分会

团县委助学

县总工会

连城县慈善总会、县教育局

连城一中8532校友助学

香港华业有限公司主席兼董事总经理、校友周年茂先生

菲律宾侨领陈祖昌先生

春蕾圆梦助学

龙岩市李新炎慈善基金会

新罗区企业家邱景河先生

"庄采芳·庄重文奖学金"

绿丝带行动

北京京华公益助学

连城赛特基金助学

紫金矿业集团董事长陈景河教育基金会

连城县新玉女士设立的"关爱女孩"助学金

连城县东方经济开发有限公司总经理、福建百花化学股份有限公司董事长华天德先生

罗树宁先生

县邮政局局长张玲珠女士

巫洪辉助学金

2004—2014年社会各界对连城一中学生实施奖助学情况

一、新玉"关爱女孩"奖助学金历年受奖助学生人数（高一与高三）

2005—2006 年 10 人　　2006—2007 年 23 人　　2007—2008 年 29 人

2008—2009 年 70 人　　2009—2010 年 65 人　　2010—2011 年 70 人

2011—2012 年 67 人　　2012—2013 年 75 人　　2013—2014 年 40 人

二、黄仲咸基金奖助学金历年受奖助学生人数（高一至高三）

2003 年 45 人　　2004 年 140 人　　2005 年 138 人　　2006 年 148 人　　2007 年 160 人

2008 年 72 人　　2009 年 180 人　　2010 年 180 人　　2011 年 180 人　　2012 年 90 人

2013 年 90 人

三、李新炎慈善基金助学金受助学生人数（高三）

2006 届 51 人　　2008 届 25 人　　2009 届 17 人　　2010 届 22 人　　2011 届 28 人

2012 届 12 人　　2013 届 22 人

四、福建闽西陈景河教育基金会资助学生人数

2011—2012 年 25 人　　2012—2013 年 36 人　　2013—2014 年 50 人

五、创明心助学金受助学生人数

2009 届 25 人　　2010 届 25 人　　2011 届 25 人　　2012 届 25 人　　2013 届 25 人

六、"春蕾圆梦"助学学生人数

2008—2009 年 3 人　　2009—2010 年 9 人　　2010—2011 年 5 人

2011—2012 年 6 人　　2012—2013 年 4 人　　2013—2014 年 2 人

七、海西春雨光彩助学学生人数

2013 年 30 人

八、利群阳光助学学生人数

2011 届 10 人　　2012 届 13 人　　2013 届 2 人

九、旅台同乡会奖助学金受奖助学生人数

2005 年 12 人　　2006 年 14 人　　2008 年 24 人　　2010 年 7 人

2011 年 7 人　　2012 年 7 人　　2013 年 8 人　　2014 年 10 人

十、厦大旅港校友会助学学生人数

2007—2013 年 每年 1 人　　共 6 人

十一、连城慈善总会、县教育局高校贫困生助学金受助学生人数

2013 年 94 人

十二、"秀山助学金"受助学生人数

2008—2013 年　　每年 20 人　　共 120 人

十三、浙商爱心慈善基金奖助学生人数

2012 年 3 人　　2014 年 8 人

十四、"庄采芳奖学金"奖学人数

2005 年 1 人　　2007—2014 年　　每年 1 人　　共 8 人

十五、连城县方正教育基金奖学助学人数

2003—2004 年 63 人　　2004—2005 年 41 人　　2005—2006 年 23 人
2006—2007 年 60 人　　2007—2008 年 41 人　　2008—2009 年 42 人
2009—2010 年 36 人

十六、"志高助学金"受助学生数

2011 年 11 人　　2012 年 8 人

十七、全国妇联"儿基金"资助学生人数

2005 届 1 人

十八、"天德助学金"资助学生人数

2011 届 27 人　　2012 届 28 人

十九、"富闽教育基金会"资助学生人数

2010—2011 年 10 人　　2011—2012 年 10 人

二十、"8532"校友助学金受助学生人数

2011 届 10 人　　2012 届 10 人

二十一、福州连城商会贫困生助学学生人数

2010 年 11 人　　2012 年 11 人

二十二、94691 部队资助贫困生人数

2008—2009 年 7 人　　2009—2010 年 10 人　　2010—2011 年 10 人
2011—2012 年 10 人

二十三、菲律宾侨领陈祖昌先生助学学生人数

2008 届 4 人

二十四、新罗区企业家邱景河先生资助学生人数

2005 年 2 人　　2007 年 2 人

二十五、连城县智力科技支乡协会三明分会

2004 年与 2005 年连续资助同一名学生

连城一中图书馆接受捐赠图书情况（截至2014.6.12）

时 间	捐 赠 者	册数	金额（元）	备 注
1985.9	1965 届高中校友会	150	1409.5	
1993.1	邓慧珍女士		50000	用于购书
1996.7	1976 届高中龙岩校友会	215	1907.4	
2002.7	李德安将军		3000（稿费）	用于购书
2002.9	连城县新华书店	171	2558.2	
2003.8	厦门大学出版社	1405	21853.5	
2003.9.25	连城县新华书店	200	3776.7	校庆捐书
2004.4	全国青少年读书教育活动组委会	828	10000	
2004	连城县广电局	200	3360	校庆捐书
2004	廖荣富	120	2424	校友捐书
2004	福建省教育出版社	112	2766	
2004	吴有春	100	1100	《中小学趣味数学》
2004	邱长青	200	4400	
2004	周兴河、李琼英	430	4900.8	校庆捐书
2004	童远飏、李益春	30	2154	校庆捐书
2004	新华书店	713	9808.58	校庆捐书
2004	周兴栋、曾桂香夫妇	128	4000	校庆捐书
2004	陈福樟	396	8366	校庆捐书
2006.12	周年茂	2050	30750	校友捐书
2007.9	连城县邮政书店	67	2332	
2008.5	福建省教育出版社	100	3500	
2008.12.18	福建省教育厅关工委及周年茂	30000	629730	校友赠书
2010.5	罗萍	2940	5920	校友赠书
2010.7	福建浩伦农业科技集团有限公司	600	12500	
2011.11	1991 届高三（5、6）班	212	6000	周宗义联系捐书
2012.3	龙岩市委办	90	2775	
2012.9.10	连城县县志办	20	3160	《连城县志》
2013.3	罗焕南（一中退休教师）	8		《三希堂》
2013.5	北京育人图书公司	108	3000	搞书展捐书
2013.8	龙岩市总工会	746	22462.4	“职工书屋 捐书
2013.1	龙岩二中老师	25	1000	名师工作室
2013.1	北京光明图书公司	98	2700	搞书展捐书
2013.1	北京图书公司	98	2700	搞书展捐书
2014.1	傅长盛捐赠《把信送给周恩来》	1000	23000	校友赠书
2014.3	厦门大学出版社（蒋东明）	178	约 4460	校庆赠书
2014.3	北京育人图书公司	121	3000	搞书展捐书

旅台同乡会助学金颁发仪式

天德助学金颁发仪式

创明新奖学金颁发仪式

赛特助学金颁发仪式

深圳松岗镇捐资助学结对仪式

龙岩聚宝水泥有限责任公司捐助仪式

仰云奖助学金颁发仪式，图为周千基先生
（周仰云之子）在颁发仪式上讲话

8532校友助学金颁发仪式

福建省教育出版社社长阙国虬（前排左四）与我校领导、受助学生合影

深圳松岗镇捐资助学结对仪式

部队资助学生

黄仲咸基金暨项南助学金颁发仪式

方正教育奖学金颁发仪式

华 屋 万 年

HUA WU WAN NIAN

1
─
2

图1：新仰云楼

图2：年茂楼

图1：敬和楼

图2：图书馆

图3：学生公寓

图4：新华都综合大楼

图5：福清体艺馆

吉人风采

JI REN FENG CAI

为了让母校更善更美

——连城县第五、第六届政协领导班子为连城一中创一流学校倾注深情

县政协文史办

“滴水之恩，当涌泉相报。”这是中华民族长期形成的一个传统美德，是华夏子孙做人的一个准则。正因为如此，我们祖国的大地上产生了诸多报效祖国、报恩父母、报答师长、报谢母校……的动人故事。

连城一中是我县唯一的一所省级重点中学，办好该校是全县人民的夙愿。连城县政协是1980年成立的。由于历届不少委员都是该校毕业生，因而县政协从成立开始就十分关注连城一中教育事业的发展。特别是第五、第六届县政协领导班子，因其成员大部分是从一中毕业或原是一中的教师，其回报母校的情结更为浓郁，对连城一中的进步倾注深情。比如在连城一中争创省重点中学二级达标校和一级达标校过程中，他们组织委员通过视察、调研、提案、建议等形式为一中奔走呼吁、建言献计，还发动委员和政协参加单位捐资助教，为连城一中解决实际困难和问题，这些都是有力的证明。

20世纪90年代初期，福建省教委颁发了《福建省普通中学定级验收要求》，全省各地广泛开展争创省级重点中学达标活动。由于时间紧迫，经费拮据，连城一中实现省定二级达标中的办学条件困难重重。为此，第五届连城县政协于1994年4月组织部分委员对连城一中进行专题视察。时任政协主席罗土卿，副主席陈福楏、罗培章亲自参加了本次视察活动。视察组认为，连城一中能否通过省重点中学二级达标验收关系连城一中前途命运和连城教育发展大局，关系连城未来的走向，应引起全县上下的高度重视。在调查研究的基础上，县政协于5月5日专门召开第5次主席会议讨论一中创二级达标校问题，提出了三条建议措施，形成主席会议建议案，呈送县委、县政府，引起党政领导的高度重视，有力地促进了连城一中创二级达标校各项工作的开展。

1995年是连城一中创二级达标校的最后冲刺年，年底就要通过省里的验收，但由于县财政困难，到11月份达标工作仍缺资金20多万元，一中非常着急。这时县政协又急一中之所急，尽力帮助排忧解难，于11月下旬专题召开主席会议研究，发出倡议，在政协委员、政协之友联谊会会员和政协机关干部职工中开展捐款助教活动，政协主席、副主席带头捐款，带动大家积极响应，最

后，由委员单位和个人共捐集现款78205元（其中个人捐款8205元），帮助一中解决了达标的部分缺口资金，为连城一中当年以96分高分通过二级达标学校定级验收奉献了一份力量。

进入21世纪，随着教育改革的不断深化和教育事业的蓬勃发展，包括闽西在内的全省各县市重点中学你追我赶不甘落后纷纷迈进了一级达标校行列，一些地方的高中还进入了示范校的领先位置。尽管这几年连城一中高考成绩很好，但办学条件却处于全市重点中学尾巴，面临着内部发展后劲不足和与外部竞争能力减弱的双重巨大压力。在"逆水行舟，不进则退"的形势下，第六届连城县政协部分委员于2001年和2002年两次提出提案，建议县委、县政府重视连城一中的建设发展、支持一中积极争创重点中学一级达标学校。2002年8月，县政协就连城一中创一级达标校问题组成了以罗土卿主席为组长、张小玲副主席为副组长的专题调研组，先后到武平一中和长汀一中学习考察，深入到连城一中进行认真调研，形成专题报告送县五套班子领导成员。在此基础上，9月县政协先后召开主席会议和常委会议进行讨论研究，并形成了六届十八次常委会《关于推进连城一中早日创"一级达标学校"的建议案》送交县委、县政府，建议县委、县政府把一中达标问题纳入重要议事日程和工作计划，举全县之力抓好这一造福连城子孙后代的千秋大业，并提出六条具体建议。县委、县政府对一中达标问题高度重视。2003年11月20日，县委书记谢小建、县长江国河、副县长罗培辉率领县直有关部门到一中现场办公，召开专题会议对一中的规范、创达标经费等重大问题作出果断决策，为连城一中创一级达标校工作的正式开展奠定了基础。

此外，为了弘扬我县爱国侨领周仰云先生爱国爱乡的精神，第五届县政协提出了开展纪念周仰云先生110周年诞辰活动的建议，被县委、县府采纳后，又由县政协罗土卿主席牵头，具体筹备举办了纪念周仰云先生110周年诞辰的系列活动。周氏家族省亲团、香港连城同乡联谊会应邀返梓参加，省地领导和有关部门负责人亲临指导。这次活动为连城一中扩大了影响，提高了知名度。时任香港长江实业公司副董事、总经理的周年茂先生等周氏家族还为连城一中捐赠了35万元，帮助一中的建设与发展。

第五、第六届连城县政协领导层对连城一中创一流学校的关注、帮助，是一中毕业的校友对母校一种特殊方式的回报。连城一中今天的成就，是先辈先贤们艰苦创业的结果，是历届县委、县政府重教兴教的结果，是全县人民关心支持的结果，也是历届学长们关爱的结果。历史应该记住他们，连城一中应该记住他们。

2004年

大爱无疆邵逸夫

和 风

连城一中今日的辉煌，离不开许多热心人士奉献的一片爱心。连城一中，多亏了一位先生捐建的一座集理化生实验室、多媒体教室、图音体教室于一体的"逸夫楼"才满足了一级达标学校的要求。这位先生是谁？他就是大名鼎鼎的香港电视广播有限公司荣誉主席，邵氏兄弟电影公司创办人之一的邵逸夫先生。

邵逸夫先生，1907年生于上海，祖籍浙江宁波镇海。在邵家八个兄弟姐妹中，排行第六，被港人尊称为"六叔"。这位"六叔"，堪称商业奇才。他在1958年于香港成立的邵氏兄弟电影公司，拍摄过逾千部华语电影。他旗下的电视广播有限公司长期主导着香港的电视行业。20世纪70年代始，邵氏影院闯入世界影片市场，先后通过在美国、加拿大与欧洲若干国家自建戏院或组织发行渠道，使中国影片在世界影坛崭露头角。进入80年代，邵氏公司已有300多

邵逸夫先生

家自办或代理的电影院发行网络，每年拍摄的40多部国产片可及时发往世界各地。他对传播中华文化建了莫大之功。

1973年，邵逸夫先生设立了邵氏基金会。此后，他捐赠的地方和项目数不胜数，捐赠的款项亦数不胜数。1977年，出资600万助政府兴建香港艺术中心，同时倡办香港艺术节。自1985年以来，他通过邵逸夫基金与教育部合作，连年向内地教育捐赠巨款增设教育教学设施，截至2012年，赠款金额近47.5亿港元，建设各类教育项目6013个。1994年，他向牛津大学捐赠300万英磅，成立了中国研究所。1999年，他向台湾捐2500万港元，救助921大地震灾民。2002年，创立有"东方诺贝尔"之称的邵逸夫奖，此后，每年选出世界上在数学、生命科学、医学、天文学卓有成就的科学家进行奖励。2005年，他为南亚海啸受灾地区捐献了1000万港元。512汶川地震三天之后的2008年5月15日，他和夫人方逸华捐款1亿港元，为灾区师生重建校舍。2009年，台湾八八台风水灾，他为灾区捐了1亿新台币。2010年，青海玉树大地震，他捐款1亿港币。2011年，邵逸夫先生退休之时，邵氏基金将公司2.59%股权馈赠给数家教育及慈善机构。2013年3月，他向浙江大学捐赠2亿元港币，建设"邵逸夫医疗中心"和"邵逸夫医学研究中心"。4月22日，夫妇俩向四川雅安地震灾区捐款1亿元港币。

邵逸夫先生倾心慈善事业的义举，改变了许多人的命运轨迹，成就了一代人的美好记忆。一顶又一顶荣誉的桂冠为他而编织：1974年，他获英女王颁发的CBE勋衔；1977年，他获英女王伊丽莎白二世册封，成为香港娱乐业获"爵士"头衔的第一人；1990年，中国政府将中国发现的2899号行星命名为"邵逸夫星"；1991年，美国旧金山市将每年的9月8日定为"邵逸夫日"；1998年，他获特区政府颁发的大紫荆勋章；2005年，他成为"中华慈善大会"首批"中华慈善奖"得奖者之一；2006年，他获台湾金马奖颁终身成就大奖，香港电影金像奖颁世纪影坛大奖。

2014年1月7日，人间少了一条龙，天堂多了一尊佛，邵逸夫先生寿终正寝，享年107岁。他又创造了一个世界之最：他是全球最长寿、任期时间最长的上市公司CEO。

彩贝篇

人间沧海，波涌浪翻；百年杏苑，果硕花繁。其境其情，描不胜描。鉴此，于各篇之外，特辟彩贝篇，将诸如九十华诞期间及此前涉及颂扬校主和母校节庆之诗与联，名校名流之寄语题辞，校友回忆母校生活反映师生风采或描述同窗情谊的图与文，各个时段所唱之校歌、所征之词曲，一些校友得享荣光之图片和高考满分作文等，经编者遴选，纳入其间，以彰慈母之行，且补遗珠之感，更表寸草之心。

弦歌绕梁

XIAN GE RAO LIANG

明耻中学校歌（之一）
（1939年秋）

李云霄 词
林启福 曲

C=4/4

5·5 5 5 — | 3·1 6 6 | 1 1 5 4 4 3 |
冠豸雄峙　文川怒鸣　佳木秀翠竹荣

3 4 3 2 3 2 1 | i·7 i 6 | 6·6 6 6 0 |
绾毂闽西兮唯此连城　中华抗战

5 3 1 6 0 | 6 5 6 i | 6 2 i 1 2 |
民族复兴　正艰难奋　斗中喜

i 6 — | 6 4 6 | 4·3 2 1 | 1 6 |
吾　校　应运　诞生

6 6 6 1 6 0 | 5 5 3 5 6 5 0 | 5·5 6 0 |
萃一堂青年　有如骨肉弟兄　同甘苦

5·5 2 0 | 0 2 1 2 3 5 | i 1 7 |
共忧乐　永葆团结精诚

5·6 2 2 — | 1·2 3 5 | 6 — 4 3ᵛ |
明耻教战　一德一心　扫黑暗

5 3 2 | 2 1 — |
缔造光明

明耻中学校歌（之二）

1=F 2/4 Modevato（中速）

王成瑚 词
张源水 曲

庄严雄伟

(5·5 1 | 3 4 3 2 1 5 2 7 1 | 1)
5·5 1 | 1 2 3 2 1 7 6 | 5 3·4 |
明耻中学巍然立在闽西　莘莘

5 5 1·2 | 3 3 2·3 4 4 |
学子来自东西切磋琢磨

5 4 3 2 1 — | 5 6 1 | 3 5· |
研读齐孜孜。我们的精神自觉

6 5 4 3 — | 5 3 4 1 | 3 2 2 1 |
自动与自治　我们在学校要做好

7 1 5 | 1 2 3 1 | 2 3 4 5 — |
学生；我们到社会要做好公民。

1 5 1 3 | 3 2 1 7 6 | 5 6 7 |
自强不息，永无止期！我们的

1 1 | 3 5 6 5 4 3 | 5 3 4 5 1 |
精神自觉、自动与自治自强不息

2 1 7 | 1 — |
永无止期。

连城一中校歌（之一）
（1951年春）

江兴坤 词
谢济中　谢尧孙 曲

1=C 3/4 2/4

5·1 3·3 | 5 3 1 2 | 5 0 1·1 |
共产党领导　着我们连城

1·5 3 1 2 — | 3·4 5 1 |
一中在长成　莘莘学子

2·5 3 5 3 2 5 1·5 |
来自工农兵中华民族（的）

6·6 6 0 3 5 3 3·2 1 |
好儿女新一中（的）好学生

1·1 1 0 3 5 6 5 |
我们要掌握批评武器

0 3 2 1 2 3 1 5 3 |
练好身体学好本领

3 3 5 3·1 5 4 3 |
响应祖国的号召为建设新

1 6·5 | 1 1 1 |
中国而斗争斗争。

连城一中校歌（之二）
（1985年）

词 曲 集体创作

1=♭B 4/4

中速歌颂

(3·3 2 1 7 6 5 5 6 1 | 2 — 3 — | 1 1 1 —)
3 1 3 5 | i 7 6 5 | 6 7 1 5 |
豸峰高　文水长　东台山上

6 5 4 3 2 | 3 1 3 5 | 6 5 4 5 6 — |
桃李芬芳　三热爱　三面向

7·6 5 6 3 5 6 3 1 2 1 |
勤奋严谨团结向上　全面发展

3·5 6 5 6 5 6 1 |
振兴中华作栋梁　开拓创造

7·6 5 6 1 3 2 1 — |
奔向共产主义前方（反复两遍）

我们的追求分外荣光

1=♭E 2/4
(d=144)
充满青春活力

黄征辉 词
郑发祥 曲

注：第二段歌词结束时，合唱部分要反复，最后一句作渐慢处理。

奋力划桨迎太阳

1=^bB 4/4

陈福榫 词
罗学昇 曲

中速稍慢 宽广、自豪地

（男领）冠豸山 下百花芬 芳，　文 川 河 畔金凤翔
（女领）冠豸山 下百花芬 芳，　文 川 河 畔金凤翔

翔。连城 一中声名远 扬，　名 师 高 徒心红志 刚。（男领）勤　奋
翔。连城 一中声名远 扬，　名 师 高 徒心红志 刚。（女领）认　真

学习为让知 识　成为 生活的阳　光，坚 持 锻 炼为让健
修养为让美 德　永远 为人生导　航，努 力 拼 搏为让每

康 支起事业的殿　堂。（合）啊　　　　　　　啊
个 明天更比 今 天强。

我们是 爹 娘的希 望，我们是 祖 国的栋

梁。谁想在 将来书写华 章，谁就要 现在 奋力划

桨。　桨。啊　　　　师生奋力划 桨！啊　　去

迎接 鲜红的太 阳！啊　　　师生奋力划 桨！啊　　去

迎接 鲜红的太 阳！

青春万岁

QING CHUN WAN SUI

毕业留影

图1：1950年县中初中毕业留影

图2：一中初中第二届毕业同学留影

图3：1954届高中毕业照

图4：1955届高中毕业照

图1：1956届高中毕业照

图2：1962届初中初三（2）班毕业照

图3：1961-1962届高中毕业留影

图1：1963届高中毕业照

图2：1964届团支部合影

图3：1971年连城一中毛泽东思想宣传队合影

图4：1972届高二（1）班毕业照

图5：1972届工农中学高中毕业照

历届同学聚会留影

连城一中六四届高中毕业50周年暨联谊会成立十周年合影

连城一中高中66届（63级）一班毕业40周年留影

```
1
  2
3
  4
```

图1：1962届高中毕业50周年聚会照片

图2：1964届高中毕业50 周年聚会照片

图3：1966届高中（63级）一班毕业40周年留影

图4：1973年连城县工农中学三好班——高二（3）留影

图1：1974届高二（3）班同学会一周年留影

图2：2001年老麻潭同学合影

图3：2004年九十周年校庆时1955届校友留影

《明耻中学 1945 年春毕业同学录》序

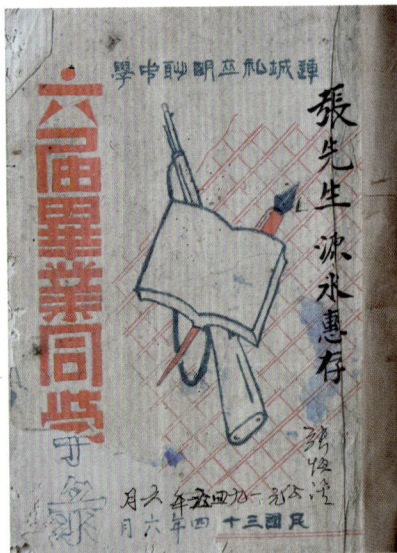

明耻中学六届毕业纪念册封面

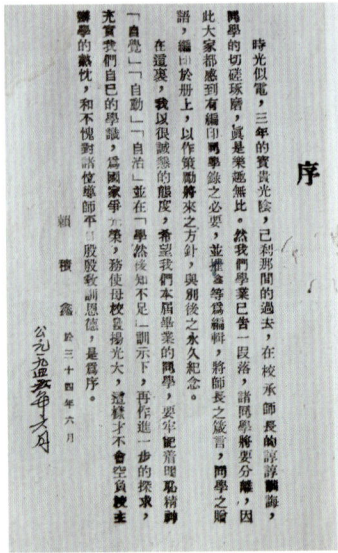

明耻中学六届毕业纪念册——赖积鑫序

明耻中学 1945 年春毕业同学年级级史

我们这一群小伙伴，是由各个乡村的孩子结集成功的，所以，一个个都是强健活泼天真浪漫。

起初，我们一百二十多个同学分做甲组和乙组，但我们的感情，却是分不开的，所以，我们能够互相切磋，对于德智体群四育，都能够平均发展。

初进学校时，我们都还是小孩子，经过学校的训导以后，我们那纯白的人格自然是不容易染污的。在知识方面，因为我们可以互相琢磨，所以，我们的进步也相当的快。同时我们也很注意运动，打球、跳高、跳远、单双杠这一类的运动，我们都常常练习，所以我们的体格多是强壮的。我们对于国家也很爱护，每逢假期我们都下乡作抗战宣传和劝募，为了爱国，我们是可以不顾牺牲的。

同窗三年，我们的感情都非常浓厚，只是因为种种的关系，我们一百二十多个同学竟然会减少到三十七位。譬如品学兼优的黄道舜病亡，刻苦勤劳的傅开吉又因病休学，我们没有一个不为他们叹息的。

当这快要分别的当儿，我们都是依依不舍，所以我们编了同学录来联络分别后的感情，使之永远永远地浓厚。

注：本文录自《明耻中学1945年春毕业同学录》。

1965 届高中毕业校友东台重聚倡言

歌 川

亲爱的同学们：

大家好！到2005年，我们离开东台山已有四十个春秋了。这四十年中，大家都在为事业和生活奔忙着，岁月老人从容貌到心灵都给予我们以丰富的馈赠。对于母校，对于同窗，对于老师，我们实在有太多太多的魂牵梦萦，实在有憋得太久太久的老话、新话、知心话要说。或许，我们中的不少人彼此在同窗共读的时光未能对过一次话、握过一次手；或许，我们中的一些人在离开母校之后便再也没有会过面；或许，由于我们这个年龄段的人都需要对事业和生活有更多的付出而无暇顾及品味已经随风飘逝的东西。然而，同窗毕竟是同窗，心中的那分牵挂，是在共同求学的经历中自然生成的。正因为如此，尽管时间的流水可以冲淡一切，尽管我们已青春不再，但连城一中高中的那段日子在我们的精神家园中却永远是那么鲜活。如今，当我们正处于虽云桑榆晚，为霞尚漫天的时候，假如大家能够重聚东台山，聊发一回少年狂，再温一次青春梦，我们一定会在往后的日子里拥有更多的平静和幸福，享有更多的轻松和愉快。为此，我们几位在连城城区的同学建议，明年7月上旬，凡1962—1965年曾在连城一中高中部就读过的同学，不管工作多忙，路途多远，都要赶回母校相聚（能携家眷同欢则更好）。不过，世上没有一种成功是不需要付出的。兵马未动粮草先行是题中应有之义，如何筹措资金自不必讳言。那么，怎样解决这个问题呢？我们的想法是，本次活动，贵在参与，而由于各人具体情况不同，与其平均分摊，不如每个人根据自己的实际自愿捐资更好些。这次盛会是皆大欢喜的事，我们相信经济困难的同学绝不会因为囊中羞涩而却步，同学们决不会让经济困难的同学为难；我们同时相信我们这一届同学中一定会有不少出类拔萃者不仅有实力而且有实心，慷慨解囊，鼎力玉成其事。基于这样的考虑，我们这次捐资的原则是：一百二百不嫌少，一千两千不嫌多；若有盈余，可化为活动基金；若有缺口，则由城区同学补足。又，为使这次活动搞得尽可能完美，届时拟将活动全程制成光盘；同时，还要制作纪念册。纪念册的内容，包含每个人当年的留影、近照、小传（200字左右）、感言、寄语。相信这一盘一册一定会成为我们最值得永久珍藏、最值得时时回味的宝贝。

同学们！每个人都不能两次跨入同一条河流。无论什么事，不做则已，要做就要做得最好。这是我们这一届同学最值得骄傲之处。让我们发扬过去惜时如金的传统，把这件事办得扎扎实实，办得轰轰烈烈，办得无怨无悔！

2004年11月28日

《风采依然》后记

不管你是否准备好，有一天一切都会结束。不再有旭日东升，不再有灿烂白昼，不再有一分一秒的光阴。你收藏的一切，不论是弥足珍贵的，还是已经忘记的，都将留给别人。

你的财富、名望和世俗的权利都将变成细枝末节的事情，不管你拥有的，还是亏欠的，都不再重要。

你的嫉恨、冤仇、挫败和嫉妒之心终将消失。同样，你的希望、雄心、计划和未竟之事都将终止。曾经无比重要的成败得失也将褪色。

你来自哪里，用什么方式生活都不重要了。你是貌美如花还是才华横溢也不重要了。你的性别、肤色、种族都无关紧要了。

那么什么变得重要了呢？你有生之日的价值怎么来衡量呢？

重要的不是你所买到的，而是你所创造的。

重要的不是你所得到的，而是你所付出的。

重要的不是你的成功，而是你的价值。

重要的不是你学到的，而是你传授的。

重要的是你的每一次正直、怜悯、勇敢和牺牲之行为能够使人充实，让人强大或是能够激励他人，让他们以你为榜样。

重要的不是你的能力，而是你的性格。

重要的不是你认识多少人，而是在你离开时，有多少人感到这是永久的损失。

重要的不是你的记忆，而是爱你的人的记忆。

重要的是你为人所怀念的时间有多长，重要的是谁在怀念你，重要的是他们为什么要怀念你。

……

以上所引文章题目为"人生的意义"，是一个叫 Michael Josephson 的外国人写的。我之所以把它摘录于此，是因为可以借用它来说明编这本纪念册的意义。

据了解，连城一中高中部1962年共招120名，分3个班，在升到高三前，又因各种缘由陆续有11名同学加入我们这个年段，所以1962—1965年间曾在这一届的高中部一起同过学的人实际上有131位（含中途辍学者），但由于时处困难时期，因家庭困难、参军等各种因素，到1965年7月时才有110人毕业。经过40年，已有22人故去，目前尚健在者有109位。按理，既然是同学重聚，出纪念册，这109位同学的资料是一个也不能少的，但实际上我们一直等到付印前，仍缺少9位同学的相关资料。或许有人会为此感到有些遗憾，但我们却不以为然。我们倒是觉得，由几位既无权又无势更无经济实力的花甲老人发起组织的这次民间活动，最终能有这样的广度和热度，真的难能可贵，可喜可贺，我们不应该再有什么不满足了。

编 者

2005年8月

注：《风采依然》是1962—1965年度连城一中高中同学2005年金秋聚首纪念册。本文是这本纪念册的后记。

连城一中1965届高中毕业同学留影

聚 首

（1965届高中同学毕业40周年聚会歌）

陈福桂 词
罗学昇 曲

1=C 2/4

中速稍慢 深情地

(5 6 ‖: i̲ i̲i̲6̲ 6̲5̲5̲3̲ | 5 · 6 | i · 3̇ | 2̇i̲i̲6̲ | i — | i —) | 3 5 6 | 5

　　　　　　　　　　　　　　　　　　　　　　　　　　四 十 年前
　　　　　　　　　　　　　　　　　　　　　　　　　　四 十 年前

3̲ 2̲ | 1 · 2̲ | 1̣6̲ 5̣6̲ · i | 6̲5̲5̲3̲ | 5 — | 5 —)|

我 们 曾　在 花　季 手　拉　手
我 们 曾　在 花　季 牛　对　牛

6̲6̲6̲5̲ i̲ i̲ | 6̲5̲5̲3̲ 1 · 6̲ | 6̲5̲5̲3̲ 2 · 3̇ | 2̇ — | 2̇ — | 3 5 6 | 5

手 拉手啊意 气 风发朝　前　走 啊走；　　四 十 年后
牛 对牛啊不 知 天高和　地　厚 啊厚；　　四 十 年后

3̲ 2̲ | 1 · 2̲ | 1̣6̲ 5̣6̲ · i | 2̇i̲i̲6̲ |

我 们 在　金 秋重　聚
我 们 在　金 秋重　聚

6 — | 6 — | 6̲6̲6̲i̲ 2̇i̲i̲6̲ | 6 · i̲ | 3̇ 3̲3̇2̲ | 2̇ — | 2̇ 2̲3̇ | 3̇ — | 3̇ — |

首，　　　 重聚首啊重聚首啊 浑 身热血 流。　啊
首，　　　 重聚首啊重聚首啊 浑 身热血 流。　啊

2̇ · i̲ | 6 i̲ | 6̲5̲5̲3̲ 3 — |

谁 说青　春 不再万事休？
谁 说青　春 不再万事休？

2 · 3̲ 5　6 | i̲ i̲6̲ 6̲5̲5̲3̲ | 5 — | 6̲6̲6̲i̲ 6̲5̲5̲3̲ | 5 5̲6̲ i · 3̲ 2̲ | i

待 到地　球 再自转三万六千 周，　你心我心还会跳得像 十 八九　啊跳
待 到地　球 再自转三万六千 周，　你心我心还会跳得像 十 八九　啊圆

i̲ 6̲ | 5̲3̲5̲6̲ | i i — | i (5̲6̲) — :‖

得 像 十 八　九！
得 像 十 五　六！

―― 渐慢结束句 ――

2̲ 2̲i̲ | 5̲3̲5̲6̲ | i — | i — ‖

圆得像十五六！

观看一张老相片所想起的

张展文

人的一生，中学时代是极富纯真浪漫感情色彩的阶段。这是一帧珍藏了60年的老相片，是明耻中学1945年6月第6届毕业典礼师生合影照。出自名家李云霄（步青）手笔的苍劲有力的明耻中学4个大字和旧校门景观，蕴涵着深厚的人文精神，给人以沧桑感和历史纵深感。看着它，不禁勾起我在青少年时代的一些回忆碎片。

照片中当年37位风华正茂的莘莘学子皆已年届古稀了。已知有周千钟、李翰元、项岐杰（源运）等15人先后离开人寰；另有3位似乎觉得是原籍清流的同学，连姓名也记不起了。

这个班的同学分布在全县各地：除城关外，有来自林坊、文亨、北团、塘前、姑田、朋口、庙前等乡镇的同学，还有来自清流、上杭和台湾的同学。著名医师，曾任连城县医院院长谢忠信的儿子谢仕雄和明耻中学创办人周仰云先生的四子周千钟都在其中。

明耻六届毕业照片

原籍台湾的谢忠信、谢仕雄父子俩与连城人民的情缘颇具传奇色彩。谢医师早年留日学医，毕业后先在厦门从医，抗日战争爆发，厦门沦陷才迁来连城居住。他医术高超、医德高尚、服务周到、态度和蔼，当时是一位很了不起的名医。抗战胜利后返厦门。谢仕雄考上台湾大学，毕业后从事工商业，成为知名的企业家。他能力强，交际广，在两岸尚未开放探亲之前，他就通过两岸间的关系网，将他父亲从厦门接到台湾去。

当谢医师庆贺90大寿时，连城旅台同乡会特地为他举办了祝寿庆典，并赠送一座特制的"惠泽连民"银盾。至今我仍保存有由同乡会理事长罗佩光先生亲授银盾的彩照。足见两岸连城人对这位老人的尊敬。自两岸开放探亲后，谢仕雄校友也曾从台湾回连城，看望昔日同窗学友。这充分体现了他独具的亲和力和人格魅力。

明耻中学自创办以来，教师队伍素以"精兵强将"著称。多数教师是大学生，有的还是留学生。他们教学经验丰富，与学生的关系融洽，能开展丰富多彩的活动。这些，都给人们留下深刻难忘的印象。

毕业典礼还邀请社会人士参加。照片前排西装革履中立者就是校长王成瑚，其左右为当地党政人士，左为李仕铨先生（我县民主人士，县政协常委），左二周必璋是连城师范（迁长汀改名长汀师范）校长，右二童庆鸣先生是原县中校长（后任明耻中学校长，县政协常委），左一为高仰山老师，右一为朱增光教导主任（背后是他的小孩）。照片中还有二位教师，可惜忘了姓名。

王成瑚校长原为连城《大成日报》社长。他是一位口笔两尖、声音宏亮、口齿伶俐、出口成章的人物。他身材魁梧、演说生动幽默，上课或开会时，师生无不洗耳恭听，全场鸦雀无声。他还提出"自觉、自动、自治"的"明耻精神"，利用每周集会一周一个专题加以阐述，至今言犹在耳难以忘怀。据说，他后来在武汉、辽宁等地担任大学教授。

王成瑚校长之前任校长黄翼琛（鹏霄）是我县7名留法勤工俭学科学救国先驱、化学博士，在法国与周恩来等人同学并有过亲密交往。1926年回到广东后与黄鸣谦、罗际青三人随北伐东路军回连城，掀起连城大革命高潮，成立政务委员会，黄鸣谦当选为委员长，代行县长职权，黄鹏霄等当选政务委员，为我县第一次民选政权。黄翼琛在明耻中学不但担任校长，还兼教化学课。他的教学水平是出类拔萃的。他对教材精通熟练，实验更是得心应手。上课时他一般不用看课本，边讲边做实验，同学们看得津津有味，感到新鲜有趣。当时正值国难当头，工业品奇缺，他自制质量上乘的肥皂供应市场。同他一起留法的芷溪另一位同乡黄永源也曾在该校教过英文。

因有名师，故有"高徒"。就以第6届毕业的37名同学论，当年有杨振波等7名因学习成绩优越免试保送高一级学校深造。其中沈君瑚、陈森惠、黄林壬三人直接升入长汀中学，谢在沣、张展文、张扬椿则保送龙岩高中。至少有沈君瑚、张扬椿、谢仕雄、谢在沣、张志华、张展文、杨振波、周千钟、王景源、傅其勋等人考上了大学。建国后在军、政、警、教、医、商等部门工作的干部，据不完全统计有26人（中、小学任教的12人）。其中去台的有谢仕雄和黄仕坤二人。现仍健在的离退休干部有16人。他们在各个不同时期和不同岗位上都曾作出过贡献。

旧制中学拾遗

周兴灏

先父必铭，是连城旧制中学第四届毕业生。遗留下该班同学录一本，上有校长邓覃百先生所写序言和本校教员名录。现录出以飨读者。

一、连城中学校第四班生齿录 序言

司马迁作《仲尼弟子列传》，若为后世齿录之导源。余尝取而读之，仅存姓氏者逾半，乃谓出孔氏古文，盖所由来旧矣。齿录之初，去古意未远。世风迭降，竞趋于声势攀援之一途，乃借以相媒合，为识者诟病。兹之编同学录，宁惟是未能免俗云尔哉！道德学问操之在人，异日成就之高下，或预得其仿佛 。若夫世运之升沉，事迹之显晦，趣舍异致 ，则逾时而渐忘。手兹编者，志在古之谊，无变于今之俗，其于孔氏，无失为亲无失为故之意，庶有取焉！

二、本校授员

邓光瀛（校长）	李云峰	张爱棠	黄颖成	吴拱辰	李国华
罗拔如	邓济民	张鉴琮	吴藻翔	吴 华	蔡振东
何其伟	陈国桢	杨怀祖	袁炳燊	丘鸿猷	范良枢
张镜江	丘扬武	黄永源	陈健甫	黄必谦	李宝圭
陈梅魁	罗镇沣	吴协恭	吴运源	罗乃昌	袁国珍

快意人生有晚晴

罗道谋

公元1987年5月1日，东台山上十一位"超期服役"的"老兵"，齐唱"归去来"走出校门。从那时算起到现在，过去了二十七个春秋，大部分人已经离去多年。如果回顾他们的余年生活，可用二十个字作个总概括：

老来安且乐，
温馨又从容。
无雨也无风，
漫天夕照红。

但是，他们有共同的遗憾——不能亲参母校百年庆典。我有幸多活了几年，就让我用他们的三幅晚年生活剪影，代他们向母校百年之庆献礼吧……

"谢公馆"里的群翁会

"谢公馆"是指城内劳动巷中谢尧孙老师家。1987年5月同一批退休的人中，只有李安澜老师跟他算是近邻。那些散居在郊区的人，就以谢老家为会点，虽不能说是门庭若市，却也称得上三五成群。进了门，散坐在大厅中，口啜清茶，大摆"龙门阵"。冬天，有从天井射下来的暖暖冬阳；夏天，有从天井吹下来的阵阵凉风。大家"思前想后"地说三道四，"古今多世事，都付笑谈中"。

到场的当然是同批退休的人居多，但凭"馆主"的人缘、交谊，那些即将退休的、其他学校退休的，甚至壮年在职的时有参杂其间。欢聚一堂，谈笑风生。欢笑声中，有时也会听到几句对坏人坏事的怒骂。这时候，退休后的失落感、寂寞情释散无遗了。

如果说，以上是显示大屏幕上的"群趣图"，那么，下面就有一幅独具特色的剪影——四老"砌城墙"。在民间，"打麻将"被形象地喻为"砌城墙"。"谢公馆"里的运韬剪影，由"馆主"自己另加林锡祺、李安澜、罗道谋等四位"老泥工"组成。他们每逢每周的一、三、五三个下午，风雨无阻地坐在大厅牌桌旁，辛勤地劳作着。他们定下规章：下午一时半开工，四时半收工；不搞"刺激"，但要记下负分，负分最多在下次要带上价值三五元的茶点，在"工间休息"时配茶。或每人一块香糕，或一个麻蛋包糍粑，或每人三五个哽心丸，或二斤盐水煮花生……都是客家风味的"小吃点"。如此，劳而不疲，乐而忘忧，安安静静，融融洽洽。快哉，神仙之乐也！

可是，造化安排给人的总是乐中有悲，甜中有苦。想不到李安澜老师会最先出局，找来补缺的又因车祸后病逝。第二位补缺的，有一天突然在桌边头晕目眩，一阵大吐，吓得大伙立时停工，以后不敢再去相邀，于是，这一"工程"只好宣布终止。

长街巷道的"三人行"

进入本幅剪影的是谢尧孙、李拔才、罗美焕三位老师。谢老是坚持晨跑早有传名，李、罗二老退休前除了上课，还是上课，没有其他爱好；退休后不肯培养兴趣，有时会在麻将桌边插插"蜡烛"，又感到无聊。于是，他们约定，信步长街表演"三人行"。

除了雨雪天，上午9时半左右，各人从家里出来，在原北门影院附近会合，多半向北大路东端走去。有时也会步入熟悉的小街巷道。三人时前时后，左顾右盼，时而伸手指指点点，时而交头接耳，悠然开心。当他们走过新汽车站，迈上文川河上的大桥时总要停步歇息。身倚桥栏，俯看文川河水缓缓北流，远眺冠豸山头天光岚景、雄山秀水，多么让人陶然欲醉。

如此闲云野鹤般的享心乐事，造化不会长久安排。"三人行"中最早换位的是李拔才老师，由谢老师的永师同学，也是罗老师在明耻中学时的同党、在北团中学退休的吴振海老师补入。后来，罗美焕老师也离队了，"三人行"只好由谢、吴二老改演"二人转"。可是，吴老师也没有"转"多久。

长街商铺里一些早年就是三老的学子，随时可与老师点头招呼，小街巷道时或碰上一些熟人寒暄问好，但当人们感觉那么熟悉的身影不再出现时，难免心有憾焉。

运动场上的身影

公元1986年7月初，福建省首届老年运动会在福州市举行。县老年体协专职干部、在一中提早退休的体育老师林兆明，找上谢尧孙老师去参赛5000米长跑，又找上我去参赛围棋。但很不凑巧，这一赛期与高考日期重合了，我无法参与，谢老也不愿去。错失了这一首届盛会，常常引为憾事。

此后，省、市、县三级的老年体育活动经常化了。林锡祺老师，江兴坤副校长和我都在有关赛事的赛场上留下身影。

首先是林老和我去过长汀、上杭参赛乒乓球。然后江老和我，经过短时间的无师自学"现买现卖"地学了司诺克台球的打法就去龙岩参赛。

就我来说，从1987年以后直至2005年，先后一十八个年头，我跟"老运动员"结下深厚情缘，这段时间是我老年生活的"黄金"段。在这期间，地区范围内只差武平县没有去过，省范围内去过漳州市参加省二届老年运动会围棋赛，去过厦门市参加省老年围棋赛。从赛项看，除了"吃老本"去参赛乒乓球、围棋，还多学了司诺克台球，后来又学了桥牌的基本打法。从名份看，十多次县运动员，四次地区运动会运动员，二次省运动会运动员，二次棋牌项目的领队。可以这样说，在1987年11位退休老师中，我的老年生活过得最充实。

人生应该知足，知足者常乐。人生不应奢求，奢求者必自苦。出现在以上三幅剪影中的"老兵"们，在"史无前例"中"浴火"时，做梦也不会有以上梦境。他们大难不死，能有一个"无雨也无风"的晚晴天，这就是莫大的福运！所以，我想：对那些劫后余生的"老兵"们来说，退休后能随心遂意地安度晚年，就显得特别值得珍贵，显得特别的有历史意义了，用"快意人生有晚晴"作为本文题目，也就特别的贴切了。

公元2014年1月

注：本文作者为明耻中学首届毕业生、连城一中退休教师。

土改中，一支以学生为主体的宣传队与战斗队

谢金兰

连城的土改是1950年冬开始的。县里成立土地改革委员会，由县委书记刘户文任指挥，253团政委兼县委副书记张茂勋任副指挥，具体负责组织、领导土改工作。由253团指战员、革大和闽西公学学员、县中与明耻两校150多名师生共数百人组成的土改工作队，混合编组，分成几个中队，每个中队再分成若干个工作组，一个区（相当于现在的乡或镇）派一个中队，一个乡（相当于现在的村）派一个工作组。另外成立一个以学生为主体的土改文工队，在各乡巡回宣传、演出、访贫问苦，发动群众。

土改文工队由40人组成，队员34人全是学生。11名女生中除林玉云外，其他10名都是县中的文娱积极分子，唱歌、跳舞、演戏样样在行，林玉云是明耻高中的学生，年龄比这些小女生大一点，也会演戏，最擅长的是开群众大会时当翻译，她口齿清楚、嗓音洪亮，又会讲"乡下话"，很适合下乡宣传。男生中大部份是明耻中学的高中生，也是人才济济，个个身有特长。如罗永材、罗永湘兄弟，字都写得很好，永材行书龙飞凤舞，适合写标语，永湘楷书工整秀丽，适合刻蜡板印剧本和宣传小册；江道元的美术字和图画都很好，每开群众大会的大幅横幅和条幅都是他完成。演戏的人才也不少，罗永涛演活报剧《斗争罗礼明》中的地主恶霸罗礼明、林举烈演活报剧《活捉唐宗》中的唐宗，都是反派角色，但都能克服思想障碍，全身心投入，在激发群众剿匪反霸的斗争中，起到不小的作用。县中的男生能演会说的人才亦不少，罗顺文便是其中的一个，能演讲、会演戏、又会讲乡下话，白天走家串户动员群众，晚上演歌剧《穷人恨》中苦大仇深的王东才。又如李翰元毛笔字写得好，白天写标语，晚上演剧中凶神恶煞的田保长，由于他们成功的演出，无形中唤醒了贫下中农的阶级意识和阶级感情。

文工队队长是县中的音乐教师谢尧孙，他身兼数职，除作为队长要负责全面工作之外，还是导演、化妆师和演

土改文工队

员，而且是一个实力派演员。他演《穷人恨》中的老贫农王仁厚，神形兼备，且歌也唱得很感人。副队长张文烈是位年青教师，他为人宽厚平和，主管生活，工作认真、负责、细致，虽要严格地执行军事化生活制度，按时起床、出操、出发和熄灯，但与队员们都相处得很好。负责后勤的是明耻中学的一名职员（忘其名），他不声不响地埋头工作，除伙食采买、安排住宿等生活问题外，还把宣传所需的纸、笔、墨、砚及演出时的服装、道具等准备得妥妥贴贴。土改指挥部派253团的陆忆萍为政治指导员，他为人谦和，凡事以身作则，从不摆着面孔训人；另外，革大的两名学员邵曦余和龚藤也都能与大家打成一片。

这是一个人人各司其职、既分工又合作的战斗队，一个团结友爱、热情活泼、朝气蓬勃的集体。他们走了一村又一村，白天贴标语宣传党的土改政策、走家串户发动群众，晚上顶着严寒演出。1950年的冬天，天气特别寒冷，北风凄厉，大雪纷飞，田野和山岗白茫茫一片，演员们脱去棉袄、毛衣，穿着破烂衣衫，在只有三面围幔的露天舞台上演出，个个冻得缩成一团，但要的也正是这种效果。记得《穷人恨》的第一次公演是在江坊，姚坊的群众也被动员到江坊来看戏。当幕一开启，映入眼帘的便是一个坟包，随即衣衫褴褛、步履蹒跚的王仁厚，领着拄着竹杖的老伴和衣不蔽体、冻得瑟瑟发抖的儿孙，用低沉的男中音唱着："王仁厚，领儿孙去祭祖坟，遭兵灾、遭荒旱，远离家园。这一去不知道何时回返？一路上父子们两泪不干！"上场。然后一家人凄凄楚楚地在坟前哭拜，引得台下不少群众抹眼泪。本来情景就够惨的了，却偏偏这时田保长带着保丁凶神恶煞地闯上来，要将王老汉的儿子东才拉去当兵，东才的儿女拉着爹不放，老母亲哭天吼地，恳求田保长放了她的儿子，却被狠狠地踢了一脚。这时舞台上雪上加霜，哭做一团；舞台下却火上加油，群情激奋。有人适时领呼口号："打倒地主老财！""打倒国民党反动派！""消灭封建剥削制度！""农民翻身作主人！""中国共产党万岁！""毛主席万岁！"这种直观的阶级教育，比起单纯的说教动员，效果好得多。又如公演《活捉唐宗》活报剧时，剧情中的枪声不是用道具模拟的，而是253团的战士在后台用真枪朝天鸣放。枪声对残匪及其家属是种威慑，对群众却是一种鼓舞，这在促使残匪弃暗投明、打消群众思想顾虑方面，都起到一定的作用。

有关土改文工队的详细情况，我已写了一篇回忆录登载在《连城文史资料》第四十辑，在此便不加赘述了。

附上一张土改文工队集训结业时的照片。照片上一共41人，除253团宣传股长赵民生外，其余40人都是文工队员。

1951年连城县土改工作队文工队结业留影

1960 届 "雪雁" 班班史纪略

罗景春

我们连城一中高中1960届"雪雁"班校友是在祖国"不平常的春天"里完成初中学业，同年秋季进入母校高中的。高中的三年，经历了不平凡的校园生活和社会实践。现将其点滴回忆成文，作为母校九秩春秋的一段辉煌见证。

大鸣大放，下厂下乡

1957年秋，我们刚入高中，即逢社会主义教育运动在校园展开。我们遵照学校党团组织的要求，积极参加鸣放，纷纷以大字报的形式发表各自对党的教育方针、粮食统购统销政策等时政大事的看法，而后下厂下乡，访贫问苦，开展社会调查。通过与工人农民的接触，经历车间田头生产劳动的体验，增强了新旧社会两重天、人民生活大提高的直观印象，加深了对社会主义和农业合作化优越性的感性认识。至今还记得那年秋冬前往揭乐、龙岗等地参加秋收冬种劳动及宣传党的方针政策的情景。社教运动第三个阶段是开展大辩论。同学们根据访问调查所获取的第一手材料，结合典型的村史和突出的家史，畅所欲言，各抒己见，批驳"今不如昔""党不能领导学校"等种种谬论。末了，每人写小结，班级进行总结，大家都顺利地过了社会主义这一关。这段经历，大概可以算是平生所上的第一堂政治大课。

义务劳动，抢修水库

1958年4月1日，我们班与全校300多名师生一道前往"赖桥水库"参加义务劳动。这是县里实施"农业发展纲要四十条"的一项水利建设工程。作为连城人民的一份子，我们理应履行自己的光荣职责。在水库工地上，各个班级都展开了热火朝天的劳动竞赛，挑土的、打夯的，谁都争分夺秒，谁都不甘落后。静谧的山谷，终日回荡着我们广大师生的歌声笑声。水库大坝，也在我们全体师生的劳动中一点一点地增高。

广积肥料，地瓜丰收

兴起于1957年的"勤工俭学"活动，至1958年臻于高潮。当时县里划拨了原农场的104亩土地给一中作勤工俭学基地（成了全区最大的一个校办农场）。我们班也有一块包干区用于种菜、种地瓜、种水稻。当时流行的口号是：创千斤稻、万斤薯，放高产"卫星"。该年6月30日，全校曾掀起一次声势浩大的积肥运动。各班分头到城区每个角落寻找那些沉睡多年的煤炭灰、垃圾土，作为种植地瓜的基肥，堆放到经过深翻土的地垄沟里。秋后收获的地瓜堆满了食堂的所有空地，成了大炼钢铁那段时间师生们"放开肚皮吃饱饭、鼓足干劲拼命干"的粮食基础。

自己动手，挖土筑墙

在大办农场的同时，各班级还承担了夯筑校园围墙的硬任务。校园东端原是荒冢乱坟堆，经师生数年的开垦挖掘，已成为新教学区和宽广的东操场，但还没有一道可当屏障的围墙以确保校园的安全。我们"雪雁"班（这是在欢送去煤校就读的50位同学之后，剩下的50位同学集思广益选取的班名。这个名字由班主任林奇英老师译为俄文，刻成字模，印在背心上，每人自费购置两件。

每逢出席运动会、参加体育比赛，它便是我们标志性的班服）负责与原东台粮站毗邻的东北段围墙的夯筑任务。大家利用课余时间，就地挖取黄土，采用"干打垒"的土办法，于国庆九周年前夕圆满完成包干任务。

响应号召，分赴煤校

在建设社会主义"三面红旗"（即总路线、大跃进、人民公社）的指引下，全国各地新创办的大中专院校如雨后春笋，我省"福州大学"、我区"闽西大学"均是那个年代的产物。"福建省煤炭工业专科学校"也是在那时候创办的，校址在龙岩雁石（后迁东肖）。它的创办为我区各县的高一学生开创了就近速成进入中专学习的机遇。我校高一原有两个班的学生，也因此被抽调了一个班（共50人）去读煤校。当时的口号叫"走的愉快，留的安心"。这批人无愧于母校的殷切期望，经受住了艰苦的学习生活环境的挑战，后来大多数成为我省煤炭工业战线第一批技术骨干。他们毕业后被分配到龙岩苏邦、红炭山、漳平、大田上京、永春天湖山及邵武等大型煤矿工作，奉献出了自己的青春和聪明才智。其中邓成清、郑孝灼等3人转往地质部门（有一人分配到辽宁省工作）。改革开放后，不少人调回本县，为家乡效力。张瑞深、张恒佑等人后来还进入县直机关供职至光荣退休。

上了大学，又回高中

继欢送50人赴龙岩煤校就读中专不久，1959年春上，我们又欢送黄永涛、邓大荣等7人前往"闽西大学"深造。能提前跨入大学校门，不仅当事人，就是全班同学都感到欢欣鼓舞。这样的事，只有在那个"一天等于二十年""跑步进入共产主义"的特殊时期才有可能出现。然而，过了大约三个月，闽西大学因故停办（尔后改称"龙岩师专"迁址复办）。于是，我们在热烈欢送之后又热烈欢迎他们回母校继续高中学业。笔者近查旧札，发现存有写于1959年5月16日的一首小诗，诗后附记："七位分配到闽西大学学习的同学，为了祖国需要，又重新回校继续完成高中阶段学习。为欢迎他们，因而有此作。"可知此事属实。据他们七人回忆，当时母校亦曾抽调张明锦老师前往闽西大学任教，是与他们一同来去的。

跋山涉水，寻找矿源

在20世纪50年代中后期，母校师生也曾一反昔日的按部就班，迅速融入到那个特定的时代洪流中去，经历了一段白天劳动、夜间上课的"非常时期"（这是物理教师卢发彩当年的一句口头禅）。而我们"雪雁"班则遵照省委"各校高二学生支援地方工业建设"的指示，停课两个月余，一大半人分派去县里工业科报到，参加找矿队。他们分成若干组，跟随赖运昌、林声鹤等（先期几届毕业、已参加工作的校友）深入到庙前、朱地一带的"梅花十八寨"腹地，勘探蕴藏于我县地下的铁矿、锰矿、铅锌矿。邓大荣、邱国辉、杨聪凤等同学都曾体验过当年那段爬山越岭、四处奔波的"准地质队员"的艰苦生活。这对他们来说，不啻是提前介入社会的一次饶有风味的大实习！

"阿拉"小姐，授徒传艺

当年，华东师范大学化学系的十几名大学生，前来福建支援大炼钢铁，分配至连城，就在我校开办化验培训班。记得有位叫姜秀惠，有位叫邝任霞，这些上海姑娘，开口闭口"阿拉""阿拉"，对开门见山的连城地貌非常惊奇，很感兴趣。除去找矿的同学之外，我们班的另一小半同学就跟着他们学"滴定法"，负责对我县的各种矿石进行定量分析，也为我校师生炼出的铁水、钢水作相应的化学成分测定。开初，同学们觉得成天与试管、烧杯、三角瓶打交道没劲，很羡慕抽去找矿的同学天天游山玩水多有趣，后来才安下心来学化验。经"阿拉"小姐们的耐心教授辅导，逐步掌握了定性分析与定量分析等化验技能。临回上海前，江毓清等女同学曾陪她们去游冠豸山。

大炼钢铁，艰辛备尝

在化验组呆了不久，笔者和江初祥、饶求荣、吴先荣四人被抽出来，组成一个炼钢小组。先是由吴允施老师带领，前往漳州石码学习观摩"坩埚炼钢法"，历时一周（那是我们首次出县离家远行，领略异乡风情，故而印象特深）。回校后，四人步行去姑田挑石墨（制作坩埚的主要原料）。这三天的经历令人终生难忘。头天出发，每人挑一土箕（内置几块熟地瓜，用于途中充饥），翻越金鸡岭，经李屋、曲溪，到姑田公社住下。次日东行，抵达巴隘岭，找到石墨矿，每人装了两土箕，挑回公社又住下。第三天负重返行，步履可就不似来时轻快了。好容易走完八十余里路程，回到校园，其肩肿、腰酸、腿疼的滋味远胜于初中阶段每周六去西山挑煤的千百倍。有了原料，即着手制作坩埚。品尝了多次失败的滋味、解决了器皿熔具之后，这才进入炼钢试验阶段。据本人查阅旧札，前后共经过了四次失败，找出原因、调整配方、控制炉温，第五次才终于试炼成功第一炉钢水，送化验组化验符合碳素钢标准，学校党支部即令我们将样品送去向县委报喜。这说明我们炼钢组五人石码之行不虚，所取之"经"不假，一月之劳不徒！

实行"劳卫制"，人人争达标

1958年还有一项活动，也是搞得热火朝天、不亦乐乎的，那就是从苏联引进的"劳动与卫国体育制度"教学大纲在体育课中的全面实施。各个班级根据大纲制定的等级标准，纷纷开展田径运动诸项目的锻炼，力争人人达标，竞取体育佳绩。当年，学校曾经于某日傍晚举办过一次10公里负重行军越野赛跑，每人身背一个沙包，在从校门口至隔川屋桥的这段连宁公路上往返一遍，所耗时间记录在册备案，作为"劳卫制"的一项达标依据。

参加军训，书生成射手

与"劳卫制"相伴而行的是大办民兵师，贯彻毛泽东"全民皆兵"战略思想。这也是一大二公的"人民公社"既是政权组织，又是劳动组织，也是军事组织的思维模式的具体体现。当时各班级都由连城机场派来的教官负责培训，让学生学习队列操练及枪械瞄准、手榴弹投掷等课目。那年12月17日，我校基干民兵前往西康村外的开阔地进行了一次实弹射击演习。每人打三发子弹，用旧式步枪取卧式，目标百米之外的胸靶。当我平生第一次扣动扳机时，心里紧张得不得了，所幸成绩不错，三发子弹都命中靶环圈内。我们班有少数同学还被评为优秀射手。

迎战"高考"，不负众望

经历前两年政治、经济、军事等一连串中心活动之后，第三学年才转入到正常的学习之中。此时省里又发出了再接再厉、誓保"全国高考红旗"三连冠的动员令与进军号。作为应届生，这是当仁不让、无可推辞的光荣使命。学校领导高度重视，科任老师全力以赴。我们在顺利通过毕业考试之后的最后时刻，全班48人按所选的文史、医农、理工三类志愿分开进行总复习，地点就在当年刚落成的"科学馆"里。学校曾号召低年级同学替我们洗衣服和打扫教室、寝室卫生，并要求食堂每天保证供应我们每人一杯豆浆——这两件事令我们十分感动，至今难以忘怀。我们则以优异的高考成绩回报母校全体师生员工，创下了一中校史上的首次高录取率，也为确保我省第三年的"全国高考红旗"尽到了各自的一份力量！

挑灯夜战，投身"五夏"

1960年的高考时间是在7月20日至22日。经过三天紧张的脑力劳动之后，7月24日至7月30日，学校组织了一周体力劳动作为我们离校前的最后一课。全班同学于24日清晨步行前往县城西南郊的廖坊"县办农场"支援"五夏"中心工作。同学们在该场新落成尚未使用的一座十几开间的猪舍里打好地铺之后，便立即投入到抢收水稻的紧张劳动中。当时大家积极性都很高，为了抢季节、赶时间、保质保量地完成分配给我们的夏收夏种任务，每晚都加班加点、挑灯夜战，但没有一个人叫苦叫累。7月30日傍晚，我们打起背包，返回校园。翌日，学校为我们"雪雁"班举行了隆重的毕业典礼。从此，48只"雪雁"告别母校，展翅分飞于祖国的四面八方，为社会主义建设事业奉献各自的聪明才智，直至光荣退休。

校庆和同学会

傅必文

2004年，母校，连城一中举行建校九十周年校庆。

连城一中早已通过中学二级达标验收，校园面积扩大很多，真的是旧貌换新颜。这次校庆自然很隆重、很热闹、很喜庆。特别是我们这一届三班的同学周年茂，毕业后不久赴香港继承祖业，所谓家财万贯，这次回来参加校庆，捐款200万给母校。三班有些同学很以此骄傲，我们也深感有与荣焉。

我们是1967届高中毕业生，1966年"文化革命"后分裂为"红字派"和"新字派"，互相敌视，裂痕很深。校庆中大家相聚于母校，有的已三四十年未曾谋面，这回互通姓名，恍如隔世，自然非常亲切，非常兴奋，路上握手，桌上碰杯，旧时裂痕一旦冰释，大家又都是好同学、好朋友了。

校庆过后，周年茂同学要回香港，三班的同学组织了一次他们班的同学会，欢送他们班的同学。原来三班的大都是城里的学生，自然一班、二班的同学也相约开同学会，各乡镇轮流承办。

旧的裂痕刚刚抚平，新的裂痕又已产生！这或许是当前我国城乡社会二元结构的反映吧。老子曰："道生一，一生二。"也许这是人世间不可改变的规律。一总是要生二的。世间万事何足道，遵从自然吧。

2005年，我们两个班的同学在朋口中学会议室举行第一次同学会，大家围坐一起按顺序诉说说自己毕业后的经历和现在的家庭情况，诸多酸甜苦辣，一吐为快，所幸大家都不枉此一生。饶炳煊同学则忙前忙后，给大家摄影，准备制作光盘留念。

酒后，大家先到朋口火车站参观。该站取名"冠豸山火车站"，2004年才开始运营。站前广场像个小公园，周围新建了不少居民小区，不是城市，胜似城市。在广场上合影留念后，又到兰花基地和朋口战役纪念碑参观。

1967届高中（3）班毕业40周年班庆

2006年在四堡聚会。四堡的同学带大家到清流的灵台山游玩。这是一座佛教名山，风景胜地，据说现在已被清流县开发为旅游景点。

四堡的饮食也很有特色，特别是四堡漾豆腐让大家赞叹不已。

2007年聚会，我们来到了福建省文化名村庙前芷溪，参观了黄氏和杨氏的两座祠堂。

2008年，我们相聚在文亨，参观了雁石水库，只见四围青山，一盆绿水，碧波荡漾，使人神清气爽。

2009年，我们来到了"金姑田"。过去，姑田因造纸出名，不少人也以此发了财，故我县过去有"金姑田、银莒溪"的赞誉。如今，虽然风光不再，但市面还算繁华。

姑田的同学带我们游览了西山的紫阳书院。已经是中秋过后，青松翠竹间枫叶初红，拾阶而上，绿色侵眉，红叶拂面。半山亭是新建的，山顶的紫阳书院却已老旧，据说这是南宋朱熹讲学的地方，没想到这不起眼的书院却有如此珍贵的历史文化遗产。厅堂的后墙上写着"堂奥"二字，墨色醒目。有同学突然问我，这两字是什么意思。仓促间，我从"深奥"一词生发开去，于是答道："意思是厅堂的最深处，比喻学问的高深所在。"后来想想，这也是人生追求的最高境界吧。这是我这次到姑田的意外收获。

因为有八位同学在龙岩安家落户，第二年大家到龙岩游玩了一回。

第七次，我们相聚在罗坊。

罗坊有一座屋桥，名"云龙桥"。桥下溪水清澈，罗坊每年游古事，都是从桥下的溪中开始的。"云龙"的前面是一片开阔地，周围有不少名木古树。溪对面桥旁边有一片岩石，壁立千尺，青灰色的岩石上树木苍翠，参差摇曳，其间还点缀着几朵野花。如此胜景，若近闹市，定然是车水马龙，游人如织，怎会只与村妇牧童相伴，就像柳宗元笔下的小石潭一样，如此寂寞。人世需要繁华，而人生也常常需要清静。那似云似龙的云龙桥，年复一年半醉半醒地横卧在这山水间，享受着这自然的宁静。或许这正是云龙桥的境界，也是一种人生境界吧。

我们就在云龙桥边合影。

第一轮聚会就此结束。我们相约第二轮依旧再来。

2012年国庆过后，我们在朋口开始第二轮聚会。这次地点改在朋口兰花博览园，那兰草，那兰花，真个别有一番风味。特别是这次我们还邀请了吴有春、江初祥两位老师来参加我们的聚会。其间，我们朋口籍的同学还列队朗诵了宋祖英演唱的《长大后，我就成了你》，以表尊师之怀，两位老师退休后仍然笔耕不辍，确实值得尊敬。但我觉得感情一旦成为形式，

罗萍（前排左三）与老师、同学合影

也就失去了自然的趣味，感情的表露，还是自然的好。

本来，按第一轮的顺序，2013年，我们应该到四堡聚会，大家也都乐意再到清流的灵台山游玩一次，但是庙前的同学提出先到他们那边去，因为2013年他们那边要举行迎朝天岩菩萨的庙会，8年轮一次，非常热闹。

于是，2013年10月27日，我们在庙前吕坊陈作春同学的家里聚会。

这次来的同学中，罗萍是第一次与会。她在香港经营多年，是一位成功人士，吴有春、江初祥两位老师也依旧与会。

那天是开斋，迎菩萨的热闹场面已经过去，各家各户都在准备丰盛的酒菜招待客人。

吕坊村离庙前有4里左右，全村1800多人，是革命基点村。现在村里已盖了很多新房，有些还是别墅式的，主人都表现出一种富足的喜悦。村道也都是水泥路。我们游了一圈后，又回到陈作春同学的家门口，桂花树下，随意纵谈。忽然说起，我们班原有54位同学，已陆续有9人离我们而去了！古诗云："当年共我赏花人，点检如今无一半。"我们虽然没有零落至此，但也不免常会想起"夕阳无限好，只是近黄昏"。

最早离去的是北团的黄广生同学，是1967年被乱枪打死的。他的家我去过，他父亲当时是一位70多岁的老农，脑后还留有一条枯黄小辫子。现在想来，那或许并不是对清王朝的留恋，而只是对习惯的尊重。我记得他当时并没有流泪，而只是一脸悲戚的样子。也许太多的历史伤痕使得感情有点麻木。现代社会中，杀人的利器实在太多了！人世间，被飞来之祸夺去的生命，难道还少吗？

陈作春同学用8年的陈年老酒招待这些老同学，足见深情厚意。酒后，我又想起杜甫的诗："明年此会知谁健，醉把茱萸仔细看。"

明年本该是到四堡去的，但因为明年是母校连城一中的百年校庆，四堡之行只好推后了。

喜庆的事还多呢，相聚的机会也还多呢！

2013年10月

春晖暖抱

CHUN HUI NUAN BAO

1924年，中国社会主义青年团旅欧支部部分成员在巴黎合影。前排左四为周恩来，左六为李富春，左一为聂荣臻，后排右三为邓小平。我校友芷溪人黄翼深（最后一排右一）、黄永源（第二排右一）、黄鸣谦（最后一排右二）亦在其中。

邓小平接见沈持衡先生（与邓小平握手者）

图1 校友谢腾（右）向江泽民介绍公司情况时留影

图2 校友吴蓉（左）陪同胡锦涛视察连城某农场时留影

图3 校友林占熺在接受习近平颁发一等功证书时留影

①
②

图1：校友李天喜（右一）受到习近平接见时留影

图2：习近平在送给我校校友周年茂的国画上亲笔题词

彩页篇

① ── ② ── ③

图1：时任中国扶贫基金会
会长、原福建省委书记项南
视察一中时题词

图2：校友张南生将军（右
二）与杨成武将军（右三）
等留影

图3：原教育部副部长吴启
迪（前排右二）视察学校

华诞寄语
HUA DAN JI YU

福建省教育厅

贺 信

连城第一中学:

欣悉你校举行建校 90 周年庆典活动,谨向全校师生员工表示热烈的祝贺!向长期以来关心、支持学校事业发展的各级领导和海内外各界人士表示诚挚的谢意!

你校办学历史悠久,源远流长。长期以来,你校认真贯彻党的教育方针,坚持社会主义办学方向,艰苦创业,勇于开拓,学校办学规模逐步扩大,办学实力不断增强,办学水平日益提高,为地方经济建设和社会发展作出了积极贡献。

希望你校以 90 周年校庆为契机,以"三个代表"重要思想为指导,与时俱进,开拓进取,全面实施素质教育,大力推进教育创新,不断提高办学水平和质量,为全面建设小康社会和推进海峡西岸经济区建设培养更多的优秀人才。

福建省教育厅
二〇〇四年十一月二十四日

贺 信

金秋时节,欣闻母校喜迎建校九十华诞,我谨以一名学子的名义,向学校领导和全校教职员工致以节日的祝贺,向当年倾心培育我们成长的领导和老师表达崇高的敬意。

连城一中是一所在省内和周边县市享有良好声誉的重点中学。建校九十年来,一代又一代的办学人,认真贯彻党的教育方针、始终坚持正确的办学方向,努力开拓,奋发进取,走过了一步一个脚印,一年一个台阶,走过了坎坷而又辉煌的九十年征程,把学校建成了拥有55个教学班、250名教职工、3000名学生的名校。学校坚持面向现代化,面向世界,面向未来的方针,以教学为中心,从严治校,严谨办学,为国家和社会培养了大批有用人才,为社会主义现代化建设作出了应有的贡献。二十一世纪是中国大发展、中华民族实现伟大复兴的世纪,在新世纪的征程中,我们出自于连城一中的学子,衷心祝愿母校再创辉煌,祝学校全面建设取得新的成绩,新的进步。

王同琛
二〇〇四年十一月十日

贺 信

连城县第一中学:

在贵校隆重举行建校九十周年庆典之际,谨致以热烈的祝贺!九十年来,贵校坚持以人为本,严谨治学,锐意进取,辛勤耕耘,为推进我市教育事业发展作出了积极贡献。希望你们认真总结经验,继承和发扬优良办学传统和作风,为实施科教兴市战略,加快龙岩全面融入海峡西岸经济区建设,早日建成连接沿海拓展腹地的生态型经济枢纽作出更大贡献!

龙岩市人民政府市长 刘赐贵
二〇〇四年十二月

招生办公室　电话:62770334　邮政编码:100084

贺 信

福建省连城第一中学:

值贵校建校九十年校庆之际,我们谨向贵校表示热烈诚挚的祝贺!

贵校校风淳朴,治学严谨,改革开放以来,贵校更是锐意进取,求实创新,捷报频传。新的世纪,我们愿与贵校加强往来与交流,共同铸造素质教育的明天!

祝贵校九十年校庆活动取得圆满成功!

清华大学招生办公室
二零零四年十一月

贺连城第一中学九十周年校庆

连城第一中学:

欣闻贵校九十周年华诞,谨向贵校致以热烈的祝贺!

时光荏苒,岁月峥嵘,贵校学子笃志博学,搏击中流,为祖国国家作出了很大的贡献,更将他们中学母校的声誉播扬于四海!

厚德载物,喜逢贵校宏图更展之际,衷心祝愿贵校事业兴旺,桃李天下!

复旦大学
2004 年 11 月 17 日

浙江大学

贺 信

福建省连城县第一中学:

欣闻贵校建校九十周年,谨致热烈的祝贺。

贵校在九十年的办学实践中,坚持德智体全面发展的办学原则,培育了大批建设人才,取得了令人瞩目的教育业绩。

长期以来,贵校对我校的办学十分支持,为我校输送了许多优秀的学生,值此校庆之际,我们向贵校广大师生致以诚挚的感谢。

衷心祝愿贵校在新的世纪再谱华章,教育创新,与时俱进,为祖国的经济建设和社会发展作出更大贡献。

浙江大学
2004 年 11 月 日

武汉大学

贺 信

福建省连城县第一中学：

欣闻贵校举行建校九十周年华诞庆典，谨向全体师生员工致以最诚挚的祝贺！

贵校历史悠久、校风严谨、师资雄厚，九十年来，贵校始终坚持"德育为首、教学为主、全面发展、质量第一"的办学宗旨，坚持党的教育方针，开拓创新，锐意进取，为祖国建设培养了一批优秀人才。我们为贵校取得的成就感到由衷的钦佩。

我们相信，贵校定能借校庆东风，以"三个代表"重要思想为指导，励精图治，开拓进取，继承和发扬优良传统，进一步深化教育改革，全面推进素质教育，为祖国的繁荣昌盛作出更大的贡献。

祝贵校建校九十周年华诞庆典圆满成功！贵校事业兴旺发达！

武 汉 大 学
二〇〇四年十一月一日

上海交通大学

贺 信

福建省连城第一中学：

值此贵校喜庆建校90周年之际，谨向你们致以崇高的敬意和热烈的祝贺！

贵校建校90年来，经过全体师生员工的不懈奋斗，办学实力明显增强，教育教学质量不断提高，在课程改革、学科竞赛、师资队伍建设、学生自主发展等方面进行了积极的探索，培养了大批的优秀人才，为祖国的振兴和科学技术的发展，作出了重要的贡献。

长期以来，贵校向我校输送了一批又一批的优秀学生。在此，我们谨向在教育园地上辛勤耕耘，作出无私奉献的连城一中全体教职员工致以深深的谢意！

构建完善的国民教育体系和终身教育体系，培养和造就大批具有较强创新能力的高素质人才，不断提高全民族的思想道德素质和科学文化素质，是社会主义现代化发展的迫切需要，也是时代赋予我们所有教育工作者的责任。希望贵我两校进一步增进友谊，携手合作，为培养德、智、体全面发展的社会主义事业的建设者和接班人而共同努力。

预祝本次庆典活动圆满成功！

上海交通大学
二〇〇四年十一月八日

华中科技大学

贺 信

连城一中：

欣逢贵校九十周年华诞，华中科技大学六万余名师生员工谨向贵校领导和全校师生致以热烈的祝贺！祝大家工作顺利，事业辉煌！祝全体同学学业进步，全面发展！

九十年来，连城一中历经风雨，但矢志于国家教育事业的宗旨不改，红烛之光照耀着无数莘莘学子从这里走向智慧之路，走向宽广的世界。我们谨以同仁的名义向在基础教育园地辛勤耕耘的园丁们致以崇高的敬意。

多年以来，连城一中与华中科技大学一直保持着良好的合作关系，为华中科技大学输送了许多优秀学生，借此机会，谨向贵校表示衷心的感谢。愿我们两校的友谊永存！

十年树木，百年树人。教育事业是一项伟大的光荣的事业，是民族振兴的希望所在。衷心祝愿具有光荣历史的连城一中青春常在，蓬勃向上，在新世纪写下新的篇章，创造新的辉煌！

华 中 科 技 大 学
二〇〇四年十一月五日

西安交通大学 Xi'an Jiaotong University

贺 信

福建省连城第一中学：

欣逢贵校九十周年校庆，谨代表西安交通大学致以衷心的祝贺！

福建省连城第一中学建校以来，有着求真、求实、严格、严谨、自立、自强的优良传统，教师治学严谨，学生学习勤奋，学校办学成绩显著。

长期以来，贵中学与西安交通大学紧密合作，为我校输送了许多优秀的高中毕业生，祝愿贵我两校与时俱进，继往开来，共同为国家培养年轻有为的杰出青年！

在此祝愿贵校百尺竿头，更进一步！

西安交通大学校长
郑南宁

2004.11.3

福建省连城第一中学：

热烈祝贺贵校九十周年华诞，感谢贵校多年来不断为我校推荐优秀学生，衷心祝愿我们两校密切合作、友谊长存，衷心祝愿贵校兴旺发达，人才辈出！

北京航空航天大学
二〇〇四年十一月四日

北京航空航天大学

厦 门 大 学

贺 信

连城第一中学：

欣闻贵校举行建校九十周年庆典，谨致以最热烈的祝贺！

连城第一中学是一所具有悠久办学历史和优良办学传统的省级重点中学，建校九十年来，贵校坚持"德育为首、教学为主、全面发展、质量第一"的办学宗旨，锐意进取，励精图治，办学规模不断扩大，办学效益不断提高，办学特色鲜明，在人才培养和教育教学方面取得了卓越的成绩，为国家高等院校输送了大批优秀人才，为国家和地方经济发展和社会进步做出了积极贡献。我们相信，以贵校严谨的办学作风和不断发扬传统、开拓创新、与时俱进，必将看着更高的办学目标同步迈进。

高等院校的发展以及各级中学的发展为先导。厦门大学与连城一中同处八闽大地，面对新世纪的机遇与挑战，衷心希望贵我两校加强联系和合作，携手共进，为"科教兴省"、"科教兴国"战略的实施努力奋斗，为全面建设小康社会的宏伟事业贡献力量。

祝贵校各项事业蒸蒸日上！

预祝贵校庆典活动圆满成功！

厦 门 大 学
二〇〇四年十月十八日

福 州 大 学

贺 信

欣悉贵校即将迎来九十周年校庆，谨向你们表示热烈的祝贺！

贵校是有着近百年历史的中学，积淀了浓厚的文化与思想传统的底蕴，现已是桃李满园，菁莪遍地。贵校长期以来秉承着积极向上的苦乐观精神，走过了坎坷而辉煌的九十年征程，致力于基础教育，连年本科上线情况都取得了骄人的成绩，为我校、为我省、为社会输送了不少人才，培养了诸如张南生、文艺理论家童庆炳等杰出英才。希望贵校能继续弘扬优良传统，在教育事业的前沿做出更大贡献！

并祝

宏图再展，更创辉煌！

福 州 大 学
二〇〇四年十一月一日

贺 信

连城一中：

欣悉贵校建校九十周年校庆，谨向贵校及贵校全体师生员工致以热烈的祝贺和衷心的祝愿！

贵校在九十年的办学历程中，积极进取，不断发展；勤育桃李，硕果累累，为我校输送了大批优秀学员。

值此贵校九十周年庆典之际，衷心祝愿贵校事业更发达，成绩更辉煌，为祖国教育事业做出更大的贡献。

二〇〇四年十一月三日

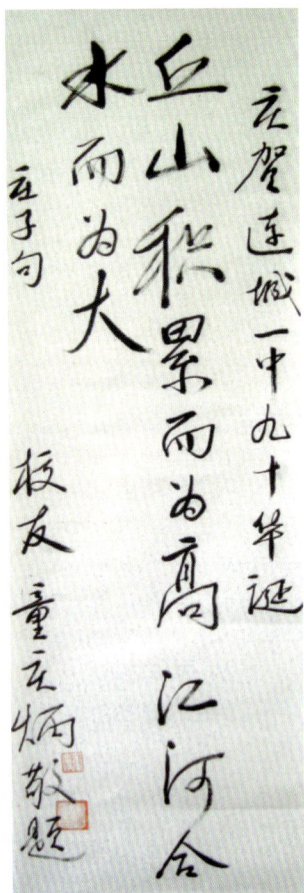

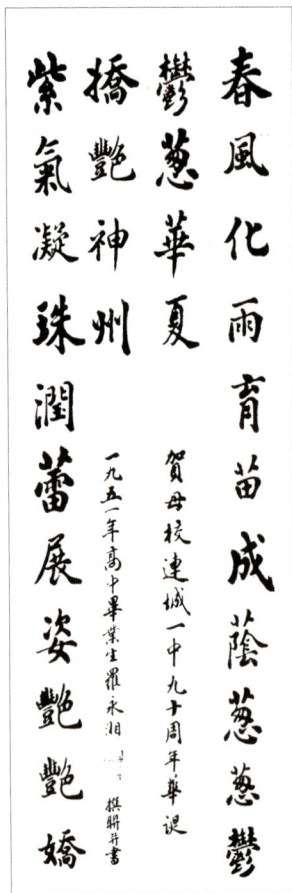

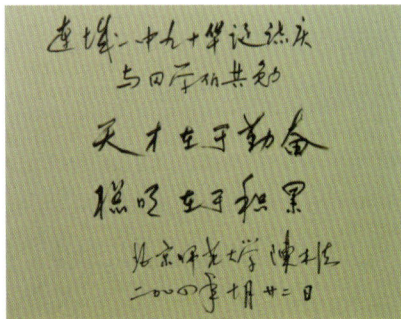

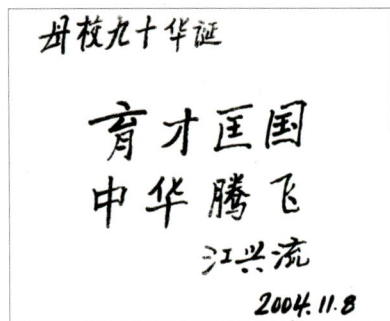

图1：童庆炳（原北师大研究生院院长，博士生导师）

图2：罗永湘（同济医科大学教授，博士生导师）

图3：陈木法（著名数学家，工程院院院士，北师大教授）

图4：江兴流（北京航空航天大学教授，博士生导师）

园丁颂·学子赞

吴有春

园丁颂

位不在高，有识才名。资不在深，有智才灵。斯职教师，全心为民。讲台播文化，课堂传科技。谈笑有真悟，往来无骗欺。敬业献终身，莫嫌贫。有谐畅之心得，无名利之妄求。学府出良才，肩梯是人生。百姓云："蜡烛精神。"

学子赞

年不在高，有志则铭。学不在深，有用则临。天生不愚，一心从勤。课本藏知慧，老师导思行。谈笑悟真知，往来向光明。诚实求发展，莫偷闲。有艰辛之准备，无侥幸之追寻。学校聚英才，善美驻心灵。哲人云："万里鹏程。"

让明天更灿烂

——母校百年华诞感言

陈福槟

"文革"前，我在一中读了三年高中，之后离开母校到北师大深造。之后，我曾多次故地重游，拜访师长和学友。我还作为一名校友参加母校的第一个教师节；作为县政府分管教育的领导出席母校20世纪90年代第一秋的开学典礼；作为县政协委员到母校调研，为母校实现达标提过一些建议。母校九十华诞的时候，虽然我正处逆境之中，可仍然兴致勃勃地参加了她的庆典。因为，只要一置身于师友间，我的思绪便会回到自己黄金般的学习时代，勾起许多美好的回忆；我心中便会涌起江涛海浪般的激情，将那丝丝愁烦冲得烟消云散；我的身上便会源源不断地获得许多的正能量！年近古稀的时候，我还能和师长、学友们共同迎来母校的百年华诞，心中实在有太多太多的话要说，有太深太深的情要表！

作为过去的学生，饮水思源，我对曾为我的成长呕心沥血的母校的老师们充满了诚挚的感激之情。我感到，高山高、大海深，比不上老师的哺育恩。我衷心祝愿老师们的青春永远像朝霞一样灿烂！老师们的事业永远像松柏一样长青！

作为今天的校友，抚今思昔，我对哺育了成千上万有用之才的母校的历史充满了由衷的钦佩之情。我感到，母校的历史是一部熠熠生辉的光荣历史。连城一中的名字将永远成为激励后人不断上进的巨大推动力。我将永远为她骄傲和自豪！我相信，大家都会永远为她骄傲和自豪！

作为在校同学们的兄长，面向未来，我对老师们和同学们充满了殷切的期待之情。我祝愿母校的明天，有更灿烂的群星辉映校园，有更美丽的鲜花流芳祖国。

老师们，同学们！一切美好的期望要变成伟大的现实，都需要付出辛勤的劳动。而辛勤的劳动需要一个伟大的中国梦去吸引、去召唤、去孕育、去激发。这个伟大的中国梦就是民族的振兴、人民的幸福、祖国的繁荣。因此，我希望无论老师还是学生，都要在自己心中永远点燃这样一盏让人去追求、给人指道路、为人添力量的理想的明灯。

对于老师和学生来说，美好期望的实现，要有一个良好的校风作基石、作园地、作保证。这个良好的校风就是尊师重教之风；就是勤奋学习、刻苦求实之风；就是团结守纪、开拓奋进之风；就是向先进看齐、向先进学习，人人争当先进之风。愿我们的老师都能忠诚党的教育事业，一心扑在教书育人的工作上，不断地为提高一中的教学质量而努力。愿我们的同学都能像高尔基所说的那样，像饿汉扑在面包上一样，认真地读书，从书本中汲取营养，汲取前进的力量，借书开拓眼界，借书充实思想，借书增长知识和才能，借书插上腾飞的翅膀。为了营造好的校风，我希望我们的学校要严格加强管理，加强思想政治工作，加强教学研究活动，加强一切与提高质量息息相关的工作，使我们的各项工作都能无愧于第一中学的称号！总之，我们要达到这样一个要求：第一中学的人，思想应该有第一流的境界，工作应该有第一流的贡献，学习应该有第一流的成绩。今日是第一流，明日还是力争保持第一流。我们的同学，进了校门要做第一流的学生，出了校门要为祖国创造第一流的业绩。今天，我们要以成为一中的学生为自豪；明天，要让母校以有我们这样的校友为自豪！将来，无论做工也罢，务农也罢，从政也罢，经商也罢，在当地生根也罢，到外面开花也罢，不管在哪个地方，哪个岗位，都应该做个有梦的人，做个大写的人，做个有马克思主义指引道路，密切联系群众，永远和群众心心相连，为人民谋福利，为祖国添光彩的人。

老师们、同学们，人不能两次踏入同一条河流。时光易逝，青春宝贵。作为新世纪的中华儿女，我们肩上的担子重，前面的道路长。从现在起，我们就要以诚实劳动，勤奋学习为座右铭，发扬老区传统，振奋革命精神，把青春的火炬点得旺旺的，把祖国的明天照得亮亮的，给将来的校史留下一页灿烂的光华，给脚下的黄土地留下一曲动人的乐章，让明天更灿烂！

2014年8月19日于和风斋

假如记忆可以移植

谢 毅

记忆真的可以移植么？我坚信聪明的人类一定可以做到的。假如记忆可以移植，又应该给谁移植呢？

假如记忆可以移植，我认为首选移植对象是"伟大"的美国总统克林顿先生与他的北约"好伙伴们"。我认为将要给他们移植任何一位在二战中饱受战争之苦的欧洲人、亚洲人或美洲人的记忆，让他们时刻不忘战争的罪恶。还应该给他们移植在"科索沃"危机中惨遭北约空袭的任何一位南斯拉夫人的记忆，让他们记住人类的尊严将永远蔑视强权的入侵。还有，便是中国烈士朱颖父亲朱福来先生的记忆，让那手捧自己女儿鲜血染红的被单、痛斥侵略者与霸权的悲愤之情，永远震慑这群一手举着"人权"一手抬着屠刀的衣冠禽兽。

假如记忆可以移植，那么我想在让克林顿先生睡不好觉的同时，也应该给那些极少数的贪官污吏们动动手术。让他们的脑子里永远都保留着一份革命先辈为祖国的强盛、民族的解放与崛起、人民的幸福与安康而抛头颅、洒热血的回忆，使他们不忘革命本色、为人民服务之宗旨而一心为民，成为人民的好公仆。不仅如此，还需要给每一位"公仆"移植入党纪国法、英模精神，使他们时刻都将人民的利益与国法的尊严当作一把尺子、一根准绳来约束自己。

假如记忆可以移植，我想将要兴奋不已的将会是众多的学子。将公式、理论移植入他们的记忆，这样便可让他们节省许多记忆的时间，使脑机能从记忆中节约出来，用更多的时间与精力去思考去创造。这样的话，也许像牛顿、法拉第那样具有划时代意义的人才便会大量涌现。科学的进程也将会大大加快，而不是缓慢地向前踱步。

假如记忆可以移植，我们将取得脑机能研究的重大突破性进展，从而为人类社会的发展，科技的进步，道德水平的提高以及其他的许多问题的解决带来机会。假如记忆可以移植，也许还会引起我们对传统的人文思想、社会观念及人类本身的意识存在的重新思考。无论如何，记忆移植的实现，将是一个进步，一个伟大的进步。

注：谢毅，连城一中1999届高中毕业生，本文是他当年的高考语文作文满分卷，被收入1999年高考语文作文优秀卷第4卷。

锦绣篇

繁花灿灿　锦簇团团
活力四射　东台杏坛
基础设施　日臻完善
校园变化　覆地翻天
素质教育　流长源远
课外活动　风情无限
学子于兹　受益匪浅
人生征程　快马加鞭
欣逢慈恩　百岁庆典
特辟本栏　辑录佳篇
愿我校友　沧海扬帆
赢得荣光　辉耀万年

原福建军区副司令员李德安（中）莅校视察

原福建省政协副主席潘心诚（前排右一）莅校视察

原福建省财政厅厅长马潞生（前排中）莅校视察

原福建省教育厅厅长朱之文（右二）
与副厅长刘平（右三）莅校视察

原福建省教委主任朱永康（左三）莅校视察

原福建省省委宣传部副部长朱清莅校视察

原龙岩市人大常务委员会主任陈万里
（前排左一）莅校视察

原龙岩市政府副市长张秀娟（前排右一）莅
校视察

原福建省计委地区处领导黄锦辉（左二）莅校调研

原龙岩市教委副主任朱瑞虹（右一）莅校调研

```
1
2 3
4
```

图1：现任连城县县委书记林英
　　　健（前排中）莅校调研

图2：原连城县县委书记林志坤
　　　（中）莅校调研

图3：原连城县县委书记江国河
　　　（右四）莅校调研

图4：现任连城县县长蓝凯英（右
　　　三）、县委宣传部长曾佑
　　　繁（左一）莅校调研

活力四射

HUO LI SI SHE

1
教学探讨

图1：国家课题结题验收会

图2：公开课

图3：省级课题研讨

图4：教育教学研讨会

图1：市高中新课程讨论会

图2：省级课题结题

图3：岗位练兵

② 党建撷英

```
 1
2 3
  4
```

图1：组织党员到古田参观学习

图2：十八大精神报告会

图3：学生党员宣誓

图4："科学发展观"宣传栏

教代会

3 工会活动

民主评议政风、行风

4 法制教育

1
2

图1："法律在身边"演讲比赛
图2：青少年维权模拟法庭

5 东篱菊香

6 校际交流

图1：四地六校协作联席会议

图2：集美中学领导莅校交流经验

图3：闽清一中、龙岩四中莅校交流经验

图1：消防演练　　　图4：交通安全教育

图2：消防安全宣传栏　　图5：消防安全教育

图3：爱生命演讲比赛　　图6：疏散演练

7 安全教育

8　德育天地

图1：创建省文明学校工作汇报
图2：道德讲堂
图3：感恩报告会
图4：心连心活动
图5：家庭教育报告会
图6：心理健康教育中心
图7：学生方队

9　特色活动

图1："盼祖国早日统一"签名活动

图2：爱我母亲河学雷锋活动

图3：生活实践

图4：户外写生

图5：成人仪式

中秋朗诵比赛   校园辩论赛

10 体育运动

1
2

图1：第41届校运会

图2：40届校运会短跑

锦秀篇

学生发明研讨会

1 | 2
3

图 1：武术

图 2：篮球

图 3：40 届校运会跳高

图1：歌声嘹亮

图2：舞台倩影

图3：龙岩市文艺调演二
等奖《大把把辫子》

图1：“冠豸神韵”大型团体操

图2：放歌东台

图3：获龙岩市文艺调演一等奖
　　　的舞蹈《客家女》

东台新姿

DONG TAI XIN ZI

1 / 2

图1：周年茂先生捐建的仰云文化公园

图2：南大门

1
2
3
4

图 1：多媒体教室

图 2：物理教室

图 3：电化教室

图 4：运动场

百年华诞邀约名家赐墨的信函

尊敬的各级领导、历届校友和社会各界人士：

大家好！

2014年金秋，福建省一级达标高中、福建省文明学校连城一中将迎来自己的百年华诞。

百年来，连城一中走过了百折不挠、上下求索的光辉历程，逐步形成了关心国事、热爱祖国、追求民主、坚持真理的精神传统，积淀了厚实的文化底蕴，始终坚持"德育为首、教学为主、全面发展、质量第一"的办学宗旨，"以学生发展为本，为学生成长奠基"的办学理念，着力锻造"自主、自律、自强"的教育特色，努力营造"笃志、诚信、勤奋、严谨"的校风、"求真、守纪、勤思、惜时、健体、创新"的学风、"热爱学生、教学严谨、言传身教、勇于创新"的教风。众所周知，一中所在的地方，曾经是当年的中央苏区县、坚持"二十年红旗不倒"的老区县。连城昔日的种种荣光，都与一中的存在密切相连。一中，无论是革命的年代，还是建设的时期，都是优秀人才的主要产地。经过历代一中人的努力，先后为祖国培养了近4万多名初、高中毕业生。他们曾在各个时期，各个岗位奏响过为国争光、为民造福的动人华章。无论在繁华的城市，还是在边远的农村；无论在大漠边关，还是在雪域高原；无论在祖国内地，还是在异国他乡；无论在办公室、实验室，还是在厂矿企业、田间地头、军岗哨所、校园课堂，到处都有连城一中校友开拓创业的迷人风采。

欣逢百年，一中走到了一个事关未来走向的路口，面临一次事关今后发展的契机。为此，我们真诚地祈盼大家都来帮我们总结过去，展望未来；帮我们出谋划策，凝聚力量；给我们满满的信心，源源的动力。因为，凭着您在我们心目中的崇高威望，哪怕您所赐予我们的仅仅是只言片语，仅仅是一段题词，仅仅是一张书画或者一封贺信，都将为我校校庆增添十分的喜气，都将被我们视为无价的财富、无尚的荣耀。

不赘

顺颂

身体健康，阖家幸福，万事如意！

福建省连城第一中学校庆纪念活动筹备办公室

2014年4月25日

重要文献

连城一中创建福建省一级达标高中建设发展规划

（2007年9月—2012年9月）

为深入贯彻落实国务院、省政府《关于基础教育改革与发展的决定》《福建省"十一五"教育发展专项规划》和"教育要面向现代化、面向世界、面向未来"的要求，全面实施素质教育，积极推进新课程改革，努力提高教育教学质量，把连城一中纳入全面协调可持续发展的轨道，现根据福建省教育厅《关于印发＜福建省达标高中评估办法（试行）＞和＜福建省达标高中评估标准（试行）＞的通知》（闽教基[2007]42号文件），在《连城一中创建福建省一级达标高中发展规划（2006-2010）》基础上，重新修订《连城一中创建福建省一级达标高中发展规划（2007-2012）》。

一、指导思想

以邓小平理论、"三个代表"重要思想和科学发展观为指导，全面贯彻落实党和国家的教育方针、政策，全面贯彻实施国务院、省政府《关于基础教育改革与发展的决定》《福建省"十一五"教育发展专项规划》和"教育要面向现代化、面向世界、面向未来"的要求，全面实施素质教育，努力提高教育教学质量。为进一步推动学校教育教学的改革和发展，扎实推进素质教育，积极推进新课程改革，凸显"自主、自律、自强"办学特色，提高教育教学整体水平，扩大优质教育资源，促进学校积极、主动与创造性地发展，办好优质高中，满足连城人民群众不断增长的对优质高中的需求，争创省一级达标高中，争取把连城一中办成高品位、高质量、特色鲜明的闽西名校、海西名校。

二、现状分析

福建省连城一中是一所具有近百年历史和光荣传统的二级达标学校，创办于1914年，坐落在连城县莲峰镇文川河畔的东台山上，与国家4A级旅游风景区冠豸山隔河相望，现有高中教学班52个，学生2802人。

百载春秋，薪火相传。经过一代又一代一中人近百年长期不懈的共同努力，连城一中已形成了"笃志、诚信、勤奋，严谨"的校风，"热爱学生、教学严谨、言传身教、勇于创新"的教风，"求真、守纪、勤思、惜时、健体、创新"的学风，"团结、务实、奉献"的工作作风和"自主、自律、自强"的办学特色，不断推动学校事业向前发展，为祖国建设培养出一批又一批优秀人才。其中，北京军区原副政委张南生中将，广州军区原副政委王同琢中将，国家劳动与社会保障部副部长华福周，国家林业局副局长祝列克，北师大研究生院原院长童庆炳，全国十大"扶贫状元"、福建农林大学教授林占熺，国家举重队教练陈文斌，香港商界新秀周年茂等，都是我校毕业生中的杰出代表。

多年来，连城一中致力于"外塑形象，内强素质"，本着"德育为首，教学为主，全面发展，质量第一"的办学宗旨，树立"以学生发展为本，为学生成长奠基"的办学理念，坚持"养成好习惯、练就好身体、争创好成绩"的目标要求，深入实施素质教育，狠抓教育教学质量，不断提高办学水平，增强办学效益，取得了明显的成效。学校办学设施设备不断完善，思想道德教育的途径不断刷新，校园文化建设富有特色，素质教育全面丰收。学校先后被评为全国"青少年爱国主义读书教育活动示范学校"，省级"文明学校""模范职工之家""先进教育工会""绿色学校""法制宣传教育先进单位"，市级"先进基层党组织""先进集体""普及实验教学工作先进集体""三八红旗集体"，县级"党建工作先进单位""综治创安先进单位""精神文明建设先进单位""图书工作先进单位""依法治县工作先进集体"。1995年学校高分通过省二级达标校验收，2000年评为省文明学校，2003年评为省"绿色学校"，2006年被评为省第九届"文明学校"，2007年被授予市实施素质教育工作先进学校。近三年高考有11人被清华、北大录取。

连城一中的发展壮大，得益于各级党政的正确领导和悉心关怀，得益于社会各界有识之士和历届校友的鼎力支持，凝聚着连城一中领导班子和全体师生的汗水和心血。

为了适应时代的需要，连城一中于2002年提出了争创省一级达标学校的工作目标，并于2006年1月制订了《连城一中创建福建省一级达标学校建设发展规划（2006—2010）》。在县委、县政府的高度重视和社会各界的广泛支持下，在各级教育行政部门的正确领导下，经过多年的整改和建设，连城一中已为创建省一级达标学校奠定了良好基础。

连城一中的发展呈现出蓬勃向上的发展态势。但是，对照《福建省达标高中评估办法（试行）》和《福建省达标高中评估标准（试行）》（闽教基[2007]42号，以下简称《评估办法和标准》），与省一级达标高中的要求相比，还有一定差距。主要表现在：一是校园、校舍、场地、设备、图书等"硬件"配置上还有待充实加强；

二是教师队伍建设、规章制度、继续教育、教研教改、学科竞赛等"软件"建设上还有待完善提高；三是经费不足仍然是制约达标的主要瓶颈。这些问题和困难，有待于今后五年内予以有效解决。

三、目标任务

认真总结90多年的办学经验和办学特色，进一步明确办学方向，建设一流的管理、一流的师资、一流的质量、一流的设施、一流的环境和一流的服务，力争2011年申报并通过省一级达标学校验收。为此，提出如下目标和任务。

（一）规范办学行为。全面贯彻党的教育方针，严格执行国家教育法律、法规和有关政策，全面实施素质教育，深化教育教学改革，优化学校管理，规范办学行为，改善办学条件，推进教研教改，提高教育质量，突出办学特色，逐步实现教育思想、教学内容、学校管理、教育技术和教学设施的现代化，带动全县普通高中教育整体水平和办学效益的提高。

（二）提高队伍素质。加强教师队伍建设，加快骨干体系建设，促进教师的师德师风、专业素质、业务水平有一个突破性提高，基本实现由"经验型"向"科研型"转变。

（三）加强德育工作。坚持以学生为本，教书育人，不断加强和改进学校的德育工作，提高德育工作的主动性、针对性和有效性，促进学生思想道德素质和综合素质的提高。

（四）积极推进高中新课程实验。主动承担国家、省、市教科研课题和实验项目，举办各种公开教学活动，主动传播先进的教育思想、管理经验和教育教学成果，在我县实施素质教育、课程改革、教育科研和教育信息化建设中充分发挥实验、示范和辐射作用。同时，积极探索研究减轻学生过重的课业负担的有效方法，改进教学方法和手段，提高课堂教学的效益，并指导学生养成良好的学习方法和学习习惯，提高学生的学习成效，在减负增效方面发挥表率作用。做好对口支援工作，在教师培训、教学研究、教学设施和教育资源等方面提供支持，帮助对口学校连城三中提高办学水平，在推动我县社区先进文化建设中发挥积极作用。

（五）加强硬件建设。积极争取各方面的支持，优化教育资源配置，按照《评估办法和标准》中省一级达标高中的要求，建设和配置"硬件"设施设备，充实和完善"软件"材料，提高教育教学装备水平，基本实现办学条件标准化。

（六）收集和整理资料，按要求规范档案。对照评估内容、标准和项目，本着"全面、真实、细致、统一、规范"的原则，安排专人负责创建材料的收集和建档工作。注重档案的完整性、真实性和逻辑性，努力做到"一看就懂，一查就实，一核就准"。

连城一中在充分发扬民主、科学论证的基础上，对照福建省一级达标高中评估标准，制定了确定于2011年申报省"一级达标高中"评估和审核的创建发展规划，决定于2007年9月向连城县教育局申报，请求县教育局组织人员对学校创建发展规划进行论证、评审和指导，以便于学校充实和完善办学条件，按照省"一级达标高中"要求进行整改和建设。

四、基本原则

（一）把握规律，科学发展。根据教育改革发展需要以及学校发展规律，以科学的教育思想、先进的办学理念引导学校改革发展，促进学校全面贯彻党和国家教育方针、政策，加强素质教育，增强依法办学的意识，促进学校积极、主动与创造性地发展，积极开展高中新课程实验，提高教育教学质量。

（二）细化标准，分步发展。根据现有的设施设备和建设实际，按一级达标评估标准，认真分析现状，明确存在问题，不断改进各项工作，不断确立新的发展目标，使创一级达标工作成为促进学校建设的发展过程。

（三）充实内涵，提升发展。根据现有的办学水平和教育质量，通过规划制定、教育实验项目确立、教师队伍建设、和教师专业成长、课程建设、学校管理以及学校评价等方面"软件"建设，形成自我发展、自我完善的机制，促进学校的可持续发展。

（四）讲求实效，加快发展。按照省一级达标高中的建设和评估标准，既要重视增加投入、改善办学条件，又要重视学校建设的成本效益，在校舍、场地、设备等"硬件"配置上，结合连城县经济和社会发展实际，以满足办学的实际需要为原则，坚持经济、实用、安全、高效地建设。

（五）以人为本，全面发展。更加注重教师的专业发展和素质提高，更加重视教师尊严、情感和权益的维护，更加尊重教师的劳动和创造，以学生的发展为出发点和最终归宿，一切为了学生，一切服务于学生，全面实施素质教育，不断改善教师和学生的工作条件、学习条件和生活条件。

五、实施方案

为确保创建省一级达标高中成功，依据《评估办法和标准》要求，结合学校教育工作实际，制订如下分阶段工作方案：

（一）实施步骤

1．调整启动阶段（2007.09-2007.12）

（1）对照《评估办法和标准》（闽教基[2007]42号），做好创建省一级达标高中摸底工作。

（2）成立创省一级达标工作领导小组，修订《连城一中创建省一级达标高中工作实施方案（2007-2012）》，明确工作职责。

（3）各处室认真组织学习领会有关文件和一级达标高中《评估办法和标准》。对照本方案制订相应的实施方案、工作计划，完善工作措施，召开动员会。

（4）召开创建一级达标工作动员大会，号召全校上下积极参与创建活动，营造良好氛围，全面启动创建工作。

（6）组织工作人员赴达标学校参观、学习创建工作经验。

（7）邀请上级教育部门领导和有关专家来校解读《评估办法和标准》，并培训工作人员。

（8）上报县教育局，请求组织人员对学校创建发展规划进行论证和评审。

2．组织实施阶段（2008.01-2010.08）

（1）各处室对照《评估办法和标准》，按照35个项目，开展自查，明确方向、任务，狠抓落实，进一步完善工作机制、措施，全力推进创建工作。

（2）完善新课程各项管理规章、制度、方案，加强学校内部管理，着力提升学校办学水平。

（3）全面推进新课程改革，组织人员赴课改先行区参观学习，制定新课程管理的各项制度，为教师参加新课程培训和校本教研创设各种有利条件，派员参加各级新课程培训，研讨新旧课程区别，做好新旧课程实施的衔接工作。

（4）根据新课程和素质教育实施的要求，按照一级达标校的"硬件"建设标准，做好扩大校园面积拆迁安置工作，建设好运动场、篮球场、排球场、食堂、宿舍、生物园、地理教室、历史教室。

（5）根据一级校的要求分步配备各类教学设施设备。①添置4间多媒体教室，在连城一中教育网增加新课程相关内容，与县教育网联网共享资源库和教师备课平台；②高三各班级安装多媒体设备，更新电脑，改善各处室办公条件，购买学校管理软件，实现师生档案管理、教务管理、资料管理、校产和财会管理计算机化；③高一、高二各班级安装多媒体设备；④更新2间网络教室电脑，创建校园闭路电视系统，添置各功能室设备（如探究实验室、地理教室、劳技教室等）。

（6）加强德育校本课程研发，组织编写德育校本教材，构建德育工作新体系。计划编写德育校本教材《规范与养成》《法制与安全》《时政与国防》《心理与协作》《环保与实践》《理想与公德》。

（7）组织教师积极参与教研教改，提高教师教研教改水平，重点做好国家级、省级课题实验工作。

（8）积极开发并合理利用校内外课程资源，如图书馆、实验室、专用教室及各类教学设施和实践基地，各种社会资源、自然资源和信息化课程资源。

（9）认真贯彻学校体育工作法规，积极开展学生心理健康教育，每学年举办一次全校性文艺汇演，通过多种形式和途径进行运动技能、良好习惯、情感和意志品质培养，促进学生健全人格和健康身心的养成，提升学生的综合素质。

（10）积极承担帮助对连城三中的对口支援工作，以教育教学开放周，承办各级教育教学活动等多种形式主动传播先进的教育思想、管理经验和教育教学成果。

（11）全面回顾新课程实施的情况，总结经验，认真做好课改第一届高三毕业班工作，毕业生跟踪工作。

（12）总结和提炼学校的办学经验、办学特色，深化教育教学改革，丰富内涵发展。

3．提高整改阶段（2010.09-2011.08）

（1）按照"软件从严，硬件从实"要求，总结提高，全面开展自查自评、补缺补漏、整改建设工作。

（2）邀请和接受市、县专家对学校创建工作的考察指导，根据专家提出的意见和建议，继续进行整改。

（3）继续大力推进项目建设，完善学校创建工作的"硬件"建设和"软件"建档工作。

4．申报评估阶段（2011.09-2012.09）

（1）按照《评估办法和标准》，继续完善创建工作，全力做好各项准备工作。

（2）报请县、市、省教育主管部门对学校申报资格进行审查。

（3）迎接省教育厅组织的评估和审核。

（二）保障措施

1．成立机构，加强领导

成立了以校长为组长的创一级达标领导小组，加强领导，完善管理体制，全面提高领导班子的综合素质和领导水平，加强学校制度建设，加强和改进德育工作，积极推进依法治教和依法行政，规范收费行为，加强校本教研和校本培训的研究，构建教师专业成长机制，以课堂教学研究为重点，努力提高课改效益，提高教育质量。

2．加强宣传，营造氛围

借鉴兄弟达标学校的成功做法，组织全体教职员工认真学习达标评估办法和标准，进一步明确创建省一级达标高中的指导思想、目的、意义和基本原则，理解和掌握具体评估标准和评分办法、达标高中的责任和管理办法等，理解和领会国家和省对高中办学的全面、规范的要求，确保一级达标创建工作顺利进行。

3．明确责任，分工协作

邀请县市教育主管部门领导和相关人员来校指导硬件建设及软件建档工作。将《评估办法和标准》的35个指标项目分解到处室（部门），责任到人，明确工作任务。各处室相互配合、通力协作，扎实做好创建达标各项准备工作，切实推进学校的各项工作，使创建达标过程成为促进学校建设的发展过程，提升办学水平的过程，推动学校新一轮发展。

4．落实责任，强化监督

紧密结合连城县经济建设、社会发展实际，及学校现有的教学设施设备和建设基础，统筹规划，认真研究制定创建工作计划，加大布局结构调整力度，改善办学条件，采取有效措施，最大限度地调动学校及各方面的积极性。将创建工作纳入考核指标体系，加强督促检查，促进工作落实。对工作不力，未按时完成目标任务，影响学校创建工作进程的，严格实行责任追究。

5．筹措资金，确保投入

创建一级达标的关键是努力拓宽经费筹措渠道，确保经费投入，规范资金管理，提高资金使用效率。经费来源主要有四条渠道：一是争取政府投入，按照国家、省、市有关教育投入的政策和规定，积极同相关部门联系，确保教育经费足额拨付到位；二是积极争取上级教育行政部门资金支持，扶持学校发展；三是学校自筹，做到学校挤一点，银行贷一点；四是鼓励和引进社会力量捐资助学，走人民教育人民办的路子。

连城一中创建省一级达标高中，既是一个科学实在的创建过程，也是一个促进学校进一步全面、规范发展的过程，旨在进一步引导和激励学校实施素质教育，明确办学指导思想，规范办学行为，深化课程改革，加强学校管理，改善办学条件，提高教育质量，办出学校特色，逐步实现教育思想、教学内容、学校管理、教学设施和条件装备的现代化，在连城县实施素质教育、课程改革和教育信息化建设中发挥实验、示范和辐射作用，带动区域普通高中整体办学水平的提高。

连城一中

2007年9月

走出低谷 阔步前进 形成特色
——20世纪90年代及21世纪初的连城一中

徐金华

应该说，20世纪90年代及21世纪初的这一段时间，是连城一中走出低谷，阔步前进，形成特色的重要时期。

1989年的"910"事件给连城一中蒙上了一层阴影，给一中人留下了永远的伤痛。事件调查，原因分析，善后处理，相关人处分……上世纪90年代初的连城一中在忙乱中摸索，思考，调整，适应。

1995年，连城一中高考应届上省专线人数达180人，提高率居地区第二位，上重点线人数达84人，居地区第四位，创学校历史最好水平，与地区重点校的差距逐渐缩小。连城一中开始走出低谷。

1998年是连城一中的丰收年。1998年以后的连城一中连续6年高考、会考、学科竞赛等名列省市前茅，是连城一中阔步前进、形成特色的6年。1990年以来连城一中的情况大致体现在以下方面。

一、校园面积逐步扩大

连城一中的校园平面图像一艘帆船，20世纪90年代，这艘船尽管也遇上风风雨雨，但始终在奋力前行。考虑到校园面积过小，几任校长都一再努力，扩大校园面积。1999年终于买下县百货公司批发部，使原来58亩的校园扩大为66亩。2002年，在县委、县政府领导的高度重视下，在人大、政协和教育主管部门的积极支持下，连城一中校园由省教育建筑设计院重新规划，把周边的粮食企业、外贸公司宿舍、县第一建筑工程公司、天主教堂、民居等列入一中规划用地，使一中的校园面积扩大到近100亩。

2003年，拆除了老三楼、仰云楼和新五楼这三座教工宿舍楼。三座宿舍楼的教职工住户积极支持学校工作，很快找到过渡房，使学校顺利完成了搬迁和拆除工作。2004年，要完成新校园的第一期工程，即兴建13500平方米的教学综合楼（含1000个座位的多功能学术报告厅），400米塑胶跑道的标准运动场、6个篮排球场、南大门和艺术中心广场。

二、教学设施不断改善

自1992年县委、县政府确定连城一中申报省"二级学校"后，学校随即着手"达标"的各项准备工作。面对学校经费紧张、财力不足的严峻形势，学校领导没有退缩，没有泄气，采取了"非教学开支省一点，争取政府拨一点，校友捐一点，社会助一点，自己挤一点"的多渠道筹措资金办法，共投入经费300余万元，用于办学条件的改善。这300余万元资金，先后分别投入到阶梯教室、办公大楼、学生宿舍楼、图书综合楼、教工宿舍楼的建设，实验楼、运动场、照明线路的改造，实验仪器设备、体音美器材、医疗室药品器械、语音设备、计算机、电化教学器材、图书等的更新和添置，德育环境、校园环境的改善等方面。1993年3月由我县著名爱国华侨周千和先生捐资50万港币兴建的"敬和楼"竣工，大大改善了学校的办公条件。

1999年，学校在经费紧缺的情况下，投入资金103万元用于购置原百货公司批发部仓库，还投入60余万元用于改造食堂、建造球场、改建厕所、兴建澡堂、优化办公楼门前环境，贷款155万元用于"逸夫楼"基建项目。此外，学校还结合创"一级学校"，按照省颁标准，逐步购置教学仪器设备、体图音器材，不断购买图书，使教学设施设备更加完善，切实推进争创省"一级学校"的前期工作。2000年6月由香港知名人士邵逸夫先生捐资80万港币、福建教育出版社捐资20万人民币兴建的"逸夫楼"竣工，彻底改善了学校的理、化、生试验室设施和电化教学条件。

近年来，学校投入大量资金用于教学设施、设备添置，已初步完成校园网、办公局域网和图书馆局域网的建设，实验室按"一级达标校"的标准，配齐和配足各类药品、仪器、橱柜，已建成网络教室2间，电子备课室、电子阅览室以及理、化、生、音乐多媒体教室各1间，除此之外，学校为了提高教职工电脑应用水平，还为广大教职工配备了电脑。

三、校园环境得到优化

"910"事件后，学校先后拆除了原红砖楼、和平楼、科学馆、小阁楼、小礼堂等一批危房。2002年，完成了连城一中校园总体规划用地的测量、红线图的确定以及政府对规划用地的布控等工作，委托省教育建筑规划设计院进行重新，把校园总体规划方案上送县五套班子审核。现在学校正按这一规划方案进行有序的建设。第一期完成教学综合楼、多功能学术报告厅、南大门、艺术中心广场、400米塑胶跑道的标准运动场以及6个篮排球场的建造。第二期工程还将建设体育馆、读书公园、学生宿舍、学生食堂等场馆、楼宇。不用多久，连城一中将是一座设计先进、布局合理、环境优美的花园式学校。

四、创建活动力度加大

1. "文明学校"的创建。1991年3月，开始着手创建工作；1992年4月，被评为地级"文明学校"；1993年12月，被省创建文明学校领导小组评为省级"文明学校"；1995年8月，被评为地区"文明单位"；1998年1月和2000年9月先后被龙岩市委、市政府评为1996—1997学年度和1998—1999学年度市级"文明学校"；1999年12月，被省委、省政府评为省级"文明学校"。

2. 达标校的创建。1995年12月通过省"二级学校"验收，准备于2004年通过省"一级学校"验收，并向全国示范校迈进。

3. "教工之家"的创建。1998年11月，被市总工会评为市"先进职工之家"；1999年12月，被省教委、省教育工会评为福建省党政工共建"职工之家"；2001年12月，被省总工会评为省"模范职工之家"。

4. "绿色学校"的创建。1998—1999年，被评为县级"绿色学校"；2001年，被评为市级"绿色学校"；2004年4月，省创绿检查验收组到我校检查验收，争取评为省级"绿色学校"。

五、德育工作成效显著

经过不断探索、实践，学校形成了一整套行之有效的"一二三四五"德育工作体系。

1. 每月一中心工作和每周一主题班会。

2. 发挥"两个阵地"的优势，即革命传统与国防教育阵地，以"东台之声"与"东台文社"为核心的校园文化阵地。

3. 政治思想教育内容"三结合"，即军训活动与国防教育相结合，爱国主义教育与革命传统教育相结合，"学雷锋"活动与"献爱心"行动相结合。

4. 采取"四个结合"的方法，即政治学习与师德教育相结合，学生思想教育与德育专题研究相结合，制度建设与队伍建设相结合，学校教育与社会教育相结合。

5. 广泛开展"五大德育"系列活动，即开展一些重大节日的纪念活动（包括各种有纪念意义的征文活动）、社会实践活动、法制与安全宣传教育活动、劳动实践活动、文体与社团活动。

六、教学质量迅速提高

学校领导始终把教学工作作为学校的中心工作，把教学质量作为学校永恒的主题，紧紧抓住教学这个中心，千方百计地努力提高教学质量。1990年以来，学校连续五年获地区"初中四率达标学校"奖励；高考应届上省专线人数逐年递增。

1998年高考应届上省专线人数224人（不含艺术类），其中上重点线119人，占上省专线人数的52%，居龙岩市前列。江兴生、罗日升、赖珉、李龙海考取清华、北大和中国科技大学，有63人考取人大、复旦、南开、上海对外经贸等重点名牌大学，有29人考上厦门大学。在第九届"希望杯"全国数学邀请赛中，学校获龙岩地区重点中学组"集体优胜奖"，童纪龙、马华汉、李昌华、江年铭、蓝礼生获一等奖（其中童纪龙获全市第一名）。在全国中学生英语能力竞赛中，罗育健、谢贤仕获一等奖，蒋骞、童章进、吴家健获二等奖，童敏君等6人获三等奖。在全市中学生英语演讲比赛中，马荣获初中组一等奖。在第四届"跨世纪杯"全国中学生作文大赛中，桑玉玲等4人获二、三等奖。在1998年7月举行的福建省数学夏令营竞赛中，李小冬、李昌华分获一、二等奖。

1999年，中考、会考、高考都创建校以来最好成绩，在连城一中的校史上写下辉煌的篇章。中考上一中录取线191人，直升本校高中的比例占全县的近60%。会考各学科综合优秀率72.5%，大幅度超过一级中学达标的优秀率标准。高考上省专线337人，应届生上省专线277人（不含体育、艺术类，下同），上线率达85.23%，位居龙岩市八所重点中学第3位，进入全省前10名行列。同时素质教育深入开展，学科竞赛捷报频传。数学、英语、化学、语文等学科参加竞赛成绩尤为喜人。数学科连续三年获全国数学联赛龙岩市团体总分第一；英语科名列全市团体第一；语文科参加第五届"跨世纪"杯全国中学生作文大赛名列福建省第二；化学科参加全国高中化学联赛，有3人取得复赛资格，占全市复赛人数的30%。1999年，学校有12位学生参加竞赛获省级以上等级奖，56位学生获市级以上等级奖。李小冬参加全国高中数学联赛取得150分满分的好成绩，获全国一等奖和福建省第一名；童纪龙、谢仁飚参加全国高中数学联赛获福建省一等奖；周斌参加全省初中数学联赛获省第一名（并列）和市第一名；谢贤仕参加全国"希望杯"数学竞赛获龙岩市第一名；罗戎获得全国"跨世纪"杯作文大赛二等奖；邓榕获省中学生作文竞赛一等奖。学校被省数学学会和省奥校授予"数学尖子摇篮"的荣誉称号，获得第五届"跨世纪"杯全国中学生作文大赛集体奖的殊荣。校舞蹈节目《卓玛》参加中学生文艺调演获市一等奖。

2000年中考，考上本校高中176人，上线率达58%；会考的各学科综合优秀率达70%以上；高考上本科线人数415人，应届生上本科线人数349人，跃居龙岩市重点中学第一位，名列全省第二，提高率为全市第一。有5位学生考上清华、北大，数十名学生进入全国名牌大学。数学科已连续四年居全国数学联赛龙岩市榜首，英语科名列全市团体第一。全国初中数学、物理、化学竞赛的龙岩市个人第一名都在我校，其中数学科包揽了龙岩市个人前三名。

2001年，高考、中考、会考再创佳绩。高考上本科线434人，其中应届上本科线331人，名列龙岩市前茅，高考升学率达99.97%；中考上一中统招线人数192人，一中籍学生上线率为64.4%，新地籍学生上线率为23%；会考及格率近100%，优秀率达70%。

2002年，在生源素质较差的情况下，中考及格率达100%；优秀率达82.1%，高分率达21.3%，各项指标均居全县第一；会考及格率为100%，优秀率达78%。高考上本科线551人。其中应届生上本科线325人，上线率达77.2%，名列龙岩市第二，各科成绩名列全省前列，文综位居省第六位，理综居省第八位，黄慧剑、周斌等166位同学考入清华、北大等全国重点大学。

2003年，高考再奏凯歌。普通本科上线人数应往届共计767人，应届上本科407人，重点本科上线人数应往届共计211人，其中特长生上线35人，8位同学进入中国美院，5位同学收到清华、北大的录取通知书。会考继续保持高水平，综合优秀率达72%。我校文艺队节目《客家女》，获龙岩市中小学文艺调演一等奖。学校篮球代表队在龙岩市第十届中学生运动会篮球比赛中获甲组第二名，还获得本届体育道德风尚奖。

七、教研教改深入开展

学校坚持以教育科研开路，深化教学改革，狠抓理论指导，落实课题申报、过程检查、成果评价等环节。教师认真贯彻"教研教改点面结合"的原则，除承担省、市教委下达的"目标—掌握""布卢姆掌握学习法""反馈教学法""单元整体课型试验""学导式教学实验""张思中外语教学法"等教改课题外，还广泛开展素质教育、教学观念更新、创新意识培养、教法改进、学法指导、实验课教学效益、电化教学手段的使用等课题的实践和研究，坚持一年一次的科技节、教学开放周和论文研讨会活动。近几年，学校还承担了国家级"高中作文分组合作教学探究"和省级"探究导学"的教改课题，制定了"自主学习、全面发展"的学校教改总课题。在这个总课题下，学校广泛组织教师开展"学案导学"的教学改革实验，取得了一定成效。

八、校园文化颇具特色

根据校园文化的属性、功能原则和学校实际，结合当代青少年学生的生理、心理特点和身心发展规律，我校校园文化活动主要有以下三种类型：

一是政治活动。我校常抓不懈的革命传统教育、国防教育、形势政策教育、党章学习小组等活动，就属于这一类。

二是社团活动。广泛开展学生社团活动，既能丰富学生的课余生活，又能发展学生的爱好特长。近年来，我校的东台文社、集邮协会、书画协会、英语爱好者协会、电脑爱好者协会、草根潭读书社、科技协会等社团，结合课外兴趣小组建设，开展丰富多彩的活动，对培养学生能力，提高学生素质，很有益处。如1995年集邮协会参加地区"纪念抗日战争胜利50周年"集邮知识竞赛获团体第二名，参加闽、粤、赣三省六地市邮展，获二等奖。1996年在延安召开的"全国中学文学社团研究会第二届年会"评比中荣获七个大奖。1999年学校荣获第五届"跨世纪"杯全国中学生作文大赛集体奖，省第十届"青少年科技小发明先进集体"。2003年12月，学校被评为全国"爱国主义读书教育活动示范校"。

三是文体活动。学校每年都举行全校性的文艺节、体育节等重大文体活动，结合重大节日和重要纪念日，开展师生参加的篮球、排球、乒乓球、羽毛球、拔河等体育比赛和活动，还通过群众性文体活动选拔苗子，组织学校文艺队和田径、男篮、女篮、足球、武术等专业队，参加省、市、县比赛取得好成绩。如校舞蹈队节目《绿》《含源飞絮》《卓玛》《客家女》分获1996年、1997年、1999年和2003年市文艺调演一等奖，其中《含源飞絮》还被选送参加福建省第二届校园文化艺术节汇报演出，并获一等奖。校篮球队1997年参加市中学生运动会获篮球比赛第三名，市第十届篮球赛第四名,2003年获第二名。校教工男子篮球队从2000年起连续四年蝉联县"园丁杯"教工篮球赛冠军。1997年学校被评为省全民健身工作先进单位。

这段时期先后担任校长的是傅干春（1990.5—1994.5）、黄修桂（1994.5—2002.6）、罗小林（2002.6至今）。

传接百年辉煌 致力科学发展
——连城一中创建福建省一级达标高中工作汇报

徐金华

尊敬的各位领导、专家、同志们：

大家好！

今天，我们一中人以无比喜悦的心情迎来了福建省"一级达标高中"校的评估验收，这是我校发展史上的一件大事、喜事。近年来，在县委、县政府和上级主管部门的关怀指导下，我们本着"以评促建、以评促改、评建结合、科学发展"的工作思路，扎实有效地开展创建省"一级达标高中"的各项工作，真诚地等待各位领导和专家的检阅。在此，我谨代表全校师生，对各位领导、各位专家莅临我校进行评估验收表示热烈的欢迎和衷心的感谢！

我校前身是创办于1914年的豸山中学，1951年春，经省政府批准，定名为福建省连城第一中学。1978年秋被确认为省重点中学，1996年春被确认为省二级达标学校，2002年初高中分离，成为独立高中。学校坐落在连城县城关文川河畔的东台山上，与国家4A级旅游风景区冠豸山隔河相望，占地面积80803.34平方米，建筑面积34366平方米，绿化面积6830.7平方米。目前，我校共有教学班54个，在校学生2742人，教职员工233人，一线专任教师204人，具有中、高级职称的教师占专任教师比例82.8%，中共党员61人，教育硕士5人。自2002年以来，我校围绕创建"省一级达标高中"做了大量的基础性工作。下面，请允许我向大家汇报创建过程和办学设想。

一、传承传统，彰显"三自"特色

连城一中是一所具有近百年光荣历史和优良传统的省属重点中学。从1914年豸山中学开始，历经旧制中学、明耻中学，到连城一中，逐步形成了关心国事、热爱祖国、追求民主、坚持真理的精神传统，始终弘扬原中央苏区县自强不息的革命精神。早在旧制中学时期，校长邓光瀛先生办学，主张德智体并重，尤重德育，强调诚意、正心、修身。办学十几年，培养了毕业生500余人，考入黄埔军校10人，出了2位将军，当上县长11人。明耻中学时期，校长王成瑚亲自撰写校歌歌词，提出"我们的精神，自觉、自动与自治，自强不息，永无止境"。还把"自觉、自强、自治"作为校训。连城一中成立以来，学校秉承先辈的立校基本精神，坚持"德育为首，教学为主，全面发展，质量第一"办学宗旨，顺应时代要求，凝聚集体智慧，通过教育活动，努力培养学生对祖国、学校、班级、个人的责任感，奋勇争先，奋发图强，努力培养学生自立、自信、自勉、自责的优良品质，发展学习能力，提高自身素质，总结、提炼、形成了"自主、自律、自强"的办学特色。办学特色的专题报道《精神的沉淀 文化的传承——连城第一中学"自主、自律、自强"教育特色建设》于2009年12月在《福建教育》上发表，办学情况的图文介绍《谋学校发展 办优质教育》也于2010年1月在《福建教育》封二上刊登。

"自主、自律、自强"办学特色是学校近百年光荣历史和优良传统的精神沉淀，文化传承，自成一体，源远流长，具有独特性、稳定性、先进性，历史悠久。

这种办学精神、办学文化，引领连城一中走上科学发展之路，为学校发展和教育改革注入强大的精神和文化活力，不断推动学校事业向前发展，为祖国建设培养出一批又一批优秀人才。其中，打响连城革命第一枪的李云贵，原北京军区副政委张南生中将，原广州军区副政委王同琢中将，被誉为"活着的蒋筑英"的空军长春医院原耳鼻喉科原主任医师的罗尚功，国家劳动与社会保障部原副部长华福周，国家林业局副局长祝列克，清华大学美术学院教授罗炳芳，北师大研究生院原院长童庆炳，同济医科大学同济医院骨科教授、博士研究生导师罗永湘，北京航空航天大学教授、博士生导师江兴鎏，福建省档案学会理事长、福建省档案学优秀成果评委会主任罗炳行，全国十大"扶贫状元"、福建农林大学教授林占熺，国家举重队总教练、"金牌教练"陈文斌，香港华业（控股）有限公司主席兼董事总经理周年茂，全国科技进步二等奖获得者、浙江大学教授罗英武、福建省杰出人民教师罗炳杰、上海第二军医大学附属医院肝胆外科医生、抗击非典英雄罗祥基等，都是我校毕业生中的杰出代表。

这种办学精神、办学文化，引领连城一中走上科学发展之路，为学校发展和教育改革注入强大的精神和文化活力，不断推动学校事业向前发展，使学校获得一次次的荣誉，共荣获设区市级以上荣誉称号16种。分别是"全国中小学图书馆先进集体""全国青少年爱国主义读书教育活动示范学校"、省"文明学校"、省"模范职工之家"、省"绿色学校"、省"绿色校园共建单位"、省"电化教育先进单位"、省"全民健身工作先进单位"、省"先进教育工会"、省"先进考点"、省"法制宣传教育先进单位"、市"素质教育先进校"、市"教育科研先进集体"、市"先进基层党组织"、市"普及实验教学工作先进集体"、市"三八红旗集体"等荣誉称号。

二、谋求发展，为学生成长奠基

走进新世纪，学校以申创省一级达标高中为契机，在办学理念、办学行为、办学环境等方面，围绕谋求学校科学发展的目标，在学校工作中进行认真谋划和矢志追求。

1. 更新教育理念

传统的教学理念，总是把知识作为终极目的，学生是知识的附庸，被看成是被塑造、被加工、被施加影响的物品，这种强调以知识为本的观念，是与以人为本的教育人文精神完全相悖的。学校以人本教育思想为核心，广泛发动师生参与，在北京社会科学院博士、副研究员吴子林的指导下，结合我校教育教学实践，最终确立了"以学生发展为本，为学生成长奠基"的办学理念，为教育教学观念的更新和办学特色的形成，为学校在新世纪能够培养更多更优秀的社会主义建设人才，奠定了坚实的理念基础。

"以学生发展为本，为学生成长奠基"的理念有以下两个层次的内涵。首先，"以学生发展为本"侧重体现，教是为了学，为了学生的学，为了学生的发展。其次，"为学生的成长奠基"侧重体现，教是为了不教，为了学生的终身成长。

我校在"以学生的发展为本，为学生成长奠基"的办学理念引领下，坚持"德育为首，教学为主，全面发展，质量第一"的办学宗旨，以"养成好习惯，练就好身体，争创好成绩"为培养目标，以培养学生"自主、自律、自强"品质为特色建设内容，努力营造"笃志、诚信、勤奋，严谨"的校风、"热爱学生、教学严谨、言传身教、勇于创新"的教风和"求真、守纪、勤思、惜时、健体、创新"的学风。

近年来，我校在"以学生的发展为本，为学生成长奠基"办学理念的指导下，取得优良的办学业绩。2009年以来，《福建日报》《福建教育》《闽西日报》等刊物作了11次报道。

2. 优化教育行为

办学理念不只是一句口号，它应该充分渗透到全体教职工和学生的行为中去，使办学行为与办学理念同一化，因此优化教育行为势在必行。

（1）健全规章制度

为使教育行为走向正规化、制度化轨道，我们注意健全学校规章制度，除了规定了各类人员工作职责外，还制定了各部门、各环节的工作规章，使学校各项工作有章可循，有条不紊。实施新课程以来，我们先后制定了《连城一中课程设置方案》《连城一中学分制实施方案》《连城一中综合实践实施方案》《连城一中高中新课程模块学习评价及学分认定实施意见》《连城一中学生综合素质评定方案》《连城一中校本课程开发管理（指导）意见》等一系列规章制度，这些制度的制定和推行，为实施高中新课程实验提供了保障。

（2）强化队伍建设

教师队伍建设是学生成长的关键。高素质的师资，是学生成长成才的需要，也是学校事业发展必须具备的关键因素。为建设一支高素质的教师队伍，我们着重从师德教育、业务培训和人文关怀等方面创造条件。

一是加强师德师风教育，学校定期组织全体教师学习党的路线、方针、政策，贯彻《中小学教师职业道德规范》，并结合实际制定了《连城一中教师职业道德规范考核细则》。我们把每年的3月份和9月份定为师德教育月，倡导团结、务实、奉献的精神，激励教职工敬业爱岗、忠于职守、外塑形象、内强素质。

二是加强教师的业务培训。近几年，我们加快了教师业务培训的步伐。除了选送教师参加各级各类的培训外，在校内主要从四个方面着手。其一是交流研讨，以转变观念，提高素养。这方面，我们主要通过一年一度的教育教学研讨会进行。同时，我们加大了校本教研的力度，制定了《校本教研工作方案》，以备课组为基本单位，以同伴互助、实践反思为主要形式。其二是专业测试，以提高对学科知识结构的总体把握能力。每年学校都组织教师进行专业素质测试，促使教师钻研教材，整体把握高中教学知识结构和能力要求。其三是技能培训，以促使教师掌握现代教育技术。每学年都组织课件制作比赛、片断教学比赛、课堂观察活动等。其四是实践锻炼，以提高其实际教学水平。采取"压担子""结对子"等形式，大胆地把青年教师推上一线，并让他们与有经验的教师结成互帮互学对子，尽快适应教学要求。通过这些培训活动，教师的业务水平得到了有效的提高。

三是加强人文关怀。关心教师生活和专业发展，对需求提高学历层次的教师，学校尽可能创造条件，解除他们的后顾之忧。在教师子女就学、家属就业等问题上，学校想尽办法，尽可能帮助解决。

通过开展师德教育、业务培训、人文关怀等形式，极大地提高了教师的政治和业务素质。广大教职员工爱岗敬业、务实奉献、忠于职守、勤奋学习，积极向上，奋勇争先。在现有教职工中，有"全国先进工作者（全国劳模）"1人、全国模范教师1人、国家级骨干教师1人、省特级教师2人、省优秀教师3人、省优秀班主任3人、省学科带头人4人、省学科带头人培养对象12人、省骨干教师8人、省青少年科技教育先进工作优秀辅导员1人、省中国数学奥林匹克高级教练员1人、龙岩市名师工作室领衔人1人、市名师4人、市学科带头人12人、市骨干教师35人。其中，罗炳杰副校长是"全国先进工作者（全国劳模）"、福建省第十一届人大代表、"福建省特约督学""福建省杰出人民教师""特级教师"。近三年，教师受省级以上表彰6人，市表彰8人，县表彰51人，校表彰237人次。

（3）创新德育形式

学校按"德育为首"的要求，依据实际，搞好德育活动，为学生"成人"构建平台。按照中共中央、国务院《关于加强和改进未成年人思想道德建设若干意见》的要求，我们在加强德育领导、建设德育队伍、组织德育活动、优化德育环境的基础上，结合当地和学校实际，重点开展了如下富有特色的活动：

①发挥优势抓好国防教育。连城驻军较多，这为实施国防教育提供了有利条件。我们充分发挥这一优势条件，依托驻军这一国防教育资源，坚持把国防教育作为德育工作的重要组成部分，使学校的国防教育成为学校德育的一个重要内容，持之以恒地抓实这一工作。一是创建阵地，编写了《时政和国防》教材，把国防理论、国防精神、国防历史、国防法制、国防动员、国防时事、国防常识等基本内容和要求，系统地、全面地展现在同学们面前，使学生从中受到国防教育的启蒙和熏陶。二是抓好军训，多年来，我校都聘请部队官兵，对入学新生进行为期一周的军事训练，通过军训活动，学习人民解放军的优良传统，学习解放军战士高度的组织性、纪律性、无私奉献精神和爱国主义精神。同时结合军训内容，还对学生进行国防教育，军史、校史教育。经过教官和师生的密切协

作，军训活动达到了提高素质、增长知识、加强纪律性的目的。三是学科渗透，课堂教学是进行国防教育最经常、最基本、最有效的渠道。学校在"结合、渗透"上作文章，要求各科任教师充分挖掘教材中内在的国防教育素材，并结合我校组织编写的校本教材《时政与国防》中有关内容，把国防教育渗透到各科教学中去，使学生受到潜移默化的教育。除此之外，我们还注重发挥各自优势，在新生军训、节日慰问、部队培训、子女就学等方面能相互支持，受到了南京军区政治部的嘉奖，学校被评为福建省"军（警）民共建社会主义精神文明先进单位"，近三年来，有29位学生考取了军事院校。

②创新形式抓好法制教育。近年来，学校的法制教育活动时有创新。一是聘请县检察院的6名干警担任我校的兼职教员，他们自行编写教材，用典型案例分析的方法，到各个班级上法制教育课，改变了过去法制教育上大课、听讲座的方法，收到了良好的效果。二是举办模拟法庭活动，依据典型案例编写脚本，在有关部门的指导下，由学生扮演所有角色，向全校师生揭示违法犯罪现象的发生、发展过程和成因，以生动直观的形式对师生进行法制教育。三是编写《法制与安全》小报，每月一期，每生一份，要求学生在自己学习的基础上，把该小报带回家中，让家长学习，把法制教育活动延伸到每一个学生家庭。四是与县里有关部门共同配合，在我校建立了"青少年警示教育基地"，组织师生到基地进行法制教育。

③坚持不懈抓好劳动教育。1997年，我县城区中小学劳动实践基地正式成立，之后，我校抓住这一机会，每年都组织学生到基地进行为期一周的劳动锻炼，师生们经过11公里的徒步行走，在基地参加生产劳动、到厨房进行自我服务性劳动后，劳动观念大为增强，劳动技能得到提高，尊重劳动人民、爱惜劳动成果已成为同学们的共识。

④注重实践抓好养成教育。近年来，我们在抓养成教育的过程中，始终注意加强学生的实践体验，我们把《中小学生日常行为规范》的要求，编成教材，在班会课组织学习、讨论，使学生认识到遵守行为规范的重要性。同时利用主题班会的时间，让学生查找存在的问题，并提出纠正的措施和办法，收到了很好的效果。

⑤创造条件抓好心理教育。学校向来重视学生的心理健康教育，积极开展心理健康教育活动，开设了心理咨询室，创建了学生心灵俱乐部，建立健全了《心理健康室工作职责》《心理咨询员工作手则》等各项规章制度，编印了《心育天地》小报，2名具有国家二级心理咨询师资格的专职心理教师和4名兼职教师互相配合，形成课内与课外、教育与指导、咨询与服务紧密配合的模式。通过面询、信件咨询、电话咨询及网络咨询等多种方式，积极开展活动，共接待来访学生1000余人次。

这些活动有力地促进了良好校风的形成，提升了学生自主、自律、自强的良好品质。仅2009—2010学年，有200余位同学参加了业余党校的学习，80多位同学写了入党申请书，20位同学发展为中共预备党员。有18个班级评为省、县、校各级"优秀班集体"，328位学生评为省、市、县、校各级"优秀学生干部""三好学生"和"优秀学生"。政教处被评为连城县2009—2010学年"德育工作先进集体"。

（4）重抓教学工作

学校全面执行国家课程方案，规范课程设置，合理安排课程。开齐、开足国家规定的课程课时，扎实开展教学工作，发展学生个性特长，在此基础上，突出抓好如下几点：

①始终不渝抓好"学案导学"。为了变革学习方式，提高课堂效率。我们在学习其他学校先进经验的基础上，在全校开展了"学案导学"实验，其目的是通过学案，引导学生主动自觉地参与到学习过程中，真正成为学习的主人。全校教师除参加其他省市课题实验外，其余教师都在实施"学案导学"，开展了这一实验，教师的教学行为、学生的学习方式都大为改变，学习的主动性大为增强。

②积极开展综合实践活动。学校根据《福建省普通高中新课程综合实践活动实施指导意见》，制定了《连城一中综合实践活动方案》，由政教处、团委组织实施社会实践和社区服务。学校十分重视研究性学习的开展，把它作为开阔学生视野、学习研究方法、培养合作精神、提高学习能力的有效途径之一。我们制定了《连城一中研

究性学习实施方案》及一系列管理制度，内容涉及计划制定、过程落实、结果评定整个过程。课时得到保障，工作落实到人，计划顺利实施，也取得了一定的成果。每学年编辑一本《连城一中研究性学习成果汇编》。

③大力实施信息技术与学科教学的整合。学校从学生的主体发展出发，立足于学生学习方式的变化和教学目标的有效达成，大力实施开展信息技术与学科教学的整合。一是加大投入，完善硬、软件建设配置，近年投入经费476万元，添置了现代教育技术设备；二是建章立制，把掌握、使用现代教育技术作为考核教师素质的专项指标；三是突出应用，每年开展信息技术应用能力的培训；四是注重研讨，将信息技术在教育教学中的应用、信息技术与课程的整合列为教科研课题，省级课题《师生互动网络学习模式的构建》已顺利结题并通过省级验收；五是提倡实践，鼓励教师积极开展信息技术开发、应用的探索，充分利用校园网络，实现教学方式和手段的现代化，促进信息技术与课程的整合。目前，全校专任教师都能熟练地利用现代教育技术手段开展教学。

④创造条件开设选修课程。学校遵循必修课、选修课、活动课并重的原则，在保证必修课开设的前提下，创造条件开设选修课程，并认真做好教师配备、选课指导、课程开发、考核评价等环节的工作，目前，我校开设了32门校本课程，编印了10本校本教材。

通过以上活动，保证了我校优良的教学质量。近三年，学生按时毕业率达到99.4%；理、化、生、政、史、地六科学业基础会考合格率平均达99.88%，信息技术学业基础会考优良率平均达98.76%；会考成绩连续四届超过福建省一级达标高中的标准；高三毕业班高考本二以上（含本二）上线率平均达59.28%，高于全省平均27.01%的水平，马林等10人考上清华北大。仅2010届高考，学生本一上线240人，本二上线493人，本科上线率达97%。学科竞赛也取得喜人成绩。近三年来，学生荣获国家级奖4人，省级奖66人，县区市级奖120人。

（5）重视课题实验。学校高度重视课题研究，牢固树立"教研兴校，科研强校"的科学意识，以"自主高效 科学发展"为总课题，立足当前，着眼未来，深入实施课题带动战略，扎实开展教研教改活动。教科研制度齐全，措施有力，经费保障到位，氛围浓厚。近三年，学校先后开展14项课题研究，其中国家级课题2项、省级课题6项、地市级课题1项、校本课题5项。教师积极参与教研教改和撰写论文。近三年，教师教研教改参与率分别为80.86%、86.70%、91.18%。教师专业文章获市级以上等级奖41篇，在CN级杂志报刊上发表175篇。

（6）开展校园活动

多年来，学校注重开展丰富多彩的、适合当代青少年学生的生理、心理特点和身心发展规律的各种校园文化活动。东台文社、集邮协会、书画协会、草根潭书社等文学社团及兴趣小组活动，有效地培养了学生的爱好特长；教育教学开放周活动，把教学展示、论文研讨、科普讲座等融为一体，宣传了科普知识，展示了素质教育、创新精神培养和教学实践的成果，产生了良好的社会效应；艺术节以元旦文艺汇演为重头戏，穿插了师生歌咏比赛、音乐欣赏会、艺术知识讲座、书画比赛及作品展等活动内容，展现了艺术教育的成果，活跃了校园文化氛围，提高了师生的艺术素养；体育节以检阅体育工作和健康教育成效为主旨，增强了师生强身健体的观念，推动学校体育、健康教育的开展。三年来，在体育、艺术方面有24人次（队）获荣获设区市级以上等级奖，有92人考上了体育、艺术本科院校。其中，李威荣获"长盛杯"全国武术太极拳锦标赛男子传统孙式太极拳第一名，校文艺队表演的《春色》荣获市中小学文艺调演中学组一等奖，揭梅秀独舞《在那遥远的地方》获市高中组一等奖，罗家荣的美术作品《色彩风景》、张敏君的摄影作品《乡村圣事》均在龙岩市2010年中小学生幼儿书画摄影展中荣获中学组一等奖。

3、优化校园环境

学校环境是学校理念与行为要求的载体，在学校教育中起到至关重要的作用。几年前，连城一中是一个校园面积不足60亩、校舍较为陈旧、设施设备较为不足的学校，这严重地制约了我校创"一级达标学校"的进程，对开展教育教学活动十分不利。

近年来，连城县委、县政府高度重视我校校园建设，共投入资金9500余万元，用于拆迁、建设和设施设备添置。县各套班子领导多次到我校调研，召开现场办公会，在校园整体建设、设施设备添置、资金筹措等方面做了大量工作，专门成立了创省一级学校工作领导小组，多次召集有关部门召开现场办公会，解决创"一级学校"工作中遇到的问题，提出切实可行的方案。自启动校园建设项目以来，县领导41人次到我校调研和指导，召开13次会议研究校园建设和创省一级达标学校工作，印发简报33期。2006年8月21日，县委书记林志坤、县长江国河、县人大主任傅开照、县政协主席林旭等领导组织有关科局领导在我校召开现场办公会议，决定启动校园扩建第二期工程，并调整充实了县创省一级达标学校工作领导小组，县委常委、宣传部长郭浠恒担任组长，副县长卢彬担任副组长。同时，组织了5个拆迁工作政策法规宣传组，由县领导任各组组长，抽调各单位骨干力量为小组成员，制定工作方案，明确工作职责。各工作组人员风雨无阻，不分昼夜的开展工作，按期完成243户民居拆迁工作任务。这一年，投入民居拆迁的资金就达2397万元，是当年我县财政收入1.73亿元的13.86％。使校园面积从原来的58亩扩展到现在的120余亩。同时，下大力气加强校园建设，聘请专家进行校园整体规划，完成了教学综合楼、艺术中心广场、400米标准田径场、围墙、校门、篮排球场、生物园等建设。其中，投资1800万元、建筑面积达13500平方米，含有普通教室、多功能教室、多功能学术报告厅的教学综合楼，投资500万元的400米标准田径场，成了我校一道亮丽的风景。另外，还投入资金582万元，添置了满足高中新课程教学要求的图书、仪器、器材及现代教育技术设备。

目前，又投入3000万元，建设21000平方米的师生食堂和学生公寓。

政府的大力支持，领导的关心指导，加快了我校校园环境建设的步伐，改善了办学条件，创造了较好的现代信息技术教育教学环境，提升了我校现代化教育水平，为我校的快速健康发展打下了坚实的基础。

三、仰望星空，争创省级示范高中

在取得工作成绩的同时，我们也清醒地看到存在的问题和不足，学校的办学条件与先进校相比仍有一定差距，管理体制的改革有待深入开展，队伍建设力度还要进一步加大。这些都需要在后续工作中进一步加以解决。我们将继续坚持以邓小平理论、"三个代表"重要思想为指导，深入贯彻落实科学发展观，全面贯彻落实《国家中长期教育改革和发展规划纲要（2010—2020）》《福建省中长期教育改革和发展规划纲要》和"全省教育工作会议精神"，以"质量立校、发展兴校、特色强校"为努力方向，面向现代化，面向世界，面向未来，提高学校的核心竞争力，促进学校全面协调可持续、内涵式、跨越式发展，争创福建省示范高中，更好地满足人民群众的需求。

仰望星空，脚踏实地。为实现创建省级示范高中工作目标，我们将继续以"普通高中新课程实验样本校"为动力，加大改革力度，持续推进新课程改革；以"素质教育先进校"为动力，坚持德育为先，继续全面实施素质教育；以"以学生发展为本，为学生成长奠基"为动力，加强师德建设，建设高素质教师队伍；以实施"自主高效，科学发展"课题为动力，积极开展教育教学科研活动；以加强学校内涵建设，创建特色学校为动力，提升办学文化，构建终身学习平台，办人民满意教育，让广大的学子在一中能够接受最优质的高中教育！

十年申创路，拳拳赤子心。创建省一级达标高中，既是一次全面总结和深刻反思的过程，更是一次教育观念与办学思想的升华过程，我们非常珍惜这一机遇，也真诚地希望各位领导、专家指出我们办学过程中的不足，你们的指导将是我校今后发展的宝贵财富，我们将加倍努力工作，潜心育人。展望未来，我们有理由相信，只要我们一如既往地秉承优良传统，不断挖掘时代新元素，做到与时俱进，就一定不会辜负连城人民的厚望，不会辜负脚下这片红土地的期待，不会辜负在座各位领导、专家的厚爱。我们一定会站在一个新的发展平台上，把学校打造成为莘莘学子的欢乐家园，建成高品位、高质量、有特色的闽西一流学校、福建知名学校。谢谢大家。

2013年1月10日

福建省政府对明耻中学备案的文件

◆省教育厅确认连城一中为"福建省一级达标高中"的通知

福建省教育厅文件

闽教基〔2013〕12号

福建省教育厅关于确认
闽侯县第一中学等 13 所学校高中部为
"福建省一级达标高中"的通知

福州、厦门、漳州、泉州、三明、南平、龙岩市教育局：

根据省教育厅印发的《福建省达标高中评估办法（试行）》和《福建省达标高中评估标准（试行）》（闽教基〔2007〕42号），在学校申报、县（市、区）教育局推荐和设区市教育局资格审查的基础上，经省级专家组评估和我厅审核公示，闽侯县第一中学、福建师范大学第二附属中学、福州屏东中学、厦门市第二外国语学校、华安县第一中学、泉州市泉港区第一中学、惠安惠南中学、安溪铭选中学、永安市第九中学、浦城第一中学、武夷山第一中学、连城县第一中学、上杭县第二中学等13所学校高中部已基本达到省一级达标高中标准，现确认为"福建省一级达标高中"。

希望闽侯县第一中学等 13 所学校深入贯彻党的十八大精神，落实国家和省中长期教育改革和发展规划纲要部署，在当地政府的领导和社会各界的关心支持下，按照已制定的整改计划和方案，继续抓好整改和巩固提高工作，进一步改善办学条件，模范执行国家的教育法律法规，创新学校管理体制，深化教育教学改革，突出办学特色，全面推进素质教育，不断提高办学质量和水平，为我省普通高中多样化特色化发展发挥出实验、示范和辐射作用。

福建省教育厅
2013 年 3 月 24 日

抄送：省政府办公厅，省发改委、省财政厅、省公务员局（省人力资源开发办公室），省教育考试院，福州市、厦门市、漳州市、泉州市、三明市、南平市、龙岩市、闽侯县、马尾区、同安区、华安县、泉港区、泉州台商投资区、安溪县、永安市、浦城县、武夷山市、连城县、上杭县人民政府（管委会），有关县（市、区）教育局，闽侯一中等13所学校。

福建省教育厅办公室 　　　　　　　　2013年3月24日印发

后 记

《沧海扬帆——福建省连城第一中学百年华诞珍藏集》终于问世。

重负从肩膀卸下，感恩的心却更加浓烈。此时此刻，编者的感受就是这样。

首先，感谢一中在位的领导给了我们这么一个为母校奉献的机会，为连城人奉献的机会。

其次，感谢一中昔日的良师给了我们成为他们门下弟子的荣幸，使我们能够在几十年后的今天能够挑起编撰本书的重担，并以辛勤的劳动换来丰硕的成果。

连城一中在连城人心目中的地位，就是清华、北大在中国人心目中的地位。如果说没有清华、北大的中国是不可想象的，那么，我们也可以这样说：没有连城一中的连城是不可想象的。

高尔基曾说过，没有母亲，既没有诗人，也没有英雄。世界上的一切光荣和骄傲，都来自母亲。

连城一中的怀抱，温暖过包括我们在内的无数学子，她是我们当之无愧的母亲。没有一中，不可想象，我们的现在会是个什么样。为了栏目的编排更具内涵，为了文图的表述更加妥帖，多少个深更，我们才躺下又起床；为了一个有价值的元素不被落下，多少个白昼，我们才入家门又出家门，刚放下这家的电话又拨通另一家的电话。我们的本意，要用"黄金"将它打造成一份精品，让它成为献给母校百年华诞的一份最有档次的重礼，成为校友们可以永久珍藏的纪念。因此，不管这本书的质量如何，我们都可以问心无愧。因为，我们的确尽力了。因为，我们是怀着一颗感恩的心来从事这本新书的编撰工作的。

本书的书名，源于李白的"直挂云帆济沧海"，这对于一所有着辉煌过去，有着更加灿烂未来的学校而言，我们以为是妥当的。它包容着强大的底气，反映了美好的向往。本书的内容，涵盖很广，看似芜杂，实则有规律可寻：开卷祝寿诞，祥瑞寄殷殷，溯源述校史，大德颂功勋，秋实描硕果，感恩报春晖，翘楚绘贤能，吟咏讴良辰，仁爱彰德人，彩贝罗轶趣，锦绣奏华彩，附录补遗阙。每个栏目，至少都留下了一些实在的史料，留下了一点宝贵的精神，所传递的都是正能量，因此，也都是必须的。

再次，感谢所有为本书的出版做出过贡献的人。

本书出版的全过程，固然都凝结着编委们的智慧和汗水，也离不开以徐金华校长为领班的连城一中领导班子的热情关怀、精心指导，离不开广大校友的全力支持，离不开国家一级出版社厦门大学出版社卓有成效的工作。该社社长蒋东明先生是连城一中杰出校友，他不仅安排了精兵良将帮助编审把关，还常常亲自过问其间种种，并尽可能在费用上给予优惠。母亲哺育儿女，儿女反哺高堂。中华美德，在这里得到了生动的体现。

不能说没有遗憾。出版与影视一样，都是遗憾的艺术。限于水平和时间，沧海遗珠之憾、叙事偏颇之弊、文图不妥之失，均在所难免；或有生花之稿，未能刊用，则完全是篇幅所限之故。凡此种种，只能在此向校友们鞠躬致歉了。

虽有诸多遗憾，但我们依然珍爱它。我们相信，所有的校友也会珍爱它。

编　者

2014年秋月吉日于连城和风斋

图书在版编目(CIP)数据

沧海扬帆：福建省连城第一中学百年华诞珍藏集/陈福榫主编.—厦门：厦门大学出版社，2014.12
ISBN 978-7-5615-5322-0

Ⅰ.①沧…　Ⅱ.①陈…　Ⅲ.①连城第一中学-纪念文集　Ⅳ.①G639.285.74-53

中国版本图书馆 CIP 数据核字(2014)第 273688 号

官方合作网络销售商：

厦门大学出版社出版发行

(地址：厦门市软件园二期望海路 39 号　邮编：361008)
总 编 办 电 话：0592-2182177　传真：0592-2181253
营销中心电话：0592-2184458　传真：0592-2181365
网址：http://www.xmupress.com
邮箱：xmup @ xmupress.com
厦门集大印刷厂印刷
2014 年 12 月第 1 版　2014 年 12 月第 1 次印刷
开本：889×1194　1/16　印张：28
字数：720 千字　印数：1～3 000 册
定价：100.00 元
本书如有印装质量问题请直接寄承印厂调换